O Texto no Teatro

Coleção Estudos
Dirigida por J. Guinsburg

Equipe de realização – Revisão: Sábato Magaldi, Shizuka Kuchiki e Mary Amazonas
Leite de Barros; Produção: Ricardo W. Neves e Sergio Kon.

Sábato Magaldi

O TEXTO NO TEATRO

PERSPECTIVA

Dados Internacionais de Catalogação na Publicação (CIP)
(Câmara Brasileira do Livro, SP, Brasil)

Magaldi, Sábato
O texto no teatro / Sábato Magaldi. --
São Paulo : Perspectiva, 2012. -- (Estudos ; 111)

2ª reimpr. da 3. ed. de 2001.
ISBN 978-85-273-0176-3

1. Teatro 2. Teatro - História e crítica I. Título.
II. Série.

08-05463   CDD-792

Índices para catálogo sistemático:
1. Teatro : Artes da representação 792

3ª edição – 2ª reimpressão
[PPD]

Direitos reservados à
EDITORA PERSPECTIVA LTDA.

Av. Brigadeiro Luís Antônio, 3025
01401-000 – São Paulo – SP – Brasil
Telefax: (0--11) 3885-8388
www.editoraperspectiva.com.br

2020

A
Décio de Almeida Prado

Sumário

I. DE ÉSQUILO A STRINDBERG

1. *Os Persas*, de Ésquilo 3
2. O *Édipo*, de Sófocles. 8
3. O Sofrimento Trágico de Sófocles 13
4. Hipólito e Fedra, a Partir de Eurípides 17
5. Visão de Aristófanes 23
6. Menandro Descoberto. 43
7. Duas Comédias de Plauto 61
8. Teatro Religioso Medieval 69
9. Maquiavel Prescreve Mandrágora 75
10. Ruzante e *Moscheta* 80
11. A *Commedia dell'Arte*. 84
12. Inícios de Shakespeare 90
13. Uma Fantasia Shakespeariana. 93
14. O *Mercador de Veneza* 98
15. *A Megera Domada* 105
16. *Júlio César*, Tragédia Política. 110
17. Notícia sobre *Macbeth* 115
18. A Aventura Humana de Molière 119
19. Psicologia Feminina em Molière 128
20. *Don Juan*, Transgressor 133
21. O Desafio de *Tartufo*. 136
22. Marivaux: Fantasia e Realidade 141
23. A Poética de Goldoni 146

24. Indagação sobre Gozzi 151
25. Alfieri vê Orestes. 157
26. *Woyzeck*, Büchner e a Condição Humana. 163
27. Ibsen e *Peer Gynt* 170
28. *Major Bárbara*, de Shaw 173
29. O Uruguaio Florencio Sánchez. 177
30. Sánchez e *Barranca Abajo* 183
31. A Poesia de Synge. 188
32. Confissão de Jules Renard 192
33. O Inferno de Strindberg 197

II. DE JARRY A HEINER MÜLLER

1. Jarry: Epopéia e Paródia 209
2. As Sínteses Futuristas 215
3. *O Dibuk*, de Sch. An-Ski. 224
4. Razão e Paixão em Pirandello. 227
5. Pirandello Popular. 230
6. *Vestir os Nus* 234
7. A Relatividade Pirandelliana. 238
8. O Soldado de Kaiser 241
9. Maiakóvski sem Fronteiras. 245
10. Impressão de Nazim Hickmet. 249
11. A *Electra*, de O'Neill 254
12. Um Monólogo O'Neilliano. 262
13. A Confidência de O'Neill 265
14. A Concepção Épica de Brecht. 269
15. *Um Homem é um Homem* 280
16. A Personagem Mac Navalha. 284
17. Fábula da Bondade Impossível. 290
18. *Mãe Coragem* 294
19. Itinerário de Camus. 299
20. Sartre, Dramaturgo Político 306
21. Como Sartre Vê Orestes 314
22. Sartre Adapta Eurípides 318
23. Kafka no Palco 322
24. O Mundo de Ionesco. 328
25. Ionesco e a Morte 335
26. Beckett e *Godot*. 341
27. A Casa de Ilusões de Genet. 346
28. Tennessee Williams Evoca o Passado. 352
29. Sugestão e Mistério em Williams 357
30. Modernidade de Arthur Miller 360

31. Demônio e Responsabilidade em Miller. 364
32. Miller Autobiográfico 369
33. Dürrenmatt e *A Visita* 375
34. A Parábola de Frisch 380
35. Osborne Acomodado. 385
36. Drama Católico de Graham Greene 390
37. Anne Frank, Diário e Peça 394
38. Hochhuth e *O Vigário* 398
39. Kipphardt e *O Caso Oppenheimer* 404
40. Dessì e a Justiça 410
41. *Os Demônios*, de Fabbri 414
42. O Convencional Robert Anderson 418
43. Shaw e Campbell Personagens 422
44. De Shaw a *Minha Querida Lady* 427
45. Malraux Adaptado. 433
46. *O Don Juan*, de Montherlant 438
47. Um Pouco de Anouilh. 443
48. Orton: Teatro da Destruição 447
49. O Português Bernardo Santareno 451
50. Jack Gelber Incorpora o *Jazz* 464
51. Peter Weiss e *Marat/Sade* 468
52. *O Interrogatório*, de Peter Weiss 473
53. Didática de Heiner Müller 476

I. DE ÉSQUILO A STRINDBERG

Eu preparava, aos poucos, entre outros projetos, a segunda série de *Temas da História do Teatro* e *Aspectos da Dramaturgia Moderna*, quando me ocorreu a idéia de reunir todos os estudos sob um único título, num só volume. Por que ater-me apenas à publicação dos trabalhos não enfeixados naquelas coletâneas, se elas se encontram há muito esgotadas? Sua edição, por outro lado, a cargo respectivamente do Curso de Arte Dramática da Faculdade de Filosofia da Universidade do Rio Grande do Sul e da Comissão de Literatura do Conselho Estadual de Cultura de São Paulo, em tiragens reduzidas, limitou o possível círculo de leitores. Eles talvez prefiram conhecer o conjunto a uma simples parte, já que não tiveram acesso aos primeiros ensaios. Essa a razão básica de *O Texto no Teatro*, que observa o mesmo critério dos livros de 1963.

A quase totalidade dos artigos foi escrita para o Suplemento Literário do jornal *O Estado de S. Paulo*, de cuja coluna de Teatro fui titular. A intenção era fazer um preâmbulo didático a espetáculos que reclamavam preparo do público. Evidencia-se, assim, o caráter circunstancial das colaborações, que acompanhavam uma realidade mutável e não tinham por objetivo apresentar um panorama orgânico da História do Teatro. Esse gênero de produção escasseou também nos últimos anos, porque, tendo eu assumido a crítica especializada do *Jornal da Tarde*, os comentários se dirigiam à montagem e não ao texto que lhe dava origem.

Além de não serem comuns, em nossa língua, as visões de conjunto, elas em geral privilegiam as grandes correntes, deixando de deter-se em obras que tiveram interesse momentâneo, mas efêmero.

O TEXTO NO TEATRO

Quem acompanha o cotidiano, porém, gosta de ter um registro dele, ligado à memória pessoal. Nesse sentido, este livro revela presença razoável do que aconteceu nos palcos brasileiros, ainda que exclua deliberadamente a dramaturgia produzida pelos nossos autores, porque pretendo dedicar a eles publicação específica.

É certo que o conceito de utilidade supera, neste tipo de trabalho, o de perfeição. Por diversos motivos, não tive oportunidade de escrever sobre numerosos assuntos, que estão entre os mais queridos para mim. Isso explica as incontáveis lacunas desta coletânea, como é fácil perceber. Se fosse saná-las, agora, faria outro livro (e muito provavelmente, nunca teria tempo para concluí-lo). O aproveitamento do eventual leitor, de alguma forma, representará a minha justificativa.

Sábato Magaldi

1. *Os Persas*, de Ésquilo

Não se precisa procurar muito uma justificativa para a montagem de *Os Persas*, em nossos dias. Adotando-se o critério da atualidade, poder-se-á ver nessa tragédia (talvez a mais antiga preservada de Ésquilo [525/4-456/5 a.C.] se se aceitar a tese segundo a qual *As Suplicantes* não datam de 490 a.C.) uma equivalência a temas que povoam o mundo moderno: o repúdio ao imperialismo e sua inevitável derrota pelas forças libertadoras; o predomínio da inteligência e da sagacidade sobre o poderio bélico; a vitória final da razão e da justiça contra os ataques dos bárbaros.

Esses valores, que têm aparência algo abstrata, na utilização arbitrária de grupos antagônicos, guardam, na singeleza e na majestade da forma talhada pelo dramaturgo grego, uma eficácia indiscutível. Não importa que o Destino castigue os persas por terem cometido a empresa sacrílega de aprisionar as águas do mar, construindo sobre o estreito de Heles uma ponte de navios. A arrogância contra a divindade, no antropomorfismo religioso dos deuses, não é senão um desrespeito a enraizados princípios humanos.

Referimo-nos, inicialmente, a essa atualidade de *Os Persas*, porque, hoje em dia, se não se testar o mérito de uma obra literária pelos padrões sociais e políticos, se corre o risco de relegá-las ao esquecimento. Não gostaríamos que se cometesse injustiça contra o texto. Mas seus valores mais apreciáveis se encontram na fatura artística, e assinala-se especialmente a narrativa da batalha de Salamina, considerada insuperável como documento histórico, de extraordinário vigor estilístico. Acrescente-se ao juízo crítico a necessária perspectiva da contribuição esquiliana e surgirá, nítido, o significado de *Os Persas*,

O TEXTO NO TEATRO

tragédia que um raciocínio menos esclarecido reputaria monótona e pouco dramática.

Apresentada nas Grandes Dionisíacas de 472, sendo Péricles, em ascensão política, o corega, a peça celebra a vitória grega na batalha de Salamina, marco decisivo para que se estabelecesse, a partir de 480 a.C., a hegemonia ateniense do Século de Ouro. Apesar dos esforços analíticos de Gilbert Murray, não se consegue ver nos outros títulos da tetralogia a regra esquiliana das três tragédias e um drama satírico ligados por um mesmo tema, a qual foi preterida por Sófocles, iniciador da prática de dar a cada obra sua inteira unidade. Dois precedentes encontrou Ésquilo para tratar um assunto histórico do momento, fugindo ao método tácito dos trágicos de só colher inspiração na saga heróica: *A Tomada de Mileto* e *As Fenícias*, de Frínico. A primeira, pintando a derrota ateniense, foi repudiada pelo público, enquanto a segunda, preferindo mais sabiamente cantar a vitória de Salamina, no reflexo sobre os persas vencidos, não só agradou à audiência como serviu de modelo a Ésquilo. Seria o caso de estranhar que o autor de *Os Sete Contra Tebas* voltasse ao assunto, se a originalidade da história não constituísse preceito da estética moderna, não observado pelos antigos. Gilbert Murray nota, a respeito, que "a exigência segundo a qual o poeta deve ser original é uma das excentricidades do modernismo". À mania do novo, o ensaísta contrapõe a busca do eterno.

Ésquilo canta a vitória nacional sob o prisma do desastre persa, distanciando no espaço os acontecimentos, que o pouco tempo decorrido tornava tão próximos. A técnica do afastamento, julgada indispensável para a majestade da tragédia, compensa no espaço o que não alcança pelo tempo. O exemplo esquiliano deu autoridade à experiência de Racine em *Bajazet*, que assim argumentou, no prefácio da peça:

> Pode-se afirmar que o respeito que se tem pelos heróis aumenta à medida que eles se afastam de nós: *major e longinquo reverentia*. A distância dos países repara de alguma forma a muito grande proximidade dos tempos: porque o povo não diferencia o que está, se ouso assim exprimir-me, a mil anos dele, do que se encontra a mil léguas.

A razão mais evidente de situar-se o cenário em Susa está no gênero de *Os Persas*. Trata-se de tragédia e não de poema épico, e o ângulo do vencido e não do vencedor preenche o requisito trágico: a passagem de um estado bom para um estado mau, em decorrência da falha do herói. A catarse se processa, despertando no público o horror e a piedade.

A fim de criar o suspense dramático, Ésquilo inicia a tragédia com o coro dos anciãos persas, inquietos com a ausência de notícias do exército de Xerxes. Por enquanto, contudo, existe apenas a expectativa dos sucessos na Grécia, animada pela confiança no "belicoso soberano", "mortal igual aos deuses". Ao párodo sucede o primeiro

OS PERSAS, DE ÉSQUILO   5

episódio, iniciado com a presença de Atossa. A rainha, viúva de Dario e mãe de Xerxes, vem pedir conselhos, pois nessa noite teve um sonho assustador, o pior de todos, desde que partiu a expedição guerreira. O mau presságio, anunciado em sonho, torna-se freqüente na dramaturgia grega e se estende por toda a história do teatro. Viu Atossa, ademais, uma águia (símbolo do reino persa) destroçada por um abutre. A ornitomancia, divulgada pelo adivinho Tirésias, completa a oniromancia, enchendo de pressentimentos sombrios a espera angustiosa.

A dúvida e o temor são quebrados pelo Mensageiro, incumbido de informar à cidade natal o infortúnio de Xerxes e de todo o povo persa. É ele a mais antiga personagem teatral a cujo cargo está o relato de acontecimentos longínquos, mas nem as sucessivas criações de Eurípides superaram em beleza e impacto a fala do narrador da Batalha de Salamina. Diz o Mensageiro que os gregos dispunham de trezentos navios, encarregados de enfrentar mil, dos persas. "Não foi pois a quantidade que nos faltou. Mas um deus cruel nossos destinos pesou em balança desigual, e destruiu o exército. Os deuses protegem a cidade de Palas." Segue-se a descrição do embate, no qual um soldado grego se valeu de ardil para enganar Xerxes a respeito dos desígnios da frota ateniense. Ésquilo, combatente em Salamina, foi pródigo na narração dos pormenores da batalha.

Diante da certeza fatal, cabe aos persas aplacar os manes, e Atossa traz ao túmulo de Dario as libações propiciatórias. Atendendo à invocação do coro, surge a Sombra do rei morto, voz da sabedoria sobrenatural que deve conduzir os passos dos vivos. Nessa tragédia, os ensinamentos éticos não são expressos pelos anciãos, mas por Dario, que tem a seu favor a perspectiva da eternidade. Dario exclama: "O infortúnio é a partilha do homem; enquanto dura a vida, sobre a terra e no mar o experimentamos". Essa convicção filosófica, enunciada aí, possivelmente, pela primeira vez, em forma teatral, se comunica a toda a tragédia grega e é também o substrato do pensamento de Sófocles e Eurípides, ligando nessa suprema unidade a obra dos três dramaturgos.

Expõe a Sombra o motivo do malogro do filho: "Quis ele como o escravo agrilhoar o sagrado mar de Heles, o Bósforo destinado a correr livremente". A insolência humana, o estulto desafio aos deuses, a terrível *hibris* traz no bojo a perda, a *atê*, reduzindo a nada a desmedida ambição do herói. Poseidon não permitiria o domínio do homem sobre o seu marítimo reino.

Dario menciona que os oráculos logo se cumpriram. Zeus havia feito as ameaças e Xerxes foi o instrumento do arbítrio divino. Já se expressa, em *Os Persas*, a infalibilidade dos oráculos, a qual será uma nota insistente no teatro de Sófocles.

Só restava à peça, para ser concluída, que o próprio Xerxes surgisse aos olhos dos espectadores. Deixando para o último episódio o aparecimento do principal responsável pelos males, Ésquilo deu prova

6 O TEXTO NO TEATRO

de seu gênio dramático. Para não esgotar-se de imediato a tensão, o portador da maior carga teatral deve ser reservado para o desfecho, e a tragédia progride assim num crescendo. Compõem-se com mestria as forças literárias, e o êxodo conclui o texto com a necessária lamentação dos vencidos.

A equilibrada dosagem de estásimos e episódios, fazendo que o entrecho se desenvolva num ritmo inevitável, não chega a definir *Os Persas* como obra dramática, nos termos em que a entendemos hoje. Os historiadores consideram a peça mais um hino que um drama, certamente porque lhe falta o choque de vontades, a oposição a um obstáculo, o medir de forças aparentemente iguais, que são a marca do conflito dramático. Xerxes não é fixado antes da expedição, quando infla de tolo orgulho e provoca a cólera divina. Ésquilo já o situou abatido pelos gregos, dando conta à platéia, primeiro, de sua derrota, e o trazendo à cena, depois, roto e sofredor, para lamentar-se do erro.

Ao invés de julgarmos limitação dramática essa característica, seremos mais exatos se, colocada a peça no momento em que o autor a concebeu, refletirmos sobre aquilo que inovava. A relativa rusticidade técnica de *Os Persas* decorre da utilização de apenas dois atores, além dos coreutas (sabe-se que foi Sófocles quem elevou a três o número de intérpretes, o que não impedia que eles desempenhassem mais de um papel). Mas a introdução do segundo ator foi da maior importância para a dramaticidade da tragédia, certamente muito maior que o acréscimo do terceiro. Com Téspis, o primeiro ator dialogando com o coro não podia distanciar muito a tragédia, ainda, do ditirambo. A revolução esquiliana deu aos movimentos e diálogos maior flexibilidade, à qual pouco faltava, para a tragédia alcançar sua mais perfeita estrutura.

O autor da *Oréstia* valeu-se de várias liberdades, em função dos objetivos artísticos. Na cenografia, por exemplo, o túmulo de Dario foi colocado nas imediações do palácio real, quando, na realidade, s encontrava a muito maior distância. Com relação às personagens, alterou certas características do rei morto, para contrastá-lo com o filho, que deveria encarnar a verdadeira falha trágica. Sabe-se, na história, que Dario fora batido dez anos antes em Maratona, mas essa derrota merece simples referência em *Os Persas*, enquanto saltam de sua voz, além-túmulo, sabedoria e ponderação exemplares. De outra liberdade artística se utiliza Ésquilo: embora Dario não soubesse os acontecimentos de Salamina, é capaz de prever o desastre de Platéia.

Ao deixar a cena, Atossa informa que se preparará para receber Xerxes, trazendo-lhe vestes condignas. Essa réplica anteciparia, do ponto de vista dramático, o encontro de mãe e filho, previsível talvez como o de maior intensidade. Como, em virtude da regra dos dois atores, o intérprete de Atossa deveria ser o mesmo de Xerxes, não se estabelece o diálogo das duas personagens (Xerxes, contudo, apenas se dirige ao coro, e seu papel talvez pudesse ser desempenhado pelo

OS PERSAS, DE ÉSQUILO

mesmo intérprete de Dario). Quem sabe Ésquilo evitou o confronto de Atossa e Xerxes para não correr o risco da melodramaticidade, reservando para o final apenas a lamentação do vencido?

Xerxes representa o herói trágico com atributos semelhantes aos que distinguirão, por exemplo, o Creonte da *Antígone*, de Sófocles, ou o Penteu de *As Bacantes*, de Eurípides. Cabe aplicar-lhe, ainda, o preceito religioso da maldição familiar, se se quiser supor que o pai Dario deve ter sido estigmatizado por seduzir-se com a empresa funesta de combater os gregos. Xerxes, animado de vã ambição humana, ofendeu os deuses. A derrota militar é o preço da falta de moderação.

Paira, por isso, sobre *Os Persas*, um clima de terror - a fatalidade que reduz os homens à proporção de bonecos, acionados pelo Destino. Parece que o talhe agigantado, a composição granítica das personagens esquilianas servia mais para tornar ruidosa a sua perda, efêmeras que eram aos desígnios da divindade. A escuridão da Moira irônica e terrível cobre a obra remanescente de Ésquilo. Foi preciso que o trágico, no fim da vida, pintasse a reconciliação dos deuses antigos e novos, para, através dela, aplacar o poderio divino. A perseguição cruel das Fúrias converte-se, em *As Eumênidas*, em alento benfazejo para a terra ateniense. Orestes, fatalizado pela maldição familiar, quebra a cadeia ancestral. Só assim virá a esculpir-se o primeiro homem livre da literatura dramática.

(Novembro, 1961)

2. O *Édipo*, de Sófocles

Freud explica o fascínio moderno de *Édipo-Rei* pela identificação que se estabelece entre a trajetória do protagonista e um mandamento de que o espectador conseguiu escapar. O oráculo não anuncia apenas ao herói de Sófocles (496-406 a.C.), inspirado nos mitos ancestrais, que ele matará o próprio pai e casará com a mãe. Essa ameaça paira sobre a cabeça de todo homem, antes do nascimento, e o impulso incoercível fica reprimido pelos códigos éticos impostos na infância. Passaria a plano secundário o conflito entre o destino e a vontade humana.

É possível que Freud tenha razão, mas os fatores psicológicos se adentram de tal forma no subconsciente, que será mais simples justificar o impacto da tragédia pelos dados imediatos que ela transmite à consciência do público. Ainda mais que eles se bastam, num poder de compulsão talvez equivalente ao dos elementos psicanalíticos. Nenhum homem deixa de inquietar-se com a instabilidade do destino, ciente de que a satisfação de hoje se transmudará sem esforço no infortúnio de amanhã. Os versos finais da peça, mesmo se não pertencerem a Sófocles, não fazem mais do que apresentar uma lição do consenso comum: "Só quando alguém / deixar esta vida sem / conhecer a dor, pode-se / dizer que foi feliz". Estará nessa verdade banal, que não traz nenhuma revelação surpreendente à platéia, o segredo da força de *Édipo*?

Essas e muitas outras exegeses devem configurar a expressão paradigmal do texto. Cingindo-nos ao campo estético, através do qual se manifesta especificamente a obra de arte, gostaríamos de mencionar outro lugar-comum: *Édipo-Rei* atinge a platéia porque é uma óti-

O *ÉDIPO*, DE SÓFOCLES

ma peça de teatro. Fosse ela menos bem feita e por certo não se constituiria nesse modelo que representa para todo o mundo. O grande achado de Sófocles foi instaurar no palco um inquérito policial, em que o promotor Édipo se descobre réu. Durante muito tempo as novelas policiais se compraziam em revelar o criminoso, depois de fazer recair a suspeita nas mais diferentes personagens. Autores sagazes se cansaram da ingenuidade do procedimento e resolveram identificar no início o assassino, sem prejuízo da suspensão da narrativa. Ainda nesse caso o exemplo vem de *Édipo*: no primeiro episódio se fica sabendo ser ele o culpado que ele próprio procura, mas a curiosidade da trama não faz senão aumentar. O espectador quase torce para ver como se resolverá o mecanismo desencadeado, numa sucessão de surpresas e de admiráveis golpes teatrais.

Basta conhecer as inovações introduzidas por Sófocles para não duvidar que o seu forte foi o apuro da linguagem do palco. A tragédia algo primitiva, herdada de Ésquilo, ele afeiçoou, para que seduzisse a platéia com efeitos artísticos seguros. Sófocles inventou os cenários pintados, de agrado visual evidente. Com Téspis, um ator passou a contracenar com o coro, o que significou a criação do conflito teatral. Ésquilo aprofundou a dramatização do ditirambo de que veio a tragédia, ao colocar em cena um segundo ator. E Sófocles ampliou a flexibilidade dos diálogos, quando elevou a três o número de atores. As tragédias, que participavam em Ésquilo de uma trilogia de assuntos interligados, tiveram com ele independência temática, e conseqüentemente alcançaram unidade interna rigorosa. Esse trabalho de aperfeiçoamento dos recursos teatrais se completou com a redução do coro, que adquiriu pleno equilíbrio com as personagens, integrando-se melhor na dinâmica dos episódios, como verdadeiro ator. Mestre da ironia, Sófocles sempre acenou com uma possibilidade vã de salvação, antes da catástrofe, o que excita o interesse do espectador. Essa estrutura viva e compacta é preenchida com a criação de grandes caracteres, os quais, além do vigor próprio, representam excelente matéria-prima para os intérpretes. Existindo o teatro pela presença do ator, o conúbio das personagens privilegiadas com os temperamentos trágicos cria as figuras gigantescas que tanto atuam sobre a platéia, mesmo quando a literatura contemporânea se esmerou em dissolver os indivíduos.

O próprio Sófocles, segundo a *Poética*, de Aristóteles, explicou que Eurípides representava os homens tais como são, enquanto ele, como devem ser. A idealidade sofocliana teve profunda repercussão na tragédia, se comparada ao instrumento que a antecedeu. As criaturas de Ésquilo ainda são bonecos nas mãos do destino, exercendo-se sobre elas o arbítrio inescrutável dos deuses. Ao pintar os homens como "devem ser", Sófocles lhes insuflou consciência e vontade, o que diminui a parte divina, em proveito da presença das personagens. É hoje clássico o exemplo dos diferentes tratamentos dados pelos dois trágicos às conseqüências do assassínio de Agamenon pela esposa Clitemnestra. Nas *Coéforas*, de Ésquilo, Orestes recebe um mandato de Apolo para matar a mãe, vingando assim a morte do pai. Ele não é mais do que um agente do oráculo, sem questionar a ordem. Esse prisma passa a secundário na *Electra*, de Sófocles, e a heroína se torna a protagonista, por exercer uma vontade consciente de vingança, enquanto o irmão Orestes, mandatário do deus, é relegado ao segundo plano. Valorizações semelhantes de atos livres das personagens encontram-se em *Antígone* e *Ajax*, para que se possa considerá-los típicos de Sófocles.

Como conciliar essa característica de procedimento com o que ocorre a Édipo? Tudo o faz vítima da fatalidade, impotente em face de desígnios superiores que marcaram o seu destino. Não se contesta a sua inocência, embora a cólera e a arrogância também o distingam. A inocência é proclamada em *Édipo em Colona*, última obra sofocliana, e em *As Fenícias*, de Eurípides. A fatalidade que pesava sobre Édipo era tão indiscutível que, em *As Rãs*, Aristófanes faz Ésquilo criticar Eurípides, por ter escrito em *Antígone*, tragédia perdida, que ele foi feliz a princípio. E nem bastou a réplica de Eurípides, segundo a qual Édipo se converteu logo em mortal infelicíssimo. Homem assim fatalizado nunca poderia conhecer a felicidade (talvez Eurípides indicasse que Édipo viveu muito tempo na ignorância do próprio mal).

O *Édipo* sofocliano, não obstante omita os antecedentes, se inclui entre as tragédias que supõem a maldição familiar (como sucede à família dos Átridas, só liberta da cadeia de crimes com a absolvição final de Orestes). Laio, pai de Édipo, conhecia a proibição de ter descendência. Diz a lenda que, destronado de Tebas, ele recebeu o encargo de cuidar de um filho de Pélope. Ao invés de educá-lo, Laio o corrompeu, recebendo do pai a maldição: se tivesse um filho, este o mataria e casaria com a mãe. Quando Laio, mais tarde, voltou a reinar em Tebas, temeroso do futuro, mandou expor às feras, no monte Citerão, a criança que tivera da rainha Jocasta. O escravo apiedou-se do menino e o confiou a um pastor de Corinto, que por sua vez o deu ao rei Pólibo (a etimologia do nome Édipo é "pés inchados", alusão aos tornozelos doentes, porque os pais os ataram ao se desembaraçarem dele). Sem ter descendência própria, Pólibo adotou Édipo como filho, e sua vida transcorria tranqüila, quando um bêbado referiu numa festa essa condição. Édipo resolveu consultar o oráculo de Delfos sobre sua origem e, ao invés de receber resposta à pergunta, foi expulso do templo, como assassino do pai e marido da própria mãe. Para fugir ao vaticínio, ele se afastou de Corinto e, numa bifurcação de estrada, acabou matando uns passantes que o ofenderam. Não sabia que um dos mortos era Laio e que, ao decifrar o enigma da Esfinge que assolava Tebas, teria como prêmio o trono da cidade e a mão da viúva. Assim, pensando ludibriar a fatalidade, Édipo não vai senão ao encontro dela, mero joguete de decisões implacáveis.

O *ÉDIPO*, DE SÓFOCLES

Onde o exercício da religiosidade escura se reconcilia com o humanismo de Sófocles é na deliberação emprestada a Édipo. Não custaria ao herói interromper o curso do processo iniciado. Indícios e aparências poderiam inocentá-lo aos olhos dos outros. Édipo, entretanto, apesar dos riscos crescentes que assume na busca, empenha-se na descoberta da verdade, da sua verdade, mesmo que ela signifique a própria ruína. Há uma grandeza palpável nesse homem que não teme encarar a miséria da sua condição.

Todas as personagens são talhadas com a mesma finura caracterizadora. Édipo, na cegueira inicial, tenta atribuir a revelação do adivinho Tirésias a um conluio com o cunhado Creonte. Tirésias, de sabedoria imemorial, destrói a acusação e fala em pé de igualdade com Édipo, como representante que é de um direito divino insubmisso aos soberanos. Creonte explica-se com lucidez: porque destituir Édipo do poder, se, como terceiro no reino, tem todas as honras do mando, sem os ônus que ele implica? Jocasta, ao intuir a identidade de Édipo, experimenta convencê-lo a não levar adiante o inquérito, pois se o homem está nas mãos do destino, o melhor é viver ao sabor do acaso. "Quantos mortais já não dormiram com a mãe em sonhos!" –, exclama ela, para desculpar Édipo. Jocasta só se mata quando tem certeza da inevitabilidade do mal que derrubará o filho e marido. Nesse clima de revelações fatais, o coro desempenha um papel de serenidade e equilíbrio, que é o caminho para o bem-estar do povo.

A concentração dos acontecimentos propicia a intensidade trágica. A ironia religiosa grega mudava radicalmente o destino do homem, num instante qualquer, fazendo-o passar da mais alta à mais baixa situação. Até o dia em que a fatalidade resolve abater-se sobre Édipo, ele é um homem realizado. Fora o libertador de Tebas, levando a Esfinge a lançar-se no abismo. Monarca sábio, identifica-se ao povo e quer sinceramente debelar a peste que o aflige. Recusa ouvir Creonte em particular, já que não tem segredos para os súditos. A tragédia, porém, deleita-se em desferir-lhe golpes cada vez mais indefensáveis. Chega o Emissário de Corinto, para dar-lhe a boa nova de que o povo o quer soberano das duas cidades, e se confirma que ele não é filho de Pólibo. Cada notícia auspiciosa se transforma em arma de sua condenação. Com uma inexorabilidade irônica e desnudante, Édipo se vê a cada fala mais comprometido e encurralado.

É possível discutir alguns aspectos da trama. Pergunta-se, por exemplo, porque Édipo só tantos anos depois da morte de Laio tem conhecimento das circunstâncias do crime. (É verdade que o único sobrevivente da cena contara a mentira que o rei tebano fora assassinado por um bando de ladrões, talvez para justificar sua fuga do local.) Embora Édipo seja de início cientificado da verdade por Tirésias, persiste na recusa de admitir a responsabilidade, ainda que tudo o incrimine. Essas, porém, são chicanas de esmiuçadores de textos, recenseáveis na frieza dos gabinetes, porque a credibilidade da ação é tão imperiosa que nenhum espectador sente dúvidas sobre a verossimilhança do entrecho. O crítico deve repetir a assertiva de Aristóteles, segundo a qual o "reconhecimento" de Édipo é o mais belo de todos, por se dar juntamente com a peripécia.

Muitas ilações pode oferecer a fábula edipiana, nos versos que fixam quase sempre uma bela sentença moral. Pode-se resistir a admiti-las, o que não vem ao caso. Uma se repete em toda a dramaturgia de Sófocles: o meio-termo deve ser o ideal do homem sábio, que aborrece os extremos. Conclui-se também que a arrogância acarreta a ruína. O sofrimento é a marca da existência, devendo o homem acatar com humildade os reveses da sorte. Poder, honra, glória – tudo é vão em face do destino inexorável. O homem enfrenta desarmado a implacável aventura terrestre.

Seria terrível guardar apenas a imagem isolada de *Édipo-Rei*. Felizmente, Sófocles, nonagenário, escreveu *Édipo em Colona*, testemunho de que o destino do herói continuava a preocupá-lo. E essa tragédia não deixa de ser um consolo: um oráculo informa que a terra em que Édipo for sepultado terá as bênçãos divinas. O vivo maldito se converterá em morto propiciador de venturas. Mesmo que, ideologicamente, não queiramos admitir uma felicidade sobrenatural, compensadora dos infortúnios humanos, essa promessa insufla transcendência ao melancólico efêmero da passagem pelo mundo.

(Maio, 1967)

3. O Sofrimento Trágico de Sófocles

Temple Drake, em *Réquiem para uma Freira*, fala, de madrugada, ao governador: "Estamos aqui, verdadeiramente, para salvar Nancy? Não sei, não sei mais. Creio, antes, que viemos despertá-lo para que me dê uma boa, uma leal oportunidade de sofrer". E esclarece: "Não sofrer por algo preciso, mas simplesmente sofrer, sofrer como se respira". Com essa confissão, a heroína do melodrama camusofaulkneriano retira, de sua atitude, um sentido objetivo, que seria o de retribuir o ato de grandeza da criminosa (criminosa para salvá-la do mal), e pretende dar-lhe significado mais alto de catarse pura. Na verdade, masoquismo que se mascara de religião dostoievskiana do sofrimento. Diante de tamanha falsificação do conceito de tragédia, vem-nos a vontade de reencontrar Sófocles, na estante, para um autêntico banho de purificação.

Não há dúvida de que o autor de *Édipo-Rei*, como Ésquilo e Eurípides, vê no sofrimento o signo da passagem terrena. Em qualquer de suas sete tragédias remanescentes, pode-se sentir que a consciência do mundo é apreendida pelo sofrimento, e a plena absorção dele confere grandeza ao homem. Nenhuma outra fala de sua obra esclarece melhor essa crença do que o canto do coro, em *Antígone*: "Amanhã, no futuro, / como ontem, no passado, / valerá esta lei: nada entra / de grande na vida mortal sem sofrimento". Mas o sofrimento das personagens sofoclianas visa a restabelecer uma ordem rompida, canaliza-se em ação para salvar a Cidade.

O sofrimento, sinônimo de densidade individual prestes a deflagar em revolta, aparece em todos os grandes heróis de Sófocles. E se torna sempre arma para, dentro da revelação dos desígnios divinos,

14 O TEXTO NO TEATRO

afirmar a vontade humana. Já observara agudamente Croiset que o humanismo sofocliano encontra na valorização da vontade o motivo dramático preferido. Veja-se *Ajax*: o suicídio do herói – ato da vontade – é o tema da tragédia, ficando em segundo plano a sua loucura, determinada pelos deuses. No *Édipo-Rei*, o mistério se desvenda por vontade do herói, embora mostrando sua própria miséria. Mais do que as outras peças, talvez, *Electra* ilustra essa afirmação. Nas *Coéforas*, de Ésquilo, Orestes é a personagem principal – o oráculo de Apolo lhe ordena que mate sua mãe Clitemnestra e o amante Egisto, vingando o assassínio de seu pai Agamenon. Electra é figura secundária. Na tragédia de Sófocles, Orestes, mero executor da ordem divina, passa a segundo plano, enquanto Electra, que age pelos ditames da consciência, domina completamente a trama.

Não bastaria, porém, essa mudança do registro trágico do obscuro mundo divino para a mola da vontade humana, temperada de sofrimento. O sofrimento tem motivo certo e endereço claro para libertação. Ajax sofre porque se sente vítima de injustiça e se suicida para desfazer-se do fardo de vergonha. O próprio suicídio, consumado à vista do público, significa não só a invenção do "golpe" teatral, como também a coragem de expor os problemas de frente, não os escamoteando pela narrativa de algo que se passou à distância. Electra e Orestes sofrem, mas, disciplinados na ação, restauram a legitimidade do poder, usurpado pelos assassinos de seu pai. Filoctetes padece há longos anos, abandonado à solidão na ilha de Lemos: suas armas, porém, permitirão a vitória dos gregos sobre os troianos.

Antígone oferece pretextos para digressões mais amplas. A heroína decide sepultar o irmão Polinice, contrariando o edito real, e é condenada à morte. O coro parece reduzir o significado da atitude, ao circunscrevê-la a simples decorrência da maldição familiar: "Pagas caro algum crime paterno", diz-lhe. Kierkegaard vem em abono dessa tese, ao escrever: "Quando Antígone, apesar do rei, decide enterrar seu irmão, vemos nesse ato, mais que uma livre iniciativa, essa grande necessidade do destino, que castiga os crimes dos pais nos filhos". A belíssima confissão de Antígone a Ismene – "Preferiste a vida; eu preferi a morte" – roubaria de seu gesto a inteira conseqüência. Tomando essa fala, possivelmente, como ponto de partida, Anouilh acabou por pintar uma heroína com a vocação da morte, e retratou, na verdade, menos o protesto da Resistência que o pensamento suicida francês, nos anos ligados à guerra. De nossa parte, sentimos na Antígone sofocliana a heroína que faz da exaltação a sua força e afirma o seu ser frágil e indefeso contra os poderes temporais, por estar impregnada de verdade mais profunda. As "não escritas e intangíveis leis dos deuses", que "não são de hoje, ou de ontem: são de sempre" – justificadoras de sua revolta –, definem-se antes como o produto de moralidade congênita, de fé enraizada nos direitos do homem, do que como preceitos de religião, embora essa própria religião fosse inven-

O SOFRIMENTO TRÁGICO DE SÓFOCLES 15

tada pelos homens. Antígone vai ao encontro da morte em defesa de um princípio.

O itinerário de *Édipo-Rei* a *Édipo em Colona* testemunha a dura conquista da sabedoria. Responsável involuntário pelo assassínio do próprio pai e pelo casamento com a mãe, o herói sofocliano tem que purgar a maldição divina. No momento em que desvenda o mistério de seu destino, e se cega para punir-se, liberta a cidade do mal que a assolava. Não fica aí a capacidade motora do sofrimento: proscrito, arrastando-se em miséria, um oráculo anuncia que seria bendita a terra em que morresse. O sofrimento individual frutifica em bem coletivo – tem sentido ponderável, não fictício.

Daí a idealidade da matéria de que são feitos os heróis sofoclianos. As ações justas esculpem os homens em imagens sólidas e vigorosas – tornando-os modelos do que seria uma organização perfeita. Não obstante imbuídas de pessimismo fundamental, as criaturas de Sófocles constroem o futuro com a dignidade e a serenidade de infinita sabedoria. Se o sofrimento faz que não sejamos "senão aparências e sombras vãs", como diz Ulisses em *Ajax*, a consciência de nossa tragicidade vale para urdir uma vida melhor.

Com a mesma sabedoria de que nutre suas peças, Sófocles cumpre seu destino. Sua biografia revela o homem vitorioso, que se impõe aos semelhantes. Das cento e vinte peças, aproximadamente, que escreve, cerca de vinte tetralogias obtêm o prêmio nos concursos trágicos, e nunca é classificado além do segundo lugar. Como homem público, é duas vezes estratega e helenôtamo. Com a derrota ateniense na Sicília, em 413, elegem-no membro do Colégio de seis magistrados, que deveriam propor as medidas de salvação. Em 411, está entre os trinta membros de uma comissão incumbida de modificar a Constituição. Participando do Governo dos Quatrocentos, afasta-se quando querem abolir a assembléia popular. Morre com mais de noventa anos, recebendo num santuário de Atenas sacrifícios anuais. Por tudo isso, é com razão considerado o representante típico do aticismo do "século de ouro".

Da segurança, do equilíbrio, certamente, é que deriva o tradicionalismo religioso de Sófocles. Não o preocupam as indagações teológicas de Ésquilo nem a dúvida racionalista de Eurípides. Fixa-se numa crença estabelecida, cuja maior prova é a infalibilidade de que se reveste o oráculo de Apolo. Apregoa a sensatez, pois "a ambição, alentando os homens, os arrasta à ruína". Julgamos, porém, que o tradicionalismo religioso, ligado àquilo que se consideraria êxito burguês, represènta menos uma possível mediocridade do pensamento de Sófocles que a certeza de que ele se lançou a outra aventura – a aventura muito mais interessante, perigosa e viril do homem que manipula o seu destino sobre a terra.

Enquanto grande parte da literatura atual trai desgosto da humanidade, a obra de Sófocles é a de um enamorado do homem, sofredor mas capaz de grandeza. O pessimismo, resultante da ironia do destino, não impede que ele enumere, como conquista humana maravilhosa, o que Ésquilo atribuíra ao titã, no *Prometeu Acorrentado*. Faz um bem extraordinário ouvir do coro, na *Antígone*, a sentença lapidar: "Muitos milagres há, mas o mais portentoso é o homem".

(Março, 1957.)

4. Hipólito e Fedra, a Partir de Eurípides

Afrodite, deusa do amor, desejando vingar-se de Hipólito, que não a cultua, insufla em Fedra uma paixão incestuosa pelo enteado e o leva a perder-se. Não importa que Fedra, vítima inocente dos caprichos de Afrodite, seja também sacrificada como instrumento da desgraça de Hipólito, porque a comiseração de suas penas não suplanta o ímpeto de desforra da deusa. Esse, em resumo, o móvel da tragédia *Hipólito*, de Eurípides (480-407 a.C.), que inspirou também Sêneca (4 a.C.-65 d.C.) e a *Fedra* de Racine (1639-1699).

Informam os historiadores que a tragédia de Eurípedes foi encenada em 428 a.C. e com ela o autor recebeu o primeiro prêmio, um dos cinco de toda a sua carreira artística. Mas Sófocles não competia, tendo disputado o concurso seu filho Iofonte, que ficou em segundo lugar. E a versão de *Hipólito* que chegou até nós não é a primitiva, causa, ao que parece, de um escândalo: o público não aceitou o despudor da confissão de Fedra a Hipólito e, por isso, no texto preservado, é a Aia quem revela ao jovem o amor proibido. Na primeira versão, possivelmente, Fedra, repudiada por Hipólito, mentia ao marido Teseu, dizendo-lhe que o enteado lhe fizera propostas inaceitáveis. A peça que se salvou modifica o processo da acusação: Fedra, ao enforcar-se, deixa escrito em duas tabuinhas o motivo falso do suicídio, induzindo o marido a erro no julgamento do filho. Apesar da rudeza do testemunho, que deveria exprimir a verdade da morte, ele foi feito na solidão da loucura, sem o compromisso de comprovar-se diante dos outros. Daí, sob esse prisma, ser menos grave o gesto impensado de Fedra, quando um diálogo poderia trazê-la à razão. Julgando-se traído pelo filho, Teseu pede a Poseidon que atenda ao primeiro dos seus desejos outorgados pelo deus, e o mate com pressa. Antes que houvesse tempo para esclarecimento, Poseidon envia um monstro marítimo ao encontro da carruagem de Hipólito, e só resta ao jovem um hálito de vida, para a reconciliação final com o pai.

São muitas as implicações da tragédia. Antes de mais nada, o racionalista Eurípides encontrou na lenda um pretexto admirável para criticar os deuses, responsáveis pelos males humanos. A ação passa-se no jardim do palácio de Teseu, em Trezena, e as imagens de Afrodite e Ártemis, colocadas à direita e à esquerda do cenário, presidem os acontecimentos. No prólogo, Afrodite resume os antecedentes e o desfecho da história, transformando as personagens em verdadeiros bonecos acionados pelos seus desígnios. A deusa do amor não suporta que Hipólito reverencie Ártemis, protetora da castidade e da caça, e a saúde apenas de longe. Seria normal, porém, que Ártemis evitasse a perda do maior de seus fiéis. Quando o espectador poderia estranhar a sua omissão, Ártemis vem ao palco para esclarecer: "Entre os deuses é norma, quando algum nutre um desejo, ninguém se opor, e sempre nos abstemos. – Pois – saibas (dirige-se a Teseu) – eu jamais suportaria, se não temesse a Zeus, a humilhação de consentir que morra quem mais quero dentre os seres humanos" (valemo-nos da tradução de Jaime Bruna, publicada no volume *Teatro Grego*, da Editora Cultrix). Os homens, pobres mortais, seriam assim o joguete do arbítrio divino, sem forças para se opor a uma querela superior. A malignidade dos deuses tem nova prova na rapidez com que Poseidon sacrifica Hipólito, quando ele cumpriria melhor a promessa de atender a três pedidos de Teseu alertando-o sobre o erro que praticava com o filho. Eurípides não desperdiçaria a oportunidade de combater a religião tradicional.

Essa visão completa-se com outro dado, que a enriquece de sutil ambiguidade. E se os deuses não fossem senão simbolizações de sentimentos humanos, emprestando uma autoridade incontestável ao nosso íntimo escuro? Melhor atribuir à vingança de uma deusa a inclinação irresistível de Fedra por Hipólito. Consciente dessa verdade, Sêneca põe na boca da Aia, em sua versão de *Hipólito*, as seguintes palavras: "Foi a paixão que, para favorecer o vício, fez do Amor um deus e que, para se dar mais liberdade, enfeitou de maneira vã sua loucura com um nome divino". Eurípides não chega a externar essa convicção, que está implícita no texto. Ao pôr em cena um amor impossível, ele deslocou a matéria da tragédia para a desrazão humana, como se a fatalidade não fosse apenas comandada pelos deuses, mas nascesse de imperativo interior do homem. Medéia, mais do que Hipólito, ilustra a carga trágica que alguns indivíduos suportam, mas se pode vê-la igualmente em Fedra. Estaria Eurípides, por isso, enxergando na aventura humana um beco sem saída? Terminando as tragédias de Eurípides, a maior parte das vezes, na desdita, em conseqüência de algum erro das personagens, Aristóteles, na *Poética*, julga-o o mais trágico de todos os poetas. E concorda com Sófocles, ao citá-lo, quando ele afirma que representava os homens tal como devem ser, enquanto Eurípides, tal como são. O realismo euripidiano, a olhos desavisados, pareceria apenas um comprazimento com a desgraça, que se instala no homem a partir de fatalidade interior. A psicologia pessimista, que ele inaugura no palco, nasce sem dúvida do reconhecimento do exílio que é a vida na terra, desamparada de significado transcendente. Eurípides representa na história da tragédia grega um momento crucial da crise dos valores antigos, quando o pensamento repudia a herança recebida e procura nova ordem. Talvez, por assumir, mais do que seus antecessores, a condição puramente humana, ele sugira a presença de um destino absurdo, que esmaga as criaturas indefesas. Foi necessária, contudo, a crítica a que ele submeteu toda a crença religiosa, para que o homem renascesse de suas próprias cinzas. O racionalismo euripidiano tornou-se uma das armas poderosas, na posteridade, na busca de valores revolucionários.

A virulência desagregadora da filosofia de Eurípides não passou despercebida dos contemporâneos, e o comediógrafo tradicionalista Aristófanes o transformou em alvo de todas as peças, mesmo naquelas em que os temas se distanciavam do território próprio do trágico. *Hipólito*, por motivos diversos, não poderia escapar da verve satírica de Aristófanes, e *As Rãs*, que põe Eurípides em cena, disputando com Ésquilo, no Hades, o cetro da tragédia, parodia uma réplica famosa da peça, para chegar ao desfecho. Quando a Aia confidencia ao jovem o amor de Fedra, exige que ele não quebre o juramento do segredo. Hipólito, contudo, responde: "Juraram os meus lábios, não minha alma". Em função da análise sibilina, que rompe a unidade entre o pensamento e a palavra, Eurípides parece admitir o perjuro, embora Hipólito não chegue a trair a promessa feita à Aia. Esse raciocínio foi suficiente para que Aristófanes o aplicasse ao próprio Eurípides, desarmando-o. Dionísio jurou, em *As Rãs*, que levaria Eurípides de volta à terra, mas concede a vitória ao adversário. Interpelado, Dionísio replica: "O coração jurou... mas eu escolho Ésquilo". E quando Eurípides pergunta se ele permitiria a sua morte, Dionísio responde com outro verso euripidiano: "Quem sabe se viver não é morrer?"

Em *A Origem da Tragédia*, Nietzsche analisa muito bem o papel desempenhado por Eurípides na evolução da tragédia, afirmando que ele também "não foi senão uma máscara: a divindade que falava por sua boca não era Dionísio, nem Apolo, mas um demônio que acabava de aparecer, chamado Sócrates". O socratismo estético de Eurípides se encerraria num dogma assim expresso: "Tudo deve ser conforme à razão para ser belo". Esse preceito levou Eurípides a criticar, por exemplo, o reconhecimento que Electra faz de seu irmão Orestes, nas *Coéforas*, de Ésquilo, e a compor a cena equivalente de sua *Electra* com absoluto rigor lógico. Nietzsche atribui ao racionalismo antipoético a técnica dos prólogos euripidianos, em que toda a história é desde o início contada ao público, evitando-se a surpresa e o efeito dramático. Muita gente, de fato, prefere desvendar um entrecho à medida que ele progride. Se Eurípides, entretanto, resumia o enredo no prólogo, não estava pagando tributo a uma bisonhice técnica, mas tinha em mente uma eficácia dramática diversa. Como os assuntos da tragédia eram bebidos, regra geral, na epopéia, a informação prévia remetia didaticamente o espectador para o folclore grego. A partir daí Eurípides reinterpretava à sua maneira a lenda, distanciando-se radicalmente de seus predecessores. Basta ler qualquer tragédia, cujo tema inspirou também Ésquilo ou Sófocles, para se concluir que a visão de Eurípides era mais audaciosa. Gilbert Murray, no livro sobre o trágico, fez essa observação, assinalando, porém, que, no tocante à forma artística, ele foi essencialmente tradicionalista. Tem-se a impressão de que Eurípides procurou escudar-se numa aparência rotineira, incapaz de provocar reação, para debaixo dela lançar as suas setas. Todo o teatro euripidiano, feito de angústia e de dissociação das personagens, adquire a partir daí espantosa modernidade.

Em poucos diálogos, *Hipólito* define as situações e os caracteres, encaminhando-se para o final num clima de permanente necessidade. Logo depois que Afrodite narra o que acontecerá, o Servo lembra a Hipólito o dever de odiar a soberbia e pede à deusa que perdoe a insensatez do jovem. No primeiro episódio, Fedra aparece deitada em maca e confia o seu amor à Aia, numa luta íntima entre a reserva e a explosão involuntária. E é a própria Aia quem cita o nome de Hipólito, ao que Fedra replica: "Disseste-o tu, não eu". O segundo episódio já apresenta o fato consumado da fala da Aia a Hipólito, repelida com violência pelo jovem, que proclama a sua misoginia: "Eu jamais me farto de odiar as mulheres; pouco importa se acham que me repito sem cessar; elas tampouco cessam de ser más". Fedra decide-se a morrer, e assim explica o mal que fará a Hipólito: "...inda serei, depois de morta, a ruína de alguém, para que saiba não se ufanar de minha desventura e aprenda a moderar o seu orgulho, sofrendo o seu quinhão nesta desgraça". À chegada de Teseu, no terceiro episódio, Fedra já pende de uma corda, e diante da acusação escrita da esposa, ele se apressa a pedir a morte do filho. O arrazoado de Hipólito para o pai obedece às mais severas exigências de um discurso racionalista, mas Eurípides se compraz em mostrar a melancólica falência da razão ante a fúria irracional. No êxodo, o Mensageiro narra que Poseidon atendeu ao apelo de Teseu para matar Hipólito, a deusa Ártemis restabelece a verdade (quando era irremediável o sucedido), e resta ainda um momento de vida ao jovem para absolver o pai de sua morte, enquanto este se arrepende da pressa criminosa, de que os males advindos são inevitável castigo.

O Coro, formado de mulheres de Trezena, cumpre a função habitual na tragédia grega, embora Eurípides tenha retirado dele a importância que guardava em Ésquilo e Sófocles. Medita o Coro, no ter-

HIPÓLITO E FEDRA, A PARTIR DE EURÍPIDES

ceiro estásimo, sobre a vida humana, dizendo que a sua fé na suma Inteligência arrefece, quando pensa nas reviravoltas da sorte. Embora o Coro admita que "não há fugir da sorte e do destino", ele se revolta, fiel ao pensamento de Eurípides, contra os deuses, que decretam a perda de Hipólito, mesmo sem culpa em relação a Fedra.

Não fossem as belezas próprias da tragédia de Eurípides, ela se imortalizaria, por ter inspirado as obras correspondentes de Sêneca e Racine. Por mais que o clássico latino e o francês se afastassem do modelo grego, encontra-se em Eurípides o essencial das outras versões.

Sêneca abole Afrodite e Ártemis do elenco de personagens e introduz uma série de modificações, de grande beleza literária, não obstante sem a mesma eficácia teatral de Eurípides. Os longos monólogos de Sêneca retardam a ação, valendo a peça mais como um interessante tratado de ética. A Aia condena os excessos dos poderosos, afirmando que "todos os que vivem numa prosperidade demasiada e desfrutam a opulência se tornam mais ávidos ainda". (...) "Por que os ricos e sobretudo os reis cobiçam as coisas ilícitas? Quem quer que seja muito poderoso tenta o impossível." Hipólito condena a vida das cidades e advoga a volta ao campo: "Nenhuma existência é mais livre, mais virtuosa, mais próxima dos costumes antigos do que aquela que se compraz longe das cidades, na solidão dos bosques". A aliança do homem com a natureza foi rompida pelo furor do ganho, e veio então "uma impiedosa sede de domínio, o fraco foi presa para o forte, e da força se fez um direito". O grande achado de Sêneca, porém, foi a confissão de Fedra a Hipólito, talvez baseada no primeiro texto de Eurípides. Aí, com uma intuição psicológica genial, Sêneca explica o amor de Fedra como uma volta ao marido quando jovem: "É a imagem de Teseu que eu amo, a imagem que ele tinha adolescente". E, numa busca elogiável de verossimilhança, Fedra, depois de saber do castigo infligido a Hipólito, diz ao marido que é ela a culpada e pune-se com a morte.

Ao escolher para a sua tragédia o título de *Fedra* e não de *Hipólito* (é duvidoso o nome da obra de Sêneca), Racine já revelou o propósito de aprofundar-se na psicologia da heroína, que passa indiscutivelmente ao primeiro plano. Inspirado em Eurípides e Sêneca, o trágico francês investiga na lenda outros elementos, para enriquecer a trama e alcançar um mais perfeito equilíbrio formal. Agora, Hipólito não cultua a deusa da castidade, mas arde em paixão por Arícia, que motivos políticos tornam proibida (quase como em *Romeu e Julieta*). A inserção desse outro problema facilita o melhor desenvolvimento dos episódios pelos cinco atos, alternando-se em cena, numa bem disposta simetria, as forças representadas pelas diferentes personagens. Racine justifica a mudança de Hipólito pelo desejo de fazê-lo culpado em parte em relação ao pai, quando, em Eurípides, a morte do jovem filósofo, isento de toda imperfeição, indignava mais o público do que o fazia sentir piedade. Esse argumento, embora válido, não impede que, em Racine, Hipólito tenha perdido aquela inteireza selvagem, de vigor excepcional. A *Fedra* raciniana impõe-se sobretudo pela sutileza na pintura da heroína, em que a paixão incestuosa rompe a barreira de um universo espiritual extremamente delicado. O amor fatal por Hipólito é o testemunho de um mundo terrível, em que o homem não encontra salvação, a menos que o escolha a graça divina, como preceitua o jansenismo. A passagem de Eurípides a Sêneca e a Racine significa por certo, além de outras questões, que o trágico grego soube, mais uma vez, identificar no palco um dos mitos que até hoje nos abalam.

(Agosto, 1968)

5. Visão de Aristófanes

Poucas vezes é tão difícil o juízo da posteridade como no caso de Aristófanes (446?-385? a.C.). Não só porque, de suas quarenta comédias, chegaram até nós apenas onze. Qualquer procura de generalização já estaria, por esse motivo, prejudicada na origem. Mas a falta de perspectiva plenamente satisfatória tem outras razões: o teatro aristofanesco foi escrito para o público ateniense sobretudo das três últimas décadas do século V a.C. O elemento circunstancial joga aí papel decisivo, e não vai na observação nenhum prejuízo fundado no conceito da obra de arte como valor de eternidade. Que Aristófanes conquistou o direito de figurar entre os escritores perenes, ninguém contesta. O problema é diverso. A comédia se destina a provocar o riso. Se, hoje em dia, perdemos muitas alusões que deveriam fazer as delícias da época, as peças estão sendo amputadas de recursos preciosos. É verdade que o tempo acrescenta às obras duradouras uma sabedoria exemplar, com a qual o autor provavelmente não contava. Ainda assim, trata-se de critério reflexivo, e, quanto a Aristófanes, tudo o que não seja verve espontânea vem em sua perda.

Quaisquer ressalvas não conseguem mudar a certeza de que, sob o prisma da imaginação e da capacidade criadora, Aristófanes se distingue como o maior autor da história do teatro. Talvez, se se preservassem as comédias de Crátino, Êupolis e Frínico, seus rivais, que trataram em concursos cômicos temas semelhantes aos de *Os Cavaleiros* ou *As Rãs*, por exemplo, essas peças apareceriam vinculadas a um contexto geral, e não se gabaria tanto a novidade que apresentam. Sob esse aspecto, o desgaste dos séculos foi propício a Aristófanes: perdendo todas as obras dos representantes da chamada Comédia Antiga grega, converteu-o em fenômeno único, pôs em seu crédito conquistas que deveriam pertencer também a outros. Sua figura, destacada do grupo, se beneficia da valorização de um *close up*.

Sendo os assuntos de Aristófanes a Atenas e a Grécia de sua maioridade e velhice, não se estranha que as comédias passem por crônicas da própria história. Estudiosos da evolução política e social da Antiguidade nos têm apontado essa armadilha. Deve-se lembrar sempre que a posição do comediógrafo está comprometida. Ele foi membro e partidário da aristocracia, que perdeu o poder para os democratas. Julgando os contemporâneos, Aristófanes instituiu em padrões os valores antigos, abandonados pelos atuais dirigentes. Por força de expressão, compararíamos sua mentalidade à de um monarquista que atribuísse todos os males do Brasil, hoje em dia, ao advento da República. Nada de assimilar a crítica de Aristófanes, portanto, à verdade histórica. Seu pensamento é profundamente reacionário. Nem por isso as comédias deixam de ser muito engraçadas. A caricatura, aliás, arma de crítica, se deve ter aprimorado, com o constante propósito de negar a realidade à volta.

O ângulo de Aristófanes é o de um moralista, fincado em crenças tradicionais. Os alvos por ele preferidos podem englobar-se na categoria genérica de corruptores: Cléon, dos costumes políticos; Sócrates, da educação da juventude; e Eurípides, da tragédia, que havia sido o veículo do ardor heróico de um Ésquilo. Na escolha dos criticados e na forma de atingir os pontos vulneráveis deles, o comediógrafo já mostra seu gênio agudíssimo. De uma ou de outra maneira, estão eles presos, também, à mentalidade que gerou a Guerra do Peloponeso, e não há ninguém que a ela não preferisse as bonanças da paz. Dispondo de material corrosivo tão adequado ao riso da comédia, o autor partiu para a censura de toda a vida pública ateniense. Desse ponto de vista, afigura-se uma verdadeira enciclopédia a obra aristofanesca. Devassa ela o mecanismo completo do sistema vigente - o equívoco da concepção democrática do poder, o funcionamento dos tribunais, a farsa do processo legislativo. Como tem sido assinalado pelos comentaristas, Aristófanes evoluiu também na maneira de encarar os problemas, e passou de uma sátira pessoal, que visava aos nomes em foco, a uma análise doutrinária da concepção de comunidade. A virulência dos primeiros ataques converteu-se numa meditação ampla sobre os caminhos da *polis*. Por certo, ligam-se a esse itinerário os acontecimentos políticos: o fim da Guerra do Peloponeso, a perda da hegemonia ateniense, os vetos governamentais à excessiva liberdade da comédia. E cabe ponderar que, em mais de um escritor, a indignação rebelde da juventude se transforma no sorriso irônico e complacente da velhice, demitido dos empenhos radicais. Nas últimas peças, Aristófanes joga uma pá de cal nas ilusões da própria humanidade.

Perderam-se as duas primeiras comédias do escritor – *Os Comilões* e *Os Babilônios*. Já enfeixava *Os Comilões* uma crítica à nova

VISÃO DE ARISTÓFANES 25

educação, tema que será retomado em *As Nuvens*. *Os Babilônios* enveredava pelo terreno político, matéria tanto de *Os Acarneus* como de *Os Cavaleiros*, as obras mais antigas que se conservaram do legado aristofanesco. Um extraordinário poder criador transfigura aí a realidade, fustigada nos erros, inaceitáveis para um homem de convicções firmes. Censura-se ao comediógrafo haver explicado com argumentos frágeis a Guerra do Peloponeso e o domínio de Cléon. Pensamos que, se ele tivesse procurado com minúcia as razões profundas do conflito e do prestígio do demagogo, seu veículo seria o ensaio histórico e não o teatro. Para os milhares de espectadores que o aplaudiam, postados em lugar desconfortável, o raciocínio não deveria apresentar-se isento de paixão, como em estudo de gabinete, mas carregado com as palavras sonoras dos comícios. E, sobretudo, provocando incessantemente a gargalhada, sem o que fugiria ao objetivo precípuo do espetáculo. Em sã consciência, não se pode acreditar que Aristófanes via no episódio do rapto de prostitutas o início da Guerra do Peloponeso. Seria tarefa sua esmiuçar, no palco, os motivos políticos e econômicos da luta? A caricatura, de efeito risível, estava naquela brincadeira, e *Os Acarneus* (425 a.C.) a referenda. Afirma a personagem Diceópolis que alguns jovens atenienses foram a Megara e roubaram a cortesã Simeta. Irritados, os megarenses se apossaram de duas hetairas amigas de Aspásia, amante e depois esposa de Péricles. Por esse motivo, isto é, "por causa de três meretrizes, a guerra se acendeu em todos os povos gregos". Há seis anos ela se prolongava, sem indício de trégua. Qual o meio de concitar seus concidadãos à paz? Somente mostrando as vantagens dela. E Aristófanes, como sempre faria em seu teatro, prova no entrecho que a existência pacífica traz outros benefícios para a população. Diceópolis, desesperado com a miséria, firma um tratado de paz particular com os lacedemônios. Não cuida o escritor da possível traição ou imoralidade de um entendimento privado com o inimigo. O propósito único é mostrar que a vida melhora, sem as sucessivas devastações da luta (os acarneus, habitantes do demo ático de Acarna, foram dos mais sacrificados com as investidas de parte a parte). Reconciliado com o adversário, Diceópolis e sua família podem celebrar as Dionisíacas rurais e reviver os dias de abundância. Através de intriga que sem dúvida seria impraticável, na realidade, Aristófanes confere força probante à sua tese.

A comédia *Os Cavaleiros* (424 a.C.) contém um ataque frontal a Cléon e ao regime democrático. O sucessor de Péricles não é nomeado - alcunham-no o Paflagônio, pejorativo para designar as arengas desconexas de demagogo. O general Demóstenes, em diálogo com Nícias, diz ter preparado para Cléon um pastel lacedemônio, referindo-se à vitória que obteve em Pilos, explorada pelo chefe democrata como êxito pessoal seu. Os oráculos (paródia da tragédia) anunciam que um salsicheiro derrubará Cléon do poder. Pobre República! Salta no palco o anunciado misturador de carnes e se espanta com o augúrio que lhe

26 O TEXTO NO TEATRO

transmitem. Não acredita que se torne um dia alguém. Demóstenes contesta-o, explicando porque chegará a ser grande homem: "Porque és um canalha audaz, saído das fezes do povo". Julgando-se o salsicheiro indigno de distinção, Demóstenes pensa que ele ainda abriga algum bom sentimento, o que indicaria pertencer a uma classe honrada. Quando o novo líder democrático informa que vem mesmo da canalha, o interlocutor exalta os felizes dotes de governo, com os quais o cumulou a natureza. Replica o salsicheiro que só sabe ler, e ainda assim mal, e Demóstenes acha que essa pequena parcela de sabedoria é seu único demérito: "Porque o governo popular não pertence aos homens instruídos e de conduta sem mancha, mas aos ignorantes e perdidos". Defeitos fundamentais são o que requer o governo da República. Está clara, aí, a crítica ao regime, e a cumplicidade do povo para que se perpetue o erro. O próprio Cléon afirma nada temer, "enquanto exista o Senado e o povo continue sendo estúpido". Aristófanes passou, indisfarçadamente, da sátira à democracia à acusação contra o próprio povo. Mas, dirigindo-se a ele, no espetáculo, malograria de todo, se fechasse a questão em condená-lo. Com estratégia política, não sabemos até que ponto sincera, o comediógrafo admite que o povo se regenere. Declara o Povo: "Faço-me de louco, porque me convém". Mais adiante: "Eu os observo, quando roubam, e finjo não ver nada; depois obrigo-os a vomitar tudo quanto me roubaram". No diálogo final com o salsicheiro, agora denominado Agorácrito ("porque me criei no mercado, em meio aos pleitos"), o Povo se penitencia de suas faltas passadas. Aristófanes foi hábil, fustigando com violência que não teve outro exemplo, na história do teatro, uma organização política, mas abrindo caminho para uma autocrítica positiva. O público deve ter ouvido os insultos do escritor como lição salutar, tanto assim que a comédia obteve o primeiro prêmio, nas Festas Leneanas. Preencheu a peça o duplo papel de atacar o líder Cléon, ligado ao regime no qual lhe foi possível florescer, e advertir o povo sobre as conseqüências da falta de discernimento. O coro dos Cavaleiros, classe privilegiada pelas polpudas rendas, preside a dissolução da democracia, cuja lei é o abastardamento progressivo.

Pelo entrecho, talvez o mais organizado, de acordo com as normas atuais da estrutura dramática, a comédia As Nuvens (423 a.C.) ocupa um lugar à parte na obra aristofanesca. Vê-se no desenvolvimento da ação uma coerência total, quase fazendo esquecer a indisciplina característica da Comédia Antiga. Não pensaram assim os contemporâneos, que, por outros motivos, repeliram As Nuvens. A razão principal está na escolha do protagonista, Sócrates, objeto do libelo do autor. E também se pode aceitar uma justificativa para o malogro da sátira: a caricatura só tem graça quando, embora exagerando os traços do original, os respeita e apenas os salienta (daí, por exemplo, os prognatas aparecerem com o queixo excessivamente pronunciado, na pena dos caricaturistas); mas se, atrás do desenho, não se percebe a fi-

VISÃO DE ARISTÓFANES 27

gura retratada, falece o impulso crítico. Ao que tudo indica, foi o que se deu com o Sócrates de *As Nuvens*. O público provavelmente não o reconheceu, naquela figura de sofista corrupto e trapalhão, contrária, sob tantos aspectos, à da ética irrepreensível, com a qual o pinta a história da filosofia. Aí, talvez, Aristófanes se tenha enganado de tática. Forjasse para o protagonista um nome imaginário, sintetizando suas características simbólicas, à maneira do que aconteceu em *Os Acarneus*, *As Vespas*, *A Paz*, *Lisístrata* e outros textos, e não se poderia reprovar a criação, que é, de resto, admirável. Esmeram-se os estudiosos em reconhecer no Sócrates da comédia traços de vários pensadores em voga, sublinhando Anaxágoras e Arquelau, Pródico e Protágoras, Pitágoras e os Órficos, físicos, sofistas ou charlatães. O propósito então foi o de resumir no protagonista todas as tendências da nova cultura, inaceitável para Aristófanes. Atingindo o nome de maior prestígio, ele atacaria, em conseqüência, os menos conhecidos e perigosos.

Recusa-se licitamente a imagem do filósofo, transmitida ao público na comédia, porque ela contraria os traços dominantes do original. Basta ler *A Origem da Tragédia*, porém, para se sentir o secreto parentesco desse Sócrates com o racionalista que Nietzsche responsabiliza pela morte da tragédia. Afirma o pensador alemão: "Num certo sentido, Eurípides não foi, ele também, senão uma máscara: a divindade que falava por sua boca não era Dionísio, nem Apolo, mas um demônio que acabava de aparecer, chamado Sócrates". O dogma euripidiano, segundo Nietzsche, seria: "Tudo deve estar de acordo com a razão para ser belo", argumento paralelo ao axioma socrático: "Só é virtuoso quem tem conhecimento". Daí "o direito de considerar Eurípides o poeta do socratismo estético". As semelhanças estão claras. Elas não poderiam escapar a um arguto inquisidor da atualidade. O espírito crítico matou a beleza poética da tragédia antiga. O racionalismo destruiu os valores da religião tradicional. Irmanam-se, num mesmo desrespeito à sabedoria legítima, os dois corruptores da Cidade.

O prejuízo básico não esconde a genial arquitetura de *As Nuvens*. A primeira recusa da alienação dos sofistas aparece no espantoso cenário em que os encontra Estrepsíades: uns estão voltados para a terra, investigando as coisas subterrâneas; Sócrates acha-se suspenso no ar, em um cesto, para que tenha livre curso a sua pesquisa das coisas celestes. Nessa alegoria, pode-se ver que todos se afastam, igualmente, na visão aristofanesca, das medidas humanas, do exato conhecimento dos semelhantes.

Por que Estrepsíades recorre a Sócrates? O motivo escuso configura o gênero de serviço prestável pelo filósofo: o pacato camponês não sabe como livrar-se das dívidas, contraídas por causa da mania de cavalos que tem seu filho Fidípides. O jeito é arranjar um argumento sofista, na acepção pejorativa que se dá à palavra. Por isso, quando o

28 O TEXTO NO TEATRO

credor Amínias lhe cobra ao menos os juros, Estrepsíades replica: "E como, grande canalha, se o mar não cresce, apesar dos rios que desembocam nele, pretendes aumentar incessantemente teu dinheiro?" O raciocínio tortuoso de nada vale, ante as convenções estabelecidas, e o próprio Fidípides se volta contra o pai, ao tornar-se discípulo da escola de perversidade. Numa lógica rigorosa, resta a Estrepsíades incendiar o reduto sofista, purificando pelo fogo a origem do mal.

O comediógrafo vale-se de todos os instrumentos do teatro. Desenha-se com nitidez a figura do apóstata. "Os deuses não são moeda corrente entre nós" –, diz Sócrates. E o filósofo erige como divindades as Nuvens. Faz uma súplica: "Soberano senhor, Ar imenso que rodeias a sublime Terra, Éter luminoso e vós, Nuvens, deusas veneráveis, que engendrais os raios e os trovões, levantai, soberanas minhas, e mostrai-vos ao filósofo nas alturas". As Nuvens são as "grandes deusas dos homens ociosos, que nos dão o pensamento, a palavra e a inteligência, o charlatanismo, a loquacidade, a astúcia e a compreensão". Sócrates quer que Estrepsíades não reconheça senão seus novos deuses, que ele e os discípulos veneram: o Caos, as Nuvens e a Língua. Não poderia haver súmula mais precisa da nova educação. O Caos subverte a hierarquia olímpica, simboliza a dissolução das verdades cultuadas pelos ancestrais. A Língua, valor em si, desligado do desígnio de transmissão de um pensamento honesto, torna-se arma perigosa, moldável aos desvarios do palavreado oco, exercício sem limites da aventura humana. Presidindo o cortejo da insensatez, vê-em-se as Nuvens, cujo movimento permanente nos céus indica a falta de consistência, o efêmero, a inapreensão, a mutabilidade sem raízes do raciocínio sofista. Para completar o quadro, Aristófanes faz dialogarem as alegorias da Razão Justa e da Razão Injusta, e através do debate expõe suas idéias. A certa altura, o Justo defende "a educação antiga, nos tempos florescentes em que eu pregava a justiça, e a modéstia reinava nos costumes". O próprio Coro de Nuvens, no final, resume a lição da comédia. Estrepsíades pergunta a ele por que o iludiu, permitindo que se perdesse em tão ínvios caminhos. O Coro explica: "Sempre agimos dessa maneira, quando sabemos que alguém se inclina ao mal, até enviar-lhe uma desgraça, para que aprenda a respeitar os deuses". Estrepsíades padeceu o castigo reservado àqueles que se desviam, segundo Aristófanes, da sólida moral antiga.

As Nuvens continha, de passagem, uma crítica aos juízes, a qual será matéria de uma peça inteira, As Vespas (422 a.C.). Na perfeição de uma só fala, a comédia englobava uma sentença mordaz. Um discípulo mostra Atenas, num mapa. Estrepsíades diz não acreditar nele, porque não está enxergando os juízes em sessão. Para Aristófanes, a inflação do judiciário seria a marca da cidade. E o problema, a seu ver, assumia proporções tão graves, que resolveu dedicar-lhe uma nova peça. As Vespas, embora ensaie o gênero da fixação de caracteres (motivo pelo qual interessou a Racine, inspirando-lhe Les Plaideurs) e

VISÃO DE ARISTÓFANES 29

resguarde o espírito cômico do autor, não revela o mesmo alcance das melhores obras. O alvo político, ainda uma vez, é Cléon, cujo nome se acha implícito na denominação dos protagonistas: Bdelicléon, inimigo de Cléon, e Filocléon, seu amigo. Naturalmente, é o amigo do demagogo quem se alucina na mania de julgamento, coibida pelo filho Bdelicléon. Satiriza Aristófanes a subserviência da justiça aos interesses dos detentores do poder, e a explica pelo suborno. Cléon havia elevado de um para três óbulos a remuneração dos juízes, e por isso, em magros tempos de guerra, seis mil adultos se entregavam à tarefa (a peça *Assembléia de Mulheres* avaliará, no começo do século seguinte, em trinta mil criaturas livres a população de Atenas). Desmontou aí o comediógrafo um processo social observado pelos tratadistas políticos e que Brecht, em nosso tempo, reviveu com insistência em seu teatro: a solidariedade irrecusável do judiciário com a ordem dominante. Querendo curar o pai da estranha paixão, Bdelicléon o aprisiona em casa. Consola-o da ausência dos tribunais confiando-lhe o julgamento do cão Labes, que havia roubado queijo na cozinha (crítica a Laques, que foi acusado de peculato, quando dirigiu a frota ateniense enviada à Sicília). O pretexto serve ao autor para desmoralizar os formalismos judiciais, tão em voga numa época de sofismas. Reconstituído diante do espectador um julgamento, Filocléon conclui pela culpabilidade do réu. Por atrapalhação, contudo, o voto é depositado na urna das absolvições, e Labes se vê livre. Nesse tipo de justiça, o destino de um indivíduo se decide por causas fortuitas. E há também as perigosas superstições: Filocléon acredita num oráculo que lhe predisse a morte, se um acusado escapasse de suas mãos. O povo está sujeito aos imponderáveis de cada juiz. Bdelicléon soluciona as agruras do pai incitando-o à alegria da dança. A comédia termina em carnaval, única saída para uma doença sem remédio. As vespas, que dão título à peça, formam o coro, e ele se identifica para o público: "Se algum de vós, espectadores, ao ver o meu vestuário, se admira de me ver com o delgado aguilhão, explicar-lhe-ei o motivo e dissiparei a sua ignorância. Esta gente armada de aguilhão é a gente ática, única indígena e única nobre; raça cheia de coragem, que defendeu muitas vezes esta cidade em combates, nos tempos em que os bárbaros vinham saquear o país" (alusão ao heroísmo antigo). Os juízes assemelham-se às vespas, "no caráter e na maneira de viver. Em primeiro lugar, nenhum outro animal é mais colérico e mais terrível quando o irritam; além disso todas as nossas ocupações lembram as das vespas. Formamos, como elas, diversos enxames que se dispersam por diferentes colméias (...). A nossa indústria provê abundantemente todas as necessidades da vida; basta-nos, para isso, dar ferroadas". Não há símbolo tão pouco abonador para uma atividade que se supõe nobre.

A Guerra do Peloponeso continua, para desespero dos sensatos. As divisões internas em Atenas fecharam o caminho do bom senso. Em termos puramente terrenos, Aristófanes não enxerga solução para

30 O TEXTO NO TEATRO

os erros. Os povos áticos se afundariam sempre mais na desolação e na miséria. Quando o homem descrê de uma saída natural, apela para o milagre. Trigeu, o laborioso vinhateiro de *A Paz* (421 a.C.), procura em Júpiter a resposta aos seus males. Um escaravelho, veículo utilizado em Esopo, o conduzirá ao Olimpo. Enquanto a Guerra anda solta, provocando distúrbios, a Paz está prisioneira, em uma caverna quase inacessível. Trata-se de libertá-la, devolvendo a tranqüilidade aos homens. Trigeu e um séquito de lavradores lançam-se à empresa.

A alegoria passa ao primeiro plano nessa peça, diferentemente do maior "realismo" das situações expostas nas obras anteriores. Em linhas gerais, pode-se admitir que Aristófanes encarnou a comédia agonística, em contraposição à alegórica e moral, cujos textos se perderam, mas é representada pelas reminiscências de um Crates. Mesmo que se aceite essa distinção didática de Jacques Denis, não se poderá omitir que o teatro aristofanesco se vale, a cada momento, de alegorias, e elas sustentam a intriga de *A Paz*. Libertada dos rudes penhascos que lhe vedavam comunicar-se com a humanidade, a Paz poderá ser benéfica para a terra. Suas companheiras são Ópora e Teoria, símbolos da abundância e das festas. Celebra-se o matrimônio de Trigeu com Ópora, ficção da prosperidade humana, quando impera a Paz. O público presencia uma existência feliz, quando não o arruína a guerra.

As investidas do poeta não resolvem o conflito grego. De nada adianta sua exortação a um pan-helenismo pacífico. Em *A Paz*, o honesto vinhateiro pede o concurso do Olimpo, para que se consiga uma trégua terrena. *Os Pássaros* (414 a.C.) parte de uma premissa mais desesperada: não há jeito neste mundo dividido. O melhor é desistir de uma solução humana, fundando uma república distante das querelas áticas. Os deuses também não responderam às súplicas, e permitem que se eternize a desgraça. Daí a idéia engenhosa, posta em prática por Pistétero e Evélpido, cidadãos atenienses que não suportam os pleitos e os sofismas. Antes do reinado de Zeus, existiu o dos pássaros. Na volta às fontes (característica do conservantismo aristofanesco), tentar-se-á agora instituir um governo alado, na nova cidade de Nefelococígia. Avolumam-se as dificuldades, interesses são postergados, e se edifica a morada aérea. Os pássaros retomaram dos deuses o cetro que lhes pertenceu um dia. Eis que a cidade, construída de acordo com os ritos que presidiam o nascimento das populações gregas, se enche com a mesma fauna responsável pelos desmandos atenienses. Procuram habitar Nefelococígia os cidadãos indesejáveis que atormentavam o cotidiano de Pistétero e Evélpido. O primeiro intruso é o mau poeta. Outra praga de Atenas eram os adivinhos, mercadores de oráculos. Um deles vai infernizar a nova cidade, com premonições dispensáveis. Métone, geômetra e astrônomo, invade também o reino celeste. Desejam os fundadores de Nefelococígia livrar-se desses mestres de confusões. Um sicofanta, a mais melancólica escória ateniense, galga por último os céus. Quer ele asas, para fazer a ronda das

VISÃO DE ARISTÓFANES

cidades e citar os acusados em juízo. A delação sustenta-o - doença hereditária em sua família. A comédia deveria forçosamente concluir com um himeneu, sob pena de despencar das alturas e transformar-se em tragédia.

São contraditórias as exegeses de *Os Pássaros*. A crítica românica enxergou nela apenas a imaginação desenfreada, fruto do gênio aristofanesco. Pelas citações feitas, desligar a comédia da realidade grega é querer encobrir os olhos. Cabe reconhecer que o escritor utilizou magistralmente a técnica do "afastamento". Ao invés de satirizar os vícios próximos, no cenário habitual, inventou uma cidade imaginária, na qual se reproduzem os males conhecidos. A distância enquadra a imagem e torna a situação exemplar. Resultam visíveis, em Nefelococígia, pelo desfile dos importunos turistas, os absurdos que prejudicam Atenas. Basta um pequeno raciocínio para assimilar a cidade no nascedouro à cansada metrópole ática. O vôo do comediógrafo foi, por certo, mais ambicioso: a crítica não se dirige a um aspecto, mas engloba todas as facetas da *polis*. Atenas inteira passou pelo crivo da sátira. Por esse esforço ambicioso e bem-sucedido, pode-se convir que a comédia *Os Pássaros* representa o momento mais perfeito da criação de Aristófanes. Unem-se num entrecho riquíssimo a perspicaz análise da realidade e a mais insuspeitada metáfora poética.

Insistir nessa dualidade do processo criador do comediógrafo é fazer-lhe elementar justiça. A ficção contemporânea acostumou-nos a um realismo empobrecedor, em que as características do cotidiano surgem reproduzidas na obra.

O retrato naturalista ainda aparece, muitas vezes, como ideal a atingir. É verdade que, no teatro brasileiro, o aproveitamento de cenas autênticas significou uma conquista contra os convencionalismos de toda ordem. Louve-se a reprodução fiel dos problemas, se o hábito anterior se circunscrevia aos colóquios de salas de visita. Em Aristófanes, a mais comprometida transposição do ambiente se liga a uma inimaginável capacidade de inventar histórias fantásticas, que fazem inveja aos manipuladores de hipóteses científicas ou sobrenaturais.

A guerra, sempre a Guerra do Peloponeso, impede o sono aristofanesco. O poeta já havia apelado para a ficção de um tratado de paz particular e para as divindades. Baldadas todas as tentativas. Retorna ele com novo recurso, descoberto entre as exigências essenciais da natureza humana. A luta é um brinquedo de homens. As maiores vítimas não são eles, que têm com que se divertir. As mulheres padecem os horrores dos embates, perdem os companheiros, os filhos, o conforto. Se os homens não dispõem de bom senso para encerrar o conflito, cabe a elas descobrir o remédio. O que rende um marido aos reclamos da mulher? A ameaça de que ela se furte ao leito conjugal. No plano coletivo, os exércitos masculinos se desmobilizariam ao decreto de uma greve do sexo. E é o que decidem as mulheres, sob o

32 O TEXTO NO TEATRO

comando de Lisístrata, personagem-título de nova comédia (411 a.C.).
Achado luminoso, que só ocorreria a um autor de imaginação sem
barreiras.

O julgamento do teatro aristofanesco precisa abandonar os critérios rotineiros de verossimilhança. Examinando-o com as vistas mío-
pes das possibilidades concretas, todas as suas proposições parecerão
arbitrárias. Como fundar uma cidade aérea? Que eficácia teria uma
paz privada? Um salsicheiro sucederia a Cléon no governo de Atenas?
Perguntas dessa natureza subentendem total incompreensão do espírito do comediógrafo. Seu gênio afirma-se, de imediato, no abandono
das intrigas prosaicas. Desinteressa-se ele da chã verossimilhança, em
troca de uma credibilidade superior, implícita na lição das fábulas. Em
termos de acontecimento real, ninguém acreditaria numa recusa coletiva das mulheres gregas aos guerreiros de ambos os campos de batalha. A idéia, porém, tem indiscutível poder de convicção, e acreditamos que deixou raízes o manifesto pacifista de Lisístrata.

A proposta embaraçosa, além do rubor que pode provocar em
platéias pudicas, guarda a virtude de permitir a definição de diversos
temperamentos. Aristófanes aproveita-se da oportunidade para revol-
ver as fraquezas da natureza humana. Há aquelas a quem a tirania do
desejo quase faz romper a promessa de castidade. Sempre cioso de
demonstrar ao público a tese em jogo, Aristófanes pinta cenas carre-
gadas, em que o imperativo do instinto está prestes a submeter os ditames da razão. Lisístrata parece ilustrar uma verdade: se o homem
não se convence pelo cérebro, curva-se ante os reclamos da natureza.

Já não predominam aí os ataques pessoais. Uma personagem feminina passa a protagonista, abrindo uma prática que se repetirá em
outros textos. Os homens malograram na missão de conduzir os destinos da Cidade. Avolumam-se as queixas e as reivindicações femininas, que se reproduzirão com mais nítidos ecos em Assembléia de
Mulheres.

Mesmo Aristófanes, com a fertilidade de sua criação, foi escritor
de idéias fixas, como se diz que há autores de um só tema. Eurípides
obcecou-o permanentemente, e não há comédia em que um verso não
lhe seja dedicado. A mais remota alusão ao trágico encontra-se em Os
Acarneus, numa rápida cena, que, por isso, não perde em vigor e argúcia. A inteligência da sátira principia no pretexto que traz Eurípides
ao diálogo. Diceópolis necessita de um traje convincente para conseguir um efeito patético, na disputa com os interlocutores. Bate na
porta de Eurípides, e o criado o atende, informando que o patrão está
e não está em casa. Na explicação do fenômeno vê-se que o autor de
Medéia se deleita em sofismas: "Seu espírito, que anda aí fora reco-
lhendo versinhos, não está em casa; porém, ele está em casa, suspenso
do teto e compondo uma tragédia". Embora não tivesse tempo, Eurípides acede em falar com Diceópolis, e novo motivo de riso se introduz. Eurípides baixa ao palco num ekciclema, engenho que, nos espe-

VISÃO DE ARISTÓFANES

táculos, servia para as divindades aparecerem milagrosamente nos desfechos, origem da expressão *deus ex machina*. Por ter Eurípides usado e abusado do recurso dramático, recorrendo a ele quando os conflitos humanos chegavam ao impasse final, Aristófanes o surpreendeu num *ekciclema*, que permite ainda a Diceópolis observar: "Ah, compões tuas tragédias suspenso no ar, podendo-as fazer em terra! Já não me espanta que tuas personagens sejam coxas". Eurípides tem variada indumentária a oferecer-lhe, e é pena que pertençam a protagonistas de peças perdidas. A enumeração contém Eneu, velho infeliz, o cego Fênix, o mendigo Filoctetes, o coxo Belerofonte, o rei destronado Télefo, de Mísia, Tiestes, Ino. O comediógrafo não recua também ante o prazer de verberar a origem humilde de Eurípides. Diceópolis pede-lhe umas folhas de verdura, aludindo à circunstância de sua mãe ter sido verdureira. Eurípides replica: "Assassinas-me! Aí as tens. Minhas tragédias ficam reduzidas a nada".

Em cada comédia há uma referência a Eurípides. Alternam-se o insulto pessoal, a crítica ao patetismo, a denúncia à má qualidade dos versos. Em *A Paz*, propondo-se Trigeu a escalada ao Olimpo, num escaravelho, a filha o adverte: "Toma cuidado para não tropeçar e cair. Se ficas coxo, darás assunto a Eurípides para uma tragédia, da qual serás protagonista". Aristófanes detectava na tragédia euripidiana o reflexo da crise do pensamento grego de seu tempo, e, tratando-se de um expoente no gênero que rivalizava com a comédia, não podia poupá-la. Não se deve exigir, contudo, que um comediógrafo se atenha a argumentos imparciais, ponderados com rigor. Para a desmoralização do inimigo, em gargalhada saudável, tudo era válido. E a sátira ou a paródia das características de Eurípides bem que alimentavam a voracidade cômica.

As *Festas de Deméter e Perséfone* (411 a.C.) encaram Eurípides sob um ângulo menor, o da sua proverbial misoginia. Contesta-se, agora, a verdade dessa acusação, contrapondo a uma Medéia e a uma Fedra, além de outras heroínas, entre as quais algumas de tragédias desaparecidas, a figura de Alceste. A leitura do teatro euripidiano não autoriza, com efeito, simplificação do problema. E, para quem quiser esmiuçar essas questões, não faltará matéria na obra de quase todos os dramaturgos. O realismo euripidiano, porém, abriu-se para os conflitos conjugais, e a perversidade de algumas situações rotulou o escritor como misógino. O engraçado é que Aristófanes, embora acusando Eurípides, acolhe várias características desabonadoras, emprestadas às mulheres...

Trata-se nas Festas de Deméter de decidir o destino do inimigo do sexo frágil. Os homens não têm ingresso no templo e, sem um defensor, o veredicto seria fatalmente desfavorável a Eurípides. Quem poderia advogar a causa do trágico? Nenhuma mulher se atreveria, nem teria motivo para patrocinar-lhe a absolvição. Aristófanes aproveita o impasse para estender sua sátira ferina. O mais novo dos trágicos de talento e que alteraria algumas leis da arte, depois da tríade famosa composta por Ésquilo, Sófocles e Eurípides, era Agatão, de cuja obra nada resta. Acontece que Agatão se distinguia também pelas feições pouco viris e pelos hábitos efeminados. Um pequeno disfarce bastaria para que ele penetrasse no recinto sagrado. Como Agatão não aceita a incumbência, será Mnesíloco, sogro de Eurípides, o seu advogado. O libelo acusatório é violento. A Primeira Mulher responsabiliza o trágico por todos os infortúnios que acometem suas companheiras. Os maridos não confiam nelas. A suspeita infiltrou-se nos mais corriqueiros acontecimentos domésticos. Fecham-se as portas a sete chaves. Uma doença de moça solteira passa por sintoma de gravidez. Os velhos não se casam mais com as jovens, depois de ter ouvido o verso: "A esposa é rainha do marido ancião" (de *Fênix*, tragédia perdida). Afinal, Eurípides desacreditou o sexo feminino.

A defesa apaixonada de Mnesíloco, ao invés de despertar indulgência, perde completamente Eurípides. Porque o bisonho advogado agrava a situação, revelando uma possível verdade: "Entre todas as mulheres de hoje, não encontrareis uma Penélope, mas Fedras inumeráveis". Descoberto o embuste, Mnesíloco é aprisionado. E cabe a Eurípides arengar em causa própria. Firma-se a trégua, com a sua proposta: "Mulheres, se quereis reconciliar-vos comigo, consinto, e comprometo-me a não falar mal de vós, daqui em diante. Estas são as minhas condições de paz". Se não libertassem o sogro, porém, faria a chantagem de denunciar suas ocultas maquinações aos maridos, ao regressarem da guerra. Sem ambição e profundidade, *As Festas de Deméter e Perséfone* situa-se entre as produções médias que tem todo autor.

A verdadeira crítica literária a Eurípides, já tão sutil no episódio de *Os Acarneus*, Aristófanes fez em *As Rãs* (405 a.C.). Abdicou o poeta aí dos recursos fáceis e dos xingatórios vulgares, para lançar-se a uma análise estética das obras de Eurípides e Ésquilo, cuja penetração e requinte exegético permanecem até hoje modelo não superado. Longe de nós aceitar as conclusões pejorativas do juízo aristofanesco. As setas que atirou contra os dois trágicos guardavam, possivelmente, o intuito secreto de mostrar as fragilidades do gênero, para que saísse fortalecido da contenda o alto mérito da comédia. Devemos considerar os defeitos que Ésquilo e Eurípides mutuamente se jogam na face crítica estilística, de profundo entendimento da arte, sem que as observações importem em negação de ambos. Não acreditamos que um estudo atual tenha muito a acrescentar aos perfis literários traçados pelo comediógrafo. Através dos diálogos, as características dos autores de *Os Persas* e *Helena* se vão revelando, até se patentearem totalmente suas enormes diferenças. E esse juízo, a nosso ver, é muito significativo, porque espelha uma visão contemporânea.

Dionísio, o deus do teatro, está desolado com a qualidade da tragédia ateniense, depois que desapareceram seus três expoentes. Os

VISÃO DE ARISTÓFANES   35

concursos trágicos e cômicos realizavam-se em festas a ele dedicadas,
e a falta de brilho dos aspirantes ao prêmio redundava em malogro da
própria celebração. Resolve o deus buscar nos infernos um dos grandes trágicos mortos e, ao penetrar no mundo das sombras, encontra
Ésquilo e Eurípides em barulhenta disputa pelo cetro do gênero. O
primeiro entre os artistas de cada especialidade nobre goza de regalias
na morada infernal, e note-se que ela não tem, para os gregos, os ingredientes de fogo e suplício da pintura cristã. Explica um Escravo:

> Eurípides, logo que aqui chegou, exibiu-se diante dos ladrões de capote,
> dos mais astutos larápios, dos parricidas e dos arrombadores de muros, dos quais
> há grande profusão no Hades... Eles, ouvindo-lhe as sutilezas, os artifícios e os
> torneios, apaixonaram-se loucamente por seus versos e julgaram-no mais hábil.
> Então, exaltado, Eurípides apossou-se do trono que Ésquilo ocupava.

Quanto a Sófocles, diz o Escravo:

> Logo que chegou aqui, abraçou Ésquilo, estendeu-lhe a mão, dando-lhe pa-
> cificamente o direito ao trono. E agora, como disse Clidêmides, está prestes a
> tornar-se "campeão da reserva": se vencer Ésquilo, permanecerá em seu posto;
> se não, pretende disputar o trono com Eurípides.

O debate entre os dois trágicos é presidido por Dionísio, a quem
caberá o veredicto. Eurípides começa a acusação, que, no correr do
diálogo, reunirá os seguintes argumentos: Ésquilo vale-se de um silêncio cheio de gravidade, espécie de charlatanice peculiar às suas tragédias; os caracteres que utiliza são ferozes e a linguagem é altiva, desenfreada, desmedida, sem regra, enfática e coalhada de palavras in-
fladas e vazias; personagens esquilianas vinham à cena sem pronunciar
palavra (crítica, talvez, ao emprego de apenas dois atores, no princípio
da carreira de Ésquilo, o que tirava ao diálogo a flexibilidade maior
conquistada mais tarde com a introdução do terceiro intérprete, por
Sófocles); os prólogos esquilianos eram obscuros, e o poeta se repetia
muito, além de não ser acessível ao público.

Para Aristófanes, as críticas atribuídas a Ésquilo contra Eurípides
já se revestem de maior seriedade. Os primeiros insultos são pessoais:
filho de deusa agreste (verdureira), coletor de necedades, fabricante
de mendigos e remendão de andrajos. Depois, a interpelação refere-se
aos incestuosos himeneus introduzidos na tragédia e à inimizade euripidiana pelos deuses. Os cidadãos foram piorados pelos conselhos do
autor de *Hipólito*, que pintou em seus versos mulheres enamoradas:
"Nobres esposas de nobres esposos foram por ti arrastadas a beber a
cicuta, por se terem perdido, graças aos teus Belerofontes". Eurípides
degradou a espécie humana, "cobrindo os reis de farrapos, para que
aos homens parecessem dignos de piedade". Por culpa dele, "nenhum
rico quer equipar uma trirreme: cobre-se de andrajos, geme e diz-se
pobre". Depois, Eurípides inspirou tal afeição à "tagarelice verbosa,
que tornou desertas as "palestras", corrompeu as nádegas dos jovens

O TEXTO NO TEATRO

loquazes e induziu os *Párolos* (marinheiros) a responderem a seus chefes". A citação de malefícios continua, insistindo em todos os aspectos desagregadores da tragédia de Eurípides. Ao defender-se dos ataques, Ésquilo tem oportunidade de esclarecer sua plataforma estética. A seu favor, já conta que a obra sobreviveu a ele, continuando a ser representada na posteridade. Os heróis esquilianos eram valentes, de elevada estatura, sem recusar os ônus públicos, distantes dos folgados e trapalhões. Seu drama estava cheio do espírito de Marte. Ao assistir a *Os Sete Contra Tebas*, os espectadores deixavam o teatro com bélico furor. *Os Persas* inspirou um ardente desejo de vencer sempre os inimigos. Ésquilo jacta-se de nunca ter colocado em cena "Fedras prostituídas nem Estenebéias". "O dever do poeta, entretanto, é ocultar o vício, não propagá-lo e trazê-lo à cena. Com efeito, se para as crianças o educador modelo é o professor, para o jovem o são os poetas. Temos o dever imperioso de dizer somente coisas honestas." Justifica o pai da tragédia sua linguagem, afirmando que a dos semideuses deve ser sublime. Aristófanes transmite aquela dimensão escultórica da tragédia esquiliana.

Em compensação, a defesa de Eurípides é o que o perde, em definitivo, aos olhos do comediógrafo. Começa ele por dizer que dirige as orações a outros deuses. E os invoca: "Ó Éter, meu alimento, sustentáculo da língua, ó Compreensão, finíssimo olfato, fazei que eu refute, à altura, os argumentos do meu adversário". Não pode haver oração mais comprometedora. Todos falam em suas peças: a mulher, o escravo, o amo, a moça e a velha (aí está a censura à democracia euripidiana, que fez a tragédia descer das alturas aristocráticas). Ele ensinou aos espectadores "a arte de tagarelar (...), o manejo das regras delicadas, (...) o medir o verso com o esquadro, a refletir, observar, compreender, amar a versatilidade, urdir, suspeitar, pensar em tudo..." Continuam as observações, de analista invejável: "...introduzindo no teatro cenas da vida doméstica, coisas que nos são usuais e familiares e nelas fundamentava a minha crítica; desse modo os espectadores, a par dos fatos, podiam fiscalizar a minha arte!" E conseguiu aperfeiçoar a inteligência dos homens, estabelecendo "na arte o exame e o raciocínio, de modo que para o futuro todas as coisas se poderão compreender e penetrar melhor". ·É curioso que mesmo Eurípides, admitindo no teatro o realismo burguês (em discordância com o idealismo aristocrático de seus predecessores), considerou que se admira um poeta "por sua inteligência e admoestações, porque nossa missão é tornar os cidadãos melhores".

A atilada penetração aristofanesca pôs o dedo na principal ferida, a do conceito de fatalidade, que estabelece a completa diferença entre a tragédia de Ésquilo e a de Eurípides. Sabe-se que Ésquilo fazia um implacável destino reger as vidas humanas, subordinando-as a desígnios superiores inescrutáveis. Com isso, muitas vezes o herói trágico não passava de joguete do arbítrio divino. Ao humanizar a tragédia,

VISÃO DE ARISTÓFANES

Eurípides situou na própria aventura terrestre a marca da fatalidade, que prescinde de decretos anteriores e de ordens sobrenaturais. Nenhum caso é mais ilustrativo que o de Édipo. Na obra remanescente de Sófocles, válida como exemplo do conservantismo religioso, Édipo já vem à terra fatalizado por terríveis oráculos. Fugir das maldições que lhe auguram torna-se a maneira inevitável de encontrá-las. Na passagem terrena, Édipo não foi senão executor de um triste fado, determinado anteriormente ao seu nascimento.

Cita *As Rãs* o princípio de *Antígone*, tragédia perdida de Eurípides (e é pena que se tenha perdido, porque talvez permitisse defini-lo, melhor do que nenhuma outra): "Édipo era, antes de tudo, um homem feliz". Ésquilo contesta essa interpretação, afirmando que ele "era um homem naturalmente infeliz, pois, antes do nascimento, Apolo havia predito que mataria o próprio pai e ainda não era nascido". Eurípides aduz que Édipo se tornou "depois o mais desgraçado dos mortais". Com essa simples alusão, pode-se imaginar que Eurípides subtraiu de uma fatalidade anterior os males do herói, para concentrá-la na própria existência. É a vida a fatalidade do homem. A contingência humana define o pior dos destinos.

As discussões sucedem-se, e os versos de ambos os trágicos passam por rigorosa pesagem. No final, Dionísio escolhe Ésquilo para que retorne à terra. Reclamando Eurípides o compromisso assumido com ele, o deus cita o famoso verso de *Hipólito*: "O coração jurou...", e deixa claro que é vã toda palavra. O trágico se queixa de que ficará entre os mortos, e Dionísio parodia outras passagens suas: "Quem sabe se viver não é morrer? Se respirar não é comer, se dormir não é velocino?" Volta-se contra Eurípides a sofística por ele abraçada.

No desfecho da comédia, Ésquilo diz a Plutão para pôr em seu trono Sófocles, a fim de que o conserve e guarde. Depois dele, Sófocles é o mais hábil. "Quanto a esse intrigante, impostor e burlesco, lembra-te de que jamais deverá sentar-se no meu trono, mesmo contra a sua própria vontade". O Coro dos Iniciados, que substitui no transcorrer da peça o das rãs, faz a peroração didática: "É muito agradável não tagarelar, sentado ao lado de Sócrates, depreciando o culto das Musas e os demais importantíssimos acessórios da arte trágica. É próprio de um insensato esbanjar o tempo em discursos enfáticos e frívolas sutilezas". O leitor espanta-se com a liberdade cômica de Aristófanes. As rãs, que dão título à peça, aparecem num episódio isolado, e não param de brincar com o deus do teatro. Dionísio pode ser tudo, menos uma divindade venerável. Entre outros atributos, ele é pintado como covarde, glutão e pederasta. E - não se esqueça - o espetáculo foi encenado numa festa em homenagem a ele. Que simpática e incompreensível familiaridade tinham os comediógrafos com o Olimpo!

Decorreu mais de uma década entre a data da montagem de *As Rãs* e a de *Assembléia de Mulheres* (392 ou 391 a.C.), pertencente à última fase de Aristófanes. As condições políticas haviam mudado. O Governo dos Trinta vedou aos autores as críticas pessoais. A sátira deveria voltar-se para a generalização doutrinária e ideológica. A filosofia continuava a fornecer ricos pratos para os poetas cômicos, porque ela partia para buscas ideais, distantes da realidade ateniense. Ensaiava uma organização utópica, em bases de absoluta novidade. Discute-se se Aristófanes procurou criticar, em *Assembléia de Mulheres*, Protágoras e *A República*, de Platão. Não importam, a nosso ver, investigações a respeito de datas. De qualquer maneira, as idéias platônicas "andavam pelo ar", quando o comediógrafo tentou, apoiado apenas na natureza humana, destruir as premissas de um mundo perfeito.

O vigor satírico e o método de negação das teses adversárias, pela prova do absurdo, continuam inalteráveis. Pela prodigiosa imaginação e pela pertinência das situações fixadas, colocamos *Assembléia de Mulheres* entre as melhores obras aristofanescas. Aí, as mulheres mais uma vez tomam a iniciativa de responsabilizar-se pelo destino do Estado, em vista da falência dos homens. Em *Lisístrata*, a rebeldia caracterizou-se pela omissão: recusaram-se elas ao tálamo conjugal. A nova comédia quis ir mais longe: chega à ação feminina, isto é, decidem Praxágora e suas companheiras subtrair dos homens as rédeas do governo e ditar as novas leis. Com deliciosa ironia, comenta-se, no texto, que essa era a única novidade que não se tentara ainda em Atenas.

Para lograr o seu intento, as mulheres precisaram servir-se de extravagantes ardis. Aos homens cabia legislar e, portanto, não era admissível que se rendessem às razões femininas, abdicando do poder. As mulheres disfarçaram-se com as roupas dos maridos, puseram barbas postiças e foram ao Pnix votar, antes deles. Quando os homens saíram de casa, a mudança era fato consumado. O discurso de Praxágora, justificando a entrega do governo às mulheres, é de extrema perfídia. Fala ela à maneira de homem, elogiando as virtudes femininas. São as mulheres sensatas e inimigas de temerárias novidades. Fazem tudo, "como antes". Inclusive ocultam em casa os amantes, "como antes". Mães, se empenharão em poupar soldados. Econômicas, aplicarão melhor as verbas públicas. "Se chegarem a mandar, não serão enganadas facilmente, porquanto estão acostumadas a fazê-lo". Alçadas à direção de Atenas, essas mulheres, tão conservadoras, votam duas leis revolucionárias: a que dispõe sobre a comunidade dos bens e a que torna o amor livre. Eis o primeiro decreto de Praxágora:

> Quero que todos os bens sejam comuns, e que todos tenham parte igual neles e vivam dos mesmos; que este não seja rico e aquele, pobre; que um não cultue um imenso campo e outro não tenha onde sepultar o seu cadáver; que não haja quem disponha de cem escravos e quem careça do serviço de um só (lembre-se de que a democracia ateniense considerava normal a escravização de outros povos); em uma palavra: estabeleço uma vida comum e igual para todos.

VISÃO DE ARISTÓFANES

O problema da relação dos sexos estará resolvido, segundo Praxágora: "Pois eu farei que as mulheres sejam também comuns e dêem filhos a quem os queira".

Na teoria, tudo parece viável. Instaura-se o regime comunista. Aristófanes solapa-o, escudado em crença profundamente pessimista a respeito do homem. A comédia não se satisfaz em combater pela ideologia um suposto erro; quer comprová-lo, na prática. E vem a demonstração. De início, dialogam dois cidadãos. O primeiro dispõe-se a entregar na praça pública todos os seus bens. O segundo julga esse comportamento de total insensatez. "Crês que todo cidadão que tenha um átomo de juízo levará alguma coisa? Não estamos acostumados a dar: só nos agrada receber, no que imitamos os deuses". E proclama ele o propósito de conservar seus bens e participar da comida comum, desmoralizando, dessa forma, o decreto idealista de Praxágora.

A tese do amor livre não resiste à cômica urdidura aristofanesca. O impulso irresistível da natureza humana leva o jovem a procurar a jovem, o belo a querer a bela. O amor livre, pura e simplesmente, acarretaria uma injustiça nada estranhável: a legião da velhice e da feiúra mergulharia no definitivo isolamento dos seus semelhantes, sem o consolo de usufruir o encanto da juventude e da beleza. Qual a maneira de evitar a involuntária lacuna de uma lei? Praxágora completa o seu decreto: um jovem, antes de desfrutar uma jovem, precisa satisfazer uma velha que o queira. E o jovem da comédia inicia sua melancólica peregrinação. Dispõe-se a aturar as carícias de uma velha, diante do prazer próximo, quando uma segunda velha, um pouco mais idosa, o solicita. O jovem acaba totalmente derrotado: uma terceira velha, mais feia, reivindica os seus direitos de prioridade. Não há amor possível com tão absurda lei.

Assembléia de Mulheres termina em clima festivo, como de hábito na comédia. A criada concita o patrão a participar de uma lauta ceia. O coro quer que todos saltem e bailem. Aristófanes, satisfeito com a concludência da argumentação, marcha para o festim da vitória. Continua, ainda nesse exemplo, a explosiva gargalhada do gênero.

A última obra do comediógrafo retorna a problemas paralelos aos de *Assembléia de Mulheres*, mas com serena meditação. *Plutus* (388 a.C.) tem tudo de um testamento ideológico, despojado das paixões polêmicas da mocidade. Os objetivos não se alteram, nem se poupam os males sociais. Nota-se uma diferença de tom, obrigatória na espécie de alegoria escolhida. Cremilo queixa-se de que, sendo piedoso e justo, era pobre e desgraçado, enquanto outros, sacrílegos, oradores, sicofantas e malvados, se enriqueciam. Velho, Cremilo nada quer para si, mas foi consultar o deus para seu único filho, perguntando-lhe se valeria a pena mudar de conduta, já que a canalhice parece ser o caminho da fortuna. Plutus, até então incógnito, resolve revelar sua identidade e explica a cegueira pelo ódio de Zeus às pessoas honradas. O rei

40 O TEXTO NO TEATRO

dos deuses roubou-lhe a vista, ainda jovem, para que não conhecesse
as criaturas justas, sábias e modestas. Daí os desmandos terrenos na
distribuição das riquezas. Cremilo levará Plutus ao Templo de Esculápio, para que enxergue de novo e revogue a injustiça vigente na terra.

O importante, na peça, transfere-se da crítica aos erros para a
discussão sobre as conveniências humanas. Cremilo toma a causa do
reinado de Plutus, porque "quanto há de brilhante, de gracioso e belo
entre os homens se deve a ti, pois tudo depende da riqueza". A Plutus
"se deve o nascimento de todas as artes e das invenções mais enge-
nhosas dos homens". O labor explica-se pela necessidade do dinheiro.
Encerra Cremilo seu raciocínio, falando a Plutus: "Numa palavra: por
ti se faz tudo. És a causa de todos os nossos males e de todos os nossos bens". Até, na guerra, a vitória se inclina para o lado onde pesa o
dinheiro.

Está feito o panegírico da divindade do ouro, quando surge a Pobreza para invectivar os homens. Companheira deles, há muitos anos,
não quer ser expulsa da cidade, na ocasião em que Plutus vir outra
vez. Procura ela demonstrar que é a "causa única dos vossos bens e o
único sustento de vossa vida". Afirma a Pobreza que,

se Plutus recobrar a vista e distribuir seus favores com igualdade, ninguém que-
rerá dedicar-se às artes nem às ciências. E uma vez suprimidas estas duas condições de existência, haverá quem deseje forjar o ferro, construir naves, coser vestidos, fazer rodas, cortar couros, fabricar ladrilhos, lavar, curtir, arar os campos,
para colher os frutos de Deméter, podendo todos viver na folgança e desdenhar o
trabalho?

Recusa ela identificar-se à mendicidade: "A vida do mendigo (...)
consiste em viver sem possuir nada; a do pobre, em viver com economia, em trabalhar, em não ter nada supérfluo nem carecer do necessário". A Pobreza aperfeiçoa o espírito e o corpo dos homens muito
mais do que Plutus. No brilho com que advoga a mediania conservadora, Aristófanes não trai a coerência reacionária de seu pensamento.

Sucedem-se no diálogo um Homem Honrado, um Delator, uma
Velha, um Jovem. A riqueza virou a cabeça dos homens. Mercúrio
lamenta-se de que, desde que Plutus recuperou a visão, ninguém sacrifica mais aos deuses. O sacerdote morre de fome, agora que todos
se tornaram ricos. A verdadeira religiosidade estaria ligada à condição
de pobreza. Embora suas conclusões sejam inaceitáveis, Aristófanes
teve o gênio de desmontar os mecanismos sociais.

Não há como recusar o legado incomum do comediógrafo. Se a
perenidade de uma peça se atesta pela constância das encenações,
Aristófanes parece perder para outros autores, que não têm a sua
grandeza. O mal é nosso, da nossa ignorância, pois não estamos aptos
a sentir o emaranhado fértil de alusões, em que ele se multiplica. Depois, a comédia aristofanesca vive ainda do espírito dionisíaco, e a
evolução do gênero o distanciou da verve primitiva. Nesse particular é

VISÃO DE ARISTÓFANES

que um leitor inadvertido deixa de reconhecer nele os valores aos quais se acostumou.

A presença do *comos*, na estrutura do teatro de Aristófanes, representa o maior embaraço para apreendê-lo, em termos de composição moderna, baseada quase sempre em três atos. Convencionou-se, com o correr do tempo, que uma boa peça faz a apresentação de um conflito, desenvolve-o e chega ao seu desfecho. Sem a nitidez de um texto atual, pode-se entrever esse esquema em *Lisístrata* ou *As Nuvens*. O que despista a leitura moderna é a indisciplina da fusão dos vários elementos. O *comos* não passava de um cortejo de camponeses bêbados, tributando seu culto a Dionísio, num cântico obsceno e na provocação aos pacatos assistentes. Segundo os estudiosos, ele contribui para a comédia com o párodo, ruidosa entrada do coro em cena; o *agon*, que é o debate essencial proposto; a parábase, parte que se desliga da ficção e na qual o coro se despe das vestes usadas no decorrer da intriga, para dirigir-se diretamente ao público, tomando a defesa do autor e fazendo críticas aos adversários de toda espécie; finalmente, o êxodo, saída festiva do coro, terminando o espetáculo na atmosfera típica das celebrações dionisíacas.

A matéria própria da efabulação entrou no teatro de Aristófanes por meio da influência da farsa do Peloponeso e da comédia siciliana, onde já existiam entrechos rudimentares. Tendo alcançado o direito de cidadania muito depois da tragédia, a comédia aproveitou desse gênero as conquistas formais e conseguiu uma certa ordenação e o apuro da técnica do verso. O prólogo veio diretamente a ela da tragédia, e o desenvolvimento dos episódios influiu na exposição do conflito cômico. A origem múltipla, se tornou a aparência da comédia algo caótica, marcou-a com um dinamismo e uma riqueza incomparáveis.

A evolução da parábase traça também a trajetória da comédia aristofanesca. Nas obras típicas da Comédia Antiga, ela é cristalina, ampla, serve de tribuna livre para o autor tecer os comentários pessoais sobre a atualidade. Em *Os Acarneus*, a parábase concita o público a não abandonar o poeta: "Em suas comédias, brilhará sempre a justiça, e ele advogará sempre vossa felicidade, não com adulações nem vãs promessas, fraudes, baixezas nem intrigas, mas dando bons conselhos e propondo o que seja melhor". A parábase de *As Nuvens* lembra a decência do comediógrafo, que aboliu o símbolo fálico e não caçoa dos calvos nem dança o córdax, prática lasciva da Comédia Antiga. "Quando Cléon estava com todo o seu poder eu o ataquei cara a cara; porém, quando caiu, deixei de insultá-lo" –, fala pela voz do coro Aristófanes. Em *Os Cavaleiros*, refere-se ele a Magnes, a Crátino e a Crates, e mostra o elevado conceito que tinha de sua arte. Demorou para pedir um coro (inscrever-se num concurso), "por conhecer que a arte de fazer comédias é a mais difícil de todas, ao ponto de que dos muitos que o solicitam, poucos logram dominá-lo". A parábase resumia no mais alto grau a preponderante função censora exer-

42 O TEXTO NO TEATRO

cida pela Comédia Antiga. Assim, quando a liberdade passou a ser cerceada, ela desapareceu do contexto da comédia. A impessoalidade exigida das críticas está patente na supressão da parábase, em *Assembléia de Mulheres* e *Plutus*. Essas duas peças já exemplificam o que se denominou Comédia Média: principalmente *Plutus* anuncia características que distinguirão a Comédia Nova, cultivada, entre outros autores, por Menandro, Dífilo e Filemon. O escravo assume papel de relevo e sabe-se que ele se tornará o protagonista da Comédia Nova, que Plauto e Terêncio transpuseram mais tarde para o teatro latino. Reduzem-se as dimensões e a importância do coro, que se converterá depois em mero interlúdio coreográfico e musical. Um monólogo-prólogo inicia a comédia. O diálogo acolhe conversas maiores de três personagens, o que será regra na fase posterior do gênero. Quase desaparecem os elementos circunstanciais, e uma divindade em vestes humanas participa do entrecho, como se dará no *Anfitrião* plautiano.

A grandeza de Aristófanes tem ainda a virtude de não encerrar a sua mensagem numa ideologia antipática ao nosso tempo. Muitos dos males que ele denunciou, como as guerras imperialistas, continuam a ser verberados pelos indivíduos de boa vontade e, ironicamente, a luta pela paz tornou-se um dos *slogans* da esquerda, que se encontra com o comediógrafo nesse território inquestionável da preservação da humanidade. Em tradução ou adaptação, freqüentam os palcos civilizados peças como *Lisístrata* ou *A Paz*. Em qualquer especialidade, Aristófanes abriu caminhos, e serve até à causa de quem, se vivesse no século V a.C., seria por certo seu acérrimo inimigo. Não pode um comediógrafo almejar, à própria revelia, maior universalidade.

(Julho, 1963)

6. Menandro Descoberto

Reputa-se o encontro de um manuscrito da comédia *O Misantropo* (*Dyscolos*), em 1958, a mais sensacional descoberta do teatro grego, em nosso tempo. Os estudiosos de Menandro já se davam por felizes com o achado, no início deste século, dos fragmentos de *A Arbitragem* (*Epitrepontes*), cerca de setecentos versos de uma peça que deveria atingir os mil e trezentos. De *A Mulher de Cabelos Cortados* (*Perikeiromenê*), preservara-se a metade do texto. Para aqueles que tentavam reconstituir a figura do mais significativo autor da Comédia Nova grega, com base apenas em depoimentos e citações esparsas, essa dádiva da providência não podia ser desprezada. O sábio inglês Gilbert Murray, professor de Grego da Universidade de Oxford e um dos maiores helenistas da história, havia chegado a fazer uma reconstrução das duas obras incompletas (New York, Oxford University Press, 1945). Eis que um papiro guarda intacta a peça *O Misantropo*. O que se resolvia em conjeturas passa, agora, pelo crivo da verificação absoluta. É lícito dizer que, se as quarenta e quatro tragédias, comédias e drama satírico dos predecessores de Menandro delineiam a fisionomia do palco ateniense, sobretudo no século V a.C., *O Misantropo* vem completar a imagem da evolução do gênero cômico, a partir de Aristófanes.

Não obstante a importância dessa descoberta, a verdade é que ela não trouxe nenhuma revelação insuspeitada. Não se alteraram as linhas gerais do que se conhecia a respeito de Menandro e, se, sob esse aspecto, houve desaponto, ele nasceu da ingenuidade. Três peças de Plauto são adaptações do comediógrafo grego (*Duas Báquidas, A Cesta* e *Stichus*), assim como quatro de Terêncio (*A Mulher de Andros,*

O Punidor de Si Mesmo, O Eunuco e *Os Adelfos*). Por mais que os comediógrafos latinos se distanciassem do modelo, e sabemos que Plauto acolhia os estímulos da realidade próxima e Terêncio se esmerava no processo da *contaminatio* (fusão de dois originais gregos), a leitura de seu teatro conduz ao menos às intrigas, aos caracteres e às preocupações de Menandro, já que não, segundo o consenso unânime da crítica, ao estilo superior do comediógrafo. *O Misantropo* vale como prova definitiva, acrescentando o prazer de seguirmos, sem tropeço, a refinada composição do grego.

A diferença fundamental entre a Comédia Antiga, encarnada em Aristófanes, e a Comédia Nova, vista através de Menandro, é a que vai do cidadão, entendido como parte do Estado, ao indivíduo, movimentando-se no domínio da família. Não são comuns os exemplos de cotidianeidade, na comédia aristofanesca. Em Menandro, o homem deixa de aparecer como figura pública, para apresentar-se na sua natureza privada. Passam a segundo plano as cogitações do bem coletivo, para se registrar o comportamento pessoal. A Atenas humilhada do século IV abandonou os ideais grandiosos do século V, contentando-se com a pacata satisfação burguesa. A criatura que se desvincula da noção precípua de cidadania, identificada com a trajetória heróica da *polis*, mergulha na rotina de uma vida em que importam a sobrevivência e os prazeres sensoriais. Desaparecem as causas públicas, na falta de horizontes. Um moralismo doce e afável, que visa ao aperfeiçoamento da conduta humana, substitui o debate sobre os destinos da Cidade. Os bons conselhos tomam o lugar da censura violenta aos responsáveis pela coletividade. Procura-se o aconchego da mediania como antídoto às intempéries das relações entre os Estados. O ateniense, derrotado mais de uma vez, fechou-se em egoísmo compreensível, que o teatro pinta e tenta corrigir. Sem ser ainda um quadro de interior (e o cenário, sempre na rua, diante das casas, é um reflexo da falta de intimidade), a Comédia Nova nada mais tem da praça pública.

Explicar a passagem de Aristófanes a Menandro importaria em reviver a história de Atenas, da Guerra do Peloponeso ao governo de Demétrio de Falera. Georges Méautis, em *Le Crépuscule d'Athènes et Ménandre* (Hachette, 1954), situa bem o comediógrafo na época em que lhe foi dado realizar-se. Aluno de Teofrasto, que foi sucessor de Aristófanes, Demétrio marcou sua década de mando pelos ideais filosóficos de uma apurada psicologia do comportamento. Menandro, nascido em 342 a.C., morreu em 292 a.C., tendo, em trinta anos de atividade literária, no curto meio centenário de existência, escrito cerca de cem peças. Prodigiosa capacidade de trabalho – deve-se logo concluir, por essa média superior a três peças anuais. Entretanto, se lembrarmos que a Comédia Nova admitia uma série de convenções, e que as intrigas não se diferenciavam muito, na sua estrutura mais ampla, individualizando-se sobretudo pelos pormenores, verificaremos que não era tão grande a faina de originalidade, e que algumas varia-

MENANDRO DESCOBERTO

ções em torno de um tema tratado bastavam para constituir outra peça. A facilidade literária, porém, não foi para Menandro sinônimo de êxito de público. Méautis aproxima-o, na França, de Marivaux, mais aplaudido pela posteridade do que pelos contemporâneos. Conta-se que, certa vez, vencido num concurso por Filemon, Menandro lhe perguntou: "Você não se envergonha da vitória?" Sucedeu a Menandro o que tem sido regra com todos os autores esquivos à tônica de seu tempo; tornam-se despercebidos, em face de outros, que a apreendem de maneira mais veemente, para não dizermos sensacionalista. Menandro tem sensibilidade requintada, compraz-se em delicadezas sutis. Horroriza-o a vulgaridade, a falta de compostura. A paixão contém-se nele numa forma perfeita, que não admite extravasamentos de mau gosto. Por isso, torna-se muito expressivo o paralelo feito por Méautis entre a dramaturgia de Menandro e a escultura de Praxíteles e Scopas. O ensaísta lamenta principalmente a perda da comédia *O Odiado* (*Misoumenos*), cujos fragmentos sugerem um entrecho de beleza e modernidade excepcionais. Fazemos coro com ele, porque o resumo que nos fornece da peça parece anunciar o conceito sartriano do amor como escolha de duas liberdadas. Um soldado aprisiona uma jovem. As leis davam-lhe o direito de desfrutá-la, por ser cativa. Apaixonando-se o soldado, recusa-se a possuí-la e almeja correspondência no amor. Inferiorizada pela situação, a jovem odeia aquele que ela julga tirano. Mais tarde, o resgate a porá em igualdade com o soldado. Ela compreenderá, então, a nobreza de seus sentimentos e de sua atitude, passando também a amá-lo. O matrimônio, como é norma em toda a Comédia Nova, coroará o encontro dessas duas criaturas.

As regras da Comédia Nova existem nos vários elementos do texto. Era de imaginar-se que o aburguesamento do gênero acarretasse a abolição das máscaras. Com uma fixidez imutável, todavia, elas persistiram em toda a duração do teatro greco-latino, quebrando o "realismo" dos tipos tirados ao vivo do cotidiano. Pólux, citado por todos os historiadores, catalogou as máscaras, que são em número de quarenta e quatro na comédia: nove de velhos e homens maduros, onze de jovens, sete de escravos e dezessete de mulheres. Evidentemente, essa tipificação subentende uma certa variedade de temperamentos, desde os velhos duros e mal-humorados aos compreensivos e bonachões, as moças de família às cortesãs exploradoras ou de princípios, os escravos espertos, serviçais e diligentes aos preocupados apenas com o próprio bem-estar e o ludíbrio do amo. Os estereótipos, por outro lado, levaram ao esforço para a pintura de caracteres, e daí, por exemplo, esse do misantropo, como o do avarento na *Comédia da Panela* (*Aulularia*) e o do soldado fanfarrão na peça homônima de Plauto (*Miles Gloriosus*). Ao ver a máscara, o público já identificava a personagem e sua função, no desenrolar da trama. Os dramaturgos estavam condicionados, assim, pela rigidez das máscaras, embora se deva pensar que foram eles seus criadores. A Comédia Nova evoluiu, presumi-

46   O TEXTO NO TEATRO

velmente, dentro da tentativa de equilíbrio entre a invenção e a convenção. A essa altura, não havia mais lugar para o explosivo *comos* aristofanesco, desaparecido, de resto, da Comédia Média. E a tragédia euripidiana influenciou também essa comédia de tendência melodramática, em que a gargalhada seria tão estranhável quanto o terror e a piedade. A obra completa de Terêncio, discípulo e tradutor de Menandro, dá bem a medida do melodrama que presidiu o espírito dessa comédia pudica e bem-pensante. Alguns textos de Eurípides traziam em germe a técnica e a linguagem que se adotariam na Comédia Nova. O trágico valeu-se do prólogo onisciente, que antecipa para os espectadores as peripécias da trama. *Íon* tem quatro cantos corais, separando o texto em cinco partes. Se os fragmentos de Menandro indicavam a divisão das comédias em cinco atos, *O Misantropo* não deixa nenhuma dúvida a esse respeito. Entreatos de canto e dança, independentes do conteúdo dos episódios, marcam o intervalo respiratório antes do prosseguimento da ação. E os comentaristas estabelecem o paralelo entre o coloquialismo do diálogo euripidiano e a familiaridade simples do verso usado na Comédia Nova. Pode-se quase acreditar na heresia segundo a qual Menandro está muito mais próximo de Eurípides do que de Aristófanes. Afinal, essa relação não parecerá descabida, se tivermos em mente que as duas máscaras fundamentais do teatro grego – a da tragédia e a da comédia – nasceram do mesmo culto dionisíaco.

O emprego do prólogo onisciente abre o campo a variadas conjeturas. Acreditamos que Eurípides o tornou regra, em sua tragédia, por motivos didáticos. Como ele se comprazia em interpretar os mitos à sua maneira, afastando-se com freqüência das exegeses tradicionais, a narrativa antecipada dos acontecimentos deixava o público pisar terreno firme. Ademais, o desenvolvimento heterodoxo dos episódios constituía, junto desse prólogo, um recurso especial para o efeito irônico do desfecho. É curioso observar que Terêncio, que sucedeu a Plauto no tempo e aproveitou mais a obra de Menandro, não seguiu o autor ateniense no uso do prólogo onisciente. Foi desígnio seu valorizar os elementos próprios da ficção, tanto assim que os prólogos por ele escritos não adiantavam nenhum dado do entrecho e podiam confundir-se mais com uma parábase aristofanesca, convertida numa espécie de prefácio explicativo dos propósitos do comediógrafo. O prólogo onisciente, considerando ainda que eram tão semelhantes as histórias fixadas pela Comédia Nova, representa, a nosso ver, uma lição estética admirável da dramaturgia grega: não importa a intriga, em si, mas a forma pela qual o escritor a desenvolve. Talvez, por conhecer de antemão os episódios, a platéia apreciasse com maior deleite a mestria artística do comediógrafo.

O Misantropo particulariza essas generalidades sobre a Comédia Nova, constituindo guia seguro para o estudo de Menandro. Como se trata de peça circunscrita até recentemente quase apenas ao âmbito

MENANDRO DESCOBERTO

dos especialistas, pretendemos oferecer sobre ela grande número de informações, além da análise crítica. Valemo-nos da tradução inédita que Pontes de Paula Lima realizou do texto vertido para o inglês por Gilbert Highet e publicado no número de julho de 1959 da revista norte-americana *Horizon* (as Edições de Ouro lançaram, em 1968, uma tradução de Mário da Gama Kury, feita diretamente do grego). As personagens poderiam figurar nas comédias conhecidas de Plauto ou Terêncio, não havendo nenhuma que se distinga por traços excessivamente particulares. Também seus nomes, decompostos, têm significação, na trama, indicada pelas raízes. Para a orientação do leitor, citamos as *dramatis personae*: Cnêmon é o misantropo, o fazendeiro recluso de punhos rijos e com cerca de cinqüenta anos; sua Filha não tem nome, porque ele não pensou em lhe dar um, e, como as jovens da comédia, não passa dos quinze anos e se assinala pela beleza; Simica, a velha governanta de Cnêmon, anda descalça e usa vestido preto esfarrapado; Calípides, rico ateniense, proprietário de terras, caminha também pelos cinqüenta anos e é simpático; Sóstrato, seu filho, é jovial, desocupado, veste-se com luxo; Pírrias, criado de Sóstrato; Getas, criado de Calípides, jovem vivo, enérgico; Dônax, criado de Calípides, toca música na festa; Mirrina, casada em segundas núpcias com Cnêmon, é a mãe da Filha dele e está separada do marido, vivendo com Górgias, jovem pobre e sério, nascido de seu primeiro casamento; Daos, criado de Górgias, é maduro e sisudo; Queréias, amigo de Sóstrato, desempenha na intriga papel incidental; Sicon é o cozinheiro, grande, pomposo, eloqüente; e Pã, o deus da natureza silvestre, incumbe-se do prólogo e preside os acontecimentos. Essa enumeração já introduz a técnica de Menandro, que, no aproveitamento paralelo de personagens de idades semelhantes, define os tipos pelo contraste. A oposição de Cnêmon a Calípides facilita a pintura de um e outro. Observa-se a verdadeira corte de criados, auxiliares indispensáveis dos amos na propulsão dos episódios. A descrição do cenário completa a idéia de simetria: na dura terra de montanha a trinta quilômetros de Atenas, fica à direita do palco a pobre casa rústica de Cnêmon, situando-se à esquerda a habitação ainda mais pobre de Górgias. No centro, ao fundo, está uma gruta, o santuário de Pã e das Ninfas. A divindade rege, ainda aqui, os destinos humanos, como o Prólogo deixa bem claro para o leitor.

É Pã, que tem o dom da onisciência, quem presta as informações do Prólogo. Por suas palavras, conhecem-se os antecedentes da história – a misantropia de Cnêmon e a sensatez de Górgias, que mal ganha para prover ao seu sustento e ao da mãe. A jovem venera as Ninfas, fazendo jus à recompensa divina. Por isso, num decreto semelhante ao do Deus Lar da Família, que protege a filha de Euclião na *Aulularia*, Pã entra com o seu poder sobrenatural para que Sóstrato, filho do ricaço Calípides, se apaixone por ela. Morando naquele cenário as criaturas pobres da peça, o natural era mesmo que, depois dessa

48

O TEXTO NO TEATRO

apresentação, surgisse em cena o jovem apaixonado, no afã de aproximar-se da moça. O amigo Queréias, necessário ao diálogo, conta o seu sistema: o rapto da amada. Menandro começa os comentários sentenciosos. O próprio Queréias, tão afoito na ação, pondera: "O amor dos moços se exaspera com a demora. A posse imediata faz com que ele logo se canse dela". Sóstrato também reflete sobre a sua situação, depois de admitir que se enganou, confiando a Pírrias a missão de informar-se sobre a identidade da moça: "Quando um homem está apaixonado, é tão difícil ver onde fica a vantagem!" Mas o criado aparece, depois do justo tempo teatral de espera, e traz uma informação objetiva sobre Cnêmon: irascível, perseguiu-oe com pedradas, mal ousou dirigir-lhe a palavra. Esse dado sobre a rudeza do velho aconselharia a desistência da empresa amorosa. Nova sentença de Queréias: "Pode ter a certeza: em todos os negócios, a única coisa essencial é saber o momento oportuno". Feito o preâmbulo sobre Cnêmon, competia-lhe teatralmente surgir no palco. E é o que acontece. Os jovens afastam-se, cedendo-lhe o cenário, para que ele se revele inteiro, num monólogo. O velho irascível urra e lastima não ter a faculdade de Perseu, que era a de transformar os seres humanos em estátuas de pedra. Presenteassem-lhe esse dom e haveria estátuas de pedra por toda parte. Não são necessários outros detalhes para caracterizar a extremada misantropia de Cnêmon, que na peça, aliás, se pinta numa técnica próxima do naturalismo, sem recurso aos antecedentes ou às motivações psicológicas. Quem sabe uma sondagem psicanalítica jogaria uma luz subjetiva nessa criatura que se casou com uma viúva, mãe de um filho, e, a poder de maus-tratos, a fez abandoná-lo, deixando-lhe uma filha, numa sociedade em que a iniciativa feminina era muito coibida. Diante da rudeza de Cnêmon, Sóstrato quer consultar Getas, o criado diligente de seu pai, "tipo ideal para enfrentar este ranzinza e derrubá-lo". Apela o jovem, aí, para a maior experiência do criado, procedimento que se tornará regra em toda a obra de Plauto.

Quando a situação entra nesse impasse, é preciso que um acontecimento diverso, inesperado, providencial, modifique o rumo da história, funcionando como circunstância nova, capaz de empenhar em definitivo os vários caracteres. É a própria Filha quem, na maior aflição, anuncia um fato sem a menor transcendência, mas que, pelas implicações posteriores, está na origem das peripécias fundamentais de O Misantropo: a babá deixou cair o balde na cisterna. Daos, criado de Górgias, vendo a jovem em colóquio com Sóstrato, afirma que dirá ao amo para cuidar da irmã, já que o pai a deixa no abandono. Aí aparece um bando alegre de fiéis, que vêm cantando, borrachos, em louvor de Pã. A apresentação do tema está completa. Encerra-se o primeiro ato. Os folgazões, com canto e dança, preenchem o interlúdio coral.

Se o primeiro ato, justificando o título da comédia, lança as personagens em função da casa de Cnêmon, o segundo, na mesma simetria da estrutura geral, passa aos moradores da casa vizinha. Górgias e

MENANDRO DESCOBERTO

49

Daos abrem o diálogo, achando o jovem que o escravo devia ter descoberto quem era o rapaz que se dirigiu à irmã. Capitulável no gênero "pobre mas honrado", Górgias sentencia sem parar. Logo fala: "Pense só se a menina se envolve num escândalo – eu também não me livro da vergonha. Porque o povo, em geral, não vê a causa, seja ela qual for – mas só o resultado. Pode ter a certeza".

Sóstrato, que puxou a ação inicial, volta ao cenário, sem trazer Getas, que ele não encontrou e cuja busca foi o pretexto para a sua saída do palco. A mãe, sempre preocupada com sacrifícios, deu incumbência ao escravo. Sóstrato deseja procurar Cnêmon (o que precipitaria o desfecho, quase certamente de maneira infausta), mas Górgias o interpela, contribuindo para o enredamento e a futura solução feliz da trama. Só para contrastar com o ímpeto juvenil e irrefletido de Sóstrato é que Menandro deve ter dado tanta ponderação a Górgias:

> Penso que, neste nosso mundo, cada homem – quer seja rico ou pobre – tem porto certo, hora de decidir. Até chegar a esse ponto, o homem feliz e próspero bem pode sustentar o tom sereno do seu fado – desde que, sem pecar, saiba fruir da boa sorte. Mas se ceder ao mal, confiado na fortuna – ah! –, começa então tudo a mudar. Ladeira abaixo com a felicidade! Quanto aos de poucos bens, se forem sensatos, se não agirem mal, se suportarem dignamente o seu destino, então podem confiar: o tempo lhes trará ventura. Isto é o que eu digo: por mais ilustre que seja o senhor, não conte só com a casta; nem só por sermos pobres nos despreze. Para manter-se próspero, demonstre, a quem o vê, merecimento.

Não basta o discurso de Górgias: Daos o aplaude. Mas não há problema, porque Sóstrato revela "boas intenções": pretende desposar a jovem, sem dote. Convencido da sinceridade de Sóstrato, Górgias identifica-se como irmão da moça e se torna aliado dele no propósito de vencer a barreira de Cnêmon. A tarefa será penosa, porque o velho afugenta qualquer interlocutor: "A moça tem um pai que não parece com nenhum outro ser humano, nem da História, nem de agora, destes tempos modernos". Acrescenta Górgias que o padrasto tem um sítio, mas teima em cultivá-lo sozinho – "sua maior alegria é não ver rosto humano". Os jovens se entenderam. Sóstrato, mostrando boa vontade e na esperança de dirigir-se a Cnêmon, resolve ajudar Górgias no trabalho e pega um enxadão pesadíssimo. A cena entre eles está terminada, e chegam o cozinheiro Sicon e o criado Getas, trazendo um cordeiro e pertences, para o sacrifício às Ninfas. Getas narra que a patroa teve um sonho com Pã, no qual ele pôs grilhões nos pés de Sóstrato, vestindo-o com um gibão vagabundo, para que ele cavasse o campo ali perto. Vê-se que o sonho coincide com os desígnios do deus, e o sacrifício se destina a livrar o jovem daquele pesadelo (além de servir de pretexto, teatralmente, para que todos visitem o templo). Os dois entram no santuário. É hora de novo entreato coral.

Inicia-se o terceiro ato com outra aparição de Cnêmon. Sairá de casa, recomendando que Simica feche a porta e não a abra para nin-

50 O TEXTO NO TEATRO

guém. Ao ver tanta gente para o sacrifício, contudo, Cnêmon decide não abandonar a casa e amaldiçoa o culto religioso. Preocupa-se Menandro em ligar a misantropia ao misoteísmo. Importa, agora, estabelecer o contato entre as duas partes, e o pretexto nascerá de uma panela esquecida, que leva Getas a pedir uma, por empréstimo, a Cnêmon. Sicon resolve insistir no pedido, com diplomacia. Idêntica recusa. O autor comprova, na ação, o caráter do misantropo. Sóstrato retorna da aventura agrícola, esfalfado e sem haver atingido o objetivo. Cnêmon não surgiu no campo, e não teve ele oportunidade de falar-lhe, sem parecer estranho (Górgias havia advertido que o velho só aceitaria para a filha um marido igual a ele). O repasto votivo do sacrifício, do qual Sóstrato toma conhecimento agora, lhe permitirá retemperar as forças, além de fazer um convite a Górgias. Eis o momento para uma queixa de Getas, que se ouvirá com freqüência dos escravos da Comédia Nova: "...sei que para mim não sobra nem mesmo uma garfada!" Aparece Simica, falando que o balde, o enxadão, tudo caiu na cisterna. Partiu-se a corda, fraca e podre. Insiste-se, aqui, no mesmo elemento circunstancial do primeiro ato, e que será o *deus ex machina* da peça. A reação de Cnêmon é a de jogar a criada na cisterna, o que enseja o comentário generalizador de Getas: "Esse velhote é o tipo do lavrador ateniense: luta com a pedra que só dá musgo e tomilho, tolera duras privações e nunca se distrai". Aí estaria uma possível motivação para o temperamento de Cnêmon, criatura batida por sorte implacável e que reage à adversidade com esse ódio ao mundo. Sóstrato reitera o convite a Górgias para participar do sacrifício, mas o jovem, numa clara demonstração de seus sentimentos, não quer deixar a mãe sozinha em casa. A ação pede, nesse ponto, que se respire, e cede-se o palco ao entreato de canto e dança.

A composição de todas as peças bem-feitas, de cinco atos, exige que no quarto ocorram as peripécias decisivas para o desfecho. Menandro não se faz esperar. Simica surge gritando que o patrão está no poço e pede socorro. Queria ele pescar o balde e o enxadão, e precipitou-se no fundo. O leitor pode acompanhar a importância crescente que assume, nos episódios, essa cisterna, citada apenas de passagem, no início, como para se fazer sentir a sua presença. A "lição" será decisiva para Cnêmon. Enquanto os criados, que têm razões de sobra para não gostar do rabujento, julgam que a queda foi a primeira coisa certa que ele fez, e enxergam no acidente o castigo divino ao ateu, Górgias, fiel aos seus bons sentimentos, dispõe-se a socorrê-lo e chama Sóstrato para colaborar. A norma do teatro grego, quebrada apenas por algumas exceções expressivas, é poupar à vista do espectador as cenas de realismo que possa ser chocante, e o poço fica, de acordo com o mesmo princípio, fora do palco. Sóstrato volta para narrar o que se passou, e não seria coerente com a cega urgência amorosa, que deve ter algo de cômico, se não confessasse que por pouco matava o velho, com o seu desleixo. Olhando embevecido para a moça, soltou a

MENANDRO DESCOBERTO

corda salvadora umas três vezes. "Estou numa aflição danada para casar com ela" –, confidencia.

O acidente provoca a "conversão" de Cnêmon. A linguagem do misantropo agora é outra: "Em geral a gente só aprende as lições necessárias depois de passar por alguma desgraça". Chama a mulher Mirrina, que vem ao palco, mas como personagem muda. Prossegue Cnêmon o seu discurso:

> houve tempo em que eu, só pra não aceitar uma bondade, era capaz de morrer satisfeito, sem esperar socorro. (...) Mas caí em erro terrível: pensei que, sozinho, podia viver com toda a independência, sem precisar do auxílio de ninguém. E vejo agora como, depressa, imprevisivelmente, a vida passa-se a morte. (...) Toda mulher deve ter perto de si alguém para ajudá-la e protegê-la. Mas, juro, o meu espírito andava tão amargurado e deformado, vendo os homens viver com mesquinhez, sempre calculistas, sempre pensando no proveito próprio! Concluí que nenhum ser humano jamais seria bom para outro ser! Errei. Gravemente.

Górgias, com o seu gesto nobre, demonstrou-lhe que se pode agir por mera generosidade. Por isso, Cnêmon faz um verdadeiro testamento, diante do público, alterando fundamentalmente seu primitivo caráter (o que lembra também a mudança radical do avarento da *Aulularia* e reforça a hipótese segundo a qual Plauto se teria baseado num texto de Menandro). Cnêmon adota Górgias como filho:

> Tudo o que eu tenho é seu. Minha filha inclusive. Procure achar um marido para ela. Eu, mesmo se sarar, sei que não acho. (...) E deve ser tutor da sua irmã. Por isso tire a metade do que é meu pro dote dela. Fique com o resto e gaste para sustentar a sua mãe e a mim. (...) Quero dizer alguma coisa mais sobre o caráter e a vida dos homens. Se todos eles fossem unicamente bons, não haveria tribunais, nem polícia, ninguém seria trancafiado na cadeia anos a fio – e as guerras se acabavam, porque cada qual ia viver contente com o seu pouco.

Aí está a mensagem do novo Cnêmon, o apelo do dramaturgo em prol da bondade e da satisfação resignada dos homens com o lote que lhes coube.

O poder conferido a Górgias o leva de imediato a declarar o noivado da irmã com Sóstrato. O jovem fez jus à sua confiança. Do ponto de vista da família da moça, tudo está resolvido. Comporta a ação, nesse passo, no rigor simétrico de todos os episódios, o veredicto final da família de Sóstrato. Chega ao cenário Calípides, exausto pela longa caminhada. Górgias afirma ser merecida a riqueza do pai de Sóstrato – trata-se de um fazendeiro extraordinário. Antes de mais nada, é preciso restaurar as energias, e guardaram um prato para Calípides. Engancha-se a hstória para que venha o desfecho.

O quinto ato mostra, em primeiro lugar, a perspectiva dos problemas, sob o ângulo da família de Sóstrato. Calípides consente no casamento do filho com a jovem que ele escolheu. Espanta a sabedoria de sua fala, num tempo em que os pais decidiam por conta própria o matrimônio dos descendentes: "É muito mais provável que um rapaz

52 O TEXTO NO TEATRO

se case para valer quando foi o amor que o persuadiu a aceitar o vínculo". Sugere-se a livre escolha no casamento, e não a imposição paterna. Essa compreensão anima Sóstrato a apresentar uma proposta ao pai: "... por que não retribuirmos, dando-lhe (a Górgias) como esposa minha irmã?" Cabe pensar que a consulta é prerrogativa masculina, porque não se cogitou, em nenhum caso, de perguntar a opinião das moças. Calípides, de início, reage: "Que absurdo! Aceitar na família um noivo e uma noiva, todos os dois pobretões, é demais! Basta um de cada vez!" Não poderia haver melhor oportunidade para a tirada sentenciosa de Sóstrato, na qual se percebe o ensinamento ético do comediógrafo:

Ora o dinheiro! Coisa de pouca valia! Pois quem souber que seus bens serão sempre seus, por toda a eternidade, então deve guardá-los, sem nunca dividi-los com ninguém! Mas aquilo que é nosso eternamente e temos apenas por simples capricho da sorte – pai, reparta-o com alguém, sem relutar, que também, arbitrariamente, pode o fado despi-lo da opulência e dá-la a um tipo sem valor. É fugaz o dinheiro. Assim, enquanto é seu, por que tentar acumulá-lo, pai? Empregue-o generosa e sabiamente, ajudando a quantos o senhor possa alcançar com a liberalidade. Isto, sim, é que é ser imortal! E se algum dia o infortúnio o ferir, verá: seus benefícios serão pagos, com juros. É bem melhor contar com amigo certo do que ter qualquer quantia guardada no porão.

O teatro grego nunca esqueceu o efêmero da vida humana e a necessidade de não perdê-lo de vista.

Górgias, que escutou o diálogo, declina da proposta de Sóstrato: "Não sei gozar do luxo que outros lutaram para conseguir. Prefiro eu mesmo conquistar o meu. (...) ...não fica bem um moço pobre casar com moça rica". (Depois de tantas citações, não podemos evitar um suspiro de tédio ou de nervosia, ante esse bom comportamento irrepreensível do jovem; em nenhum instante ele se afasta da linha reta.) Calípides, achando-o louco, resolve dar-lhe alguma coisa, e Górgias aceita, porque, se rejeitasse, seria ao mesmo tempo pobretão e "trouxa". A generosidade do velho salvou-lhe o amor-próprio. O raciocínio convenceu Calípides, que, formal, diz: "Neste instante entrego-lhe, Górgias, por noiva, minha filha. Será mãe dos seus filhos. Leva de dote três talentos de ouro". Górgias aceita e, em troca, oferece a Sóstrato a mão de sua irmã, com o dote de um talento. Combina-se a realização de uma grande festa, ali mesmo, naquela noite, e no dia seguinte devem celebrar-se as núpcias.

A comédia poderia findar nesse ponto. Sóstrato já tirou as ilações da história: "Um sujeito sensato não pode se desesperar de coisa alguma neste mundo. Não há prêmio que a gente não consiga, com esforço e aplicação. Nenhum! Eu sou a prova". A hora é de confraternização. Todos são chamados para a festa, porque, do contrário, a comédia desmentiria o gênero. Apenas Cnêmon preferiu permanecer sozinho, para não negar a sua natureza de solitário, embora já tivesse sido castigado pela falta de medida reprovável em não seguir o princí-

MENANDRO DESCOBERTO 53

pio da convivência social. E as últimas cenas representam um epílogo, que seria sinistro, se não tivesse o propósito claro da brincadeira inconseqüente: Getas e Sicon trazem Cnêmon adormecido no catre, acordam-no, pedem-lhe coisas emprestadas e batem portas, num alarido ensurdecedor. Os criados querem que ele dance, mas o velho prefere enfrentar a música, aceitando ir ter com os outros, lá dentro. Cnêmon rende-se ao convívio com os semelhantes. Sicon e Getas coroam-no com uma grinalda de flores frescas, enfeitando-se também. O músico Dônax ajuda o transporte do catre para o interior do santuário, ritmado em passo de dança. Getas, antes de integrar o pequeno cortejo, finaliza a comédia, concitando o público a aplaudi-la.

Cremos que esse resumo dispense outros comentários. *O Misantropo* parece-nos ser bem menos fantasista do que outras obras da Comédia Nova, porque não se vêem nela os reconhecimentos rocambolescos de personagens desaparecidas ou raptadas na infância. Ainda noutro aspecto a peça nos leva à *Aulularia*, além do parentesco das insociabilidades de Cnêmon e do avarento: Megadoro, no texto plautiano, preconiza o casamento dos ricos com pobres, justificando o seu propósito de desposar a filha de Euclião, que ele acredita pobre: "Ora, se os outros ricos fizessem o mesmo com as filhas dos pobres e, mesmo sem dote, se casassem com elas, não só a cidade viveria em maior paz, como haveria à nossa volta muito menos invejas do que há". Coloca-se outro motivo para a decisão do rico Megadoro: "Aquela que não tem dote está sob o domínio do marido. As que têm dote dão cabo dos maridos com danos e perdas". Mas leve-se o raciocínio à conta da comédia. Está patente, em ambos os textos, que é nociva a desigualdade social. Uma peça completa e outros fragmentos não autorizam uma generalização a respeito dos ideais igualitários de Menandro. A riqueza surge, por certo, premiando os grandes dotes pessoais, e Górgias adiantou-se para proclamar o merecimento da fortuna de Calípides, pelas suas qualidades de fazendeiro. Não resta dúvida, porém, de que o comediógrafo condena os desajustes e, numa ingenuidade perfeitamente compreensível no seu tempo, e reveladora das mais sadias preocupações, acredita na liberalidade paternalista dos ricos para remediar os males da pobreza. Por esse motivo, também, na Comédia Nova, o escravo é sempre libertado, em conseqüência de uma ação louvável que empreendeu. Quanto à fatura, basta acompanhar o desenvolvimento da trama para ver o domínio que Menandro tinha da sua arte. Não há entrada que deixe de corresponder a uma exigência imediata da efabulação, e ela nunca se faz sem justificativa plausível. Cada ato traz a sua contribuição para o desenrolar da história e prepara os episódios seguintes. O ritmo nunca se rarefaz, e os discursos sentenciosos situam-se nas cenas apropriadas, para que a vertigem dos acontecimentos não prejudique a assimilação do espectador. A análise estilística dos versos, a cargo de conhecedores da língua grega, ajudaria mais o entendimento da peça. Ninguém que tenha trato do teatro

54 O TEXTO NO TEATRO

greco-romano deixará de perceber em *O Misantropo*, porém, o alto teor artístico da literatura de Menandro.

Ascende a mais de trezentos o número de versos preservados de *A Mulher de Samos*. A comédia comporta um paralelo com *A Mulher de Andros*, de Terêncio, bem feito, aliás, por Georges Méautis. O cenário, como o de *O Misantropo*, é ocupado por duas casas – de um lado a do pobre Niceratos, e do outro, a do rico Dêmea (não existe aí nenhum santuário). O problema fundamental da peça nasce de uma suposta rivalidade entre pai e filho, situação que, enriquecida de outros elementos, Molière desenvolverá brilhantemente em seu teatro. Dêmea suspeita que a criança, cuja paternidade lhe é atribuída, não é sua, mas teria nascido da ligação de seu filho adotivo Mosquion com a amante Crisis, a mulher vinda de Samos, que ele há muito tempo entretém. Assim, Mosquion estaria partilhando o leito paterno. A rivalidade seria fatal para todos os participantes da trama, quando se esclarece o equívoco. Crisis teve, de fato, um filho de Dêmea, que nasceu morto. A criança que ali estava pertencia mesmo a Mosquion: apenas, a mãe era Plangon, filha de Niceratos, o pobre da casa vizinha. Como a jovem era solteira, poderia cuidar do bebê, sob as vistas de um pai severo? Por isso Mosquion trouxe o filho para a casa de Dêmea, dando-lhe a paternidade que ele próprio não podia ostentar. Resolvida a dificuldade, pelo lado de Dêmea, quem fica furioso é Niceratos, tipo de pobre honrado. Ele quer desfazer-se do neto, presença do pecado. Os obstáculos cedem, porém, na Comédia Nova, ante a panacéia universal do matrimônio: Mosquion e Plangon, casando-se, legitimarão a união, que já deu fruto. E supõe-se que se estreitem também os laços entre Dêmea e Crisis.

Outras personagens são o criado Parmenão e um cozinheiro. Parmenão, que devia saber de tudo, corre, apavorado, quando Dêmea o interpela. Volta, depois, ao refletir que, afinal, nada tinha com o embrulho – nem havia ajudado a trazer a criança para casa. Cabe notar que, provavelmente, os caracteres de Dêmea e Niceratos eram desenvolvidos por contraste, tendo cada um as suas características. E já aparecem as conseqüências de um parto, sem que a longa gravidez tenha sido notada pela família. As personagens da Comédia Nova às vezes não têm olhos para espiar a realidade, ou se ausentam em viagens providenciais, para que possam ocorrer os incidentes básicos das tramas...

Na opinião de Georges Méautis, é possível reconstituir *O Punidor de Si Mesmo* (*Heauton Timoroumenos*) através da peça homônima de Terêncio, que excepcionalmente não é uma *contaminatio*, mas uma tradução piorada do original de Menandro. Não sabemos até que ponto essas reconstituições são fidedignas. De qualquer forma, a título informativo, acompanhamos as conjeturas do ensaísta. O punidor de si mesmo, que revela extraordinária delicadeza moral na obra latina, é o velho Menédemo. Castiga-se ele – verdadeiro masoquista –

MENANDRO DESCOBERTO

porque levou o filho Clínias a partir. Tinha o jovem uma amante, não tolerando Menédemo a situação. Mencionou a Clínias a própria conduta: no passado, a fim de obter dinheiro, alistou-se para lutar na Ásia. De volta, trouxe fortuna e glória. Açulado pelo pai, Clínias resolve também partir para a aventura e deixa a jovem Antífila na pobreza e no abandono. Mal parte Clínias, Menédemo não se perdoa a dura intransigência, e trabalha no campo sem ajudantes para macerar o próprio corpo.

O confidente de Menédemo é Cremes, também velho, que está todo o tempo a proferir frases sentenciosas, inclusive aquela, genial, que serviria de epígrafe ao humanismo: "Sou homem, e nada do que é humano me é estranho". A simetria e o paralelismo, processos marcados da técnica de Menandro, não poderiam estar ausentes aí. Cremes tem um filho, Clitifon, que também sustenta uma amante, Báquis. A diferença é que esta se define como perdulária e exploradora, ao passo que Antífila se encerra em pobreza. Os dois tipos femininos inspiram sentimentos diversos: Clínias está unido a Antífila por amor verdadeiro, enquanto Clitifon se prende a Báquis por paixão sexual.

Que falta ao entrecho, para que se conclua em comédia? Um "reconhecimento" providencial, que permitisse a legitimidade de uma união, até ali impossível. Em primeiro lugar, Clínias, não suportando a distância, retorna a casa, e o pai já não tem motivos para se servir do pesado instrumento de trabalho. Depois, tudo se encaminha para o melhor dos mundos, quando Sóstrata, mulher de Cremes, reconhece em Antífila a filha que ela e o marido abandonaram, há muitos anos. Sendo Antífila cidadã livre, poderá cumprir-se o seu matrimônio com o jovem Clínias.

Resta o conflito provocado pela ligação de Clitifon com a perdulária Báquis. O velho Cremes, aparentemente tão cheio de compreensão, não admite que o filho continue a envolver-se com a cortesã. Báquis, por iniciativa do escravo Siro, instalara-se no cenário, passando por Antífila, para que Menédemo se consolasse um pouco, tendo a seu lado, na ausência do filho, aquela de quem ele gostava. Cremes, ante a loucura de Clitifon, ameaça deserdá-lo, em benefício de Antífila. Mas, tendo a inclinação do moço por Báquis se caracterizado pelo desvario sensual, não lhe será impossível, ante a intransigência paterna, afastar-se da jovem. Outra, com os indispensáveis requisitos domésticos, se transformará em esposa. Nesse quadro, Siro será perdoado, porque, trazendo Báquis para o domicílio familiar, pensou apenas diminuir o sofrimento de Menédemo.

O conceito do prêmio à virtude e o do castigo ao erro podem ser distinguidos nessa súmula da trama. Báquis fica no abandono, ao passo que a virtuosa Antífila terá a recompensa do reconhecimento como cidadã livre e o matrimônio com Clínias. Percebe-se, nesse jovem, uma delicadeza moral semelhante à que levou o pai a castigar-se com severidade. Seguindo impulso incontrolável, despertado pelas

O TEXTO NO TEATRO

permanentes reprimendas paternas, partiu para conquistar o direito à posse de Antífila. Os rigores da saudade o trouxeram logo de volta. Conservada a metade de seu texto, *A Mulher de Cabelos Cortados* oferece campo menos hipotético para o exame. O título explica-se pelo gesto impetuoso do soldado Polemon, que, por ciúme, cortou os cabelos de sua amante Glicera, ao surpreendê-la em abraço com um homem. O soldado, porém, não se confunde com o bravateiro, que protagonizou a comédia de Plauto. Polemon afasta-se, indignado, sob a pecha da traição, mas sofre com a perda da amante. Envia o escravo Sósia para certificar-se a respeito do paradeiro dela, e confessará que sempre a considerou sua mulher legítima. O que origina a trama é a irreflexão de um gesto, com base em falso indício – recurso que, sob as mais variadas formas, alimentará uma série de obras-primas da história do teatro.

Não padece discussão, contudo, a fidelidade de Glicera, a doce. Os episódios sucessivos se incumbirão de desfazer o equívoco. Ela abraçou um homem, sim, que se saberá depois ser seu irmão Mosquion. Caberia à trama, vencida a aflição inicial, estabelecer a identidade do jovem, para livrar Glicera da suspeita infundada.

A solução virá pela interferência de Pataicos, homem moderado. Polemon confidencia a ele seus males. Tudo se torna simples, nesse mundo encantatório de fábula: Pataicos reconhece Glicera por uma veste, guardada de quando ela foi exposta à própria sorte, há muito tempo. Mosquion era também seu filho, abandonado juntamente com a irmã gêmea. Pataicos precisava, agora, justificar seu gesto antigo. O Destino urdia tramas incríveis. A mãe das crianças morreu, no dia do parto. Na véspera, ele soubera que o navio, graças ao qual vivia na abastança, afundara no mar Egeu. Habituado à facilidade, Pataicos não viu de imediato outra saída senão confiar à sorte os gêmeos órfãos. Ao reconhecer Glicera, ele exclama: "Não há nada assim, neste mundo, que seja inacreditável". Dentro desse universo de coincidências e de inverossimilhanças, que seria dificilmente levado a sério pelo público atual, tudo o mais se arranja. Pataicos consentirá no casamento de Glicera com Polemon, dando-lhe um dote, agora que a fortuna o bafejou de novo, sem que o diálogo informe o meio. Nenhum jovem honrado pode ficar solteiro, nessa ficção em que o casamento simboliza a passagem feliz a adulto. Pataicos deve providenciar outro matrimônio e escolhe logo para Mosquion a filha de um amigo. Se os indícios falsos geram erros lamentáveis, eles costumam ser, também, propiciadores da satisfação completa. Glicera comenta para o soldado: "Eis que, agora, o ato que você cometeu, digno de um bêbado, se tornou o começo de nossa felicidade".

Menandro parece dizer que os infortúnios são provisórios, se os homens têm merecimento e bondade. Polemon precipitou-se num gesto reprovável, originado, contudo, do amor por Glicera. Pataicos não agiu bem, abandonando os recém-nascidos, mas o destino havia

MENANDRO DESCOBERTO

sido rigoroso com ele, tirando-lhe o sustento e a mulher. A longa renúncia ao convívio dos filhos foi o castigo imposto à sua defecção. Transcorreram os anos, e tudo acabou bem. A doce Glicera, condenada a uma vida inferior à que daria direito seu nascimento, soube enfrentar os reveses, e a recompensa é agora total. Nesse sentido, a comédia de Menandro se define como oposta à tragédia do século anterior, e comporta uma mensagem otimista, verdadeiro antídoto ao pessimismo fundamental contido na idéia de fatalidade e arbítrio do destino. A sabedoria irônica da tragédia ativa no homem a certeza de que a felicidade é vã e um capricho da sorte a transformará, a qualquer momento, em desamparado infortúnio. A Comédia Nova estimula o progresso burguês e coloca a divindade ao lado dos indivíduos trabalhadores e prósperos. Conquista-se o bem-estar pelo valor pessoal.

Tecnicamente, *A Mulher de Cabelos Cortados* é a peça mais antiga, entre as conhecidas, que traz uma inovação de assinalado rendimento cênico. O episódio que desencadeou os acontecimentos foi o da agressão de Polemon à amante. Ele é logo mostrado ao espectador. Só depois entra en cena uma figura alegórica, a divindade Agnoia (Engano), criação de Menandro, para desempenhar o papel de Prólogo. Recurso semelhante valorizará o estupendo início do *Soldado Fanfarrão*, de Plauto.

A Arbitragem, com seus setecentos versos conservados, faculta o juízo mais completo, entre os vários fragmentos de Menandro. A comédia era muito apreciada na Antiguidade. A cena da arbitragem, que um feliz acaso deixou entre as partes que chegaram até nós, impressiona a todos os analistas, pela inteligente condução. O entrecho aproxima-se, sob várias facetas, dos que citamos até agora. A ação passa-se no campo, nas cercanias de Atenas. Duas casas erguem-se no cenário: a de Carísios e a de seu amigo Cairestratos. Como o soldado de *A Mulher de Cabelos Cortados*, Carísios abandona o domicílio conjugal, ante a suspeita de que a mulher Pânfila o traiu. Dessa vez, os indícios tinham maior gravidade: o escravo Onésimo cometeu a indiscrição de contar-lhe que, durante sua ausência, cinco meses após o matrimônio, nasceu um filho de Pânfila, logo abandonado pela mãe. Estava evidente uma ligação proibida, anterior ao matrimônio. Apesar do sofrimento e de haver contratado os serviços de Habrotonon, tocadora de lira, para entretê-lo na casa vizinha, Carísios continuava a gostar da mulher.

Os fados, que embrulharam a história, mais uma vez providencialmente à esclarecem. Pânfila deixou com a criança, entre outros pertences, o anel que guardava do sedutor, única lembrança da festa alucinada. A pureza da moça não se põe em dúvida, se ela foi vítima de violação – e Pânfila sabe que o jovem a tomou desprevenida (as comédias nunca entram em pormenores a respeito da eventual concordância feminina com o ímpeto juvenil dos sedutores). Quanto ao anel, logo se reconhecerá que pertencia a Carísios, e desapareceu na noite fantástica. Novo sobressalto ocorre: resta saber quem é a mãe da criança abandonada, porque as identificações não terminaram ainda. Se fosse uma mulher livre, Carísios deveria desposá-la. Habrotonon lembra-se da bela jovem, figura notória da festa, e se dispõe a procurá-la. Não precisa ir longe, porque ela mora na casa vizinha àquela para a qual contrataram seus serviços. A tocadora de lira reconhece Pânfila como a moça violada, e daí concluir que marido e mulher eram os pais da criança não requeria intrincadas deduções.

As falhas dos diálogos levam os filólogos a formular hipóteses sobre as cenas perdidas. Supõe-se, por exemplo, que logo depois da saída tempestuosa de Carísios, ferido pelo que imagina ser infidelidade de Pânfila, uma divindade, semelhante a Agnoia de *A Mulher de Cabelos Cortados*, deveria fazer o Prólogo. O manuscrito se interrompe, quando tudo volta aos eixos, mas aí, ao menos, para a reconstituição da intriga, não há lacuna insanável.

A cena da arbitragem, situada presumivelmente no segundo ato, é valiosa para o futuro reconhecimento. Foi o escravo Daos quem encontrou a criança abandonada. Está ele disposto a entregá-la a Siriscos, cuja mulher perdeu um filho. O objeto da querela são os pertences da criança. Pela lei grega, Daos, que os achou, teria direito de conservá-los. Siriscos, recebendo a criança, acredita que deveria ficar também com os seus valores. Resolvem os litigantes recorrer a um árbitro, e a pessoa escolhida é Smicrines, sogro de Carísios. Ao julgar, Smicrines não sabe que está em jogo o reconhecimento de seu próprio neto e, afortunadamente, a sentença que profere será o caminho para a identificação. Sem raciocínio supérfluo, Smicrines decide: "Mas é um julgamento simples. Tudo o que estava com a criança pertence a ela". Portanto, não se separaram do recém-nascido os sinais identificadores, facilitando o encaminhamento da trama.

Nessa peça, várias personagens estão em cena, e todas preenchem uma função importante para o desvendamento da intriga principal, sem sacrificar a própria individualidade. É Marivaux, sem dúvida, na história do teatro, o autor que melhor aciona todas as personagens em torno de um núcleo proposto, e também nesse particular técnico procede a referência a ele como discípulo de Menandro. Cada figura, à sua maneira, voluntária ou involuntariamente, colabora para a inevitabilidade do desfecho. Desde o indiscreto Onésimo aos litigantes Daos e Siriscos e ao árbitro Smicrines, chegando a Habrotonon, todos se unem na tarefa de devolver a criança ao casal, que poderá então reconciliar-se.

Seria o caso de indagar: como Pânfila escondeu de Carísios a gravidez prematura? Ela não podia adivinhar que o marido a violara anonimamente, meses antes do matrimônio, e qualquer palavra sobre o assunto corria o risco de dissolver a união. Temos o direito de estranhar a exagerada coincidência, sobretudo porque os jovens se casarão, pouco tempo depois da festa. As comédias remanescentes, contudo, dão dessas festas (no caso as Tauropólias) a idéia de que permitiam o total desrecalque, e a expansão livre dos instintos se efetivava melhor até com o anonimato dos celebrantes. O acaso, para as conseqüências ulteriores do desvario de uma noite (no teatro, sem dúvida), era em geral regido pela divindade, e é possível que o Prólogo extraviado se referisse a um desígnio superior, promovendo o matrimônio dos jovens. Apraz-nos sentir também que os episódios inverossímeis falem de uma fatalização amorosa, que se exerce à revelia das vontades conscientes. Carísios e Pânfila estavam fadados a amar-se, e a sedução da festa significou o apelo do amor à primeira vista, que veio cumprir-se totalmente nas núpcias. Com explicação semelhante, o público grego talvez não se preocupasse com o problema da inverossimilhança, para conferir ao acaso a beleza gratuita da poesia.

Outros fragmentos de peças de Menandro são citados pelos estudiosos. Seu número de versos, não chegando a uma centena, fica melhor nas conjeturas dos filólogos, sem autorizar uma eventual encenação, que nos parece viável com *A Mulher de Cabelos Cortados* e *A Arbitragem*, principalmente nas reconstituições de Gilbert Murray. Versos esparsos de numerosos textos trazem outras luzes sobre as preocupações do comediógrafo. Poderia ser assinada por um sociólogo contemporâneo, por exemplo, esta observação: "Não há ninguém mais infeliz do que um pobre. Ele se cansa, vela, trabalha, para que outro chegue e tome uma parte do que ele ganhou". Nesta fala, encontramos em germe o princípio dramático de *O Pai*, de Strindberg: "A mãe ama os filhos mais do que o pai. Porque ela sabe que eles lhe pertencem, enquanto o pai somente o crê". O fragmento seguinte ilustra melhor como Menandro via o amor:

Que nos torna escravos do amor? A vista? Absurdo, porque então todos amariam a mesma mulher. O julgamento do olhar é igual para todos. Mas é a volúpia das relações carnais que seduz os amantes? Mas então por que tal homem, tendo possuído uma mulher, não sente nada, e a deixa sem ligar, enquanto ela é a ruína de um outro? A doença que é o amor supõe que a alma se incline para ele, e aquele que é tocado se fere no próprio íntimo.

As *Sentenças de um Verso* reúnem outros julgamentos esclarecedores: "O homem que nada sabe não se engana em nada..."; "Se recebes, lembra-te. Se dás, esquece..."; "Não julgues um ser pela beleza, mas pelo caráter..."; "Uma palavra, quando foi lançada, não pode ser recolhida..."; "O nascimento das crianças é o melhor vínculo de afeição..."; "O pobre, mesmo se é de origem nobre, é desprezado..."; "Faze antes o elogio dos amigos do que de ti mesmo..."; "Se gostas demasiado de ti, não terás amigo..."; e, finalizando a lista, que é pródiga no livro de Georges Méautis, mais uma expressão do admirável humanismo de Menandro: "Que maravilha: um homem que é verdadeiramente um homem!"

60 O TEXTO NO TEATRO

O autor grego sobreviveu também na obra de Plauto e sobretudo na de Terêncio, e, através deles, na comédia do Renascimento, sendo Molière o seu mais ilustre herdeiro. Com variações, embora, são as leis e as personagens da Comédia Nova um dos troncos fundamentais do gênero, até os nossos dias. Menandro está na origem dessa linhagem, que ainda enriquece o teatro moderno e por certo se prolongará na história.

(Julho, 1963.)

7. Duas Comédias de Plauto

Poucos temas foram tão tratados na dramaturgia como o de *Anfitrião*, marido enganado por um deus. Giraudoux deu o número 38 à sua versão e hoje se sabe que ele errou a conta: há mais peças inspiradas na lenda, embora não sejam muitas as que chegaram até nós. Onde estará a sedução do assunto? Por que a permanência da história, se ela mistura deuses no tratamento cômico e a evolução dos tempos não tem feito senão expulsá-los do palco? Acreditamos que o primeiro motivo do êxito do mito venha das desabusadas características dos deuses, isto é, de sua quase irresponsável humanidade. Júpiter e Mercúrio agem, no *Anfitrião*, de Plauto (254?-184 a.C.), como homens comuns, soltos nos apetites e nas paixões, com o agravante que têm, a seu favor, as prerrogativas da divindade, podendo ludibriar os mortais sem que estes o percebam e até, no fim, agradeçam a honra de haver com eles compartilhado o leito nupcial. Deuses e homens são todos muito humanos, em *Anfitrião*. E a fonte cômica vai desde o caso de Helena, Páris e Menelau até o mais surrado *boulevard* francês dos nossos dias: o adultério.

Nos moldes de toda a literatura dramática latina, o *Anfitrião*, de Plauto, foi aproveitado de um texto grego, que os historiadores não chegam a precisar se da Comédia Média ou Nova. Apenas essa peça e o *Plutus*, de Aristófanes, se conservaram da produção de paródias mitológicas, típicas da Comédia Média. Mas a referência ao parasita e a presença de Sósia, escravo que está a correr de um lado a outro, são próprias da Comédia Nova. E, guardando aspectos do espírito da Comédia Antiga, Plauto não deixa de introduzir alusões grosseiras.

Classifica-a a história do teatro entre as primeiras comédias do autor. E não são esquecidos certos defeitos técnicos: a existência de

62 O TEXTO NO TEATRO

verdadeiros vários prólogos e liberdades de um neófito que domina ainda mal seu instrumento. Tebas, local da ação, passa a figurar nas proximidades do porto, porque a volta do campo de batalha em navio assim o exigia. O cenário torna-se impreciso, às vezes, e personagens são introduzidas no final, para esclarecer o conflito. A noite da concepção torna-se também a do parto, o que só é explicável pela interveniência do sobrenatural. Plauto descurou-se da técnica, diferentemente de comédias posteriores, embora sua verve dispensasse sempre o perfeito manejo das regras.

Anfitrião, entretanto, permanece obra-prima, e muitos são os motivos de sua perenidade. Antes de mais nada, o sabor autêntico das personagens. Alcmena, Anfitrião, Sósia, Júpiter e Mercúrio são figuras bem desenhadas, ressumando um vigor intransferível. Sua silhueta se define no decorrer da ação, e esta é muito límpida. Sabe-se que o rei dos deuses se votava a aventuras humanas, e Alcmena foi uma das escolhidas. Grávida do marido Anfitrião, ora ausente na guerra, Júpiter possuiu-a, dando-lhe um gêmeo. Lembra Philip Whaley Harsh em *A Handbook of Classical Drama* que os antigos atribuíam a causas sobrenaturais o parto duplo, e daí, talvez, a interferência do deus para explicar o nascimento dos dois filhos de Alcmena. Um, aliás – Íficles –, teve destino comum. O outro – Hércules –, filho de Júpiter, foi distinguido com uma vida gloriosa e cheia de trabalhos, iniciada logo ao nascer (segundo a peça e não a lenda, certamente pela necessidade de condensação) matando duas serpentes.

A comicidade provém de diversos fatores, sendo o mais eficaz os enganos provocados pela troca de identidade. Não só Júpiter utiliza a mesma aparência de Anfitrião, para aproximar-se de Alcmena. Mercúrio, seu mensageiro, disfarça-se também em Sósia, escravo de Anfitrião, fazendo uma comédia de enganos cujo interesse nunca se esgota. A confusão sobre a pessoa verdadeira, como nos *Menecmos* e tantas peças posteriores, multiplica os qüiproquós. O reconhecimento, recurso literário já examinado em Aristóteles e obrigatório em toda a Comédia Nova, faculta o desfecho. Depois de afirmar que não se importa de ter feito sociedade com o deus, Anfitrião ainda concita os espectadores a "aplaudir com toda a força em honra do Supremo Júpiter!", o que não deixa de refletir a ironia de Plauto. Será ele precursor da enorme galeria de maridos da comédia francesa?

Anfitrião, bravo general tebano, não pode ser visto apenas sob essa perspectiva. De acordo com a lenda, ele foi dar combate aos teléboas, que haviam morto os irmãos de Alcmena. Venceu-os de um só golpe, recebendo numerosos troféus da luta. Ao retornar, esperava uma recepção cálida da esposa. Ela, porém, já a tinha feito para Júpiter, e prossegue com ele apenas o diálogo. Indignado, Anfitrião reage, como todos os ofendidos. Confuso, acusa a mulher e quer buscar o testemunho de Naucrates, parente dela, que afiançaria não ter ele saí-

DUAS COMÉDIAS DE PLAUTO 63

do do navio. Nessa procura de um apoio percebe-se que Anfitrião não está seguro de si – desconfia que algo estranho se passa.

A reação do escravo Sósia é mais simples, e serve de contraponto cômico à violência do amo. Primário de mente, atrapalha-se quando Mercúrio diz ser Sósia e acaba por admitir o duplo, pela coincidência absoluta das lembranças de ambos. Ao relatar a Anfitrião o que sucedia, Sósia afirma: "Pois é fora de dúvida que estou aqui e lá" e "Já eu lá estava, diante da casa, muito antes de chegar". Além do problema da identidade, comicamente expresso nele, Sósia serve de caixa de pancada, para obter efeitos de baixa comédia e talvez demonstrar que o escravo sempre é a vítima. No início ele falara: "...é duro servir um homem rico. O escravo do opulento é o mais infeliz de todos. De noite e de dia tem sempre alguma coisa que se faça, alguma coisa que se tem de realizar ou de dizer, só para que se não esteja quieto". Pela atrapalhação permanente em que se encontra, Sósia é um dos escravos de maior comicidade no teatro latino.

Alcmena afirma-se fora do quadro cômico e exemplifica a matrona romana de sólida formação moral. Inocente no adultério com o deus, pode repelir com veemência as acusações do marido e o faz até com a ameaça de voltar para a casa dos pais. Dá, num monólogo, o toque melancólico da condição humana, em linguagem semelhante à dos trágicos gregos: "Mas é este o destino dos homens e foi esta a vontade dos deuses, que a tristeza venha sempre como companheira do prazer; e se alguém recebeu alguma coisa de bom, logo lhe vem maior incômodo e maior mal". A seguir, define sua fibra: "Suportarei a ausência (do marido) com ânimo forte e corajoso, se me for concedido como recompensa que meu esposo volte da guerra glorioso e vencedor; acharei que isso me basta. O valor é a melhor das qualidades; o valor está acima de todas as coisas". A noção do dever subordina os anseios amorosos. Segura de si, replica a Anfitrião, quando este lhe fala em infidelidade: "Esse crime de que tu me acusas é indigno de minha família". O protótipo da esposa romana está expresso em seu desabafo: "Eu acho que o meu dote não foi aquilo a que se chama dote. Foi a honestidade, foi o pudor, foi a paixão refreada, o respeito pelos deuses, o amor dos pais, as boas relações com os parentes. Foi o ter-te sido obediente, e generosa para os bons, e prestável às pessoas honestas". O próprio Júpiter a exime de responsabilidade, explicando, no fim, que foi obrigada pela sua força que ela involuntariamente traiu Anfitrião. Talvez tenha sido pela sua beleza, aliada à inflexibilidade de caráter, que o rei dos deuses a escolheu para essa aventura terrena.

Tanto Júpiter quanto Mercúrio são pintados como brincalhões, que pouco se importam com os prejuízos causados aos homens. Sabendo que no final desembrulharão a história, caçoam de Alcmena, Anfitrião e Sósia, e os fazem padecer momentaneamente. É certo que, com a trama, divertirão a platéia, e Plauto mostra-se cioso todo o

64   O TEXTO NO TEATRO

tempo de sugerir que seu trabalho é dádiva dos deuses, tornando-se uma distinção para os espectadores tê-los no palco. Mercúrio atrapalha Sósia e finge-se de bêbado, para afastar Anfitrião da casa, sabendo que o escravo pagará pela ousadia. Escutando Sósia lastimar-se da condição de escravo, comenta: "O mais acertado era ser eu a queixar-me deste modo da servidão: sempre fui livre, exceto hoje. Mas a ele já o pai o fez escravo; nasceu servindo, e ainda se queixa". Júpiter, depois de já se ter uma vez travestido no esposo, deixa-se de novo levar pelo desejo: "Agora, vou fazer de Anfitrião, como no princípio, e lançar nesta família a maior das confusões". O que distinguia os deuses, freqüentemente, era mais o seu poder sobre-humano de dar largas ao instinto do que a humana noção de medida.

Do ponto de vista artístico, a comédia apresenta diversas curiosidades. Mercúrio, no prólogo, esclarece:

> O que eu vou fazer é que seja uma peça mista, uma tragicomédia, porque me não parece adequado que tenha um tom contínuo de comédia a peça em que aparecem reis e deuses. E então, como também entra nela um escravo, farei que seja, como já disse, uma tragicomédia.

Em testemunho curioso sobre a existência de "claque", continua Mercúrio:

> Ora, Júpiter mandou-me que vos pedisse que em todo o teatro vão cada um por seu banco certos fiscais que, se encontrarem gente alugada para aplaudir, lhes segurem como garantia a toga. Deseja ele que sejam punidos os que procurarem conquistar a palma para os comediantes, ou para algum artífice, quer por cartas, quer por mensageiros. E que sejam igualmente punidos os próprios comediantes, se tal fizeram; e que sejam até punidos os edis que derem os prêmios com má-fé.

Lamenta-se a perda, nos manuscritos, de cerca de trezentos versos, que foram preenchidos por Hermolau Bárbaro, gramático do século XV.

Se podem ser feitos reparos a aspectos técnicos de *Anfitrião*, a estrutura cômica é das mais eficazes. Numa extraordinária prova de consciência da progressão dramática, Plauto e seu modelo grego foram dosando os efeitos até explodir a trama no final. Adotando-se a divisão da peça em cinco atos, no primeiro dialogam Mercúrio e Sósia, e Júpiter e Alcmena: é a vez, sobretudo, dos deuses. No segundo falam Anfitrião e Sósia, e Alcmena e Anfitrião: vez dos humanos. Os deuses voltam à cena no terceiro ato, dando nova injeção na trama, pois Júpiter faz as pazes com Alcmena, depois de ter ela brigado com Anfitrião. Sósia, que no primeiro ato dialogara com Mercúrio, fala agora com Júpiter. No quarto ato, é Anfitrião quem se defronta com os deuses, primeiro com Mercúrio e depois, no clímax do problema, com o próprio Júpiter. Os verdadeiros protagonistas estão um diante do outro. O quinto ato não tem senão que desenovelar a trama, explicando o deus o que acontecera, para a tranqüilidade do esposo. Po-

DUAS COMÉDIAS DE PLAUTO

65

de-se verificar, por esse simples esquema de diálogos, como o conflito se arma para estourar no momento preciso.

Prova de vitalidade do mito, para não dizer da peça, é que muitos outros dramaturgos reescreveram *Anfitrião*, depois de Plauto. A história oferece sempre um ângulo novo para a recriação, havendo de fato um elemento cativante nessa trama de adultério entre homens e deuses. Vale a pena voltar a Plauto, cuja peça serviu de modelo a todos os seguidores.

O observador desprevenido talvez estranhe que a civilização romana, essencialmente militar, risse sem reservas do soldado fanfarrão, personagem que surge em várias peças de Plauto e de Terêncio. Mas os historiadores do teatro advertem-nos de que o tipo ridículo é grego – o público podia caçoar dele como do inimigo derrotado, nunca de um dos próprios militares, que se empenhavam então na conquista do mundo. Não há meios, hoje em dia, para esclarecer completamente o problema, e apraz-nos conjeturar que os cômicos latinos, sob o pretexto de traduzir as obras da Comédia Nova grega, estivessem bem felizes, aplicando a técnica do "afastamento", em moralizar sobre a realidade próxima.

É provável que o tipo trazido para o palco fosse comum nas cidades gregas, quando escreveram Menandro, Dífilo e Filemon, e os dramaturgos nem estariam cogitando da universalidade que alcançaria depois o soldado fanfarrão. Quis o tempo que os originais gregos se perdessem e a personagem transmitiu-se à história através sobretudo da obra homônima de Plauto, onde as características do *miles gloriosus* estão muito mais desenvolvidas. O preconceito moderno da coerência psicológica e da fundamentada motivação dos caracteres tem pouco a reclamar da figura de Pirgopolinice.

Acham alguns estudiosos que Plauto teria "contaminado" duas comédias gregas, já que há duas intrigas superpostas em *O Soldado Fanfarrão*, e o desenvolvimento da trama é feito de maneira bisonha (a peça seria também uma das mais antigas do comediógrafo). De fato, de acordo com as leis do *playwriting*, segundo as quais toda ação deve implicar uma conseqüência, essa comédia mereceria várias restrições, porque há virtualidades dramáticas logo abandonadas e salta-se sem cerimônia de uma cena a outra. O leitor não terá dificuldade em perceber que essas questões nascem de alguém que se debruça sobre o texto frio, voltando atrás quando deseja verificar alguma dúvida, enquanto o público romano, muito mais afeito à farsa grosseira, devia responder pelo riso à permanente invenção da intriga.

E cenas que provocam o riso franco e aberto encontram-se a cada momento em *O Soldado Fanfarrão*. Logo no primeiro ato, Pirgopolinice é apresentado com os seus traços dominantes – o bravateiro, vencedor de numerosas e duras batalhas; e o conquistador de mulheres, que diz de si mesmo: "É muita desgraça uma pessoa ser demasiado bela!" Não é preciso assinalar que ele não é herói militar nem Don Juan irresistível, definindo-se antes pela vaidade e pela estultícia, que lhe acarretam as mais ridículas lições. Os homens, incomodados em geral pelo êmulo falastrão, e as mulheres, ofendidas na dignidade pela postura superior de Pirgopolinice, não desejam senão pregar uma peça nele, e por isso todos conspiram, no entrecho, com o objetivo único e saudável de envolvê-lo. Só o escravo Céledro parece disposto a ajudá-lo, mas é menos um aliado do que alguém necessário, na trama, para criar um certo susto nos antagonistas, trazer maior hilaridade e distribuir melhor as forças em jogo, a fim de que não fosse tão simples a derrota de Pirgopolinice.

Como é freqüente na Comédia Nova, um escravo – Palestrião – puxa o fio da história, inventando diante do espectador as armadilhas e os estratagemas que devem conduzir ao *happy end*. Um dos mais agradáveis sistemas do teatro é mesmo esse de tramarem as personagens diante da platéia, tornando-a cúmplice e fazendo que o espetáculo pareça uma milagrosa improvisação. Plauto consegue esse efeito da peça, e o observador "torce" para que triunfe o lado bom da causa.

Não há crítico literário que deixe de mencionar a engenhosa técnica de *Tartufo*, em que Molière prepara durante dois atos a entrada da personagem, para lançá-la finalmente num clímax de ação. Ilustrando o lugar-comum segundo o qual todos os processos técnicos são bons, desde que bem utilizados, Plauto realizou *O Soldado Fanfarrão* em caminho oposto: o primeiro ato mostra Pirgopolinice na plenitude de seus atributos, e só no segundo ato Palestrião faz o prólogo, narrando os antecedentes da história e dizendo, entre outras coisas, que o nome grego da obra é *Alazon*, traduzido no latim para *Gloriosum*. Essa peça serviria para exemplificar numerosos procedimentos da Comédia Nova, desde a presença dominadora de Palestrião ("o escravo é rei na comédia de Plauto", sempre se notou), até a intriga fantasiosa e (por que não afirmar?) inverossímil, além dos disfarces, que transformam a história, muitas vezes, numa brincadeira de esconde-esconde. Um dos pressupostos fantásticos já se encontra nas peripécias que tornaram Palestrião escravo de Pirgopolinice: uns piratas capturaram o barco em que navegava, tendo ele sido apresentado ao militar. Como na maioria das obras da Comédia Nova, um jovem está em apuros, precisando vencer sérios obstáculos, a fim de assegurar a companhia da amada. Nesse caso, é Pleúsides, o jovem ateniense, que se privou temporariamente de Filocomásia, levada para Éfeso pelo militar. É preciso que a justiça vença, para que Pleúsides tenha de novo Filocomásia, pois ambos se amam, e "o verdadeiro amor se funda num culto mútuo". Os amantes, num impulso natural, não recuam ante nenhuma dificuldade para se reencontrarem, e valem-se, antes, de todos os recursos, a fim de lograr a vigilância de Pirgopolinice. Instala-se Pleúsides na casa de Periplectômeno, contígua à do militar,

DUAS COMÉDIAS DE PLAUTO   67

e através de uma passagem secreta, aberta na parede por Palestrião, pode Filocomásia chegar até ele (bendito costume, tão útil para a literatura!). O escravo Céledro vê os amantes, e a tentativa de negar a evidência engendra uma série de qüiproquós. Desconhecendo a passagem e sendo dado ao gosto do álcool, Céledro se confunde ao ver depois a jovem na casa do militar e não na do vizinho (não há outra comunicação entre elas), e surge aí pretexto para a comicidade, semelhante à de Sósia, em *Anfitrião*, que sabia ser ele próprio e ao mesmo tempo se identificava com Mercúrio. Por via das dúvidas, contudo, era melhor prevenir uma possível investigação do soldado, e seria convincente inventar que Céledro vira uma pessoa igual a Filocomásia – irmã gêmea, nesse desdobramento da personalidade, que vale como jogo e fonte de graça. Incapaz de realizar sondagens no íntimo das criaturas, a Comédia Nova saciou o desejo de "reconhecimento" na quebra das aparências, e nada mais adequado a esse exercício que a semelhança física, gerando confusões de identidade. Plauto utilizou esse móvel em todas as facetas – os gêmeos idênticos em *Os Menecmos*, passando um por outro; Júpiter e Mercúrio, encarnando-se na forma humana de Anfitrião e Sósia; e, aqui, Filocomásia fazendo-se da suposta irmã Dicéa (Justa), para escapar à desconfiança de Céledro.

A juventude amorosa merece ganho de causa, e a imaginação tem de funcionar, a fim de que a intriga prossiga. Como conseguir que Pirgopolinice deixe Filocomásia em paz? Somente por meio de nova conquista, porque os vaidosos necessitam exercer sempre o seu fascínio, sem o que se sentiriam desamparados (e, do alto de sua tolice, a mulher virtualmente os conquistaria, não cabendo a eles ter mais que a serenidade da beleza passiva e irresistível). O alimento de Pirgopolinice para a sua pretensa virilidade é a coleção de mulheres, e assim, quando lhe informam que Acrotelêusia o adora, consente em desfazer-se de Filocomásia, com presentes, jóias e até o escravo Palestrião. Serve-se Plauto, mais uma vez, do recurso de passar uma pessoa por outra – a cortesã Acrotelêusia fingindo-se esposa do velho Periplectômeno, o vizinho que protege o amor de Pleúsides e Filocomásia. Com artimanhas, conseguem que Pirgopolinice entre na casa do vizinho, e aí o espera uma surra violenta. Não fosse a moralidade do "reconhecimento" do militar – "se se fizesse assim com outros sedutores, menor seria seu número, mais temor teriam e se aplicariam menos a essas empresas" – e julgaríamos cruel e impiedosa a burla, despojando-o até de parte dos bens. Pleúsides aceitou, sem constrangimento, que Filocomásia voltasse a ele, trazendo os presentes do militar. Do código moral da Comédia Nova, porém, não fazia parte um capítulo com disposições a respeito desse problema.

O tratamento de farsa atravessa todo o entrecho. Levam-se de cambulhada os possíveis obstáculos ao intento dos jovens. Pleúsides põe uma venda nos olhos e um disfarce na indumentária (ainda uma

68 O TEXTO NO TEATRO

vez, uma pessoa na veste de outra) e se finge de capitão do navio, autorizado a buscar Filocomásia. Não seria o caso de saber o militar que o velho, da casa vizinha, era solteiro? Ou não deveriam os outros supor que a armadilha poderia ter conseqüências, depois dos episódios fixados na peça? Plauto não tem preocupações excessivas de verossimilhança, e importa que a comicidade seja contínua e eficaz. Fechando o círculo das personagens costumeiras da Comédia Nova, aparecem ainda na trama o parasita Artótrogo (muito menos importante que em outras obras), a criada Milfidipa e o grupo de escravos. *O Soldado Fanfarrão* difere substancialmente das outras comédias de sua época apenas por ter dado maior ênfase à figura de Pirgopolinice.

A intriga decorre sob o signo da juventude, em função de afirmar-se o amor. O velho ali está para proteger os amantes e, gentil e delicado, precisa explicar por que não se casou: "tendo tantos parentes, que necessidade há de filhos?" E qual o móvel de Palestrião? É outro, muito legítimo, também: propiciando os meios para o êxito de Pleúsides (era ele o seu amo, antes que os piratas o roubassem), visa a alcançar a liberdade. A Comédia Nova encerra isso também de jovem e positivo: a liberdade é sempre o prêmio do engenho do escravo, e ninguém tem mais engenho do que ele.

(Julho, 1958 – Agosto, 1960)

8. Teatro Religioso Medieval

Ainda não se explicou satisfatoriamente por que, depois do período áureo grego e do florescimento romano (Sêneca está no nascedouro da era cristã e suas tragédias talvez nem se destinassem ao palco), houve um silêncio de dez séculos para que a história registrasse de novo os inícios de um teatro. As condições de vida e o processo de formação das línguas neolatinas não favoreceram a continuidade cênica, entendida como fenômeno social e não cultivo escolar da literatura clássica. Ao retomar-se, na Idade Média, o fio teatral, ele aparece vinculado ao ofício religioso, e o drama litúrgico não se distingue da liturgia cristã.

Os sacerdotes e os clérigos, primeiros autores dessa nova modalidade de comunicação, foram adotando as línguas que se formavam para se tornarem compreendidos pelo povo, que àquela altura já não acompanhava o latim. E o desenvolvimento desse teatro teve um objetivo didático – o de familiarizar a audiência com os mistérios da religião, num ato devoto que unia público e oficiantes. O fortalecimento da fé era a grande lição pretendida na assembléia teatral da Idade Média.

Adotada a língua vulgar, o drama não podia sentir-se mais à vontade no interior das igrejas. De início, ele se deslocou para o pórtico, indo finalmente para a praça pública. À medida que o teatro ganha alento, acelera-se a sua estetização, e a conseqüência é que ele se profaniza progressivamente. Evolução semelhante ocorrera na Grécia: a tragédia, nascida do culto dionisíaco, faz-se, com Eurípides, veículo de crítica à religião tradicional. Para Gustave Cohen, nada diminui mais a figura divina do que os mistérios.

Era preciso que os documentos escritos do cristianismo contivessem dramaticidade, para se transformarem em teatro. Num sentido superficial e sem vislumbre de irreverência, pode-se falar na teatralidade da própria missa. De um ponto de vista mais exigente, menciona-se a agonia cotidiana do verdadeiro cristão, na ânsia de vencer o pecado, aspirando ao céu. A expressão mais perfeita da vontade de integrar-se num absoluto religioso, libertando-se da contingência humana, da qual desertou a graça divina, foi a tragédia de Racine. A verdade é que, se já não são teatrais, os episódios bíblicos e a biografia de muitos santos mostram-se facilmente teatralizáveis, sugerindo a encarnação humana, para que revelem toda a eficácia exemplar.

Alguns dramas reviveram o Ciclo de Páscoa, para fixar-se depois no Ciclo de Natal. À definição do culto de Nossa Senhora correspondeu, nos séculos XIII e XIV, o aparecimento de numerosos Milagres, nos quais o pecador apela para a Mãe de Cristo, e por interferência dela é perdoado e escapa da égide do demônio (em nossa dramaturgia, recente exemplo do gênero é o *Auto da Compadecida*, de Ariano Suassuna). Os autores, não se contentando com as proporções reduzidas dessas peças, e querendo abarcar toda a história sacra, cultivaram, a partir do século XIV, os grandes mistérios, nos quais, em longas jornadas, se narra desde a queda de Adão e Eva do Paraíso até a vida de Jesus Cristo e o Juízo Final. Para se sugerir o tamanho dos maiores mistérios, que atingiram trinta e cinco mil versos, costuma-se lembrar que uma tragédia clássica francesa tem perto de dois mil. Vários dias inteiros eram tomados na encenação dos mistérios, que mobilizavam todo o burgo e eram vistos também pelos habitantes de povoações vizinhas.

A estrutura grega de composição, que chegou até os nossos dias por meio dos princípios aristotélicos, modificou-se na Idade Média, em decorrência de um entendimento novo do homem. As famosas unidades da *Poética* ligavam-se ao conceito de que o destino humano se decidia num momento, passando o herói geralmente de um estado bom para um estado mau, segundo decreto inevitável, que tinha por fim ressaltar o efêmero da satisfação terrena. O arbítrio divino, exercendo-se em qualquer instante (o orgulho dos protagonistas trágicos excitava a sua vingança fatal), compunha como mera soma de dados os dias anteriores e simples conseqüência de seu desabamento a vida futura. O homem parecia, assim, em grande parte, um boneco nas mãos dos deuses. A valorização da vontade dos protagonistas, na obra sofocliana, não chegava a neutralizar a terrível presença do *Fatum*, que regia o concerto das criaturas. Se Eurípides se rebelava contra o mandamento do Olimpo, era para acusá-lo, sem dúvida, da triste sina a que havia condenado a trajetória humana. Na inspiração cristã do teatro medieval, os valores diferentes em jogo mudariam, por força, a idéia da personagem, e a partir dessa premissa todo o espetáculo se alterou. Sabe-se que, para o cristão, importam cada ato e cada pensa-

TEATRO RELIGIOSO MEDIEVAL

mento, e o Juízo Final sobre o indivíduo toma em conta a inteira passagem terrena. O pecado original já representa um estigma, que o batismo apaga, para se sucederem as faltas previstas nas tábuas da lei. As menores intenções pesam na balança, e só com a morte se sabe a respeito da condenação ou do resgate. Um teatro que apreendesse as possibilidade dramáticas dos caminhos de um cristão deveria fixá-lo não num instante privilegiado, mas em grande número de situações, capazes de acompanhar-lhe as crises íntimas. Em conclusão, não prevaleceriam ao menos as unidades de espaço e de tempo. Por isso, o teatro medieval se espraia por cenários incontáveis, e não teme acompanhar o homem, desde o nascimento até o encontro com a eternidade.

A representação desse universo se fazia, em primeiro lugar, através do equivalente visual dos dois pontos em que finaliza a aventura humana: do lado direito do palco, em ligeira elevação, o Paraíso; e do lado esquerdo, materializando-se na enorme boca de um dragão, o Inferno. Entre esses pólos, num largo estrado, enfileiram-se as diversas mansões em que se desenrolam as cenas, naturalmente muito simplificadas e sugeridos os locais apenas nas linhas básicas, sem o que seria insuficiente o espaço. Explica-se, também, que esse procedimento não chocava, graças à ingenuidade e à ignorância geográfica do público de então, incontaminado das exigências realistas. Na indumentária, era regra o anacronismo. No jogo cênico simples, admitia-se desrespeito à verossimilhança, que mal chegamos a entender: finda a sua intervenção, o ator não desaparecia nos bastidores, e, em cadeiras, postava-se no cenário múltiplo, diante da audiência. Apesar do intuito devoto fundamental, as longas horas do espetáculo relaxavam a atenção, e não se mantinham o silêncio e a disciplina, sem os quais não se concebe hoje o trabalho do palco. Reunindo durante os ensaios e ao longo das representações os intérpretes, saídos das várias classes (embora os nobres e os plebeus encarnassem, em geral, as personagens de sua respectiva categoria), o teatro tinha inequívoco papel democrático.

O drama religioso da Idade Média marcou o primeiro afastamento importante dos padrões greco-latinos, abrindo para o palco as mais amplas perspectivas. Não será exagero afirmar, até, que todas as rebeliões estéticas contra as regras aristotélicas, incluindo a teoria brechtiana, apresentam aspectos substanciais em comum com o barroco da cena medieval. Se a observância das unidades pode conduzir ao empobrecimento e ao convencionalismo, a larguez da história bíblica e da hagiografia equivale à dimensão da epopéia. O processo narrativo, numa postura estática, diferente do princípio ativo da concepção grega, fez que Gustave Cohen, por exemplo, considerasse o mistério um "conto dramático ilustrado por cenários e personagens". A garra teatral fica diluída, nessa quase incolor sucessão de episódios, não concentrados em intensidade expressiva. Muitos críticos não reconhe-

72 O TEXTO NO TEATRO

cem a eficácia cênica da dramaturgia medieval. Por outro lado, o palco passa a conter todo o universo.

Apenas Racine e os clássicos italianos parecem ter resistido à influência das novas formas da Idade Média, já que Lope, Calderón e Tirso, na Espanha, Shakespeare e os outros elisabetanos, na Inglaterra, e Corneille, na França, não conseguiram cingir-se mais aos modelos greco-latinos. Medindo-se a paternidade desses autores no movimento romântico se terá idéia do alcance do medievalismo teatral no século passado e até em nossos dias. Não será arbitrário afirmar, por extensão, que todos os anseios de desobstruir o palco do jugo aristotélico se inspiraram, direta ou indiretamente, na duração narrativa do mistério, que acompanha um homem historicizado e não escolhe o absoluto de um único dia. Nesse sentido é lícito aproximar a concepção épica de Brecht do procedimento medieval, embora ela aproveite muito, também, as liberdades orientais. O público moderno, formado na tradição do psicologismo, só aceita as proporções do mistério como fenômeno cultural. Cabe lembrar porém que, se as expressões estéticas da tragédia grega ou do teatro da Idade Média tiveram suporte religioso (os pressupostos da fé devem ter ao menos favorecido a comunicação artística), a grande maioria dos espectadores modernos, que é cristã, encontra ressonância na montagem de um auto ou de um mistério.

Na Itália, as manifestações teatrais, ligadas ao rito litúrgico, ocorreram quase simultaneamente em numerosas cidades, a partir de meados do século XIII. Tomaram elas, sem que se possa estabelecer uma diferença válida, os nomes de Lauda dramática, Devoção ou Representação sacra. O grande medievalista Vincenzo de Bartholomaeis, na coletânea *Laude Dramatiche e Rappresentazioni Sacre*, assim explica a origem do vocábulo "lauda":

A palavra *laudes* designava a parte do Ofício canônico das Matinas em que se cantavam os salmos 148, 149 e 150, nos quais voltam com freqüência os termos *laus, laudare, laudate*, etc. As aclamações rituais para a coroação do papa ou do imperador se chamavam *laudes*. Os membros da *Schola cantorum* lateranense de Roma chamavam *laudes* também aos seus cantos de alegria.

A dramatização do canto lírico foi um passo do itinerário evolutivo, e o diálogo imisciuiu-se no coro. As confrarias religiosas, denominadas *de'Disciplinati*, incumbiram-se das montagens, e a história ensina que "foi entre os *Disciplinati* de Perúsia que nasceu a nova poesia dramática italiana em língua vulgar". O primeiro volume da obra de De Bartholomaeis dedica perto de trezentas páginas às laudas perusinas – uma antologia das *devozioni* que se representavam, num ano, em cerca de oitenta dias. A primeira destina-se ao Domingo do Advento, em que o Anjo mata o Anticristo com espada de fogo e Cristo condena os Danados às chamas eternas. Os Danados apelam para a Mater Domini, e ela intercede junto ao Filho. Mas aí, apesar da

TEATRO RELIGIOSO MEDIEVAL

intercessão de Nossa Senhora ("perdona a quiglie per cuie io avvoco, / Nulla grazia a me negaste / da puoie che tu de me encarnaste"), os pecadores não podem mais salvar-se, porque já se trata da segunda vinda do Redentor, isto é, do Juízo Final. Os pecadores que Jesus invectiva são o *goloso bevetore*, o *avaro peccunioso*, o *lussurioso*, o *vaglorioso*, o *iriso enmaledetto*, o *sodomito puzolente*. Entre as laudas de Natal, assinala-se o bonito diálogo de José e Maria (ela diz que Jesus quis ser concebido "non per alcuna mia bontade, / ma per la sua umilitade"). Sucedem-se o episódio dos Reis Magos e nova lauda da Anunciação. Durante a Quaresma, em que eram diárias as representações, as laudas ilustravam o Evangelho do dia, tomando o nome comum de *Laudes Evangeliorum* (o qual Giovanni Poli usou para o espetáculo do Teatro Ca'Foscari de Veneza, não obstante sejam aproveitadas outras laudas de celebrações perusinas). Seguem-se as laudas da Semana Santa, cujas falas mais expressivas evocam a lavagem dos pés de Cristo por Madalena (Judas comenta o gasto com o ungüento precioso), a traição, a cena com Pilatos e o diálogo com os ladrões. Na lauda da Ressurreição, Pedro e Tomás arrependem-se da antiga descrença. Na Ascensão, Cristo se dirige aos apóstolos, que lhe pregarão a doutrina, nos países designados em Pentecostes. Outras laudas perusinas tratam da Conversão de São Paulo, do milagre de São Domingos ao multiplicar os pães no convento, da Assunção de Maria e do Ofício dos Defuntos, em que Vivos contracenam com um Morto, em belos versos, de marcado cunho apologético.

Ao escolher as laudas que formaram o texto do Teatro Ca'Foscari, na mesma linha da súmula que Gustave Cohen fez dos principais Mistérios da Paixão franceses para o grupo dos *Teofilianos* da Sorbona, Giovanni Poli preocupou-se em organizar uma seqüência dramática. Sua seleção foi feliz, porque vai da Ressurreição de Lázaro à Crucificação, para que o Coro, no final, invoque com o canto a Ressurreição de Cristo, terminando o espetáculo num clima de Glória e alegria. O episódio de Lázaro é significativo para apresentar Cristo, com os atributos divinos, pois já realiza ele um milagre. Cristo ordena que levantem a pedra do túmulo, quando Marta replica, ainda incrédula: "Maestro, non v'apresemate, / ché gran fetor ne deie venire". A peça moderna concentra-se, a partir daí, nos momentos mais intensos da vida de Cristo, cuja teatralidade não desperta nenhuma dúvida: são as jornadas próximas do sacrifício. Não bastasse essa procura de sensibilizar a platéia atual, o encenador italiano enriqueceu a montagem com o *Coro de' Disciplinati*, que pertence à tradição perusina. Narra a história que o eremita Raniero Fasani, depois de exercer a autoflagelação solitária durante dezoito anos, surgiu em Perúsia, e concitou o povo a mortificar-se publicamente – única forma de "reconquistar a benevolência do Céu". O anseio de paz, depois de tantas lutas políticas, criava uma atmosfera propícia ao fenômeno que tenderíamos hoje a chamar de histeria coletiva. A "devoção", iniciada em 1259, ensejou

74 O TEXTO NO TEATRO

o aparecimento das companhias *de'Disciplinati*, que se martirizavam em público, quase na nudez. Há quem lembre, pelo ardor místico dessas demonstrações ou invocações, o ritual dionisíaco primitivo, que se acha na base do teatro grego. O acontecimento histórico inspirou a Giovanni Poli a fusão das laudas com o *Coro de'Disciplinati*, que está na origem do teatro religioso italiano da Idade Média. Um prólogo pantomímico introduz esse coro, que suplica, flagelando-se, a aparição de Cristo. Até o fim, ele sublinha todas as cenas, comentando os diálogos de acordo com o desenvolvimento da Paixão. Esse desejo de renovação espiritual, visível na energia religiosa medieval, correspondeu, para Giovanni Poli, a um clima de procura da verdade, característico do nosso tempo.

(Julho, 1962)

9. Maquiavel Prescreve Mandrágora

O prólogo de *A Mandrágora*, sempre citado, sugere que Maquiavel (1469-1527) considerava o teatro uma preocupação subsidiária – verdadeiro passatempo – de seu gênio criador. "Vedado que lhe foi / o talento mostrar noutras façanhas", isto é, caído no ostracismo político, depois de longos anos de serviços ininterruptos como "secretário florentino", a fatura da peça vinha preencher parte das horas do estrategista sem aplicação. A possível inconsciência do autor quanto ao alcance da obra (ou seria falsa modéstia, destinada a disfarçar-lhe o poder corrosivo?) não justifica nenhuma exegese tendente a considerar a dramaturgia subproduto do pensador político. Natalino Sapegno, no *Compendio di storia della letteratura italiana*, reconhece que "no fundo da *Mandrágora* se encontra a mesma concepção pessimista que está na raiz de *O Príncipe*". A unidade da visão já subtrai à peça a ligeireza que levou o dramaturgo a escusar-se diante dos espectadores, se julgassem "o assunto pouco digno, / por leve em demasia". Edmond Barincou, em *Machiavel par lui-même*, afirma que "não é mais razoável evocar Shakespeare ou Aristófanes, como o fazem Tommasini e Voltaire, a propósito do teatro de Maquiavel". Edgar Quinet é mais penetrante quando observa que se desconhece demasiado a importância do gênio dramático na obra do escritor, na concepção do Destino, na narrativa da tragédia de Sinagaglia, na personagem do Príncipe, no amoroso da *Mandrágora*, enfim e sobretudo nas obras-primas. Os Discursos sobre a *Primeira Década de Tito Lívio*, aos quais ele vai retornar depois dessas distrações, *A Arte da Guerra* e as *Histórias Florentinas*, cujos disparates se apagam à luz dessa observação, formigam de dramas em germe, entre os quais alguns inspiraram

76 O TEXTO NO TEATRO

obras célebres como *La congiura dé Pazzi*, de Alfieri, ou o *Lorenzaccio*, de Musset. Qualquer que seja a relação de *A Mandrágora* com o restante da obra de Maquiavel, porém, a peça vale por si, explica-se completamente na sua própria linguagem, sintetiza de forma definitiva o que deu de melhor a comédia italiana da Renascença.

O mundo greco-romano não chegava aos séculos XV e XVI apenas por intermédio de alguns nomes representativos. Os eruditos podiam desfrutar uma visão ampla da paisagem antiga, já que Aristófanes, Plauto e Terêncio se enfeixavam num mesmo universo cômico. Aristófanes não bastava como modelo único porque sua sátira circunstancial dificilmente encontraria correspondência nas formas de vida da época. As complicadas e inverossímeis peripécias dos latinos não satisfaziam inteiramente à preocupação de modernidade. Maquiavel já havia escrito *Le maschere*, imitada das *Nuvens*, de Aristófanes. Traduziu *A Mulher de Andros*, de Terêncio. Inspirou-se na *Casina*, de Plauto, para escrever *La Clizia*, posterior à *Mandrágora*. Esta, contudo, no centro de sua produção dramática, assimila todos os ensinamentos das comédias anteriores para aplicá-los à realidade florentina de *Quinhentos*. Dos latinos, apreendeu o mecanismo da trama, aproveitando também diversas personagens suas. Aristófanes indicou-lhe o caminho da virulência crítica, agora voltada contra a corrupta sociedade italiana. Não será arbitrário concluir que o êxito e a permanência de *A Mandrágora* se devam à síntese feliz das duas grandes correntes cômicas que povoam a dramaturgia dos antigos. Na estrutura de ficção dos latinos, Maquiavel inoculou o germe corrosivo do panfleto aristofanesco. *A Mandrágora* deveria tornar-se a obra-prima da comédia italiana da Renascença e uma das melhores peças de todo o repertório teatral.

O enredo, como lembramos, acompanha o esquema da Comédia Nova: um jovem tenta aproximar-se de uma bela mulher, sendo os seus esforços, no final, coroados de êxito. Nas peças latinas, habitualmente o moço era auxiliado apenas por um parasita ou por um escravo, ou por ambos. Na *Mandrágora*, e isso lhe confere a primeira marca importante de originalidade, Calímaco recebe o decisivo apoio de Messer Nícia, marido da pretendida Lucrécia, de Sóstrata, sua mãe, e do confessor, frei Timóteo. Desde já se verifica ter mudado substancialmente o aspecto moral da situação. Em Plauto e Terêncio, mesmo que a afoiteza dos jovens trouxesse para o entrecho um parto próximo, o matrimônio vinha abençoar a união precipitada. Aqui, introduz-se o tema do adultério, desconhecido dos antigos, no tocante às personagens femininas da comédia. O assentimento materno e a autoridade eclesiástica emprestada pelo frade ao arranjo importam em terrível crítica à sociedade seiscentista. Os postulados morais, que deveriam ser inflexíveis, curvam-se ante as conveniências, quer financeiras, quer de simples esperança de perpetuação da espécie.

MAQUIAVEL PRESCREVE MANDRÁGORA 77

Os pontos de contato da *Mandrágora* com a Comédia Nova encontram-se ainda, além da filiação de algumas personagens ao seu modelo, na própria burla inventada para Calímaco chegar até o leito de Lucrécia. Ele viera de Paris apenas para ver, em Florença, a proclamada beleza da jovem, acendendo-se imediatamente no desejo de possuí-la, já que o original lhe pareceu muito superior à narrativa ouvida. Como conquistar, porém, uma esposa virtuosa, cujo marido ademais é rico, embora velho e ingênuo? A única fraqueza do casal era o desejo insatisfeito de ter um filho. E, sob o pretexto de preencher essa lacuna, Calímaco faz-se de médico, receita para Lucrécia a mandrágora e, usando novo disfarce, dispõe-se a ser pilhado na rua por Messer Nícia e seus auxiliares. É que, segundo ensinara, de acordo com a ciência, o homem que tivesse o primeiro contato com a mulher, depois de administrada a poção, puxaria para si o veneno, morrendo nos próximos dias. O disfarce, embora sem as outras implicações, já fora usado em circunstâncias semelhantes por Terêncio, em *O Eunuco*: Quérea deseja aproximar-se de qualquer maneira de Pânfila e, achando-se ela muito protegida, veste as roupas do eunuco para iludi-la. A férrea determinação na conquista, o rápido e inteligente aproveitamento de uma idéia apenas esboçada e a imperturbável firmeza até a vitória do plano são outras semelhanças entre Calímaco e Quérea. A última está no próprio desfecho: ao saber que Pânfila é cidadã (e não escrava), Quérea une-se a ela; Calímaco promete matrimônio a Lucrécia, "se algum dia Deus o chamasse (a Messer Nícia) a si". A comédia teve sempre a sabedoria de fazer simpática a causa dos jovens.

Lucrécia (foi lembrada a significativa aproximação de seu nome com o da virtuosa romana) parecia a princípio inexpugnável. Fiel e recatada por índole, havia feito ouvidos moucos às propostas de um fradalhão. Agora, só aceita o sacrifício de ir ao leito com um desconhecido mediante o expresso consentimento da mãe e do confessor. Quando Calímano revela a sua identidade, consumado o ato, seria querer demais que ela o expulsasse. Assim, Lucrécia fala ao jovem:

> Já que a tua astúcia, a tolice de meu marido, a ingenuidade de minha mãe e a maldade do meu confessor me levaram a fazer aquilo, que, sozinha, nunca faria, quero julgar que tudo provenha de uma disposição do céu, que assim determinasse, e não me sinto suficiente para recusar o que o céu quer que eu aceite.

Apenas, sente-se autorizada a ir um pouco além: "aquilo que meu marido quis por uma noite, entendo que o tenha sempre". Bendita providência...

Seria Messer Nícia um tolo? Não era do feitio da Comédia Nova ou renascentista aprofundar os caracteres e por isso os móveis do marido enganado permanecem um pouco obscuros. A seu favor, contam a crença sacramentada nos efeitos da mandrágora e a informação segundo a qual o homem que consumasse o primeiro contato com Lu-

78   O TEXTO NO TEATRO

crécia sucumbiria aos efeitos do filtro. Depois, o sigilo profissional cobriria a aventura das maledicências, tendo ele ainda feito a ressalva hipócrita: "que não se venha a saber, por amor dos Oito!" Ligúrio o prevenira: "um homem do vosso feitio, que consome o dia inteiro no estudo, entende de seus livros, mas não sabe pesar bem as coisas deste mundo". Fiquemos com esse argumento, para nos pouparmos uma impiedade com o velho.

Sóstrata tivera vida airada e o trabalho para convencer a filha não lhe deve ter custado muito. Quem sabe, agora, ela queria também ser avó de qualquer modo. Sua escusa assim se exprime: "Sempre ouvi dizer que é dever do homem prudente escolher, dentre as más resoluções, a melhor". O parasita Ligúrio e o criado Siro contribuem para o êxito da trama na mesma medida dos seus ancestrais greco-latinos. A felicidade do amo é a certeza de um lauto jantar e de contínuas recompensas. Sua justificação está na fala de Ligúrio: "Creio que seja bem aquilo que favorece as mais das pessoas e de que se regozije o maior número delas". Imaginosos, expeditos, diligentes, agindo em favor de uma causa com o fito pragmático de um último benefício pessoal – tais são as suas características, ora mais ora menos diferenciadas.

Assusta-nos, na intriga, a corrompida dialética de frei Timóteo. Nesta explicação a Lucrécia está toda a venalidade de seu pensamento, ativado pela polpuda esmola:

Quanto ao ato, que seja pecado, é uma léria, porque a vontade é quem peca, e não o corpo; e a causa do pecado seria descontentar o marido, e vós o contentais; seria ter prazer nele, e vós provais desgosto. Além disso, deve, em todas as coisas, considerar-se o fim; o vosso é preencher uma vaga no paraíso, satisfazendo vosso marido. Diz a Bíblia que as filhas de Lot, julgando que tivessem ficado sós no mundo, se uniram com o pai; e, porque sua intenção foi boa, não pecaram.

A crítica ao poder temporal da Igreja acha-se visível no retrato de Timóteo, e Calímaco ousa afirmar: "Oh, frades! Quem conhece um, conhece-os todos". Maquiavel, escritor, traz para o palco as observações da lida cotidiana.

Uma peça tão rica abre-se a todas as exegeses, que devem apenas furtar-se ao risco de sobrepor o peso da história à linguagem fresca do original. Nos cinco atos vivos, ágeis, saltando de invenção e teatralidade, Ligúrio adverte-nos: "O tempo já é escasso para a ação, quanto mais para explicações". Edmond Barincou afirma que Maquiavel escreveu *A Mandrágora* como antídoto e "transpõe num Calímaco furioso de amor seus furores de patriota ulcerado". Até onde poderá ser acoimada de arbitrariedade essa interpretação? Temos para nós que, apesar de toda a crueza da denúncia contida na *Mandrágora*, o desfecho da peça é otimista, no que se filia à lição da Comédia Nova, concluída sempre por um matrimônio. Cético em face da moral de seu tempo, talvez Maquiavel tivesse concentrado sua fé apenas no

MAQUIAVEL PRESCREVE MANDRÁGORA 79

mistério de uma humanidade que se perpetua. O que não se pode ocultar no texto é uma contagiante alegria na conspiração de todos, destinada a proteger o amor dos jovens. Amoralismo, sem dúvida, e o mesmo princípio do êxito que ressalta das normas de *O Príncipe*. A existência impõe-se na *Mandrágora*, contra todos os possíveis freios sociais. A Renascença, cansada do sentimento de culpa que marcou o teatro medieval, tem na peça mais um exemplo do insopitável desejo de reencontrar a felicidade edênica.

(Setembro, 1959)

10. Ruzante e *Moscheta*

Até na Itália a descoberta de Angelo Beolco, mais conhecido pelo nome de sua personagem Ruzante, é acontecimento recente. Sílvio D'Amico afirmou que os italianos deveriam envergonhar-se, por ter sido um estrangeiro – Alfred Mortier – o primeiro tradutor do teatro de Beolco, escrito em dialeto paduano do século XVI, divulgando-o em francês. Depois vieram as traduções italianas e o interesse pelo conhecimento da obra de Ruzante, que é, nas suas principais expressões, deliberadamente popular, enquanto os cânones estéticos do *Cinquecento* recomendavam a observância dos modelos greco-latinos.

Se os italianos esperaram quatro séculos para inteirar-se do valor de Ruzante, o Brasil só veio a conhecer uma encenação de obra sua com a temporada do Teatro Stabile di Torino, que incluiu *Moscheta* em seu repertório. E o empenho no dramaturgo não decorre de simples curiosidade histórica, alimentada pelas referências que se fizeram de Ruzante como precursor da *Commedia dell'Arte*, que anuncia também Molière e Shakespeare. Impressionam nele a individualidade própria e o consumado lavor artístico, que fazem de algumas de suas peças, entre as dez que escreveu, verdadeiras obras-primas do teatro.

O protagonista de *Moscheta, Il Reduce* e *Bílora*, por exemplo, é um camponês, que vive na miséria e na abjeção, em virtude das condições de seu tempo, assolado por freqüentes guerras. Beolco, em sua curta existência (teria nascido em 1502 e morreu em 1542), foi testemunha das lutas que devastaram a Sereníssima República, e as funções desempenhadas de administrador de propriedades agrícolas lhe permitiram íntimo contato com os camponeses, que eram as maiores vítimas da instabilidade social. Sendo a sua perspectiva a da objetividade, expressa até na adoção do dialeto, Beolco mostra com realismo os tipos retratados, e não os põe apenas em ridículo ou extrai da intriga lições moralizantes. É certo que nos espantamos com a crueza das criaturas ruzantinas: são amorais, conduzem-se pelos apetites elementares e imediatos, nada têm em comum com os heróis edificantes a que acostumou o público uma certa idealização literária. Ri-se à vontade da falta de caráter (não há outro nome, ao menos de acordo com os nossos padrões) e das absurdas aventuras dos protagonistas de Beolco, mas resta, no fim, um travo amargo, causado pela quebra quase total daquilo que se compreende por condição humana. O dramaturgo não faz denúncia explícita do mundo miserável em que vegetam suas personagens. O observador é que, depois de achar graça com o espetáculo que lhe é oferecido, se indigna e se revolta contra o grau de torpeza a que foi relegada aquela camada de indivíduos. O processo dramático de Ruzante prenuncia, com efeito, sob o prisma da técnica, o de Molière, nas obras mais ambiciosas. O desenvolvimento cômico leva a um mal-estar inquietante, o riso prende-se na garganta para dar lugar à surpresa e à perplexidade.

Nesses textos de Beolco, está sempre em jogo a mulher. A procura da mulher pelo homem. Essa relação, que em outros termos seria um dado natural, complica-se nas peças, porque uma dificuldade intransponível separa o herói da mulher: a falta de dinheiro e de alimento, que lhe impede preservá-la. A miséria é tanta que a mulher, ao aceno de alguém que lhe dê comida, não se constrange em descartar-se do companheiro. Em *Il Reduce* (ou *Parlamento de Ruzante che iera vegnu da campo*), o protagonista, ausente quatro meses, à procura de meios que não obtém, encontra Gnua em outra companhia. Não adianta que ele lhe declare amor. Para Gnua, quer-lhe bem quem o demonstra: "Não que eu queira mal a você, mas não gosto da sua miséria". A mulher é que acha que Ruzante não tem consciência: "Sinto um grande medo de morrer de fome, e você não pensa nisso". Além de perder Gnua, Ruzante acaba tomando bastonadas do Bravo, e a única maneira de consolar-se é imaginar que mais de cem inimigos batiam nele. O compadre Menato estranha que ele ainda esteja vivo, e Ruzante replica: "Já tenho calo. Não sinto nada, eu". A dureza do mundo insensibilizou-o – ainda procura um modo de vencer a total vileza inventando que, se soubesse ter lutado apenas contra um homem, o venceria, para vingar-se dele e da mulher.

A situação de *Bílora* é semelhante: Dina abandona o marido, para viver com um velho rico. Ao decidir reavê-la, Bílora pensa antes em pedir à mulher um pedaço de pão. Aceita o dinheiro que ela lhe dá, para comer fartamente, e não toma com o velho a atitude que se consideraria viril: manda um intermediário para consegui-la de volta e fica decepcionado com a sua recusa, porque ela lhe havia prometido acompanhá-lo. O velho, talvez por estar seguro de seu poder econômico, confere a Dina a possibilidade de escolha. Ela não quer saber de

82 O TEXTO NO TEATRO

Bílora, que "lhe dá de comer mais bastonadas do que pão". Dessa vez, o protagonista vinga-se, liquidando o velho numa luta. Mas não se tem o direito de concluir que, ao invés de mostrar-se corajoso, Bílora revela maior covardia, ao derrotar um velho?

Essas duas peças são curtas, e o esquema básico se resume no triângulo amoroso. Ao compor *Moscheta*, em cinco atos e um prólogo, a situação deveria tornar-se mais complexa, e Beolco a enriqueceu com o jogo de três homens (não mais dois), em torno de Betia.

Aqui, o marido não tenta recuperar a mulher, mas é um compadre do casal – Menato – que procura os favores dela. A situação não se coloca tão diferente, se lembrarmos que o compadre os tivera, num quase direito de precedência sobre o marido. Impele Menato, camponês abastado, a falta que agora sente da comadre, levando-o a praguejar: "Maldito seja o amor!" Observa, ainda, com inegável espírito: "Dizem depois que temos livre-arbítrio". Decide, por isso, reencontrar com Betia o prazer antigo e ela o repele: não deseja mais ser louca como nos primeiros tempos, e quer "olhar os cristãos na cara". Só enganaria Ruzante, se ele lhe fizesse algo desagradável.

A solução para Menato, portanto, é conseguir que Ruzante entre em desgraça com a mulher. E, para alcançar esse objetivo, serve-se do próprio Ruzante. Precisava este, no dizer do compadre, certificar-se da fidelidade de Betia. E haverá meio mais seguro para pô-la à prova do que fingindo-se outra pessoa, que tenta seduzi-la? A fim de tornar o ardil mais verossímil, Ruzante fala *moscheta*, isto é, florentino, língua difícil, de gente bem-criada. Betia recusa-o, na primeira investida, mas Ruzante oferece-lhe uma bolsa cheia de dinheiro. Diante desse argumento, com a vida miserável que levam, a mulher vai transigir. Quando Ruzante se dá a conhecer, resta a ela ficar indignada, mentir que percebera a trama, e que se meterá num convento.

O convento, naturalmente, é a casa do soldado bergamasco Tonin, que também se interessava por ela. O duplo motivo amor-dinheiro continua a mover a história. Uma vizinha informa a Ruzante onde a mulher se encontra, e ele se alegra com a notícia, porque não a perdera de todo. Tonin, contudo, só restituirá a mulher se Ruzante lhe devolver a bolsa de dinheiro, que havia roubado dele, simulando ter sido vítima de um assalto. Para o soldado, também, o dinheiro é vital, e lhe arranca uma exclamação: "Você deu-me no sangue, ao dar-me na bolsa". Mas a miséria de Ruzante é tanta, que não lhe interessa privar-se do dinheiro, agora que a mulher está mais à mão. Apela para Menato, que se dispõe a pagar o resgate. Com a segurança que lhe traz a autoria da transação, o compadre pede ao soldado "a nossa mulher". É a sua vez de compensar-se de tantos sacrifícios, e Menato faz nova burla com Ruzante: entra na casa dele com Betia e, além de dar-lhe boas bastonadas, bate-lhe a porta na cara. Ruzante está inteiramente sucumbido, mas, ao ver Tonin ensangüentado, imagina logo que foi o autor da façanha. Não apanhara, mas destruíra o inimigo.

RUZANTE E *MOSCHETA*

Nesse delírio inventivo, que é a única saída para os seres irremediavelmente derrotados, Ruzante concentra todo o desejo de heroísmo e de dignidade, que não podem acudi-lo na hora certa. E sua última vontade é de paz, uma paz que o libertaria de novas empresas perigosas.

O amor verdadeiro por Betia mistura-se em Ruzante com o instinto de autopreservação, revelado pelo desejo de conservar, a qualquer preço, o dinheiro. Um belíssimo lirismo anima as suas declarações. Num monólogo, exclama: "Nós nos quisemos bem tanto tempo, que nos embriagamos no bem que nos quisemos". Chama-a, depois, de "irmã", e augura que, ao morrer, "nos ponham juntos numa fossa, já que, vivos, não podemos estar nela". Quando Betia, com coqueteria, diz que não quer o perdão dele, porque não o merece, Ruzante fala: "Perdoa-me então, te peço perdão, mulher, que o diabo é sutil. Perdão".

Betia surge, de início, cheia de escrúpulos, ditados pela sua nova condição de "donna da bene", que deseja na cidade uma vida diferente daquela que teve no campo. O prólogo refere-se a uma "natureza" dela, que lhe determinaria a leviandade. O entrecho, porém, incumbe-se de mostrar o condicionamento de sua conduta: basta um pretexto, para Betia desmoronar a sua pretensa seriedade. Não tinha condições para recusar a bolsa de Ruzante travestido em conquistador e, depois dessa falha, todas as outras justificam-se para ela. Quando o soldado bergamasco se declara em metáforas sentimentais, dizendo que gostaria de ser o cesto que ela carrega na mão, Betia replica apenas: "E eu gostaria de que aquilo que toco virasse imediatamente polenta". A miséria está na raiz do comportamento de Betia e ela nem pode fugir à realidade pela satisfação conjugal. Ruzante, provavelmente cansado e de barriga vazia, dorme todo o tempo.

Menato é o camponês endinheirado que, não se prendendo a necessidades materiais, permite-se o luxo de vir a Pádua à procura de Betia, que lhe dera antes prazer. Tonin se distancia do soldado fanfarrão no plano da conquista feminina (naquele subúrbio miserável da cidade, ele era dos mais afortunados), e incide nas características farsescas do tipo, ao dizer que tem medo da própria figura.

Tudo é orgânico na *Moscheta*: as criaturas, a linguagem, o mecanismo da ação e até os monólogos. A arte de Beolco não se mostra intuitiva e primária, mas profundamente elaborada. O dramaturgo, que era também ator, sabe estimular ao máximo as virtualidades interpretativas. Espanta ao observador a riqueza de situações e sentimentos que as personagens devem exprimir. A cena em que Ruzante decide comer-se (tentativa de suicídio que toma ainda a forma da mastigação, típica da vontade de preservar-se) mistura um dos grotescos e patéticos mais admiráveis da história do teatro.

A *Moscheta* desconcerta, na sua surpreendente modernidade.

(Setembro, 1960)

11. A *Commedia dell'Arte*

O segredo da *Commedia dell'Arte* confunde-se com o próprio segredo da permanência do teatro. A atividade cênica se define, como arte específica, diferente das demais, pela presença física do ator no palco. Nessa caracterização simples e fundamental está o cerne da polêmica há longo tempo travada a respeito dos elementos que formam o espetáculo. O teatro não é literatura, nem arte plástica, nem qualquer outra expressão, mas realiza uma síntese dos diversos veículos artísticos, através da figura totalizadora do intérprete. Frustra-se qualquer comunicação estética, se o comediante não insufla sua arte pessoal ao texto ou ao tema que lhe cabe transmitir. Shakespeare parece uma brincadeira de mau gosto, quando o ator não lhe dignifica a palavra. A *Commedia dell'Arte* leva às últimas conseqüências a verdade segundo a qual o palco é o lugar do ator. Baseada nesse princípio, vivendo de entrechos rudimentares e toscos, que se enfeixavam em *canovacci* e *lazzi* e não em peças completas, ela atravessou do século XVI ao XVIII, e continua viva no espírito dos intérpretes que fazem do desempenho uma criação de cada instante, o fogo improvisador sem o qual a arte se mecaniza e se estiola. Pode-se afirmar que a *Commedia dell'Arte* é uma constante da herança teatral, desde que o primeiro homem representou para outros homens.

Sua existência se liga a vários fatores expressivos na história do palco. O primeiro deles refere-se ao motivo que deu origem ao nome com o qual passou à posteridade: *Commedia dell'Arte*. Segundo os teóricos, *arte* implica aí a idéia de profissão, trabalho, mister – o que, em última análise, reconhece nos cômicos *dell'Arte* atores profissionais, diferentes da quase generalidade dos intérpretes vindos da Idade

A COMMEDIA DELL'ARTE

Média, cuja norma era o amadorismo. Eminentemente popular, coexistindo com um teatro erudito, que buscava inspiração nos modelos greco-latinos, a *Commedia dell'Arte* tornou regra no elenco a presença da atriz, afastada em muitas épocas do palco, por ancestral preconceito. Criaram-se em várias cidades italianas conjuntos permanentes, que ficaram famosos graças a um ou outro ator, celebrizado em certa *máscara*.

E aí defrontamos um dos problemas essenciais da *Commedia dell'Arte*: a relação do intérprete com o papel que lhe era dado viver. De um lado, cabe lembrar que o ator tinha grande liberdade criadora, recebendo estímulo da sumária indicação dos textos. Apenas quem tenha visto um espetáculo da *Commedia dell'Arte* ou algo a ele aparentado, e assim mesmo com viva imaginação, pode recriar na mente os extraordinários jogos feéricos, nem de longe sugeridos pelo *scenario*. Com base num roteiro pobre e informe, o ator improvisa uma unidade cênica de inteira coerência, e que se sustenta no palco pelo prodigioso dinamismo. De outro lado, torna-se corolário dessa liberdade uma inevitável especialização, da qual poucos intérpretes escaparam. Um ator praticamente se identificava com o papel que representaria toda a vida, tomando-lhe até o nome. Essa fixação num tipo, numa *máscara*, é o pólo oposto do ideal interpretativo da nossa época – a capacidade de abarcar os mais diferentes caracteres e as mais contraditórias situações. Sabe-se, porém, que a grande oferta de profissionais e o relativamente reduzido catálogo de *emplois* a que se pode submeter a infindável galeria de personagens fizeram que o teatro e o cinema norte-americanos, por exemplo, escolhessem cada ator para o papel que pareceria ajustar-se a ele como luva, abolindo em geral as experiências arriscadas. No caso da *Commedia dell'Arte*, a especialização se prende ainda à circunstância de que o intérprete é também em parte o autor do próprio papel e facilita criar num estilo e num único veio cômico, e não em diverso, muitas vezes antagônico.

O exame dos tipos e das situações encontrados nos *canovacci* revela constantes preferidas e a preservação de leis naturais, que ligaríamos aos instintos humanos elementares, responsáveis pela busca do alimento, pelo gosto do amor autêntico e pela continuidade da espécie. Chamaríamos primária a sua matéria se não compreendêssemos que ela vive exatamente do primitivo – sinônimo das forças espontâneas, que negam as contrafações. Os famélicos estão à cata de comida, porque é preciso, em primeiro lugar, encher o estômago. Velhos ricos e libidinosos querem dar-se a satisfação do desfrute de jovens belas, mas a realidade os repele. Falsos doutos, pedantes e vazios, perdem-se numa algaravia de lugares-comuns e de conceitos sem sentido, expressos em latim macarrônico: não é necessário afirmar que o seu prêmio é o ridículo. Militares arrotam valentia e vitórias, e a primeira oportunidade de demonstrarem real coragem atesta a sua risível fanfarronice. Criados espertos, bufões, tolos ou medrosos puxam ou embaralham o fio da história, ocupando um primeiro plano ativo, cheio de comicidade. O fato primordial de lhes concederem os *scenari* tamanha importância denuncia a origem popular e reivindicatória da *Commedia dell'Arte*, semelhante à da linha da Comédia Nova grega, fonte do teatro de Plauto e de Terêncio, em que "o escravo é rei". O espírito das ruas brota desses incorrigíveis perturbadores da ordem convencional, cuja paga são as freqüentes bastonadas. Como símbolo de beleza, de perpetuidade de vida e de vitória dos sentimentos puros e sadios aparecem os Amorosos, na imagem idílica de um namoro que resultará em matrimônio. Esse quadro anti-histórico, algo abstrato e distante das exigências realistas, poderia sugerir fuga estética dos empenhos efetivos, se ele não retratasse um compromisso com a Vida, fecundo e dinamizador. É a própria vida, natural e espontânea, que reclama uma expansão contrariada pelos representantes dos poderes coercitivos, cuja derrota a comédia se rejubila em apresentar.

A expressão vital se encontra no estilo interpretativo da *Commedia dell'Arte*. A exuberância de gestos, o uso da mímica e de passos aparentados à dança, a agilidade acrobática, o movimento permanente que não se ajusta à calma e ao repouso (ante-salas da morte) caracterizam a arte desses intérpretes diabólicos. A improvisação é um ato criador por excelência, requerendo, na arte do palco, o concurso de todo o ser. Um espetáculo do gênero evoca um bailado mágico e as iniciações propiciatórias. A máscara devolve essa comédia aos rituais religiosos, com a despersonalização do indivíduo, para que ele participe dos mistérios sagrados. Quem não enxerga na máscara de couro de Arlequim, surpreendida num ricto felino, uma sagacidade demoníaca?

A família da *Commedia dell'Arte* expandiu-se de tal maneira que todo o mundo já travou relações com seus membros, freqüentemente sem saber de quem se trata. Arlequim, Colombina, Brighela, o Doutor e tantas outras *máscaras* pertencem ao folclore universal, enraizado em descendentes de nomes múltiplos, mas que estão a proclamar as leis da hereditariedade. Numa sessão infantil de teatro de marionetes explodem aquelas figuras imutáveis. A pantomima, revalorizada por Barrault e por Marceau, descendentes longínquos de Deburau, que viveu no século passado, aproveita a lição da *Commedia dell'Arte*. Para que ela guardasse essa perenidade deveria mesmo corresponder a anseios continuados do público.

As investigações arqueológicas nao conseguem provar cientificamente a filiação da *Commedia dell'Arte* à *atellana* latina. A nosso ver, não importa esse pormenor, porque a revivescência de um fenômeno tão parecido com o que se verificou no mundo romano ressalta ainda mais a autenticidade das criações populares. Bucco, Maccus, Pappus, Dossennus correspondem a simbolizações de características humanas equivalentes às que fizeram nascer as *máscaras* da *Commedia dell'Arte*. A borra de vinho com a qual sujavam a cara os antigos coreutas e a figura dos falóforos gregos não se distanciam muito de

A *COMMEDIA DELL'ARTE* 87

imagens fixadas em gravuras renascentistas. O que atesta mais a permanência do gênero, contudo, é o combate que lhe foi aberto no século XVIII. Com efeito, a repetição interminável de fórmulas e uma grosseria crescente escondiam o esgotamento das *máscaras*. Ao renovar o teatro italiano, Goldoni não partiu de pressupostos antagônicos a elas: assimilou-as, refundiu-as, enriqueceu-as. Superou-as, incorporando-as. As principais peças da prolífica obra goldorniana preservam o encanto das máscaras tradicionais, acrescidas de realismo na observação da sociedade. O ponto de partida é semelhante, respeita o reinado do intérprete. E que outra dramaturgia, evoluindo no correr dos anos, parecerá mais uma culminação da *Commedia dell'Arte* do que a de Molière? Não são apenas as primeiras peças – *La jalousie du barbouillé* ou *Le médecin volant* – verdadeiros *canovacci* à moda peninsular, nem *Les fourberies de Scapin*, da última fase do comediógrafo. O exemplo da *Commedia dell'Arte* norteia toda a obra molieresca, mesmo aquela que se afasta do riso para situar-se na fronteira da tragédia. Shakespeare, Lope, Beaumarchais, Marivaux participam também da herança da comédia italiana. Seu gênio teatral tem uma explicação intuitiva: nunca perderam de vista o ator, escreveram de molde a permitir-lhe a plenitude cênica. Alguns teóricos julgam Shakespeare palavroso em demasia, tornando-se por isso algo pesado no palco. Seus textos prescindiriam, até certo ponto, da representação. Trata-se, sem dúvida, de crítica superficial, porque talvez, na história do teatro, não tenha existido outro dramaturgo que, à maneira do ator Shakespeare, criasse tão ricos papéis para os atores. Agora que as palavras têm servido mais para sublinhar a incomunicabilidade, a volta à *Commedia dell'Arte* não representa um escapismo de sabor arcaico, tão do agrado das sensibilidades frágeis: na linguagem universal do gesto, estabelece uma sólida comunicação, pelo prestígio incoercível da poesia.

La *Commedia degli Zanni*, que Giovanni Poli compôs com base nos mais antigos documentos da *Commedia dell'Arte*, é uma verdadeira antologia do gênero e reproduz algumas de suas situações e personagens mais representativas. Ainda se discute a etimologia de Zanni, cuja origem mais verossímil se prende à idéia de redução do nome Giovanni, em Bérgamo. A palavra Zanni ora é substantivo próprio, à semelhança de Pantaleão ou Francisquina, ora designa o *emploi* de criado bufão, através da esperteza e do engenho (no caso do primeiro Zanni) ou da tolice e da incapacidade de "distinguir a mão direita da esquerda" (no caso do segundo). Assinalam os estudiosos, entretanto, tantas variações nessas características genéricas, e mesmo nos dialetos usados pelos Zanni, que elas passam a ser supérfluas. A lembrança das linhas sumárias tem apenas mérito didático.

Na cena inicial, apresentam-se as máscaras, nos seus impulsos mais definidores, e tem-se oportunidade de ouvir o primeiro Zanni agradecer a natureza, que o fez tão valente comedor. Afirma ele que comeria ainda mais, se não temesse o rompimento da barriga. O Magnífico aproxima-se da Cortesã, e o Capitão, em espanhol, conta bravatas como "destruidor de castillos e asolador de ciudades", enquanto o Doutor se pinta com os qualificativos de poeta, astrólogo e necromante.

Em outra cena, Ravanel (Doutor) e Zanni explicam a etimologia de seus nomes, e deságuam numa enxurrada cômica de sandices, que divertem pelo absurdo. Um dos quadros melhores da *Commedia* se denomina *Le conclusioni del Dottor Gratiano*, em que a estulta criatura desfila deliciosos lugares-comuns. Fala ele, por exemplo: "La rosa ch'è fiorida sa da bon; / Chi no vol star in pas, faza costion!" As asserções doutorais e ocas são ridicularizadas por Zanni, que utiliza o processo *similia similibus curantur*, através de outras frases feitas, prontas e rimando com elas. A réplica imediata desses dois versos é: "Un che sempre habbia stort, mai ha rason". E prossegue o diálogo: Dottore – "La nave ch'è in alto mar è via dal port"; e Zanni – "E l'uomo che cammina non è mort!" Se a inspiração do Doutor empaca, sente-se que Zanni conseguiria alimentar ao infinito a sua verve verborrágica.

No *Dialogo di un Magnifico com Zanni Bergamasco*, este é solicitado a entregar a uma cortesã o soneto que aquele compôs "stamattina all'improvviso per amor suo". Zanni (o segundo) mostra-se desastrado na função de intermediário sentimental, porque, ao receber galinha, salsichas e peixe da cortesã, utiliza o papel do soneto para embrulho, não desejando sujar as mãos. O amor ridículo do Magnífico tem um corretivo prosaico.

A medicina primitiva, distante de qualquer padrão científico, encontrava no teatro uma sátira contumaz. O mais antigo texto preservado que mostra os erros médicos é *Os Menecmos*, de Plauto, mas a tradição já consagrara no tema o efeito cômico certo. *Il Ciarlone*, que é o Doutor, prescreve o indefectível cristel e extrai um dente de Zanni, indo as tenazes até a barriga. Na operação inversa, Ciarlone costura o criado e comenta: "...e ho imparato a far nascere i denti". A caçoada com a medicina representou tradicionalmente no teatro o antídoto contra a fatalidade da morte.

Na sucessão de *L'Anfiparnaso*, diversos *argumentos* colocam diante do espectador as situações e as *máscaras* clássicas da *Commedia dell'Arte*. Numa cena, Pantaleão está seduzido pela beleza da cortesã Hortência, que recusa a corte do velho. Em outro, Pantaleão promete a filha em casamento ao Doutor Gratiano, e o amoroso Lúcio, acreditando-se traído pela amorosa Isabella, narra o seu desespero, comentado ironicamente pelo *Zanni-Argomento*, que lhe mima os gestos. Novo quadro apresenta Isabella fingindo amor pelo "Spagnuol", desejosa apenas de matar-se, porque Lúcio, o verdadeiro amado, estaria morto. Zanni comunica-lhe que "L'è vero ch'el volea murir / ma l'è sta salva da certi pastureli". Isabella exulta de felicidade, e

A *COMMEDIA DELL'ARTE*   89

não tem mais função o punhal suicida. O desfecho propicia o encontro do par amoroso, que "parla in lingua" (não se brinca com o amor), enquanto os outros se exprimem em dialeto, veículo da comicidade.

A narração de alguns episódios de *La Commedia degli Zanni* encerra o perigo de falsear o impacto do espetáculo, pois as cenas de pantomima, entre as quais a da luta com as pulgas, ocupam no conjunto um plano fundamental. Teatro antipsicológico e antiverista, a *Commedia dell'Arte* apela para a plena imaginação do ator e do público, e a unidade cênica decorre da harmonia de todos os elementos, entre os quais se acham também os cenários leves, a indumentária típica e viva e a música de cunho popular. Desembaraçando-se das amarras convencionais, a *Commedia dell'Arte* instaura o sortilégio.

(Julho, 1962)

12. Inícios de Shakespeare

Pode-se estranhar a escolha de *Os Dois Cavalheiros de Verona*, uma das primeiras e menos expressivas peças de Shakespeare (quando grande parte de suas obras-primas ainda não foi encenada no Brasil), para abrir o Teatro da Fundação Getúlio Vargas, em São Paulo. Mas cabe, a propósito da montagem, também outro raciocínio, sem considerar os de ordem profissional que levaram o diretor inglês Michael Bogdanov a indicá-la à atriz-empresária Ruth Escobar: é sempre bom ter o autor em cartaz e vale a pena conhecer os inícios de um gênio que produziria *Noite de Reis*, *Medida por Medida*, *Tróilo e Cressida*, *Antônio e Cleópatra*, *Ricardo III* e *A Tempestade*, além das tragédias mais conhecidas *Romeu e Julieta*, *Hamlet*, *Macbeth*, *Otelo* e *Rei Lear*.

Os historiadores datam *Os Dois Cavalheiros de Verona* entre 1591 e 1595, depois de *A Comédia dos Erros* e *A Megera Domada*. O entrecho aproveita elementos de *Diana*, romance pastoril do português Jorge de Montemor (1520-1561), o que representaria para o nosso público motivo de vinculação sentimental. Essa é a mais antiga peça de Shakespeare cuja ação se localiza na Itália, embora uma exata geografia não parecesse importar-lhe muito: vai-se de Verona a Milão por mar. E sempre se lembra que Júlia é a primeira heroína shakespeariana, antecedendo Pórcia, de *O Mercador de Veneza*, Rosalinda, de *Como Gostais*, Viola, de *Noite de Reis*, e Imogênia, de *Cimbelino*, que se disfarça em homem para alcançar seu objetivo (recurso comum, aliás, no teatro elisabetano).

Já impressiona na comédia a fantasia poética, responsável por algumas das mais belas falas de Shakespeare. Na cena inicial, dialogam Valentino e Proteu, os dois cavalheiros de Verona, e o primeiro parte

INÍCIOS DE SHAKESPEARE 91

para Milão, atrás do sucesso, enquanto o segundo permanece ali, enredado no amor por Júlia. Valentino faz reflexões amargas sobre o amor. "Apaixonar-se! Pagar o desprezo com lamentações! Olhares esquivos com suspiros de agonia! A euforia volátil de um minuto com vinte noites de vigília, de cansaço, de tédio! No caso de dar certo, pode dar errado; se der errado, um escabroso sofrimento é certo. De qualquer modo, é a loucura à custa da razão ou a razão vencida pela loucura" (as citações são extraídas da tradução de Paulo Mendes Campos). Não custa muito tempo Valentino, em Milão, ser tocado por Sílvia, e dispor-se ao risco de raptá-la, porque o duque, seu pai, a destina a Túrio, outro pretendente. Denunciada a trama, o duque expulsa Valentino, e que suma o mais depressa possível, se tem amor à vida. Valentino faz então uma das mais belas declarações de amor da história literária, e cujos ecos vão aparecer em "I am Heatchliff!", de *O Morro dos Ventos Uivantes*, romance de Emily Brontë. Explode Valentino:

E por que não a morte? Melhor do que uma tortura viva. Morrer é ser banido de mim mesmo! E Sílvia sou eu mesmo: banido de Sílvia é estar banido de mim: mortal exílio! Que luz é luz se Sílvia é invisível? Que alegria é alegria, se Sílvia não está a meu lado? A não ser que imagine tê-la ao meu lado e me alimente da sombra da perfeição. Se à noite não estiver perto de Sílvia, os rouxinóis não terão música. De dia, se não distinguir Sílvia, não distingo o dia. É a minha essência. Deixo de ser se, por sua radiosa influência, não for nutrido, iluminado, acariciado, conservado vivo. Não escapo à morte, escapando à sentença de morte. Aqui ficando, consinto em morrer; mas daqui fugindo, fujo da vida.

O delator foi o amigo Proteu, que agora se encontra em Milão, por ordem do pai. Vendo Sílvia, Proteu se esquece das juras trocadas com Júlia e se dispõe a praticar qualquer vilania para conquistá-la. Proteu atraiçoa o amigo Valentino, denunciando-o ao duque; atraiçoa o duque, apresentando falsos motivos para o seu gesto; e atraiçoa Túrio, a quem promete ser o porta-voz de suas pretensões junto a Sílvia (antecipação do recurso utilizado por Cyrano, na obra de Rostand?). A verdade é que Proteu contém em germe a força do mal de personagens como Ricardo III e Macbeth. Só que, em *Os Dois Cavalheiros de Verona*, Shakespeare não chega às últimas conseqüências, nesse caminho, e promove uma reconciliação, cujas bases não aparecem convincentes. Mas aí se encontra a saída da reconciliação que marcará o desfecho de várias obras-primas da maturidade.

Numa floresta nas fronteiras de Mântua, o banido Valentino é interceptado por bandidos, mas, num passe de mágica, sem muita fundamentação dramática, ele se torna o seu chefe. Esses bandidos são gente bem-nascida e "foi a rebeldia da mocidade indisciplinada que nos atirou à margem da sociedade legal". Shakespeare introduz assim o tema do "bom bandido", que seria um dos lugares-comuns do romantismo. E Valentino coloca nova questão – o prazer da vida na natureza, contrapondo-se aos dissabores dos aglomerados humanos –, que será outra premissa das crenças românticas:

92 O TEXTO NO TEATRO

Como o costume cria o hábito no homem! Este ermo sombrio, estas matas, desertas, me dão mais prazer do que as cidades cheias de gente. Aqui posso ficar só, despercebido, acompanhando com a canção de minha infelicidade as notas queixosas do rouxinol.

E, para que a reconciliação abarcasse todas as personagens – microcosmo que se amplia para o mundo inteiro –, Valentino pede ao duque uma graça: o perdão aos proscritos, que são homens de nobres qualidades. Deferida essa solicitação, assentado o matrimônio de Valentino e Sílvia (depois que Túrio não tem comportamento cavalheiresco), e o de Proteu e Júlia reencontrados, o clima é o de equilíbrio perfeito ("uma festa só, uma casa só, uma só felicidade"), que, se não soluciona os problemas do mundo, resolve ao menos os da comédia.

Ao observador atento não passará despercebido que, ao lado das lacunas incontornáveis da peça, há muitas cenas de sabor indiscutível, que isoladamente valem o prazer de uma noite. Cite-se, por exemplo, a cena de Júlia e Luceta, na qual, a propósito de uma carta de Proteu, a primeira confessa que "de pura vergonha, as virgens dizem não, na esperança de que o ofertante traduza o não por sim". E Júlia, depois de rasgar a carta, beija um por um os pedacinhos de papel no afã de reconstituir a mensagem que recusara. Mencionem-se as trapalhadas dos criados Expedito, Luceta e Lança, este último apoiado por um cachorro. Shakespeare já sabe fazer de cada entrada um achado teatral que dá colorido e graça ao conjunto.

As mulheres, à parte a coqueteria, surgem resolutas, donas de seu destino, sabendo encontrar o melhor caminho entre os erros a que as obriga a dominação masculina. Júlia não hesita em lutar pela reconquista do frágil amor de Proteu, disfarçando-se em pajem. Sílvia afasta os pretendentes insatisfatórios e a decisão paterna, porque não tem dúvida de que Valentino é o objeto do seu amor. A determinação feminina, num mundo condicionado pelo arbítrio do homem, dá a *Os Dois Cavalheiros de Verona* insuspeitado cunho de contemporaneidade.

(Maio, 1971)

13. Uma Fantasia Shakespeariana

Para quem tenha em mente a Comédia Antiga e a Comédia Nova gregas como as duas grandes fontes do gênero, na história do teatro, deparar com *Sonho de uma Noite de Verão* deixa atônito: era ainda possível fugir da fantasia política aristofanesca e da trama burguesa herdada de Menandro, para instaurar um universo de pura poesia, um divertimento feérico e gratuito, que na aparência se destina apenas à livre celebração lúdica. A crítica julga essa peça a primeira obra cômica adulta de Shakespeare (1564-1616). Não é satisfatório o juízo, porque se deve enxergar nela a confluência de uma série de ensaios medievais e renascentistas e a constituição de outra vertente, enriquecedora do fluxo teatral.

A circunstância de que foi escrita para abrilhantar uma festa de núpcias, ocorrida na última década do século XVI, ditaria obrigatoriamente seu caráter risonho e otimista. Mas o gênio do poeta não se contentou com a repetição de um enredo da comédia que Plauto e Terêncio aproveitaram dos gregos e que terminava geralmente por um matrimônio. Fundiu ele, pelo admirável dom da síntese, as mais díspares histórias, aperfeiçoando o procedimento atectônico da dramaturgia medieval.

A multiplicidade de entrechos se conjuga em torno da idéia unificadora de amor e casamento. As bodas de Teseu, duque de Atenas, e de Hipólita, rainha das amazonas, estão no centro da intriga, que se desdobra em diversos episódios paralelos, para enfeixar-se num todo orgânico. Provavelmente a condição do chefe ateniense, réplica do nobre cujo matrimônio se festejava com o espetáculo, não permitia na pessoa dele os devaneios shakespearianos sobre o amor. Sua união com Hipólita é

94 O TEXTO NO TEATRO

um dado concreto e indiscutível da história, não sujeito a conjeturas de qualquer natureza. As especulações amorosas fazem-se com dois outros casais – Hérmia e Lisandro, e Helena e Demétrio –, sensíveis como simples criaturas às inconstâncias do sentimento. Ainda aqui a sondagem poética permanece nas fronteiras da realidade, sem o toque mágico das inclinações inexplicáveis. Shakespeare emaranha ainda mais a intriga, deslocando a ação para um bosque próximo de Atenas, no qual ocorrem metamorfoses fantásticas.

Dominam o bosque Oberon e Titânia, rei e rainha dos elfos. O casal lendário entrosa-se com a figura de Teseu, em virtude do ciúme que tem Oberon de um suposto amor de Titânia pelo duque ateniense, e da inclinação que ela denuncia no marido por Hipólita. Até as divindades silvestres rendem tributo, com o seu pecado terreno, ao privilegiado par humano. Não cedendo Titânia a Oberon um pajenzinho, tão desejado, ele se vinga e faz que ela se apaixone pelo rústico Bottom, cuja cabeça se transforma na de um cavalo. Também nesse caso o propósito do dramaturgo foi o de unir, por meio de novo desdobramento diversificador, mais um fio ao aparato nupcial de Teseu. Bottom pertence a um grupo de comediantes do povo, que se apresta para representar uma peça nos esponsais. Não só com o espetáculo ele e o elenco se ligam ao duque: Bottom, embora convertido em asno, torna-se o alvo amoroso da enfeitiçada Titânia, que amaria Teseu. Assim, capaz de um vôo sem limites, Shakespeare amplia poeticamente sua matéria e a enovela num estranho círculo de inter-relações.

A desabrida fantasia se desencadeia a partir de uma velha situação sentimental: Hérmia e Lisandro fogem, contrariando Egeu, pai da moça, que deseja o seu casamento com Demétrio. O jovem par amoroso se perde no bosque, esse lugar encantado, que simboliza a fuga etérea de uma noite de "meio-verão". Acontece que Demétrio ama também Hérmia e vai ao seu encalço, logo que Helena, apaixonada por ele, o alerta sobre a decisão do outro casal. Do ponto de vista dramático, vêem-se dois homens disputando a mesma mulher, enquanto outra se consome no repúdio. No bosque, Oberon apieda-se da solidão de Helena e decide usar seu poder extraordinário para que ela conquiste Demétrio.

Não tivesse Shakespeare o gênio teatral, simplificaria de imediato o problema, desviando o interesse de Demétrio para Helena. O divertimento esponsalício estaria completo. Mas a comédia não exploraria todas as suas virtualidades. A inteligência racional, na ficção, deve abrir-se às ofertas do acaso, e Shakespeare faz que um toque do imponderável subverta os dados lógicos. Serve-o no intento a personagem de Puck, trêfego auxiliar de Oberon, por ele incumbido de colher uma flor mágica e espremer-lhe o suco nos olhos de Demétrio. Sob a ação do encantamento, o ser humano apaixona-se pelo primeiro outro ser que seus olhos virem, ao despertar. Tudo se consuma, apenas com um imprevisto erro de pessoa, que embaralha a trama: Puck esparge o líquido nas pálpebras de Lisandro, e é ele quem desvia a inclinação amorosa de

UMA FANTASIA SHAKESPEARIANA

Hérmia para Helena. Ao tomar conhecimento do equívoco, Oberon sente necessidade de repará-lo e submete Demétrio ao feitiço da planta. Teatralmente, a equação se modifica, e os dois homens se encontram agora apaixonados por Helena, ao passo que Hérmia fica de súbito no abandono. O comediógrafo entregou-se aí ao prazer de experimentar a antítese, aprofundando a pesquisa do sentimento amoroso. Na cosmologia da comédia, o desfecho é sempre uma promessa de felicidade, e a síntese se processa com o fim do encantamento de Lisandro: sob a ação de um antídoto, ele volta para Hérmia, que o ama, e o filtro continua a prender Demétrio a Helena. Depois da exaltação onírica, Shakespeare repõe a peça na forma convencional do gênero – a bênção do tálamo e o clima festivo de música e dança.

Intriga tão complexa, equilibrando com harmonia quase inconcebível elementos heterogêneos, não é o veículo propício para a análise de caracteres, terreno que assegurou a maior popularidade de Shakespeare. *Sonho de uma Noite de Verão* deve ser avaliada pela beleza encantatória das situações e das palavras, que espocam num ritmo célere e brilhante. De cada personagem aparece aquela parte de concreção indispensável à identidade individual, sem que a carga excessiva de uma pese no encaminhamento alígero da trama. E cabe não esquecer que os destinos aparecem aí conduzidos pelo arbítrio de divindades campestres, seres irreais que emprestam o cunho fantástico à aventura humana.

Esse conúbio de criaturas de carne e osso e gênios mitológicos dos bosques ajudará a definir as duas faces do amor, que se alimenta de estímulos objetivos e de fascinação irracional. A beleza de Hérmia explica, sem dúvida, o deslumbramento de Lisandro e de Demétrio. Ademais, Helena, depois de achar-se tão bela quanto Hérmia, reconhece o próprio ludíbrio e julga até que é mofa os dois homens se declararem a ela. Em face da primitiva repulsa de Demétrio, Helena já dissera que "o Amor não vê com os olhos, mas com a mente"[1]. A ilogicidade do sentimento, que pode saltar de um a outro objeto, justifica em termos naturais que Demétrio se renda numa bela hora a Helena, e o suco da flor que o subjuga simboliza apenas o mistério da passagem de um a outro estado, emprestando os homens prestígio sobrenatural ao filtro amoroso. A divagação shakespeariana, acionada pelo mundo fictício da peça, já se espraia em algumas das mais felizes imagens do poeta. É a lúcida Helena que assim se dirige a Demétrio:

> Quando o rosto vos vejo, deixa a noite
> de ser noite; por isso, não presumo
> que seja noite agora. Nem me faltam
> mundos de companhia nestes bosques,

---

1. Cita-se, neste artigo, a tradução de Carlos Alberto Nunes do original inglês *A Midsummer Night's Dream* (Edições Melhoramentos). O texto shakespeariano é o seguinte: "Love looks not with the eyes, but with the mind".

96 O TEXTO NO TEATRO

por serdes para mim o mundo todo.
Como, pois, se dirá que estou sozinha,
se o mundo agora me contempla?[2]

Qualquer que tenha sido a intenção original de Shakespeare, a presença do grupo de atores no entrecho se reveste, para o espectador moderno, de curiosa ambigüidade. O teatro elisabetano conseguiu alguns de seus efeitos sedutores com "a representação dentro da representação", coqueteria para mostrar ao público o segredo do brinquedo cênico. Na obra shakespeariana, não há quadro mais elucidativo do que a dos comediantes em face do Rei Cláudio – teatro que tem por objetivo, em *Hamlet*, conscientizar a verdade trágica dos acontecimentos. A peça intitulada "A mais lamentável comédia, a mais cruel morte de Píramo e Tisbe" se destina, dentro de *Sonho de uma Noite de Verão*, a comemorar as bodas ducais. Seus intérpretes não são atores profissionais, mas figuras do povo: um tecelão, um remenda-foles, um alfaiate, um caldeireiro, um marceneiro. Os recursos técnicos empregados alinham-se entre os mais elementares. Um ator representará o muro através do qual Píramo e Tisbe conversam, e um pouco de argamassa na roupa simulará a realidade, enquanto a abertura dos dedos, a frincha indispensável ao colóquio. Outro intérprete entrará em cena com uma lanterna, símbolo da pessoa do luar. Ao assistir ao espetáculo, Hipólita não esconde que é a peça mais tola que já viu. O sábio Teseu recorre ao sentido que deve ter a presença do público no teatro, afirmando: "As melhores produções desta classe não passam de simples sombra, e as piores deixarão de o ser, se a imaginação vier em seu auxílio". Ao que Hipólita replica: "Mas nesse caso é a vossa imaginação que trabalha, não a deles". O infinito conhecimento que tinha Shakespeare da atividade cênica o levou a pôr na boca de Teseu o seguinte juízo sobre os atores: "Se não pensarmos deles mais mal do que eles próprios pensam, poderão passar por excelentes pessoas"[3].

Não se escondeu, na crítica ao espetáculo, a rusticidade dos elementos utilizados, nem se deixou de apelar para uma superior compreensão do público. Mas, na ingenuidade que atribuiu àquela pobre companhia teatral, Shakespeare não mostrou também o sortilégio do palco?

O mundo quase imaterial de *Sonho de uma Noite de Verão* parece exprimir a poética de encantamento enunciada nos famosos versos de Teseu:

2. "It is not night when I do see your face, / Therefore I think I am not in the night; / Nor doth this wood lack worlds of company, / For you in my respect are all the world. / Then how can it be said I am alone, / when all the world is here to look on me?"

3. O diálogo assim se conduz: "HIP. This is the silliest stuff that ever I heard. THE. The best in this kind are but shadows; and the worst are no worse, if imagination amend them. HIP. It must be your imagination then, and not theirs. THE. If we imagine no worse of them than they of themselves, they may pass for excellent men".

UMA FANTASIA SHAKESPEARIANA

O namorado,
o lunático e o poeta são compostos
só de imaginação.
Um vê demônios
em muito maior número de quantos
comportar pode a vastidão do inferno:
tal é o caso do louco. O namorado,
não menos transtornado do que aquele,
enxerga a linda Helena em rosto egípcio.
O olho do poeta, num delírio excelso,
passa da terra ao céu, do céu à terra,
e como a fantasia dá relevo
a coisas até então desconhecidas,
a pena do poeta lhes dá forma,
e a essa coisa nenhuma aérea e vácua
empresta nome e fixa lugar certo[4].

Shakespeare esmerou-se em dar consistência teatral à "coisa nenhuma" de que é feita a peça.

O título sugere outra ambigüidade: não só o bosque dominado por Oberon e seu instrumento Puck propicia o sonho em que Demétrio mergulha para sempre ou do qual Lisandro desperta; a própria vida, com seus sucessos inexplicáveis e a mistura incongruente de realidade e fantasia, é assimilada a um sonho. Como se trata de texto escrito para o casamento de um nobre, o lado sombrio se desvanece (até o tirânico Egeu aceita que a filha Hérmia se case por amor), para que a existência se assemelhe a um sonho bom.

A própria idéia de sonho Shakespeare manipula para estabelecer a ligação entre o espetáculo e o público. Puck, esse Saci da tradição popular britânica, incumbe-se no texto de comunicá-la à platéia. No bosque, agente cego de destino misterioso, ele confundiu ao acaso as personagens que deveriam receber o suco da planta afrodisíaca. Oberon, seu mestre, apiedado da sorte humana, prestou-se a consertar os estragos produzidos pelo absurdo do destino. Domestica-se o irrequieto Puck e se dirige no final aos espectadores, para exortá-los ao aplauso, à maneira da comédia greco-latina. Mas, se por serem sombras, as personagens causaram enfado, o jeito é o público pensar também que viveu um sonho. A amável excusa vem da certeza de que o *Sonho de uma Noite de Verão* proporcionou um delicioso entretenimento.

(Abril, 1964)

---

4. "The lunatic, the lover and the poet / Are of imagination all compact: / One sees more devils than vast hell can hold, / That is, the madman: the lover, all as frantic, / Sees Helen's beauty in a brow of Egypt: / The poet's eye, in a fine frenzy rolling, / Doth glance from heaven to earth, from earth to heaven; / And as imagination bodies forth / The forms of things unknown, the poet's pen / Turns them to shapes and gives to airy nothing / A local habitation and a name."

14. *O Mercador de Veneza*

A procura das fontes resulta sempre na verificação de que, juntando e refazendo materiais distintos e aparentemente não comunicáveis, Shakespeare lhes deu em cada peça a melhor forma, num amálgama perfeito. Os textos conhecidos em que se inspirou o gênio elisabetano reduzem-se a pálidas imagens, em face do tratamento complexo e sutil a que ele os submeteu, e sua perenidade se assegura sobretudo por serem citados, num dever elementar de justiça, toda vez que os estudiosos se debruçam sobre a obra definitiva. Esse lugar-comum da crítica shakespeariana precisa ser lembrado, sob pena de não se compreender o mecanismo criador do bardo de Stratford-upon-Avon.

Em *O Mercador de Veneza*, os pesquisadores apontam o aproveitamento de um dos contos da coletânea *Il Pecorone*, de Ser Giovanni Florentino, publicada em 1558. Antes que Shakespeare apresentasse a peça, em data incerta, na última década do século XVI, Marlowe produziu *O Judeu de Malta* e se passou um episódio ruidoso, gerador de forte onda anti-semita na Inglaterra: o judeu Lopez, médico da rainha Elizabeth, morreu na forca, vítima da acusação de que tentara envená-la, a soldo do governo espanhol. Nota-se, por isso, com base nesse antecedente, que o impulso inicial de Shakespeare teria sido o de associar-se à manifestação de um preconceito.

Conjeturar que o dramaturgo buscou o êxito fácil com um pretexto da atualidade e foi traído pelo admirável dom artístico, insubmisso a intenções subalternas, importaria em admitir que ele não tinha plena consciência do grande vigor da personagem Shylock. Por outro lado, arrolar *O Mercador de Veneza* na literatura de recusa do anti-semitismo é obscurecer, sem proveito, as críticas imputáveis por Shakespeare ao judeu. Um dos motivos da excelência da peça acha-se na humanidade emprestada a Shylock, e ela transcende de categorias raciais para revelar o selo comum a todos os homens. À medida que a ação progride, o espectador vê que Shylock reage não à maneira de quem se consideraria judeu, dotado de traços específicos e segregadores, mas como criatura acuada pela sociedade cristã e que explode num ressentimento profundo e legítimo. A isenção do dramaturgo vê em Shylock um ser que, através dos olhos dos outros, foi coagido a isolar-se numa suposta diferença racial e religiosa. Condicionado pelo meio e pela necessidade de sobreviver num mundo hostil, Shylock apresenta de fato características odiosas, que o expõem à ignomínia. Mas, ao desafiar além dos padrões normais o consenso público, ele reivindica a absoluta igualdade de todos os homens. Não pode ser entendido de outra maneira seu desabafo contra Antônio, representante aí dos preconceitos cristãos:

Ele me humilhou, impediu-me de ganhar meio milhão, riu de meus prejuízos, zombou de meus lucros, escarneceu de minha nação, atravessou-se-me nos negócios, fez que meus amigos se arrefecessem, encorajou meus inimigos. E tudo, por quê? Por eu ser judeu. Os judeus não têm olhos? Os judeus não têm mãos, órgãos, dimensões, sentidos, inclinações, paixões? Não ingerem os mesmos alimentos, não se ferem com as mesmas armas, não estão sujeitos às mesmas doenças, não se curam com os mesmos remédios, não se aquecem e refrescam com o mesmo verão e o mesmo inverno que aquecem e refrescam os cristãos? Se nos espetardes, não sangramos? Se nos fizerdes cócegas, não rimos? Se nos derdes veneno, não morremos? E se nos ofenderdes, não devemos vingar-nos? Se em tudo o mais somos iguais a vós, teremos de ser iguais também a esse respeito. Se um judeu ofende a um cristão, qual é a humildade deste? Vingança. Se um cristão ofender a um judeu, qual deve ser a paciência deste, de acordo com o exemplo do cristão? Ora, vingança. Hei de pôr em prática a maldade que me ensinastes, sendo de censurar se eu não fizer melhor do que a encomenda[1].

A maldade foi ensinada a Shylock, e ele não faz mais do que devolvê-la. *O Mercador de Veneza* deixa de ser anti-semita, numa exegese mais alta, porque postula a inanidade das raças, diante do que é fundamental: a condição humana.

1. Cita-se, neste trabalho, a tradução de Carlos Alberto Nunes do original inglês *The Merchant of Venice* (Edições Melhoramentos). O texto shakespeariano é o seguinte: "He hath disgraced me, and hindered me half a milion; laughed at my losses, mocked at my gains, scorned my nation, thwarted my bargains, cooled my friends, heated mine enemies; and what's his reason? I am a Jew. Hath not a Jew eyes? hath not a Jew hands, organs, dimensions, senses, affections, passions? fed with the same food, hurt with the same weapons, subject to the same diseases, healed by the same means, warmed and cooled by the same winter and summer, as a Christian is? If you prick us, do we not bleed? If you tickle us, do we not laugh? If you poison us, do we not die? and if you wrong us, shall we not revenge? If we are like you in the rest, we will resemble you in that. If a Jew wrong a Christian, what is his humility? Revenge. If a Christian wrong a Jew, what should this sufferance be by Christian example? Why, revenge. The villany you teach me, I will execute, and it shall go hard but I will better the instruction".

100   O TEXTO NO TEATRO

Esse pressuposto não pode confundir-se com as tiradas sonoras e ocas, alheias ao objeto da análise. Shakespeare não cairia na abstração vácua de um protagonista desligado de seu tempo e de sua realidade. Tudo em Shylock foi laboriosamente armado para que ressumasse substância real, portanto já inseparável da figura completa do usurário. Não se abranda melodramaticamente seu coração, nem ele recua na tarefa de representar até o fim o papel que lhe é reservado na história. Ao ter ciência da fuga de Jessica, sua única filha, com o cristão Lourenço, lastima em desespero o roubo do dinheiro e das jóias. A caracterização de Shylock é quase, no tocante aos dados objetivos, a de judeu de anedota, o que mantém por enquanto o entrecho nos limites do gênero cômico. Apenas ao enfrentar o conflito essencial – Shylock diante de Antônio –, a peça mostra a sua verdadeira garra, e atinge dimensão insuspeitada, anulando o possível pitoresco do protagonista. É de se registrar que, ao conceder o empréstimo a Bassânio, com o aval de Antônio, em nenhum momento Shylock pede juros. Se a quantia não for devolvida no prazo previsto de três meses, ele terá direito de exigir uma libra da carne de Antônio. Provavelmente, nesse tempo, o credor alimenta-se com a esperança não de que a dívida seja paga, mas de que um imprevisto impeça a obtenção do dinheiro. Assim, disporá da pessoa de seu antagonista. E tanto é verdade que os três mil ducados pouco lhe interessam que recusa, para perdoar o devedor impontual, o dobro ou o triplo da importância. A essa altura, Shylock está longe da idéia de lucro, a qual minimizaria sua personalidade: pateticamente, ele salta do gosto de ganho para uma santa vingança – o desejo incoercível de aniquilar quem o humilhava sem trégua. Apreendendo a natureza de Shylock, Shakespeare acaba por justificá-lo. E, aceita a justificação, o dramaturgo o absolve. A crueza da sentença judicial contra Shylock o desnuda para o público e lhe consuma a catarse, transformando-o de vilão em herói. O despojamento a que o condena o rigor da lei de repente o engrandece, e ele retorna à condição de vítima (da qual saíra para tentar inútil arremedo como carrasco), e sendo vítima ele catalisa a simpatia do espectador. O mergulho no íntimo de Shylock ensombrece *O Mercador de Veneza*, para contaminar-lhe o enredo cômico e tecer uma tragicomédia.

Personagem mais enigmática na intriga é Antônio, o "mercador de Veneza". No primeiro verso da peça, ele diz que está triste, sem saber por quê[2]. Depois, já enunciando a famosa metáfora segundo a qual o mundo é um palco, ele afirma: "O mundo, para mim, é o mundo, apenas, / Graciano: um palco em que representamos, / todos nós, um papel, sendo o meu triste"[3]. Comentaristas explicaram a tristeza de Antônio pelo anúncio das bodas próximas de Bassânio, o que o privaria da pre-

2. "In sooth, I know not why I am so sad."

3. "I hold the world but as the world, Gratiano; / A stage where every man must play a part. / And mine a sad one."

O MERCADOR DE VENEZA

sença contínua do maior amigo. Mas a melancolia está além de um motivo passageiro – define, segundo ele, seu próprio papel na existência. Depois, indica-se que Antônio só tem amor ao mundo por causa de Bassânio[4]. Finalmente, convencido de que perdeu a questão com Shylock, Antônio augura ao menos: "Se Deus fizesse que Bassânio viesse / ver-me no instante de pagar-lhe a dívida, / tudo o mais me seria indiferente"[5]. A profunda amizade daria ensejo a mais complexas sondagens psicanalíticas com a decifração do conselho de Antônio, que leva Bassânio a presentear ao juiz o anel que Pórcia lhe dera, como penhor de fidelidade.

Os diálogos e as ações ressaltam sem discordância a bondade de Antônio e, mais do que ela, desenha-se na peça a imagem de um homem desprendido e nobre. Se Shakespeare não insistisse tanto na idealização de Antônio, não se estranharia que fosse ele, justamente, o alvo do ressentimento de Shylock. Na sociedade moderna, não se conseguiriam casar esse retrato de um indivíduo íntegro e o do perseguidor de Shylock. Antônio pode explicar-se com a desculpa de que lutava para evitar a usura e, assim, incorreu no ódio do antagonista. A mágoa do judeu mostra que, além das causas econômicas para a querela, o movia o revide a insultos pessoais. Talvez, em Antônio, Shakespeare ilustrasse o real preconceito anti-semita existente no período elisabetano. E só lhe cortou as bases ao fundamentar a personalidade de Shylock.

Bassânio não apresenta a mesma consistência humana dos protagonistas. Vive dos empréstimos concedidos por Antônio, a fim de manter um padrão de vida acima de suas fracas rendas. Recorrendo ao usurário, com o objetivo de cortejar Pórcia, denuncia ainda a inconseqüência do gastador, e não esconde que se candidatará à jovem e ao dote. Não se lhe pode, porém, de maneira nenhuma, atribuir uma intenção escusa, já que seu móvel é sobretudo o do galanteador romântico, às voltas com uma aventura cavalheiresca. Bassânio decifra o segredo dos cofres pela crença de que uma existência maior se confunde com um grande risco, e não foi à toa que fez jus a Pórcia num jogo. O sentimento por Antônio precede a conquista amorosa e é por isso que ele suspende a consumação imediata das bodas para socorrer o amigo. Na retribuição da amizade, Bassânio adquire também novo substrato, embora os termos em que se exprime agucem também, as conjeturas psicanalíticas. Afirma Bassânio que a esposa lhe é tão cara como a própria vida: "Mas essa vida, a esposa, o mundo inteiro / são por mim avaliados ainda em menos / do que tua existência. Conformara-me / em perder todos, em sacrificá-los / a este demônio (Shylock), só para salvar-vos"[6]. Mesmo reconhecendo-se que Bassânio supunha não estar

---

4. Salanio: "I think he only loves the world, for him".

5. "Pray God, Bassanio come / To see me pay his debt, and then I care not!"

6. "Antonio, I am married to a wife / Which is as dear to me as life itself; / But life itself, my wife, and all the world, / Are not with me esteem'd above thy life: / I would lose all, ay, sacrifice them all / Here to this devil, to deliver you."

102   O TEXTO NO TEATRO

sendo ouvido pela mulher e lhe cabia dar uma prova cabal da fidelidade a Antônio, suas palavras têm eloqüência desmedida, a ponto de provocar estranheza. Shylock serve-se da cena para asseverar: "Os maridos cristãos são desse jeito"[7].

Figura de encantamento, antípoda da prisão material em que vive Shylock, Pórcia parece ainda na trama uma personagem saída do universo fantasioso e poético de Sonho de uma Noite de Verão. Reduzi-la a conceitos psicológicos ou tentar contê-la em esquemas de pura verossimilhança, além de improfícuo, lhe roubaria o halo simbolizador de mais fundos anseios humanos. A ação de Pórcia é decisiva para o desfecho: entretanto, ela passeia pela trama igual a uma divindade solta a esmo para embelezar o mundo prosaico. Não se sabe que poder sobrenatural a faz atrair tão numerosa corte de pretendentes. Citam-se um príncipe napolitano, um conde palatino, um senhor francês, um jovem barão da Inglaterra e outros mais. De acordo com o testamento paterno, contudo, o eleito deverá ser aquele que encontrar, num dos três cofres (de ouro, prata e bronze), o retrato de Pórcia. O candidato jura que, se errar a sorte, não se casará mais. De início, em face de tão dura condição, alguns postulantes desistem da escolha. Era necessário também a Shakespeare, sob o aspecto dramático, valorizar o risco e trazer ao palco apenas três candidatos, para que se divulgasse o conteúdo de cada cofre. O príncipe de Marrocos escolhe o de ouro, e aparece uma caveira. O príncipe de Aragão opta pelo de prata, e surge a figura de um idiota. Ao chegar Bassânio, que tem a sua preferência, Pórcia gostaria que ele adiasse um pouco a sorte, por medo de perdê-lo para sempre. Inteligente sutileza do escritor, que faz a heroína desejar permanecer numa dúvida ilusória, ante o possível desfavor da verdade. Mas os jovens amorosos dispõem de intuição segura, e a de Bassânio não falha. Considera ele, numa longa fala, que "bastantes vezes a aparência externa carece de valor. Sempre enganado tem sido o mundo pelos ornamentos. / (...) Não há vício, por crasso, que não possa / revelar aparência de virtude". Por isso ele escolhe o cofre de chumbo, ponderando: "Tua lhaneza é a máxima eloqüência"[8].

Pórcia, até agora objeto passivo, a cuja volta giram os outros, passa à ação, espicaçada pelo impulso e pelo desejo de exercer justiça. Por sua causa, indiretamente, Antônio estava à mercê de Shylock. A ela cabia libertá-lo. E, valendo-se do velho artifício teatral do disfarce, Pórcia vai de Belmonte a Veneza, para julgar a pendência entre ambos. Em moldes lógicos, poderia o público acreditar em toda a situação? Que amparo real tem a sabedoria desse juiz improvisado? Essas perguntas

7. "These be the Christian husbands."
8. "So may the outward shows be least themselves: / The world is still deceived with ornament. / (...) There is no vice so simple but assumes / Some mark of virtue on his outward parts: / (...) but thou, thou meagre lead. / Which rather threatenest than dost promise aught. / Thy paleness moves me more than eloquence".

não cabem, com relação à peça. Pórcia sabe que as formalidades judiciais dariam ganho de causa ao judeu. Repugna à consciência, entretanto, admitir que alguém pague uma dívida vencida com uma libra da própria carne. Princípios gerais de direito e humanidade falam do absurdo da sanção imposta. E Pórcia tem a saída mágica, semelhante a outras que evitaram sentenças descabidas. Assim como, ao ser condenado a beber o mar, o grego argumentou que o faria, depois de separarem as águas despejadas continuamente pelos rios, Pórcia deseja a garantia de que se ampute a libra de carne com exatidão e sem as conseqüências da perda de sangue. Pórcia encarna poeticamente, em tão sábia sentença, a aspiração humana, segundo a qual o mundo deve reger-se por uma justiça superior e não por vazios formalismos processuais.

As múltiplas personagens e as tramas principais e secundárias se entrelaçam com tanto engenho que somente uma análise minuciosa de cada diálogo pode sugerir o total alcance de *O Mercador de Veneza*. Cada silhueta, aparecida numa única cena, revela uma natureza. É uma pletora de tipos o desfile incessante pelo palco. Lanceloto e seu pai Gobbo fazem o indispensável interlúdio cômico, e Jessica, filha de Shylock, raptada por Lourenço, cria novas implicações para já tão farto material. Não fica sem propósito imaginar que o episódio amoroso entre a judia e o cristão afasta qualquer exegese anti-semita. O ponto de vista de Shakespeare provém do cristianismo, mas, de acordo com ele, convertida Jessica, nenhum impedimento existe para o matrimônio e conseqüente fusão racial. Está nítida, no desenlace da peça, a naturalidade da assimilação.

A título ilustrativo, vale a pena citar algumas outras falas e passagens em que se patenteiam a finura e a captação de conceitos em *O Mercador de Veneza*. Graciano diz que "o silêncio / só é virtude em língua defumada / ou em virgem que não quer ser conquistada"[9]. Em outra cena, Lourenço exprime a antítese desse raciocínio, afirmando: "Como até os bobos sabem fazer trocadilhos! Sou de opinião que dentro de pouco tempo o espírito passará a provar a sua superioridade tornando-se mudo e que a eloqüência só será recomendada para os papagaios"[10]. Nerissa, como a quase totalidade das aias e das criadas do teatro clássico, defende o meio-termo, como princípio de virtude: "... tanto se adoece por comer em excesso como por definhar à míngua. Não é, por conseguinte, ventura despicienda encontrar-mo-nos em uma situação mediana"[11]. Sabe Graciano que "os namorados chegam sem-

---

9. "...silence is only commendable / In a neat's tongue dried and a maid, not vendible."

10. "How every fool can play upon the word! I think the best grade of wit will shortly turn into silence, and discourse grow commendable in none only but parrots."

11. "...they are as sick that surfeit with too much as they that starve with nothing. It is no mean happiness therefore, to be seated in the mean."

104 O TEXTO NO TEATRO

pre antes da hora"[12], mas ninguém sai de um banquete com o apetite que tinha, ao sentar-se: "Sempre pomos / mais entusiasmo no alcançar as coisas, / do que mesmo em gozá-las"[13]. Ao obter Nerissa, como seu amo Bassânio fizera jus a Pórcia, Graciano comenta: "Somos Jasão e o velo conquistamos"[14]. Pórcia apela para a graça, ao reconhecer: "...só pelos ditames da justiça / nenhum de nós a salvação consegue"[15]. Que elogio mais bonito da música haverá que o dos seguintes versos de Lourenço?:

não há nada insensível, cruel e duro / a que não possa a música, com o tempo, / mudar a natureza. O homem que música / em si mesmo não traz, nem se comove / ante a harmonia de agradável toada, / é inclinado a traições, tão-só, e a roubos, / e a todo estratagema, de sentidos / obtusos como a noite e sentimentos / tão escuros quanto o Érebo. De um homem / assim desconfiai sempre. Ouvi a música[16].

Pórcia brinca, ao enunciar que "uma consorte / leve deixa o marido mui pesado"[17]. E tem admirável ressonância, como se pertencesse à ficção moderna, a reprimenda de Nerissa a Graciano, quando ele confessa que se separou do anel que ela lhe regalara: "Não por mim, mas por vossos juramentos / Deveríeis guardá-lo com respeito"[18]. A traição a outro é infidelidade a si mesmo.

Nesse esbanjamento de riquezas Shakespeare é bem um escritor elisabetano. Até pelo uso das convenções tradicionais do palco ele testemunha o feliz equilíbrio entre as características do meio e a sua marca pessoal. Anuncia-se, no desfecho, que chegaram a bom porto os navios desaparecidos de Antônio. Uma noite lírica de amor coroará o reencontro dos nubentes, após a faina do dia alucinado. O *happy end* enfeixa os vários elementos da comédia no convite ao otimismo. Os valores de *O Mercador de Veneza* já exemplificam bem a passagem dos métodos genéricos da dramaturgia elisabetana para o gênio maior de Shakespeare.

(Abril, 1964)

12. "...lovers ever run before the clock".

13. "Who riseth from a feast / with that keen appetite that he sits down? / (...) All things that are, / Are with more spirit chased then enjoy-d."

14. "We are the Jasons, we have won the fleece."

15. "...in the course of justice, none of us / Should see salvation: we do pray for mercy."

16. "Since nought sop stockish, hard and full of rage, / But music for the time doth change his nature. / The man that hath no music in himself, / Nor is not moved with concord of sweet sounds, / Is fit for treasons, stratagems and spoils; / The motions of his spirit are dull as night / And his affections dark as Erebus: / Let no such man be trusted. Mark the music."

17. "... a light wife doth make a heavy husband."

18. "Though not for me, yet for your vehement oaths, / You should have been respective and have kept it."

15. *A Megera Domada*

Os comentaristas eruditos de Shakespeare estabelecem a cronologia de sua obra com base em indicações sobre estréias, mas, em muitos casos, numa análise estrutural, reveladora da maturidade ou do grau ainda acanhado dos recursos dramáticos. Os que julgam uma cena indigna do gênio do autor de *Macbeth* ainda costumam atribuí-la à mão de um colaborador menos dotado, como se de Shakespeare só pudessem nascer obras-primas. Esquecem-se esses cultores apaixonados e cegos de que o bardo de Stratford-upon-Avon foi, antes de tudo, homem de palco, incumbido muitas vezes de preencher às pressas um cartaz. A ele caberia o título de, além de maior autor, maior adaptador da história do teatro, dando às tramas, aos esboços e às sugestões dos outros a total eficácia em cena.

As peças do início de carreira agrupam-se na primeira metade da última década do século XVI, onde Chambers coloca *A Megera Domada*. Do ponto de vista da encenação, esse quadro não tem muita importância, porque os textos da juventude não são preteridos pelos do artista adulto. Do principiante Shakespeare apresentam-se, com tanta freqüência como *Noite de Reis*, *Hamlet* ou *Otelo*, o drama histórico *Ricardo III* ou a tragédia *Romeu e Julieta*. Dir-se-ia até que o ímpeto vigoroso e menos racionalizado do começo da obra não intimida tanto os diretores e os intérpretes como a complexidade de *O Rei Lear*, *Conto do Inverno* ou *A Tempestade*. As digressões sobre as virtudes e os erros da fase imatura ficam a cargo dos especialistas. O público haure a teatralidade que emana de qualquer cena shakespeariana.

A Megera Domada, cuja história aproveitou entrechos anteriores, é a comédia de maior efeito entre as do primeiro estádio. Espantam nela o

106

O TEXTO NO TEATRO

acúmulo de elementos, a superposição de episódios, o excesso de personagens com papéis semelhantes, a procura de novo achado cômico, depois que a intriga já parecia completa. Só na montagem, clara e racional, se consegue dar unidade a esse emaranhado de riqueza e indisciplina, que não se contém nas tradicionais regras clássicas de composição. Muitos tipos, que permanecem algo indiferenciados na leitura, adquirem plena identidade sob a luz dos refletores. A aparência em muitos trechos é de mascarada, de farsa direta e popular, que apenas a poesia subtrai a território desambicioso. Ainda assim sucedem-se no palco figuras recortadas com extrema precisão, desde Sly, o bêbado do prólogo, que em poucos traços se desenha com admirável nitidez e consistência.

O prólogo tem a função de inserir a história da "megera domada" num contexto de "teatro dentro do teatro". Encontrando Sly, que dorme bêbado, à porta de uma cervejaria, um nobre quer fazer com ele uma experiência: providenciaria para que acordasse em leito luxuoso e com banquete, e seus criados o tratariam como se finalmente tivesse recuperado o juízo. Esqueceria o mendigo a sua condição? – pergunta o nobre. E, no clima de fantasia destinado a propiciar-lhe nova individualidade, representam com bons atores a peça da megera domada. Shakespeare usará outra vez o "teatro dentro do teatro" em *Sonho de uma Noite de Verão* e *Hamlet*, com objetivos diferentes. Na comédia, a farsa encenada, entre outros aspectos, satiriza procedimentos do palco elisabetano. A cena da representação, em *Hamlet*, equivale a uma prova em processo judiciário, a fim de identificar-se o criminoso. É possível que a utilização do recurso, em *A Megera Domada*, tenha por fim criar o "distanciamento" da farsa italiana, inscrevendo-a no lugar próprio, como narrativa que assimilou de um mundo e um teatro diferentes. Discute-se porque, sendo o tema central da peça um espetáculo encenado para Sly, não se retorna à realidade, antes de baixar o pano. Chegou-se a mencionar a perda de um epílogo, no qual o bêbado seria devolvido à sarjeta, com a informação de que foi vítima de embuste. Não se sente falta desse desfecho, já que o enquadramento inicial sugere que o nobre e seus criados pregam uma peça em Sly. Seria necessário mostrar que, finda a ilusão, cabe-lhe apenas a volta à miséria?

O caso propriamente dito da "megera domada" tem início com a decisão de Batista, rico gentil-homem de Pádua, a respeito de suas filhas Catarina e Bianca. Catarina, a megera, afugenta os homens, enquanto Bianca recebe todas as atenções. Aos pretendentes, Batista afirma: "Cavalheiros, não me aborreçam mais, pois sabem como é firme o meu propósito, isto é, não ceder minha filha mais jovem enquanto a mais velha não tiver marido. Se um dos dois gosta de Catarina, porque eu os conheço e os estimo, concedo a permissão de cortejá-la". Eis uma velha situação, ainda hoje encontrável em certas famílias: as caçulas casadoiras devem esperar o matrimônio das primogênitas, sem o que não terão o beneplácito paterno. Para Lucêncio e Hortênsio, empenhados na

A MEGERA DOMADA

corte a Bianca, o jeito é arranjar alguém que se disponha a querer Catarina. E, por sua vez, precisam também inventar um subterfúgio, a fim de fruir a intimidade da jovem. Esses dois propósitos marcam as peripécias do texto, que irá desenvolvê-las com engenho e comicidade.

Petrúquio, gentil-homem de Verona, aceita tentar a sorte com a megera. Ele chegou a Pádua para rever os amigos, especialmente Hortênsio, quando recebe deste o conselho para aproximar-se de Catarina, "grosseira e detestável", mas muito rica. Petrúquio não se ilude com ideais românticos e exprime sem reservas o que o seduz:

> Signior Hortênsio, entre amigos como nós poucas palavras bastam. Assim, se conhece uma mulher bastante rica para ser esposa de Petrúquio, como a riqueza deve ser a chave de ouro do meu soneto matrimonial, essa mulher pode ser tão feia quanto a amada de Florêncio, tão velha ou mais velha que a Sibila, tão abominável e feia quanto Xantipa, companheira de Sócrates, que não me moverá do meu intento e nem removerá minha afeição, mesmo que seja tão perigosa quanto o Adriático. Vim arranjar em Pádua um casamento rico: se o casamento é rico, então feliz em Pádua.

O problema de Petrúquio é menos de amor que orgulho, de desejo de responder virilmente ao desafio. Em nenhum momento falha a sua lógica inflexível, o empenho de cumprir à risca o plano de assalto que formulou. Aos contempladores pode parecer também loucura ou requintado sadismo o comportamento de Petrúquio. A cada provocação de Catarina ele apresenta maldade ainda maior, anulando-a sob o efetivo império da força. Se ela voltar a esbofeteá-lo, ele a estraçalhará. Sua persuasão não se vale de meias palavras:

> Teu pai já consentiu em que cases comigo. Já concordamos com respeito ao dote. E, queiras ou não queiras, vou me casar contigo. Olha, Cata, sou o marido que te convém, pois, por esta luz que me permite contemplar tua beleza, essa beleza que me faz te amar com tal profundidade – tu não deves casar com nenhum outro. Eu sou aquele que nasceu para domar-te e transformar a Gata selvagem numa gata mansa. Mas aí vem teu pai: não recuses nada, pois eu quero e terei Catarina como esposa.

Daí por diante, todos os diálogos do casal visam a solidificar o domínio de Petrúquio. Ele comparece à cerimônia matrimonial com atraso e roupas velhas e exóticas. Em casa, bate num criado, atira pratos ao chão, mostra-lhe comidas saborosas e retira-as da mesa, antes que ela tenha tempo de provar. Afugenta um alfaiate, embora, fora das vistas de Catarina, pague os seus serviços. Obriga-a a nova caminhada para visitar o pai, sabendo que nem haverá possibilidade de alcançar a ceia. Como num romance minucioso, Shakespeare esmera-se em comprovar para o público as várias fases da conquista. Diante de antagonista sem dúvida mais poderoso, só caberia à megera fugir ou render-se.

Ciente de que uma ação tão linear precisaria colorir-se, no palco, por meio de outros recheios dramáticos, Shakespeare aplica-se em intricar a trama com os costumeiros lances da comédia tradicional. Sendo

108 O TEXTO NO TEATRO

Bianca inacessível a uma corte direta, seus pretendentes não vacilam em procurar seu convívio, servindo-se de disfarces. Trânio recomenda a Lucêncio travestir-se de professor para cuidar da educação da jovem. Trocam de roupa, numa reminiscência do procedimento de Plauto em *Os Cativos*. Trânio, num impulso semelhante ao do escravo plautiano com relação ao amo, observa: "...me agrada representar Lucêncio pelo grande amor que a Lucêncio tenho...". Hortênsio pede, depois, a Petrúquio, para apresentá-lo "vestido em roupas bem solenes ao velho Batista, como sendo um competente professor de música para instruir Bianca; dessa maneira eu tenho pelo menos vagar e liberdade de namorá-la sem que alguém suspeite". Em *O Eunuco*, de Terêncio, um jovem insinua-se sob o teto da amada com a aparência dessa criatura inofensiva, para melhor desfrutar-lhe a intimidade. Molière erigirá esse recurso em mola propulsora de sua comédia *Le Sicilien ou L'amour peintre*. Mas Hortênsio, contemplando o idílio de Lucêncio com Bianca, renuncia a ela, com as seguintes palavras:

> Casar-me-ei nos próximos três dias com uma viúva, que me ama tanto quanto amei essa mulher ruim e presunçosa. Adeus, Signior Lucêncio. À bondade das mulheres, e não à bela aparência, entregarei agora o meu amor.

No estilo da Comédia Nova grega e de seus adaptadores latinos, *A Megera Domada* não poderia terminar sem que às trocas de identidade sucedesse o "reconhecimento".. Vincêncio, velho gentil-homem de Pisa, vai a Pádua visitar o filho Lucêncio. Um professor já havia tomado o seu nome para facilitar a Lucêncio o ajuste matrimonial com Bianca. A primeira impressão do pai legítimo é de que o filho e o criado esbanjam tudo na universidade, enquanto ele em casa leva uma vida de economias. Vincêncio, vendo o criado com as vestes do amo, suspeita até um assassínio. Mas Lucêncio ajoelha-se diante do pai, querendo o seu perdão. No fim, caem as máscaras e ninguém ficará descontente, porque o casamento de Bianca e Lucêncio convém a todos.

A Megera Domada permitiria, além desse jogo levando a três matrimônios, algumas sondagens de outra natureza. Seria lícito examinar a relação familiar que tornou Catarina e Bianca personalidades tão contrastantes (sob o prisma teatral, esse contraste facilita a caracterização dos temperamentos). Provavelmente Batista, que tem nítida preferência pela caçula, estimula o ciúme da megera, que externa a sua agressividade através de tantos vexames. Ela trata a irmã como escrava, humilhando-a. Depois bate nela. Intervindo o pai, Catarina observa:

> Está claro; percebo que não me suporta. Agora sei: ela é o seu tesouro e deve ter logo um marido. No dia em que ela casar devo dançar descalça e, porque o senhor a idolatra tanto, eu ficarei para esposa do demônio. Não me fale mais. Vou me fechar, chorando, até chegar a hora da vingança.

Felizmente, Petrúquio subverte a situação, domando a megera. Sua certeza de dominar Catarina é tão grande que propõe uma aposta:

A MEGERA DOMADA 109

aquele cuja esposa for mais obediente, vindo ao ser chamada, receberá um prêmio. As mulheres de Lucêncio e Hortênsio negam-se a aparecer, enquanto Catarina não se faz de rogada. O milagre, para Petrúquio, "anuncia a paz, o amor, a vida calma, respeito a quem se deve, justa supremacia. Para ser breve, tudo o que traz prazer, felicidade".

Exprimirá Shakespeare, aí, sua filosofia matrimonial? A domação trai, com efeito, temperamento algo misógino. A longa fala de Catarina, já conversa, se encerra com estas observações sobre a condição feminina:

Vejo agora, porém, que nossas lanças são de palha. Nossa força, fraqueza, nossa fraqueza, sem remédio... E quanto mais queremos ser, menos nós somos. Assim, compreendido o inútil desse orgulho, devemos colocar as mãos, humildemente, sob os pés do senhor. Para esse dever, quando meu esposo quiser, minha mão está pronta*.

Não se deve ceder, contudo, à tentação de racionalizar em demasia os dados do texto. O tema da supremacia masculina, base da civilização patriarcal, impôs-se até recentemente à tese da igualdade dos sexos. Ele nutrirá os dramas de Strindberg, mas se presta sobretudo para as maquinações da farsa. Abandone-se a racionalização excessiva de *A Megera Domada*, para não emprestar-lhe um significado que por certo Shakespeare não procurou. Teatro dentro do teatro, a peça incita ao prazer lúdico. Basta-se no divertimento. Um bom divertimento.

(Setembro, 1965)

* Todas as citações foram extraídas da tradução feita por Millôr Fernandes.

16. *Júlio César,*
Tragédia Política

Até na ambigüidade com a qual Shakespeare põe frente a frente princípios antagônicos, sem revelar sua preferência, *Júlio César* é uma tragédia política. A visão política do mundo se exprime na própria estrutura da peça, que se compraz em fixar o colorido cambiante da realidade, as forças subterrâneas que assumem essa ou aquela fisionomia, dependendo da situação em jogo. Não se apresenta nem uma vez César na veste de ditador perpétuo: embora ele recuse a coroa real que lhe é oferecida por Marco Antônio, em meio à aprovação popular, paira no diálogo a possibilidade do abandono definitivo da república por um regime de poder emanado de um só indivíduo, o que de fato sucederá, com o advento posterior do império. Não há certezas, no entrecho, mas a flutuação de imponderáveis, marca própria dos movimentos políticos adstritos aos pequenos grupos dominantes.

Shakespeare não caracteriza em Júlio César o ditador imbuído de ambição desmesurada. Essa falha legitimaria, por si, a ação dos conspiradores, fiéis aos antigos ideais republicanos. A ausência de um sintoma inconfundível de delírio personalista não invalida, por outro lado, a posição de Brutus e dos outros assassinos de César. Sobretudo Brutus não conspirou por motivos subalternos, como o ressentimento do fraco diante da força do poderoso. Defrontam-se, na obra, duas grandezas, cada qual com a sua motivação e dignas ambas do respeito de quem as aprecia. Se Shakespeare tivesse ressaltado a inocência de César, a decisão dos conspiradores permaneceria num plano inferior, criticável tanto sob o aspecto moral quanto artístico. A culpa de César, se abertamente proclamada, o reduziria a um âmbito menor de expressão, fazendo a balança pender sem sutileza para o outro lado. É de se louvar a

JÚLIO CÉSAR, TRAGÉDIA POLÍTICA

isenção de Shakespeare que, monarquista convicto, não estigmatizou os republicanos aristocratas, por impedirem a realeza de César. A admirável pintura, que aos poucos mostra Brutus como um grande caráter, permite considerá-lo, ao contrário, um dos mártires da liberdade. Ainda a opção que faculta aos encenadores, levados a sublinhar a justificativa do cesarismo ou a revolta dos liberais, define *Júlio César* como tragédia política.

A história se incumbiu de fornecer a Shakespeare todos os dados. Na série de *chronicle plays*, o autor de *Ricardo III* já se exercitara nos episódios da formação da Inglaterra. Holinshed fora sua fonte principal. Antes de entrar no ciclo das tragédias puras – *Hamlet, Otelo, Rei Lear* e *Macbeth* –, Shakespeare se inspira na história romana, e escreve em 1599 ou 1600 esse *Júlio César*, transposto nos elementos essenciais das *Vidas Paralelas*, de Plutarco, livro que voltará a aproveitar mais tarde nas peças *Antônio e Cleópatra* e *Coriolano*.

Sabe-se que, mais do que historiador, Plutarco foi grande pintor de caracteres e talvez essa peculiaridade tivesse atraído Shakespeare, empenhado em aprofundar as psicologias. As biografias de Júlio César e de Brutus contêm todos os ingredientes utilizados na trama, até mesmo os presságios e as aparições fantasmais, que parecem pertencer ao lugar-comum do palco. Shakespeare não teve senão o trabalho de escolher e pôr em cena um material extremamente rico, já impregnado de carga dramática. A cada passo uma indicação histórica sustenta o avanço da trama.

A tragédia começa com a volta vitoriosa de César a Roma e seu quase imediato sacrifício pelos conspiradores. Como esquema de composição, esse início se parece com o *Agamenon*, de Ésquilo, em que o chefe dos exércitos gregos retorna vencedor de Tróia e é logo assassinado por Clitemnestra e Egisto. Essa passagem da glória à morte melancólica sublinha a ironia do destino, que no caso de César ainda apresenta outra circunstância estranha: ele é apunhalado junto da estátua de Pompeu, cujas legiões acabara de destruir no campo de batalha. O que sucede mais tarde a Brutus, a Cássio e aos outros conspiradores pode ser assemelhado à popular "tragédia da vingança", que povoa os palcos elisabetanos. O equilíbrio dramático não se compromete com a morte de César, no terceiro ato. O ditador perpétuo dos romanos reaparece em cena na aparência de fantasma, para marcar encontro com Brutus em Filipes, e seu espectro comanda a ação até cair o pano.

Costuma-se criticar a figura de Júlio César, na peça, porque lhe falta a estatura de estadista que chegou ao ápice do poder e está prestes a ser coroado. Sem dúvida, esse é um pressuposto da história e cabia a Shakespeare preparar a morte próxima do herói, desenhando-o na intimidade, presa de superstições e quase desprotegido diante da trama que se arma. Ele afirma não gostar de magros semelhantes a Cássio e quer que Antônio toque em Calpúrnia, nas corridas, porque se acredita que assim as mulheres estéreis se tornam fecundas. Contrariando o sonho

112 O TEXTO NO TEATRO

de Calpúrnia e o augúrio dos adivinhos, César vai ao Senado, nos Idos de Março do ano de 44 a.C., porque não se podia deixar vencer pelo temor. Na cegueira com que enfrenta os signos adversos mostra a têmpera do líder que superou todos os riscos e se sente imune ao perigo.

Dramaticamente, o protagonista de *Júlio César* é Brutus e, ao valorizá-lo, Shakespeare revelou mais uma vez a genial intuição artística. Plutarco inicia o relato de sua vida afirmando que o que houve de generoso e nobre na conjuração contra César lhe era atribuído, enquanto a parcela atroz e repugnante cabia a Cássio. A derrota da conspiração, em termos práticos, deve ser debitada à lisura excessiva com que tratou os inimigos, discutindo os problemas no campo ideológico e sem tomar em conta o lado emocional dos acontecimentos. A princípio, ele poupou Marco Antônio, contra a opinião de Cássio, alegando, no seu moralismo rígido: "Sejamos sacrificadores, Caio, não açougueiros". Depois, permitiu que Marco Antônio discursasse junto do cadáver de César, amotinando a população. Observa-se que Shakespeare foi menos feliz na redação do discurso de Brutus, inferior ao de Marco Antônio, mas, na verdade, não pensaria ele em desfilar muitos argumentos, porque estava imbuído de total certeza, essa certeza que dispensa palavras e se basta quase no silêncio da consciência tranqüila. Brutus errou pela última vez na estratégia da luta armada, atacando o inimigo, quando Cássio julgava mais prudente esperá-lo descansado no próprio acampamento. Brutus ilustra, em grande parte, a tragédia do intelectual, homem de propósitos superiores mas incapaz no plano da ação objetiva. A causa da conspiração teve na proclamada virtude e honradez de Brutus o seu aval. E Plutarco refere que "muitos ouviram dizer de Antônio que só Brutus se acreditava ter ferido César movido pela Beleza e pela excelência da ação, e que os outros foram impelidos pelo ódio e pela inveja contra a sua pessoa". Esse reconhecimento da pureza de Brutus levou Shakespeare a escrever seu belo elogio fúnebre, dito por Marco Antônio, e que termina com as seguintes palavras: "Nele os elementos / Estavam tão bem combinados que a natureza / Poderia alçar-se e dizer ao mundo: Eis um homem".

Cássio tem mais oportunismo político e foi o autor intelectual da conspiração, envolvendo a ingenuidade de Brutus da mesma forma que Iago trabalhará a de Otelo. Embora a ele ligado pela causa contra César, Brutus não poderia aceitá-lo, por serem temperamentos tão diversos: à retidão de Brutus enojava o suborno a que era sensível Cássio. Nele Shakespeare encarna a ambição política, que usa a bandeira de um pretexto justo mas recebe estímulo verdadeiro do proveito pessoal, e por falta de fogo sagrado não chegará nunca à culminância do poder. Marco Antônio funde muito bem o amor a César e a inteligência política para capitalizar a herança do ditador e subir ao primeiro plano. Se considerasse fato consumado a vitória dos conspiradores, seria sempre elemento secundário e administrado na história romana. Aproveitando o calor do atentado para combater os assassinos de César, mostrou o

JÚLIO CÉSAR, TRAGÉDIA POLÍTICA

ímpeto juvenil que o elevaria a um grande destino. Os conspiradores não o temiam muito, porque era conhecida sua entrega ao prazer e às extravagâncias, normalmente pouco afeito à rudeza do campo de batalha. Em *Júlio César*, Marco Antônio aparece na onda ascensional de sua carreira, alimentada pela natureza pródiga e generosa. A tragédia *Antônio e Cleópatra*, de acuidade ainda mais penetrante no exame das paixões, o fixará na linha descendente do homem que "perde o reino por um amor".

Num painel histórico tão vasto, as outras personagens não poderiam receber o mesmo tratamento dos protagonistas. Casca, Décio, Otávio, Calpúrnia e Pórcia são silhuetas, mas todas, em poucos traços, muito bem definidas. Uma cena basta para se sentir a identificação de Pórcia e Brutus, que termina em seu suicídio, quando ela pressente a derrota do marido. O silêncio de Brutus, ao saber da tragédia, tem mais tristeza do que se ele prorrompesse numa longa oração de desconsolo (diz Brutus: "Não fale mais nela. Dê-me um copo de vinho / Nesta taça afogo todo ressentimento, Cássio"). E, em meio à ansiedade da espera, no acampamento guerreiro, Shakespeare encontra meios de realizar uma cena de ternura e lirismo, quando Brutus pede ao menino Lúcio que embale o seu sono com uma canção.

Uma das mais fascinantes presenças na tragédia é a do povo. Algumas cenas caracterizam admiravelmente o comportamento popular, manipulado com inteligência pelos líderes políticos. Não se trata apenas do que se chama inconstância do populacho, sem opinião precisa para resistir às vozes poderosas que se erguem diante dele. Traumatizada pela miséria e reduzida à ignorância, essa multidão não pode ter mesmo a cabeça fria para distinguir o que mais lhe convém. Os argumentos de Brutus lhe parecem de início convincentes para considerar César tirano, embora ela tivesse antes aclamado três vezes a proposta de Marco Antônio para ele se tornar rei. Bastou Marco Antônio aliciá-la com sabedoria, informando que César a contemplara em testamento, para ela se inflar de ódio contra os conspiradores. E, desencadeada a fúria histérica, a multidão lincha numa rua o poeta Cina, que ia ao funeral de César na qualidade de amigo, só porque seu nome é o mesmo de um conspirador. Em poucas obras na história do teatro se estudou com tanto realismo, como em *Júlio César*, a psicologia coletiva, embotada pelo emprego sistemático e criminoso de *slogans*.

O homem construindo seu destino e ao mesmo tempo forças superiores, desconhecidas e terríveis, em ação sobre a natureza humana, estão de tal forma unidos que a tragédia consegue juntar os conceitos inconciliáveis de liberdade e fatalidade. Dependendo da perspectiva sob a qual o contemplador preferir colocar-se, ele poderá ver os protagonistas como gigantescas "marionetes" de um espetáculo comandado por arbítrios superiores ou como heróis de uma aventura incomum, que esbarra apenas na morte inevitável. Cássio expõe a responsabilidade de cada um: "Os homens são às vezes senhores de seu destino. / Se somos subalternos, meu caro Brutus, a culpa / Não está nas estrelas; em cada um de nós, ficou". Brutus acredita que haja "nas atividades humanas uma certa maré / Que, tomada ao subir, leva à fortuna"*. O universo da peça está marcado, porém, por uma natureza convulsionada, semelhante à que anuncia os episódios decisivos de *Rei Lear* e *Macbeth*. Trovões, relâmpagos, acontecimentos extraordinários parecem ter uma secreta correspondência com a biografia dos heróis, como se os seres privilegiados arrastassem em sua queda o mundo inteiro ou fosse preciso a terra se deslocar de seu eixo para decidir a morte das grandes criaturas. Essa estranha solidariedade do homem com a natureza imprime à peça uma tristeza majestosa, substrato dos protagonistas em todas as obras-primas do gênero trágico.

À margem da beleza literária, o conflito entre liberdade e tirania, presente em todo o mundo atual, dá a *Júlio César* perenidade inquestionável.

(Junho, 1966)

---

* Foi utilizada, nas citações, a tradução de Carlos Lacerda.

17. Notícia sobre *Macbeth*

Repositório de sabedoria milenar, as obras clássicas têm o dom de prestar-se a diferentes e até contraditórias leituras, de acordo com as expectativas de cada geração. Manuel Bandeira, em nota introdutória à sua tradução de *Macbeth* (que a Brasiliense de São Paulo lançou, reproduzindo o texto publicado pela José Olympio, em 1961), afirma que ela "é, por excelência, a tragédia da ambição". Sem pôr em dúvida a validade desse conceito, e com base no desenvolvimento dos episódios, responde melhor aos anseios de hoje, talvez, afirmar que a obra de Shakespeare é a tragédia do poder ilegítimo que, para se sustentar, recorre a uma sucessão de crimes.

Tanto parece aceitável esse raciocínio que Macbeth, depois de ouvir das bruxas que um dia será rei, trama com a mulher o assassínio de Duncan, rei da Escócia, seu hóspede no castelo de Dunsinane (tendo-o proclamado Tame de Cawdor), e logo no começo do segundo ato cumpre o seu desígnio. Daí por diante, ele mata os dois camareiros do rei, sujando-lhes os punhais como se fossem os criminosos, e prossegue a escalada sinistra. Malcolm e Donalbain, filhos de Duncan, temendo a conspiração, fogem para a Inglaterra e se tornam suspeitos do delito. Às bruxas haviam predito ainda que Banquo seria tronco de reis, embora a rei não chegasse, e por isso Macbeth manda suprimi-lo e o filho Fleance. Este escapa à cilada, e o espectro de Banquo vem atormentar o banquete oferecido por Macbeth. Macduff, outro nobre escocês, evade-se também para a Inglaterra, desejoso de restaurar a legitimidade do poder, e assassinos contratados liquidam sua mulher e seus filhos. A essa altura, o tirano "está maduro / Para ser sacudido". E, no quinto ato, após a famosa cena de sonambulismo de Lady Macbeth, que se suicida, fecha-se o cerco e Macduff abate o usurpador.

116   O TEXTO NO TEATRO

Tudo acontece na tragédia por força da inexorabilidade do destino, anunciado pelas três bruxas. Na primeira presença em cena, abrindo a peça, elas informam que vão encontrar Macbeth na charneca. Aí, elas prevêem a realeza do protagonista. Depois de rápido encontro com a deusa pagã Hécate, no terceito ato, as bruxas abrem o quarto ato e, por arte mágica, fazem que três Aparições preparem o desfecho. A primeira recomenda a Macbeth cuidado com Macduff. A segunda lhe diz para rir dos homens, "pois nascido / De mulher nenhum foi, que possa um dia / Causar dano a Macbeth!" E a terceira vaticina que ele não será vencido, "até / Que a floresta de Birnam não avance / Rumo de Dunsinane e não se lance / Contra ti". O tirano seria, assim, invencível, se não se revelasse que "Macduff foi arrancado / Do ventre de sua mãe antes do tempo!" e Malcolm não tivesse decidido que os soldados cortassem ramos da mata, escondendo-se atrás deles, para encobrir seu número exato, e o Mensageiro contasse a Macbeth: "volvi os olhos / Na direção de Birnam e eis que vejo / Mover-se o bosque". Adiante: "Repito: é um bosque em marcha". Está selado, na forma do presságio das bruxas, o fim do tirano.

Os comentaristas são unânimes em reconhecer que a mais curta das tragédias shakespearianas progride em ritmo intenso, nervoso, abolindo quaisquer episódios laterais, em benefício da concentração. Ressalta apenas a cadeia de crimes, em que um se torna a conseqüência do outro, o sangue pedindo sempre mais sangue, para apagar em vão o rasto deixado pelo anterior.

Inspirando-se na *Crônica da Inglaterra e da Escócia*, de Holinshed (publicada em 1577), a qual teve como modelo a *Scotorum Historiae*, de Hector Boetius (de 1526), Shakespeare não seguiu passo a passo a sua fonte, mas se afastou dela em função das exigências dramáticas e de interesses políticos. De fato, Macbeth matou Duncan, para obter o cetro real. E também foi vencido por Malcolm, filho do rei assassinado. Mas seu reinado prolongou-se por dezessete anos, julgados prósperos, e não se perdeu na rapidez descrita pelo bardo. Na história, Banquo colaborou com Macbeth para destronar Duncan. Shakespeare transformou-o em vítima, porque Banquo era considerado ascendente de Jaime I, e não ficaria bem apresentá-lo como conspirador. A peça legitimava ainda a pretensão do rei escocês de suceder Elizabeth I no trono da Inglaterra, terminando a separação das coroas.

Produzida provavelmente em 1605-1606, segundo Chambers, a tragédia exprimia a plena maturidade do dramaturgo, que já havia escrito *Romeu e Julieta, Hamlet, Tróilo e Cressida, Medida por Medida, Otelo* e *O Rei Lear*, entre as obras mais conhecidas. Uma das tragédias puras shakespearianas, na designação de Bradley, ela só tem um tema, segundo Jan Kott – o tema do crime. *Macbeth* não mostra a História sob a forma de um Grande Mecanismo. O texto a mostra sob a forma de pesadelo – observa o ensaísta.

A determinação do protagonista, apoiada na cumplicidade da

NOTÍCIA SOBRE *MACBETH* 117

mulher, não encerra em pobreza psicológica, porém, o desenrolar dos acontecimentos. Lady Macbeth tem consciência das dúvidas do marido, ao admitir que receia "A tua natureza, por demais / Cheia do leite da ternura humana", e que "te falta / A malvadez que deve secundar-te". Assassinado o rei, Macbeth faz esta bela ponderação: "Tivesse eu sucumbido uma hora antes / Deste momento e dera por ditoso / O meu tempo na terra; mas agora, / A partir deste instante, nada sério / Deparei na vã mortalidade. / Tudo é futilidade: honra e renome / Estão mortos; o vinho da existência / Esgotou-se até a borda e só lhe resta / Borra a esta triste adega".

Lady Macbeth, embora instigadora do marido, não lhe fica atrás nos conflitos interiores. A respeito do rei, diz: "Se no seu sono não lembrasse tanto / Meu pai, tê-lo-ia eu mesma apunhalado!" Ela tenta tranqüilizar-se: "Tudo perdemos quando o que queríamos, / Obtemos sem nenhum contentamento: / Mais vale ser a vítima destruída / Do que, para destruir, destruir com ela / O gosto de viver. Não nos preocupe / O que não tem remédio. O que está feito, / Está feito". O remorso insinua-se, contudo, independentemente das considerações racionais. Sonâmbula, Lady Macbeth esfrega as mãos e fala: "Por mais que eu faça, esta mancha não sai". Só o suicídio põe fim ao tormento.

Não obstante a urgência dramatúrgica, Shakespeare preserva as cenas de relaxamento, necessárias à respiração do público. O episódio dos coveiros, em *Hamlet*, além da reflexão, cumpre esse papel, que vem desde a cena cômica do guarda, na *Antígone* sofocliana. Antes de se revelar que o rei está morto, o Porteiro conta a Macduff o que a bebida provoca: "Nariz vermelho, sono e vontade de urinar. Quanto à luxúria, a bebida incita-a e reprime-a ao mesmo tempo: provoca o desejo, mas impede-lhe a execução" ("it provokes the desire, but it takes away the performance"). Impregnam a obra de Shakespeare as espontâneas lições de vida.

Macbeth contém alguns dos mais profundos pensamentos do poeta. Ao saber da morte da mulher, o tirano externa o seu desespero nos seguintes versos: "Breve candeia, apaga-te! Que a vida / É uma sombra ambulante: um pobre ator / Que gesticula em cena uma hora ou duas, / Depois não se ouve mais; um conto cheio / De bulha e fúria, dito por um louco, / Significando nada". Assim isolada, a reflexão ressuma absoluto pessimismo, gritando a falta de sentido da aventura humana. Perde-se em total vazio o deblaterar terreno. Cabe inscrever no contexto em que a manifestou, porém, a revolta de Macbeth. O conto barulhento e furioso foi dito pela loucura do casal, e por isso não significa nada. Esvaziada a legitimidade da ambição, torna-se bastarda a existência. O poder usurpado mais cedo ou mais tarde se estiola no vácuo.

Manuel Bandeira traduziu *Macbeth* em decassílabos, equivalentes ao pentâmetro iâmbico do inglês. O texto brasileiro é bonito, tendo a grandeza de um dos poetas mais puros da língua. Cinco anos depois

118 O TEXTO NO TEATRO

do seu feito, outro poeta – Péricles Eugênio da Silva Ramos – publicou a sua tradução da tragédia (São Paulo, Secretaria do Governo/Conselho Estadual de Cultura/Comissão Estadual de Teatro, 1966), com introdução e mais de quinhentas notas, devidas a labor extremamente erudito. Valeria a pena cotejar as soluções dos dois poetas, porque ambas nasceram de grandes conhecedores do original e do vernáculo.

Não foi intenção de Péricles Eugênio alterar, por qualquer motivo, o trabalho de seu predecessor. Assim se justificou ele, para levar a cabo a empreitada: "Não faltará talvez quem ache demasiado pôr mais uma vez o *Macbeth* em nossa língua, à vista, principalmente, das traduções anteriores dos poetas Artur de Sales e Manuel Bandeira. A esse respeito, de fato o *Macbeth* é mais afortunado que o *Hamlet*, que não contava em nosso país com tradução em verso até há poucos anos (o próprio Péricles Eugênio lançou sua edição príncipe em 1955). Mas o fato de haver traduções anteriores não quer dizer que isso deva constituir barreira a novas traduções, pois não pode o culto shakespeariano sofrer peias dessa ordem; assim, em nossa empresa deve ser visto não o ridículo desejo de emular, mas o tributo de uma geração mais recente ao cisne de Avon".

Se Péricles Eugênio dá essa explicação, o crítico se sente à vontade, também, para introduzir o seu palpite. Ambas as traduções são muito competentes, sensíveis e eficazes. Quem dera elas representassem a norma dos textos transpostos para o português. Entretanto, apesar do vocabulário riquíssimo, Shakespeare fez uma dramaturgia muito popular. E seria ideal que, numa montagem brasileira, se obtivesse plena equivalência da comunicabilidade alcançada pela palavra shakespeariana, como Millôr Fernandes conseguiu, por exemplo, com *A Megera Domada* e *O Rei Lear*.

(Março, 1989)

18. A Aventura Humana de Molière

Fazer a exegese de Molière seria decifrar o próprio mistério do teatro. Na história da atividade cênica, nenhum nome (com exceção talvez de Shakespeare, que orientou sua aventura artística em outro sentido, chegando a fins semelhantes) encarnou como Jean-Baptiste Poquelin toda a riqueza do fenômeno teatral, a ponto de poder ser considerado uma súmula dele. Quando se trata de estabelecer as verdades básicas, não se consegue fugir aos lugares-comuns, identificando a máscara de Molière à fusão das duas máscaras que simbolizam o teatro.

Jouvet reivindicou para Molière, assentando uma verdade essencial no seu entendimento, a primazia do ator sobre o autor homem de bom senso, do dramaturgo sobre o filósofo e o moralista. Recolocando-o dentro do teatro, ele alargou suas fronteiras, porque lhe reconheceu uma margem de imprevisto e de imaginação que rompem os conceitos de um naturalismo limitado e de uma ética burguesa. Molière despiu-se da sobrecarga dos valores eternos para viver de novo da magia de um teatro que se inventa no palco, herdeiro da *Commedia dell'Arte*.

Mas é preciso compreendê-lo no seu todo, não omitir a inscrição histórica de sua biografia. Não há uma face reveladora de Molière, apreensível numa peça privilegiada: sua imagem se foi construindo com as numerosas experiências e ficaria incompleta com a omissão de um único texto, ou uma única iniciativa do ator-empresário. A maturidade, nos chamados anos difíceis, deu-lhe talvez uma forma próxima da síntese, com *Le Tartuffe*, *Don Juan* e *Le Misanthrope*. Faltariam ao retrato, porém, as hesitações do início, as liberdades expressivas de muitas obras, o vôo genial de cenas soltas e a crise decorrente daquelas peças-limite, monumentos isolados que não poderiam conhecer descendência.

Molière é o seu itinerário e nesse itinerário concentram-se todas as indagações a respeito do teatro.

Filho de família burguesa com acesso à Corte (seu pai era tapeceiro do rei e essa patente lhe seria transmitida), aluno dos jesuítas e freqüentador dos espetáculos populares, rompeu o círculo familiar e tentou o teatro parisiense, caindo na prisão, por dívidas. Esse o ponto de partida e a explicação para o *mambembe* que o manteve em excursão pelo interior da França durante doze anos, e onde solidificou o *métier* da companhia e fez as primeiras experiências de autor. Ao regressar à metrópole, Molière lançava uma cartada decisiva e tinha a seu favor o longo aprendizado na província, a lenta preparação de um elenco apto para os diversos papéis do repertório.

Se Molière, intérprete, não fosse tão insuficiente na tragédia, talvez tivesse sido outra sua carreira. Sobretudo na última década da primeira metade do século XVII, o gênero "nobre" concentrava todos os interesses, não podendo equiparar-se a ele, em ambição artística, o divertimento dos cômicos italianos. A história de Molière foi assim, a princípio, a história de um malogro, de uma incapacidade para os altos cimos literários. Ao sair dos ensaios populares de *La jalousie du barbouillé*, *Le médecin volant* ou mesmo *Les précieuses ridicules*, tentou sem muito êxito uma contrafação heróica em *Don Garcie de Navarre*. A fria acolhida encaminhou-o de novo aos seus arraiais, mas agora com a noção de que deveria encontrar neles um equivalente artístico da grandeza da tragédia. *L'école des femmes*, posterior a *L'école des maris* e *Les fâcheux*, vem encontrá-lo já no pleno domínio de seu instrumento e consciente da elevada missão da comédia. Replicando aos seus detratores, Molière se manifesta sobre a tragédia sem nenhuma inferioridade. Dorante, a personagem que apresenta em *Critique de l'école des femmes* sua plataforma estética, não só concorda em que um gênero não é menos difícil do que o outro, como acrescenta:

> Talvez não se exagerasse considerando a comédia mais difícil. Porque, afinal, acho bem mais fácil apoiar-se nos grandes sentimentos, desafiar em versos a Fortuna, acusar o Destino e injuriar os Deuses do que apreender o ridículo dos homens e tornar divertidos no teatro os defeitos humanos.

Mais adiante, nessa fala, Dorante conclui:

> Mas quando se pintam os homens, é preciso pintá-los como são; deseja-se que os retratos sejam fiéis, e não se consegue nada se não se faz reconhecer as pessoas do seu mundo. Numa palavra, nas peças sérias, basta dizer coisas de bom senso e bem escritas para não ser criticado; mas isso não é suficiente para as outras; é necessário brincar; e é uma estranha empresa fazer rir as pessoas honestas.

Estava publicamente declarada a guerra entre a comédia e a tragédia. Molière abandona o herói para fixar o homem. À humanidade ideal de Corneille, opõe uma humanidade real, nos seus vícios e nos seus ridículos. Mas o comediógrafo não se satisfaz com esse aspecto da questão,

A AVENTURA HUMANA DE MOLIÈRE   121

pelo qual sua obra poderia ser julgada uma paródia da tragédia corneliana. Procura imprimir à comédia uma dignidade superior, fazendo rivalizar sua matéria com a utilizada pela tragédia. Na aparência, suas
melhores obras valem-se do vício e do ridículo, com o objetivo de provocarem o riso; seu substrato, porém, é a tragicidade da condição humana, apreendida na observação do meio e de si mesmo. Ninguém pode
deixar de ver, na irrisão de algumas das grandes personagens molierescas, a dolorosa imagem do homem solitário em face do destino.

Casado com Armande Béjart (vinte anos mais jovem do que ele
e não se sabe se filha ou irmã de Madeleine Béjart, sua antiga amante),
perseguido pela idéia da infidelidade da esposa e vítima da cabala dos
preciosos e dos falsos devotos, Molière purga-se na exibição das próprias dores, oferecendo-se em espetáculo para os outros. É inútil indagar até que ponto o homem se retratou na obra e ela caminha paralelamente à biografia: a coerência interna das peças e a unidade da dramaturgia dispensam esclarecimentos da vida real, porque se bastam na expressão artística. Alfred Simon compôs no *Impromptu de Molière* o solilóquio do homem, feito das réplicas do escritor. Real ou imaginária, a
personagem nascida das sugestões da obra tem existência própria, define-se como ser autônomo. E, examinando a farta galeria dos tipos molierescos, será difícil fugir à tentação de ver nos principais variações de
um mesmo homem, transmitido ora com preponderância de uma tônica,
ora de outra. Os numerosos ensaios sobre Molière analisam com minúcia a natureza particular de Tartufo, Don Juan e Misantropo. Apraznos divagar, porém, sobre esses textos, que poderiam ser englobados
numa trilogia. Em cada um deles, Molière põe o herói a reagir com
maior empenho diante de um problema: em *Le Tartuffe*, diante da religião; em *Dom Juan*, diante do amor; e em *Le Misanthrope*, diante da sociedade e de si mesmo. É claro que essas distinções são simplificadoras
e omitem conscientemente as outras coordenadas das obras, tanto assim
que Tartufo e Alceste são movidos também por amor, e Don Juan faz
terrível libelo contra a religião e a sociedade. A distinção didática serve
apenas para mostrar que o dramaturgo, em suas obras-primas, quis
apreender a substância humana, ao menos como ela se revelava no século XVII.

Os censores de *Le Tartuffe* não se enganaram sobre a essência da
peça e tudo fizeram para mantê-la interditada. De nada valeram os protestos de Molière, segundo os quais pintava um "impostor", um "falso
devoto", um dos maus cristãos que se desgarraram do aprisco religioso.
Tartufo contém mais verdade do que seria desejável num mero hipócrita. Seu caso, simplificadamente, poderia ser o de dupla personalidade.
O homem apto a auferir as vantagens do prestígio religioso perde-se
por causa das inclinações irreparáveis. Eram-lhe presenteadas a jovem e
a fortuna. Ele preferiu o risco de cobiçar a mulher casada. A razão o
premiaria; a paixão o aniquilou. Molière faz saltarem no indivíduo essas
reservas insondáveis que são a sua fatalidade. Tartufo é castigado me

nos por ser insincero no culto religioso do que vítima da fidelidade ao seu amor obscuro. É preciso resistir ao desejo de enxergar no texto a inviabilidade da devoção sincera, porque a carne é frágil e tem exigências escravizadoras.

Don Juan mostra a alucinada procura de um homem que só repousará na morte, porque a vertigem terrena nunca lhe permitiu encontrar a própria unidade. As múltiplas mulheres representam o desespero de não ter descoberto a única, bem como a blasfêmia, o fardo por não se ter conseguido entregar à religião. O desafio ao Desconhecido e o conseqüente silêncio põem termo a uma existência que não se explicou. A atribulada vida sentimental de Molière tinha na figura do burlador uma imagem ampliada de seus descaminhos.

O retrato do Misantropo parece mais fiel ao do escritor – homem que procura integrar-se no meio e acaba no refúgio da solidão. Sua intratabilidade está aí caracterizada. Célimène não correspondeu à total oferta de Alceste e este recusou-se aos compromissos menores. Se as relações podem ser mantidas apenas com base em melancólica transigência, o melhor é fugir do comércio humano. O indivíduo choca-se contra a sociedade e não se ajusta à sua impostura. Com a ascensão da burguesia, desenhava-se já a crise íntima do homem vitorioso. A integridade de Alceste não se conciliava com as concessões e as máscaras da convivência social. Molière, depois do Misantropo, se retiraria do mundo ou acertaria seu passo ao ritmo dos demais.

Conclui-se sem dificuldade que as obras-primas do gênio da comédia não são peças cômicas e testemunham antes uma inequívoca visão trágica. Se os autores trágicos buscavam modelo nas personagens envoltas pelo prestígio da história ou da condição social, Molière descobriu tragicidade nos pobres-diabos atrapalhados com as suas mazelas e apresentando para os circunstantes uma aparência cômica. Dificilmente haverá no palco uma combinação mais eficaz.

Mas, se o homem é cético na atitude pessoal, pode encontrar alento na realização artística. E a encruzilhada do *Misantropo*, derrotando o indivíduo, salva o escritor. Vem a "escapinada providencial", com uma série de variações entremeadas de bailado. Triunfa o comediógrafo oficial de Luís XIV, embora outros competidores começassem a turvar um brilho que antes não conhecia rivais. Atrás das farsas mais desabridas, como podem parecer *Les fourberies de Scapin* ou *Le bourgeois gentilhomme*, há uma ponta indisfarçável de amargura. *Georges Dandin* é muito mais agressivo e revela, em toda a sua nudez, a repetida desgraça que atinge o trânsfuga de sua classe: os aristocratas decadentes querem o dinheiro do burguês mas o desprezam, e a mulher o trai nas barbas, com a secreta aprovação da família. Resta-lhe reconhecer: "Quando alguém casou, como eu, com uma mulher má, a melhor solução é se atirar de cabeça na água". Talvez Molière tenha feito aí a catarse definitiva da tragédia matrimonial.

A AVENTURA HUMANA DE MOLIÈRE

Faltava ao doente do peito, que há muitos anos carregava o fardo da moléstia, brincar com o instrumento da morte. E, num prenúncio do fim, ele escreveu e interpretou a comédia de *Le malade imaginaire*, ironia com o próprio destino. O doente que se queria imaginário estava de fato com a saúde precária e antes de encerrar-se a quarta representação da peça foi transportado para casa, expirando uma hora depois. Com cinqüenta e um anos de idade, de 1622 a 1673, cumpria-se a sua biografia.

Afirmar que a obra de Molière não envelheceu e guarda intacta a pujança da criação inicial é pouco para exprimir as sugestões que se vêm renovando inesgotavelmente a cada exegese. Não há um homem eterno, mas existem características humanas com o dom de impor-se às demais. Molière, dentro de rigorosa historicidade, foi aos arquétipos e desvendou um, mais válido e genérico: o homem.

Na obra múltipla de Molière, onde são visíveis evolução e amadurecimento progressivo, praticamente todos os tipos de comédia podem ser encontrados. A *Commedia dell'Arte*, em voga na França quando fez seu aprendizado cênico, inspirou-lhe os primeiros ensaios teatrais de *La jalousie du barbouillé* e *Le médecin volant*, além de *Les fourberies de Scapin*, uma de suas últimas criações. Mas a formação clássica do século XVII, correspondendo também na comédia aos modelos gregos e latinos observados pela tragédia, deveria conduzi-lo aos exemplos de Aristófanes, Plauto e Terêncio. Do primeiro, aproveitou o ardor polêmico e satírico, responsável pela crítica aos preciosos, aos médicos, aos marqueses e, de maneira mais ampla, às hipocrisias sociais. Os autores latinos passaram-lhe o mecanismo da observação da vida burguesa, com seus caracteres incipientes e uma intriga de qüiproquós e muitas vezes complicadas peripécias, que resultavam em matrimônio. A regra segundo a qual os jovens sempre levam a melhor já se encontra na generalidade das peças romanas, traduzidas ou adaptadas da Comédia Nova grega. Pastorais da Idade Média revivem em ensaios campestres de Molière e o luxo e o requinte da Corte de Luís XIV proporcionam-lhe a invenção das comédias-bailado, divertimento para grande espetáculo com música e dança. Não houve forma cômica estranha a ele e, no entanto, uma das manifestações do seu gênio está, mais do que na versatilidade inventiva, na admirável síntese que soube fazer nas principais obras, dos processos dos seus predecessores. Na história do teatro, alternaram-se ora a hegemonia da comédia satírica e agonística, ora a da alegórica e moral. Molière reuniu em suas peças o espírito de ambas e aprofundou como nenhum autor o estudo do homem. Daí o caráter enciclopédico assumido pela sua obra aos olhos de todos.

Molière não tem vergonha de pilhar aqui e ali a matéria de que se utiliza e nem a originalidade no assunto era critério estético em seu

124 O TEXTO NO TEATRO

tempo. As análises sobre as influências que sofreu revelam mais de uma fonte para cada peça. O populário, a farsa, os romances e as lendas, franceses ou estrangeiros, estão na origem da comédia mais despretensiosa à mais profunda de quantas nos legou. O que é extraordinário é o seu poder de recriação e o de dar a um tema, antes esboçado por outro, forma definitiva. *A Precaução Inútil*, traduzida por Scarron do espanhol, e a *Astuta simplicità di Angiolo*, comédia *dell'arte*, entre outros textos, vão fundir-se para resultar em *L'école des femmes*. *L'école des maris* já havia bebido nos *Adelfos*, de Terêncio. *Dom Juan* reaproveita a peça de Tirso de Molina. *Anfitrião* e o *Avarento* são retomadas de Plauto. Todos esses modelos ganham com ele em modernidade e diversão, adquirindo o pleno rendimento teatral. Mas Molière não se satisfaz em buscar nos outros inspiração para as próprias experiências: reescreve em muitas peças os temas que não havia esgotado. Esse é o caso de *Georges Dandin* com relação a *La jalousie du barbouillé*, de *Les femmes savantes* a *Les précieuses ridicules*, e da permanente volta aos médicos, desde *Le médecin volant* a *Le malade imaginaire*. Obra que se curva sobre as outras e sobre si mesma, a fim de tentar a cada nova experiência maior perfeição.

As personagens, de acordo com esse mecanismo criador, arrolam-se desde os mais antigos modelos provocadores do riso às figuras observadas na sociedade que o circundava. O médico charlatão de Molière está em germe nos *Menecmos*, de Plauto. As preciosas nasceram dos salões literários do próprio século XVII. O comediógrafo transcendeu de um tempo preciso para colher, na Antiguidade e no presente, a imagem de um homem frágil e ridículo mas capaz de inteireza. Se se pode afirmar que o herói trágico é portador de uma falha, originária na falta de medida (a inobservância, pelo orgulho, da lei divina, como regra geral), a personagem cômica também padece de uma falha, na falta de medida com que vive em sociedade. Escreveu Bergson em *Le rire* que uma das características da personagem cômica é a insociabilidade e "quem quer que se isole se expõe ao ridículo, porque o cômico é feito, em grande parte, desse próprio isolamento". A censura costuma preservar um equilíbrio de sentimentos e forças, no indivíduo , que o fazem passar despercebido ou discreto na coletividade. A personagem cômica perde essa censura e se entrega sem peias à nota dominante do seu caráter. Assim surgem o enfadonho, o ciumento, o avaro, o burguês fidalgo, o maníaco da doença e tantos outros tipos. Para que essas personagens sejam cômicas, é necessário que suas características prevaleçam sobre as demais do homem sociável. Molière leva-as então ao paroxismo, ao extremo limite em que ficam a um passo do absurdo mas guardam ainda palpitante humanidade. Nessa fronteira, em que é utilizado um processo de hipérbole paralelo ao de Aristófanes, a lente de aumento sob a qual é vista a personagem confere-lhe valor exemplar. Todas as grandes peças de Molière usam esse procedimento e, a título de ilustração, vale a pena

A AVENTURA HUMANA DE MOLIÈRE

examinar *L'école des femmes*. Arnolphe, já idoso, querendo preparar para si a mulher ideal, isenta da contaminação do mundo, educa desde os quatro anos uma menina, retirada do anonimato de um asilo. Como o conhecimento poderia ser para ela motivo de curiosidade – curiosidade que é sempre voltada para os outros, para o exterior –, ele a mantém na ignorância, fazendo-se única referência humana. Agnès está pronta para o matrimônio quando, ausente Arnolphe, vê um belo jovem, e os dois se apaixonam um pelo outro. A precaução foi inútil, diante do poder do amor, e tudo conspira para que o velho perca a moça. Embora Arnolphe esteja prevenido das maquinações dos jovens, porque seu rival o torna confidente, ignorando ser ele o tutor de Agnès, irresistível fatalidade condena-o à derrota. A força da natureza (se se pode chamá-la assim) corrige os desequilíbrios, restabelece a ordem e castiga os infratores do princípio de uma normal convivência. Arnolphe, contudo, não é apenas o ser anti-social que perde as amarras humanas. O que ele pretendeu, na verdade, foi criar para si um mundo perfeito, um amor absoluto, diferente das concessões habituais ao seu redor. Existem, em sua atitude básica, pureza e integridade. Idêntica observação pode ser feita para *O Misantropo* ou *Georges Dandin*. Outra face do problema é a forma pela qual a personagem cômica procura defender-se do efêmero das coisas, tentando agarrar-se a uma permanência na vida ou desesperando-se na revolta. Exemplos dessas inclinações contrárias são *O Avarento* e *O Doente Imaginário*, de um lado, e *Tartufo* e *Don Juan* de outro. O meio-termo, feito muitas vezes de transigência, apara a vertigem das criaturas para instaurar um convívio possível. Não se trata do bom senso burguês, mas de funda noção da miséria humana, que não suporta o extremo rigor e só é contrabalançada pelo otimismo do amor triunfante dos jovens. Como as grandes personagens nunca se transformam em títeres e escapam de tornar-se abstrações de sentimentos autênticos, provocam a princípio o riso e incomodam depois pelo patético. Na mestria de ligar o cômico ao trágico acha-se a ciência do doloroso grotesco revelado por Molière.

Em sua obra todo o arsenal de técnicas foi empregado. O jogo da comédia é quase sempre a disjunção entre essência e aparência. Por isso, como já assinalara Aristóteles no mecanismo da tragédia, caminha-se também na comédia da ignorância (aparência) para o reconhecimento (essência). O erro de identidade, que foi um dos recursos mais eficazes do teatro latino, reina na comédia de Molière, apenas retificado nos excessos inverossímeis. Para citar apenas algumas peças, lembrem-se *Les précieuses ridicules, Sganarelle ou le cocu imaginaire, L'école des femmes, Le Tartuffe, Le médecin malgré lui, Le Sicilien ou l'amour peintre, Amphitryon, Le bourgeois gentilhomme*. Em grau maior ou menor, como recurso básico da comédia ou elemento acessório, essa passagem do erro à verdade é regra geral na obra molieresca. E o dramaturgo vale-se da técnica em todas as suas nuanças.

126 O TEXTO NO TEATRO

Criados disfarçam-se em nobres para dar lição às preciosas. Cenas e retratos fortuitamente comprometedores fazem a mulher e o marido se sentirem enganados. O jovem amoroso não identifica no confidente o seu rival. O hipócrita utiliza a linguagem do devoto. Por confusão, tomam um bêbado por médico. Como o amoroso de Terêncio que se fingiu de eunuco para ter acesso à intimidade da jovem, o rapaz usa a veste do professor de pintura para dirigir-se à amada. Toda a trama do *Anfitrião* existe porque Júpiter assumiu a forma do general tebano e Mercúrio, a do criado Sósia. A *turquerie* ludibriou a ingenuidade ridícula do burguês fidalgo. O andamento da intriga sempre foi possível graças a esses expedientes. Molière, porém, nunca se escleroseou num processo único, constantemente renovado.

Serve de modelo de dramaturgia, aliás, a adequação sempre perfeita que deu a tema e forma, encontrando cada comédia seu estilo particular. As farsas não temem recorrer às bastonadas e os divertimentos de Corte aplicam-se em leveza e grandiosidade. Para melhor apresentar o Tartufo, Molière despende dois atos. Mas, quando ele entra em cena, é lançado de imediato contra uma antagonista ferrenha, a criada Dorina, revelando-se no pleno fascínio a sua dúbia personalidade. Passa ele daí para Elmira, a mulher casada objeto de seus secretos desígnios, e se define no verso admirável: "Ah! pour être dévot je n'en suis pas moins homme". A atmosfera e a expectativa criadas antes de sua aparição permitiram que Tartufo agisse logo com fogo cerrado. Sua entrada não decepciona, mas dá plena vida ao retrato que esboçaram dele. E apenas o terceiro ato, modelo de mudança de um estado em outro, oposto, sintetiza os campos em que se move a peça. No embate com as antagonistas, Tartufo leva a pior e seus ardores nada religiosos são testemunhados por Damis. Este denuncia-o ao pai, e Tartufo, em golpe magistral, confessa-se culpado. A confissão parece tão convincente em desinteresse e espírito de sacrifício que Orgon acredita ter prova da religiosidade de Tartufo e premia-o, transmitindo-lhe os bens de família e expulsando o filho de casa. Desmascarado no início, Tartufo triunfa no fim do ato e instaura seu poder absoluto no lar. Apenas os episódios posteriores revelarão, de maneira inequívoca, sua verdadeira identidade, por meio do "reconhecimento" proporcionado a Orgon.

Na estrutura das peças, Molière busca efeitos nos contrastes, nas simetrias, nas repetições, nos conflitos, nos *suspenses*, nos "ganchos" entre um ato e o seguinte – em toda a técnica, enfim, que herdou e desenvolveu. A cegueira e a surdez de Orgon acham-se expressas pela repetição em seu primeiro diálogo, quando, ao voltar do campo, a criada lhe fala da doença da esposa e ele ora pergunta: "Et Tartuffe?", ora exclama: "Le pauvre homme!" A vertigem de Don Juan corresponde à sucessão de cenas aparentemente soltas, com interlocutores sempre diversos, o que levou muitos críticos acadêmicos a apontar uma pretensa falta de unidade da peça.

A AVENTURA HUMANA DE MOLIÈRE

Valère, de *L'Avare*, afirma que "apenas as ações fazem conhecer o que somos". Essa ação compreende a linguagem, já que ela, instrumento para que todos possam comunicar-se, revela os caracteres. Nesse sentido, a fala das personagens ajusta-se perfeitamente à função dramática por elas desempenhada, não se percebendo que há um autor por trás, incumbido de acioná-las. Cada criatura tem o seu estilo e, para utilizar apenas a referência de *Les femmes savantes*, veja-se a linguagem de rebuscamento dos preciosos, a fala por provérbios da criada e a maneira simples e direta dos tipos fincados na realidade. O alexandrino de Molière nunca perde o tom coloquial, e as réplicas ágeis garantem a eficácia cênica. Algumas peças, ao que parece, não foram passadas para o verso por falta de tempo. Seria demérito? A verdade é que tanto o verso como a prosa de Molière realizam a poesia, sem a qual não há grande teatro.

Cada geração descobre no comediógrafo uma faceta nova, e as formas de encará-lo são inesgotáveis. Sabe-se que é essa a marca do gênio e se, mais tarde, forem contestadas as atuais exegeses de Molière, é que em sua obra ficarão patentes outros elementos, irrevelados ainda para a cegueira inevitável dos contempladores efêmeros.

(Junho, 1959)

19. Psicologia Feminina em Molière

Imaginem uma dona de casa que decide prescindir dos serviços de uma ótima cozinheira, porque seus ouvidos se ferem com os erros de linguagem que é obrigada permanentemente a escutar. Essa caricatura de uma situação doméstica, nas mãos de Molière, não pode deixar dúvidas sobre o alcance de *Les femmes savantes*: sob a comicidade de absurda lente de aumento, vê-se o retrato de uma família burguesa. A mulher, condenada à imanência do matrimônio medíocre, procura fazer-se um ser transcendente embrenhando-se por vãs filosofias, na recusa da triste realidade. A frustração amorosa deseja compensar-se com outros valores, que são falsos porque a sua origem o foi. Molière realiza na peça um dos mais admiráveis tratados teatrais de psicologia feminina, pela forma artística de conhecimento, da qual, a essa altura, um ano apenas antes da morte, tinha absoluto e incontestado domínio.

Na galeria das obras-primas molierescas, *Les femmes savantes* passa por ser comédia mais amável, sem a garra subversiva de *Le Tartuffe*, *Dom Juan* ou *Le Misanthrope*. Seus propósitos, por certo, não são tão declaradamente belicosos. Mas o quadro que emerge da peça não resulta menos conclusivo. E nem podia deixar de ser. O texto se compõe de duas coordenadas essenciais na vida do dramaturgo: a experiência feminina e a carreira de escritor, fundidas na plena realização do homem. Consciente da justeza de seu caminho, Molière deveria repudiar o simulacro das relações sentimentais falseadas e da obra literária artificial. Nos seus dois campos de afirmação, ele se revoltava contra os engodos da mentira. *Les femmes savantes* é mais um testemunho do admirável realismo de Molière. Acresce que seu primeiro grande êxito, há catorze anos atrás, fora *Les précieuses ridicules*, e o seduzia a idéia de retomar

PSICOLOGIA FEMININA EM MOLIÈRE

o tema, ampliando-o e enriquecendo-o com os novos meios de expressão de que dispunha. Se a mudança do ato único das *Preciosas* para os cinco atos das *Sabichonas* importa numa rarefação da sátira direta às mulheres que têm horror de "coucher contre un homme vraiment nu" e aos salões literários em moda, a nova moldura permitiu retratar por inteiro uma família burguesa. A lição anteriormente dada às tolas provincianas converte-se em análise lúcida da vida parisiense. O comediógrafo sabe inteiramente onde quer chegar.

A conclusão do entrecho aproxima *Les femmes savantes*, na aparência, de uma peça da Comédia Nova grega ou da literatura latina, em que o matrimônio de jovens coroa os acontecimentos. Esse é, porém, o filtro ao qual o dramaturgo submete, para gáudio dos menos exigentes ou observadores, suas ambições maiores. Clitandre, depois de suspirar dois anos por Armande, não sendo correspondido, acaba por desistir dela. E acende-se a paixão pela irmã mais nova de Armande, Henriette, que igualmente o quer. A solução do caso seria simples, se ao tempo de Molière não costumasse prevalecer a vontade dos pais, que em geral contraria a dos filhos. E o problema se complica porque o pai Chrysale, "bom burguês", é favorável à união dos jovens, não o sendo porém a mãe, Philaminte, que avocou a si o hábito de tomar decisões domésticas. Ela tem para a filha outro pretendente, Trissotin, vate excelso dos salões subliterários. O conflito poderia ter conseqüências graves, ao menos quanto à aparente harmonia do lar, se um estratagema não revelasse o verdadeiro caráter de Trissotin: filósofo verbal, ele almejava na verdade o dote da moça. Derrotado o vilão, era só aproveitar o notário, ali presente, para consumarem-se as bodas legítimas.

Em torno dessa intriga comum, todavia, gira um mundo de sugestões admiráveis. Em poucas peças Molière decompôs com tanta agudeza um processo social, sem sobrepor intuito de ensaísmo à fluência propriamente inventiva. Se o crítico se der o trabalho, verá em *Les femmes savantes* minuciosa elaboração de caracteres, apoiada em bem-composta estrutura dramática. Molière utilizou com excepcional felicidade a técnica de contrastes e, dentro de rigorosa simetria, levantou uma complexa arquitetura cênica.

Há na peça cinco mulheres e cada uma define um tipo, percorrendo-se de uma a outra todas as gamas da psicologia feminina. É impressionante, aliás, como o dramaturgo conseguiu apreender a substância das múltiplas variações sutis, caricaturando os extremos com idêntica felicidade. Molière sempre soube a que melancólicos desvios pode conduzir a separação da matéria e do espírito, do sexo e da mente. O homem para ele realizava-se em ser imanente e transcendente e, sem a fusão e o equilíbrio das exigências carnais e espirituais, não se podia esperar muito de suas faculdades. Imbuído talvez do preconceito histórico segundo o qual às mulheres estão afetas as tarefas menores, propendia um pouco para o lado terreno, não perdendo contudo a lucidez do juízo. Os extremos em *Les femmes savantes* são Bélise e Martine, a solteirona

130   O TEXTO NO TEATRO

e a criada. A primeira, a caricatura da falta total de contato com a realidade. A segunda, a encarnação da realidade mais grosseira. Bélise (seu nome eufônicamente lembra *bêtise*) fechou-se num mundo imaginário e tudo à volta é apenas a expressão de seu sonho frustrado. Não lhe interessaria, porém, quebrar a fronteira que a afasta dos outros. Há muito deve ter passado a alimentar-se do irreal, suprimindo as inclinações espontâneas. Vive alienada e forjou uma fantasia de loucura, dentro da qual todos os homens estão apaixonados por ela. É de uma graça patética incômoda a cena final do primeiro ato, quando Clitandre lhe pede apoio para obter a mão de Henriette e ela pensa que o jovem está usando um "détour d'esprit" para declarar-lhe amor. A confissão – "Aimez-moi, soupirez, brûlez pour mes appas, / Mais qu'il me soit permis de ne le savoir pas" – define-a perfeitamente em dois versos. Bélise encontrou a felicidade nessa defesa da aparência. Já a cozinheira Martine aceita sem revolta seu destino inferior. Fala quase sempre por provérbios, alguns de delicioso gosto popular. Acha que "la poule ne doit pas chanter devant le coq" e, se tivesse marido, gostaria que ele lhe abaixasse com pancadas o tom, quando ela falasse muito alto. Martine simboliza a mulher que admite escravizar-se ao homem e está satisfeita com essa condição. A boa comida que é capaz de fazer justifica para ela a existência.

Em posições contrastantes, mas intermediárias, acham-se Philaminte e Henriette. Ambas expressam uma vontade firme, a primeira no caminho errado e a segunda no certo. São exemplos opostos da mesma tentativa feminina de afirmar-se. Philaminte assume as rédeas domésticas e procura impor sempre os seus desígnios. Por ela, Henriette deveria ser destinada a Trissotin, enfeite de seu salão literário. Imbuída de excepcional energia, pode ser considerada também vítima do casamento, que não lhe deu os meios adequados para aplicar-se normalmente. No final, ela se converterá à causa de Henriette, não por recuo, mas porque verificou a insinceridade do seu candidato. E, nesse quadro, a filha é modelo de determinação bem orientada. Apresenta todas as virtudes de um caráter reto, sem mistificações. Caçula, está mais distante da influência materna. Quando Clitandre transfere seu interesse da irmã para ela, não fica a remoer despeitos ou considerações de tola vaidade. Aceita-o com franqueza, por gostar dele, e luta pelo seu amor. Chega a dizer a Trissotin que não participe do jogo materno, porque seu coração já está comprometido. Henriette é um protótipo de adolescente que sabe o que quer, isenta dos preconceitos da falsa feminilidade.

No centro, entre as várias formas de contrastes, está Armande. Não significa que se exprima com ela a virtude, ou a verdade. Molière teve suficiente cuidado para premiar a franqueza de Henriette e puni-la no desfecho, deixando-a com o "apoio da filosofia". Armande está no centro porque, enquanto as outras se definiram pela matéria ou pelo espírito (é horrível utilizar-se esse vocabulário antinômico, e Henriette, a rigor, poderia ser considerada uma síntese feliz das duas forças, com

PSICOLOGIA FEMININA EM MOLIÈRE

base em bem plantada realidade), ela se divide entre as solicitações do sentimento e as exigências da fria razão que a mãe lhe ensinou, não chegando nunca a apaziguar seu dualismo íntimo. O crítico Ramon Fernandez escreveu em *La vie de Molière* que Armande seria diagnosticada hoje como caso de sublimação falhada. Philaminte, bem ou mal, havia casado, e Armande, primogênita, sofreu mais de perto seu jugo. Desde a primeira cena, embora falando em "casamento com a filosofia", ela procura sutilmente afastar Henriette de Clitandre. Enquanto o jovem não se decidira, ela podia cultivá-lo sem comprometer-se. Mas, desde que a irmã ficara com o namorado, as dúvidas voltaram a assaltá-la. Armande é um dos pungentes exemplos da tragicidade da condição feminina, quando a mulher, convencida de que os sexos têm idênticos direitos, não sabe exercer os seus ou vive num meio social de preconceitos. Sua comicidade esconde doloroso grotesco, idêntico ao de muitas das grandes personagens de Molière.

Possivelmente porque o propósito, expresso no título, fosse cuidar de mulheres, os homens de *Les femmes savantes* não receberam tratamento literário de igual preocupação, por parte do autor. Salvo Chrysale, o bom burguês, um dos mais sólidos tipos molierescos, os outros se apagam diante da problemática feminina. Ariste tem função meramente auxiliar na trama. É ele quem instiga o irmão Chrysale a reagir contra a prepotência da mulher e, no final, como *deus ex machina*, forja o estratagema das cartas falsas para afastar Trissotin. Clitandre desempenha o simpático papel masculino do jovem amoroso: recusado inicialmente por Armande, desvia para Henriette sua carga sentimental e luta sem desfalecimentos para obtê-la. No diálogo com Trissotin, um dos mais significativos da peça, contesta-o em válidos e bem-encadeados argumentos. Com as figuras de Trissotin e Vadius, Molière inscreve no texto os necessários comparsas masculinos para a comédia das sabichonas. Tomados ao vivo na Corte, testemunham a face empenhada do gênio de Molière, satirizador dos costumes próximos. Qualquer estudo histórico mostra que foram inspirados em Cotin e Ménage, beletristas em voga. Molière, se tirou alguns efeitos divertidos de sua incursão na trama, sacrificou-os como personagens a seus propósitos polêmicos. Vadius serve para dar réplica a Trissotin e é primária a pintura do móvel mercenário deste, caça-dotes mal disfarçado em *bel esprit*.

Chrysale não teria graça se, apesar de sua reação, não ficasse claro que a mulher o domina. Até os desmandos maiores de Philaminte, limitara-se à função de provedor do lar. Começa a protestar quando ela dispensa a cozinheira, o que traria prejuízo a seu bem assentado físico, pois "oui, mon corps est moi-même, et j'en veux prendre soin". Natureza espontânea e generosa, toma o partido dos jovens casadoiros. Ao readmitir a empregada, oferece uma prova de afirmação viril. Mas não se sabe o que aconteceria no conflito decisivo com Philaminte, preparado desde o início. Prudentemente, Molière sai-se com o estratagema, para que fosse justificado o recuo da mulher. Mas, não existisse ele,

132 O TEXTO NO TEATRO

como concluiria a divergência do casal? Lembre-se de que a peça é do século XVII e ainda era cedo para tratar na dramaturgia problema semelhante.

A concatenação dos episódios e o rendilhado das cenas são perfeitos. Cada personagem, em momentos sucessivos, contracena com as demais. Um ato projeta a ação no ato seguinte, até o desfecho. As forças dramáticas colocam-se em campos opostos num equilibrado jogo de antagonistas. Para cada elemento, de um lado, existe oponente de idêntica importância, Chrysale, Henriette, Clitandre e Martine são contrabalançados por Philaminte, Armande, Bélise, Trissotin e Vadius. Os conflitos enriquecem-se por contínuas perspectivas simétricas. Os membros de um grupo opõem-se a todos do grupo adversário. Na família, as personagens estão dispostas duas a duas: marido contra mulher, irmã contra irmã, tio contra tia (os irmãos Ariste e Bélise, solteirões que desempenham no entrecho funções contrárias), e pretendente contra pretendente (Clitandre e Trissotin). Carregando as cores contra os inimigos, Molière acrescentou outro conflito – o de Trissotin contra Vadius – para que um destruísse o outro no embate. Nem os pedantes, preciosos e falsos sábios se entendem entre si.

Uma verossímil inevitabilidade conduz a ação até o final. Participa-se do andamento da história. Ramon Fernandez afirmou que a peça é menos a comédia das "femmes savantes" que a comédia das "femmes sans hommes". Mas é também uma comédia de amor. Amor que termina em casamento, esperança sempre renovada.

(Maio, 1959)

20. *Don Juan*, Transgressor

Não é mais possível pôr em dúvida: *Don Juan* é a obra-prima de Molière e um dos textos fundamentais da história do teatro. Basta um pouco de ousadia para considerar a peça mais profunda que *Hamlet* e talvez a indagação mais perturbadora feita até hoje no palco sobre o destino do homem.

Quem procurar em *Don Juan* o mito conhecido do conquistador de mulheres ficará decepcionado. Esse elemento é reduzido na trama a um dos componentes da personalidade do "burlador de Sevilha", tornando-se de igual importância às outras rupturas de convenções, que se sucedem, nos vários planos. Don Juan é antes o transgressor, o rebelde em estado puro, o individualista exacerbado que recusa a ordem e sente prazer maligno em corroer os valores.

Há uma alegria vital e uma entrega absurda ao desconhecido na vertigem de Don Juan. A beleza maravilha-o por toda parte em que a encontra. As inclinações nascentes têm para ele encantos inexplicáveis. "Je me sens un coeur à aimer toute la terre" ("Sinto-me um coração para amar toda a terra") – exclama Don Juan. Ele não evita o casamento, porém. "L'épouseur du genre humain" ("O homem pronto para casar com o mundo inteiro"), como o define o criado Esganarelo, casa quantas vezes as mulheres desejarem, porque não acredita no sacramento do matrimônio. Essa é uma primeira violação, a que vão suceder-se, num programa consciente, as violações de natureza religiosa, política, social, familiar e quantas mais seduzirem o sedutor.

Numa cena admirável, Don Juan ilude o credor, Senhor Domingos, porque não acredita no compromisso da dívida. Don Luís, pai de Don Juan, afirma que a origem não significa nada, onde não existe vir-

134 O TEXTO NO TEATRO

tude, e que esta é o primeiro título de nobreza. Num amoralismo de quem procura atingir, com a defesa da hipocrisia, a sociedade que acabou de interditar *O Tartufo*, Don Juan finge-se arrependido, e o pai o perdoa. Ao ser cumprimentado por Esganarelo pela conversão, Don Juan pergunta se ele crê que sua boca estava de acordo com o seu coração. E vem aí uma tirada, resposta insolente à interdição do *Tartufo*: "A hipocrisia é um vício da moda, e todos os vícios da moda passam por virtudes".

Don Juan não deixa de guardar um cavalheirismo aristocrático, de quem arrisca a vida pelo prazer do estímulo momentâneo. Don Carlos está à procura de Don Juan, para vingar a irmã Elvira, e faz o acaso que Don Juan o salve do assalto de ladrões, em que ele se bate com destemor incomum. O gosto do risco, a vida como criação de todos os instantes, a disponibilidade para quaisquer projetos são outros dados da personagem.

Molière mostra requinte psicológico quase inacreditável num texto do século XVII (*Don Juan* estreou em 1665). Dona Elvira vem falar ao sedutor, não com ódio ou ardor impuro, mas com "uma chama purificada do comércio dos sentimentos, uma ternura santa", para adverti-lo de que o Céu esgotou a misericórdia com suas ofensas. Don Juan não foi tocado pelas palavras de Elvira, no fim piedoso a que se destinavam, mas viu nela novo objeto de atração. Ele sentiu agrado na novidade estranha de sua aparição, e sua veste negligenciada, seu ar lânguido e suas lágrimas despertaram nele resíduos de um fogo extinto. Só um autor de aguçado senso de observação poderia surpreender a sutileza desse novo interesse de Don Juan por Dona Elvira.

A relação de Esganarelo com Don Juan lembra a de Sancho Pança com Don Quixote e, na verdade, é impossível separar uma personagem da outra. Esganarelo reprova o comportamento de Don Juan e, quando ele blasfema contra o pai, põe-se aparentemente de acordo, para condenar em aparte a própria "complacência maldita", que o reduz a nada. Numa tirada cômica de deliciosa sabedoria, Esganarelo rebate finalmente as considerações de Don Juan, para concluir: "...os ricos não são pobres, os pobres têm necessidade, necessidade não tem lei, quem não tem lei vive como besta selvagem, e por conseguinte o senhor será condenado a todos os diabos".

Mas, dando a réplica final da peça a Esganarelo, Molière fez ainda outra crítica, de sabor ferino. Quando um raio atinge Don Juan e a terra o traga, Esganarelo comenta que todo o mundo está contente com a morte do patrão e só ele ficou infeliz, sem ninguém para pagar-lhe o salário. E o pano baixa sobre o pedido inútil do salário – última realidade importante, que todas as elucubrações metafísicas da peça não conseguiram resolver.

Don Juan havia assassinado o Comendador e, ao aparecer diante de si sua Estátua, convida-a para cear. No final, um Espectro, velado como mulher, aparece para Don Juan, e depois muda de figura, para

DON JUAN, TRANSGRESSOR

representar o Tempo com a foice na mão. Don Juan quer verificar com a espada se se trata de corpo ou de espírito e aí surge de novo a Estátua do Comendador, que lhe cobra a promessa de uma ceia, levando-o pela mão, até que um fogo invisível o queime.

Sabe-se que a lenda do "Convidado de Pedra" era popular na Idade Média, enquanto a história de Don Juan representava o aspecto erudito, e em nossos dias inverteram-se esses papéis. Por que teria Molière adotado essa convenção? Não será difícil responder que, depois da quebra de todos os valores, da transgresssão de todos os códigos, Molière precisava mesmo ater-se a uma forma, embora vazia, para continuar o seu cotidiano.

Interprete-se a morte de Don Juan por castigo divino ou sacrifício que a sociedade exige de quem violou suas leis. Está presente nela, também, a inevitável corrida para o abismo de quem estoura, pela excessiva pulsação de vida. Unem-se em Don Juan, como em nenhuma outra personagem da história do teatro, uma vitalidade e um instinto de autodestruição, o excesso e o tédio infinito que se resolvem apenas na morte.

Parte da crítica, afeita à análise mecânica de textos, julga *Don Juan*, pela contínua fragmentação de cenas, mal construído e apressado, sem completa elaboração literária. Os dados biográficos servem de abono a esse ponto de vista: a interdição do *Tartufo* pegou desprevenido o autor, que estava trabalhando no *Misantropo*, outra de suas obras-primas. A solução foi improvisar *Don Juan*, assunto da moda e de sucesso garantido.

Mas aqueles que raciocinam assim se esquecem de que as obras apressadas, quando se tem gênio, são as que assimilam mais a urgência criadora. A convenção do tema ajudou Molière a fazer, sub-repticiamente, a sua revolução. E um exame não acadêmico da peça permite ver que tudo é necessário no entrecho. A forma aparentemente caótica e irregular vem da dimensão de Don Juan no tempo, da sua caminhada sem pausa até o desfecho. Tudo tem que ser passageiro à sua volta, tudo adquire a face perecível do instante, para incorporar-se à sua duração pessoal.

Don Juan é o Prometeu moderno. Don Juan é o símbolo da aventura humana, pela qual vale a pena viver.

(Julho, 1970)

21. O Desafio de *Tartufo*

Falso devoto, hipócrita, impostor são qualificativos afixados a Tartufo, nome próprio e título da peça de Molière, que por sua vez passou a designar falsidade, hipocrisia, impostura. Esse componente abarca, na linguagem comum, a personagem, que deveria abalar muitos interesses criados, tanto assim que houve necessidade de cinco anos, de 1664 a 1669, para se revogar a interdição do espetáculo. Ainda hoje, a crítica ao "tartufismo", sempre tão necessária, assegura a atualidade da obra molieresca.

Ela esgota o alcance do texto? Um simples levantamento histórico das exegeses mostra que *Le Tartuffe* se tem prestado a provas de idéias freqüentemente contrárias, de acordo com o ângulo em que se coloca o observador. Esse é o destino das obras-primas, que satisfazem a quaisquer desejos, segundo os reclamos de cada geração. Agora, depois que se publicaram tantos livros sobre Molière e *O Tartufo*, torna-se mais estimulante para o crítico aflorar algumas ambigüidades da peça, desafiadoras de uma resposta única ou de um ponto de vista definitivo.

O que sucede na trama não importa em muitas peripécias. Orgon, rico burguês, instalou em sua casa Tartufo, que o havia impressionado como símbolo da devoção. Não contente com esse gesto de confiança, Orgon quer dar a filha Mariana em casamento a Tartufo, e não só expulsa o filho Damis como doa ao hóspede casa e fortuna. A situação se modifica apenas quando Elmira, mulher de Orgon, faz o marido ver que Tartufo a cobiçava. Caída a máscara do "devoto", Orgon está inicialmente preso na armadilha: pela doação, é Tartufo quem tem o poder de desalojá-lo, segundo lhe comunica o oficial de justiça Loyal. Mas a Justiça do Rei é superior aos erros de Orgon, e o reintegra na posse de seus bens, para finalmente desmascarar Tartufo, réu de crimes antigos.

O DESAFIO DE *TARTUFO* 137

A história assim resumida, porém, não deixa entrever a grande riqueza de situações que se sucedem na peça. A tendência a conter Tartufo no rótulo de hipócrita e Orgon no de tolo, cego, incapaz de distinguir entre a verdade e a aparência, primariza demais os acontecimentos e chega a tornar inverossímil a trama, em termos realistas. Tem-se vontade de lançar alguns paradoxos, para surpreender motivos mais profundos da obra, os quais sustentam o fascínio sempre renovado das personagens.

O primeiro deles diz respeito a Tartufo: ele se perde não por ser hipócrita, mas por fidelidade incoercível à sua natureza. Junto de Orgon, Tartufo não reivindica nada. Tudo lhe é dado de presente, e Tartufo estaria realizado, na escala social, se não fosse traído pela própria verdade. Bastaria receber Mariana em casamento (apesar dos protestos dela) e a fortuna de Orgon, que ele se cobriria de todas as vantagens, reconhecidas como valores pelo meio. De acordo com os padrões dessa sociedade, um devoto aspirar a Elmira, mulher casada com Orgon, se enquadra nos signos externos da impostura. Para Tartufo, embora ele precisasse utilizar toda a linguagem hipócrita para aproximar-se de Elmira, a inclinação por ela representava a sua verdade secreta, contrária a todas as conveniências. O que para os outros significava a exteriorização da falsidade, para ele era o despojamento da máscara, em benefício do desejo carnal (chame-se amor, loucura, paixão incontrolável ou simples instinto de homem, como se quiser), que provocaria a sua perda. Tartufo caiu em desgraça, assim, no único momento em que foi sincero.

Tartufo seria o exemplo também de que a dissociação leva o homem à ruína. Ele mais de uma vez afirma que o espírito não anulou nele a matéria, mas para os crédulos sugeria a encarnação de uma substância não terrena. Criatura solitária, sem um confidente ao qual revelasse o seu íntimo, Tartufo se confessa apenas a Elmira, mulher que o atrai. Ele se explica:

"L'amour qui nous attache aux beautés éternelles / N'étouffe pas en nous l'amour des temporelles, / Nos sens facilement peuvent être charmés / Des ouvrages parfaits que le ciel a formés". ("O ardor que nos influem belezas eternais / Não asfixia em nós o amor das temporais: / podem nos verter o peito imenso agrado / Visões de encanto que há, na terra, o céu formado" (valemo-nos, nessa citação e nas seguintes, do texto traduzido por Jenny Klabin Segall).

E adiante: "Ah! pour être dévot, je n'en suis pas moins homme". ("Ah! por ser um devoto, ainda assim, homem sou".) Finalmente, numa segunda investida. Tartufo se vale de uma argumentação hipócrita para impor o seu desejo:

"Et le mal n'est jamais que dans l'éclat qu'on fait / Le scandale du monde est ce qui fait l'offense, / Et ce n'est pas pécher que pécher en silence". ("Só o rumor da coisa o mal se configura. / O escândalo do mundo é o que a ofensa produz, / E pecado não é o que não vem à luz".)

138   O TEXTO NO TEATRO

Ele queria conciliar a aparência de homem voltado apenas para os bens eternos com a essência prisioneira dos apetites temporais. Uma ou outra escolha, por si só, lhe permitiria uma existência normal. A tentativa de juntar os impossíveis privou Tartufo de todos os bens.

Até que ponto a exigência carnal é comum a todas a criaturas e impede, portanto, a devoção perfeita? Embora sob a capa de hipocrisia, essa realidade domina Tartufo e pode impor-se como advertência de que o imperativo humano contraria o impulso celeste. Provavelmente essa crença molieresca está tão nítida na peça que não ofendeu apenas à cabala dos falsos devotos, mas a todos que se julgavam com sinceridade piedosos. É essa uma qualidade dos textos superiores de Molière – *Dom Juan, O Misantropo, Escola de Mulheres* ou *George Dandin*: eles surpreendem a imagem secreta e incômoda do homem, despindo-o de insatisfatórias idealizações. Poucos autores, na história do teatro e da literatura, tiveram o dom, sem recorrer a expedientes sensacionalistas, de narrar a presença animal do homem, de fixá-lo na sua totalidade.

Um Orgon que, por ingenuidade, se devotasse inteiramente a Tartufo, reduziria o alcance da peça. Veja-se a famosa cena do primeiro ato, em que Orgon pergunta à criada Dorina o que se passou em casa, nos dois últimos dias. Quando ela lhe conta que a mulher teve febre, ouve apenas a pergunta: "Et Tartuffe?" Dizendo Dorina que ele está muito bem, Orgon exclama: "Le pauvre homme!" E se Orgon, em todo o diálogo, não faz mais que alternar as duas expressões, com evidente efeito cômico, cabe reconhecer que ele está possuído por Tartufo. Seria novo paradoxo asseverar que a apregoada cegueira de Orgon pode ser considerada forma de amor, mesmo que ele, talvez por causa dos vetos do tempo, nunca tivesse trazido o sentimento ao nível da consciência. No empenho de agradar Tartufo, Orgon lhe transfere os bens e a própria filha porque ele não manifestou cobiça em recebê-los. Orgon reage diferentemente ao testemunhar a tentativa de Tartufo de seduzir Elmira: dessa vez, Tartufo age por vontade própria e a mulher provoca um ciúme que não existiria em relação à filha. Isto é, Orgon sente ciúme porque Tartufo, em lugar dele, preferiu a mulher. E acaba por bani-lo como traidor.

Se o microcosmo do texto encerra grande riqueza, pela revelação da natureza humana, o sentido de *Le Tartuffe* só se completa na passagem ao macrocosmo político. A querela a propósito das versões da peça talvez nunca encontre um termo, porque não se conhece a forma primitiva em três atos. Nos cinco atos definitivos de 1669, que chegaram até nós, o rei é responsável pelo desfecho feliz dos acontecimentos. Numa primeira investida de Tartufo, Monsieur Loyal ordena a Orgon o despejo da casa. Mas aparece logo depois o *Exempt* (oficial da realeza encarregado das prisões), que transmite a palavra final do rei. Orgon lhe fora fiel no episódio político de La Fronde, em que se contestara a autoridade do monarca, e a clemência superior permite perdoar a fraqueza de haver guardado documentos comprometedores do amigo Argas, fo-

O DESAFIO DE *TARTUFO*

ragido como adversário derrotado. As virtudes do Rei Luís XIV, que teve a sabedoria de liberar a peça, contrariando a "cabala dos devotos", estão assim suficientemente proclamadas: ele é inimigo da fraude, dispõe de fino discernimento, sua razão firme não pratica nenhum excesso e sabe recompensar as boas ações, esquecendo as pequenas faltas. Molière pretendia, por certo, escrevendo a louvação final, agradecer ao rei que desfizera a trama contra o texto e autorizara a sua montagem. *Le Tartuffe*, denunciando os vícios em que se perde parcela apreciável da sociedade, regida por uma hipocrisia de interesses menores, exalta o poder absoluto de Luís XIV.

O jogo de forças se estabelece, no diálogo, com inteira inteligência das gradações e da função de cada personagem. Tartufo tem a seu lado, de início, apenas Orgon e a mãe dele, Senhora Pernelle, hipérbole em grande parte do filho. No final, como simples portador de um mandado, surge Monsieur Loyal, cuja posição é revogada pela presença do *Exempt*. Tartufo arrola contra si Elmira, mulher de Orgon; Mariana e Damis, filhos de Orgon e enteados dela; Valério, noivo de Mariana; Cleanto, cunhado de Orgon; e Dorina, ama de Mariana. São, na verdade, seis personagens, a lutar contra as posições de três. Só não há desequilíbrio de forças porque Tartufo, Orgon e a Senhora Pernelle detêm poder muito maior do que os seis antagonistas, que finalmente saem vencedores, pela evidência dos fatos. Para que a ação progredisse com teor dramático satisfatório, foi necessário opor as personagens na proporcionalidade de duas para uma. Os heróis negativos trazem sempre carga explosiva difícil de ser contida, pelas intervenções mais suaves do bem.

Os seis opositores de Tartufo jogam com armas diversas, adequadas a seu papel na trama. Elmira, tranqüila no cumprimento de seu dever de "mulher honesta", repele as arrancadas de Tartufo e prepara o ardil no qual ele finalmente deixará cair a máscara para o marido. Damis reage de maneira estouvada e sofre punição injusta, mas se reintegrará na família, pela solidariedade que sente com "a ordem". Mariana, por gostar de Valério, não deseja o casamento de Tartufo, imposto pelo pai, e diz preferir o claustro. Valério, indulgente com a falta de palavra do futuro sogro, que rompeu o noivado sem dar-lhe satisfações, tem a nobreza capaz de solidarizar-se com ele diante do golpe desferido por Tartufo, ainda mais que estão de novo abertas as portas para o matrimônio, coroamento dos episódios. A criada Dorina opõe à falsidade de Tartufo a sua intuição certa de mulher do povo, satirizando-o tanto quanto o desastrado Orgon. Ao ver seu amplo decote, Tartufo lhe estende um lenço para cobrir os seios, quando ela lhe dá uma admirável réplica:

"Vous êtes donc bien tendre à la tentation, / Et la chair sur vos sens fait grande impression! / Certes, je ne sais pas quelle chaleur vous monte, / Mais à convoiter, moi, je ne suis point si prompte, / Et je vous verrais nu du haut jusques en bas / Que toute votre peau ne me tenterait pas". ("Sois, pois, à tentação, em alto grau sujeito. / E a carne, sobre vós, é de violento efeito. / Ignoro que calor de súbito em vós monta, / Mas sei que, a cobiçar, eu não estou tão pronta, / E vos veria nu dos pés à cabeleira, / Sem que a mim me tentasse a vossa pele inteira".)

Já Cleanto desempenha na trama o papel de *raisonneur*, tentando abrir os olhos de Orgon para a diferença entre a hipocrisia e a devoção verdadeira, a máscara e a face, o artifício e a sinceridade, a aparência e a verdade, o fantasma e a pessoa, a falsa e a boa moeda. Cleanto exprime na peça os valores racionais que Molière pretendia apoiar, chamando inclusive a atenção de Orgon para a circunstância de que vivem num reino e num tempo em que nada se consegue pela violência. Além de ser o mais esclarecido oponente de Tartufo, Cleanto faz a mediação entre Molière e o Rei Luís XIV. Assenta-lhe a função de porta-voz do autor, enquanto intérprete das verdades diurnas da peça, já que as verdades noturnas estão encarnadas nas naturezas complexas de Tartufo e Orgon. Em suas obras de maturidade humana, Molière sempre deixou clara a reverência aos ditames da ordem – solução para o surto dos demônios internos, que entretanto parecem mais fortes e dominadores que a necessidade de equilíbrio social.

Admita-se ou não a composição atual de *O Tartufo* em decorrência de arranjos impostos pela censura, a verdade é que a trama progride com rigor e ritmo admiráveis. Muito se tem discutido por que Molière despendeu dois atos, antes da entrada de Tartufo. Elogia-se como mérito incontestável que esse procedimento valeu para esclarecer perfeitamente a natureza da personagem, e sua presença invisível dá unidade até à cena em que dialogam os namorados. Essa técnica apresenta ainda outra virtude, que ressalta a mestria de Molière. Depois de se falar tanto de Tartufo, haveria o risco de que sua entrada decepcionasse. Entretanto, o terceiro ato é uma das mais geniais criações da dramaturgia. Sucedem-se não só as cenas perfeitas entre Tartufo e Dorina e Tartufo e Elmira, mas, ao invés de perder-se Tartufo no confronto com Damis, um golpe cênico faz que Orgon lhe dê ganho de causa contra o filho. Cada ato se liga ao seguinte por suspense laboriosamente criado (a lembrança da caixa comprometedora no final do quarto ato), e assim o público está todo o tempo preso por curiosidade a ser satisfeita. Os recursos farsescos, entre os quais o de Orgon esconder-se sob a mesa, para ouvir a declaração de Tartufo à mulher, temperam a peça, com o objetivo de evitar que ela se torne insuportavelmente dramática, mantendo-a naquela simbiose de gêneros que é mais um signo da modernidade de Molière.

Em nosso tempo, quando os governos de linhas mais diversas enunciam princípios e agem contrariamente a eles, *Tartufo* ganha assustadora verdade. E não sejamos também hipócritas: a peça rasga o véu que estendemos entre o nosso ser social e a realidade íntima e penosa de indivíduos marcados por inclinações escuras. Porque, afinal, todos somos Tartufos.

(Julho, 1973)

22. Marivaux: Fantasia e Realidade

A sedução de *Les fausses confidences* pode ser explicada pela feliz confluência de todos os fatores que identificam as obras-primas – elementos estilísticos e humanos entretecidos com o requinte de Marivaux (1688-1763), um dos mais perfeitos dramaturgos da história do teatro. A fantasia cômica, bebida nos processos que se transmitiram da Comédia Nova grega à *Commedia dell'Arte* italiana, alia-se no texto a uma observação profunda da realidade, animada de sutil psicologia. Marivaux é uma súmula do teatro cômico até o século XVIII, na linha que repele certos excessos filiados à farsa aristofanesca e antecipa idéias políticas e sociais que pareciam ter conhecido a vida do palco apenas na obra de Ibsen, a exemplo da reivindicação feminista de *La colonie*. Julgá-lo frívolo ou representante ameno dos salões elegantes da época decorre de superficialidade crítica. Sucedem-se nele, de fato, as belezas da frase bem feita e o brilho da réplica inteligente e cavalheiresca, alimentos do fogo de artifício que se consome no nada. Em sua dramaturgia, porém, essas características servem mais para tornar assimilável, sem dor ou esforço, a verdade íntima. Marivaux faz a revolução com a leveza de quem brinca de roda. Os incautos deliciam-se com os floreios verbais, a mecânica pura da ação, semelhante a um jogo abstrato. Aos poucos, as palavras delicadas adquirem consistência carnal – verifica-se que fluem de convicção inabalável.

Mesmo o título *Les fausses confidences* despista o observador a respeito da veracidade das revelações feitas a cada cena. Não há, propriamente, falsas confidências, mas disposição clara e precisa de atingir determinado fim. Não se diz uma mentira relativa a fatos essenciais: omitem-se às vezes algumas informações, para que o bote acerte o alvo,

142 O TEXTO NO TEATRO

no ritmo indefensável da surpresa. Certeza e insegurança se misturam habilmente na estruturação da trama, produzindo no público o delicioso efeito da inevitabilidade dos acontecimentos e o gosto delicioso de que o desfecho é obra do acaso. O romanesco algo fantástico disfarça o vigor da mensagem, sem escondê-la e talvez para dar-lhe maior alcance: do baile quase inconseqüente de máscaras, salta a verdadeira face humana.

Ao escrever *Les fausses confidences*, depois de várias outras obras-primas, entre as quais *Le jeu de l'amour et du hasard, La seconde surprise de l'amour* e *Le triomphe de l'amour*, Marivaux maneja com absoluto domínio os fios da composição teatral, e a peça tem assim a aparência de brinquedo fácil, que os amadores mais desprevenidos podem acionar. Logo no início, utilizando técnica antiga, a peça assegura a cumplicidade do público para o estratagema de Dubois, auxiliar de Dorante, o tradicional jovem amoroso. A platéia fica ciente de seu segredo e lhes vota simpatia, enquanto as outras personagens desconhecem o móvel das atitudes que assumem. Dorante candidata-se ao posto de intendente de Araminte, jovem viúva, com o objetivo de estar mais próximo dela e ser correspondido no amor. Os enganos provocados por outras interferências, como a suposição de que Dorante gostava da criada Marton, ajudam antes a apressar o desfecho que a confundir a intriga. Cada diálogo conduz inexoravelmente à queda das barreiras interpostas pela viúva. Se as cenas sucessivas representam uma vitória dos objetivos do herói, abrem-se também em preparação e nova expectativa do desfecho. A jovialidade e a alegria fundamental da conquista amorosa aligeiram o ritmo que, pela rapidez, pareceria sem fôlego. Com o raciocínio prosaico, se pensaria que a peça não dá tempo para que esse amor, subitamente desperto em Araminte, se concretize logo em matrimônio. No primeiro ato, a admirável apresentação do problema se faz sem que Dorante chegue a conhecer os aposentos em que se instalará. Quem duvidar da verossimilhança do entrecho não sente os encantos da boa ficção.

Dubois age em ajuda de Dorante, seu antigo patrão, menos por ser-lhe grato, ou por esperar recompensa, do que pelo prazer demiúrgico de construir aquele casamento. Nada há de estranhável na tarefa criadora desse *valet*, cujos parentes mais remotos se encontram na comédia de Plauto. Apenas move-o sobretudo um impulso artístico, de homem que gosta de saborear o resultado de sua palavra. Independentemente de estar confiado a Dubois o trabalho de conduzir a trama, sua intervenção tem exato suporte psicológico. Dissesse Dorante a Araminte, de início, a sua paixão, e ela se veria constrangida a não tomar os seus serviços. O amor, confidenciado por Dubois, pôs a viúva a par do segredo de Dorante, dando-lhe a certeza de que ele nunca ofenderia seu recato. O caminho para a conquista estava aberto, sem que o amoroso sofresse o risco pessoal de ser rechaçado na primeira refrega.

MARIVAUX: FANTASIA E REALIDADE 143

Aos protagonistas não importa usar a ingenuidade de Marton, porque ela vai facilitar a aproximação de Araminte. Pode-se admitir que eles revelam pouco escrúpulo em deixar que ela se engane a respeito dos sentimentos de Dorante. Todavia, nem ele nem Dubois disseram a Marton qualquer palavra comprometedora, e ela elaborou por conta própria aquele amor, que lhe foi apenas proposto por Monsieur Remy, tio de Dorante. No entrecho, esse equívoco desempenha diversas funções: faz que Marton acolha com simpatia a chegada do intendente, reforçando sua posição na casa; complica a história com outras peripécias, enriquecendo-a de interesse e curiosidade; e contribui para o desfecho, já que Marton, desejando decifrar o enigma, precipita o "reconhecimento" da verdade. Depois que a *soubrette* se mostra alegre com o propósito de Monsieur Remy de casá-la, Dubois vem até inculcar-lhe a suspeita de que o objeto da paixão de Dorante era Araminte e não ela. Além da excitação com a idéia do casamento, Marton não chega a sofrer outras feridas: ela se puniu da pressa em tirar conclusões e a patroa tem primazia nos prazeres sentimentais.

Les fausses confidences joga muito bem com as forças em oposição, e o contínuo equilíbrio não deixa que a vitória de Dorante se transforme em empresa fácil. A cada impulso, ao contrário, corresponde forte obstáculo, que vai sendo vencido pela inteligência dos protagonistas e pelo imperativo do amor. Perfeita simetria organiza as duas facções, sem que transpareça, em nenhum momento, que se trata de esquematismo da estrutura. Monsieur Remy, por exemplo, forma ao lado do sobrinho, e suas poucas aparições trazem novas armas à causa dele. Atenuando a extrema lucidez de Dubois, sua colaboração é inconsciente, servindo a Dorante, apesar da aparência algo desastrada. Assim o desejo de uni-lo a Marton e a notícia posterior de que uma mulher riquíssima pretende casar com ele (Dorante não se furta a reconhecer, em aparte: "Il ne croit pas si bien me servir"). Monsieur Remy, que é idoso, tem por fim o embate direto e mais sério com Madame Argante, mãe de Araminte, também idosa e maior oponente de Dorante.

As motivações de Madame Argante estão plenamente justificadas. Velha, distante dos impulsos espontâneos, quer para a filha o casamento mais vantajoso (Monsieur Remy não diverge dela, nessa característica, e almeja sobretudo a segurança do sobrinho). Um pretendente solícito faz a corte a Araminte, sem que esta se decida: é o conde, que lhes propiciaria ainda a ascensão social, já que mãe e filha, embora ricas, permanecem na burguesia. Acresce que Araminte e o conde têm uma pendência financeira, e com o matrimônio se garantiria totalmente a continuação do dinheiro em casa. Tudo colabora para que Madame Argante seja aliada ferrenha do conde, opondo-se com o peso da autoridade à presença de Dorante.

Marivaux introduz com muita finura, no entrecho, o processo (que poderia tornar-se judicial) entre Araminte e o conde. Ela não tem o mau gosto de subordinar a inclinação amorosa do conde ao temor de

144 O TEXTO NO TEATRO

perder o caso. Seria primarismo indesculpável, num autor de sua qualidade. Marivaux, contudo, não abole esse elemento real, que é pelo menos subsidiário na determinação da conduta das personagens. O conde tinha candidato próprio ao cargo de intendente de Araminte e, ao saber que ela admitira outro, pensa suborná-lo com dinheiro. Promete que não questionará com a viúva, mais tarde, como última cartada para a demonstração de seu desinteresse. Era evidente que, pela condição aristocrática e para que o desfecho fosse inteiramente feliz, ele cumprisse depois a palavra.

Na pintura de Araminte o dramaturgo se esmerou ainda mais, tornando-a uma das melhores personagens de sua imensa galeria feminina. Não foi à toa que ele lhe conferiu o estado de viuvez. Fosse ela apenas uma jovem casadoira, a intriga não teria o mesmo sabor e os mesmos recursos. Como poderia uma adolescente rebelar-se com sua segurança contra os desígnios maternos? Araminte, que já teve a experiência amorosa do primeiro matrimônio, avalia o homem com outros olhos. Ao ver Dorante, pergunta: "Marton, quel est donc cet homme qui vient de me saluer si gracieusement, et qui passe sur la terrasse? Est-ce à vous qu'il en veut?" E Marton: "Non, Madame, c'est à vous-même". Nessa réplica sucinta, todo o sentido da peça se grava: a atração imediata que Araminte sente por Dorante, e o duplo sentido do esclarecimento de Marton — o jovem estava procurando pela patroa. Daí por diante, a luta de Araminte é íntima, da razão que tenta sobrepor-se ao vigor do sentimento, ou, se se quiser, do sentimento que vai quebrando as resistências da razão.

Essas resistências não podem ser subestimadas, sem o que a ação pareceria estender-se inutilmente. Afinal, Dorante acabara de chegar à sua casa, e ela não o conhecia, enquanto o galanteio do conde já estava prestes a produzir efeitos. Dorante, psicologicamente, ocupa uma posição inferior, porque é empregado de Araminte, ao passo que o conde viria elevá-la à condição aristocrática. O primeiro não tem posses, e, ao que se sugere, a fortuna do conde não se ressentiria com a derrota provável no litígio com Araminte. O próprio Dubois pondera para Dorante: "Voulez-vous qu'elle soit de bonne humeur avec un homme qu'il faut qu'elle aime en dépit d'elle? Cela est'il agréable? Vous vous emparez de son bien, de son coeur; et cette femme ne criera pas!" A balança deveria pender para o lado do conde, salvo o argumento irresistível da inclinação à primeira vista, que Araminte sente por Dorante.

A indecisão da viúva, às voltas com o amor pelo intendente, aproxima *Les fausses confidences* de *El perro del hortelano*, de Lope de Vega, como já se observou na história do teatro. As oscilações da Condessa Diana decorrem do preconceito social: o secretário Teodoro pertencia a classe inferior à dela, dificultando a consumação do matrimônio. A burla tramada por Tristan, ao sabor também dos estratagemas dos criados antigos (como a de Dubois em benefício de Dorante), empresta a Teodoro a condição de nobreza que lhe falta. Mesmo cientificada do

MARIVAUX: FANTASIA E REALIDADE 145

ardil, a condessa, que buscava o homem e não o nobre, contrai núpcias com o secretário. Preserva-se a aparência, mas a inclinação autêntica rompe a fronteira de classes.

Marivaux escolhe caminho semelhante ao de Lope. Com o avizinhamento do triunfo da burguesia, não era necessário mais que o intendente tomasse de empréstimo as vestes da nobreza. Madame Argante já esclarecera que a filha não se sentia tentada pelas galas aristocráticas. E se deve notar que, embora o argumento não seja decisivo para Araminte, a certeza que tem Dorante da vitória na querela financeira confere a ela inteira liberdade em relação ao conde. Araminte prefere o plebeu ao nobre. A origem da escolha se explica numa frase: "Je suis d'ailleurs comme tout le monde, j'aime assez les gens de bonne mine".

Na opção, nascida da simpatia física, está o alto significado social do texto. Os homens não se medem pela classe à qual pertencem, mas pelas virtudes intrínsecas, pela autenticidade do amor que são capazes de despertar. A essa altura, já se dispensava o ludíbrio de nobreza que Lope de Vega atribuiu ao secretário Teodoro. O intendente Dorante disputa Araminte com o conde, e o vence. Por enquanto, trata-se apenas da preferência no coração feminino. Mas ela é muito importante, porque não há revolução que se faça sem a generosidade dos impulsos sentimentais. Beaumarchais, contemporâneo da Revolução Francesa, pisará depois o terreno firme preparado por Marivaux.

Circunscrever o dramaturgo de *Les fausses confidences* e de vários outros textos de igual teor ao âmbito da *marivaudage* é um dos mais lamentáveis erros da história teatral. A última geração de intérpretes, atraída pela excelência das personagens de Marivaux, está mostrando, talvez sem tê-lo querido de início, o absurdo desse juízo crítico, que os novos estudos também não mais aceitam. O amor, para Marivaux, é a base dessa revolução, que se consuma em meio a intrigas aparentemente inofensivas, presas ainda à máscara de Arlequim. O dístico do autor está expresso no postulado inicial de Dubois: "Fierté, raison et richesse, il faudra que tout se rende. Quand l'amour parle, il est le maître; et il parlera". A partir dessa convicção, que ilude na singeleza e pretensa fragilidade, Marivaux construiu a sua dramaturgia, a qual, sem a menor dúvida, tem a perenidade do mais rigoroso classicismo.

(Maio, 1961)

23. A Poética de Goldoni

Consciente de seu gênio criador, Goldoni (1707-1793) prometeu apresentar dezesseis peças inéditas na temporada que se abriria em outubro de 1750, para encerrar-se no carnaval do ano seguinte. E a série de obras foi iniciada com o *Teatro Cômico*, manifesto estético que enfeixava os princípios da renovação que empreendera e que se realizaria plenamente nas obras posteriores. Nas *Memórias*, afirma Goldoni que anunciara a peça como comédia em três atos. Mas tratava-se, na verdade, de uma Poética em ação, e dividida em três partes.

> Tive o intento, compondo essa obra, de fazê-la encabeçar uma nova edição do meu Teatro; mas estava muito contente também por instruir as pessoas que não gostam de leitura e levá-las a escutar no palco máximas e preceitos que as teriam cansado num livro

– acrescentou.

O *Teatro Cômico* serve, com efeito, de prefácio à obra goldoniana. Não se limita, porém, a lançar a plataforma artística do autor. Passa em revista o legado que lhe chegou às mãos e critica a realidade teatral. Medita sobre todos os elementos do espetáculo e sobre a própria vida dos intérpretes. Além de uma estética, propõe uma verdadeira ética do teatro. Transparece, afinal, de tantos ensinamentos, uma visão do mundo, profundamente equilibrada e otimista, num dramaturgo que transpunha os quarenta anos e viveria ainda outro tanto. Ao lado de alguns gênios que modificaram a história literária inscreve-se a figura de Goldoni.

Para falar sobre o teatro, nenhum lugar melhor do que a própria caixa do palco. Utilizando aí também o processo realista, que foi uma das forças vitais de sua obra, o dramaturgo veneziano combateu às cla-

A POÉTICA DE GOLDONI

ras no próprio campo de ação, sem indiretas ou alusões vagas. Enfrentou os problemas no local onde eles se apresentam. Não fez "teatro no teatro", que pode ser muitas vezes fórmula de evasão, mas exemplificou, experimentalmente, cada uma de suas assertivas. Peça didática – ter-se-á de concluir. De fato, há debates teóricos e deixas que são pretexto para digressões. Tudo está tão intimamente preso à situação criada, entretanto, que a aparente secura da controvérsia literária pode fundir-se em forma completa, isto é, em expressão de vida. A experiência de laboratório torna-se concentração da experiência de teatro.

Um poeta do velho estilo leva uma peça a uma companhia que se subordina ao texto, ou, se se quiser, empenhada na reforma goldoniana. Essa a mola propulsora do início da ação. Na crítica feita ao autor do convencional roteiro, Goldoni fustiga todas as insuficiências da *Commedia dell'Arte*, gasta no improviso que degenerou em repetição e imoralidade. Às máscaras que tendiam a eternizar-se em abstrações, contrapôs uma dramaturgia fundamentada na observação dos costumes, fixando tipos sociais. No realismo que imprimiu à cena poderia resumir-se a nova poética.

Pela boca do diretor da companhia , Goldoni refere-se a si mesmo:

> Julga que se tornou autor de comédias de repente? Foi pouco a pouco e só chegou a ser aceito depois de longo estudo, de longa prática e de contínua e incansável observação do teatro, dos caracteres e dos costumes do povos.

No empenho em tornar a trama verossímil, aprofundou-se no conhecimento da realidade, para tirar apenas dela os princípios dramáticos. Contudo, foi muito prudente e sábio para reconhecer que "são tantos os preceitos de uma comédia quantas são, por assim dizer, as palavras que as compõem". A largueza de espírito não o impediu de admitir algumas regras, adaptadas da poética aristotélica às exigências de seu tempo. Os preceitos do filósofo grego tinham passado pelo crivo de Horácio e dos estetas do século anterior e podiam servir aos objetivos do comediógrafo. Refere-se ele, por exemplo, à unidade de ação e à conveniência de que o argumento seja um só e o título, simples. Em respeito à verossimilhança, condena a impropriedade de fazer uma senhora vir à rua para um diálogo, "tolerada no teatro italiano durante muito tempo". O lugar-comum do criado que bate no patrão, para efeito cômico, é também verberado, pois foge aos hábitos. Recusa Goldoni a técnica dos solilóquios, exprobações, imagens empoladas, desesperos e tiradas, e recomenda "o estilo familiar, que é natural e fácil". Num esboço de literatura comparada, cujas premissas podem ser discutidas, diz que o público francês se satisfaz com pouco.

> Uma personagem só basta para sustentar uma comédia francesa. Os italianos exigem muito mais. Querem que o caráter principal seja forte, original e verossímil; que quase todas as pessoas que aparecem em cena sejam outros tantos tipos; que o enredo seja suficientemente fecundo de acontecimentos e novidades; querem

148   O TEXTO NO TEATRO

a moral misturada com sal e pimenta; querem o final inesperado, mas de acordo com o desenrolar da comédia.

Alega Goldoni que Aristóteles prescreveu

a observância do cenário único em relação à tragédia, mas não se referiu à comédia. Os antigos não tiveram a facilidade que nós temos de mudar o cenário e por isso mantinham a unidade. Nós podemos dizer ter observado a unidade de lugar, desde que a ação se passe na mesma cidade, e muito mais se ela se passar na mesma casa.

Assim, reduz-se o princípio estético a um problema prático – o progresso da técnica. Mas Goldoni não se constrange em desobedecer Aristóteles: "Se para conseguir a unidade de lugar tem-se que recorrer a absurdos, é melhor mudar o cenário e observar as regras do verossímil". Para preservar a ilusão cênica, acolhendo preceito adotado por Terêncio, o *Teatro Cômico* recomenda que não se fale com o público. "O ator, quando está só, deve imaginar que ninguém o ouve, que ninguém o vê." Com relação à estrutura da peça: "A maneira certa de fazer os enredos sem aborrecer o público é dividir o argumento em várias cenas e pouco a pouco ir desenvolvendo-o com graça e com surpresa para os espectadores". Em nome da verossimilhança, é abolido o uso do verso, pois não se fala utilizando-o. Interpreta Horácio de forma ampla, afirmando que "a ação pode comportar também oito ou dez pessoas, desde que haja marcação inteligente e as personagens falem cada uma por sua vez, sem que uma incomode a outra". Diz Goldoni que "os caracteres verdadeiros, humanos, agradarão sempre", bem como a crítica, desde que "seja moderada. Que vise ao universal e não ao particular, ao vício e não ao viciado, que seja apenas crítica e não desça à sátira".

Não tem Goldoni dúvida em estatuir que é preciso averiguar bem o verdadeiro sentido do que os antigos escreveram – "se convém aos nossos tempos aquilo que escreveram. Porque assim como mudou a maneira de vestir, de comer, de conversar, também mudaram o gosto e o tipo das comédias". O valor educativo da comédia está expresso na definição segundo a qual "foi inventada para castigar os vícios e ridicularizar os maus costumes". Daí, "quando o protagonista da comédia tem maus costumes, ou se redime de acordo com os bons preceitos, ou a comédia resulta numa imoralidade". Acha Goldoni que devem ser evitados os caracteres escandalosos e, "quando se quer introduzir um tipo mau numa comédia, faz-se que ele fique em segundo plano, o que vale dizer que deve entrar apenas como contraste ao tipo virtuoso, para que melhor se exalte a virtude e se humilhe o vício".

O *Teatro Cômico* pinta o ideal do ator de forma semelhante às teorias próximas da nossa melhor tradição. Não desconhece Goldoni a vaidade dos intérpretes e a ridiculariza com palavras joviais. A preocupação das atrizes seria repousar ou enfeitar-se. Quando não sabem o papel, os comediantes põem a culpa no ponto. Seu problema é tão grave que o diretor da companhia afirma preferir "uma pessoa tranqüila,

A POÉTICA DE GOLDONI

149

equilibrada, a um bom ator que seja lunático e extravagante". Mas o reconhecimento dos defeitos não leva Goldoni a omitir as qualidades dos novos intérpretes, empenhados, da mesma forma que ele, na renovação teatral. E os seus bons atores amarram-se ao texto, não medem a importância de um papel pelo tamanho e têm capacidade para distinguir as boas comédias das más. A profissão é dura, requerendo sacrifícios, nas freqüentes viagens, a ponto de dormir-se mal e comer-se pior. Além do mais, exige-se cultura, pois "um ator ignorante não pode interpretar bem nenhuma personagem". "Foi banida a falta de correção nos comediantes, como também todo e qualquer escândalo no palco." Aconselha Goldoni ao ator que frise "as últimas sílabas, para que não se percam, mas sem exagerar". Não quer a cantilena e a declamação: "Recite naturalmente, como se falasse, pois sendo a comédia uma imitação da natureza, deve-se fazer tudo o que seja verossímil". Os gestos também devem ser naturais e, ao contracenar com alguém, o ator precisa prestar-lhe atenção. Ainda preso à realidade, Goldoni recomenda ao ator que, "quando não estiver trabalhando, vá aos outros teatros. Observe como representam os bons atores, pois nesta nossa profissão aprende-se mais com a prática do que com as regras". Desce o dramaturgo ao pormenor de dizer ao intérprete que chegue cedo ao teatro, não perturbando nunca a harmonia do trabalho. E o comediante é, para ele, um homem antes de mais nada: "Deve ser honesto como todos os outros, deve conhecer o seu dever e ser amante de todas as virtudes". Muito antes que se procurasse reconhecer no ator o profissional semelhante aos demais, Goldoni já retirara dele a aura de ser de exceção, vagando pelo mundo com boêmia irresponsável.

Preconiza Goldoni, ainda, a preparação cultural do público. Admite a diversidade de espectadores, tanto assim que a comédia "produz efeitos diferentes conforme o modo de pensar de cada um". Acusando o público da comédia anterior de falta de preparo, diz que "é preciso ver quem aplaude. As pessoas cultas não se satisfazem com estas bobagens". Com a sua reforma, o teatro atrai um "público fino", que, não obstante, cospe dos camarotes e faz muito barulho. Goldoni sabia que "com o público é preciso ter paciência"...

A psicologia do empresário está delineada em diversas falas, reconhecendo-lhe os problemas econômicos mas sem esconder sua vocação do choro: "Todos pensam somente nos lucros, mas não pensam nas grandes despesas que tenho. Se um ano vai mal, adeus, empresário". Nem os problemas pessoais ficaram estranhos a esse vasto painel do teatro. O diretor da companhia convidará um ator para almoçar com ele, porque reside longe do teatro e não chegaria a tempo para o ensaio.

Resulta, da peça, a impressão de uma real dignidade do teatro, alcançada pelo consciente equilíbrio de todos os seus elementos. O poeta frustrado e a má cantora (réplica feminina dele) encontrarão abrigo no palco, como atores, e podem dar-se bem, porque, "afinal de contas, tudo é teatro". Foi a fome que os fez baixar de uma falsa pretensão ao

150 O TEXTO NO TEATRO

encontro da realidade. Tudo, no texto, indica o seguro caminho do realismo. Não espanta que Goldoni pintasse mais tarde Mirandolina e outras figuas sociais, quando, no *Teatro Cômico*, afiançava que se deve pescar no "Mare magnum da natureza". Como ele augurou na peça, foi com a sua obra devolvido, sem dúvida, o prestígio ao teatro italiano.

(Setembro, 1958)

24. Indagação sobre Gozzi

A crítica se vale normalmente de referências apreensíveis num quadro pacífico de valores, onde se movimenta com relativa familiaridade. Os novos métodos de aproximação de uma obra de arte não lhe modificaram o terreno: deram-lhe, antes, rigor mais científico, escorando-a com firmeza contra os devaneios impressionistas. Na dramaturgia, examina-se a estrutura da peça, em função do rendimento do espetáculo. O teatro de vanguarda (assim chamado) não deslocou o instrumento de trabalho. Permite-lhe, até, um exercício cheio de estímulo, porque a seduz a aventura da linguagem, como veículo de comunicação ou testemunho final da incomunicabilidade. De Ésquilo aos últimos autores experimentais, o teatro lida sempre com homens. A presença divina, oriunda da mitologia grega ou da Bíblia cristã, participa de um universo religioso, aferível pelo sentimento, em nossa civilização. As vespas ou as rãs das comédias de Aristófanes são símbolos humanos, jogados num círculo real, em que as deformações nascem do propósito de sátira. É certo que, manifestando-se por intermédio do ator, o teatro parece circunscrito à esfera do homem, enquanto a escultura já se libertou da estatuária e a pintura, do retrato. O hábito milenar adquire força de lei e o preconceito estético assume foros de verdade indiscutível. Afinal – cabe perguntar – por que as potencialidades expressivas do corpo humano não se aplicam exatamente num mundo de fantasia, coibido pela contenção esterilizadora do naturalismo?

Na própria literatura, não é fácil situar o mérito artístico de certas evasões oníricas e dos (chamemo-los pelo nome) contos de fadas. Uma postura pretensamente adulta nos leva a torcer o nariz para as histórias da carochinha, em que estátuas se humanizam, seres reais se petrificam,

O TEXTO NO TEATRO

pássaros têm condões mágicos e a paisagem se muda de repente em palácio dourado. Perdemos a inocência infantil, e reter essas imagens seria nos acumpliciarmos com a mistificação? No caso específico do teatro, atribuímos às grandes dramaturgias função bem clara de desmistificar certas realidades, e o palco torna-se forma de conhecimento. Um raciocínio lógico equipara as fugas encantatórias ao desejo de preservação da ordem estabelecida, com os seus implícitos pressupostos de injustiça. A poética do ilusionismo equivaleria a uma arma de opressão.

A presença de Carlo Gozzi (1720-1806) na história teatral se assinala, à primeira vista, pela defesa de critérios tradicionais, pela recusa de qualquer inovação, a qual triunfava, em seu tempo, na dramaturgia de Goldoni. A famosa polêmica aberta por Gozzi contra o realismo de Goldoni, de marcado cunho burguês, se sustentava no apego às máscaras da *Commedia dell'Arte*, desafiveladas, no seu entender, pelo autor de *La Locandiera*. As premissas ideológicas de Gozzi guardam, em todos os campos, compacta coerência: de origem nobre, aferrava-se às instituições políticas antigas; prendia-se às rígidas crenças da Igreja; e, quanto aos cânones literários, assumiu a luta purista da *Accademia dei Granelleschi* contra o enriquecimento da língua italiana, que incorporava os neologismos de procedência francesa. A imagem irrecusável de Gozzi é, assim, a de reacionário convicto, consciente no combate às idéias inovadoras.

Muitos timbram em incluí-lo no rol dos passadistas, que se apagam logo depois dos últimos estertores da forma perempta que ainda cultivam. Gozzi, de fato, conheceu o ostracismo (enquanto se impunha à posteridade o prestígio de Goldoni), para ser descoberto, mais tarde, pelos românticos alemães, que viram em sua obra iluminações do caminho que trilhariam. Na Itália, não se lhe concede lugar muito eminente. Silvio D'Amico faz este juízo severo: "Na realidade, nem se pode dizer que a arte de Gozzi esteja morta, porque nunca nasceu". O equívoco criado pelo interesse de leitores estrangeiros persistiria, até agora, graças aos entrechos das *fiabe*, que nem são originais, tendo o dramaturgo ido buscá-los, no caso de *Il Corvo* e *L'Augellin Belverde*, por exemplo, em *Lo cunto de li cunti*, coletânea de histórias populares da Itália. No prefácio de *Il Corvo* (editado na coleção *Teatro Cômico*, dirigida por Eligio Possenti), o crítico Renato Simoni discute a montagem da peça por Giorgio Strehler, para concluir:

> É certo, contudo, que, também representado como foi escrito, *Il Corvo* não pode interessar mais nenhum publico. Seria possível talvez suportar uma encenação fantasmagórica; mas valeria a pena tentá-la? ·

Não nos sentimos à vontade para julgar *Il Corvo* nem *L'Augellin Belverde*, considerada a melhor *fiaba* entre as dez compostas por Gozzi, no declarado propósito polêmico contra o Abade Chiari e Goldoni. Ao justificar a montagem da peça, o Teatro Universitário Ca'Foscari de

INDAGAÇÃO SOBRE GOZZI

153

Veneza refere-se à exigência de apreender o mundo da *Commedia dell'Arte*, em sua "posição estética nos confrontos da poética goldoniana", e justo "através de uma obra do mais veemente adversário do grande autor veneziano". Cabe "estabelecer, livres de preconceitos de natureza 'verista', os termos exatos do dualismo Gozzi-Goldoni, e conhecer que herança de matéria, conteúdo e forma da tradição das máscaras se conserva dos textos de ambos". Parece menos amor à peça em si do que pretexto para estudo estilístico, sem dúvida de virtualidades úteis no teatro.

A história de *Il Corvo* nos introduz no mundo de Carlo Gozzi. O Rei Millo, numa caçada, matou por engano um corvo. O Orco o amaldiçoa: se não encontrar mulher que seja branca como o mármore e vermelha como o sangue do corvo (entre outros atributos físicos), ele morrerá de impaciência e inquietação. O Príncipe Jennaro, irmão de Millo, peregrina pelo mundo, em busca da criatura que personifique o retrato. Identificando-o na Princesa Armilla, rapta-a e leva-a para Millo. Louvando o exemplo de amor fraterno dado por Jennaro, Armilla o perdoa e o adverte da vingança de seu pai, o necromante Norando, que "muda os homens em plantas", além de realizar outros prodígios. Duas pombas anunciam a Jennaro, no sono, que ele se transformará em estátua de mármore, e dão lugar depois ao próprio Norando, vindo das águas, sobre um monstro marinho, com ricas vestes orientais. Naturalmente, Armilla e Millo se apaixonam, e Jennaro, no esforço de evitar o matrimônio, com receio das sanções de Norando, é tomado pelo irmão como ciumento, que se obstina em ter a jovem para si (se Jennaro falasse, o encanto se produziria nele). Novas peripécias fantásticas se sucedem, entre as quais se incluem a chegada de um terrível dragão, instrumento de Norando, e o poder sobrenatural que tem este de atravessar paredes. A metamorfose de Jennaro em estátua só ficaria sem efeito se Millo se colocasse sobre ela, depois de trucidada Armilla com um punhal. Chamando iníquo o pai, Armilla abraça a estátua e se fere com a arma, enquanto Jennaro torna à forma humana. Millo, desesperado com a morte da esposa, invectiva Norando, perguntando-lhe quem a devolverá para ele. Norando, que parece aí o porta-voz do autor, diz os seguintes versos: "... Está o verossímil / Em nosso propósito? E o encontrais / Talvez em alguma obra, em que vos parece vê-lo / (toma Armilla pela mão) Venha, Armilla, minha filha; ao meu poder / nada se opõe. Agora posso ser humano". Patenteia-se o desígnio de romper deliberadamente com as regras do verismo artístico, substituído pela abstração mágica, a qual não teme o absurdo. Ao lado dessas figuras fantásticas, movimentam-se algumas *máscaras* da *Commedia dell'Arte*, como Esmeraldina, Trufaldino, Briguela e Pantaleão, e, curiosamente, dentro desse conto de fadas, elas revelam uma natureza bem mais comum e prosaica. O autor não deixa de descrever uma cena de improvisção, na qual Trufaldino e Briguela aparecem como criados maus, que decidem abandonar a corte: não sentindo gratidão pelos benefícios recebidos,

154 O TEXTO NO TEATRO

deixam os patrões, caídos em desgraça. Ainda aí Gozzi mostra a sua coerência ideológica.

A forma teatral é idêntica em *Il Corvo* e *L'Augellin Belverde*. Muitos diálogos são escritos em versos e se alternam com as indicações temáticas para os atores, aos quais incumbia desenvolvê-las no palco, no espírito da *recita a soggetto* da *Commedia dell'Arte*. A matéria das duas peças se assemelha também no partido da fantasia, e o título *O Passarinho Belverde* sugere que o dramaturgo mistura homens, aves e seres sobrenaturais, sem a menor cerimônia. Um acréscimo se nota logo no início: Gozzi satiriza a filosofia iluminista, no debate segundo o qual o egoísmo conduz os passos humanos. Os irmãos gêmeos Renzo e Barbarina ficam sabendo que não são filhos de Esmeraldina e Trufaldino, os quais os criaram logo depois do nascimento. No prólogo, Pantaleão, dialogando com o astrólogo Briguela, cientificara a platéia sobre a origem dos jovens. Tendo o Rei Tartalha partido há dezoito anos para a guerra, a rainha-mãe Tartalhona sepultou viva a sua mulher Nineta e dispôs que os gêmeos fossem lançados ao rio. Penalizado, Pantaleão embrulhou-os, de modo que pudessem ser salvos, num expediente lendário que se aparenta ao de Édipo. Trufaldino desejou expulsar de casa Renzo e Barbarina, por julgá-los pesados à sua parca situação financeira, enquanto Esmeraldina explica as dificuldades pelas dispendiosas orgias do marido. A mãe de criação sofre com a partida, porque se afeiçoara aos gêmeos como se se tratasse de filhos verdadeiros. Saturados de livros, eles interpretam como egoísmo ("amor-próprio") a reação de Esmeraldina. Fala Barbarina: "...a senhora se angustia / porque partimos; portanto a senhora quer / que fiquemos, para aliviar-se; / portanto, a senhora procura o próprio bem". E insiste: "Em seu íntimo a senhora sentiu prazer / em praticar a ação, e por isso a fez". Renzo esclarece: "Ocupou-a / o fanatismo de uma ação heróica". O jovem não se aborrece por desconhecer os pais. Está, assim, isento de qualquer vínculo – dir-se-ia que é um homem livre, naquela recusa do passado, da herança e de todo conhecimento transmitido, que é tão característica de heróis literários modernos. Pela magia de uma pedra entregue por Calmon, rei metamorfoseado em estátua, Barbarina e Renzo vêem-se de súbito proprietários de um palácio e aparecem com trajes princïpescos. Tartalha, ao voltar da guerra, chora a suposta morte de Nineta, mas logo se consola com a perspectiva de casar com Barbarina. Num delicioso diálogo com Pantaleão, diz que se tornou menino de repente e perdeu toda a gravidade monárquica. Tartalha chega a perdoar a mãe, porque, tendo sepultado Nineta, permitiu-lhe estar livre para Barbarina. A vigorosa cena de grotesco, num crescendo de irresistível teatralidade, contém a seguinte observação de Tartalha: "Signora madre, (...) la potenza di Cupido m'ha fatto cambiare temperamento; vi voglio bene".

Os episódios fantásticos sucedem-se de todas as maneiras. O pássaro Belverde namora Barbarina, e Renzo se apaixona pela estátua

INDAGAÇÃO SOBRE GOZZI

Pompéia, que lhe corresponde o amor. Dar-se-ia a ligação incestuosa entre pai e filha, se o passarinho, capturado, não revelasse a identidade dos jovens. Esse conto de fadas repõe cada coisa em seu lugar: Nineta é retirada do cano de esgoto, Tartalhona é convertida em tartaruga e Briguela, em asno, Renzo e Pompéia abraçam-se e Belverde se metamorfoseia em rei, para casar com Barbarina. O desfecho feliz premia os eleitos, não se tendo Gozzi esquecido de castigar os maus.

Cremos que *L'Augellin Belverde* pode inspirar muitas exegeses psicanalíticas, e o intrincado enredo se reduziria, se quiséssemos, a algumas chaves, típicas de mitos ancestrais. A Rainha Tartalhona, no seu mordente amoralismo, lembra a *Mãe Ubu*, de Alfred Jarry. Afasta ela, sempre, a desabusada pretensão de Briguela, para que faça testamento em seu favor. Trufaldino é bem uma *máscara* elementar da *Commedia dell'Arte*, insensível aos apelos sentimentais: move-o a satisfação dos instintos, sem o menor vislumbre de delicadeza moral. Esmeraldina representa uma força pura da natureza: maternal com os filhos adotivos, ironiza o sofrimento de Barbarina, quando Renzo se transforma em estátua: "Tudo é egoismo, filha; você chora / a morte do irmão por egoísmo". Ao lado da mais alucinada liberdade dos contos de fadas, sentem-se em *L'Augellin Belverde* vigorosas sondagens humanas.

Para o nosso gosto, formado na tradição do realismo (recusemos também o preconceito verista), não é fácil acompanhar o desvario criador de Carlo Gozzi. Entusiasmam-nos, efetivamente, as cenas que dispensam o aparato cenográfico, a exemplo daquela improvisada em que Renzo, depois de haver expulso Trufaldino, decide mantê-lo como bufão, porque se diverte com ele. Trufaldino segue o antigo filho adotivo com gestos caricatos de adulação, tendo dito, em aparte, "que é uma grande desgraça não poder ser honesto e de coração aberto, com as pessoas ricas".

Uma convicção de raízes provavelmente românticas nos leva a pensar que toda grande arte, não obstante quaisquer propósitos conscientes, apresenta sempre indisfarçáveis laivos subversivos. O impulso criador autêntico não se ajusta a concepções retrógadas. Em conseqüência, tendo Gozzi grandes momentos de arte, suas *fiabe* acabam por desmenti-lo e projetá-lo no futuro. Sob certo aspecto, embora acérrimo defensor da *Commedia dell'Arte*, ele não lhe observou completamente o sistema, tanto assim que escreveu papéis completos e adotou uma fórmula conciliatória, semelhante à das primeiras comédias de Goldoni. A revalorização que fez dele o romantismo, na Alemanha, atesta que as *fiabe* podiam encerrar fermentos precursores e corresponder a algum reclamo da posteridade.

Simplificando o debate e traduzindo-o em termos atuais, afirmaríamos que Carlo Gozzi pretendeu fazer um teatro puro, enquanto Carlo Goldoni, um teatro empenhado (não acreditamos, entretanto, nessa dicotomia, por julgar que toda arte, à sua maneira, é comprometida, como testemunho da visão integral do autor, e o próprio *L'Augellin*

Belverde contém um panfleto antiiluminista). Essa distinção didática permite assinalar, contudo, a tônica de cada artista, e nesse sentido as peças de Gozzi, apelando para os engenhos cenográficos e a magia do bailado de águas (entre outros recursos irreais), encontra plenitude no palco. Em nosso século, as *fiabe* têm sido mobilizadas também na luta geral contra a herança verista e psicológica, resíduo empobrecedor da estética oitocentista.

E cabe perguntar ainda se um dia, não precisando a arte exercer mais a função desmistificadora, o teatro poderá entregar-se totalmente à pura satisfação lúdica, exigência humana nada desprezível. E então se aceitará a dramaturgia de Gozzi, como ele a desejou.

(Julho, 1962)

25. Alfieri Vê Orestes

Só se justificaria um novo tratamento dos temas fixados na tragédia grega se os autores encontrassem, em seu tempo, uma correspondência ou um ângulo diferente de reinterpretação, capazes de conferir-lhes atualidade. A empresa não parece difícil, se lembrarmos que na própria Atenas, reelaborando a saga heróica da epopéia, Ésquilo, Sófocles e Eurípides realizaram exegeses muito distintas das principais histórias. A nudez mítica das lendas de Édipo e da família dos Átridas presta-se ao recheio peculiar de cada época, e é assim que, em nossos dias, puderam encará-las sob um aspecto válido, entre as inquietações contemporâneas, um Gide, um Cocteau, um O'Neill ou um Sartre. Na atualização dos esquemas clássicos, outra tarefa, menos ambiciosa mas de certa maneira útil, tem movido também os adaptadores: o desejo de ajustar a linguagem e a técnica antigas aos padrões modernos, a fim de que o público sinta imediata familiaridade com a obra. Sob os mais diversos prismas, a "lição" grega chega até nós.

Ao intuir a sua poética, Alfieri (1749-1803) pautou-se pelo modelo da Antiguidade, um pouco na trilha de Racine, que assimilou as conquistas de Eurípides e de Sêneca, transpôs para o palco episódios bíblicos e, na incursão cômica, valeu-se de intriga sugerida por Aristófanes. Embora fosse em várias características precursor dos românticos, o trágico italiano não teve o apelo da derramada grandiosidade shakespeariana, preferindo uma rígida concentração, para ressaltar as poucas personagens escolhidas em cada peça. Fica sempre em meia dúzia de verdadeiros protagonistas, abolindo confidentes e papéis secundários, e toma conhecimento da presença do povo através de uma ação compacta. Se, no teatro de seus predecessores, as aias tinham o papel de quebrar o monólogo dos heróis, esmiuçando as possibilidades dramáticas da situação, Alfieri impôs-se o árduo problema de jogar muitas vezes um diante do outro os antagonistas, que apenas nesse momento ruminam as suas dúvidas. O atrito alcança, assim, grande tensão, e as criaturas vivem umas em face das outras sentimentos controversos, revelando-se na sua verdade interior. Com esse procedimento, onde são valorizados os impulsos contraditórios, o teatro de Alfieri ganha profunda humanidade.

A diferente explicação do ato de Orestes, que voltou a Argos para vingar a morte do pai Agamenon, ajuda a definir os trágicos gregos. Ésquilo fez o jovem cumprir ordem divina: foi Apolo que se manifestou a ele, num oráculo, atribuindo-lhe o mandado de matar Clitemnestra, a mãe adúltera, e seu amante Egisto, cúmplice no assassínio de Agamenon. Os propósitos esquilianos, contudo, não terminavam aí. As velhas leis estabeleciam a perseguição do matricida pelas Erínias. Como resolver a contradição de um frágil ser humano, partido entre duas forças superiores? Apolo constituiu-se advogado de Orestes, levando Atena a instituir um tribunal para julgamento do crime. O Areópago absolve o réu, porque fora justa a causa da vingança. Cessa a cadeia de crimes e o herói poderá ser livre.

Os pressupostos de Sófocles eram outros. Como sempre lhe importou valorizar a vontade, Orestes, cumpridor de desígnio divino, fica em plano secundário, enquanto a irmã Electra (cujo nome, aliás, dá título à tragédia) assume a função de protagonista, porque só a impele o desejo humano de justiça. O elemento sobrenatural é reduzido, adquirindo plena expressão a personalidade da heroína.

Em Eurípides, o quadro tinha que ser totalmente diverso, já que eram de outra natureza as suas intenções. A história da família dos Átridas interessava-o à medida que encerrava um exemplo cotidiano, podendo transferir-se das alturas aristocráticas para a ideologia burguesa. O cenário já não é mais o palácio real, mas uma pobre choupana. Esvazia-se o conteúdo heróico das personagens: Electra está casada com um camponês e, como ele respeitasse a sua condição de princesa, Pílades, amigo de Orestes, será o seu novo marido. O jovem é presa das maiores hesitações, ao apunhalar a mãe. E Clitemnestra, numa análise racional do assassínio de Agamenon, cita o sacrifício de Ifigênia e a circunstância de que o marido trouxe Cassandra de Tróia, querendo viver com duas esposas num mesmo palácio:

> Não direi que as mulheres não sejam desonestas; mas, mesmo sendo verdade, se o esposo peca e rechaça seus abraços, ela quer imitá-lo e buscar outro amante. Para nós isso é ignominioso mas, se os homens o fazem, ninguém se admira! Se tivessem roubado Menelau, devia eu sacrificar Orestes para salvar o marido de minha irmã?

(Lembre-se de que Agamenon imolou a filha Ifigênia, em Áulida, para que os deuses fizessem soprar os ventos necessários à travessia das

ALFIERI VÊ ORESTES

águas. O assédio a Tróia tinha como pretexto a captura de Helena, mulher de Menelau e irmã de Clitemnestra, raptada por Páris.) No inteligente e frio exame de Eurípides, dissolveram-se na trama as implicações de fatalidade antiga, para ressaltar-se o núcleo de tragédia conjugal, com o reclamo de iguais direitos femininos.

Alfieri, ao escrever a sua versão de *Oreste*, a havia preparado com um *Agamennone*, seguindo o roteiro da trilogia esquiliana (ambas as peças foram trabalhadas de 1776 a 1778). Num *Parecer* sobre a sua obra, que indica admirável consciência dos problemas enfrentados e das soluções propostas, o trágico recomenda que a montagem dos dois textos se faça em noites sucessivas, porque *Oreste* cresceria, depois de conhecidos seus antecedentes, no *Agamennone*. Não é obrigatória, contudo, a ligação das peças, que se bastam na própria unidade.

O primeiro mérito do tratamento alfieriano está na maior riqueza das personagens. Fazendo-as mover-se no terreno das inter-relações humanas, a peça incorpora uma série de dados psicológicos, que ressaltam a dramaticidade de cada escolha e servem de firme suporte aos atores. *Agamennone* termina com o início do arrependimento de Clitemnestra, que tem a revelação do caráter de Egisto. Ao apossar-se do trono de Argos, o usurpador fala que será importante, agora, trucidar Orestes, desrespeitando os sentimentos maternais da amante e sugerindo preferir a tudo o poder. Clitemnestra havia praticado o crime em quase legítima defesa putativa, porque tinha certeza de que, se o marido descobrisse o adultério (e os indícios da descoberta próxima eram muitos), ela e o cúmplice teriam morte certa. Com esses dados, Clitemnestra aparece dividida, em *Oreste*, entre a necessidade de justificar-se e o terrível sofrimento pelo remorso, além de amar ainda Egisto e ser a vítima dele. Seu desespero é tanto que a própria filha Electra, apresentada tradicionalmente como inimiga, se apieda do estado em que ela vive e chega a compreendê-la. Clitemnestra se resgata quando enfrenta Egisto, na cena em que o amante pretende suprimir Orestes aprisionado. Não há dúvida de que, solicitada por tantos sentimentos, Clitemnestra atinge na peça maior dimensão.

Electra não é mais aquela alucinada adolescente sofocliana, fazendo do instante de vingança o único objetivo na existência. Concentra-se, é verdade, no propósito de matar os assassinos do pai, sem um relaxamento sentimental ou solicitação de outra ordem, e por isso a volta de Orestes resume suas esperanças. Os dois lustros de convívio com a mãe, depois da morte de Agamenon, permitiram, porém, que se estabelecesse um diálogo entre elas, e daí a sua pena, por vê-la consumir-se na dor. A compreensão compassiva acrescenta à Electra de Alfieri simpática generosidade, que a engrandece.

Pílades está descrito como o amigo perfeito, capaz de sacrificar-se por Orestes, tomando de empréstimo o seu nome, a fim de arrostar dessa forma a ira de Egisto. Vendo a desrazão do companheiro, exige que ele lhe confie a iniciativa do diálogo com o usurpador, e todas as suas

160 O TEXTO NO TEATRO

palavras se destinam a corrigir os excessos do amigo, que se trai na violência incontida. Quando Orestes, consumada a vingança, é presa de delírio persecutório, Electra diz a Pílades que doravante estarão sempre a seu lado.

A parte do vilão deve caber, inevitavelmente, em todas as versões da lenda, a Egisto. Motivos para odiar os descendentes de Atreu não lhe faltam. Sabe-se, aliás, que a maldição familiar vem de Tântalo, o mais remoto ancestral. Este, para agradar aos deuses, serviu-lhes num banquete a carne do próprio filho Pélops. Ressuscitado por graça divina, Pélops, depois de criminosas peripécias, torna-se pai de Atreu e de Tiestes. Tiestes trai o irmão com a cunhada e, descoberto o adultério, foge deixando ali seus filhos. Atreu finge reconciliar-se com Tiestes e o convida para um banquete, no qual, renovando o episódio de Tântalo, lhe serve a carne das crianças (essa sucessão de infanticídios terá ainda exemplo no sacrifício de Ifigênia por Agamenon). Da união incestuosa de Tiestes com a filha nasce Egisto, que seria o vingador de sua estirpe. Mas a origem espúria deveria marcar o destino sombrio do adulto, que permanece em Argos, enquanto Agamenon chefia os exércitos gregos, e lhe conquista a mulher, assim como o pai seduzira a mulher de Atreu. Na tragédia *Agamennone*, Alfieri amesquinha Egisto diante do "rei dos reis", e é Clitemnestra quem comete o crime, porque falta a ele coragem para aproximar-se do protagonista. Só à sombra da proteção feminina Egisto consegue permanecer no palácio real e assume o papel de tirano, logo que se vê colocado no trono. Para essa vitória, não conquistada pelas próprias mãos, foram-lhe necessários o ardil dos fracos e o domínio pelo terror, ao qual não escapa nem Clitemnestra. O instinto o fez reconhecer Orestes, na tragédia seguinte, e teria completado o extermínio da descendência dos Átridas, se outro fator não fosse invocado por Alfieri.

Aceita-se, na peça, que Orestes sinta paixão incontrolável. Afinal, ele retorna à sua terra precisamente dez anos depois que o pai foi assassinado, e nem sabe se a irmã está viva. Sucedem-se as cenas de violento impacto emocional: a vista do túmulo de Agamenon, o reconhecimento de Electra, o encontro com a mãe e a necessidade de mentir-lhe que estava morto e, finalmente, o diálogo com Egisto. Seria impossível a um adolescente impetuoso guardar conveniências racionais, e por isso ele se desgoverna, até cair na armadilha do usurpador. Essa quase falta de defesa, pela juventude sem cálculos, dá-lhe sincero ardor romântico, de marca semelhante à dos jovens heróis da nova escola literária. Ele se vinga de Egisto, em irrecusável determinação do instinto. O matricídio, contudo, entraria naquela categoria penal da perturbação dos sentidos, já que ele, consumado o crime, nem sabe que o cometeu e se refugia imediatamente na loucura.

A dosagem dos efeitos, relacionados com as aparições de Orestes, individualiza a técnica do autor. Em geral, Alfieri introduz os protagonistas no segundo ato, para que esteja suficientemente prepa-

ALFIERI VÊ ORESTES

rada a situação em que vão atuar. Assim ocorre em *Agamennone*, como em *Saul* e *Mirra*, consideradas as obras-primas do dramaturgo, e nas outras peças. Nas várias versões do episódio, sempre foi uma cena crucial a do reconhecimento dos irmãos. Muita tinta se vem gastando, para discuti-la. No crivo da verossimilhança, tem-se recusado a solução de Ésquilo, nas *Coéforas*: tanto tempo depois, Electra reconheceu Orestes pelo anel de cabelos, deixado no túmulo paterno, e pelas pegadas, iguais às suas... Mas se se admitir que não seja a verossimilhança padrão de valores, mas a credibilidade poética, nada se dirá contra o recurso esquiliano. Eurípides, tentando corrigir o lapso racional do seu predecessor, reuniu argumentos prosaicos para os irmãos se reconhecerem, e a cena perdeu toda a beleza. Sófocles, que foi o primeiro mestre do golpe teatral, pintou um encontro de admirável rendimento dramático, em que Electra passa do desespero, à vista das falsas cinzas de Orestes, para a incontida efusão de tê-lo diante de si.

O trágico italiano foi feliz na sua versão do reconhecimento: não pecou contra as regras da verossimilhança racional, e manteve a espontaneidade da poesia. Encontram-se os dois irmãos, fortuitamente, na tumba do pai, e Orestes não pode reprimir seus sentimentos. Pelo furor, pelo luto, pelo choro, "all'amor mio", Electra tinha forçosamente de reconhecê-lo, e a cena transcorre, dessa forma, com naturalidade, preservando também o necessário halo poético da intuição.

Cada ato acrescenta um elemento essencial à narrativa, que fica suspensa numa atmosfera de risco e de inevitabilidade. A revelação da falsa morte de Orestes a Clitemnestra ocorre em clima denso, porque o jovem se compraz num perigoso jogo de palavras. No quarto ato os pormenores do mentiroso passamento serão comunicados a Egisto, e a astúcia dele enredará os jovens, pondo-os a perder. Termina o ato com novo arrepio do público, porque a aparência é de total vitória do tirano: encarcerados Orestes e Pílades, caber a Clitemnestra a libertação seria melodramático, e Electra, que não tivera força para um ato decisivo, durante todos esses anos, não poderia tê-la agora.

No desfecho, Alfieri patenteou o mérito superior de dramaturgo e o significado especial de sua versão de *Oreste*. Dentro das coordenadas expostas, não haveria saída para o jovem. Parecia-lhe reservado destino idêntico ao do pai, morto traiçoeiramente, para sossego do inimigo. Outra realidade, todavia, se impõe, para salvar Orestes e perder o tirano: o povo unido revolta-se contra o usurpador e restaura a legitimidade do poder, e não importa que ele venha, no caso, da sucessão hereditária. A rebeldia popular explica-se, em *Oreste*, pelo anseio de liberdade. E a condenação dos criminosos deixou de ser ato individual ou familiar para tornar-se exigência coletiva. Foi a revolta popular que propiciou a instauração da justiça. Essa perspectiva atesta a originalidade e a visão futura de Alfieri.

Tamanho empenho libertário não ficaria despercebido para os regimes ditatoriais. A censura napoleônica interditou a montagem dos

162 O TEXTO NO TEATRO

textos do trágico italiano. Nos últimos anos do fascismo, igual proibição vigorou em sua terra. Não é preciso nenhum esforço para considerar Alfieri nosso contemporâneo.

(Maio, 1963)

26. *Woyzeck*, Büchner e a Condição Humana

A morte prematura não permitiu que Büchner (1813-1837) concluísse *Woyzeck*. Se não cabe agradecer à providência por ter impedido a completação da tragédia, ao menos não nos parece razoável lamentá-la em demasia: foi um feliz acaso que o texto se conservasse em esboço. Podemos admirá-lo no seu descarnamento essencial, na aspereza da superfície não polida. Nada faz falta ali. Com respeito ao dramaturgo alemão, talvez fosse heresia temer que o acréscimo de cenas ou de diálogos tornasse flácido o arcabouço. Há uma estética dos projetos, dos andaimes e das estruturas. *Woyzeck* faz jus a nova categoria: a da beleza perene das obras inacabadas. O hermetismo de certas passagens engrandece a peça com uma gama infindável de sugestões.

De *A Morte de Danton* a *Woyzeck*, o caminho é o de uma precisão maior na linguagem, o esclarecimento total da idéia de tragicidade. Nenhum ser racional escapa ao destino, nesse terrível requisitório contra a condição humana. Perseguidos e perseguidores, vítimas e algozes – todos defrontam-se com o nada, à maneira do que fará Samuel Beckett com Pozzo e Lucki, em *Esperando Godot*. Órfão da divindade ou de qualquer explicação sobre o sentido da existência, o homem büchneriano erra num mundo sem valores. Resta-lhe o mergulho nas águas – esse gesto de Woyzeck, não se sabe se suicídio ou mera armadilha da fatalidade, levando-o a desaparecer no lago, símbolo de um retorno ao cálido ventre do qual todos os seres são expulsos.

Büchner pode ser considerado o primeiro dramáturgo coerente do teatro do absurdo. Acautelemo-nos, porém, com as palavras. Esse

164 O TEXTO NO TEATRO

teatro, como tem sido praticado, confunde-se às vezes com um certo escapismo, o cruzar de braços da impotência ante as forças dominantes do mundo. Nesse sentido, a designação não se aplica a Büchner. Se as suas personagens se assimilam a títeres, movidos por mãos invisíveis (é o que afirma Danton sobre o homem), esses títeres recusam a organização arbitrária da sociedade e se revoltam contra ela. O capitão, por exemplo, acusa Woyzeck de ter um filho sem a bênção da Igreja. A resposta não se faz esperar: "Nós, gente pobre... O dinheiro, senhor capitão, o dinheiro! Quando a gente não tem dinheiro... era só o que faltava, que ainda tivesse de pôr filhos no mundo de acordo com a moral!" Ecos dessa fala ouvem-se no famoso dístico de *A Ópera de Três Tostões*, de Brecht: "Comamos primeiro, depois falemos de moral". A infra-estrutura física determina o comportamento humano. Prosseguindo o raciocínio, Woyzeck diz que a "gentinha comum" não entende a virtude e "conosco, quem manda é a natureza". Um fidalgo, de cartola, relógio, monóculo e palavras distintas, pode ser virtuoso. "Deve ser uma coisa muito bonita a virtude, senhor capitão. Mas eu sou um pobre-diabo." Os pobres são desgraçados neste mundo e no outro também. Se chegarem a entrar no céu, "será para ajudar a fazer roncar o trovão".

Desamparado de uma razão superior, o homem aferra-se à natureza. Ela preencheria o vácuo da ausência do sobrenatural. Mas a natureza é ilógica, instintiva, não se subordina a mandamentos. E por isso ela se converte, também, em instrumento do suplício de Woyzeck. É curioso, na peça, como Woyzeck não se preocupa com o destino do filho, e em nenhum momento interrompe a sua jornada, por causa dele: não tem o homem interesse pela continuação de uma espécie infeliz, é-lhe indiferente um legado que não desejou com a consciência. Sobre Maria, sua amante e mãe da criança, Woyzeck fala: "Senhor capitão, eu sou um pobre-diabo. E, a não ser ela, não tenho nada neste mundo!" Maria apresenta para ele a única satisfação completa, essa plenitude do prazer sexual, que é, também, o instante da inconsciência. Maria é bonita e está convencida da atração que exerce:

"Nós só temos um cantinho neste mundo e um pedacinho de espelho – e, contudo, minha boca é tão vermelha como as das grandes damas com seus espelhos de alto a baixo e seus lindos cavalheiros, que lhes beijam a mão!"

Ela não teve oportunidades, e se refugia na natureza – o contentamento fugaz da conjunção carnal. Woyzeck sofre de idéia fixa, vive alienado do mundo, alimenta-se de ervilhas e não pode representar, fisicamente, o repouso compensador do sexo. Para preencher essa função, existe, na peça, o Tambor-Mor, espécime de animal belo e sadio, e que, não sendo tocado por nenhuma inquietude da racionalidade, é o único vencedor em todo o entrecho. O Tambor-Mor não se contenta com o elogio rasgado de Maria: "Que homem!... (...) Um peito como um boi e uma barba como um leão. Como tu não há ou-

WOYZECK, BÜCHNER E A CONDIÇÃO HUMANA   165

tro!..." Com a vaidade infantil de todos os seres imanentes, o Tambor-Mor retruca: "E se me visses nos domingos, com o penacho no quepe e as luvas brancas, com os diabos!" O Tambor-Mor não só desfruta Maria, mas também humilha Woyzeck. Quer obrigá-lo a beber, depois do instinto satisfeito, e como Woyzeck recusa (protesto orgulhoso do fraco), surra-o sem piedade.

Todas as personagens e situações aliam-se para precipitar a perda de Woyzeck. Nessa cadeia de torturas, sádicas ou involuntárias, chega-se a pensar no processo kafkiano. Woyzeck vive debaixo do terror, o qual toma as mais diversas formas, até esmagá-lo em definitivo. Tipo vibrátil e sobreexcitado, ele procura decifrar o enigma de um estranho ignoto com que depara na campina. Está aí sua obsessão. Diz ao amigo Andrés que numa tira de terra, em meio da grama, onde nascem muitos cogumelos, a cabeça rola, à noite. Embaixo de onde se encontram, no bosque, tudo é oco. Trata-se de uma trama da maçonaria. Ele está na boa pista. Essa idéia fixa aparenta-se, para Woyzeck, ao símbolo de um mistério que, a qualquer momento, por equívoco, pode liquidar a vida humana. O neurótico Woyzeck vê até em fantasmas os instrumentos de sua perdição.

Não se dissociam, no papel de opressores, o capitão e o médico. Ambos, contudo, definem-se como algozes que são também vítimas. O drama do capitão é terrível. Domina-o o tédio metafísico. Suplicia ele Woyzeck, porque está lhe fazendo a barba com pressa. "Que quer que eu faça com os dez minutos que me sobrarão, se você hoje acabar antes da hora?" Falta-lhe um objetivo para encher o incomensurável vazio do tempo. E o homem, torturado pela eternidade, vinga-se no seu semelhante. Woyzeck serve de bode expiatório para o arremedo de poder com o qual o capitão tenta sustentar a própria fragilidade. E igual função lhe é atribuída pelo médico, empenhado em segurar cientificamente pelas rédeas um homem, quando a ciência não lhe traz nenhuma resposta para o mal de existir. A natureza levou Woyzeck a urinar na rua. O médico deseja o pleno controle dos instintos, invectivando-o: "A natureza!... O homem é um ser livre, Woyzeck, no homem a individualidade sublima-se na liberdade". Nesse domínio estóico dos impulsos o médico busca o vislumbre da transcendência, que nenhuma verdade exterior ao homem lhe trouxe.

É o capitão quem, sob o pretexto de que Woyzeck é bom, lhe conta que Maria e o Tambor-Mor o traíram. Sua revelação tem requintes de sadismo: "Ainda não encontrou um cabelo de barba no seu prato de sopa?" Como Woyzeck não entende a alusão, ele insiste: "Bem, talvez na sopa, não; mas se você dobrar depressa a esquina, pode ser que ainda encontre o tal cabelo de barba num par de lábios!" Os outros completam a perseguição: Andrés, o amigo, seu companheiro do posto de guarda, indica-lhe que Maria e o Tambor-Mor devem estar dançando. O cerco fecha-se sobre o protagonista. Também a morte é dispendiosa. Woyzeck, na loja do belchior, troca a pistola

166   O TEXTO NO TEATRO

por uma faca. O vendedor diz-lhe: "O senhor pode querer a sua morte barata, mas não de graça". Catarina, com quem Woyzeck teria um relaxamento, após o crime, chama a atenção para o sangue denunciador que lhe mancha até a roupa. O sadismo existe ainda nas crianças que, alheias à tragédia, sentem já aquela curiosidade malsã de ver o cadáver de Maria. Um polícia, numa única fala, que sintetiza o coro de meirinhos, médico, juiz e gente em volta da morta, exclama: "Um bom crime, um crime e tanto, uma beleza de crime. Não se poderia desejar nada melhor. Há muito tempo não tínhamos um crime assim".

O pessimismo sem a menor esperança leva Büchner a marcar com o sofrimento toda a trajetória humana. A criança "tem a testa emperlada de suor", enquanto dorme. Woyzeck comenta: "Tudo é trabalho debaixo do sol, até dormindo se sua! Coitados de nós!" O calor do meio-dia, aliás, assimila todo o tempo a terra ao inferno (e, à noite, cometido o crime, Woyzeck diz que "a lua parece um ferro ensangüentado!"). Na barraca, o charlatão da feira glosa o problema animal-natureza, que leva o médico a reprovar o comportamento de Woyzeck. O cavalo porta-se de modo inconveniente, dando ensejo à tirada do charlatão:

Como vêem, o bicho está ainda no estado natural, vive segundo as leis de uma natureza não idealizada! Sigam o seu exemplo. Perguntem ao médico se proceder de outro modo não é péssimo para a saúde! Em todos os tempos se disse: homem, segue a natureza! És feito de areia, de pó, de lodo; pretendes ser algo mais do que areia, pó e lodo?

Essa visão materialista já fora expressa numa réplica magistral do protagonista, em A Morte de Danton: "Não há esperança na morte. É, apenas, uma podridão mais simples, e a vida é outra, mais complexa e organizada – essa a única diferença!..."

Büchner empenha-se em ir até o fim de sua demonstração didática. Quase no desfecho de Woyzeck, uma velha, que está sentada num banco, fazendo tricô (imagem da espera resignada da morte), transmite às crianças o significado da existência e da peça, à maneira de conto da carochinha: "Era uma vez..." E o herói da história é uma pobre criança, sem pai nem mãe, sozinha no mundo. Tudo havia morrido. A criança dirige-se à lua, e "viu que não passava de um pedaço de madeira podre". Experiências igualmente melancólicas são feitas com o sol e as estrelas. Quando a criança "quis voltar de novo à terra, a terra era uma panelinha emborcada. Vendo-se toda sozinha, sentou-se e pôs-se a chorar, e ainda está ali sentada e toda sozinha". Não há parábola mais precisa a respeito da solidão humana. Nesse niilismo estarrecedor, os céus não têm o que oferecer ao homem, e a terra também não o alimenta (panelinha emborcada). Woyzeck é o adulto, que sofre na carne a experiência negativa. A verdade é ensinada pela vovozinha às crianças, mostrando-lhes o caminho que percorrerão. Ao assassinar Maria, Woyzeck está destruindo o mundo que lhe falhou irremediavelmente.

WOYZECK, BÜCHNER E A CONDIÇÃO HUMANA   167

Cuidou Büchner de não fazer da peça um caso de triângulo amoroso, que lhe reduziria a dimensão trágica. Grande dramaturgo, contudo, ele fundou todas as indagações transcendentes em concretas bases humanas. E o fundamento da inevitabilidade final vem do adultério que se estabelece. Maria deve ter-se atraído, em Woyzek, pela bondade, essa bondade superior do homem que, descrendo das hierarquias, nada ambiciona. Vê-se, nas várias cenas, que Woyzeck presenteia à amante o seu soldo e todo o ganho extraordinário. O que lhe sobra é para levá-la à feira de diversões, onde encontraria o prazer de um mundo mágico, diverso da prosaica realidade cotidiana. No cenário múltiplo da peça, o que se mostra com mais freqüência ao espectador é o quarto de Maria. O colóquio dos dois sexos ainda consola o homem do abandono no mundo. Maria aparentemente é a criatura amoral, votada à natureza. Depois de se sentir, com o Tambor-Mor, a mais ufana das mulheres, ela o repele, provocando-lhe a pergunta: "É o diabo quem olha através dos teus olhos?" Com a melancólica indiferença da deposição de armas, ela simplesmente replica: "Por mim... Tanto faz". Não há, nenhuma vez, menção a amor, por parte de qualquer dos protagonistas. Maria era a única posse de Woyzeck neste mundo. Ao vê-la com o Tambor-Mor, exclama: "Agora é dele – como no começo foi minha" (ainda o problema da posse). Logo que o soldado tenta aprofundar o motivo da falha da amante, só lhe ocorre a verificação: "Todo homem é um abismo, fica-se tonto quando se olha dentro dele!..." Esse abismo não comporta sentimento sólido e repete, em outras palavras, a incapacidade que tem Danton de dizer se acredita ou não em Júlia: "Sei lá! Pouco sabemos um do outro. Somos animais de pele grossa; estendemo-nos as mãos, mas é trabalho perdido: conseguimos apenas esfregar um no outro nosso couro de paquidermes. Somos seres solitários". Woyzeck parece abrir-se numa confidência ao amigo: "Era realmente uma rapariga única, Andrés". À pergunta "Quem?", Woyzeck só pode fechar-se: "Nada". Maria, cujo contentamento era o seu "pobre filho de rameira", folheia a Bíblia, ao lado de um idiota (a desrazão deixa-o alheio à tragédia), e pede a Deus ao menos a força de rezar. A impregnação cristã que marca o homem ocidental a faz desejar ungir os pés do Salvador, no momento em que adquire consciência da culpa. A idéia de pureza e impureza, nas cores simbólicas do cristianismo, acha-se na interpelação de Woyzeck ao seu cadáver: "Estavas preta de pecados, Maria, preta! Consegui fazer-te voltar a ser branca?..." Ela havia preferido a morte a ser espancada e, quando Woyzeck a apunhala, purga-se de todos os males.

Woyzeck compõe-se de vinte e cinco cenas, que não guardam unidade de lugar nem de tempo. Não se deve pensar que o texto acabado modificaria a estrutura, porque ela é semelhante em *A Morte de Danton* e *Leonce e Lena*. Cada flagrante tem unidade interna, e, a propósito dessa técnica, certamente sugerida pela liberdade shakespeariana, pode-se pensar em certos preceitos da teoria épica de

168 O TEXTO NO TEATRO

Brecht: tensão desde o início, as cenas justificam-se por si mesmas e os acontecimentos apresentam-se em curvas. A admirável arquitetura cênica se organiza, como em algumas obras de Brecht, pela justaposição de cenas aparentemente soltas. Os outros requisitos do *Organon* brechtiano, não observados ainda por Büchner, é que não conferem às suas peças o qualificativo de épicas. Distante embora da poética aristolélica, na multiplicidade de cenários e na quase biografia medieval do homem, o dramaturgo alemão se conserva fiel, a nosso ver, ao princípio da tragédia, trazendo-a para o mundo moderno, o que importa em contaminá-la com inevitável grotesco. Esclarecendo esse ponto de vista, afirmaríamos de imediato que não há uma tragédia grega, com preceitos imutáveis, mas os três grandes trágicos apresentaram imagens bastante diversas do gênero, e cada um mesmo dentro de sua escassa obra preservada. O verdadeiro denominador comum entre Ésquilo, Sófoles e Eurípides estaria na relação do homem com a divindade, que ora o submete ao seu arbítrio, ora cede ao ímpeto humano de afirmar-se livre. A tragédia de Büchner tem um travo mais amargo: o despovoamento do céu levou o homem a deblaterar-se num mundo vazio, e o nada transformou-se no seu estigma fatal. Vem do vácuo o aniquilamento. Antes da catarse, porque Woyzeck é o agente do próprio destino, ele procura "identificar-se", num "reconhecimento" claro e definitivo. Lê uma folha de papel: "Friedrich Johann Franz Woyzeck, soldado raso, fuzileiro no segundo regimento, segundo batalhão, quarta companhia, nascido a 25 de março, dia da Anunciação de Maria. Hoje, portanto, tenho trinta anos, sete meses e doze dias". E a cena se completa com o espírito irônico da tragédia: "... quando o marceneiro prepara as tábuas de um caixão de defunto, ninguém sabe quem será metido lá dentro".

Büchner justapõe flagrantes e se dispensa dos longos intróitos preparatórios. Um diálogo é captado no clímax. O atrito das personagens surge no momento decisivo, fustigando permanentemente os nervos do espectador. Abole-se a censura, e os indivíduos falam muitas vezes como se dessem largas ao seu delírio subconsciente. Essa explosão de cada criatura faz do diálogo uma ponte de incomunicabilidade, em que todos cumprem sem remédio sua caminhada solitária. Teatralmente, pinta-se uma vertigem, que será um dos ideais do expressionismo.

Se uma das maravilhas da feira de diversão "é um ser humano transformado em cavalo", outro fenômeno é um macaco amestrado, que toca a corneta. O charlatão narra outra parábola büchneriana, aquela talvez que lhe permitiu sublimar a impotência de revolucionário frustrado: a salvação pela arte. O macaco, proverbial simulacro do homem, serve ao propósito, no alegórico discurso do charlatão: "Olhem para esse bicho. Tal como Deus o criou, o coitado não é nada, nada mesmo. Mas vejam, agora, de que foi capaz a arte!" A criação humana compensa o homem de ser incriado.

WOYZECK, BÜCHNER E A CONDIÇÃO HUMANA   169

Admiramos muitas peças e muitas personagens. Reconhecemos intelectualmente a genialidade de muitas obras. A Woyzeck, ama-se, como a um semelhante. Sem ser profeta, pode-se imaginar que, no futuro, ele encarnará uma nova mitologia – a mitologia do nosso tempo.

(Julho, 1963)

27. Ibsen e *Peer Gynt*

Peer Gynt é a nossa natureza espontânea, irresponsável, que faz da vida um prazer de todos os instantes, mesmo que reconheça, no final da caminhada, que essa aventura permanente não sugeriu mais que o epitáfio: "Aqui jaz Ninguém".

Vida estuante que se resolve em nada, impulso criador que se consome no vazio – aí está Peer Gynt, esse herói lendário, figura quase mítica, extraída por Ibsen (1828-1906), em 1867, do folclore norueguês, para dar-lhe pulsação universal.

Depois da alentada relação de personagens, que podem ser mais de cem (dependendo do gosto do encenador, pois, além dos protagonistas, há convidados de um casamento, gnomos, feiticeiros, duendes, ninfas, bruxas, árabes, escravas, bailarinas, loucos e seus guardas, marinheiros, um cortejo fúnebre etc., etc., que se podem desdobrar à vontade), uma rubrica informa que "a ação começa nos primeiros anos do século XIX e termina por volta de 1860. Desenrola-se no vale de Gudbrande, nos *fiordes* (montes) vizinhos, na costa do Marrocos, no deserto de Saara, no hospício do Cairo, no mar, etc." Mais – pode-se deduzir logo – uma epopéia do que uma obra dramática habitual, nos moldes em que o próprio Ibsen seria mestre, na fase das peças realistas, como *Casa de Bonecas*, *Espectros* e muitas outras.

Ibsen acompanha as peripécias do jovem de vinte anos Peer Gynt até a velhice, ilustrando-as com episódios estranhos e insólitos, que dão bem a medida de como somos tão pouco senhores do nosso destino e a maré nos leva a desencontradas flutuações. Era de não se reconhecer no adolescente das montanhas norueguesas, afeito a travessuras com a mãe e ao rapto de uma noiva na hora do matrimônio, o fu-

IBSEN E *PEER GYNT* 171

turo homem de meia-idade, dono de um iate na costa do Marrocos, afirmando que seus negócios são sobretudo o tráfico de negros para a Carolina e a exportação de ídolos para a China, se o "eu gyntiano" não fosse exatamente a soma de muitas contradições, superpostas ao longo dos anos. A certa altura, trepado numa árvore, com um ramo que arrancou para defender-se de um grupo de macacos, em plena África, Peer Gynt faz uma observação que poderia estar na boca de uma personagem de Brecht: "Afinal, um homem, tudo somado, é pouca coisa e é preciso pegar a onda conforme a maré". Adeus, valores absolutos de *Brand*, peça anterior, e aceita-se a existência como sucessão caótica de acontecimentos (por que não absurda?), em que o homem será sempre solitário.

Na cena de reflexão que abre o quarto ato, Peer Gynt externa os preceitos de sua filosofia:

nunca dar um passo decisivo, avançar com prudência entre as mil ciladas da vida, lembrar-se que ela não se limita ao combate travado neste momento e manter detrás de si um espaço suficiente para bater em retirada sem susto.

Essa teoria é herança de sua raça e de sua família, mas Peer, embora seja norueguês de nascimento, se considera cosmopolita, por temperamento. Seu objetivo? Ser imperador. Não deixa por menos: imperador do mundo. Essa ambição não impede que Peer Gynt, no final do quarto ato, num hospício do Cairo, seja coroado ao som da frase: "Viva o imperador de si mesmo!"

Movendo-se com igual liberdade no domínio dos homens e dos seres fantásticos – invenções do povo norueguês que Ibsen incorpora à sua saga literária –, *Peer Gynt* aproveita o contato com as criaturas sobrenaturais para estabelecer algumas características humanas. É o próprio protagonista. É o que os homens fariam com seus semelhantes, se tivessem coragem. Essa visão amarga atravessa a peça inteira, mostrando ironicamente como a necessidade de sobrevivência desgasta aos poucos os escrúpulos morais. Peer Gynt auxiliaria os gregos? Ele se apressa em esclarecer. "Eu? Ora, já se viu? Que bobagem! Eu estou sempre do lado dos fortes. É aos turcos que emprestarei meu dinheiro."

No final, Peer Gynt se arrasta pelo chão, colhendo cebolas, diz outro verso que poderia ser atribuído a Brecht, décadas mais tarde: "Encher o bucho, é a arte de viver que te ensinam a pontapés." Depois de arrancar várias camadas de uma cebola, ele exclama: "A cebola fica cada vez menor, ah, imagem da vida o homem neste mundo / Quanto mais te cavo e em ti me aprofundo, mais descubro que tu não tens fundo".

É preciso precaver-se contra a excessiva racionalização, ditada pelo empenho didático de facilitar o entendimento do texto, porque ela incide no risco de empobrecer o mundo maravilhoso de *Peer Gynt*. Não que se recuse uma perspectiva crítica do herói (ou anti-herói), deixando-se de apontá-lo como símbolo de alienação e da irresponsabilidade. Mas há em toda a peça uma contínua riqueza ambígua, sem a qual ela não se erigiria nesse monumento poético. Peer Gynt é também o símbolo da vitalidade pura.

Ibsen não se limitou a criar uma personagem riquíssima, diante da qual todas as outras são pálidas coadjuvantes. De fato, em função da vertiginosa caminhada do herói por várias décadas, em diferentes regiões e continentes, era natural que muitos interlocutores não passassem de presenças episódicas em sua vida. Pode-se até admitir que, para a sua visão épica da existência, todo o mundo exterior deveria ser sempre episódico. Ibsen talhou as imagens fugidias ao longo de seu itinerário, porém, com a precisão do grande dramaturgo, que intui sínteses perfeitas. Assinale-se a figura de Aase, mãe de Peer Gynt, que aparece no início em conflito com as mentiras dele e, na hora da morte, reconciliada com o mundo, pelo sorriso que vê em seus lábios. Veja-se Solveig, que se recolheu em uma cabana à espera de Peer Gynt e que, ao recebê-lo de volta já velho, abençoa-o por ele ter feito de sua vida um cântico de amor. A exuberância quase perdulária faz da criação de Ibsen uma das obras-primas da história da literatura teatral.

Nas peças da fase posterior – *Casa de Bonecas, Espectros, O Pato Selvagem, Hedda Gabler, Um Inimigo do Povo*, entre outras – Ibsen se volta mais para o exame do comportamento do indivíduo em face da sociedade contemporânea, desmascarando-a pelos erros, pelos preconceitos, pela hipocrisia e enaltecendo-o pela irredutível fidelidade a si mesmo. Seria ocioso mencionar o que os textos mais recentes devem a *Peer Gynt*, porque, a par das grandes diferenças que se observam das primeiras peças históricas a *Quando Nós, Mortos, Despertamos*, seu último texto, de lirismo insuperável, vê-se na dramaturgia inteira aquela genialidade, que não se contém num só gênero ou numa só maneira, e transborda em cada nova obra na necessidade de experimentar outros caminhos.

Ibsen, fundador do teatro moderno – verdade que não se contesta. Procura-se às vezes devolvê-lo ao passado, como autor de um teatro de tese, naturalista e prosaico, superado pela realidade. É o caso de *Espectros*, em que o protagonista Osvaldo Alving seria vítima de doença hereditária, que determina o seu comportamento desarrazoado e a sua morte. Mesmo esse texto escapa das limitações da tese implícita, pelo seu poder universal, que extravasa a simples moléstia. Mas quem diminui o alcance das teses "burguesas" de Ibsen se esquece de que ele é o autor de *Peer Gynt* – esse poema de vigor incontrolável, que o coloca no mesmo nível dos grandes criadores da história do teatro.

(Abril, 1971)

28. *Major Bárbara,* de Shaw

Entre os vários paradoxos propostos por Bernard Shaw (1856-1950), o mais desconcertante refere-se ao próprio fundamento de sua obra dramática: teatro de discussão, pareceria mais adequado à leitura; entretanto, é apenas em cena que o debate fica de pé e as personagens adquirem plena consistência. Lidas, as principais peças do autor de *Santa Joana* dão muitas vezes a impressão de exaurir-se num raciocínio frio, que esteriliza os movimentos. Levadas ao palco, esse raciocínio dinamiza os intérpretes e arma a ação num todo coerente, com vida autônoma e completa. Haverá mais aceitável definição para o teatro puro?

Major Bárbara inclui-se entre os textos shawianos de marcada discussão. Ao lê-lo, podemos acompanhar a rigorosa geometria da estrutura e da seleção de personagens. As linhas amenizam-se, no palco, e o texto converte-se em jogo brilhante, sustentado por fértil imaginação.

Shaw farsante foi o melhor propagandista de si mesmo, mas também inteiramente honesto com o consumidor. A publicidade que fez de sua literatura estribou-se em exegese perfeita, que chega a dispensar outras interpretações. Basta ir ao prefácio para se ter da peça inteligente entendimento, que não se conseguirá alterar. Crítico arguto, Shaw devia conhecer a profissão, preferindo digerir para os colegas o prato que poderia pesar-lhes no estômago. Depois de reconhecer o propósito de "envergonhar os nossos críticos teatrais do costume que têm de tratar a Grã-Bretanha como um vácuo intelectual e de presumir que toda idéia filosófica, toda teoria histórica, toda crítica às nossas instituições morais, religiosas ou jurídicas, deve ser necessa-

174 O TEXTO NO TEATRO

riamente de importação estrangeira", Shaw proclama o desejo de ajudar esses críticos, no prefácio da peça *Major Bárbara*, "dizendo-lhes
o que devem escrever sobre ele". E esclarece: "No milionário Undershaft eu representei um homem que se tornou intelectual e espiri-
tualmente, tanto quanto praticamente, cônscio da irresistível verdade
natural que todos nós aborrecemos e repudiamos: ou seja, de que o
maior dos nossos males e o pior dos nossos crimes é a pobreza; e de
que o nosso primeiro dever, ao qual se sacrificam todas as demais cogitações, é não sermos pobres. Pobre mas honesto, a pobreza honrada
e outras frases que tais, são tão imorais e intoleráveis como bêbado
mas atencioso, ladrão, mas bom orador de sobremesa, esplêndido criminoso ou coisa que o valha. A segurança, que é a principal máscara
da civilização, não pode existir onde o pior dos perigos, a pobreza,
paira sobre a cabeça de todos, e onde a suposta proteção de nossas
pessoas contra a violência é apenas resultado acidental da existência
de uma força polida, cuja verdadeira razão de ser é obrigar o homem
pobre a ver seus filhos morrerem de fome, enquanto pessoas ociosas
superalimentam cachorrinhos de estimação com dinheiro que poderia
alimentá-los e vesti-los a todos". Nesse caso, talvez fosse dispensável
a advertência de Shaw, porque o diálogo é bastante claro. Diz Undershaft:

> Comida, roupa, aquecimento, aluguel, impostos, respeitabilidade e filhos.
> Nada, a não ser o dinheiro, pode tirar esses fardos das costas do Homem. (...) Esti-
> mulei Bárbara a tornar-se o Major Bárbara; e salvei-a do crime da pobreza.

O interlocutor precisaria dar a deixa: "O senhor chama a pobreza
um crime?", para que Undershaft enunciasse sua filosofia:

> O pior dos crimes. Ao lado dele, todos os outros são virtudes; em compara-
> ção com ele, todas as outras desonras são feitos de cavalaria. A pobreza cega ci-
> dades inteiras; espalha pestes horríveis; fere mortalmente as almas de todos os
> que dela se aproximam, ou a ouvem, ou a sentem. O que você chama crime não é
> nada: um assassinato aqui e ali, um golpe, uma maldição. Que importa isso? São
> apenas acidentes e doenças da vida. Não há nem cinqüenta legítimos criminosos
> profissionais em Londres. Mas há milhões de pobres, gente abjeta, gente suja,
> mal alimentada, malvestida. E eles nos envenenam moral e fisicamente; matam a
> alegria da sociedade; forçam-nos a acabar com nossas próprias liberdades e in-
> ventar crueldades desumanas com medo de que se rebelem contra nós e nos ar-
> rastem ao seu abismo. Só os loucos temem o crime: nós todos tememos a pobreza.

Adiante, Undershaft expõe:

> Fui um homem perigoso até ter o que eu queria; hoje sou uma pessoa útil,
> benéfica e bondosa. Esta é a história da maior parte dos milionários que se fazem
> sozinhos, suponho eu. Quando for a história de todos os ingleses, teremos uma
> Inglaterra onde valerá a pena viver.

O místico fabiano vislumbrava uma humanidade única, pelo denominador comum da fartura.

MAJOR BÁRBARA, DE SHAW

Para transformar em ficção a sua "tese", Shaw ideou um arcabouço lógico, dentro do qual as personagens vão reagir. A escolha dos cenários e das situações tem inicialmente papel ilustrativo, semelhante ao propósito de demonstração abraçado em teorias atuais. O primeiro ato passa-se em casa de Lady Britomart, na qual, a chamado, aparece, depois de muitos anos de separação, o ex-marido Undershaft para tratar de assuntos financeiros: os filhos têm renda insatisfatória e é necessário reajustá-la. Aí é que o milionário e sua filha, Major Bárbara, entram num acordo, que determinará o local dos atos subseqüentes. Ele visitará o abrigo do Exército de Salvação e ela o verá, depois, em sua usina – uma grande fábrica de engenhos bélicos. O contraste motor dos episódios pode ser racionalizado nestas encarnações básicas: Bárbara, major do Exército de Salvação; Undershaft, general do Exército da Destruição. Esse núcleo mostrará a inanidade da filantropia e o império realista do dinheiro.

No abrigo, os alimentos escasseiam e não é fácil renová-los. O apelo à caridade pública, numa hora de desempregos (a peça foi escrita em 1905), costuma ser pouco rendoso. Depois de afirmar que "todas as religiões organizadas só existem vendendo-se aos ricos", Undershaft resolverá a crise do Exército. Lorde Saxmundham, o Bodger do uísque, prometeu cinco mil libras, se outras pessoas contribuíssem para formar o total de dez mil. Undershaft subscreve as outras cinco mil e assim o abrigo deve a sua salvação a um fabricante de bebidas e a um fabricante de canhões, contra os quais se dirige a luta cotidiana do Exército. Impotente em face da realidade, Bárbara pergunta por que Deus a abandonou e abandona a causa. Feita a sua "conversão", caberia ao longo terceiro ato pregar o evangelho de Undershaft. Bárbara aprende a lição e reconhece que "voltar as costas a Bodger e Undershaft é voltar as costas à vida". Diz ter-se libertado do "suborno do pão" e do "suborno do céu" e, quando o noivo Cusins lhe pergunta: "Então o caminho da vida passa pela fábrica da morte?", ela replica: "Passa; pela subida do inferno ao céu, do homem a Deus, pelo desvelar da luz eterna no Vale da Sombra".

Se reduzirmos *Major Bárbara* a idéias e conceitos não lhe encontraremos muita originalidade, mesmo considerando que o palco, na primeira década deste século, não estava habituado a debates dessa natureza. É que, encarada sob o prisma de filosofias políticas formuladas no século XIX, a peça pode aparecer mera vulgarização de leis sociais. *Major Bárbara* decompõe com rara lucidez, de fato, o mecanismo da sociedade, mas não é esse seu mérito. Além de serem curiosas e convincentes várias personagens, Andrew Undershaft merece figurar entre os mitos da dramaturgia moderna.

Esse milionário, que declara ser essa a sua religião, nasce de um parto abstrato, cuja realidade se configura somente no palco. Separando a riqueza da ordem aristocrática e vendo-a como o bem da iniciativa individual. Shaw faz que todos os herdeiros das usinas bélicas

176 O TEXTO NO TEATRO

sejam enjeitados, que se denominarão sempre Andrew Undershaft. Por isso Lady Britomart desquitou-se do protagonista: continuando a tradição do nome, ele deserdaria o filho legítimo em benefício de um enjeitado. Shaw, porém, admite essa blague, no gosto das situações wildianas, para resolver em família mesmo o problema da fortuna, que não deveria passar a mãos estranhas. Nova blague favorece o desfecho: Cusins, o culto professor de Grego, noivo de Bárbara, é filho ilegítimo. Assumirá, portanto, na sucessão, a responsabilidade da fábrica. Depois de submeter a pureza religiosa de Bárbara, Shaw subordina o próprio símbolo da cultura ocidental – um mestre de Grego, que apelidam ironicamente de Eurípides – ao culto professado por Undershaft. A trama, vista a frio, quase se evola em irrealidade, senão em inverossimilhança. O palco fixa na sua diminuta área esse sopro fugidio. Tem-se vontade de adaptar para Shaw uma observação de Lady Britomart sobre o marido: "Ele nunca faz uma coisa direita sem dar um motivo errado".

(Fevereiro, 1963)

29. O Uruguaio Florencio Sánchez

Florencio Sánchez produziu sua obra em estado febril, como se fosse indispensável testemunhar na vertigem a vida que lhe escapava. Vinte peças, em trinta e cinco anos de existência (1875-1910), e a maioria concentrando-se em poucas temporadas, no começo do século, comprovam a inspiração quase mediúnica, a pressa infatigável de reter a realidade. Joaquín de Vedia, amigo do dramaturgo uruguaio, narra em conferência seu processo de trabalho, ressaltando-lhe a forma frenética:

De passagem por Buenos Aires, instalado ali (num pequeno quarto de hotel) com um único fim (o de escrever a peça *Los muertos*), uma noite antes de dar início à tarefa, e de tal maneira, sem comer, nem dormir, a concluiu em nossa presença e em meio à nossa conversa, e não por certo para corrigi-la logo, pois não houve uma só vez em que retocasse uma frase ou modificasse uma cena já fixada no papel. Talvez lhe fossem necessários o rumor, a agitação, a febre, como companheiros de trabalho, e nada teria concebido, nem realizado, na distância e na solidão. Por isso nunca o preocupou a idéia de um gabinete de estudo, nem adquiriu para seu refúgio uma mesa-escritório. Escrevia em qualquer lugar, no café, na redação de um jornal, no quarto de um amigo e, às vezes, também, em sua casa, porém sempre assim: em um só esforço espasmódico e brutal.

Essa atividade leva ainda Joaquín de Vedia a observar:

E creio que viveu mais a vida exterior do que a própria. A isso atribuo, dentro de sua facilidade portentosa de produção – a obra dramática de Sánchez soma um total de trinta e cinco ou quarenta dias de labor efetivo no espaço de seis anos – a circunstância de que não tenha deixado uma herança espiritual muito mais expressiva.

178 O TEXTO NO TEATRO

Esse juízo de um contemporâneo e amigo, sob pena de implicar injustiça quanto ao que foi alcançado pelo dramaturgo (e não se deve esquecer que é gigantesco o testamento literário de Sánchez), coincide com a visão da posteridade. Muitas vezes nos perdemos no emaranhado ideológico do escritor, que não parece ter atingido uma sistematização coerente de seus impulsos. Lamentamos que várias obras, que poderiam chegar a pleno rendimento, com um pouco mais de esforço artesanal, se percam em considerações menos profundas e desfechos precipitados, para incorrer no pejorativo de melodrama. Não se deu Sánchez ao ócio de selecionar os diferentes estímulos, para contê-los na concentração das obras perfeitas. Os textos que sugerem acabamento não são muitos, relativamente à produção numerosa. Alguns, pela eficácia dramática e poética, conseguem satisfazer plenamente, e citaríamos *La gringa, Barranca abajo, La tigra.*

Diante dos riscos que ameaçavam a dramaturgia de Sánchez, a pressa acabou por ser-lhe, talvez, o menos maléfico. Atualizado com relação às correntes européias, o dramaturgo poderia esmerar-se em teses e idéias, e elas, vulgarizando matéria tratada em ensaios filosóficos, se diluem com freqüência no teatro em extrema penúria. Nem nos textos marcadamente de tese, como *Nuestros hijos* ou *Los derechos de la salud,* o autor se demorou na fundamentação de juízos e princípios. Conduzia-o o instinto teatral, que lhe recomendava o diálogo conciso e verdadeiro, a réplica pronta e ágil. Por isso, muitas peças em um ato, em rápidas cenas logo criam um ambiente, sugerem uma atmosfera. Toda a dramaturgia de Sánchez se esmera na reconstrução verdadeira do mundo. A pressa, por certo, prendeu-o à urgência dramática, virtude das mais apreciáveis em qualquer obra.

Independentemente do mérito artístico, certos livros ou peças têm a peculiaridade de oferecer uma imagem nítida do autor, através da qual nos é dado admirar o homem. Na história do teatro, não há muitos textos, como os de Sánchez, que atraiam tanto a simpatia para o escritor. Uma profunda humanidade é a sua marca indiscutível. Ele se debruça sobre as criaturas com emocionada e calorosa compaixão, entendimento íntimo, capacidade única de compreendê-las e amá-las. Sánchez nada tem de cerebral: o gosto pela gente não vem de análise fria sobre o sofrimento ou as agruras do destino. Pode ser que, enquadrando uma experiência exemplar, ele a estenda depois à humanidade, para reconhecer nela o estigma da tragédia. O que o solicita, porém, é a dor próxima, o momento espontâneo de ajuda aos sofredores, o espetáculo diário da miséria. Vendo à sua volta pobres e desvalidos, o dramaturgo não os utiliza como pretexto de considerações teóricas sobre os erros da sociedade: acolhe-os sob as suas asas protetoras, agasalha-os na sua ternura e na sua palavra de alento. A biografia inscreve Sánchez na luta socialista, da qual não estiveram ausentes reivindicações objetivas e a filiação ao anarquismo. A obra encarrega-se de borrar qualquer possível imagem de um obediente se-

O URUGUAIO FLORENCIO SÁNCHEZ

guidor de linhas. Menos que do calculado aliciador de prosélitos, Sánchez aproxima-se do apóstolo evangélico.

É esclarecedor que uma fala, equiparável à autêntica profissão de fé, surja exatamente em *Nuestros hijos*, uma das peças de tese. Nela, o protagonista, Sr. Díaz, exclama: "Esta será minha obra. Desentranhar do próprio seio da vida, do drama de todos os dias e de todos os momentos, as causas da dor humana, e expô-las e difundi-las como uma arma contra a ignorância, a paixão e o preconceito. Não perdemos tudo na desgarrante contenda dos séculos. Há sintomas de que a consciência e a piedade subsistem no homem. Digamos a seu cérebro palavras de verdade e supliquemos sua clemência com a oração do sentimento". Como se vê, não aparecem aí os dados para que se desperte a consciência de classe, ou se instaure a justiça por meio da revolução. A influência maior recebida por Sánchez foi de Ibsen, inflamado paladino burguês, que enxergou a salvação humana sobretudo no aperfeiçoamento moral. A própria causa do Sr. Díaz tem o ímpeto generoso e quixotesco de *Um Inimigo do Povo*, naturalmente sem a validade do grande mito do individualismo simbolizado no protagonista. O Sr. Díaz há quatro anos está recolhido em seu gabinete, alheio aos problemas da casa. A necessidade de proteger a filha arranca-o do afastamento voluntário. Por que se isolou? A mulher o havia traído, mas ele não quis fazer alarde da situação:

> Acovardou-me o fantasma da vindita social sobre os meus filhos, e, com o risco de passar por abjeto – quem sabe se não o sou para muita gente! –, apliquei um curativo em minha ferida de amor-próprio e continuei a vida em comum, como se nada tivesse acontecido.

Agora, a filha está grávida, não se dispondo a casar com o noivo, depois de ter-lhe implorado o matrimônio, temerosa das sanções sociais; reconheceu finalmente que não gosta dele. Defensor do direito de maternidade da filha, sem o ônus do casamento, o Sr. Díaz já lhe havia dito: "Seu filho terá mãe... e terá... um avô..." Recusando a hipocrisia e a impostura, o Sr. Díaz concita a filha a formar um novo lar, fundado em suas verdades.

Os advogados de causas justiceiras se encontram já nos primeiros esboços dramáticos. *Puertas adentro*, o mais antigo documento teatral que se preservou de Sánchez (obra talvez dos vinte e dois anos de idade), coloca em cena duas criadas, que dialogam sobre os patrões. Revoltavam-nas a hipocrisia dos casais em sua vida sentimental, quando são tão rígidos com elas. No *scherzo*, como o denominou Sánchez, diz uma criada a respeito da patroa:

> ...Por que não se rebela? Por que não protesta contra esse convencionalismo, que a obriga a considerar delito o seu amor? Por que não é como nós, que para amar não precisamos do beneplácito da sociedade... Por que a hipocrisia?

180 O TEXTO NO TEATRO

A "perversão moral!" será vingada com uma denúncia recíproca aos maridos: "... Assim ambos se darão conta de que se enganam respectivamente com suas próprias mulheres..." Sánchez trouxe desde o início da carreira a indignação e a revolta contra a mentira. *La gente honesta*, segundo exercício dramático, nasceu também do desabafo contra uma situação que o afligia. O diretor do jornal em que trabalhava, em Rosário, inimizou-se com os redatores, e o gesto de rebeldia foi caricaturá-lo numa comédia. Na verdade, está aí apenas o pretexto para que escrevesse uma comédia despretensiosa, na qual a jovem mulher bate pé contra as sortidas extraconjugais do marido. Descobrindo por uma carta o gênero de aventuras a que se dedicava Ernesto, Luísa resolve ser testemunha ocular da reunião a que ele compareceria. Ernesto explica a um amigo por que engana Luísa: "Porque é uma santa, porque não me desperta ciúmes, porque tolera sem protestar todas as minhas trapalhadas... Por isso a engano". O flagrante irrespondível traz também a reconciliação, e o que se vê no caso é a mulher apaixonada que luta pelo seu direito ao amor e o defende dos desvios cotidianos. Despida do elemento circunstancial – a brincadeira com o diretor, feita na personagem Chifle –, a comédia se transformará em *Los curdas*, cuja ação se transfere para Buenos Aires. Algumas mudanças atestam o progresso técnico do autor (não há mais, por exemplo, o mau trocadilho senadores-cenadores, a propósito da reunião política pretextada por Ernesto e que seria uma ceia alegre), mas a peça não terá outras dimensões, na veste nova. Esses são dos raros relaxamentos cômicos numa obra densa de dramaticidade e em que a regra é a concentração de desgraça e miséria.

Vêem-se freqüentemente, nas peças de Sánchez, os velhos abúlicos entregues ao álcool e que, ao invés de propiciarem o alimento familiar, roubam a paz doméstica. Não se trata da grandeza trágica de Dom Zoilo, protagonista de *Barranca abajo*, do sofrimento impotente de Dom Olegário, o pai de *M'hijo el dotor*, ou da derrota do *criollo*, Dom Cantalício, que perde suas propriedades, em *La gringa*. É talvez nesses indivíduos, temperados numa existência dura e sem perspectiva, que o dramaturgo prefere situar a maldade consciente ou irresponsável, como última forma de agarrarem com avareza a ilusão que se esvaiu. Pela própria contingência, eles povoam mais as peças urbanas da vida pobre, a começar por *Canillita*. Nesse sainete, Pichín, que consome o alimento da família em jogo e bebida, consegue a prisão do filho Canillita, por suspeita de roubo de um último valor seu. A mulher receia tê-lo vendido para socorrer um filho doente e adquirir comida. Dom Bráulio, solícito protetor da família, enfrenta Pichín, e, ao ver-se agredido, acaba por apunhalá-lo. Não há, no texto, tentativa de explicação do desajuste do pai. Sánchez o fotografa, apenas. Seriam as condições sociais a causa de sua falha? O diálogo não autoriza uma conjetura dessa natureza. Tudo indica somente que Pichín seja incapaz de ganhar a vida e resolver suas dificuldades. Não se percebe conflito

O URUGUAIO FLORENCIO SÁNCHEZ   181

com o meio, nem impotência em face de força superior. A Pichín faltam coragem e decisão. Em surdina, contudo, o leitor pondera que tamanha cegueira já participa de um processo de desintegração, baseado na vida miserável. Personagem com traços afins aos dele é Felipe, de *La pobre gente*, vinda a seguir. Desempregado, a mulher Mônica tenta o equilíbrio da casa. As costuras escasseiam, a pobreza torna-se extrema. A peça sugere, a certa altura, que Felipe fez um arranjo pouco decoroso, para que a filha Zulma fosse readmitida no emprego. Quanto a Lisandro, o marido bêbado de *Los muertos*, chegou àquele grau de desmoronamento em que a mulher lhe fecha a porta de casa: ela não quer ouvir mais as promessas de recuperação. Um encontro fortuito põe face a face o marido e o amante. Uma estranha atração, que tem algo de dostoievskiano, leva os dois a se entenderem. A cena perigosa continua no apartamento da mulher. Talvez a embriaguez pura e simples ultimasse a confraternização, se não viesse ao cenário o filho do casal. Quando o amante quer dar bebida também ao menino, Lisandro o assassina. Vence a abjeção por um gesto aparentemente heróico, e que o liberta do prosaico exercício dos deveres domésticos. As violências escapistas sempre selam os desfechos dessas criaturas inadaptadas.

Outro exemplo da irresponsabilidade paterna se encontra na peça *En familia*. O velho Jorge perdeu tudo em negócios. Não há agora na casa nem o que comer. Posto a par da situação, o filho Damián resolve gerir a economia de todos. Dão-lhe numa firma a incumbência de enviar um dinheiro a Montevidéu, e ele transfere ao pai a tarefa. Naturalmente, Jorge consome a importância, sem medir conseqüências. Para Damián, seria a ruína total. Ele se retempera numa atitude positiva, dizendo ao pai:

> Para os homens como o senhor, devia haver um castigo: o cárcere; o fato de que eu entregue meu pai aos tribunais, para que o condenem, será minha justificação mais cabal. Já acabamos de falar. Se é verdade que o senhor se põe à minha disposição, deve sair agora para se apresentar à polícia.

Mais uma vez, um filho cobra do pai o mal praticado.

Em campo diverso, nessa dramaturgia da dor, como partes inocentes de uma fatalidade que as esmaga, estão as crianças, quase sempre muda presença de sofrimento. O autor até abusa delas, para obter o efeito do patetismo, que é um dos móveis claros de seu teatro. Doentes ou sãos, mas vítimas de um conflito em que são eles os maiores sacrificados, os meninos de Sánchez se espalham por várias peças e tornam menos aceitável o absurdo mundo adulto. Canillita, que é jornaleiro, foge um pouco a essas características gerais, e até se eleva ao posto de protagonista, dando título à peça. A injustiça paterna chega a pô-lo na prisão, por um roubo que não praticou. Sua revolta é tanta que, ao ver o pai apunhalado por Dom Bráulio, não se

182 O TEXTO NO TEATRO

derrama em remorso ou pena. Fala ao protetor: "Ah!, Dom Bráulio!... Devia ter deixado para mim!"

Fiel retratista dos interiores familiares, Sánchez ressaltou, em várias obras, a figura da jovem estóica e resignada, que agüenta nos ombros o peso da casa, quando se demite o pai. Nessas situações, aliás, o dramaturgo mostrou os problemas da condição feminina, que se assinala, na engrenagem social, por uma parcela maior de sofrimento. Citamos especialmente, nessa linha de personagens, Zulma, de *La pobre gente*, e Ana Maria, de *Un buen negocio*. Na primeira peça, quando se fecham para a família todas as possibilidades de evitar o despejo e a fome, Zulma sai de casa e retorna cheia de costuras, nova esperança que permitirá superar a crise. Nada é dito claramente, mas se sugere que Zulma aceitou entregar-se ao patrão, para voltar ao trabalho. A idéia da necessária transigência, apenas para que se consiga sobreviver, domina o universo da peça.

O tema está mais desenvolvido em *Un buen negocio*. Aí, também, não há saída para a miséria. A ordem de despejo se cumprirá naquele dia. Agrava as dificuldades uma criança doente. Ana Maria havia feito um pacto com a mãe, para que não aceitasse ajuda de Dom Rogélio, antigo sócio do pai. Este morreu logo após a falência, enquanto Dom Rogélio se recuperou do problema financeiro. A jovem até suspeita que o pai foi roubado pelo sócio. Diante do irremediável, a mãe rompe o trato com Ana Maria e pede auxílio a Dom Rogélio. A jovem sabe que faz parte do ajuste. E quando deve consumar-se o sacrifício, pede ao namorado que a leve: ao menos, se entregará a ele primeiro. Ana Maria retorna, depois, para cumprir o acordo que firmaram em seu nome, mas no desfecho se fixa a última imagem de Sánchez, aquela com a qual ele aparece completo.

Un buen negocio, estreada em Montevideu e logo em Buenos Aires, em maio de 1909, foi a última peça que escreveu. Preparava-se o dramaturgo para a viagem à Europa, onde veio a falecer, no ano seguinte, hospitalizado com tuberculose, em Milão. Ana Maria reúne a grandeza de suas heroínas – capaz de um ato de desafio e de renúncia. Dom Rogélio, porém, não leva até o fim o papel de vilão. Acostumado a ver Ana Maria desde menina, vota-lhe um amor serôdio, que dificilmente se separa dessa aparência de compra. Vendo-lhe o sacrifício e a inclinação legítima, tem a consciência do abismo que estava abrindo e recua nos propósitos anteriores. Assegura a manutenção da família e deixa o caminho aberto aos jovens. O indivíduo redime-se, num rasgo de nobreza. O teatro de Florencio Sánchez profetiza a reconciliação final do mundo, pela bondade.

(Abril, 1963)

30. Sánchez e *Barranca Abajo*

A edição da obra completa de Florencio Sánchez divide didaticamente as peças por grupos, segundo pertençam ao domínio rural ou citadino e, nesse último, pela classe a que se filiam as personagens. Para o leitor desse teatro, a sinopse tem o mérito de sugerir logo a riqueza temática do dramaturgo, que fez o levantamento da realidade uruguaia e argentina de seu tempo. Florencio Sánchez foi tão agudo e penetrante na apreensão do mundo latino-americano que nos apraz considerá-lo também um ilustre antepassado brasileiro.

Dos vinte textos subsistentes, quatro se desenrolam no campo, e o que têm em comum é sobretudo a localização, já que as características das personagens, embora se prendam à origem social, as ligam às do ciclo citadino, no mesmo universo trágico e lírico, unificador da obra de Sánchez. O dramaturgo sentiu pulsar com paixão e generosidade um conflito humano, onde quer que ele se desenrolasse.

O primeiro grande êxito do autor uruguaio foi a peça *M'hijo el dotor*, estreada em Buenos Aires em agosto de 1903. A crítica saudou o acontecimento, e Sánchez, em conferência sobre "El teatro nacional", o situa no panorama da época: "Escreviam-se costumes desconhecidos". Punham-se no palco um rancho de palha e "paixões e sentimentos de importação teatral". A platéia, sem outras ofertas, aceitava complacentemente o que lhe falavam.

> *M'hijo el dotor*, refletindo costumes vividos, produziu uma revolução. Seu êxito estrepitoso se deve à verdade e à sinceridade com que foi escrita a obra. O público o compreendeu assim e compensou meu labor com as maiores ovações que recebi em minha carreira artística.

184 O TEXTO NO TEATRO

M'hijo el dotor tinha tudo, com efeito, para sacudir o espectador, acostumado a situações convencionais. Sánchez centralizou o conflito na oposição entre a mentalidade e a moral antigas, guardadas no campo, e os novos valores citadinos, que assimilam os ensinamentos de uma ética além do bem e do mal. Os antagonistas principais são Dom Olegário e seu filho Júlio, o primeiro austero, preso à noção tradicional de honra e de dever, e o segundo liberto de qualquer compromisso que para ele representasse constrangimento do pleno exercício da individualidade. O filho doutor, vivendo em Montevidéu, contrai dívidas e tem comportamento condenável, pelos princípios austeros. Amante de Jesusa, será pai, mas, ao conhecer a verdade, não se sente coagido a remediar a situação pelo matrimônio. É que obedecera a simples impulso, enquanto julga estar gostando agora de Sara. Ao contrário do que possa parecer, Júlio não é mentiroso nem dissimulado: confia a verdade a Jesusa, porque os novos tempos não admitem preconceitos. Dom Olegário não compreende esse amoralismo e ameaça o filho de morte, se não casar com Jesusa. A discórdia entre ambos precipita a moléstia do velho, que no terceiro ato se encontra em agonia. Os jovens contariam uma mentira piedosa a Dom Olegário, para aliviar-lhe a hora da morte. Mas não haverá necessidade do estratagema proposto por Jesusa: seduzido pela grandeza da jovem, que não aceitara união pela aparência, e conhecendo a debilidade de Sara, que se curvou à recusa da família, Júlio apaixona-se de fato pela amante. Conciliam-se, assim, no final, pela inata bondade da natureza humana, o desejo do estancieiro e a inclinação do filho. Por caminhos opostos, exprimem a mesma realidade duas criaturas que pareciam fadadas a não entender-se nunca. Apenas a uma visão exterior se mostraria irremediável a desinteligência entre as sólidas crenças rurais e o fugidio racionalismo urbano. Percebe-se, mais do que é dito pelo autor, que empolga o texto uma convicção fartamente veiculada pela literatura naturalista: a ninguém cabe responsabilidade ou culpa: a vida tece todos os fios. Um pouco no gosto do melodrama, *M'hijo el dotor* ressalta a beleza dos impulsos legítimos e premia a virtude. Não há dúvida de que Dom Olegário sucumbe à melancolia de ver que o filho não lhe acompanhou a rígida noção de dignidade. A boa semente, entretanto, frutifica na revelação que permite a Júlio escolher o caminho certo.

Cédulas de San Juan começa como um quadro de costumes campestres, na alegria inconseqüente da festa e no sorteio de pares para a dança. O pitoresco preside ao arranjo desse sainete – transposição cênica do colorido junino em qualquer parte do mundo. O ambiente só interessaria a Sánchez, contudo, pela possibilidade de contrastar com o clima jovial uma situação dramática. Adela, vaidosa e coquete, presta-se ao intento. Passeia a sua leviandade de maneiras entre Hilário e Fortunato. Para dois homens interessados, a disputa feminina pode ter desfecho trágico. O maravilhoso da noite de São João estimula o desgoverno do instinto. A lâmina de Fortunato fere Hilário mortalmente. Diante da

SÁNCHEZ E *BARRANCA ABAJO* 185

fatalidade, Adela prorrompe na confissão de amor ao moribundo. Ele não aceita essa entrega tardia, não perdoa a jovem que o sacrificou a um passatempo criminoso. A peça, como se vê, não pretendia muito.

Ambiciosa e feliz na realização de seus propósitos foi *La gringa*, estreada em novembro de 1904. Aqui, Sánchez põe em confronto o *criollo* decadente e o *gringo* em ascensão. Dom Cantalício, elemento nativo do país, não soube conservar a propriedade, enquanto o italiano Dom Nicola se apropria das terras que o outro lhe hipotecou. Incapaz de compreender o mecanismo que o envolve, Cantalício esbraveja contra a justiça e o mundo, atônito em face da conquista de suas posses por estrangeiro. O dramaturgo, mais uma vez, não toma partido, imparcial fotógrafo que deve ser do fenômeno. A confiança no progresso, mística do positivismo, lhe dita o desenlace róseo: Victória, *la gringa*, filha de Dom Nicola, e Próspero, filho de Dom Cantalício, se gostam há muito e vão ter um filho. No caso, a concessão já é do imigrante, porque o *criollo* é pobre e não encarna uma aristocracia local. Horácio, o engenheiro irmão de Victória, construtor da nova pátria sul-americana, é quem observa: "Mire que linda pareja... Hija de gringos puros... hijo de criollos puros... De ahi va a salir la raza fuerte del porvenir..."

A caracterização dos protagonistas mostra o admirável observador que é Florencio Sánchez. Dom Cantalício sempre se enterra mais, com a falta de providências objetivas para superar o infortúnio. Sente-se roubado, e é tudo. Papéis e questões não lhe tiram esse direito superior de ter nascido e vivido ali, e lhe caberia, assim, nunca ser desalojado. Quando se afasta da chácara que lhe pertenceu, depois de uma visita que se explica mais pela nostalgia, um automóvel o atropela. Ele é recolhido pela família de Don Nicola, e esse contato permanente aguça o diálogo. Maria, a mãe de Victória, é a única pessoa que lastima o incômodo com o tratamento do velho. Dom Nicola, homem vitorioso, não tem mágoas ou dissabores. O trabalho o fez, e ele acredita na força regeneradora do trabalho. Consente no matrimônio da filha com Próspero, "con tal de que sea trabajador..." E profere as palavras finais da peça: "... ¡A trabajar! ¡A trabajar!..."

O dramaturgo, que já domina tão bem os conflitos sociais, e é capaz de surpreender-lhes a engrenagem, tem fôlego, aos trinta anos, para tentar a tragédia. *Barranca abajo*, lançada a 26 de abril de 1905 pelos irmãos Podestá, exprime a maturidade de Sánchez, na perfeita adequação dos valores recebidos da história e do presente teatrais e da experiência que se empreende na América do Sul. Obra-prima da literatura dramática latino-americana, permanece ainda hoje exemplo de rigor e de contenção, acrescentando uma seiva nova ao tronco teatral forjado no Velho Mundo. Uma análise minuciosa encontrará no texto o conceito trágico grego, a trajetória de *Rei Lear* e o orgulhoso individualismo ibseniano, tratados numa realidade específica do continente americano, que lhes transmite projeção humana mais próxima e sensível.

186 O TEXTO NO TEATRO

Dom Zoilo é a figura central de *Barranca abajo*, talvez a mais elaborada de Sánchez e uma das personagens que enriquecem a galeria dramática de qualquer literatura. O pano abre-se num cenário de desolação e aniquilamento. Numa causa, Dom Zoilo perdeu a estância. As filhas não respeitam a mãe Dolores. Rudecinda, irmã de Zoilo, acusa-o de lhe ter roubado a herança. Informa-se que Gutierrez e Juan Luis permitem a permanência da família na estância porque têm interesse nas mulheres. Cientificado da vergonha, Zoilo muda-se para o rancho de Aniceto, o jovem amigo que pretende a mão da filha Robustiana. Mas o caminho a trilhar é o de um despojamento progressivo. Robustiana morre tuberculosa. As mulheres vão abandoná-lo, para viver sob a proteção dos vencedores da causa, na antiga estância. Gutierrez chega a enviar um sargento para prender Zoilo. No terceiro ato, desenha-se uma cena de arrependimento e pedido de perdão, mas Zoilo não deseja a complacência da mulher. Quer conscientemente a solidão, a morte tranqüila e superior de alguém que, batido pelo destino, acerta com ele, inflexível, todas as contas. Aniceto tomou-lhe o punhal. A cortina se fecha quando Zoilo, sereno e decidido, prepara o laço no qual irá enforcar-se.

Família e inimigos – tudo se une na conspiração do destino para marcar o revés do protagonista. A inexorabilidade da derrota humana atribui a vitória aos inescrupulosos, aos desonestos, aos que aceitam as acomodações menores. O indivíduo íntegro sucumbe à mediocridade maléfica do ambiente. Robustiana, única aliada familiar, tem a debilidade física dos puros. Pintado como mera vítima do meio, porém, Zoilo perderia em dimensão e superioridade. O dramaturgo instilou nele um sentimento moral, belo e delicado, que aprimora o conteúdo trágico. É Zoilo quem pede perdão à mulher e à irmã. Numa cena de "reconhecimento", assume a responsabilidade pelo que lhes sucede. Se tivesse sabido orientá-las, seria outro o comportamento delas. No esforço de consciência, aceita a culpa como fardo seu. Daí o suicídio ter o significado de ajuste consigo mesmo – a total revelação da verdade.

A fatura corresponde a essa aspereza do protagonista. Várias cenas poderiam incidir na pieguice. O autor ultrapassa o sentimentalismo melodramático pela secura na condução das cenas. *Barranca abajo* acolhe um simpático lirismo: o abandono amoroso entre Aniceto e Robustiana. Apesar de sonharem os dois com a felicidade, numa casinha branca, não há derramamento ridículo. O pudor eleva a confidência do casal. E o episódio, que finaliza o segundo ato, desempenha aquela função irônica da esperança efêmera, nas tragédias, antes da catástrofe.

Quem desconhece Florencio Sánchez sem dúvida se espantará com um teatro que, no começo do século, já continha muitas coordenadas que só agora se imbricam na dramaturgia brasileira. Sabe-se que o realismo e o naturalismo, à maneira de Zola e de Antoine, não chegaram a marcar, em seu tempo, os nossos autores teatrais. Na passagem do século, preferimos outras concepções, que coexistiam na pluralidade eclética parisiense. Abílio Pereira de Almeida enfrentou, com *Paiol Velho*, em 1951, um problema rural, em termos realistas. Com *A Moratória*, estreada em 1955, Jorge Andrade escreveu a tragédia rural brasileira, em cujas personagens podem ser entrevistos elementos semelhantes aos que inspiraram faceta idêntica da obra de Sánchez. O resumo de *La gringa* deve ter sido suficiente para se reconhecer nela remoto parentesco com *Os Ossos do Barão*. No texto paulistano, o casamento dos filhos de um imigrante e de uma família tradicional aplainará as divergências, na construção do futuro. Saber que, há várias décadas, Florencio Sánchez trilhava um caminho que descobrimos, recentemente, nos enche de espanto e admiração. Faz jus ao nosso preito o prodigioso criador uruguaio.

(Abril, 1963)

31. A Poesia de Synge

Se o público ou os leitores não estiverem prevenidos, não perceberão que a peça *O Prodígio do Mundo Ocidental* foi apresentada no início do século (1907). Em qualquer obra que se distancie de nós uma década notam-se marcas do tempo: o estilo, a maneira de tratar o tema, certa moda típica das escolas ou mesmo o envelhecimento natural. O texto de Synge (1871-1909) engana o observador, porque nenhum indício o devolve ao passado. Um dramaturgo de gênio, que o reescrevesse em nossos dias, não lhe alteraria uma única linha.

Essa admirável atualidade de *The Playboy of the Western World* é sinônimo de despojamento, de rigor clássico, de infinita poesia. Acreditamos que, daqui a alguns séculos, ao fazer-se o inventário histórico do nosso teatro, a peça de Synge reunirá as mesmas características reveladoras que se conferem, na dramaturgia grega, a *Édipo Rei*, por exemplo. É temerário, senão ingênuo, lançar hipóteses dessa natureza, embora pareça fácil o prognóstico, com relação a uma obra que atravessou incólume tantas décadas. Por que *O Prodígio* resistiria aos novos fluxos teatrais?

Repare-se como a peça é enxuta e descarnada, ainda que o autor não se poupasse no uso de ornamentos, conforme rezam os preceitos aristotélicos. A todo instante emerge do diálogo uma imagem, bebida quase sempre em catolicismo vital e cheio de imaginação, produto da estranha religiosidade irlandesa. A análise estrutural dos três atos, indicando o perfeito domínio do ritmo e da duração de uma cena, além da inteligente simetria na entrada das personagens, sugere que Synge seria um mestre do *playwriting*. Para quem quiser, aliás, aprender os segredos do ofício de dramaturgo, poucas peças parecem-nos tão recomendáveis como o *Playboy*.

A POESIA DE SYNGE

189

O mecanismo da trama tem a habilidade de fazer que os acontecimentos se forjem diante do espectador. Ao chegar à taverna da pequena aldeia, cenário permanente da peça, Christy Mahon é apenas um ser acuado pelo medo, fugindo sem descanso há dez dias da eventual perseguição da polícia. Julga ele que, na luta, matou o pai com um golpe de foice. A revolta, por fim consumada, deu-lhe forças para percorrer faminto os agrestes caminhos da Irlanda. Agora, desconhecido e necessitando de ajuda, impõe confiança aos que o rodeiam e adquire aos poucos a aura de herói. É o prodígio que, libertando-se da injustiça, assassinou corajosamente o pai, num feito excepcional que só os poetas cantam. Não pertence ao rebanho medíocre daqueles mortais, que nem têm um pecado a confessar ao padre. A Christy Mahon é dada a franquia do mundo.

Mas eis que, imerso o jovem em plena glória, surge na taverna o pai. O golpe ferira-lhe a cabeça, sem tirar-lhe a vida. Furioso com a atitude do filho, acha-se também há dez dias no seu encalço. O velho Mahon não pôde suportar a rebeldia de Christy.

Todos os que acolheram o pretenso parricida como prodígio tacham-no agora de mentiroso. O golpe, se levasse à morte, daria vida a um herói: rachando simplesmente o crânio, reduz-se a melancólica brincadeira. Fora enganoso todo o processo de endeusamento de Christy. E este, então esvaziado de tudo o que lhe trouxe ainda há pouco tão bons momentos, vê-se intimamente na circunstância de escolher: a volta à humilhante submissão ao pai ou a encarnação consciente do papel de herói. Para usar a terminologia sartriana, a primeira atitude de Christy perdera-se em gesto; era preciso convertê-lo em ato. O jovem assume a responsabilidade do seu ato e ali mesmo, próximo dos convivas e apenas fora da vista do espectador (por exigências dramáticas), fere de novo o pai. Qual não é a sua surpresa quando todos o repudiam pelo crime e o prendem, a fim de levá-lo à forca. O herói da narrativa torna-se réu comum, se somos testemunhas do crime. Diante do espanto de Christy, a jovem Pegeen, que rompera o noivado para casar com ele, explica a mudança e fornece a chave para o entendimento da peça:

> Eu lhe digo que um forasteiro é uma maravilha em sua parolagem esquisita; mas com uma briga no meu quintal e um golpe de enxada na minha frente aprendi que tem um abismo grande entre uma história de espantar e um crime sujo.

Uma vantagem ponderável da ficção de Synge é que se prestaria a qualquer análise de símbolos, sem incorrer nas tolas e primárias explicações psicanalíticas. Christy está sufocado pelo pai e não revela nenhuma qualidade, sob a égide dele. No campo, mostra-se inútil e preguiçoso, e as mulheres não o apreciam. Bastou ser considerado um prodígio, quando conta ter morto Mahon, para todas as suas virtualidades virem à tona. As moças o cobiçam e ninguém o vence numa partida. Num só dia, estourou a banca do homem da roleta e do homem das argolas, quebrou a cara do homem do tiro ao alvo e ganhou todo mundo nos jogos – "corrida de mula, salto, dança e só Deus sabe que mais". É preciso que o jovem se liberte da tirania paterna para tornar-se adulto. A transformação sofrida por Christy é tão radical que a viúva Quin procura valer-se de sua nova imagem para despistar o pai: "O tal seu filho que lhe arrebentou a cabeça era um rapaz de uns vinte e um anos, melhor do que todo mundo na dança, nas corridas e nas lutas?" E o velho não reconhece o retrato: "Você não me ouviu dizer que era a mais imbecil das criaturas, de modo que agora ele vai conhecer o que é ser órfão, os velhos e os moços zombando dele, xingando ele e lhe dando pontapés como um cão leproso?" Sob esse aspecto, a peça simboliza, dentro do esquema freudiano, a passagem do jovem a adulto.

Cada uma das outras criaturas guarda sólido lastro de humanidade. Talvez, para nós, sejam algo estranháveis seus traços, porque se filiam diretamente ao humor britânico, ou melhor, irlandês. Espanta-nos até que um dramaturgo, que foi tão longe na pintura do sofrimento e da aceitação serena da tragédia, como em *Riders to the Sea*, contivesse também essa jovialidade, compreensiva das facetas cômicas dos homens. Miguel Tiago, pai de Pegeen, e dois amigos vão para um extraordinário velório, do qual voltam caídos de bêbados (vários convivas ficaram estirados junto da cova). À chegada do parricida Christy, sente Miguel Tiago que a filha não precisará atemorizar-se na taverna: tem a guardá-la um jovem destemido e forte. Todas as histórias referidas no texto são meio lendárias, misturam o elemento demoníaco e o supersticioso à capacidade total de fusão do catolicismo na fábula. Às vezes, a religiosidade entranha-se apenas nas fugas líricas. Diz Christy a Pegeen: "...e eu espremendo beijos em seus lábios abertos até ter quase pena de Deus Nosso Senhor que durante todos os séculos fica lá se aborrecendo sozinho no seu trono de ouro". Em outra fala, patenteia-se a estranheza da gente da Irlanda. Aconselha-se a uma das pretendentes de Christy: "Se fugiu, você devia ir atrás dele, Sara, você que uma vez andou dez milhas numa carroça puxada a burro só para ver o homem que comeu o nariz da dama de amarelo nas praias do norte". Quem não se divertirá, também, com o jovem Shawn, tímido noivo de Pegeen, que oferece presentes a Christy, a fim de que ele se afaste da moça?

Merecem especial menção as figuras femininas de *O Prodígio*. Synge sempre se manifestou contrário ao teatro de tese e uniu a idéia de didatismo à infância e decadência do drama. No prefácio de *The Tinker's Wedding*, assevera que "o drama, como a sinfonia, não ensina ou prova nada". Daí a sua recusa do teatro ibseniano, embora, a nosso ver, seja erro crítico afixar à obra de Ibsen o rótulo indiscriminado de teatro de tese, sem consideração de sua profunda dramaticidade e poesia. Mas se, de qualquer forma, o autor de *Casa de Bonecas* advogou um feminismo consciente, o teatro de Synge é feminista de forma não expressa, pela natureza das mulheres que apresenta. Nenhum dos preconceitos ou

A POESIA DE SYNGE

convenções sociais relativos ao que deve ser a mulher assenta a Pegeen, à viúva Quin ou às jovens que assediam Christy. Estas participam da trama para dar-lhe colorido demonstrativo do valor mítico do parricida. Mas têm iniciativa, interessam-se em conhecê-lo e não se escudam em pudores defensivos. Pegeen luta claramente pela posse de Christy e afasta com energia as rivais. Elogia-o com franqueza, sem medir a conveniência das palavras. Ao informar que é solteira, Christy assinala a igualdade de ambos, e a modéstia, como desculpa, a faz retrucar: "Eu nunca matei meu pai". É ela quem rompe com o jovem e se lastima, no fim, de ter perdido o único prodígio do mundo ocidental.

A viúva tenta credenciar-se à preferência de Christy com a proclamação de virtudes nada convencionais. Disputando-o com Pegeen, lança para ela: "...qualquer um sabe que uma viúva que enterrou seus filhos e destruiu seu homem é companhia muito melhor para um rapaz do que uma fedelha de sua espécie". Firme no propósito de conquistar Christy, a viúva protege-o do descrédito em que o poria a presença do pai e se debate, até o último momento, para tê-lo a seu lado.

A mudança que se opera naqueles que se maravilharam com a narrativa do crime e agora o renegam, por vê-lo junto de si, pode servir de pretexto à exegese segundo a qual é pessimista a visão de Synge. Os acontecimentos diriam até mal do caráter do pequeno aglomerado que, não querendo pactuar com um assassínio, se apressa a levar Christy à condenação.

Não cremos, porém, que seja esse o substrato da mensagem do dramaturgo. Se seu intento fosse negativo, ele faria de *O Prodígio* um drama e não uma comédia. O aparecimento final do velho Mahon, que sobreviveu à nova pancada do filho, atesta que a preocupação de Synge foi provocar o riso, encerrando a peça em clima de alegria. E, mais que isso, traçou ele a parábola do próprio mistério da ficção. A realidade costuma ser prosaica e grosseira, como um golpe desferido numa cabeça diante dos nossos olhos. Contar esse episódio, contudo, transfigura-o, embeleza-o, dá-lhe dimensão artística. O que o texto narra, com efeito, é o nascimento de um poeta, e Synge teve consciência dessa proeza, ao escrever a última fala de Christy:

Dez mil bendições sobre todos aqui que, afinal de contas, fizeram de mim um verdadeiro prodígio, de modo que agora eu vou por aí, contando histórias de romances e vivendo uma vida de alegria, desta hora até a aurora do julgamento final.

O texto de Synge confia ao espectador o segredo da poesia.

(Novembro, 1960)

32. Confissão de Jules Renard

O *Diário* de Jules Renard (1864-1910), em notas de 12 de março de 1889, narra um episódio mesquinho provocado pela mãe do escritor para magoar a nora. Quando leu, a partir de 1906, seus apontamentos, Renard observou à margem desse parágrafo que foi a atitude da mãe com sua mulher que o levou a escrever *Pega Fogo*. Está nítido, na confissão, o caráter de vingança que procurou imprimir à obra, aparecida em 1894. Todos os ressentimentos infantis, represados até a idade madura, foram explodir aos trinta anos, depois que a esposa, substituta da falha imagem materna, se tornou também vítima do desamor da sogra. O romance *Poil de Carotte* descreve a puberdade infeliz de um garoto solitário, marcado pelo alheamento do pai e pela permanente dureza da mãe.

O tema, contudo, não se esgotara para o autor. Conta Jules Renard, em palestra escrita em 1904 e há algum tempo publicada pelo *Figaro Littéraire* (21 e 28/8/1948), que há escritores de um só livro, e ele, ao invés de entreter Pega Fogo em muitos volumes, decidiu transformar a narração em peça, satisfazendo assim o desejo de retorno à personagem. Encenado pela primeira vez seis anos depois da edição do romance, o ato único em muitos aspectos se afasta do original.

De início, havia necessidade de concentrar a ação. O romance, que não foi escrito na forma costumeira dos grandes narradores do século XIX, mas se vale de episódios curtos, em pequenos capítulos aparentemente sem continuidade, intercalando inclusive numerosos diálogos e a correspondência entre pai e filho, pode sugerir a um leitor desavisado a impressão de fragmentário. Que se diria se material tão diverso fosse inteiramente transposto para o palco? A peça por certo

CONFISSÃO DE JULES RENARD

não se manteria de pé, dispersando-se em cenas soltas as múltiplas histórias, a que a narrativa romanesca dá unidade.

A espinha dorsal da peça Jules Renard encontrou, basicamente, com uma rigorosa seleção dos episódios, aproveitando apenas os que eram passíveis de viver pelo diálogo. Muita passagem elucidativa ou pitoresca do romance assim se perdeu: a denúncia que Pega Fogo fez de um professor no internato; a visita ao padrinho; o namoro com Matilde; o furto de uma moeda; a disciplina que se impôs de não beber às refeições; todo o cotidiano que torna a vida, enfim, não a revelação de um momento privilegiado, mas a soma de numerosas experiências, mesmo contraditórias.

Em certo sentido, deve-se admitir que a peça empobrece o romance. Primariza-o até. A necessária simplificação da intriga e dos caracteres acaba por torná-los mais lineares, aparados numa ironia sutil que tanto sabor confere à narrativa. Além dos cortes de vários casos, o texto dramático precisou fixar numa presença definidora as personagens, o que as leva a um excesso de tensão, diferente do lento suceder do romance. Sobretudo a Sra. Lepic, desenhada na peça em rápidas aparições, exigiu do dramaturgo uma síntese que melodramatiza o seu caráter. São apenas três os seus movimentos no palco: no primeiro, entrando sem ser percebida no pátio, enquanto Pega Fogo fala com a nova criada, mostra a sua natureza de megera, para ilustrar o que o filho havia dito antes sobre ela; no segundo, denunciada ao esposo, representa sem êxito uma cena de histeria, que precede a fuga estratégica para a igreja (até o tímido e desconfiado Jules Renard sofreu a sedução dos golpes teatrais...); e, finalmente, retorna à casa, arrependida, revelando no silêncio o reconhecimento da culpa em relação ao filho. No romance, a Sra. Lepic age com mais finura, sabe dosar melhor as preferências pelo primogênito com a recusa de Pega Fogo. Às vezes, parece aceitá-lo no álbum familiar, a fim de depois fazê-lo sentir-se estranho.

Pega Fogo é também sensivelmente modificado na peça. O romance mostra-o até certo ponto um garoto normal, perseguido pela mãe, mas encontrando nos bichos e na natureza consolo para a solidão. "Todo o mundo não pode ser órfão", fala dura na peça, sintetizando uma violenta carga dramática, dilui-se no romance entre diversas outras preocupações. O primitivo Pega Fogo tem vida de menino, aproxima-se de Matilde, relaxa-se em alguns prazeres. A personagem da peça está reduzida ao medo, paralisada todo o tempo pela presença terrível da mãe. Corre à menor suspeita de sua aproximação. Foge diante do ataque simulado. Agarra-se ao pai, como única força protetora. Está claro que a sua personalidade se reduz assim em dimensão, para viver sobretudo como depoimento emocional e pelas falas curiosas e inteligentes da conversa com o Sr. Lepic. No romance, há um momento em que Pega Fogo se revolta contra as arbitrariedades da mãe. Recusa cumprir uma ordem e, ao explicar-se ao pai,

194 O TEXTO NO TEATRO

toma a iniciativa de dizer que não gosta mais da Sra. Lepic. Como todo adolescente de sensibilidade, repele a injustiça, num movimento
afirmativo de rebeldia. O suicídio frustrado do livro poderia passar
despercebido, enquanto na peça ganha cores ameaçadoras, parece
quase uma inevitabilidade. Uma segunda tentativa de matar-se é nar-
rada por Pega Fogo ao pai, no palco, assinalando ainda mais as tendências negativas de sua personalidade. Tem-se a impressão, na peça,
de que Pega Fogo permaneceria indefinidamente vítima da mãe, não
fosse a iniciativa salvadora da criada de denunciar a mentira ao Sr.
Lepic. A mãe proibiu Pega Fogo de acompanhar o pai à caça e orde-
nou-lhe que dissesse ter mudado de idéia. Por conta própria, ele não
revelaria o embuste, já que o objetivo maior era sempre furtar-se aos
cascudos maternos. Apesar dos protestos de Pega Fogo, Annette intervém providencialmente e conduz a história a um desfecho favorável. Pai e filho trocam confidências e se garantem reciprocamente um
convívio de amigos: Pega Fogo não precisará abandonar a casa e o Sr.
Lepic terá com quem quebrar o mutismo.

Essa função de *dea ex machina* atribuída a Annette (como o próprio autor o reconheceu) se explica pela necessidade de fundamentar
sua psicologia. No romance, existe uma velha empregada – Honorina
– despedida da maneira mais cruel pela Sra. Lepic, porque já não dá
conta do serviço. Uma jovem criada vem substituí-la, mas, praticamente episódica a essa altura da trama, não se preocupa o romancista
em desenvolvê-la. A peça, porém, precisava de uma personagem que
viesse mover a superfície na aparência calma do cotidiano familiar.
Afirma Jules Renard que "não acontece muita coisa para os Lepic.
Eles sofrem apenas por incompatibilidade de gênio". Um elemento
estranho – catalisador – deveria propiciar as reações para a obtenção
do resultado final. Valeu-se para isso o dramaturgo de um recurso
comum à maioria das obras teatrais – a chegada de uma personagem
ao lugar escolhido da ação. Tem ela o papel de despertar as forças locais, em repouso quando se inicia a trama, a fim de que se resolvam os
conflitos latentes. Agamenon, Hamlet ou os três deuses de *A Alma
Boa de Setsuan* chegam ao quadro do drama para insuflar-lhe o germe
motor da ação,

Annette assume esse papel, na peça *Pega Fogo*. Ao chegar à casa
dos Lepic, é o garoto quem a recebe e lhe dá as primeiras informações, acabando por confiar-lhe seu sofrimento, nesse tão natural impulso de confidência dos solitários aos desconhecidos. A técnica freqüentemente utilizada no diálogo – a de perguntas e respostas – que
seria condenável em outra situação por aproximar-se em demasia da
conversa, justifica-se aqui porque a criada precisa conhecer os hábitos
da casa. E sua familiaridade já é suficiente para que, testemunha da
injustiça da Sra. Lepic, Annette, que não tem nenhum compromisso
com o meio mas apenas com o seu anseio íntimo de nunca mentir,
possa dirigir-se ao pai de Pega Fogo e comunicar-lhe o acontecido.

CONFISSÃO DE JULES RENARD 195

Mas a função de Annette não se esgota nesse papel ocasional de aliada do garoto. Ela por assim dizer pula para o outro lado, continuando a tarefa de agente catalisador. Espírito simples e confiante, acredita na cena teatral da Sra. Lepic e serve de intermediária para que ela retorne da igreja. Justiceira e de boa índole, faz-se na trama verdadeiro anjo protetor. Annette puxa, na peça, todo o fio da ação.

O Sr. Lepic, ligeiramente apagado no romance, passa no palco ao primeiro plano, mudando inclusive as suas características psicológicas. Estranha ele os desejos contraditórios do filho, mas, nada efeito às inquirições da amizade, deixaria de perguntar-lhe por que não quer mais acompanhá-lo à caça, se Annette não lhe adiantasse o motivo. No romance, Pega Fogo ouve do pai que também não gosta da Sra. Lepic, não indo a conversa além dessa inesperada confissão. O Sr. Lepic já abdicou de toda vontade de comunicar-se e não pode dar ao filho senão esse consolo de que não está só no desamor pela mãe. Prevalecerá depois o cotidiano, com a única certeza para Pega Fogo de que se tornou adulto, pela revolta. Na peça, a aproximação entre pai e filho é mais profunda e marca o nascimento de uma grande amizade. O pano cai sobre a última fala de Pega Fogo: "Pois bem, meu velho, eu decidi: não te abandono; eu fico". A entrega do filho é resposta à confidência do pai. Também o Sr. Lepic era solitário e descobre de súbito uma alma irmã. Humaniza-se, sem dúvida, e sua nova humanidade o leva a fazer considerações de maior alcance sobre o vazio conjugal. Não aceita, pura e simplesmente, que se tenha enganado sobre a mulher e se tornou vítima da escolha. Admite para o filho: "Com você ela tem toda a culpa, mas, comigo, terá? Há momentos em que me interrogo..." Aceita sua parcela de responsabilidade no malogro do matrimônio, o que engrandece sua natureza, e lança para Pega Fogo a idéia de que a mãe seria infeliz por não ter a afeição dele. Antes, já perguntara: "Você se espanta de que se sofra por não se saber fazer amado?"

A peça sugere, assim, a possibilidade de reconciliação do casal além da última fala, sem recuo piegas do Sr. Lepic. À entrada da mãe, também, Pega Fogo tenta falar-lhe, mas limita-se a um "Nada". Esse movimento deixa entrever que, senão pelo amor, ao menos pela compreensão, capaz de justificar muita coisa, o filho poderá na pior das hipóteses não ficar eriçado diante da Sra. Lepic.

É que a peça busca explicar um problema apenas exposto no romance. A primitiva Sra. Lepic maltrata o filho, sem que se saiba por quê. Apenas não gosta dele, no processo fotográfico de narração que dispensa as causas justificadoras. Sem descair no primarismo de certas fórmulas psicanalíticas, a peça narra que o casal se desentendeu há quinze ou dezesseis anos e não queria o nascimento do filho. Ele veio tarde demais para servir à reaproximação. Concebido no desamor, deveria tornar-se enjeitado. Essa a chave de *Pega Fogo*.

Agora, pode parecer algo simples a psicologia da peça. Jules Renard, contudo, teve a primazia de, na virada do século, introduzir no

196 O TEXTO NO TEATRO

teatro a figura de um menino sofredor pela falta de carinho dos pais. Não fixou o adultério, tão em moda, mas a conseqüência dos desentendimentos paternos para a dissolução da família, através da mágoa filial. Pega Fogo antecipa a galeria dos desajustados cinematográficos e teatrais, pela falta de um lar verdadeiro.

A peça, embora concentre os episódios romanescos, desenvolve ainda extraordinariamente o mundo infantil, um dos mananciais mais ricos da literatura moderna. Pode-se no íntimo desejar que o autor tivesse desdobrado a ação em três atos, a fim de manter o espectador mais tempo ao lado de Pega Fogo. Antes de apresentar o texto, porém, já havia Renard anotado em seu *Diário* (novembro de 1899): "Teatro. Minha única teoria é a de não fazer nunca mais do que um ato". Estava ele possuído pelo demônio da precisão, pela certeza de que não há sinônimos e cada palavra é insubstituível na frase. Em sua nudez, em sua aspereza, a peça alcança objetividade e impacto estranhos ao romance e talvez a um texto maior, quebrado pelos intervalos. Não se deve esquecer, também, que é admirável pretexto para o virtuosismo de uma atriz ou um ator. *Pega Fogo*, no palco, agarra a platéia pelo vigor emocional da ação, em que a pungência do drama se alterna com a deliciosa comicidade da graça infantil. O público fica suspenso, no riso e no soluço.

(Fevereiro, 1959.)

33. O Inferno de Strindberg

Debruçar-se sobre Strindberg (1849-1912) é desmentir o desdém que ele exprimiu pelo teatro no prefácio de *Senhorita Júlia*: "O Teatro – e a arte de maneira geral – pareceu-me sempre uma *Bíblia pauperum*, uma Bíblia em imagens para aqueles que não sabem ler o que está escrito ou impresso". Embora solicitado pelas especulações do pensamento e pelas experiências científicas, foi à dramaturgia que o escritor sueco deu o melhor do seu gênio e, por meio do diálogo, realizou uma pesquisa de essências equivalente às mais profundas sondagens. Na verdade, sempre e apenas lhe interessaram as explicações últimas das coisas e, no atrito das personagens, encarnou o que lhe pareceu fundamental na condição humana. Ao desenvolver permanentemente o problema da relação do homem com a mulher – inimigos mortais que se defrontam a cada momento –, procurou em síntese, através de variados conflitos, descobrir o mistério da queda paradisíaca e dessa dolorosa separação dos sexos. Incapazes de fundir-se num único ser, que foi a sua origem, o homem e a mulher se digladiam sem cessar, até que a morte de um traz a trégua e o repouso. Para Strindberg, além da história e do cotidiano episódico, existe substancialmente um fenômeno básico: o casal, em que os cônjuges estão indissoluvelmente ligados. Como perderam a plenitude do Paraíso, vivem na Terra um exílio de torturas em que raras vezes se alçam de novo à perfeição edênica. O homem está condenado à mulher e, se os louros da vitória nada valem enquanto não são depostos aos seus pés e só ela dá preço às coisas, segundo afirma o protagonista de *Há Crimes e Crimes*, a imagem feminina de Eva rouba a Adão a paz de espírito e o obriga à desventura terrena.

Da noção do pecado original decorre a cosmologia strindberguiana, mesmo na sua primeira fase naturalista, quando se proclamava ateu e ainda não enveredara pelas indagações místicas. Foi Eva, frívola e leviana, que se deixou seduzir pelo demônio, envolvendo o inocente Adão e condenando sua descendência ao trabalho. Não custou a Strindberg assimilar Eva ao próprio demônio que tenta sem descanso o homem e converte a Terra em inferno. O inferno terrestre, inspirado por Swedenborg a Strindberg, é obra da mulher, que mantém vivo o fogo no qual a humanidade se consome.

A misoginia em si não provocaria interesse literário e seria uma bem pobre característica de autor, se Strindberg não a tivesse utilizado para apurar o instrumento de análise, indo ao fundo dessa "luta de cérebros" que deu às suas peças clima tão tenso e vigoroso. Humanamente, discordamos de suas premissas e somos obrigados a reconhecer que o mundo strindberguiano é conseqüência da esquizofrenia, muito bem estudada no ensaio de Karl Jaspers. A doença mental prejudicou, sem dúvida, certos aspectos da sua obra, tanto assim que, apesar da proclamada imparcialidade que lhe caberia ter na visão determinista, a maioria das personagens femininas está amesquinhada e empobrecida psicologicamente pelo partido que ele sempre tomou. Os móveis das mulheres são deturpados ou vistos de um ângulo pejorativo, como se apenas lhes alegrasse a perda do homem. O patético pintado pelo dramaturgo na vertigem dos dois sexos atinge com freqüência, entretanto, uma expressão artística existente apenas na obra de poucos gênios. Strindberg tem a ciência de fustigar os nervos do público, mergulhando-o numa voragem de palavras que ferem.

O Pai já apresenta toda a problemática do autor. São múltiplos os aspectos da tragédia do casal porque, se Strindberg persegue a essência, ela é feita da depuração de seu conhecimento cotidiano. Depois de obter a vitória, a mulher concede tudo ao homem. Oprimida pela organização social, como o feminista Ibsen denunciara antes, a mulher vinga-se do homem pelos meios mais soezes, e aqui inoculando-lhe a dúvida sobre a paternidade. Ela sabe que é mãe e o homem nunca tem a certeza se é o pai, situação que a torna superior. Os homens gostariam de ser amigos, mas não o podem, já que entre eles está a mulher. O problema agrava-se porque, em virtude da educação, a mulher não admite no marido o amante: acostumada a votar-lhe afeto maternal, só pode ser amiga e as relações sexuais se tornariam assim incestuosas. Tem-se a impressão de que o homem preenche o papel do macho, sacrificado depois pela mulher, por não ser mais necessário. Todas as mulheres tiveram na vida do protagonista função negativa: a mãe não o queria e evitou as dores do parto; a primeira experiência amorosa valeu-lhe uma doença de dez anos; a mulher tortura-o com a dúvida sobre a paternidade; e a ama, que parece de fato gostar dele, exemplifica o amor inconsciente, que se transformará no instrumento para pô-lo em camisa-de-força. Diante dessa conspiração, o homem, que guardava inegável lucidez, só

O INFERNO DE STRINDBERG

poderia tornar-se louco de verdade. Na luta pela conquista do poder, não sendo o matrimônio celebrado com base na igualdade, vence o mais forte – a mulher inescrupulosa, que não recua em face da conveniência mesquinha de aprisionar o esposo no manicômio.

Iniciando-se pela comédia, *Camaradas* parece uma peça mais amável. A protagonista não quer que usem seu prenome feminino, sinal de que a mulher, inferiorizada socialmente, repudia o próprio sexo. Qual símbolo de que pode acorrentar o homem, dá ao futuro esposo um bracelete. A atmosfera matrimonial nubla-se aos poucos e, desabafando-se, o protagonista chega a considerar-se um ser híbrido, porque nasceu do cruzamento de um homem com uma mulher. O título acaba por adquirir um significado irônico e o marido diz desejar em casa uma esposa e não uma camarada. Na competição intelectual, Strindberg deu (como sempre) ganho de causa ao homem, aceito para expor num certame, enquanto a esposa é recusada. O desfecho sugere que a mulher se curva quando o homem age com virilidade, com decidida dureza.

Texto complexo, cheio de linhas superpostas, é o de *Senhorita Júlia*. A luta dos sexos se equaciona no encontro da jovem nobre com o seu criado, na festa de São João, em que os instintos se libertam. A situação de início equívoca, o quase jogo cerebral em que a mulher provoca o homem acabam assumindo cores trágicas, até que, satisfeito o rito do sexo, a Senhorita Júlia se mata. A diferente posição social de ambos foi aproveitada pelo dramaturgo para assinalar a decadência feminina e a ascensão masculina, expressas no texto, aliás, num símbolo fácil. Mas há no entrecho o ressentimento do autor, ele também filho de criada, manifestando-se contra uma nobreza de origem duvidosa, embora não sejam menos duras suas palavras sobre o que sente a plebe. A Senhorita Júlia, marcada pelo crime materno e pelo ódio que lhe incutiram contra o sexo oposto, não retrata, porém, linearmente, a misoginia de Strindberg. Através de seu encontro com o criado, não será difícil perceber a fatalidade da união dos dois sexos, independentemente da classe de origem. Sempre Adão e Eva solitários, para quem as possíveis diferenças sociais trazem apenas maior tortura. O desvario se alimenta ao ritmo da festa e ao aroma dos jardins do castelo – quadro edênico para o casal. Findo o ato amoroso, sobrevém a tristeza do pecado, que procura apagar-se na fuga para os lagos distantes. A revelação da culpa, a exemplo do texto bíblico, é privilégio masculino: o conde, pai de Júlia, volta da viagem e convoca o criado pelo tubo acústico, paralisando-o na sua condição presente. É bem um deus que chama à ordem os filhos faltosos. Júlia expia no suicídio o próprio crime e o de toda a linhagem feminina que enfeitiçou o homem. Fraca ainda assim para o gesto fatal, busca no criado, por meio da sugestão hipnótica, a força para matar-se.

Talvez em *Credores* Strindberg tenha depurado ainda mais a pesquisa de sutilezas do matrimônio, visto inicialmente na peça pelo diálogo do primeiro e do atual marido. O antigo esposo, desconhecido do novo, experimenta com ele um jogo perigoso, no qual acabará por mostrar o ilusório de sua felicidade. O entendimento conjugal mantém-se por fio tênue, rompido logo que alguém se dispõe a fazer indagações maiores. Não importa que a mulher confesse amor ao atual esposo, quando ele não resiste ao conflito e morre de um ataque: o irremediável está praticado, condenando os outros ao desespero. Ela não poderá mais reconstruir seu destino, e o primeiro marido, que escarnecia para vingar-se, se encontrava de antemão vencido. Os seres se destroem no seu atrito inevitável, inocentes perante um deus mas responsáveis entre si, dolorosamente responsáveis.

Em *O Laço*, que representa a despedida do naturalismo, o casal de barões de despe nos seus mais íntimos segredos diante de um tribunal. Irremediavelmente nus, a baronesa diz que, pelos bosques, gritará a Deus que deixou o amor infernal vir à Terra para atormentar os homens. Na peça, embora o barão esteja justificado, percebe-se na mulher um ressentimento preso à falta de prazer sexual. Outra face da misoginia aparece em *Diante da Morte*, peça aparentada ao *Rei Lear*: o pai, apesar da ingratidão das filhas, ainda sente ternura por elas e decide incendiar a casa para que, com o seguro, possam adquirir alimentos. A miséria em que vivem é, ainda uma vez, motivada pela insensatez feminina.

Não se Deve Brincar com o Amor, *Primeira Advertência* e *A Mais Forte* são interlúdios repousantes, em que os protagonistas se salvam antes do perigo fatal. No primeiro texto, o amigo escapa, quando as relações com marido e mulher poderiam obrigá-lo a difícil definição. Um arrufo matrimonial é pintado em *Primeira Advertência*, sob a excitação de ciúmes de parte a parte. Mas, como indica o título, cabe ainda a reconciliação, solidário um com as misérias do outro: o marido, que desejou muitas vezes que a mulher fosse velha e feia, viajará com ela, para que ponha um dente caído... A esposa, "a mais forte", que se retemperou na disputa com a rival, vai deixá-la sozinha numa mesa de bar, voltando a casa para amar o marido.

Na fase mística, *Há Crimes e Crimes* enriquece o tema da luta dos sexos com a noção religiosa da responsabilidade pela morte dos outros, quando ela foi desejada, embora apenas em pensamento. Poderia servir de epígrafe ao texto a frase dostoievskiana: "Todos são responsáveis por tudo, perante todos". Aliás, no diálogo, cita-se um episódio da biografia do escritor russo: tendo ele querido a morte do pai, logo que ela ocorreu, imprevistamente, paralisou-o o sentimento de culpa. Na peça, o protagonista – um dramaturgo – encontra-se, na noite em que se estréia um original seu, com a mulher para a qual estava fatalizado. Com o triunfo do espetáculo, o mundo pertence a eles – nenhuma barreira resistirá à sua força. O único óbice é uma filha do dramaturgo, havida de ligação anterior. No delírio do êxito, gostariam que ela não existisse. A menina morre de uma doença comum, mas, tendo sido ouvido o diálogo do casal, o pai se torna suspeito do crime. É certo que não a mata-

O INFERNO DE STRINDBERG 201

ra, mas o remorso liquida-o. Procura transferir a culpa à companheira de aventura, que, por sua vez, imagina que foi ele o criminoso. Nessa acusação mútua, a felicidade dos dois se esboroa e se entregam ao desespero. Eva é castigada com a solidão – não se realizará seu sonho impossível. No começo da peça, o abade advertira que a única esperança é a cruz, e o protagonista, depois reconciliado com o mundo, pagará seu tributo à Igreja. O descaminho humano, alucinado e sem fim, leva Strindberg a apelar para a Providência.

O Pelicano acrescenta, à invariável querela do dramaturgo, uma simbologia haurida, à semelhança de *Páscoa*, nos valores cristãos. A mãe, no mesmo esquema de outras peças, é responsabilizada pelos erros familiares, por ter roubado a comida do lar e o próprio noivo da filha. Assacam assim, contra ela, a falsidade da lenda segundo a qual o pelicano alimenta a prole com o próprio sangue. Mas, à medida que reabilitam o pai morto, emprestam-lhe o atributo do pelicano, símbolo agora cheio de significado. Por trás da trama, vê-se a imagem de um Cristo que ofereceu seu sangue para redimir a humanidade – homem e não mulher.

Uma das peças que melhor definem a tragédia do casal é *A Dança da Morte*. A casa na ilha inóspita e inimiga, a condição militar, o lazareto a ser construído, as difíceis relações humanas da pequena comunidade – tudo foi disposto para dar ao cenário as cores do inferno. Nesse ambiente, o capitão e sua mulher, ex-atriz (a vida e a obra de Strindberg estão povoadas de atrizes), vão comemorar as bodas de prata. Eis que, na virulência típica do autor, acabam por confessar-se um ódio antigo e se atribuem a missão de um mútuo tormento. Antes de baixar o pano, no final da primeira parte (composta de quatro atos), cita-se a história de um homem que se casou sete vezes e a última, aos noventa anos, de novo com a primeira mulher. "Borrão e conta nova" – essa a fórmula da tortura humana, incessantemente renovada. Eva é a companheira única de Adão. No desfecho da segunda parte de *A Dança da Morte* (constituída de três atos), a mulher, que sem dúvida agiu de maneira a apressar o fim do marido, pode finalmente ter o repouso da trégua e abrir-se na confissão de que o amou. Sente prazer especial de falar bem dele, julga-o agora, depois de tê-lo visto como vampiro, um homem bom e nobre. Obrigando os contendores a depor as armas, a morte é a libertação do inferno.

O pensamento e a forma de Strindberg acham-se tão intimamente entrosados e decorrem de uma tão marcada expressão individual que é impossível separá-los em compartimentos estanques. Acompanham muito de perto, também, a sua biografia, de sorte que se pode segui-los num itinerário definido, não obstante a vida do dramaturgo fosse um recomeçar permanente, uma volta sem fim à fonte, uma tentativa alucinada de procurar as razões primeiras. Nenhuma obra corresponde melhor do que a de Strindberg ao conceito de Antonin Artaud, segundo o

202 O TEXTO NO TEATRO

qual o teatro foi feito para abrir coletivamente os abscessos. Abscesso exposto sem nenhum véu ao público – essa a extraordinária garra dos textos strindberguianos.

A estrutura dramática, desde os atos mais cerrados aos mistérios e alegorias que poderiam prolongar-se indefinidamente, nunca se afasta da visão religiosa, que toma a existência como um todo: apenas, nas peças curtas, o destino concentrou-se num momento privilegiado, enquanto, nos dramas longos, exprimiu-se na penosa duração da passagem terrena ou no atemporalismo sobrenatural. Em substância, o ponto de vista não se alterou. A respeito de *Senhorita Júlia*, escreveu Strindberg: "Condensar o sofrimento, fazê-lo desencadear de um só golpe... Em toda peça, há uma cena; é essa cena que eu procuro". Os textos em vários atos não desmentem, porém, esse ideal dramático da perseguição à essência das coisas: tornaram-se, no vigor com que foram compostos, essa cena única, apenas ampliada. Não há no teatro de Strindberg o tradicional esquema da apresentação de um assunto, seu desenvolvimento e desfecho. Desde o princípio, as personagens vivem em clímax, do qual a continuidade cênica representa as múltiplas manifestações desconexas. Sem a rotineira preparação psicológica, ele passa, de um diálogo a outro, a estados emocionais opostos, perfeitamente assimiláveis pela platéia. Desde que se abre o pano, instaura-se o clima de paroxismo, consumindo as criaturas. Consciente de sua renovação, Strindberg afirma no prefácio de *Senhorita Júlia*:

... Evitei a ordenação simétrica e matemática do diálogo francês e deixei os cérebros trabalharem livremente, como o fazem na realidade. Não é verdade que não se trata nenhum assunto a fundo numa conversação, mas que um cérebro abre para outro, fortuitamente, um caminho no qual ele se empenha? Eis por que meu diálogo bóia e faz no curso das primeiras cenas provisão de materiais que são depois retocados, retomados, repetidos, desenvolvidos e ordenados como o motivo na composição musical.

Mais do que pode sugerir estruturalmente essa variação melódica, Strindberg antecipa no diálogo o atonalismo. Amor e ódio alternam-se com tanta e igual força que não se pode distingui-los numa nota dominante. Existe sempre o fator único da expressão da vertigem.

Strindberg concentrou em peças curtas uma experiência imensa, em virtude de sua concepção da vida: os destinos são intercomunicáveis, tudo se interpenetra, nada permanece impune. A idéia religiosa segundo a qual todos os atos são somados para o último juízo foi transposta pelo dramaturgo de acordo com as suas exigências teatrais. Sendo a Terra o inferno, as contas se ajustam aqui mesmo e por isso os credores sempre reaparecem, sem que haja prescrição em nenhum tempo. Strindberg limita-se a iniciar a ação quando há um ajuste de contas em perspectiva, como tão bem estudou Arthur Adamov. Maníaco da perseguição, imbuído de profundo sentimento de culpa, o autor sueco reuniu em suas peças um fluxo emocional contraditório, cuja sutil ambigüidade cria alto teor artístico.

O INFERNO DE STRINDBERG   203

As personagens são visualizadas com base na indefectível necessidade de expiação. Apesar da culpa maior da mulher, sinônimo de tentadora, o homem tem a sua parte de responsabilidade, ao menos porque foi sensível à tentação. Na intrincada contabilidade que se estabelece nesse universo de devedores, não será arbitrário muitas vezes assimilar a figura do credor ao sentimento íntimo do pecado. O dramaturgo sempre compõe uma história material e palpável, em que a exegese pode bastar-se com os dados objetivos. Mas a extraordinária projeção de suas idéias permite que se passe, sem arbítrio, ao mundo dos símbolos. Além de primeiro marido esvaziado pela mulher e que se vinga do abandono, Gustavo, de *Credores*, não desempenhará também o papel de exteriorização da consciência do atual esposo, que se pune por ter roubado a outrem a felicidade? Nenhuma peça fixa, como *Deve e Haver*, o problema de que o êxito se constrói com o sacrifício dos outros. Axel tornou-se importante explorador na África, levando a família do irmão à insolvência e a noiva e o amigo ao desespero. Quando lhe pedem contas, só lhe resta fugir, sem o que ficaria submergido de dívidas. A fuga é a única forma de continuar a viver. De suportar o compromisso da vida. A alegoria de *O Sonho* usa o *leitmotiv* dos versos: "Cada prazer que experimentas / traz a dor aos outros". A Filha de Indra assim explica a matéria humana:

> No início dos tempos, no momento em que o sol começava a resplandecer, veio Braham, a força divina primordial, e permitiu que Maia, a mãe do mundo, o seduzisse, para propagar-se. O contato da substância primordial com a matéria da terra determinou a queda do céu. O mundo, a vida e os homens não são assim mais do que fantasmas, sombras, imagens de sonho...

Essa metáfora ajusta-se às personagens de Strindberg, que se definem por um grande vazio interior. Seu substrato fundamental é o nada. Divididas entre tantas solicitações contraditórias, perdem o estímulo espontâneo, a força vital. Despertam apenas ao atrito com antagonistas. Se vivesse solitária, a criatura strindberguiana manteria um equilíbrio feito de ausência. Sua energia desperta, num dos pólos magnéticos, pela aproximação de outra criatura. A mulher e o homem representam esses pólos naturalmente antagônicos. Mas estando destinados um para o outro, sua energia poderia cair em repouso, se um elemento catalisador não fosse incluído em sua reação. Daí o surgimento permanente de uma terceira personagem, que estimula o casal, obriga-o a definir-se. Muitas vezes parece suspeita essa figura estranha na equação amorosa. Em várias peças, há referência a ela. O marido de *Não se Deve Brincar com o Fogo* ama a mulher quando está presente o amigo. Foi a amiga que ensinou o marido a amar a mulher de *A Mais Forte*. Adolfo, o penitente de *Há Crimes e Crimes*, só tem prazer ao lado da amante no momento em que se encontra com eles um amigo. A mãe de *O Pelicano* escusa-se do adultério porque o marido soube apreciá-la somente quando teve rivais. Se o exame psico-

204 O TEXTO NO TEATRO

lógico dessa constante pode trazer luz para a compreensão da própria personalidade de Strindberg, do ponto de vista dramático sabe-se que ela acarreta a exigência de manter em cena, freqüentemente, um triângulo básico.

O deserto íntimo precisa ser povoado. Despojada de matéria própria, a personagem procura alimentar-se com a substância de outra. "Devorar ou ser devorado" – nessa alternativa única resume-se a possibilidade de afirmação do ser, segundo se declara em *O Pai*. Daí a presença crescente do tipo do vampiro na dramaturgia de Strindberg. Umas personagens esvaziam as outras de seiva, sustentam-se pela destruição do mundo à volta. O melhor exemplo dessa característica encontra-se em *A Dança da Morte*, peça na qual o protagonista vai cortando todas as oportunidades de sobrevivência do amigo. Seria ressentimento oriundo do ciúme? O capitão dispõe dos filhos de Kurt, dá-lhes destino à revelia do pai e, depois de envolvê-lo numa empresa comercial, faz que ele perca todo o dinheiro na falência, salvando com vantagem a sua parte. Uns são aniquilados pelo poder maior de outros, implacáveis no exercício da força. Ao fim das peças, por isso, o sentimento é de exaustão.

Para alcançar esse difícil efeito de engalfinhamento, destruidor das personagens, Strindberg elevou à perfeição a técnica por ele denominada "luta de cérebros". Com efeito, não há na sua obra uma história linear, cujo termo traga a solução. As armas apuram-se sempre mais e se um golpe ainda não é suficiente para decidir a partida, outro virá, aproximando-se do alvo fatal. O processo de progressão dramática é o de desnudamento paulatino das personagens, por meio de revelações a cada cena mais comprometedoras. Em *Pária*, por exemplo, as duas únicas personagens – um arqueólogo e um viajante – disputam-se num clima de forte tensão intelectual. O viajante diz-se falsário e arranca do outro a confissão de que matou um bêbado, com um murro. Apresenta-se o pretexto para uma chantagem – o arqueólogo, confessado o crime, seria coagido a praticar um roubo, por sugestão do antagonista. Mas quando decide confessar-se publicamente, não cabe ao viajante senão recuar. Toda a armação psicológica mantém-se numa atmosfera de hipóteses, jogo, possibilidades, força elástica para o animal dar o bote. Para quem não resiste à perigosa luta, resta partir.

Não se fazendo os desafios nesse terreno impalpável da consciência, os julgamentos deixam de obedecer também às praxes processuais. Uma das manifestações de Strindberg contra o formalismo está no absurdo que empresta à justiça togada. Em *O Laço*, uma ladra é absolvida, porque seu patrão a acusa sem testemunhas. E ele perde a causa, movida por calúnia, pois o qualificativo de ladra fora ouvido por muitos. *O Pelicano* volta ao tema, falando uma personagem que "um testemunho sincero não é válido, enquanto dois falsos fazem prova". Descrente da justiça oficial, Strindberg transfere o julga-

O INFERNO DE STRINDBERG

mento para tribunais superiores, o divino ou o da própria consciência. *Há Crimes e Crimes*, cujo título seria também *Tribunal Supremo*, exemplifica esse problema. O penitente do texto diz: "Crimes piores, porque a lei os ignora e o castigo só depende de nós. Nenhum juiz é tão severo quanto nós próprios". E em *Páscoa* chega-se à moral mais absoluta quando se considera que "o próprio crime é uma punição". Nesse universo de delicadeza de sentimentos, ao lado da explosão violenta das paixões, o diálogo deveria ser extremamente dúctil e a estrutura, um pouco desconexa, desagradando às vezes ao hábito estabelecido do desenvolvimento retilíneo. Mas a indisciplina aparente é que serve de veículo, quase sempre, ao vôo genial de Strindberg. Incapaz de conter-se em fórmulas rígidas, prenunciou as pesquisas formais dos nossos dias e percorreu todos os caminhos artísticos. *A Dança da Morte* parece uma peça expressionista de Kaiser, na qual uma súbita perda do aparente equilíbrio deflagra a avalanche sem fim da subconsciência. *O Sonho* quebra as noções tradicionais de tempo e espaço, na tentativa de apreender a imaterialidade do pensamento, liberto da censura. Nas peças de Strindberg, encontram-se em germe situações retomadas por Pirandello, Ionesco e até por Nélson Rodrigues. A bonita idéia moral de *Perdoa-me por me Traíres* está expressa por uma personagem de *Credores*. A mulher criou o irreparável. Ainda assim, o homem pede perdão pelo mal que ela lhe fez.

Poucos escritores assimilaram, como Strindberg, todas as tendências, todas as filosofias anteriores e contemporâneas, mesmo contraditórias. Tudo foi absorvido por ele. Sua obra parece, assim, um cadinho, no qual a experiência humana e literária se filtra nos traços essenciais. Do naturalismo determinista aos delírios místicos, foi percorrida a gama de explorações intelectuais: confluência da realidade e do sonho, das cruas exigências prosaicas e da imaterialização dos valores terrenos. Súmula do processo dramático, do clássico ao medieval, do romântico ao naturalista e contendo o surrealismo, o expressionismo e o vanguardismo. Obra enciclopédica, acendendo os caminhos literários do século XX.

(Abril, 1959)

II. DE JARRY A HEINER MÜLLER

1. Jarry: Epopéia e Paródia

Pode-se atestar hoje, tantas décadas depois da clamorosa estréia de *Ubu Roi* no Théâtre de l'Oeuvre de Paris (1896), a absoluta validade do mito criado pela personagem – mito tão vigoroso como os mais eficazes da ficção moderna. Para a nova geração que assistiu à estréia da peça, *Ubu Roi* equivalia à "batalha do Hernani", como um grito explosivo contra o convencionalismo, rebeldia de inconformados aos ditames e regras do bom-tom. Rompendo de imediato qualquer possibilidade de compromisso com os bem-pensantes, Alfred Jarry (1873-1907) iniciou o texto com as cinco letras da interjeição comum, às quais acrescentou um "r" sonoro, fantástico, também sinal de protesto contra a grafia rotineira.

Não obstante a divisão apaixonada dos ânimos, que aderiram integralmente ao espetáculo ou o consideraram um escárnio sem sentido – garantia muitas vezes de êxito de público – *Ubu Roi* não teve uma carreira regular e nunca a atingiu, até que Jean Vilar decidisse inscrevê-lo no repertório do Teatro Nacional Popular. Representações esparsas e sem continuidade fizeram-se da peça, e raramente com nomes de primeira linha. E a razão é simples: agora existe um estado de espírito passível de discernir o imenso alcance de *Ubu Roi*. Jarry, com uma visão prodigiosa da posteridade, veio ao encontro das preocupações fundamentais do teatro contemporâneo.

A menos que se faça ainda a descoberta dos romances e da poesia de Alfred Jarry, ele é, para todos os efeitos, o autor de *Ubu Roi*. Até aí, nada de mais. Na galeria literária, quantos não são os escritores de uma única obra, os inventores de um só tipo? Se evocarmos, porém, as circunstâncias em que escreveu a peça, a admiração pelo seu gênio tende a

210 O TEXTO NO TEATRO

crescer. Jarry compôs o texto aos quinze anos de idade, como brincadeira escolar, destinada a ridicularizar um professor. Impacientavam-se ele e os colegas com a figura de M. Hebert, e *Ubu* foi a válvula de escapamento, a forma de protesto. Naturalmente, está aí o ponto de partida, mas Jarry não chegaria a uma simbolização universal se outros elementos não tivessem enriquecido sua trama. Quanto a esse fator, além do espanto com a sua intuição, não há muito que duvidar. É conhecida a extraordinária facilidade de Jarry para os estudos – aluno precoce e brilhante, tendo assimilado múltiplos ensinamentos e transposto exames com ótimas notas. Ele, também nisso, desmente as idéias estabelecidas, segundo as quais ao bom estudante se põe logo o rótulo de medíocre. Excelente aluno porque para o homem talentoso seria ridículo não aprender as noções transmitidas. Jarry parte do domínio da sabedoria comum para a sua profunda revolta, fazendo ruir por dentro o mundo que tão bem conhecia. Mais tarde, quiseram negar a Jarry a autoria de *Ubu*. A obra seria de dois colegas, talvez por ele reescrita. Ou ele seria apenas co-autor. Não há provas. Outros testemunhos atribuem taxativamente à sua mão a lavra da peça. Jarry, depois de igualar-se aos melhores estudantes no aprendizado das noções básicas, pode dispensá-las, com desprezo feito de conhecimento. Quando a peça é encenada por Lugné-Poe, ele tem vinte e três anos. Morrerá apenas com trinta e quatro, depois de ter cumprido o destino de "poeta maldito", figurando ao lado de um Nerval e de um Rimbaud. Tendo dissipado a herança, mergulha paulatinamente na miséria, para morrer sob a ação do absinto. Nesse suicídio prolongado – só se pode chamar assim sua lenta agonia – Jarry acabou definindo-se como antítese de *Ubu*. Este torna-se rei graças à sua tremenda estupidez, à bestialidade sem limites, desligada de qualquer vislumbre de consciência. Jarry, que na adolescência deu provas de poder assemelhar-se aos triunfadores, recusa esse caminho fácil, porque é feito também de abdicação. Como os "Ubus" é que são reis, ele prefere a miséria. *Ubu Roi* tornou-se o retrato feroz e grotesco dos vencedores, a imagem fiel do monstro que domina os homens, por ter perdido a humanidade. Revoltado contra a organização social que leva a esse absurdo, Jarry foi aos poucos se consumindo. Sua vida fez-se antibuesca por excelência.

Mas quem é esse Pai Ubu, capitão de dragões, oficial de confiança do Rei Venceslas, condecorado com a Ordem da Águia Vermelha da Polônia e antigo rei de Aragão? Não se pode esquecer, de início, que Jarry o concebeu para zombar de um professor, erigi-lo em protótipo da asnice e da insignificância coroada. Originariamente, a personagem decorre de um desejo de vingança, e por isso ela aparece em traços caricaturais, grosseira, truculenta, rude, primária. Mas essa pintura tem razão de ser e para tornar-se verossímil, dentro do total desrespeito às normas de vida, era preciso que retratasse a fundo um certo gênero humano, embora às raias de perder toda semelhança com o homem. Ubu Rei, instigado pela mulher, Mãe Ubu, assassina o rei da Polônia e

JARRY: EPOPÉIA E PARÓDIA 211

assume o poder. Usurpado o trono, consente em que o povo deixe de pagar impostos, nessa primeira sedução falaciosa do demagogo. Sentindo-se já seguro, permite-se não cumprir a promessa feita ao amigo fiel, Capitão Bordure, dizendo: "Agora que não preciso mais dele, ele pode bem ficar coçando a barriga, que não terá seu ducado". E lhe importa apenas usufruir as vantagens da governança, que para isso nenhum escrúpulo o retinha. A liquidação das forças censoras – a oposição, por assim dizer – é parte desse processo de vertigem do poder, suprimindo-se, com efeito, a própria consciência. Os nobres, de certa maneira, ao menos no regime de realeza, exprimem a legitimidade das instituições vigentes. Que faz Ubu, usurpador? Suprime-os. Nada que signifique tradição, hierarquia. E o problema não é apenas de herdar-lhes as posses. Quando o Príncipe de Polodie se confessa arruinado, Ubu sacrifica-o também, por causa dessa "palavra má". Vigora o terror, exerce-se o arbítrio. Outro poder pernicioso para os regimes ilegítimos é o judiciário, incumbido de administrar a justiça. Um ditador não pode tolerá-lo. Propõe Ubu aos magistrados que recebam apenas as multas dos processos e, diante de sua recusa, liquida-os também. Restam os financistas, homens que devem prover às necessidades do reino. Ubu quer guardar em sua "caixinha" a metade dos impostos. Diante do protesto dos homens que defendem o interesse público, a solução é silenciá-los. E Ubu encontra o caminho: "... eu mesmo irei, de lugar em lugar, recolher os impostos". Que melhor expressão haverá dos métodos dos demagogos que se servem do erário público como propriedade particular?

Acrescentem-se, a esses dados, outros pormenores que definem completamente o retrato: a covardia, o medo, o egoísmo, a utilização hipócrita do sentimento religioso. Chamado ingenuamente pelo rei, que desejava apenas condecorá-lo, Ubu pensa que sua trama foi descoberta e procura logo acusar a mulher e o amigo. (Irresponsabilidade, traço marcado do demagogo.) Diante do urso, afasta-se, receoso: "... por ora, cuidamos do nosso Padre Nosso. Cada um tem a sua hora de ser comido". E no seu tartufismo, explica ter subido na rocha para as orações estarem mais perto do céu. A repulsiva figura moral precisa encontrar um correspondente físico. Ubu tem enorme barriga, não toma banho, come com uma cupidez animal. Está de pé a figura rabelaisiana, com um vigor que não se pode conter nos cenários convencionais do teatro. Além de todas essas características, Ubu é contagiante de simpatia, comunicativo, extremamente "popular".

O escárnio maior de Jarry é fazê-lo sempre vitorioso, condenado ao sucesso, não obstante a derrota diante da *armerdre* russa e da vontade de ficar prisioneiro, a todo o custo. É essa, com uma comicidade negra e uma ironia trágica, a maneira de Jarry encarar o mundo. Temos vontade de protestar e não reconhecer a impressionante realidade do ser irreal concebido por Jarry. Mas o seu poder divinatório sobrepuja as marchas e contramarchas do tempo. Olhamos à volta e vemos que o criador de *Ubu Roi* tem razão.

212   O TEXTO NO TEATRO

Talvez por ter sido escrita na primeira adolescência, em que o resultado das leituras permanece visível na expressão pessoal, *Ubu Roi* sugira a idéia de uma verdadeira síntese dos gêneros teatrais. Aquilo que foi assimilado dos outros autores ainda está à flor da pele, precisa de uma resposta urgente da própria sensibilidade. Quando o leitor-autor não tem talento, torna-se pálido pasticho o que fizer sob o estímulo do primeiro conhecimento dos outros. No caso de Jarry, sua genialidade o leva a resumir em *Ubu Roi* toda a literatura anterior, lançando-o também, prodigiosamente, para o futuro. Encontram-se na peça, conciliadas, as antíteses fundamentais da querela artística – a epopéia e a paródia, a farsa e a tragédia, o sério e o grotesco, numa espantosa antevisão de todos os caminhos do teatro moderno.

Ninguém se iluda sobre o aparente clima de irresponsabilidade de *Ubu Roi*. A figura ridícula e parva do herói assume, no fim de contas, postura sinistra, à qual não falta o toque da solidão. Como podia Jarry conceber cenicamente a peça? Apenas na forma do teatro épico, retomada posteriormente por Bertolt Brecht. Não há, em *Ubu Roi* como em *Ubu enchainé* e *Ubu cocu*, lugar privilegiado para a ação, analisando-se em curto tempo uma crise dramática. Os cenários são múltiplos e as personagens aparecem em numerosas situações, igualmente importantes para a sua história. Eis uma das características do teatro épico, inteligentemente utilizada por Jarry.

O veículo, porém, é o da farsa, o da paródia. A todo momento, encontram-se nas peças caricaturas shakespearianas, desde a instigação inicial de Mãe Ubu a Pai Ubu para que se aposse do trono – premissa da ação dramática de *Macbeth*. A visão que tem a Rainha Rosemonde do assassínio do marido, Rei Venceslas, na parada militar, e do conseqüente coroamento de Ubu, tem base na Cassandra de *Agamenon* e até nos augúrios de *Júlio César*. Morto o rei, os manes da família vêm exigir que o filho Bougrelas se vingue, e o "fantasma" do primeiro ascendente entrega-lhe a espada. Quem não enxergou aí a paródia do *Hamlet*? Nesse veio, e ainda na irrisão das personagens e da língua, acha-se o núcleo da experiência que levará a dramaturgia às manifestações do chamado teatro de vanguarda, até um Adamov e um Ionesco. O processo teatral utiliza-se das indicações surrealistas – o afloramento das forças indisciplinadas do subconsciente, numa linguagem desconexa, em que a repetição tem muito efeito.

O desdobramento Pai Ubu – Mãe Ubu obedeceu ao mesmo mecanismo da criação de Macbeth e Lady Macbeth. É curioso que as duas personagens de Jarry tenham nome idêntico, ao qual se antepôs apenas a distinção Pai e Mãe, à semelhança das figuras shakespearianas, indiferenciadas também no apelativo Macbeth. E, psicologicamente, uma personagem completa a outra, torna-se seu *alter ego*. Mãe Ubu é a mola propulsora de Ubu e, sem dúvida, vai mais longe que ele: quando se inicia a batalha, ela quer roubar em proveito apenas próprio o tesouro es-

JARRY: EPOPÉIA E PARÓDIAS

condido na cripta da catedral de Varsóvia. A conhecida misoginia de Jarry é que deve ter calcado os traços da personagem.

Já se terá percebido que a graça de Jarry se converte em humor negro, num paroxismo que deve tornar irremediavelmente sombrio o caminho das personagens, sobretudo em *Ubu enchainé*. Em *Questions de théâtre*, Jarry chega a escrever:

...não há por que esperar uma peça alegre, e as máscaras explicam que o cômico deve ser quando muito o cômico macabro de um *clown* inglês ou de uma dança dos mortos. Antes que tivéssemos Gémier, Lugné-Poe sabia o papel e queria representá-lo *como trágico*. E sobretudo não se compreendeu – o que era, não obstante, muito claro e lembrado permanentemente pelas réplicas da Mãe Ubu: "Que homem tolo!... que triste imbecil" – que Ubu não devia dizer "palavras espirituosas", como diversos ubuístas o reclamavam, mas frases estúpidas.

Outro parentesco de *Ubu Roi* com o teatro épico está no seu menosprezo pela análise psicológica, embora haja um profundo suporte na psicologia de todos os absurdos do delírio instintivo da personagem. Colocadas sempre como protótipos de uma forma de vida, as caricaturas de Jarry erigem-se em símbolos dessa vida, vista apenas no seu congênito absurdo. Ubu, sendo basicamente anti-social, enxerga na sua liberdade a negação dos semelhantes. Para ele, não existe o *outro*. Na cobrança dos impostos, que irão para o seu bolso, diz: "Com esse sistema, ficarei rico depressa, e então vou matar todo o mundo e sumir". A realeza, contudo, embora usurpada, cria-lhe compromissos, e não é sem melancolia que reconhece a necessidade de financiar a guerra, quando antes era pago para fazê-la. Nessa noção dos ônus da liderança, que estabelecem uma servidão talvez maior, porque inseparável da responsabilidade, percebe-se o germe de *Ubu enchainé*, recusa total da personagem de procurar uma coexistência razoável com os outros homens. Ou Ubu dominaria os semelhantes, sem qualquer limite, ou se entregaria à prisão, para não ter necessidade de incomodar-se com os problemas da subsistência. Finda a etapa da alucinação da vontade, resta-lhe o caminho da abdicação completa dessa vontade, para continuar a viver pelo instinto, não como homem responsável. Ao lado da pintura da demissão humana, Jarry quis mostrar-lhe o oposto – os três homens livres, que atingem o delírio do total arbítrio. Definem-se eles: "...nós nos encontramos como por acaso todos os dias para desobedecer juntos, de tal a tal hora". Logo adiante, um deles se explica: "... Somos livres para fazer o que queremos, mesmo para desobedecer; para ir aonde nos agrada, até à prisão! A liberdade é a escravidão!" Ubu e os homens livres representam os extremos de atitudes igualmente irracionais, porque suprimem o conceito da vida social.

As outras personagens nascem também de um radicalismo de posição, pelo qual o indivíduo nunca se mantém em equilíbrio. Jarry desconhece o entendimento normal de todas as faculdades coordenadas. Em *Ubu cocu*, a Consciência é uma personagem diversa de Ubu, em

214 O TEXTO NO TEATRO

conflito com ele porque não participa, congenitamente, de sua formação. O aparecimento da Consciência, como individualidade própria, revela que Ubu nunca a teve, de fato. O homem se acha desligado de uma existência real, que seria definida pela exata aferição dos valores objetivos. Por outro lado, o absurdo daí decorrente mostra o vazio da realidade, mergulhada numa indistinção absoluta, que abrange a própria aparência. Essa aparência permite identificações quase impossíveis, porque, na verdade, tudo se parece o mesmo para ele. Em *Ubu enchainé*, Lorde Catoblépas assim se refere à cidade: "Oh! esta cidade é notável porque é composta de casas, como todas as cidades, e porque todas as suas casas assemelham-se a todas as casas!" Diante da prisão, que toma pelo palácio real, pede o lorde que seu criado procure no dicionário a palavra rei. Este lê: "King, Queen: aquele, aquela que usa um colar de metal no pescoço, ornamentos como correntes e cordões nos pés e nas mãos. Segura um globo representando o mundo..." A identificação dessa imagem à de Ubu prisioneiro não poderia tardar. Lorde Catoblépas descobre: "O rei deste país é um grande, gordo, duplo rei! Ele tem dois globos e os arrasta com os pés!"

A desintegração da linguagem, perdendo as palavras o sentido do alinhamento lógico tradicional (como na fala de Ubu: "Eu estou perfurado, estou administrado, estou enterrado"), completa a fisionomia da revolta de Jarry. É claro que essa subversão faz rir, porque se acha tratada com graça irresistível. Mas não passa despercebida uma advertência do herói de *Ubu enchainé*: "...o que faz rir as crianças se arrisca a provocar medo nos adultos". Nós, crianças, divertimo-nos imensamente com as diabruras de Ubu. Adultos, nos assustamos com o seu testemunho.

(Julho, 1958)

2. As Sínteses Futuristas

O movimento futurista ainda não se acha suficientemente afastado de nós para que possamos contemplá-lo com isenção histórica, sob uma perspectiva de linhas nítidas. Mais tarde, o futurismo e todos os outros *ismos* que recortaram a paisagem artística da primeira metade do século serão possivelmente englobados no nome de uma só escola, cujas particularidades, já agora difíceis de discernir, serão quase modismos de um tronco único. Sobretudo quando a teoria estética é vaga e não chega a precisar-se no corpo de uma doutrina, e as obras deixadas não justificam tanta celeuma e interesse, a tarefa crítica se torna precária e ingrata.

No campo do teatro, o futurismo foi uma aplicação de idéias e conceitos emitidos a propósito de literatura e artes plásticas. O primeiro manifesto futurista, publicado inicialmente por Marinetti, em francês, em *Le Figaro* de 20 de fevereiro de 1909, continha vários dos princípios mais tarde aproveitados no palco. Proclamava ele: 1. Queremos cantar o amor do perigo, o hábito da energia e da temeridade. 2. A coragem, a audácia, a rebelião serão elementos essenciais da nossa poesia. 3. A literatura exaltou até hoje a imobilidade pensativa, o êxtase e o sono. Queremos exaltar o movimento agressivo, a insônia febril, a corrida, o salto-mortal, o tapa e o soco. 4. Afirmamos que o esplendor do mundo enriqueceu-se de uma beleza nova: a beleza da velocidade. Um automóvel de corrida (...) é mais bonito do que a *Vitória de Samotrácia*. (...) 7. Não existe mais beleza, a não ser na luta. Só pode ser obra-prima a que tiver caráter agressivo. 8. (...) O Tempo e o Espaço morreram ontem. Vivemos já no absoluto, pois criamos a eterna velocidade onipotente. 9. Queremos glorificar a guerra – única higiene do mundo –, o militarismo, o patriotismo, o gesto destruidor dos libertários, as belas idéias pelas quais se morre e o desprezo da mulher. 10. Queremos destruir os museus, as bibliotecas, as academias de qualquer espécie, e combater o moralismo, o feminismo e toda vileza oportunista e utilitária. 11. Cantaremos as grandes multidões agitadas pelo trabalho, pelo prazer ou pela revolta: cantaremos as marés multicores e polifônicas das revoluções nas capitais modernas; cantaremos o vibrante fervor noturno dos arsenais e dos canteiros incendiados pelas violentas luas elétricas; as estações ávidas, devoradoras de serpentes que fumam; as usinas suspensas às nuvens pelos fios de sua fumaça; as pontes... os navios aventureiros... as locomotivas... e o vôo dos aeroplanos...

Depois desse undecálogo, o manifesto dá como sinônimos de museus os cemitérios e define a arte como violência, crueldade e injustiça, para terminar numa frase grandiosa: "Em pé, no cimo do mundo, nós lançamos, uma vez mais, nosso desafio às estrelas!..."

Da literatura, o movimento foi ampliado para as artes plásticas, e cinco pintores – Boccioni, Carlo Carrà, Russolo, Balla e Severini –, no Manifesto Técnico da pintura futurista (11 de abril de 1910), proclamaram: "O gesto, para nós, não será mais um *instante fixo* do dinamismo universal: será, decididamente, a *sensação dinâmica* perpetuada como tal".

Por que, daí, os futuristas passaram para o palco? No manifesto do teatro sintético futurista, lançado por Marinetti, Emilio Settimelli e Bruno Corra, em 11 de janeiro de 1915, as razões estão claramente expostas, em maiúsculas: "Acreditamos que não é hoje possível influenciar belicamente a alma italiana senão através do teatro. Com efeito, noventa por cento dos italianos vão ao teatro, enquanto dez por cento lêem os livros e as revistas". O palco seria veículo extraordinário de divulgação de idéias, meio seguro pelo qual poderiam ser agitadas as massas. O movimento, que logo adquiriu consciência política e se identificou a muitas das premissas fascistas, intuía a eficácia da teatralidade, uma das armas poderosas dos regimes de força...

O manifesto do teatro futurista sintético é curioso, sem dúvida, tanto no que propõe como na crítica aos espetáculos então reinantes. Assim analisa ele o meio italiano do começo do século:

sem insistir contra o teatro histórico, forma nauseante e já posta de lado pelo próprio público passadista, nós condenamos todo o teatro contemporâneo, pois que todo ele é prolixo, analítico, pretensiosamente psicológico, explicativo, diluído, meticuloso, estático, cheio de proibições como um código, dividido em celas como um convento, coberto de bolor como uma velha casa desabitada. É, em suma, um teatro pacifista e neutralista, em antítese com a velocidade feroz, arrebatadora e sintetizante da guerra.

Pode-se enxergar sem esforço, nessa sucessão de adjetivos, muitas das insuficiências que Barrault reconhece no teatro atual e procurou superar na montagem de *Le livre de Christophe Colomb*, de Claudel.

AS SÍNTESES FUTURISTAS

Os futuristas eram enamorados do progresso industrial e científico do começo do século, entusiastas das grandes cidades de trabalho que se iam formando. Para uma sensação dinâmica de vida, sentiam necessidade de encontrar as correspondências artísticas, tanto assim que à economia da máquina vinha equivaler a síntese de sua forma: poucos minutos (às vezes menos de um), poucas palavras e poucos gestos para inumeráveis situações, sensibilidade, idéias, sensações, fatos e símbolos. Reprovaram as concentrações dos episódios num só lugar – herança da estética aristotélica – tachando-a de estática, enquanto a pluralidade de cenários é "fonte de estupor e de dinamismo". A síntese, ligada à idéia de cenografia múltipla, implicou o conceito de simultaneidade, um dos mais sugestivos entre os postos em prática pelo futurismo. Esse processo, já rotineiro na ficção atual, se não foi inventado pelo movimento, ao menos encontrou nele um vulgarizador, capaz de torná-lo familiar para a posteridade.

Encantado com a simplificação trazida pelas conquistas técnicas modernas, o futurismo revoltava-se contra o sistema lento da dramaturgia antiga, inaplicável às novas normas de existência. Se, de fato, as peças gregas pertenciam a um quadro de festas religiosas que duravam vários dias e os mistérios medievais prolongavam-se também por diversas jornadas, de acordo com um tipo especial de vida, a trepidação do instante requeria do teatro agilidade que ele nunca havia conhecido.

Postulou o futurismo um princípio perigoso mas de muita sedução: Tudo é teatral quando tem valor. Com essa fórmula ampla, recusa-se a mentalidade catalogadora das virtudes cênicas, em benefício de um hausto profundo, que só pode enriquecer o palco. Quando se vê Marinetti (prefaciando depois de 1940 as peças futuristas de Angelo Rognoni) reivindicar para o movimento influências em Thornton Wilder, Dos Passos e outros, fica-se melancólico com as sobras do desafio às estrelas: maus defuntos para muita cera. Mas foi o próprio criador do futurismo vítima do tempo, ao sentir que havia sido superado: procurava referir-se não à obra do movimento, mas agarrar-se ao que parecia influência dela em outros autores. Os benefícios do futurismo não se exprimiram em suas realizações nem em dramaturgos especificamente marcados por ele. Fizeram-se sentir na atmosfera de libertação artística, de anticonvencionalismo e rebeldia que, de uma forma ou de outra, alimentou toda a arte contemporânea. A apreensão do tempo presente inclui-se entre os princípios de sua estética e define uma das características mais fecundas do verdadeiro artista. Com humildade ou inegável sabedoria, Marinetti já havia confessado no primeiro manifesto:

Os mais velhos dentre nós têm trinta anos: resta portanto ao menos um decênio para cumprir-se nossa obra. Quando tivermos quarenta anos, que outros homens mais jovens e mais válidos do que nós nos lancem também na cesta, como manuscritos inúteis. Nós o desejamos!

218 O TEXTO NO TEATRO

Aí está a mesma idéia da experiência pessoal e intransferível e da incomunicabilidade das gerações, exposta mais tarde por Gide no conselho a Natanael.

A vertigem moderna reconhecia que "é estúpido escrever cem páginas onde bastasse uma". A tradicional poética aristotélica tinha de ser alvo, mais uma vez, das armas futuristas, e a verossimilhança é acusada de absurdo, pois "valor e genialidade não coincidem com ela".

É estúpido querer explicar com uma lógica minuciosa tudo o que se representa, quando até na própria vida não sucede apreender-se inteiramente nenhum acontecimento, com todas as suas causas e conseqüências, pois a realidade vibra em seu redor, atacando-o com rajadas de fragmentos de fatos combinados entre si, encastrados uns nos outros, confusos, caoticamente enredados.

O homem acredita nas suas possibilidades infinitas, seduz-se pela imagem de um poder absoluto, distante de qualquer dívida com o passado. Pensa, por isso, na "criação total, fora de todos os campos explorados", e valoriza a idéia de "improvisação, de fulminante intuição". Aquilo que não parecer obra e graça do Espírito Santo, que não der ao criador a impressão de ato divino, deve ser recusado com desprezo.

A linguagem do teatro futurista, com um dinamismo tão pronunciado, deveria forçosamente concentrar ambientes e tempos diversos. Não, como no teatro tradicional, condensando episódios num só lugar e em poucas horas, mas expondo diante do espectador os vários locais necessários e oferecendo de cada cena, no tempo, uma síntese de poucas palavras ou sugestões. O "mundo teatral" adquire vida autônoma, embora "aproveite da realidade elementos que combinará caprichosamente".

O cerebralismo e a fantasia sugerem a criação de dramas de objetos, julgados pelo futurismo nova fonte de teatralidade. Maravilhado diante da sua obra, o homem pretende insuflar-lhe vida própria, ainda parodiando o gesto de um deus. Nesse momento, romanticamente, o futurismo cogitava de atribuir uma alma à civilização mecânica.

É certo que a nova expressão não poderia coadunar-se com os gêneros tradicionais. Daí, entre as conclusões do manifesto, o item para que fossem abolidas

a farsa, o *vaudeville*, a *pochade*, a comédia, o drama e a tragédia, para criar, em sua substituição, as numerosas formas do teatro futurista, como sejam: as réplicas em liberdade, a simultaneidade, a interpenetração, o poemeto animado, a sensação encenada, a hilaridade dialogada, o ato negativo, a réplica repercutida, a discussão extralógica, a deformação sintética, a coincidência...

São visíveis as afinidades teóricas do teatro sintético futurista com todas as formas do chamado teatro de vanguarda, de Jarry a Ionesco. De vez em quando, os dramaturgos rebelam-se contra os rígidos cânones da herança dramática, em troca de uma representação mais viva e livre do mundo moderno. Se não há ideologia precisa, principalmente

AS SÍNTESES FUTURISTAS

219

no caso do futurismo, voltado contra o patrimônio cultural, esse teatro é indisfarçavelmente devedor de uma concepção burguesa, envolta nos meandros enganosos de um heroísmo anticonformista. Foi mais a explosão de um desejo de hegemonia italiano contra outros países, tanto assim que se prestou admiravelmente ao brado nacionalista do fascismo. Os futuristas, porém, já estavam convencidos da terapêutica de fuga de todo o seu receituário artístico. Preconizavam eles a exaltação dos seus espectadores, "ou seja, fazer-lhes esquecer a monotonia da vida cotidiana". O burguês fora tão admirável na criação do seu engenho que acabou sendo tragado por ele. Resultava, do extraordinário mundo mecânico, uma sensação de tédio, que incumbia à arte vencer. O teatro passou a ser sinônimo de ópio, quando o homem se sentiu impotente diante do brinquedo que acabara de inventar.

Se, isoladamente, nenhuma síntese futurista parece obra de arte realizada, a leitura global dos textos deixados pelo movimento é rica de sugestões. Está aí o interesse da dramaturgia lançada por Marinetti, bem como o reconhecimento de sua irremediável inconsistência.

Para os jovens do começo do século que acreditavam na mística do progresso e da velocidade, a vida futura só poderia surgir como uma dessas fantásticas abstrações em que apenas conta o essencial, a perfeita e insubstituível manifestação de vida. Era ela, em suma, uma abdicação dos lazeres e dos ócios, pelos quais muitas vezes se reconhece melhor a existência. Os desperdícios definem-nos mais do que as possíveis economias... Desconheciam os futuristas, também, ao menos teoricamente, as idas e vindas históricas, com o secreto encanto dos recuos primitivistas. As visões utópicas encontram-se freqüentemente com as fugas nostálgicas. *O Estranho Interlúdio*, nove maciços atos de O'Neill, criados pela frenética civilização norte-americana, soam-nos mais familiares e modernos do que todas as sínteses futuristas.

A verdade estética do movimento italiano é que ele procurou levar às últimas conseqüências os princípios da teoria aristotélica da concentração, enriquecendo-a com os dados da vida dinâmica atual. Síntese e simultaneidade, eis as suas premissas. Se, de um lado, é difícil às vezes para a platéia apreender as múltiplas indicações simultâneas que lhe são oferecidas, de outro, o resumo excessivo cai no flagrante, torna-se *sketch*. Apesar de todas as dissociações, nunca se conseguiu separar da arte a idéia de estrutura, de elaboração formal, que existem apenas em rudimentos nas sínteses.

Daí o resultado anedótico e insubsistente de cada peça futurista. Mais uma vez, um manifesto muito interessante não encontra adequada correspondência na prática. Vale, também aqui, o lugar-comum segundo o qual a obra de arte deve falar por si mesma, sem as muletas das teorias explicativas. Mas, se o que falta aos textos isolados é uma certa

220   O TEXTO NO TEATRO

duração, para que sejam apreensíveis como arte, desenha-se uma relativa unidade com a seqüência de várias sínteses.

Não é simples, em meio a setenta e nove trabalhos, de autoria de vinte e seis dramaturgos, descobrir denominadores comuns válidos. Além do tempo diminuto de cada peça, a economia de palavras, o gosto da simultaneidade e a animação dos objetos são alguns dos pontos de contacto dos futuristas. Em seu favor, deve ser lembrado que não observaram em demasia o nietzschiano desafio estelar do primeiro manifesto literário. Eles próprios ironizaram o admirável mundo novo que era seu cântico preferido. Em *Verso la conquista*, de Bruno Corra e Emilio Settimelli, o indivíduo que tenta libertar-se da mesquinha vida doméstica, em busca do Ideal, quebra a cabeça na escada e morre. *Il Superuomo*, de Settimelli, move-se em superiores regiões políticas, impondo-se como líder incontestável do povo. Um homem forte e rude surpreende-o num momento de lassidão e lança-o pela sacada. Será a prova da debilidade do talento diante da força bruta? Crítica à mística fascista do homem superior (em contradição com as características direitistas do movimento)? Corra e Settimelli, em *La scienza e l'ignoto*, satirizam a idéia de uma ciência para a qual não existiria segredo. Enquanto um cientista afirma que "a ciência é tudo, sabe tudo!", outro pede explicação para o nascimento de um cigarro, em sua careca. *Il premio di futurismo*, de Paolo Buzzi, parece uma das mais virulentas sátiras contra as conseqüências do progresso. Depois de debater se deveria premiar um poeta, um pintor, um escultor, um músico ou um arquiteto, o júri decide distinguir o Homem Artificial, que tem o corpo todo recomposto com borracha, corda e vidro, em virtude de uma explosão num laboratório de pesquisas químicas... *Il cambio*, de Auro D'Alba, mostra também o alogicismo ou o mistério dos desígnios da providência, contrários à idéia de um mundo coerente. Diante do altar-mor de uma igreja, estão ajoelhadas sete pessoas de idades e estados de alma diversos. Uma vela simboliza as possibilidades de vida de cada indivíduo. O sexto, jovem, postado ante uma vela imensa, diz: "Sou o banqueiro despótico da minha existência e quero gastá-la à minha vontade". O sétimo, velho paralítico, sente a sua chama vacilar. Uma mão misteriosa, porém, muda por trás do altar os castiçais, e é o jovem quem se extingue, como a própria vela. O futurismo reconhecia a impotência das leis naturais contra o mistério de arbítrios superiores. A civilização científica seria nada diante do desconhecido insuperável...

Diversas sínteses fustigam os valores tradicionais e a erudição. *Passatismo*, de Corra e Settimelli, apresenta um casal de velhos, que repete o mesmo diálogo em cenas que se sucedem após intervalos de dez anos, até que venha a morte. Sugere já o texto a fixidez da vida sem perspectivas, como aparecerá em *A Cantora Careca*, de Ionesco. *Violenza*, de Mario Carli, volta ao tema da impermeabilidade da geração passada ao desvario do mundo moderno. Diz o velho que "a violência não existe, não é possível que exista. Somos nós que a inventamos,

AS SÍNTESES FUTURISTAS 221

quando temos vinte anos: não é senão uma ilusão de juventude". E quando o neto lhe mostra os mortos, o velho replica que devem ser pessoas adormecidas. O saber, como os museus, cheira a mofo. Daí a sátira de *Davanti all'infinito*, de Corra e Settimelli, ao filósofo selvagem, "tipo berlinense". Como todas as coisas são iguais, em face do Infinito, ele se mata... Em *Seggiola a sdraio*, de Neri, o artista moderno Nannetti, elegante, leva a melhor, na preferência de uma mulher, ao intelectual germânico. *Genio e Cultura*, de Boccioni, faz uma sátira bastante dura do crítico. Diz a personagem: "Eu não sou homem, sou crítico. Sou um homem de cultura. O artista é um homem, é escravo, é criança, portanto erra (...)". Afirma preferir os mortos. Golpeia o artista, presa do drama criador, morrendo de ideal, e, depois de colocar uma longa barba postiça, começa a escrever, diante do cadáver: "Cerca de 1915, florescia na Itália um artista maravilhoso... (Tira do bolso um metro, com o qual verifica o tamanho do defunto.) Como todos os grandes, tinha 1,68... (...)". Esse o feitio da erudição, em face do gênio criador. Já a ideologia bélica do movimento levava os autores a ridicularizar os intelectuais, preconizadores da paz. Marinetti, em *L'arresto*, cita um livro antiguerreiro, escrito para que uma personagem não fosse perturbada nos seus estudos. Um tradutor de Nietzsche alude à própria fraqueza, que o impediria de combater...

O futurismo mostrava-se exímio na crítica da pacata vida burguesa. Horrorizava-o o prosaísmo dos casais confinados a uma existência medíocre. Os namorados, em *Un chiaro di luna*, de Marinetti, sentem num jardim o vento frio, personificado por um homem gordo e barrigudo, que o autor define como "síntese alógica de muitas sensações: medo da realidade futura, frio e solidão da noite, visão da vida vinte anos depois etc." Há um halo de poesia, entretanto, na imagem da jovem de *Le basi*, em que Marinetti reúne várias personagens, vistas, em cenas diversas, apenas do ventre para baixo. Diante da máquina, trabalho ininterrompido, ela se limita a exclamar: "No domingo o verei!" Em *Alternazione di carattere*, Arnaldo Corradini e Bruno Corra mostram marido e mulher em situações várias, da briga à ternura, do tapa à entrega, numa síntese expressiva. *Notturno*, "estado de alma dramatizado" por Balilla Pratella, projeta os desejos íntimos de um casal: o dela, fugir; o dele, ficar em paz. Depois que a mulher lhe fala que "não se enche a barriga contemplando as estrelas", três ladrões levam-na. O marido, voltando a si, vai de novo até a janela, para olhar estático as estrelas... *Primavera*, também de Balilla Pratella, dramatiza outro estado de alma: um adolescente, aleijado, depois de sofrer a recusa de uma jovem e da camareira, é satisfeito pela grande ternura e desesperada piedade da mãe. Seria o complexo de Édipo realizado? A compreensão materna que aplaca o filho enlouquecido pela primavera? Os tumores sociais vindos a lume, como Bourdet faria mais tarde com a família francesa? Já a crítica de *Bottegaio*, de Mario de Leone, parece-nos caricatura demasiado grosseira do avarento. Fala ele à mulher que "não existe encarecimento dos víveres, quando há espírito de economia. Coma-se menos, para gastar menos". Ao chegar a casa o filho morto (num duelo), diz o comerciante: "Não desesperar-me?! Mas não compreendes que o funeral me custará ao menos trezentas liras?..." A mitologia burguesa vai repontar ainda em *Il regalo*, de Decio Cinti, em que a mulher porá o chapéu "no domingo à noite, com o vestido azul, se o tio mandar os ingressos para a Scala", e em *Il pranzo di Sempronio*, de Corra e Settimelli, no qual a personagem, em flagrantes diferentes, dos cinco aos noventa anos, toma refeições da África ao (suprema ambição) cabaré parisiense. Em *Grottesco*, de Ulric Quinterio, desenvolvem-se duas ações paralelas: no escritório, diante da morte de um empregado, indica-se aquele que o sucederá, por antiguidade, única forma de promoção; na casa, a esposa insatisfeita, que tinha um amante, fala ao filho que não deve calçar o cadáver, porque os sapatos são novos e podem ser aproveitados por ele... Finalmente, *Simultaneità*, de Marinetti, sintetiza esse aspecto da ideologia futurista. De um lado do palco, acha-se uma família burguesa e, de outro, uma jovem *cocotte*, com a sua camareira e depois com a modista. Apesar dos ambientes diversos e não comunicáveis, a *cocotte*, fechando a cortina, exclama para a família: "Durmam!" O próprio autor explica que "a *cocotte* vive com angústia, desejo e saudosismo nos nervos de todas as pessoas sentadas à volta da mesa familiar". Seria síntese de sensações de luxo, desordem, aventura e desperdício. Vejam-se os dramas sociais levantados pelo futurismo...

Caracterizava o movimento, no seu refinado espírito burguês, o desprezo pela burguesia medíocre. O romantismo exaltado levava os autores a reptar a platéia, nesse requinte de exibição que é, antiteticamente, a forma acabada da mentalidade acomodatícia. Corra e Settimelli, em *Atto negativo*, depois de fazerem uma personagem dizer: "Uma coisa fantástica! Incrível!", levam-na a dirigir-se aos espectadores: "Eu... não tenho mesmo nada para falar-lhes!... Cortina!" *Grigio + rosso + violetto + arancione*, também de Corra e Settimelli, põe um jovem doente a apontar um espectador, como o assassino do irmão. Mas era puro desejo de escândalo: lamenta-se a personagem do equívoco, o assassino era outro, o espetáculo poderia recomeçar.

Ligadas às demais manifestações futuristas, as sínteses teatrais procuraram assimilar pesquisas artísticas que se repetem ainda em nossos dias. *Parole* e *Parossismo*, de Remo Chiti, experimentam a vertigem vocabular. *Stati d'animo*, de Mario Carli, apresenta um exercício de linguagem que prenunciaria os concretistas. Em *Colori*, síntese teatral abstrata de Depero, os sons corresponderiam às cores. *Vengono*, drama de objetos de Marinetti, empresta vida fantástica às cadeiras, de sorte que o espectador deve perceber que "se movem sozinhas para sair". A simbologia é outro procedimento caro ao futurismo. Em *Parallelepipedo*, Buzzi faz que a Dama de Preto (não a mulher em visita à *garçonnière* do jovem, mas uma intelectual curiosa pela casa do Poeta enigmático) seja a Morte que o abaterá. *Il pesce d'aprile*, do mesmo

AS SÍNTESES FUTURISTAS 223

Buzzi, retrata interessante experiência de animismo. Convocado por uma Dama, Monsenhor vai à casa do Marquês, que estaria muito mal de saúde. Encontra-o muito bem, apenas com um problema de consciência. Como o Marquês não comparece ao encontro marcado na igreja, Monsenhor volta à sua casa, e já o acha morto. Identifica numa fotografia a mulher que lhe dera o recado – esposa do Marquês, morta, segundo o camareiro, há vinte e cinco anos.

Vê-se, por tantos exemplos, que são numerosos os caminhos do futurismo. Embriagados pela velocidade, viram nela os dramaturgos um fim em si, sem se incomodarem muito para onde eram levados. Não importa, porém. Exercitaram o instrumento literário, fizeram tábua rasa de muito valor para que outros, depois, pudessem construir.

(Dezembro, 1958)

3. *O Dibuk*, de Sch. An-Ski

O primeiro contato com *O Dibuk*, "lenda dramática" de Sch. An-Ski (1863-1920), desconcerta um pouco aqueles que não participam do misterioso mundo de crenças encerrado no texto. Informa J. Guinsburg, tradutor brasileiro da obra, que An-Ski idealizou o Museu Etnográfico Judaico e percorreu, em 1913, várias províncias russas, com uma Expedição destinada a recolher os tesouros do folclore israelita. Desse período surgiu, além de um trabalho científico importante para a comunidade, *O Dibuk*, datada possivelmente do início da Primeira Grande Guerra. Está a peça impregnada, assim, do misticismo religioso judeu, expresso em numerosas cenas que retratam costumes e contêm excepcional força dramática.

Achamo-nos em meio a símbolos, tradições folclóricas, crenças na comunicação com o mundo dos mortos, poderes superiores de guias espirituais – acervo milenar de um povo que busca na fidelidade ao passado a forma de preservação. Quando nos vemos diante de uma manifestação particular de grupos humanos, desconfiamos de que a apreciaríamos intelectualmente, ou pelo sabor exótico. Em *O Dibuk*, sentimos que os valores transmissíveis são plenamente eficazes, sem necessidade de pródromos explicativos, permitindo que se lhe aplique a qualificação de obra-prima universal.

Na velha sinagoga de madeira, envolta em canto místico e povoada pelas histórias lendárias que os *Batlonim* se contam, a ação presente vai aos poucos se introduzindo, para adquirir consistência terrena, que se veicula em enredo. Sender, depois de recusar três noivos para a filha Lea, acerta finalmente o casamento. Ao comunicar no templo a notícia, um jovem – Hanã – cai, fulminado. Preparam-se as bodas e um *dibuk* –

O *DIBUK*, DE SCH. AN-SKI

alma errante – penetra o corpo da noiva. Tenta-se exorcisá-lo, mas o *dibuk* se recusa a abandonar Lea. Na cerimônia, que a libertaria ou traria ao *dibuk* um anátema eterno, procura-se conhecer a razão daquela posse sobrenatural. Sender confessa que, sendo grande amigo do pai de Hanã, ajustara há muitos anos o enlace dos filhos, caso fossem homem e mulher. Morto o amigo, pobre o filho, revela-se que Sender preferiu não reconhecer-lhe a identidade, a fim de casar Lea com um rico. A vingança do morto vinha-lhe como castigo. Antes de completar-se o exorcismo, atrasando-se a chegada do noivo de agora, Lea se liberta do envólucro terreno e parte ao encontro de Hanã.

O leitor incauto poderia encerrar o texto entre as histórias que exigem adesão religiosa e, em nome de eventual racionalismo, não reconhecer-lhe a maravilhosa seiva poética. *O Dibuk* contém, com efeito, duas estruturas – uma profundamente banhada no folclore de crenças, e outra que é simplesmente uma tragédia de amor, irrealizado na terra. Para os que pertencem aos cultos celebrados no entrecho ou apenas se formaram neles, a história deve enriquecer-se de vigor místico, como tinham para os gregos antigos as representações dos trágicos. A obra, entretanto, não se confina a esse interesse. Nós, meros apreciadores "estéticos", somos subjugados pela vitalidade artística de *O Dibuk*.

Despida de sua roupagem religiosa (no caso, é profundamente legítima e válida essa visão do texto), a trama se coloca entre as mais belas histórias de amor. A idéia de predestinação amorosa não é nova nem privativa de um grupo, e é ela, sem dúvida, que conduz os quatro atos. Hanã e Lea, por acordo dos pais, anterior ao seu nascimento, estavam fatalizados a unir-se. Não se trata, naturalmente, de ligação fortuita, mas selada pelo desejo de maior estreitamento de dois amigos. Sobrevindo a quebra de compromisso, pela pequenez de interesses de Sender, as almas comprometidas, impossibilitadas de realizar o amor terreno, despregam-se para a união eterna. A circunstância de ter sido o casamento de Hanã e Lea contratado anteriormente pelos pais não rouba a idéia de fatalização amorosa que, apenas, se prende aqui aos costumes judaicos. Em nosso mundo, a predestinação poderia ser reconhecida num vínculo místico de dois seres quaisquer, como em *A Dama do Mar*, de Ibsen. *O Dibuk*, no plano natural, ilustra ainda a tese adversa aos casamentos por conveniência, contrariando as inclinações verdadeiras. No espírito do texto, o "outro mundo" não representa abdicação das prerrogativas humanas. A fuga ou "encontro" na morte, que seria para nós solução negativa, adquire no universo religioso da peça o estigma de um amor completo, que se purifica da transitoriedade terrena para alcançar a fixação eterna.

A figura de Hanã é das mais expressivas na galeria de amorosos. Vagou, sem cessar, pelo mundo, até um dia atingir a casa de Sender. Ali se posta, à espera da realização de seu amor. Confundido pelas longas caminhadas e pela recusa do pai de Lea, introduzem-se pensamentos heréticos em sua cosmogonia, prenunciando a qualidade futura de *di*-

226 O TEXTO NO TEATRO

buk. Esses pensamentos têm toda a sedução das heresias gideanas, quando Hanã fala que "é preciso purgar o pecado de suas impurezas, para que nele reste apenas santidade..." e que "Satã é o nome do outro aspecto de Deus, Satã contém em si, necessariamente, santidade". Possuído de absoluto, Hanã morre instantaneamente, ao saber que fora contratado o casamento de Lea com outro.

A heroína, também, está impregnada de extraordinária beleza. Conduzida a um casamento diferente de seus anseios, abriga no corpo a alma de Hanã, que fala pela sua boca. No diálogo com o morto, reconhece nele o vulto que sempre lhe aparecia em sonho. Não tem alternativa senão entregar-se a ele em união mística: "Volta para mim, meu noivo, meu esposo... Morta, eu te levarei em meu coração. Nos meus sonhos, embalaremos os filhos que não concebemos". Preside a peça, aliás, o "túmulo santo" em que foram enterrados juntos os noivos que se dirigiam para o pálio nupcial, quando os assassinou um chefe anti-semita.

Na encenação, a peça deve ganhar muito, pela riqueza dos contrastes e colorido das celebrações folclóricas. Imaginamos, por exemplo, o vigor das histórias narradas pelos *Batlonim*, a cerimônia antenupcial, as danças e o julgamento de Sender, observando as práticas rituais. Parece-nos estranho, até, não ter sido tentada a montagem do texto entre nós, ainda mais que o papel de Lea é extremamente sedutor para uma atriz.

É possível que os admiradores da peça tenham recuado ante as dificuldades da encenação ou o temor de que, enraizada nas lendas judaicas, não seja capaz de se comunicar à nossa platéia. Mas quem não reconhecerá em *O Dibuk*, acima da religiosidade particular, o selo humano, profundamente humano?

(Agosto, 1957)

4. Razão e Paixão em Pirandello

Poucos dramaturgos modernos vêm resistindo, como Pirandello (1867-1936), à passagem dos anos. As comemorações de seus aniversários se revestem de brilho especial, sobretudo na Itália, onde nenhum outro nome conseguiu sobrepujá-lo, até hoje, em interesse e voga. Se a perenidade de um autor é atestada pela encenação de suas peças, as montagens pirandellianas se multiplicam em todo o mundo, e rara é a temporada brasileira, desde que trabalham conosco diretores italianos, em que elas não se registram. Ultrapassada a revelação polêmica da década de 20, Pirandello incorporou-se ao repertório dos melhores elencos internacionais, e, embora ainda com alguma surpresa, o público está afeiçoado à sua originalidade.

O impulso natural da crítica, depois que se habitua a uma obra, é o de descobrir novas formas de expressão, que tateiam ou não foram digeridas pela platéia. O gosto pelo novo (e não deixamos de enquadrar aí a moda) nos distancia, com efeito, de Pirandello, cuja contribuição pode ser precisada, historicamente, cedendo lugar, por isso, a outras experiências. Procurando captar a sua importância no tempo, contudo, não teríamos dúvida em afirmar que ela se aproxima de quantos trouxeram visão nova ao conceito do teatro e do mundo.

Que visão é essa? Pirandello, mais que nenhum outro autor preocupado com a multiplicidade do indivíduo, fragmentou-o em imagens que poderiam reproduzir-se até o infinito, pois somos tantos quantas as pessoas que nos contemplam. Essa impossibilidade de ser "um" torna o homem incomunicável, unindo num mesmo território realidade e sonho, vida e ficção. Pirandello quebrou a fronteira entre "ser" e "pensar ser", porque jamais se conseguirá conciliar esse dualismo.

228 O TEXTO NO TEATRO

A concepção aparentemente cerebral do homem dissociado levou muitos críticos a julgarem a obra pirandelliana produto da abstração, vazia de vida. A tendência atual procura visualizar o dramaturgo italiano, ao contrário, sob a perspectiva realista, na qual deve estar presente a noção precípua de humanismo. Consideradas como antagônicas, sem possibilidade de ajuste, ambas as posições nos parecem insatisfatórias.

Em Pirandello, não existe a antinomia razão e paixão, pelo menos como fatores não comunicáveis. *Seis Personagens à Procura de um Autor*, à primeira vista, parece construída pelo puro cerebralismo, que parte de uma situação abstrata. Quanta força de vida estoura, porém, a cada momento, naqueles seres aprisionados na forma! E, nas comédias mais populares, verdadeiras obras-primas do folclore italiano, como *A Talha Quebrada* (*La giara*) e *O Homem, a Besta e a Virtude*, nunca se pode omitir a dialética inflexível, em que a seiva espontânea está submetida ao filtro da razão. Rompendo as antinomias cérebro e instinto, pensamento e coração, inteligência e sensibilidade, Pirandello oferece a imagem de um homem completo.

A transposição cênica desse homem impressiona, também, pela riqueza e pelo alcance. Embora fragmentado em parcelas múltiplas, o homem pirandelliano se desenha, no palco, com perfil nítido. *A Verdade de Cada Um*, feita teatro, constrói as personagens em individualidades fortes, marcadas por existências unas e inconfundíveis, matéria dos grandes caracteres. Esse mérito permite que a técnica da dissociação, que poderia transformar todos os homens num tecido amorfo e indiferenciado – reduzido a células cuja vida particular só um microscópio distinguiria – acabe por formar um todo complexo, com uma imagem precisa e uma composição riquíssima de elementos heterogêneos. Sólido, granítico, íntegro, uno – como personagem, e polivalente, esmiuçado, dividido – como matéria de personagem. Essa é outra das contradições que o gênio de Pirandello consegue resolver, pela criação dramática. Chega-se à unidade final, expressa pelo próprio homem.

Para dar consistência aos fragmentos, Pirandello precisaria ser um apaixonado da Forma. Muitas de suas personagens, por isso, se escondem nela. A esposa que surge, no final de *Assim É, Se Lhe Parece*, para esclarecer o drama e ao mesmo tempo mergulhá-lo no mistério impenetrável, personifica a verdade – a verdade que não se revela, que prefere manter a face encoberta. No mundo ilusório, todos podem viver, alimentados pelos próprios sonhos. A verdade real sacrificaria o marido ou a velha. Se a verdade particular nos deixa incapazes de apreender a verdade alheia, ela é que nos permite sobreviver, no mundo das aparências. Vivemos porque somos aparências.

Impõe-se, assim, a tirania da Forma. Porém a forma, em Pirandello, gera a vida. Em *O Prazer da Honestidade*, o marido por lei não transige com a abstração criada do matrimônio fiel. O casal se obriga de tal maneira a representar o lar, que a ficção acaba por se fazer realidade. O requinte da ligação cerebral se humaniza em amor. Também em

RAZÃO E PAIXÃO EM PIRANDELLO

Tutto per bene: a personagem, ao descobrir que não é o pai verdadeiro, aceita, para se vingar, o ônus formal da paternidade, e termina por se desvelar num amor mais veemente ainda. O louco de *Henrique IV* prefere simular a demência, quando ela já foi vencida, porque lhe garante a impunidade para as vinganças humanas e lhe permite continuar vivendo. A esposa de *Assim É, Se Lhe Parece*, consumindo-se em abstração, mantém a vida de dois seres.

Dir-se-á que essa vida é ilusória, e, ao invés de uma adesão humanista, Pirandello se exaure em pessimismo irremediável. Não importa que o ponto de partida seja escuro, e a obra não apresente mais que um simulacro de vida, porque de seu bojo não se apagou o engano que a sustenta. Fica, da tentativa de vida, a imensa generosidade que a ditou.

A dramaturgia de Pirandello caminha passo a passo com a sua biografia. Satisfazendo a outra face de seu temperamento, ele deixou a Sicília nativa pelas abstrações da Alemanha, e com ela uma noiva, que na demora da espera se fechou em loucura. Talvez pelo sentimento dessa culpa, quando se casa, mais tarde, e a esposa também se torna louca, aprisiona-se na forma do matrimônio, e guarda a aparência durante vinte anos. Apenas uma crise mais grave o liberta, e o vemos tentar desesperadamente a comunicação com o mundo, como chefe de uma companhia que, no seu itinerário, inclui até a América do Sul. Antes, em *Seis Personagens*, estas não podem ser vividas pelos atores, num testemunho da impraticabilidade da representação perfeita e exemplo de mais uma incomunicabilidade do mundo pirandelliano, em que nem o seu intérprete pode transmitir a sua essência. Entretanto, depois de peregrinar com o elenco e sentir a dignidade da profissão de comediante, que leva aos outros uma vida criada pelo autor – forma que se anima para gerar vida –, Pirandello proclama, em *Os Gigantes da Montanha*, sua última peça, que deixou inacabada:

> Vocês atores dão corpo aos fantasmas para que vivam – e vivem! Nós fazemos o contrário: dos nossos corpos, fantasmas: e os fazemos igualmente viver. Os fantasmas... não é preciso procurá-los longe: basta fazê-los sair de nós mesmos.

Visto na sua fórmula, o pirandellismo é de fato algo ultrapassado. Não podemos circunscrever-nos às suas conquistas e à sua expressão. Nesse sentido ele tem data. Nada mais foi feito, todavia, nos últimos anos, que não tivesse o traço de sua experiência – que não fosse pirandellismo à sua maneira. Todo autor vindo depois dele sentiu a vertigem que domina o seu teatro.

Pirandello partiu em pedaços o boneco humano. Hoje, tenta-se recompô-lo. Mas a própria recomposição não prescinde da inevitabilidade com que foi quebrado. Para melhor valorizar Pirandello, precisa-se situá-lo na história do pensamento moderno, em que a dissociação da personalidade foi um dos marcos definitivos. Afastá-lo de nós é dar à sua figura a proporção da eternidade. É vê-lo clássico.

(Dezembro, 1956)

5. Pirandello Popular

Não é demagogia, não. Não é querer enquadrar Pirandello num conceito da moda, por equívoco ou cálculo. Estamos quase incorrendo numa dúvida que poderia pertencer ao anedotário pirandelliano: gostamos de um autor porque responde aos nossos anseios e o deformamos segundo a nossa verdade ou o autor, quando possui de fato grande riqueza, tem o poder de revelar-se em múltiplas faces? A resposta a essa pergunta, eivada de inutilidade, não se modificaria, de qualquer forma. Pirandello, o complexo e cerebral dramaturgo siciliano, filia-se à decantada corrente do teatro popular. Ou, para sermos mais precisos e não admitirmos o erro de falsa generalização: ele é também um autor popular.

Quando a "filosofia" de Pirandello foi digerida, deixou de chocar o público e se definiu quase como um fácil lugar-comum, suas peças não fugiram dos cartazes nem se empoeiraram nas estantes, para delícia dos dissecadores. Não interessaram aos conjuntos, também, porque eram assimiláveis pela platéia burguesa, estimulada pelo possível simulacro de inteligência, típico dos jogos intelectuais. Continuaram a ser representadas por causa de sua claríssima teatralidade. Ou, o que não é muito diverso, pela extraordinária seiva da vida.

É certo que, na obra pirandelliana, observa-se uma gradação dos motivos cerebrais e populares; alguns textos mostram-se mais representativos do emaranhado intelectual em que se lançou, enquanto outros estão mais presos à chamada realidade objetiva. *Seis Personagens à Procura de um Autor* e *Henrique IV*, entre tantas outras peças, seriam exemplos do delírio pirandelliano do raciocínio e da abstração. *A Talha Quebrada (La giara)* e *O Homem, a Besta e a Virtude (L'uomo, la bes-*

PIRANDELLO POPULAR

tia e la virtù) distinguem-se, ao lado de outros textos, pelo apego instintivo à terra e ao concreto.

Sabe-se, porém, como essas supostas antinomias são enganosas, e escondem apenas a incapacidade crítica de vislumbrar a síntese pirandelliana, feita de contraditórios elementos. A síntese confere à sua dramaturgia a importante dimensão que a faz uma das mais expressivas do nosso século.

L'uomo, la bestia e la virtù, que o *Teatro Stabile della Città di Torino* incluiu no repertório da excursão à América Latina, ilustrando muito bem o título genérico "Il sentimento popolare nel teatro italiano", ressalta como uma das obras em que Pirandello melhor fundiu os esquemas tradicionais do palco com as sugestões imediatas do mundo à volta, naturalmente filtrado pela sua perspectiva pessoal. A dinâmica da burla, que remonta à Comédia Nova grega, passando pelo teatro latino e renascentista, aplica-se aqui a uma situação colhida na sociedade italiana de hoje. No quadro, que é sem dúvida menos ambicioso que o de outros trabalhos pirandellianos, sobressai no fim de contas uma intriga muito bem urdida, animada pelo estilo próprio do autor.

Pirandello sempre se moveu com inteira liberdade no terreno do grotesco e tudo desemboca no grotesco, em *O Homem, a Besta e a Virtude*. Nas comédias tradicionais de burla, incidia-se na farsa ou na sátira, ou nas duas, simultaneamente. A simples alegria vital de dar ganho de causa aos jovens amorosos, com o rídiculo do vilão, animava o teatro de otimismo franco, chegando quase às raias da inconseqüência. O pessimismo básico do sistema pirandelliano não poderia levar o dramaturgo por esse caminho, esvaziando-o da amarga substância. Na comicidade espontânea ele inoculou, por isso, o esgar do grotesco, e prosseguiu fiel a si mesmo.

As situações constrangedoras de amor, resolvidas depois a contento, parecem, no correr da história teatral, a matéria-prima da mocidade. Desconfiado e impertinente, Pirandello instila o vírus sentimental num solteirão, que por todos os títulos deveria estar empedernido. Paolino, o homem às voltas com uma paternidade ilegítima, é professor – e professor de latim. Seu mundo habitual confina-se nas aulas prosaicas, em que os alunos procuram apenas safar-se de um dever penoso. O retrato do cotidiano do professor está-se desenhando, no gabinete de trabalho, e vem visitá-lo a sra. Perella, virtuosa mãe de outro aluno, desesperada pela certeza de estar esperando um filho dele. Em outras circunstâncias, a nova maternidade não teria, talvez, conseqüências. Mas, nesse caso, anunciava-se a possibilidade de uma tragédia, porque o marido, o violento capitão Perella, ausente quase sempre nas lides marítimas, há três anos não mantinha relações com a mulher. Como legitimar, então, aquele novo ser? O único meio era conseguir que o capitão não recusasse, naquela noite, a sra. Perella, porque na manhã seguinte se despediria para uma ausência de mais dois meses. Encontra-se o professor, assim, na contingência de colaborar para que o marido, seu rival, se reconcilie, ao menos momentaneamente, com a mulher. O receituário popular preceitua, para essas dificuldades, poções e filtros mágicos. O amigo médico, irmão de um farmacêutico, prescreverá a "mandrágora" milagrosa, capaz de despertar o capitão para os encantos da sra. Perella. O próprio professor incumbe-se de tornar esses encantos, normalmente acobertados em véu de recato e pudor, visíveis para o apetite pouco sutil do marido. Há angústia, provocada pela longa espera (na comédia tradicional opõe-se sempre um obstáculo ao herói, que acaba por transpô-lo), mas no final prevalece a certeza de que a criança poderá nascer, sob a tranqüilizadora custódia do capitão.

Torna-se supérfluo verificar se o êxito do ardil se deve aos efeitos da droga ou à beleza da mulher, subitamente redescoberta pelo marido. Pirandello começa a introduzir, nesse passo, o seu processo de caracterização das personagens. O professor tinha sensibilidade para compreender o drama da sra. Perella e ver-se atraído pelos seus encantos. A virtude, o recato e o sofrimento silencioso representavam para ele a personalidade da amante. Essas qualidades nada podiam dizer ao primário capitão. Por isso, o professor pinta-a com exagero, abre-lhe ostensivos decotes, para que ela se assemelhe a uma mulher vulgar. "Você está como deve ser para ele!" e "você dará essa máscara à sua bestialidade!" – argumenta Paolino. Sempre, na análise pirandelliana, esse conceito, segundo o qual a criatura humana se desdobra nas diversas imagens que oferece aos outros, definindo-se pelas aparências que os diferentes contempladores vêem nela. O subjetivismo das relações humanas não nos permite ser um, mas tantas quantas são as pessoas que se comunicam conosco.

Só no raciocínio que o professor faz para distinguir as duas mulheres que poderia haver na sra. Perella – a que agrada a ele e a que estava em condições de agradar ao capitão – já se percebe, dentro da burla mais popular, a indefectível fórmula pirandelliana. A máquina de pensar está presente em todas as atitudes de Paolino. Desde as desculpas para encerrar os dois alunos num recinto irrespirável e sem luz, ao diálogo com o médico, aos argumentos para diminuir as notas escolares de Nonó e à conclusão de que as suas insuficiências vinham da circunstância de ser filho único, tentando assim convencer o sr. Perella a admitir um segundo filho –, tudo comprova, em L'Uomo, la Bestia e la Virtù, que Pirandello não aboliu o raciocínio em favor de uma brincadeira, mas juntou admiravelmente o instinto à sua mais exigente lógica.

Toda vez que uma peça tem uma intriga dominante, que precisa ser resolvida, as personagens secundárias movem-se em função dela e dificilmente adquirem maior consistência. O farmacêutico e o médico surgem na trama apenas para propiciar os desígnios do professor, e, cumprida a missão, desaparecem do cenário. As outras personagens mal superam a categoria de figurantes: as criadas, o marinheiro, os alunos. Importam ao texto apenas para compor a paisagem cotidiana em que Pirandello nunca deixou de situar as suas mais malabarísticas digressões.

PIRANDELLO POPULAR 233

A sra. Perella, como tantas criaturas da galeria feminina de Pirandello, existe sobretudo como presença, acionada pela vontade do professor. Ao saber que o marido chegava e a gravidez logo se tornaria visível, pede socorro a Paolino, e se limita depois a cumprir as determinações dele. Embora a exibição fosse estranha ao seu feitio, ela não se nega a oferecer-se ridiculamente ao marido, já que nessa atitude estava a única possibilidade de salvar-se. Como conciliar o procedimento da sra. Perella com os aparentemente contraditórios elogios que faz de sua virtude o professor? Para responder à pergunta, precisamos sair do âmbito estrito da história, a fim de examinar a situação em que ela decorre. A sra. Perella era, sem dúvida, substancialmente honesta. No casamento, cujos móveis não são discutidos na trama, houve apenas um erro de pessoa: o capitão não era o homem que pudesse apreciá-la. Ambos são vítimas da educação convencional: ele, marcado pela impossibilidade de ver na mesma mulher a esposa e a amante; ela, tímida e passiva, tendo fracassado na tarefa de unir as duas. Em outra sociedade, mais avançada, a sra. Perella simplesmente se afastaria do capitão, depois que se desfez a vida em comum. O lugarejo provinciano da Itália tolhia-lhe esse caminho, e só lhe restava a resignação ou a entrega ao instinto. Pirandello, apesar de todo o cerebralismo em que pensaram contê-lo, nunca suprimiu, contudo, o instinto, e este impôs-se à virtuosa sra. Perella. Pode-se acusar de imoral o desfecho da comédia? Na verdade, nenhuma ética superior ditou o arranjo da trama. O professor, que deveria assumir o ônus da paternidade, preferiu a solução fácil, que era deixá-la em nome do pai legal. Conclui-se que há indisfarçável hipocrisia no êxito da burla, mas hipocrisia determinada pela falsidade da organização social.

O desencadeamento do instinto acaba aí, como é característico na obra de Pirandello, por aprisionar-se na forma. A indisciplina interna, provocadora de inevitável quebra dos valores estabelecidos, não pode chegar às últimas conseqüências, e leva, por ironia, ao aparente fortalecimento da ordem. O matrimônio parece sedimentar-se, na divertida história do casal· Perella. Nessa contradição, cifra-se a amargura do mundo pirandelliano. Mas não se encerra assim o processo do dramaturgo: paradoxalmente, também, como se pode observar até na sua última peça – *Os Gigantes da Montanha* – a Forma gera a Vida. A aparência exterior não se alterou, consolidando o irremediável desentendimento do casal, mas uma criança nascerá, de qualquer modo, do equívoco. Vida incontrolável que, em pouco tempo, vai estourar. Daí a alegria final dessa parábola sobre o homem, a besta e a virtude.

(Setembro, 1960)

6. *Vestir os Nus*

O pirandellismo ainda ameaça engolir Pirandello, assim como o *marivaudage* obscureceu por muito tempo a fisionomia verdadeira de Marivaux. Um autor inventa a sua originalidade, impõe o seu estilo contra os padrões vigentes, e depois as novas características literárias o condenam por modismo, até que a história lhe descubra o pleno significado. A maneira típica de Pirandello parece insuportável a todos que se bastam com o pirandellismo. Não se pode recusar uma parcela de culpa ao dramaturgo, que se repetiu em diversas peças, para comprovar a eficácia do método posto em prática. Mas a obra aí está, e a culpa maior é de quem não sabe desbastá-la dos inúteis ouropéis. Já é tempo de fazer-lhe justiça.

Vestire gli Ignudi, sem ser dos textos maiores do grande legado pirandelliano, patenteia todas as qualidades do escritor e deixa em segundo plano qualquer possível jogo cerebral, a fim de afundar-se com desvelada ternura e dolorosa paixão no destino da protagonista. A ironia com a qual o dramaturgo se trata, o quase esquematismo impiedoso na caracterização dos comparsas formam um entrecho menor ou uma caricatura dos sentimentos, enquanto ressalta a tragicidade de Ersília, exemplo moderno da vítima capitalizadora da simpatia literária e humana. Ela contém em germe as heroínas e os heróis sacrificados pelo absurdo contemporâneo.

A história das seis personagens à procura de um autor, vista apenas na inter-relação familiar, não passaria de um capítulo de melodrama. A plenitude artística é atingida pelo "afastamento" estético de seu problema, o diálogo que travam com o diretor e o elenco teatral procurados para dar-lhes vida no palco. O perspectivismo relativiza os confli-

VESTIR OS NUS 235

tos internos das personagens, tornando-os parte de uma sondagem sobre a criação artística. Ainda está por ser escrita uma estética desentranhada da obra de Pirandello. Em *Vestir os Nus*, a estrutura dramática se constrói a partir do convite que o escritor Ludovico Nota faz a Ersília Drei para abrigar-se em seus modestos aposentos alugados. Ele leu o caso da jovem nos jornais, e decidiu trazê-la ao seu convívio. Não apenas interesse literário, estímulo para uma obra autêntica de ficção, entrevista no noticiário sensacionalista da imprensa, mas o desejo de viver seu drama – eis o móvel confessado por Ludovico. Pirandello inverteu na peça, estreada em novembro de 1922, os dados de *Sei Personaggi in cerca d'Autore*, vinda a público em maio de 1921: ao invés das criaturas fixadas numa forma definitiva, e que reclamam o direito de figurar no registro civil das pessoas artísticas, na tentativa posterior vê-se o ficcionista, que procura devassar a intimidade da sua personagem, conduzi-la com a própria presença e interferência a construir-se diante de si. Essa consideração não contradiz também o paralelo segundo o qual as criaturas invadem a sala do autor, como o palco é tomado pelas seis personagens. Nas duas obras o escritor mostra-se impotente para alterar o rumo dos seres imaginários – e aqui Ersília Drei cumpre o seu destino, sem que Ludovico Nota a arrancasse das teias em que se prendera. O passado fatalizara a protagonista, e o público assiste ao desvendamento paulatino das verdades que determinam a tentativa de suicídio e a repetição do gesto fatal.

Na habilidade diabólica ao tecer os antecedentes da história se reconhece a marca de Pirandello. O estilo guarda ainda o arcabouço lógico, mas na vibração nervosa e ágil se maleabiliza às exigências do raciocínio multifacetado. Ludovico desempenha, às vezes, o papel de *raisonneur*, e não é difícil entrever em preocupações do texto algumas constantes do pensamento atual. Uma análise pormenorizada mostraria, por exemplo, que *Huis Clos (Entre Quatro Paredes)* nasceu de sugestões pirandellianas. O Pai de *Seis Personagens* não consegue fugir de uma realidade determinante: o acaso o pôs na frente da Enteada, num quarto destinado a encontros fortuitos. O cônsul Grotti de *Vestir os Nus* não quer ser definido por um acidente, mas ele ali está, para condicionar-lhe a vida: enquanto se entregava ao prazer sexual, com a criada Ersília, a filha caiu no terraço e morreu. Não pode o cônsul aceitar que estivesse inteiro naquela estupidez de ócio, naquele pouco de vício, que lhe custaram tão caro. E no entanto não lhe é facultado passar a limpo os acontecimentos, bem como as personagem de Sartre enfrentam o inferno depois de surpreendidas em fatos irremediáveis. Pirandello tenta salvar-se dos reclamos objetivos do mundo por meio do delirante mergulho na subjetividade. Afirma Ludovico:

> Os fatos! Os fatos! Caro senhor, os fatos são como os assumimos; e então no espírito, não são mais fatos: mas vida que aparece, assim ou de outra maneira. Os fatos são o passado, quando o ânimo cede – o senhor mesmo o dizia –, e a vida os abandona. Por isso não creio nos fatos.

236 O TEXTO NO TEATRO

Essa fuga, evidentemente, não curou Pirandello de duro pessimismo, já que lhe restava apenas a recriação artística da existência adversa. Sartre encontrou uma abertura otimista ao formular a possibilidade da escolha livre em circunstâncias determinadas.

Sendo os episódios atuais escassos e a peça teria dificuldade em sustentar-se como uma intriga arrancada na maior parte da memória, Pirandello se vale de enxertos no cotidiano, propiciadores dos comentários que esclarecem a ação principal. Debaixo das janelas da sala em que dialogam as personagens, um velho é colhido por um carro e morre – informa-se depois. O romancista alude à escola que é a rua, onde circula "a vida dos outros, estranha mas presente". Estivesse ele no lugar do velho, e tudo se alteraria. O acidente ganha a dimensão de um dos signos do absurdo. E foi a recusa do absurdo que levou Ersília a tentar destruir-se a primeira vez. Vivendo em casa do cônsul Grotti, entregou-se a ele, sujeita a essa lei não escrita da submissão dos humildes aos poderosos. Nova aventura, agora romantizada, com o tenente da marinha Franco Laspiga. O jovem retorna – não poderia ser de outra forma – à noiva guardada em porto seguro. Surge o acidente com a menina, a mulher do cônsul expulsa Ersília, ela aceita o convite do primeiro desconhecido (por desespero, como sublinha Ludovico) e o sentimento de abjeção a leva a desejar destruir-se. As existências melancólicas almejam ao menos uma veste bonita, na morte (Nelson Rodrigues retomará o tema em *A Falecida*), e Ersília enfeita seu gesto como se fosse motivado pelo abandono do tenente. Este, impelido pelo remorso e pelo incoercível apelo das situações grandiloqüentes, protesta amor a Ersília ("eu a traí, traindo antes de tudo a mim mesmo"). Ela nega ser verdadeira aquela confissão de última hora, e introduz-se aí a ambigüidade pirandelliana. De um lado, Ersília pode ter querido vestir com uma bela mentira a sua nudez em face da morte. De outro, o fluxo da existência não identifica uma essência: a declaração seria exata naquele momento, correspondente ao ser candidato à morte; a criatura que devolveram à vida, à própria revelia, recusava a impostura. Pirandello observa as contradições do indivíduo histórico, pulverizado no tempo, cujo devir constante impede a apreensão de uma natureza precisa e imutável.

E se poderia condenar Ersília a ser aquela que ela quis destruir? A pergunta, feita pela protagonista, com a evidente sutileza psicológica do autor, serve de preparação para que se compreenda seu itinerário entre a saída do hospital e o desfecho. De início, todos protegem a vítima. Depois, pedem-lhe contas, reclamando um comportamento que não está ao seu alcance. A mulher do cônsul, vingando a filha morta e a infidelidade do marido, conta à noiva do tenente o passado de Ersília. Franco Laspiga reage, então, com os sentimentos convencionais de homem que se sabe iludido, e exige que Ersília confirme aquelas revelações: marionete, pautará sua conduta pelos ditames sociais. O cônsul, impossibilitado de recompor a vida além da culpa, não admite que Ersília supere também o próprio malogro por uma ligação com Franco, e lhe propõe

VESTIR OS NUS 237

unirem os seus desesperos. Fecha-se de novo, assim, o cerco sobre a heroína. Num contraponto irônico dos conflitos centrais, Pirandello empresta a Onória, locadora dos aposentos de Ludovico, as reações caricaturadas dos protagonistas, acolhendo procedimento tradicional do teatro. Onória, no começo, não quer receber em sua casa aquela jovem: seria imoralidade ela viver com o romancista cinqüentão. Bastou a Onória identificá-la com a vítima pintada nos jornais, para desvelar-se em cuidados maternos, certa de estar poupando uma heroína das maldades do mundo. Ao inteirar-se da relação de Ersília com o cônsul, move-a o impulso de banir aquela "perdida" de sua presença.

Não resta nada a Ersília, nesse novo diálogo com os algozes. Ela resolve enfrentar outra vez a morte, porém sem nenhuma veste embelezadora. Pirandello opta pela total nudez do indivíduo, no mundo hostil. Desse ângulo, seu pessimismo é antiilusionista, e não se ajusta a quaisquer compromissos com a realidade. Ersília ainda abre as mãos, para exprimir com um gesto sem palavras por que a humanidade martirizada precisa da mentira: uma fuga à dureza que lhe é imposta, uma compensação para a triste aventura terrestre. Mas, agora, deixem-na morrer em silêncio, nua. Contem que ela, morta, não se pôde vestir. O saldo foram apenas as misérias mais baixas e mais vis, a fúria dos cães sempre indóceis à sua volta, a rasgar-lhe as vestes. Conclui-se, sem dificuldade, que o dramaturgo justifica a heroína, banha-a com a sua imensa compaixão.

Os diversos confrontos da peça revelam as mútuas traições humanas, a fragilidade dos sentimentos, o jogo inútil de culpa e certeza, a falta de horizonte dos humilhados, o desespero como estigma. Essa perspectiva atualiza Pirandello como um dos mais argutos ficcionistas da família literária contemporânea que investiga as injustiças e o efêmero da nossa condição. Argumenta-se que isso não é tudo e que a visão pessimista está condicionada por uma sociedade que se fechou sobre o seu erro. Ainda assim, não cabe recusar ao escritor um dos lugares mais ilustres no roteiro moderno do desmascaramento. E, diante da funda humanidade de Pirandello, é até ridículo insistir no pirandellismo.

(Agosto, 1964)

7. A Relatividade Pirandelliana

Lamberto Laudisi, porta-voz de Pirandello em *Só Porque Você Quer...*, faz diante do espelho famoso monólogo, dizendo que, assim como ele vê a sua imagem, os outros não a vêem. O que os outros contemplam é um fantasma. E os outros, "sem ligar aos fantasmas que trazem consigo, em si próprios, vão correndo, cheios de curiosidade, atrás dos fantasmas dos outros! E pensam que seja uma coisa diferente".

Com ironia ferina, sublinhada no final de cada um dos atos pela gargalhada de Laudisi, Pirandello satiriza a bisbilhotice humana, que se alimenta do desejo de devassar os segredos alheios, como se a descoberta de uma possível verdade viesse trazer-lhe uma certeza. Alguns dos ensinamentos da peça, expostos dramaticamente, são a relatividade das coisas, a opacidade do outro, a subjetividade radical, a impossibilidade de penetrar o mistério da existência. Esses elementos se completam com uma "filosofia" de renúncia e estoicismo, que paradoxalmente é a fonte de vida para os outros.

O intrincado teorema que Pirandello propõe em *Só Porque Você Quer... (Così È, Se Vi Pare*, no original italiano, ou *A Verdade de Cada Um* ou *Assim É, Se Lhe Parece*, títulos de outros espetáculos brasileiros) permite uma redução a termos simples, que ajudam o raciocínio da platéia. O coro das "comadres" de uma cidadezinha quer saber por que o sr. Ponza, novo secretário da Prefeitura, mantém a mulher trancada numa casa, enquanto a sogra mora em outro apartamento, e as duas só guardam contato à distância. Invadida a intimidade da família, Ponza explica que deve preservar a ilusão da sogra, sra. Frola: louca, ela acredita que Ponza continua casado com a filha Lina. Para ele, entretanto, Lina morreu durante um terremoto, e está casado há dois anos com Júlia, sua segunda mulher.

A RELATIVIDADE PIRANDELLIANA

Até aí nada há de mais, a não ser que a sra. Frola apresenta argumentos igualmente convincentes: o louco é Ponza, que acredita ter casado uma segunda vez, com Júlia, quando a mulher é a mesma Lina, sua filha. Com quem a razão? E qual o interesse de dirimir a dúvida, a não ser o de satisfazer a uma curiosidade malsã, que não leva a nada?

Pirandello, exímio conhecedor da técnica dramática herdada da "peça bem feita" do século XIX (*Só Porque Você Quer...*, estreada em 1917, é uma de suas primeiras obras-primas), constrói os três atos com mestria impecável, em que todos os recursos são mobilizados com o objetivo de levar a um desfecho necessário.

Estão em choque, como se nota, duas visões de uma realidade. Como apurar os fatos? No primeiro ato, por meio dos depoimentos de Ponza e da sra. Frola, que são contraditórios. Cada um apresenta a sua versão, e as duas não se ajustam. Nos procedimentos judiciais, o remédio para esses casos é a acareação, e o segundo ato põe frente a frente as testemunhas-protagonistas. O recurso não traz luz sobre os fatos, porque um simula uma aparência em respeito à convicção do outro. Ponza e a sra. Frola permanecem irredutíveis em suas "verdades".

Há, em Direito, dados que se consideram irretorquíveis: as provas documentais. Esse é o passo seguinte da intriga, acrescentando novo alento ao diálogo, que voltou à estaca zero. Os documentos encontrados no lugarejo destruído pelo terremoto não provam nada, e os testemunhos não são conclusivos. E, depois, documentos podem ser forjados, de acordo com as conveniências... Ainda uma vez, não progride o esclarecimento da trama. E então Laudisi, malignamente, para escarnecer da fatuidade do mundo, sugere um último recurso indiscutível: a própria sra. Ponza diria se é a filha da sra. Frola ou a segunda mulher do sr. Ponza. Pirandello levanta, para encerrar a peça, uma segunda fórmula jurídica: o próprio objeto do litígio se pronunciaria por um dos litigantes. Não haveria maneira de escapar à força conclusiva dessa situação.

E aqui Pirandello coloca o seu pensamento mais profundo, que define uma das verdades generosas do seu teatro: a sra. Ponza não dará razão a um dos litigantes, porque o outro estaria destruído. Afirma ela: "Como vêem, aqui há uma desgraça que deve continuar oculta, porque só assim pode ter valor o remédio que a piedade lhe deu". Ela é tanto a filha da sra. Frola como a segunda mulher do sr. Ponza... E: "para mim mesma, ninguém! Ninguém!" Quando argumentam que, para si mesma, ela deve ser uma ou outra, a sra. Ponza replica: "Não, senhores. Eu, para mim mesma, sou aquela que acreditam que eu seja".

Isto é, a sra. Ponza fechou-se numa forma – a forma da filha, para a sra. Frola, e a forma da segunda mulher, para o marido –, e, não sendo Ninguém, permite que duas outras criaturas vivam. Já em *Só Porque Você Quer...* Pirandello apresenta um dos temas que alimentarão o seu teatro. A abstração na qual a sra. Ponza se consome mantém a vida de dois seres. E a tirania da Forma, apesar do seu vazio, acaba por gerar a Vida. Em *O Prazer da Honestidade*, levada cinco meses depois de *Così*

240   O TEXTO NO TEATRO

è, Se Vi Pare, o marido por lei não transige com a abstração criada do matrimônio fiel. O casal se obriga de tal maneira a representar o lar, que a ficção se torna realidade. O requinte da ligação cerebral se humaniza em amor. Problema semelhante se observa em *Tudo Por Bem*, lançada três anos depois: a personagem, ao descobrir que não é o pai verdadeiro, aceita, para se vingar, o ônus formal da paternidade, e termina por se desvelar em amor mais veemente ainda. O louco de *Henrique IV*, peça representada em 1922, prefere simular a demência, quando ela já foi vencida, porque lhe garante impunidade para as vinganças e lhe permite continuar vivendo. A sra. Ponza aceita o sacrifício da própria personalidade, porque assim consegue sustentar a ilusão vital do marido e da sogra dele (ou de sua mãe).

A "mentira piedosa" se transmitiu a Pirandello de Ibsen, o primeiro dramaturgo a conscientizá-la em sua obra. Poder-se-ia argumentar que a vida que ela nutre é ilusória e, ao invés de adesão humanista, Pirandello se exaure em pessimismo irremediável. Não importa que a sra. Ponza, para permitir a ilusão de duas outras vidas, anule a própria personalidade e ofereça a sua existência em holocausto. Seu sacrifício é pelo menos a raiz de outras vidas... Uma negação constrói a afirmação.

A razão, levada ao extremo em *Só Porque Você Quer...*, mal disfarça a paixão dos protagonistas. Lançam-se na peça muitas das antinomias aparentemente inconciliáveis, além de forma e vida, e razão e paixão: cérebro e instinto, pensamento e coração, inteligência e sensibilidade, convenção e inovação, arte e artifício, ilusão e realidade, face e máscara. O intelecto está filtrado em incontrolável sanha vital, que não repudia o veículo da comédia.

É perigosa, no texto, a curiosidade irracional do Coro medíocre, que permanece o tempo todo à margem do verdadeiro drama. Uma das lições de *Só Porque Você Quer...* acaba por adquirir vigência insuspeitada: não se pense que há uma só verdade, e não se queira impô-la a todo custo. Democraticamente, respeite-se "a verdade de cada um".

(Agosto, 1971)

8. O Soldado de Kaiser

O nome de Georg Kaiser (1878-1945) simboliza tanto o expressionismo, e o expressionismo ficou historicamente tão ligado à Primeira Grande Guerra, que sentimos dificuldade em imaginar que *O Soldado Tanaka* date de 1940. No escaninho mental dos esquemas classificadores, o grande dramaturgo alemão pertence à paisagem literária das primeiras décadas deste século, embora tenha falecido tão recentemente. A deficiência de perspectiva é nossa, porque só chegamos aos seus textos por meio de cerca de uma dezena de traduções, em outras línguas. Quem acompanha a biografia de Kaiser pode verificar a coerência de um pensamento e de uma dignidade artística admiráveis. *O Soldado Tanaka*, peça marcada pelos mais legítimos protestos, oriundos do clima da Segunda Grande Guerra, transcende o seu condicionamento temporal, para figurar na galeria das obras-primas que fazem dos pobres-diabos seus heróis exemplares.

Logo que Hitler subiu ao poder, a dramaturgia de Kaiser foi interditada na Alemanha. Preferindo o exílio voluntário na Suíça, o autor de *Gás* criticou em *O Soldado Tanaka* o militarismo e o imperialismo, encarnados no Japão, que se aliara aos nazistas. As condições sociais e econômicas do Oriente, dominado pela idéia da origem divina do poder imperial, ensejavam a maior verossimilhança dos conflitos. A pintura pareceu tão severa que a embaixada japonesa protestou contra o lançamento da peça na *Schaupielhaus* de Zurique.

De algumas das primeiras obras de Kaiser a *O Soldado Tanaka*, não se percebe uma notória diferença estilística, nem uma quebra de preocupação. Pelo espírito e pela forma, o texto está vinculado às raízes do expressionismo. Dir-se-ia, porém, que os exageros da escola estão

242 O TEXTO NO TEATRO

aqui suprimidos, e restam assim suas verdades essenciais, numa depuração que subentende o clássico. Impressiona em *O Soldado Tanaka* a simplicidade de recursos, apoiada no vigor do impacto teatral e na eficácia direta dos diálogos.

Em carta ao dramaturgo suíço Cesar von Arx (transcrita no estudo de B.J. Kenworthy sobre o autor de *Mississipi*), Kaiser narra que foi a leitura de *Vinhas da Ira*, de Steinbeck, o estalo para configurar o solda-- do Tanaka. Tinha dificuldade, contudo, em descobrir o tom exato das falas desse "novo Woyzeck". Pediu, por isso, a colaboração do amigo na fatura da peça, recusada como prova de respeito ao seu gênio.

Kaiser tinha clara consciência de seus propósitos, como revela em outra missiva a Cesar von Arx:

O soldado Tanhaka levanta a tocha de acusação – contra o quê? Contra tudo o que acontece hoje em dia, que está sendo presentemente admirado e mimado. Contra a covardia uniformizada – contra a queda na soldadesca. Este é o último grau de decadência da dignidade humana. O que escrevi na Vila Áurea são apenas uns fracos sons – o soldado Tanaka fala com uma nitidez que reflete a simplicidade da grandeza. É um Woyzeck perfeito – é mais do que o Woyzeck. Pois, do contrário, eu não deveria ter escrito a obra, por respeito a Büchner. Agora, é preciso acender a tocha, para que o soldado Tanaka a balance sobre o mundo. Talvez ela queime a guerra como uma ferida pustulenta. Talvez? Com certeza. Mas precisamos erguer-nos, precisamos apressar-nos. Precisamos achar os meios e o silêncio, onde nos encontrarmos, nós os conjurados de altas exigências e desprezadores de formas baratas de viver. Agora: pode ser soldado aquele a quem a vida não é cara. O simples soldado Tanaka é mais exigente. Mais exigente do que o seu imperador, que se diz Filho do Céu. Devemos ponderar tudo com precisão: o perigo da peça, que não nos deve atemorizar, e a sua grandeza, que deve comprometer-nos.

A patente mensagem pacifista do autor nasce de sincero e profundo humanismo.

A peça vale-se das técnicas desenvolvidas pelo movimento expressionista. As cenas são jogadas em tons violentos, com fortes contrastes, que se destinam a deixar nítida a intenção probante. Em várias outras obras, como *Da Manhã à Meia-Noite* e *Incêndio na Ópera*, Kaiser já havia mostrado o gosto de passar de um extremo a outro, numa guinada brusca, feita entretanto com os mais rigorosos suportes do processo psicológico. Lembre-se, por exemplo, que o herói da peça *Da Manhã à Meia-Noite* era um bancário perfeito, comprovado em longos anos de serviço, e merecedor de confiança irrestrita. Bastou que uma mulher se interpusesse em seu caminho, com ilusória sedução, para que as reservas do subconsciente saltassem à tona e lhe exigissem imediata mudança de conduta. O instinto, longamente aprisionado, teve triunfo momentâneo, para logo depois levar a personagem ao aniquilamento. Ao verificar que a mulher não pensara em entregar-se a ele, o herói inicia o itinerário do desespero, passando por numerosos lugares, numa única jornada, até aquietar-se na morte.

O processo literário de *O Soldado Tanaka* revela muitos pontos de contato com o da peça *Da Manhã à Meia-Noite*. Tanaka é um soldado

O SOLDADO DE KAISER 243

perfeito, padrão de todas as virtudes militares. Melhor atirador de sua unidade, fora o responsável pela vitória, numa competição, e pela conseqüente licença, dada a alguns soldados. Grande amigo de Wada, quis aproveitar a folga para apresentá-lo à irmã Yoshiko, a fim de que tratassem já do casamento. Como ela não se encontrava em casa, os dois soldados decidem visitá-la numa casa dos montes, onde deveria estar trabalhando. No caminho, fazem parada num bordel, e eis que surge a revelação modificadora do curso pacato dos acontecimentos: Yoshiko está ali, fora vendida pelos pais, forçados pela miséria e pela fome. No prostíbulo, Tanaka mantém a linha do seu caráter. Ao invés de escolher a companheira, o que lhe seria permitido, propõe aos colegas tirarem a sorte. Assim é que fica por último, com "a mais jovem e inexperiente", e se vê de súbito diante da irmã. Poderia ainda evitar-se a tragédia, se um oficial, que acaba de chegar à casa, não tivesse precedência em relação ao soldado. Para proteger Yoshiko, Tanaka mata-a e, a seguir, assassina o oficial. A morte é uma forma de escapar à abjeção. A irmã estaria defendida contra a maldade humana.

Levado ao tribunal, Tanaka obstina-se no silêncio, até que a ordem de novas diligências, para esclarecimento dos fatos, o leva a dizer a verdade. Impronunciam-no pelo crime da irmã. Quanto ao do oficial, é punido com a condenação à morte, a menos que o imperador o indulte. Sugerem que Tanaka faça o pedido de perdão, ao que ele responde, enfeixando todo o significado da peça: "O imperador que peça perdão a mim!"

Na bela confissão que precede esse desabafo, Tanaka tem oportunidade de justificar-se plenamente. Era o espelho no qual o amigo Wada via a irmã: "Eu refletia para ele a verdadeira imagem de Yoshiko". Os irmãos eram obedientes: "Não aprendemos a teimar" (contraste marcado com a explosão da revolta). Narra Tanaka as condições miseráveis em que vivem o povo e sua família, arrozeiros colhidos primeiro pela seca e depois pela enchente. Fazem-se dívidas para subsistir, e "o arroz pode não crescer, mas os juros crescem sempre". Diante da ameaça de ruína total, os pais de Tanaka não têm outra saída senão transacionar com a filha. São vítimas, muito mais do que culpados. Ainda assim, quando recebem Tanaka e o amigo, querem, além de reverenciar os todo-poderosos militares, cobrir com a lauta refeição o sentimento de culpa.

A peça, sem sacrificar o tratamento artístico, vai aos poucos apurando as responsabilidades. Ao fim da trama, ninguém terá dúvida de que é a miséria do povo a condição para o aparato do regime. Enquanto não há o que comer, os militares têm todas as prerrogativas. São os sustentáculos da ordem obscurantista, na qual avulta a figura do imperador. Simbolicamente, por isso, quando, antes de baixar o pano, a sala do tribunal fica vazia, o retrato do imperador adquire realidade palpável. Nesse meio, um homem autêntico não pode viver. No diálogo imaginário no qual o imperador lhe pediria perdão, Tanaka fala:

244   O TEXTO NO TEATRO

Já sabes agora de onde vem o dinheiro com que pago os regimentos, esses e os outros muitos que ocupam o país, de norte a sul. Agora, tu sabes. Não tiro esse dinheiro do meu bolso, mas do bolso de vocês, cuja miséria é tanta que as irmãs precisam ser vendidas para que haja ao menos uma tigela de arroz. Que vergonha! Eu devia descer da sela, atirar-me a teus pés e beijar o chão em que pisas. Perdoa-me, Tanaka. Ninguém se queixou de mim, antes de ti. És o primeiro. E és um homem!

A consciência da realidade erigiu Tanaka em símbolo do homem verdadeiro. Se a blasfêmia lhe valeu o fuzilamento, Tanaka se torna o herói incorruptível, disposto ao sacrifício para preservar a noção de dignidade. É um dos homens verdadeiros da história do teatro.

(Dezembro, 1959)

9. Maiakóvski Sem Fronteiras

A contribuição do poeta Maiakóvski (1894-1930) ao teatro é significativa por ter procurado exprimir na dramaturgia as doutrinas estéticas do marxismo. Mais precisamente, já que há muitos autores marxistas escrevendo pelo mundo afora, suas peças despertam especial curiosidade em virtude de exemplificarem uma tentativa de atualização do palco soviético pela política vitoriosa em 1917. Evreinov, na *História do Teatro Russo*, afirma que "a abertura do Teatro "R.S.F.S.R. No. 1" (República Socialista Federativa Soviética da Rússia) foi marcada por duas peças, as *Alvoradas*, de Verhaeren, e o *Mistério-Bufo*, de Vladimir Maiakóvski, peças que foram as primeiras de formação soviética: as *Alvoradas* pela montagem e o *Mistério-Bufo* pela montagem e pela natureza da obra". Quer os testemunhos de Lunatchárski e Fevrálski ou a evocação de Elsa Triolet emprestam a esse espetáculo importância decisiva na indicação de um caminho verdadeiramente revolucionário para o teatro, que não encontrou correspondência satisfatória nos dramaturgos posteriores. Não cabe discutir aqui, também, se Maiakóvski beneficiou-se da efervescência criadora dos movimentos revolucionários, logo coibida pela censura, que ministra normas aos artistas em épocas de estabilização. Ele próprio foi vítima da censura dos comunistas bempensantes, que tudo fizeram para boicotar o lançamento do seu teatro. Historicamente, pode-se dizer que Maiakóvski foi não só o poeta mas também o dramaturgo da Revolução de Outubro.

Aceita a premissa segundo a qual seus textos traziam os germes inovadores peculiares ao vitorioso espírito político, cumpre caracterizá-los, avaliar-lhes o mérito específico e apreendê-los sob a perspectiva histórica. Tarefa que se torna particularmente ingrata, se nos vale-

246 O TEXTO NO TEATRO

mos de traduções e da simples leitura, quando o efeito do espetáculo parece essencial à forma das obras.

Maiakóvski procurou, antes de tudo, realizar uma dramaturgia que servisse aos fins revolucionários, arma da classe operária e da propaganda soviética. Indagar, agora, sobre a legitimidade dessa orientação nos levaria a um campo estético bizantino, ainda mais que a história está cheia de obras sem valor inspiradas pelos mais altos desígnios artísticos, e de obras fundamentais, cujo objetivo, ao menos expresso, era o de servir a causas extraliterárias. Não importa a intenção de Maiakóvski: é preciso verificar se suas peças são boas. Tendo em vista sempre os padrões artísticos que nos orientam e bem ou mal representam os valores do nosso teatro.

Encaramos a dramaturgia de Maiakóvski mais como objeto de curiosidade, documento de um período pós-revolucionário, em que era necessário impor as idéias da Revolução, do que propriamente como obra acabada, pedindo encenações atuais por trazerem uma linguagem nova do palco. A fértil imaginação do poeta criou para o *Mistério-Bufo*, *O Percevejo* e *Os Banhos* situações inéditas, enriquecedoras da montagem sobretudo do ponto de vista plástico, além da perspectiva proletária assumida. O *Mistério-Bufo*, imaginado antes do movimento revolucionário e cuja segunda versão data de 1920-1921, mostra o globo terrestre, desfazendo-se a seguir os continentes, para que se empreenda depois uma viagem pelo inferno e pelo paraíso, cujo termo final é a terra prometida – a Comuna onde todos os homens são felizes. As personagens foram recrutadas entre as figuras expressivas do momento ou da História – o Négus abissínio, Lloyd George, Rousseau, Tolstói, Belzebu e os Anjos –, colocadas ao lado das personagens da terra prometida – o martelo, a foice, as máquinas, o pão, o sal e, imponente, o Homem do futuro. Maiakóvski tem a cautela de considerar a peça um roteiro, o roteiro da revolução, que deve ser atualizado, pela própria mudança do conteúdo. Como se acha, porém, parece apenas a vertigem otimista de quem acaba de ganhar uma revolução, cântico demagógico de um povo que ainda não se havia acostumado à nova ordem. Sob a influência do futurismo, ao qual se ligou Maiakóvski no início da carreira, os objetos, comparsas e aliados do homem, tomam também a palavra, prontos a servi-lo e a construir sua grandeza. A euforia da vitória salta dessa bufonada em que o mundo antigo surge inabitável, os outros mundos são falaciosos e apenas a terra liberta dos dominadores é morada do homem em seu clima próprio. Peça ingênua e generosa, sem dúvida. Um grande painel, destinado a revigorar as energias da classe operária, neófita ainda no poder.

Diferente dessa revista apoteótica, *O Percevejo*, estreada em 1929, visa a denunciar o filisteu pequeno-burguês, que rompe com a sua classe de origem, a fim de alcançar maior bem-estar pessoal. Consolidado o novo regime, impunha-se lutar contra os desvios ideológicos, que sempre foram o cavalo de batalha dos comunistas em todos os momentos.

MAIAKÓVSKI SEM FRONTEIRAS   247

O herói negativo Prissipkin, com o nome enobrecido para Pedro Skripkin, ex-operário, ex-membro do Partido, agora noivo de uma jovem de posse, pretende, segundo explicam, ligar pelo casamento "o trabalho, anônimo mas grandioso, ao capital, abatido mas encantador". Zóia, a operária repelida, tenta matar-se, por amor, com um tiro, e dizem ironicamente a Prissipkin que faz barulho, quando se abandona a sua classe. Celebra-se o matrimônio vantajoso, e a festa, que tem laivos decadentistas, acaba num grande incêndio, em que todos os convivas se consomem. Milagrosamente, o traidor da classe operária é preservado intacto num bloco de gelo e descoberto cinqüenta anos mais tarde, no novo mundo socialista. Votam pela sua ressurreição, porque, além da extraordinária conquista científica, trata-se de alguém cujos signos exteriores lembram o proletário soviético do passado. Esse indivíduo, contudo, ameaça infectar com o seu bacilo a sociedade incontaminada e, junto com o percevejo, outro parasita da ordem antiga e imperfeita, precisa isolar-se para não difundir o mal. Estranho ao socialismo triunfante, Prissipkin procura agarrar-se ao percevejo como o único companheiro de destino. O paralelo entre o pequeno-burguês e o percevejo, aliás, ressalta dos diálogos finais da peça, em que o diretor do jardim zoológico fala:

A *punaesia normalia*, gorda e saciada pelo sangue de um só homem, cai sob o leito. O *consomatorius vulgaris*, gordo e saciado pelo sangue da humanidade inteira, cai sobre o leito. Essa é a única diferença.

No mundo futuro, não há lugar para o burguês, como não há para o percevejo.

Essa alegoria, de um primarismo tão claro que chega a igualar a simplicidade dos mitos, nasce de duas constantes de Maiakóvski: a projeção dos problemas no futuro, a fim de melhor distinguir a realidade presente (técnica do afastamento que vai dos gregos a Racine e a Brecht), e a verdadeira mania de limpeza, evocada por Elsa Triolet nos hábitos cotidianos do poeta. O mundo soviético do futuro, em que os alto-falantes substituem os homens, assemelha-se a uma sala de operação em que tudo é esterilizado e não há possibilidade de epidemias, como as que infestavam o país na década de 20. A imagem do pequeno-burguês é a de um ser tomado pelo *cólera morbus* – o que mais podia repugnar a Maiakóvski. No texto, o professor do futuro desconhece o significado da palavra suicídio, e quando Zóia (agora assistente dele) diz que tentou suicidar-se por amor de Prissipkin, ouve como resposta: "Isso não é verossímil... O amor gera crianças e constrói pontes..." Uma jovem é atingida pelo que os professores chamam "mal de amor – é assim que se denominava uma doença hoje desaparecida: a energia sexual do homem repartida agora com equilíbrio por toda a vida, inopinadamente se condensava numa semana em um processo inflamatório violento, concretizado em atos incongruentes e inverossímeis". Dura ironia com Maiakóvski, suicida ele próprio um ano depois, incapaz de resolver suas

248 O TEXTO NO TEATRO

contradições íntimas e curvar-se às exigências do regime. Não foi essa, por certo, sua vontade, mas *O Percevejo* esconde uma crítica também à sociedade estandardizada. Tanto a personagem como o mundo futuro, distanciados mas apreensíveis pelo conceito da peça, reduzem-se para nós à proporção de seu absurdo.

Outro texto que satiriza os aspectos negativos do regime é *Os Banhos* – crítica aos burocratas, num título que por si lembra o horror físico de Maiakóvski pela sujeira e conduz intuitivamente à idéia de sentimento de culpa. Explica ele que denominou "drama" a peça: "Primeiramente, para ser mais engraçado e, depois, os burocratas se teriam tornado raros? e o drama de nosso país não está em seu número?" Nos seis atos, com circo e fogo de artifício, buscou o dramaturgo o efeito espetacular. A seu ver, por se tratar de peça empenhada, *Os Banhos* não comporta "homens de carne e osso, mas tendências personificadas. Tornar vivas a propaganda, a educação política, a 'tendência', eis o sentido do teatro atual e a dificuldade que ele deve resolver". "Devolver ao teatro sua riqueza exterior, transformar o estrado em tribuna – essas tentativas exprimem o sentido de meu trabalho teatral." Assim sintetiza Maiakóvski sua poética do palco, lançando-se contra as peças de salão e os refinamentos psicológicos. Mas, no afã de viver como espetáculo, *Os Banhos* perde a consistência cênica. Nem se sente muito clara a sátira à burocracia, inscrita num processo histórico. Os diálogos diluem-se numa sucessão vaga de episódios. Das três peças, essa é por certo a menos feliz.

Seduz, na obra teatral de Maiakóvski, a ausência de fronteiras, a audácia na concepção do universo cênico, a maleabilidade do palco aos conceitos latos de tempo e espaço. Nada freava sua imaginação insone, desejosa de vislumbrar o improvável homem futuro nos quadros de um presente insatisfatório. O teatro, arte para as massas, requeria uma linguagem de fôlego, incapaz de comunicar-se por meio das introspecções da dramaturgia anterior. A epopéia deveria ser o instrumento próprio dessa revitalização do palco. Maiakóvski, suicida aos trinta e sete anos, não teve tempo de realizá-la. O problema, que não é específico de uma arte soviética, mas aflige a todos os que pensam em termos do mundo atual, continua a desafiar os homens de teatro. Brecht, embora em caminho diverso, permanece um exemplo isolado.

(Março, 1959)

10. Impressão de Nazim Hickmet

A ausência de intercâmbio efetivo nos faz conhecer, com enorme atraso, autores que em sua terra há muito consolidaram prestígio e fama. Mesmo no mundo ocidental, apenas as obras francesas e norte-americanas encontram repercussão imediata entre nós, permanecendo mais à distância as originárias da Inglaterra, Alemanha, Itália e Península Ibérica. O contato do estudioso com elas se estabelece com esforço, nunca em função de uma rotina, que deveria ser norma. Que se dirá então da literatura de povos com línguas e regimes políticos estranhos ao país? Presumidos especialistas em matéria de teatro, acabamos por tomar conhecimento, em tradução francesa e espanhola, de três peças do dramaturgo turco Nazim Hikmet. E, nascido em 1900, há várias décadas o valor de seu teatro e de sua poesia era proclamado no mundo ocidental.

Lemos, na revista *Les Temps modernes* (nº 146), *Ivan Ivanovitch Existiu?* e, em volumes argentinos, *Lenda de Amor* e *Lenda Turca*. Não pretendemos, com tão escassa informação, apreender as coordenadas do dramaturgo nem sugerir-lhe a fisionomia. Mas nos dispomos a confiar ao leitor nossa experiência.

A sucinta biografia aqui e ali recolhida nos diz que Nazim Hikmet é comunista e, coerente com a sua ideologia, tornou-se militante partidário e pôs a literatura a serviço da causa política. Estudou na mocidade em Moscou, tornando-se amigo de Maiakóvski, Meyerhold e outros líderes artísticos soviéticos. O cumprimento das várias penas que lhe foram impostas pelas autoridades turcas o manteria na prisão durante cinqüenta e oito anos, dos quais ele permaneceu recolhido dezoito. Foragido na Cortina de Ferro, escreveu *Ivan Ivanovitch existiu?* em

Moscou, em novembro e dezembro de 1955, satirizando a burocracia soviética e o culto da personalidade. É fácil imaginar que a estréia provocasse celeuma e o debate sobre os direitos de crítica de um estrangeiro, embora nem de longe fosse arranhada a noção de fidelidade ao regime. A peça deve ter entrado no rol das autocríticas ou das críticas construtivas...

Do ponto de vista ideológico, *Lenda de Amor* é a peça que instrui um estádio de luta mais primitivo. Passa-se no mundo dos contos orientais, em que rainha e princesa são belíssimas e uma história estranha deve perturbar sua existência privilegiada. Quando toda a ciência humana falhou e um médico ocidental diria que entregava o caso a Deus, um Desconhecido – *deus ex machina* do Oriente – diz à rainha que a irmã seria salva se ela lhe sacrificasse a beleza. A princesa, praticamente ressuscitada pela intervenção mágica, apaixona-se por um pintor do povo. Chega a fugir com ele do palácio... A rainha, contudo, também se apaixonara num relance pelo jovem e, depois de ter dado provas tão cabais do amor pela irmã, sente-se diante de novo problema. Admitir o casal feliz a seu lado seria impossível. Condena o rapaz a perfurar a montanha de Ferro, pois dela correrá a água pura para a cidade. Terminada a tarefa, seria dele a mão da princesa. Mesmo sabendo que talvez não chegasse a desfrutar o prêmio ou faria jus a ele na velhice, o pintor aceita a missão. Dez anos se passam e lá está ele a trabalhar sozinho. A princesa também se resigna à atitude heróica e o esperará "como a mulher espera o cativo, como a mãe espera o soldado..."

Está nítido, sob a alegoria fantástica, o significado político da narrativa. Não pode vigorar o amor entre representantes de classes distintas e opostas. Princesa e plebeu apenas nos contos de fadas se encontram. Mas, se o plebeu perfurar a montanha de ferro, isto é, se romper o mais odioso privilégio que está simbolizado na água podre para a sua classe, enquanto a do palácio é cristalina –, então a princesa poderá ser conquistada. O amor verdadeiro e completo surgirá ao se aplainarem as contradições antitéticas da vida social. Desfaz-se, assim, a atmosfera encantada da lenda oriental, ao sopro de compromisso lúcido. O anseio de felicidade particular dos jovens se enriquece as contato do problema coletivo. Informam ao rapaz que há muito o povo esqueceu que ele começou a perfurar a montanha por causa da princesa. E ele próprio já não sabe se o faz para obtê-la ou para que o povo tenha água. Num mundo melhor, o amor será possível.

Lenda Turca já inscreve esse despertar do espírito de luta numa realidade palpável: a campanha pacifista dos comunistas turcos, empenhados em evitar o envio de tropas para a Coréia. O instrumento especial de persuasão é o encontro de uma avó com a realidade, deixando a crença de que pode salvar seu neto sozinho em troca da luta por que todos os jovens turcos se salvem. O processo psicológico assemelha-se ao de *A Mãe*, de Górki, ou de *Os Fuzis da sra. Carrar*, de Brecht. O símbolo universal da proteção converte-se de ser egoísta em ser que, pelo

IMPRESSÃO DE NAZIM HICKMET

251

contato direto dos problemas, compreende a inviabilidade e o erro do caminho individualista. Levada a depor contra os colegas do Movimento Pró-Partidários da Paz, a fim de evitar para si a condenação, a personagem revolta-se contra a farsa jurídica e proclama seu pensamento. É evidente que o arranjo que se havia feito para libertá-la, pois tem ligações afetivas com um preposto do governo, acaba por voltar-se contra o regime.

Entramos, nesse ponto, em outro aspecto dos textos de Nazim Hikmet: seu evidente primarismo. Não é simples julgá-los. Nossa herança literária, de maiores raízes, nos colocou junto de Proust, Gide e Joyce, e, na dramaturgia, de Pirandello aos autores que mais sutilmente têm explorado a dissociação da personalidade. Compreendemos o beco sem saída dessa literatura, mas o esforço para admitir o deliberadamente simples nos constrange também. No caso de Brecht, por exemplo, sua inteligência demoníaca, embora trocada em miúdos, mostra-nos apenas uma orientação diferente de um escritor formado na vanguarda ocidental. São poucas as peças de sua autoria em que o primarismo consciente não nos convence – permanece desagradável primarismo. No textos que lemos de Nazim Hikmet, não sentimos fundir-se inteiramente a categoria estética com o objetivo de tese, e daí uma curiosidade nossa que permanece insatisfeita no campo da arte. Em *Lenda Turca*, os episódios justificadores do antiamericanismo parecem-nos introduzidos sem a habilidade que poderia torná-los mais verossímeis: um soldado que mata estupidamente uma criança e é recolhido aos Estados Unidos antes de qualquer providência local; um chefe de polícia orientado no interrogatório por um assessor norte-americano; e toda a engrenagem da peça, fundada no tema com uma viseira sectária. Não temos experiência de um público popular para saber se é necessária essa concessão; acreditamos que outros meios mais exigentes seriam igualmente eficazes.

Ivan Ivanovitch Existiu?, dentro da concepção ideológica do autor, é mais ambiciosa, porque satiriza não os adversários, mas um chefe soviético, acusado de um desses desvios práticos que fazem freqüentes os expurgos. A peça pode ser incluída nos anais da desestalinização, com o seu herói – Petrov – que num excesso de egolatria cultuou a própria personalidade com a contumácia de todos os ditadores. O comissário armou em torno de si a defesa da importância e da responsabilidade, até desligar-se completamente do povo. Não queria dar-lhe Nazim Hikmet, porém, o destino dos pecadores irremissíveis, condenados à degradação eterna. Existe a confissão, isto é, a autocrítica, e a ovelha desgarrada pode retornar ao aprisco. O comissário, depois de bater convenientemente a mão no peito, reencontrará a trilha do éden marxista. As almas puras, apesar dos descaminhos, repousarão no regaço divino.

O ponto de vista crítico ou as advertências do dramaturgo sobre as suas legítimas intenções interessam-nos pouco: era natural que ele se precavesse. A certa altura da trama, uma personagem interpela o autor:

252   O TEXTO NO TEATRO

"sua primeira peça sobre um tema soviético deve ser necessariamente uma sátira?" E sua voz replica:

A União Soviética é, com efeito, minha segunda pátria, e eu amo os cidadãos soviéticos. É bem por isso que devo agir como age aqui todo homem honesto. Mas embora eu não seja senão um hóspede da União Soviética, a mais bela casa do mundo, isso não muda a questão: quando vejo uma serpente rastejar nesta casa, meu dever é esmagá-la.

Assim se explica Nazim Hikmet e todos os bem intencionados do regime não poderiam censurá-lo. Esse aspecto – repetimos – pouco importa. Devia comportar-se com semelhante espírito um súdito soviético. Para nós, vale a pena acompanhar o itinerário da personagem.

Petrov era o primeiro numa cidade qualquer e o povo o considerava um igual. Uma velha entrou em seu gabinete e ele assinou um papel, sem que ela percebesse tratar-se do comissário. Carregava a máquina da secretária, agia como todos os homens educados. Eis que surge Ivan Ivanovitch, que pretende destruí-lo. Utiliza-se de várias provocações, às quais resiste o bem formado Petrov. Percebe o inimigo que é preciso picá-lo na vaidade. Prepara-lhe enormes retratos – e o realismo soviético, realista demais, fazia até surgir em seu peito uma imponente medalha. Petrov transforma-se no clichê de si mesmo. Passa a falar por lugares-comuns, porque a personalidade pública se desprende dos gostos e das opiniões pessoais, para exprimir-se em nome do Estado. A máquina da publicidade instala-se a seu lado, tendo sempre ele uma palavra adequada a pronunciar em cada ocasião. Naturalmente, legislará também sobre arte, e comete uma gafe desastrosa ao opinar sobre o sentido progressista ou retrógrado de uma música. Na piscina, constrói um recanto particular, porque o chefe deve guardar distância. Aos poucos, contudo, desmorona-se seu mundo, que não se sustenta por nenhuma autenticidade. Fora do seu círculo, é obrigado a enfrentar uma fila como qualquer cidadão. O reencontro da velha, que o vê no novo estádio psicológico, o deixa abalado. Ao descer do trem, descobre melancolicamente que a homenagem do povo não era para ele, mas para a campeã de natação, amante que ele desprezara, presa do delírio de grandeza. Diante dos malogros, volta-se sobre si mesmo e reconhece o absurdo a que fora conduzido. Expulsa Ivan Ivanovitch, o mau conselheiro, e será de novo um bom comissário do povo.

De volta ao plano real, ninguém sabe quem é Ivan Ivanovitch. Projeção exterior do demônio íntimo de Petrov, chegou a ser percebido pelos circunstantes nas conseqüências que teve sobre o caráter dele. O homem Petrov com o qual termina a peça é a síntese do dualismo que se resolveu no desenvolvimento da trama. No processo dialético o indivíduo lúcido e bem intencionado obtém a vitória. Não importa mais responder se Ivan Ivanovitch existiu ou não. Tanto ele pode existir no interior de cada comunista que o texto aconselha os espectadores a expul-

IMPRESSÃO DE NAZIM HICKMET

sar os "seus Ivan Ivanovitchs". O estrangeiro e sincero Nazim Hikmet coloca um *happy end* onde a política realista liquida os pecadores.

O sistema literário do desdobramento da personalidade não é novo, e admite apenas uma dicotomia simplificadora. O objetivo didático do texto perdoa esse esquema, ainda mais que a sátira está construída com real inteligência. Fica a pintura de um regime que, se não se eternizou, teve oportunidade de cometer muitos erros. Bateram a mão no peito e foram perdoados, e mais tarde outros perdoarão as faltas de agora. Se não lhes cortarem a cabeça – como acontece na realidade e não na literatura otimista de Nazim Hikmet.

(Setembro, 1958)

11. A *Electra*, de O'Neill

No diário que acompanhou o preparo e a fatura de *Mourning becomes Electra* (*O Luto Assenta a Electra* ou *Electra e os Fantasmas*, título do volume português, ou ainda *Electra Enlutada*, da tradução brasileira), O'Neill (1888-1953) expôs o propósito de realizar um drama psicológico moderno, utilizando uma das lendas da tragédia grega. Chegou a ocorrer-lhe a história de Medéia, mas preferiu a de Electra e sua família, pelo maior interesse psicológico e pelas "inter-relações humanas mais completas, intensas e fundamentais". Freud já havia interpretado os mitos gregos à luz da psicanálise, e a sucessão de crimes na família dos Átridas se prestava à pesquisa de possíveis leis que governam a natureza humana. Ponderou, entretanto, O'Neill:

> Seria possível fazer em tal peça uma aproximação psicológica moderna do sentido grego de destino, que um público inteligente de hoje, sem crença em deuses ou em recompensas sobrenaturais, aceitasse e sentisse?

Era grande o risco de esvaziar as tragédias originais de sua carga mítica, sem estabelecer valores novos, capazes de substituir-lhe o alcance. A palpável diferença entre as versões que Ésquilo, Sófocles e Eurípides deram à lenda deve ter animado O'Neill na tarefa de acrescentar à história do teatro a sua exegese.

São muitos, de início, os pontos de contato entre *Electra Enlutada* e a *Oréstia* esquiliana. É esta a única trilogia grega preservada, servindo por isso, obrigatoriamente, de roteiro para o mural de O'Neill, que não poderia conter os episódios nos limites de uma peça em um ato. O texto norte-americano segue as pegadas da mitologia já na escolha dos nomes das principais personagens, que guardam evidente semelhança eufônica:

A *ELECTRA* DE O'NEILL   255

Agamenon torna-se Ezra Mannon; Clitemnestra, Christine; Orestes, Orin; Electra ou Laodice, Lavínia (Vinnie, na intimïdade); Egisto, Adam Brant; Pílade, Peter; e Hermione, Hazel. O cenário do palácio real de Argos converte-se na mansão senhorial americana da primeira metade do século XIX, quando era moda observar nas fachadas as linhas gregas. A volta fatal da vitoriosa campanha de Tróia, comandada por Agamenon, muda-se para o retorno da Guerra Civil, na qual Ezra Mannon foi general do exército vencedor. O quadro da ação revela equivalências incontestáveis, sem que O'Neill precisasse forçar qualquer característica. Resta saber se as implicações transcendentes da tragédia grega foram substituídas por uma apreensão do mundo moderno, com igual profundidade.

A tragédia dos Átridas tem origem em maldição familiar, que a mitologia vincula ao crime de Tântalo, assassino de seu próprio filho Pélops, cuja carne foi oferecida aos deuses, num banquete. Ressuscitado, Pélops mata o sogro e depois o escudeiro, que fora seu cúmplice. Amaldiçoada a descendência, Tiestes e Atreu, filhos de Pélops, disputam o trono de Micenas (por motivos políticos, Ésquilo transferiu o cenário para a cidade de Argos). Tiestes seduz a mulher de Atreu, e este, inspirando-se no avô, mata os filhos do irmão e os oferece num banquete, preparado fingidamente para reconciliar-se com ele. Agamenon, filho de Atreu, sacrifica em Áulida a filha Ifigênia à deusa Ártemis, para que os ventos soprem, conduzindo a frota grega a Tróia (nova incidência desse gênero de crime, típico da família). O sacrifício de Ifigênia é o pretexto utilizado por Clitemnestra para assassinar o marido, tendo o auxílio de Egisto, seu amante e filho de Tiestes, que procurava oportunidade para vingar num descendente de Atreu a tragédia de seu próprio pai e de seus irmãos. *Agamenon*, a primeira peça da trilogia, começa com o anúncio da volta do chefe grego, e termina logo depois que ele é traiçoeiramente morto. A fim de iludir-se com falso atenuante para o crime, Clitemnestra leva Agamenon a cometer um sacrilégio – entrar no palácio em tapete de púrpura, privilégio dos deuses, não concedido a nenhum mortal.

Ao transpor para os tempos modernos lenda tão densa de religiosidade, O'Neill deveria encontrar uma história mais plausível, de acordo com as exigências do realismo contemporâneo, e sem que se perdesse a mágica noção de destino. O orgulho dos Mannon tem a mesma substância que provoca a falha trágica dos heróis gregos, e o primeiro ato de *Home-coming* (*A Volta ao Lar*) explica dramaticamente os antecedentes familiares. Pensaríamos até em melodrama, se não fossem patentes as qualidades literárias. O pai de Ezra expulsou de casa o irmão, porque se apaixonara por uma enfermeira, e da ligação nasceria um filho, Adam Brant. O casamento desigual levou Mannon, um dia, depois de constrangedora cena doméstica, a preferir o suicídio. A viúva, presa mais tarde da miséria, apelou para Ezra, não sendo atendida. Quando regressou de viagem, o capitão Adam Brant já nada pôde fazer pela mãe e

256   O TEXTO NO TEATRO

apenas jurou vingar-se do primo Ezra Mannon. Daí, como Egisto, unir-se a Christine e ser seu cúmplice no assassínio do marido. A história se torna mais melancólica se forem lembrados outros antecedentes mesquinhos: o pai de Ezra também gostava da enfermeira e adquiriu os bens do irmão por uma ninharia, isto é, roubou-os sob a capa da legalidade.

Desencadeada a tragédia, os pormenores da *Oréstia* e de *Electra Enlutada* podem divergir muito, mas o fio condutor da ação guarda a mesma inevitabilidade de um destino inexorável. Na trilogia esquiliana, depois de longo exílio, Orestes retorna incógnito à cidade natal e, com o auxílio de Electra, mata primeiro Egisto e depois a mãe, Clitemnestra. A complexidade moderna da psicologia sugeriu a O'Neill outro caminho: Orin assassina Adam Brant, mas, ao invés de matar Christine, acaba induzindo-a ao suicídio, por meio da revelação sádica do crime anterior. O desfecho das duas tragédias difere muito, e no significado que lhe emprestam Ésquilo e O'Neill se encontra toda a mudança de concepção do mito grego para o drama psicológico do nosso tempo.

Orestes, nas *Coéforas* (segunda peça da trilogia de Ésquilo), consuma a vingança a mandado do deus Apolo. Antes de mais nada, é instrumento da vontade divina. Os oráculos lhe haviam predito que, se não liquidasse os assassinos de Agamenon, males terríveis o consumiriam. Assim se justificou ele: "É justo que eu creia nesses oráculos; e mesmo que não acreditasse, executaria meu intento. São muitos os incentivos: a ordem de um deus, o luto desconsolado de um pai e a pobreza que me abate". Mas as Erínias, deusas vingadoras dos crimes de sangue, perseguem o matricida. Suplicante no templo de Apolo, Orestes é aconselhado pelo deus a dirigir-se a Atena. As Erínias sentem-se prejudicadas em suas prerrogativas pelos novos deuses, mas Atena resolve instituir um tribunal, o Conselho dos Aeropagitas, doravante incumbido do julgamento dos crimes de sangue. Sendo de igual número os votos pela absolvição e pela condenação, Atena decide libertar Orestes e sua descendência daquela cadeia de assassínios, criando ao mesmo tempo o instituto jurídico do voto de Minerva (nome romano da deusa). Apolo foi o advogado de Orestes, e a tese que defende, apoiada aliás na lenda do nascimento de Atena (teria a deusa sido gerada no cérebro de Zeus...), é a de que "não é a mãe quem engendra aquele que chamam seu filho, mas somente a ama do germe semeado em suas entranhas". Atena não deseja menosprezar as divindades antigas, tanto mais que as Erínias ameaçavam esparzir seu veneno na cidade por ela protegida. Transforma-as em deusas benfazejas – as Eumênidas (título da última peça da trilogia) –, às quais os atenienses renderiam culto. A *Oréstia* conclui com um canto de glorificação a Atenas e seu povo. Sem querermos amoldar a realidade a um juízo crítico do momento, pensamos que a trilogia tem final muito menos trágico do que épico. Exalta uma conquista humana – o abandono da pena de talião pelo julgamento em tribunal constituído. Os deuses põem-se a serviço dos homens na empresa de

A *ELECTRA* DE O'NEILL 257

derrubar as escuras leis do passado, em troca de novos métodos, racionais. O livramento de Orestes simboliza a emancipação humana do asfixiante conceito de fatalidade.

Os deuses de O'Neill são outros, aparentemente muito mais tolerantes, contudo, na verdade, algozes terríveis, pois inculcaram nos homens a idéia da culpa, do pecado original, de que não podem fugir. No processo de modernização da lenda, o sacrifício de Ifigênia não poderia continuar o móvel para a vingança de Christine. Justifica seu ódio a Ezra a decepção amorosa do casamento – o inibidor puritanismo do marido, caracterizado segundo as indicações psicanalíticas. Surgiu daí o repúdio à filha Lavínia, e o amor ao filho Orin, porque, concebido na maior parte do tempo quando ausente o marido, lhe parecia ser fruto apenas seu. A máscara semelhante de todos os Mannon foi a atração de Adam Brant para Christine, que tentou com ele a experiência do amor isento de pecado. Quando o filho assassina o amante, o sonho de liberdade se torna impossível, e só lhe resta o suicídio.

Lavínia se debate também no desejo impossível de conciliar o cristianismo e o paganismo. O apelo pagão das ilhas dos mares do Sul identifica, aliás, todos os membros da família Mannon. Adam Brant sempre suspirou pelo abandono instintivo das nativas. Em sua viagem, Lavínia libertou-se das forças coercitivas da censura. A herança da culpa, transmitida de geração a geração, paralisa o homem, porém, no anseio de realizar a felicidade terrestre. *Mourning becomes Electra* concentra numa família o tema da dualidade inconciliável do instinto e da noção de pecado. O puritanismo, ou melhor, o extremo limite da moral que fez do sexo uma idéia pecaminosa, esteriliza na tragédia o destino humano. O indivíduo atual não é feliz porque vive acossado pelos fantasmas – os fantasmas erguidos pela ética inspirada no cristianismo.

Ésquilo modificou a lenda para ressaltar a tentativa de fazer da terra nossa morada. Ensinava-se que o julgamento de Ares, imposto por Poseidon, fora o primeiro realizado pelo tribunal ateniense, tanto assim que o nome do deus está na etimologia de Areópago. O trágico preferiu fundamentar a distribuição da justiça como conseqüência da necessidade do homem. Nesse universo em que Orestes age apoiado num direito tão legítimo, os deuses mais parecem simbolização de sentimentos humanos. A idéia de justiça absoluta deve governar a Cidade.

O'Neill transfere os conflitos para a área íntima das personagens, que nunca têm certezas definidas. O bem e o mal solicitam igualmente o homem, e com freqüência não são reconhecidos na sua inteireza primária. Depois do suicídio de Orin e do rompimento de Peter, Lavínia encerra-se na casa dos Mannon, para expiar na solidão o destino da família. Incapaz de comunicar-se efetivamente com outro ser, o indivíduo trágico de O'Neill se consome na culpabilidade, em que inexistem as fronteiras entre o suposto e o real. Condenado pela civilização tortuosa a nunca usufruir as belezas da vida pagã – parece essa a imagem do homem moderno, fixada na trilogia o'neilliana.

258   O TEXTO NO TEATRO

Na tentativa de estabelecer as equivalências entre a tragédia grega e o drama psicológico moderno, O'Neill precisou freqüentemente reportar-se ao modelo esquiliano e muitas vezes, também, enveredar por caminho pessoal. As necessidades de maior fundamentação psicológica, no procedimento realista, fez que a trilogia grega, aparentada superficialmente a uma peça em três atos, se convertesse numa trilogia em treze atos. Tudo é preparado e discutido em minúcias no texto norte-americano, para que o menor gesto encontre a motivação dramática num crescendo interior.

Ésquilo, embora utilizasse a inovação do terceiro ator, introduzida por Sófocles (ele fora o responsável pelo importante acréscimo do segundo intérprete), ainda deveria ter grande dificuldade para ordenar os diálogos das várias personagens. Essa é uma das razões pelas quais a maioria dos papéis, na *Oréstia*, só tem uma fala, e apenas Clitemnestra aparece em toda a trilogia (considerando, aliás, como observou Philip Harsh, o espectro a continuação de sua presença). Com a superação, na história do teatro, da rígida lei dos três atores, O'Neill tinha o caminho aberto para interligar as personagens de acordo com as maiores conveniências cênicas. *Electra Enlutada* explicita, assim, em grande parte, as sugestões da tragédia grega.

Não há estudante que, para conhecer a evolução de Ésquilo a Sófocles e Eurípides, se poupe o trabalho comparativo entre *As Coéforas* e as duas *Electras*. Tem-se como certo que a versão euripidiana da lenda visou, entre outros aspectos, a criticar a técnica de Ésquilo, tanto assim que a cena do reconhecimento entre Electra e Orestes se pauta por um racionalismo esterilizador, enquanto as incongruências do criticado nada perdem em beleza poética. No aburguesamento a que submeteu a tragédia, Eurípides casou Electra com um camponês, transferiu a ação do palácio para a choupana (a fim de obter maior patético), e compôs a figura de Clitemnestra com um pouco mais de humanidade, diversa da rigidez escultórica da personagem esquiliana. O tratamento de Sófocles é posterior e procura valorizar os efeitos dramáticos. A cena do reconhecimento ganha em teatralidade (pela crença inicial de Electra na morte do irmão), os caracteres são laboriosamente contrastados e os versos do coro adquirem nova beleza. A diferença fundamental da peça de Sófocles, porém, está na passagem de Electra para o primeiro plano, dando-se menos ênfase ao papel de Orestes. Sabe-se que, não obstante seu conservantismo religioso, Sófocles valorizou a vontade humana (que é, aliás, ótima fonte para o conflito dramático), diminuindo, assim, a impressão segundo a qual as personagens seriam mero joguete dos deuses. Como Orestes ia suprimir os assassinos do pai a mandado de Apolo, a transformação de Electra em protagonista reduzia a importância do decreto divino e sublinhava a vontade consciente de vingança, que se tornou o recurso dramático propulsor da trama.

A *ELECTRA* DE O'NEILL 259

O'Neill valeu-se dessa mudança de perspectiva, mas não dispunha da continuação sofocliana da lenda, para saber qual o destino reservado à heroína. Se a Electra de Eurípides se mantém apenas formalmente casada com o camponês (que não ousou tocar numa filha de nobres), essa circunstância é aproveitada para que ela possa depois unir-se a Pílades. Nas *Eumênidas*, de Ésquilo, Electra não surgira mais entre as outras personagens. Insatisfeito com todos esses desfechos, que lhe pareceram desperdiçar as possibilidades dramáticas de Electra, O'Neill conduziu a trilogia para a solidão final de Lavínia. Observou ele no "diário" da obra:

> dar à figura moderna de Electra, na peça, um fim trágico digno da personagem. Na história grega, ela bruxuleia e se apaga numa banalidade conjugal sem dramaticidade: uma tal personagem encerrava na alma demasiada fatalidade trágica para permitir semelhante coisa – por que iriam as Fúrias deixar que Electra escapasse impune? Por que a corrente de crime e punição predeterminados iria omitir o assassina de sua mãe? É uma fraqueza no que nos resta da tragédia grega a inexistência de uma peça sobre a vida de Electra, depois da morte de Clitemnestra. Ela por certo contém possibilidades trágicas tão imagináveis quanto qualquer de seus outros enredos!

A elevação de Lavínia ao primeiro plano da trilogia é o principal fator da mudança havida no desfecho. Já se observou que a Electra de Sófocles parece uma filha autêntica da Clitemnestra de Ésquilo. Na obra de O'Neill, as duas mulheres estão reunidas (numa firmeza que poderia ser considerada viril), a fim de puxar o fio da história, cada uma por sua vez e em sentidos antagônicos. Christine induz Adam Brant a tornar-se seu cúmplice no assassínio de Ezra Mannon, e vai até o barco por ele comandado, com o objetivo de convencê-lo a fugirem juntos. Só quando o mundo desaba à sua volta Christine resolve matar-se – ainda assim um ato de vontade. Lavínia domina quase completamente a trama: desarma Adam Brant ao descobrir-lhe a identidade, tem a revelação de que o pai foi envenenado, leva Orin a assassinar o amante da mãe e cria as condições para que ela se suicide, permite que Orin também se mate para evitar que divulgue os segredos da família, e decide consumir-se solitária na casa senhorial: "Os Mannon são os únicos capazes de castigar-se por terem nascido!"

Contrastando com as férreas vontades femininas, os homens são fracos ou pusilânimes. Seu caráter sempre se define em traços negativos. Ezra Mannon deixou de atender ao apelo de Marie Brantome e perdeu no puritanismo o amor de Christine. Seu tio David não suportou a fraqueza de ter casado com uma mulher de situação social inferior e, depois de gastar com bebida o resto da herança, preferiu o caminho do suicídio. Adam Brant não deu o apoio necessário à sua mãe Marie Brantome e, quando deveria enfrentar o primo Ezra Mannon, limitou-se a fornecer o veneno a Christine. Tinha consciência da própria debilidade, achando que não poderia continuar no comando do *Flying Trades*, porque o mar não suporta os covardes. Quanto a Orin, a dúvida, a indecisão, a fragi-

260 O TEXTO NO TEATRO

lidade são seus traços dominantes. Foi para a guerra a fim de ser separado da saia materna, e se tornou herói menos por valentia do que pela disponibilidade irresponsável dos que se sentem desamparados. Era como se suprimisse sempre um mesmo homem, talvez ele próprio. Não suportando o remorso pelo suicídio da mãe, Orin preferiu também matar-se. Até nos irmãos Hazel e Peter, noivos de Orin e Lavínia, e praticamente o único ponto de contato da família Mannon com o mundo ao redor, O'Neill repete o motivo do maior vigor feminino: Hazel enfrenta Lavínia para proteger Peter, e ele, incapaz de suportar a situação com a noiva, deixa-a sozinha.

Electra Enlutada adquire extraordinária concentração pela cadeia sentimental formada. Os laços sempre se fecham entre as paredes da casa dos Mannon, já que os elementos estranhos existem mais para mostrar a inevitabilidade do incesto. A máscara de todos os membros da família – máscara de morte, idêntica nos vivos e nos retratos dos antepassados – justifica psicologicamente a estranha atração de uns pelos outros e lhes confere autenticidade cênica. Lavínia parece que esperava apenas a morte da mãe para se converter em sua imagem, desde os cabelos iguais até a cor escolhida para os novos vestidos. As inclinações amorosas definem-se de acordo com um esquema baseado na psicanálise: Ezra prende-se à mulher Christine e à filha Lavínia; Christine, decepcionada com Ezra, compensa-se com o filho Orin e o amante Adam Brant, primo do marido; Adam liga-se a Christine e a Lavínia, mãe e filha; Lavínia é noiva de Peter, mas se sente atraída por Adam, transferência da fixação paterna; Orin, noivo de Hazel, prefere o abandono materno e o desloca para a irmã, quando só ela lhe resta. No "álbum de família" o'neilliano, as outras personagens apenas mostram como o universo dos seres normais é prosaico e medíocre.

O jardineiro Seth, de setenta e cinco anos, representa uma exceção em meio às personagens secundárias. Poder-se-ia afirmar que, há tanto tempo servindo à família, faz parte dela, como qualquer dos Mannon. Seu papel na trama corresponde ao do coro grego – a melancólica sabedoria, dada pela longa experiência. Antes que Lavínia descubra, ele sabe que Adam Brant é o filho da enfermeira. No seu silêncio, guarda todo o conhecimento dos segredos da família. Coro que auxilia os protagonistas, como o das mulheres em *As Coéforas*. Nas outras personagens que dialogam com Seth, O'Neill quis situar as condições exteriores do drama dos Mannon, por meio de comentários populares sobre os acontecimentos. São a voz do povo, sem a elevada missão educativa e a onisciência humana do coro grego. Formam, até, um contraste cômico e vulgar com os protagonistas. Seu aparecimento verifica-se no início das peças, sendo afastadas do palco logo que surge algum dos participantes verdadeiros da tragédia.

Além de mostrar-lhes a inconsciência e o alheamento dos problemas superiores de *O Luto Assenta a Electra*, O'Neill serviu-se desses tipos do povo para realizar algumas transposições de efeito da trilogia esquiliana. Como trazer para os tempos modernos a perseguição do matricida pelas Erínias? O autor de *Longa Jornada Noite Adentro* procurou apenas assinalar a presença do ódio e da morte na casa dos Mannon, fazendo que os homens do povo a considerassem assombrada. A semelhança física das personagens facilita a aceitação desse clima de espectros.

O reconhecimento de Electra e Orestes, de tanto significado teatral nas obras dos três trágicos gregos, não poderia processar-se da mesma forma na trilogia o'neilliana. Com admirável mestria, o dramaturgo norte-americano converteu-o numa armadilha, pela qual Lavínia se certifica da identidade de Adam Brant. Se a *Oréstia* passa por inaugurar o realismo e o expressionismo no teatro, pelo aproveitamento cênico das vestes ensangüentadas de Agamenon e pela imagem das Fúrias, inicialmente só vistas pelo matricida, O'Neill serve-se de todo o arsenal da técnica antiga e moderna para alcançar a maior funcionalidade dramática. As personagens encontram-se todas na zona limítrofe em que ostentam a máscara familiar e estão prestes a arrancá-la, produzindo a impressão ambígua de seres sobrenaturais e ao mesmo tempo terrivelmente humanos. Julgamos que o modelo escultórico observado por O'Neill às vezes tira a espontaneidade de certas cenas, como a demora de Ezra Mannon em entrar no interior da casa (seria pressentimento do crime?), o retardamento de Orin em ver o pai morto (estaria evitando o encontro?), a ausência de qualquer pessoa no velório, a petrificação de Hazel e Peter em imagens convencionais. Muitos recursos foram adotados para que ficasse bem plausível a preparação psicológica, e por esse motivo aceitamos o ato falho de Lavínia, chamando Peter de Adam Brant, ao dizer que a tome.

Ainda é cedo para ajuizar do mérito de *O Luto Assenta a Electra* como fixação teatral de prováveis mitos modernos. Não cabe, ainda agora, compará-la sob esse prisma à excepcional força mítica da *Oréstia*. Deve bastar-nos a certeza de que a trilogia o'neilliana é uma admirável realização artística – e isso não é pouco.

(Novembro, 1959)

12. Um Monólogo O'Neilliano

Hughie, segundo indica publicação da Yale University Press, é o único manuscrito restante de uma série de oito monólogos em um ato concebidos por Eugene O'Neill em 1940. A peça foi concluída em 1941 e só em 18 de setembro de 1958 iniciou carreira na Suécia, tendo o crítico Ebbe Linde a julgado a melhor obra do gênero do dramaturgo.

Não temos dúvida em partilhar essa opinião. *Hughie* guarda as virtudes da primeira fase de peças curtas do autor de *Onde a Cruz Está Marcada* (a perfeita solução de um tema dentro dos limites do tempo, por meio de extraordinário poder de síntese), acrescentando-lhes a profundidade e o alcance das últimas mensagens. O hóspede Erie Smith e o Porteiro noturno de um hotel de terceira classe em Nova York, as duas únicas personagens de *Hughie*, podem lembrar os seres noturnos de *The Iceman cometh*, mas desenham-se com uma nitidez que lhes confere absoluta autonomia no universo criador de O'Neill. E quem é Hughie? Apenas o porteiro anterior, conviva das noites solitárias de Erie, morto há dias e que serve de elo para a aproximação dos dois protagonistas.

O itinerário da peça é o dos sentimentos contraditórios dos indivíduos marcados pela solidão e que procuram rompê-la, a fim de, tornando o fracasso um espetáculo mútuo, purgá-lo. O Porteiro, de início, ao receber o hóspede retardatário que ainda não conhecia, tem apenas o sorriso profissional de amabilidade dispensado a todos. Muitas vezes, durante a longa fala de Erie, está perdido num território próprio de sonhos, no qual nenhum comparsa penetra. As rubricas marcam em vários pontos esse alheamento da realidade, incapaz de desfazer-se a um estímulo simples. À medida que o diálogo prossegue, porém, o Porteiro sente que o tédio de suas noites iguais poderá ser vencido pela presença

UM MONÓLOGO O'NEILLIANO

de outro indivíduo, e que terá sempre um companheiro ao lado do qual se dissolverão as horas vazias.

Erie, por sua vez, na conversa com o Porteiro, tenta levá-lo a aceitar o papel anteriormente desempenhado por Hughie. Desde o enterro deste, há quatro ou cinco dias, está bebendo sem parar. A fim de estabelecer o clima de intimidade, quer que o Porteiro o chame pelo prenome, um apelido. Conta episódios de sua vida, e não se sabe se são histórias inventadas para criar o encanto do romanesco ou se apenas exprimem a necessidade de confidência. Há quinze anos, hospeda-se naquele hotel e, como profissão, tem o hábito de "virar-se", jogador profissional que é. Prefere o sossego do desconhecimento: "Nunca saiba nada" – diz ao Porteiro, para definir na inconsciência das coisas a possível felicidade humana. Uma filosofia fatalista impregna as suas crenças, às quais não é estranha uma superstição: não ganhou mais nenhuma aposta, desde que Hughie foi para o hospital. Por isso, empenha-se em transformar o Porteiro em novo Hughie, reacendendo-se a chama de comunicação que alimentará os dois.

Salta da conversa a figura de Hughie, misteriosa referência que preside a aproximação de Erie e do Porteiro. Tinha o olhar envelhecido, o mesmo que Erie identifica no atual interlocutor. Nunca apostava um dólar. Tímido com as mulheres, supunha que as prostitutas se apaixonassem por ele. Era tapeado no jogo ("o sujeito acreditava em tudo!"), definindo-se como o pobre-diabo típico que se agarra a qualquer ilusão para sobreviver. Seu casamento fora ao acaso, incumbindo-se a mulher de conduzi-lo à união. Erie chega a afirmar que é a pessoa que Hughie

gostaria de ser, se tivesse oportunidade. Acho que vivia esse tipo de vida dupla, me ouvindo contar as fortunas que ganhava. Pensando bem, acho que ele até enganava a mulher desse jeito, falando de mim e das minhas mulheres.

Continua Erie:

Eu lhe dava tudo o que ele pedia. Não vá pensar errado, amigo. O que dava a Hughie não eram mentiras. As histórias de jogo não eram. Eram histórias de grandes jogos e grandes fortunas que realmente se ganhou desde que eu comecei nessa vida.

E Erie tem um "reconhecimento", que o explica: "E, sabe de uma coisa, me fazia bem, também, de certo modo. Lógico. Eu comecei a me ver como ele me via". A admiração de Hughie sustentava-o numa realidade ilusória, que ele tinha prazer em não quebrar.

"Ah!, prossegue Erie, eu sabia que estava enganando a mim mesmo. Não sou otário. Mas, que diabo, Hughie adorava isso, e não custava nada a ninguém; e se todo cara na Broadway que engana a si mesmo tivesse de cair morto, não iria sobrar ninguém."

O homem tem consciência dos expedientes de que se utiliza para iludir a realidade e sabe que são eles a única fuga de um fardo pesado demais para suportar. A ambigüidade da consciência e provocada

264 O TEXTO NO TEATRO

ilusão, certeza do efêmero e desejo de agarrar-se a um momento de plenitude, miséria e súbita força pelo contato de dois seres – enriquece de tons sutis os diálogos, mergulhando-os em convincente jogo literário. Ao fim da peça, metamorfoseiam-se as personagens, para se sentirem bem do único modo que lhes é permitido viver: afastando pela intimidade a solidão. Erie restabelecerá a antiga confiança em si mesmo, perdida com a morte de Hughie. E será também útil ao Porteiro, já certo de que precisa servir-se dele para empurrar a noite. "Eu e você nos daremos bem – fala Erie. "Eu lhe darei todo o ânimo, como fiz com o Hughie." Embora tenha dito ao Porteiro que tapeava Hughie com dados marcados, que ele nunca examinara, o novo parceiro aceita as mesmas condições de jogo: responde que tem confiança em Erie. Em termos semelhantes, repete-se a equação anterior, e assim será sempre. O novo Porteiro substitui Hughie, que deixa de ser velado. Aliás, de que adiantaria? Erie completa: "Ele se foi. Como todos nós teremos de ir. Ele ontem, eu ou você amanhã, e que importa, e qual é a diferença? É tudo parte da bagunça, hein?"

Embora seja peça em um ato, com apenas duas personagens, O'Neill não se prendeu às regras que seriam recomendadas escolarmente, para torná-la viva e interessante. Quase toda obra do gênero, escrita nos moldes comuns dos carpinteiros de teatro, procura estabelecer um diálogo de pingue-pongue, como se o grande número de réplicas povoasse com maior facilidade o palco. Outra preocupação esquemática generalizada é a de trazer para a cena elementos acessórios capazes de distrair sempre o espectador, disposto ao bocejo quando nenhuma imagem diferente atrai a sua curiosidade. Pois bem, O'Neill realiza em *Hughie* uma peça em um ato que é quase um monólogo, num desafio igual ao que marcou toda a sua obra, nunca adstrita às fronteiras do teatro acadêmico. Sempre alcançando o mais difícil, O'Neill visualiza a unidade de *Hughie* por meio de violento impacto. Joga à bruta, não recua ante as convencionais delicadezas cênicas. Se a situação exige o quase monólogo, enfrenta-o com decidida coragem, e se preocupa apenas em rasgar os caracteres nos seus traços fortes, essenciais. Daí a poderosa comunicação da peça, cujo tema, tratado por outro dramaturgo, incorreria no perigo de ficar monótono e cansativo. A virulência da objetividade teatral e o caminho sinuoso percorrido pelo jogador, para convencer o hipotético parceiro, interpenetram-se, mantendo *Hughie* em contínuo *suspense*, só exaurido quando, ao cair do pano, os dois iniciam o jogo. O leitor (e presumimos, o público) participa desse compacto processo de envolvimento, ficando por sua vez preso na trama criada por Erie. A vigorosa narrativa do passado e o necessário progredir do presente, com intriga simples mas elevado senso de ação, aparentam-se em *Hughie* à técnica maciça que infunde genialidade a *Longa Jornada Noite Adentro*.

(Outubro, 1959)

13. A Confidência de O'Neill

Há obras que, até certo ponto independentemente de seu valor objetivo, compõem a nossa mitologia particular e nos falam como confidência sempre renovada. Para não ir além de exemplificação sumária, lembramos *Quando Nós Mortos Despertamos*, de Ibsen; *Woyzeck*, de Büchner; *As Três Irmãs*, de Tchékhov. Desde a primeira leitura, incorporou-se a esse universo íntimo *Longa Jornada Noite Adentro*, de O'Neill, que, ao lado de ser obra-prima teatral, tem o poder de comunicar-nos algo secreto, de sussurrar-nos uma música de humanidade inconfundível. O juízo crítico nos levaria a admitir outras obras de igual ou superior mérito, de importância maior na história literária, mas esses trabalhos apresentam ressonâncias especiais, encontram-se com a nossa sensibilidade, de forma que gostaríamos de tê-los escrito. Não encarnam, por certo, o lado heróico e consciente do leitor, o que se almejaria como norma de conduta para os outros e para si mesmo. Expõem, em tom menor e mesmo desligado das amplas sabedorias, a fraqueza, a solidão, o desespero e a mágoa profunda dos destinos que sabem banhar-se em ironia e não se deixam embair pelas mágicas salvadoras.

Longa Jornada poderia ter muitos subtítulos. Um deles: "Como tornar-se escritor". Parece que O'Neill, depois das inumeráveis aventuras que o levaram a escrever peças de inspiração tão múltipla, buscou esse encontro consigo mesmo, o descerrar da própria máscara. Sentimos que uma obra se torna verdadeiramente grande quando sintetiza a experiência pessoal do criador, abrindo-se em revelação da verdade íntima, incontestável, insubstituível. O texto, como *Édipo em Colona*, mostra a derrota e a melancolia quase estáticas das últimas

266   O TEXTO NO TEATRO

certezas intransferíveis. O autor por assim dizer se ultrapassa, humanamente, e transforma-se em história de si mesmo: faz-se exemplar. Sobe à categoria de mito, expoente catártico dos semelhantes.

O'Neill foi sempre obcecado pela idéia de tragédia. Herdou-a dos gregos, dos elisabetanos e mesmo de Strindberg, envolvendo-a no conceito freudiano de motivação interior, ancestral. Em *Longa Jornada*, ele fundiu o aprendizado e as realizações anteriores numa experiência nova, para formular a própria concepção de tragédia: o homem marcado pela fatalidade do meio e pela fatalidade íntima (a família simbolizando as relações humanas e as verdades ou circunstâncias pessoais), para libertar-se enfim pela consciência artística, pelo desejo de realizar, pelo domínio e superação do mundo. Se o sofrimento era a marca do destino e ao mesmo tempo redimia o homem, na mensagem final de Sófocles, *Longa Jornada* estabeleceu para O'Neill essa idéia extrema do estoicismo, da ordem sobre a adversidade, pela expressão estética. A arte como fuga e aperfeiçoamento de um mundo moral insatisfatório. A tragédia literária, ou beleza, como salvação da tragédia existencial. Nesse esquema, O'Neill é integralmente moderno, porque atualiza uma ordem arquetípica aos valores e dados da vida contemporânea. Sugere, sem dúvida, um Édipo passado a limpo por Freud (o que, apenas no conceito psicanalítico, seria empobrecimento), mas, também, enriquecido da noção de exílio social, embora se possa ligá-lo à falta de referência à fonte, à mãe, que lhe daria um lugar na terra.

A insatisfação deveria levar O'Neill à aventura dos mares insuspeitados, bem como à descoberta do desejo de exprimir-se artisticamente no trato dos mais diversos temas e personagens. Poucas obras haverá tão ricas de tipos, fixando homens do mar, o negro Jones, fazendeiros, industriais, uma família – a dos Mannon – que transpõe para a América o mito grego dos Átridas. Nesse longo itinerário perseguiu-o sempre a presença da máscara, desde a de *O Grande Deus Brown*, até a de Lázaro preso a um riso imortal ou a dos Mannon, identificados também pela extraordinária semelhança física. Em *Longa Jornada*, é a própria família de O'Neill que está em jogo – o ator James Tyrone, sua mulher Mary e seus filhos Jamie e Edmund, além da empregada Cathleen – duplos uns dos outros, semelhantes e diversos nessa máscara comum, cuja diferença sutil é o pretexto para que todos os destinos sejam profundamente irredutíveis e solitários.

O'Neill, cuja obra foi sempre um desafio vitorioso às fronteiras do teatro, realizou quatro longos atos, que procuram viver de tensão, não de enredo, e de sondagem interior, em lugar de história, desnudando-se ante o público. *Lázaro Riu, O Macaco Peludo, Estranho Interlúdio* e *Electra Enlutada* ou *O Homem do Gelo Chegou* já eram, em campos diferentes, a prova de que a dramaturgia nunca se conformou com as rígidas leis da poética aristotélica, e fugiu delas pela tentativa de incorporar ao espetáculo uma tarefa quase impossível

A CONFIDÊNCIA DE O'NEILL

para o intérprete, uma concepção plástica audaciosa, o monólogo interior ou a saga romanesca. *Longa Jornada* vive da mais rigorosa concentração, mas as personagens estão permanentemente a contar-se, a escavar o passado, a remoer as mesmas idéias e, portanto, a dispor do público apenas pela força emocional.

O entrecho é simples – quase inexistente. Na casa de veraneio dos Tyrone, os quatro membros da família reúnem-se à hora do café, do almoço, do jantar e finalmente à meia-noite. O dramaturgo escolheu esse horário porque, às refeições, é de hábito que a família se encontre e, mais ainda, para sugerir a irrisão daquele lar, um dos temas dominantes da peça. O último ato, que se passa à meia-noite, é o epílogo de tantos desencontros, quando se desenha a irremediável solidão de cada um.

As personagens acham-se presas umas às outras, numa interação que deflagra, aos poucos, os motivos e os problemas recíprocos. Foi sem dúvida a consciência da tuberculose de Edmund o móvel para que Mary voltasse ao narcótico, mas são as suas palavras de morfinômana que mantêm todos eletrizados à sua volta, suspensos ao menor movimento seu. No clima de tensão violenta, em que precisam esclarecer-se as verdades familiares, Jamie confessa a sua mágoa da doença materna e a de primogênito que se sente usurpado pelo caçula. O pai é obrigado a justificar sua avareza, responsabilizada por todos os males da família. Por não ter procurado um bom médico, a mulher contraiu o vício; arrastou Jamie à profissão de ator, por comodismo e facilidade, quando o filho nunca se sentiu verdadeiramente atraído pelo palco; e agora, não quer gastar dinheiro com um sanatório decente para Edmund. Mas essas acusações, embora irrompam às vezes em altas vozes, nunca embotam uma delicadeza moral que faz todas as personagens prisioneiras do sentimento de culpa. Uns se sentem responsáveis pelos males dos outros, e há uma cena de grande beleza, no quarto ato, na qual Jamie diz ao irmão que agiu com ele de má-fé, com o objetivo de torná-lo vagabundo: "Não queria ver você triunfar e eu perder no confronto". Liberta-se, porém, do ódio ciumento: "Acredite-me: não há maior amor do que este: o daquele que salva o seu irmão de si mesmo. (...) Não se deixe morrer comigo".

A peça alcança numerosas vezes, na atmosfera de paixões desenfreadas, a estatura dramática de um romance dostoievskiano. As relações de Jamie e Tyrone, por exemplo, recordam a cada momento as lutas entre Dmitri e o velho Karamazov. O filho não perde oportunidade de culpar o pai pela morfinomania materna, falando-lhe que deveria interpretar, sem maquiagem, o papel de avarento.

Numa alternância permanente de confissão e fuga, provocações e recuos, temor e súbita coragem, O'Neill vai delineando com extrema segurança a psicologia das personagens. Edmund é caracterizado com a dupla face de participante e espectador do drama familiar, o que distingue já a posição do futuro dramaturgo. Além de reagir com vio-

268   O TEXTO NO TEATRO

lência ao estímulo dos convivas (chega a esbofetear Jamie duas vezes), é o repositório das confidências tanto do irmão como do pai.

Para que o texto se movesse nesse terreno em que as personagens sucessivamente explodem, era necessário que ora ficassem duas no palco, ora outras duas ou ainda todo o círculo familiar. A monotonia eventual de tão poucos papéis e tão grandes falas é quebrada pela variação das que permanecem no palco e pelas funções dramáticas em que se revezam praticamente a cada cena. Ou Jamie e Edmund estão voltados contra Tyrone, ou um filho e o pai, momentaneamente irmanados, discutem com o terceiro, ou finalmente paralisam-se todos em torno de Mary. Esta, a rigor, não dialoga mais. Sua intervenção é de um permamente solilóquio, na fronteira em que o mundo ao redor lhe oferece pretexto para as falas, mas já não a obriga a reagir. Fixa-se mais e mais na figura feliz de antes do casamento, quando hesitava entre tornar-se freira ou pianista, e conheceu o ator James Tyrone, por quem se apaixonou e de quem até hoje gosta. Se sua presença é constante em três atos, no último, antes que ela venha fazer a cena final, apenas se ouvem seus passos no andar superior, para aumentar o *suspense* e permitir que os outros também se abram. Os diálogos com a empregada, se em outras circunstâncias pareceriam recurso vulgar, em *Longa Jornada* se justificam, pela solidão em que Mary se encontra e pela necessidade de comunicar-se. Tyrone, também, se retarda para sentar à mesa, e o que seria fórmula fácil de manter uma personagem algum tempo ausente se explica pela imensa vaidade do ator, que representa sempre para um possível ouvinte. Com os processos mais simples, assim, O'Neill preserva a inteira verossimilhança do entrecho e faz que as forças dramáticas se definam com equilíbrio, no suceder dos atos.

Longa Jornada Noite Adentro, pela autenticidade humana que contém, só poderia ser obra póstuma, que resume e sintetiza, incorpora e ultrapassa. O'Neill surge na peça num retrato definitivo, a derradeira explicação – a confidência de um gênio.

(Janeiro, 1959)

14. A Concepção Épica de Brecht

Há poucos anos o teatro de Bertolt Brecht (1898-1956) começa a alcançar cidadania universal e, já hoje, ao menos para um círculo de críticos e espectadores, situa-se como o mais representativo do nosso tempo. À insatisfação generalizada contra uma dramaturgia que se confinava entre quatro paredes, que se consumia em psicologismo deliqüescente ou em verbalismo estéril – o autor de *O Círculo de Giz Caucasiano* respondeu com uma obra larga, aberta, generosa, épica. Os problemas de suas peças transcendem o deleite de um público restrito e instauram o verdadeiro teatro popular.

Essa verificação pode prestar-se a equívocos, porque o conceito de teatro popular ora se vincula a ideologias políticas, ora é utilizado pejorativamente, para sugerir abdicações estéticas. No caso de Brecht, porém, o popular deve ser entendido na mesma dimensão em que são populares Ésquilo, Shakespeare, Lope de Vega e a *Commedia dell'Arte*. Embora informado pelas teorias marxistas, o teatro de Brecht não se contém nos esquemas às vezes primários que ele se traçou e pode falar aos adversários de doutrina, pela impressionante evidência artística. A genialidade do criador supera deficiências da paixão polêmica do teórico.

É certo que poucos artistas revelam a mesma lucidez crítica demonstrada por Brecht nas formulações estéticas. Os escritos doutrinários "explicam" a obra, assim como esta comprova a validade prática deles. O que transborda nas peças das idéias algo rígidas é próprio da afirmação do talento, insubmisso a cânones.

Tanto nas peças como nas teorias sobre a técnica do ator, Brecht propõe uma renovação completa da arte teatral. Os dois aspectos

270   O TEXTO NO TEATRO

acham-se, aliás, intimamente ligados, e não se compreenderia uma dramaturgia revolucionária sem a correspondente modificação dos meios pelos quais ela deve atuar no público. Simplificando as inovações de Brecht, dir-se-ia que ele lançou as bases definitivas do teatro épico, que se opõe à forma tradicional, inspirada na "poética" aristotélica. Do ponto de vista do intérprete, a técnica brechtiana resume-se em criar um "estranhamento" do texto, bem como em impedir a adesão "ilusória" do espectador, a fim de que este possa conservar a lucidez crítica. Do ponto de vista do texto, mergulha ele nos problemas sociais, denunciando, através da preocupação didática, os erros que impossibilitam uma vida feliz, na organização do mundo burguês. O extraordinário mérito da obra de Brecht – é preciso esclarecer bem – está em que a intenção clara de proselitismo político, a qual, em outras circunstâncias, amesquinharia o resultado artístico, aqui não atua negativamente e até se deixa apagar pela beleza literária.

No posfácio de *Mahagonny*, ópera encenada em 1927, Brecht apresentou um primeiro quadro comparativo das formas dramática e épica do teatro. A título ilustrativo, eis reproduzidos os contrastes:

Forma dramática – Forma épica; o espetáculo "encarna" a ação – faz do espectador um observador crítico; consome sua atividade – desperta-a; provoca nele sentimentos – obriga-o a decisões. O espectador se imiscui na ação – opõe-se a ela. O teatro age por meio da sugestão – por meio de argumentos. Os sentimentos são conservados – traduzem-se por juízos. Supõe-se o homem conhecido – O homem é objeto de estudo. O homem é universal, imutável – O homem muda e é mutável. Tensão no desfecho – Tensão desde o início. Cada cena está em função de outra – justifica-se por si mesma. Os acontecimentos são lineares – apresentam-se em curvas. *Natura non facit saltus – Facit saltus* . O mundo tal como é – O mundo se transformando. O homem estático – O homem dinâmico. Seus instintos – Seus motivos. O pensamento condiciona o ser – O ser social condiciona o pensamento.

Como plataforma do teatro épico, esse quadro indica todo um programa. Pode-se perceber a vitalidade da proposição, que torna maleáveis o mundo e a matéria do teatro. As teorias de Brecht são, entretanto, insatisfatórias, aí como no *Organon*, quando criticam o sistema aristotélico, julgado tradicional. Acreditando na função pedagógica da tragédia, tão bem ressaltada por Werner Jaeger na *Paidéia*, lembra Geneviève Serreau que,

ao lado da catarse, Aristóteles fala da anagnose, que significa reconhecimento, ou, mais exatamente, passagem da ignorância à consciência por meio do drama. E a própria catarse não é absolutamente uma operação "mágica" para Aristóteles; ele não a toma como benéfica senão se está acompanhada de consciência.

A oposição verdadeira das duas formas se conteria em alguns dados essenciais, que se desdobram em outros, secundários. Inicialmente, o teatro dramático adotaria a ação, enquanto o épico, a narração. Na *Poética*, essa diferença serve para distinguir a tragédia da epopéia. Os agentes, na primeira, adquirem a consistência do herói, enquanto, na

A CONCEPÇÃO ÉPICA DE BRECHT 271

segunda, relata-se o que se passa com ele. Às peças de Brecht, contudo, poder-se-ia aplicar, embora num senso mais lato, o conceito aristotélico do drama. Suas personagens assumem um caráter, ficando a parte narrativa a cargo de um "recitante". Haveria fusão das formas dramática e épica. Nesse sentido, porém, a própria tragédia grega realiza essa fusão, já que o coro muitas vezes tem o encargo de "comentar" a ação, e o prólogo onisciente ou o fato de pertencerem as histórias à lenda mitológica evita o efeito "ilusório" e o envolvimento da surpresa. Adotando a forma épica, Brecht quis de fato usufruir as vantagens da epopéia – a falta de limite de tempo e a extensão – e quebrou alguns condicionamentos empobrecedores do teatro, expressos sobretudo pelos princípios das "unidades" aristotélicas. Sabe-se que a aplicação restritiva desses princípios é até o suporte da nossa comédia de sala de visitas... Com a valorização da narrativa, venceu Brecht um dos complexos de inferioridade do teatro, acrescentando, aos seus elementos próprios, os do romance. Por outros caminhos, na tentativa de forçar as fronteiras do palco, foi que O'Neill concebeu o *Estranho Interlúdio*.

Deve-se recusar, também, a crítica brechtiana pela qual a forma dramática pinta o homem estático e imutável. Remontando a Ésquilo, o mais antigo trágico grego, pode-se verificar como o seu herói é mutável e "modificador". Nas *Coéforas*, Orestes assassina a mãe Clitemnestra e seu amante Egisto, para obedecer ao mandado de Apolo. Seria, dessa forma, instrumento da vontade divina, mero joguete em mãos superiores. Quando, porém, nas *Eumênidas*, as Erínias, divindades antigas, o perseguem para vingar a morte de Clitemnestra, Apolo se torna seu advogado – apelam ambos para Atena, que institui o Tribunal do Areópago e acaba por absolver Orestes. Os deuses abdicam de prerrogativas, resolvem suas contradições pondo-se a serviço dos homens. Orestes, "fatalizado" por culpas ancestrais, poderá agora cumprir novo destino, em liberdade.

O que realmente Brecht aprimora é a técnica da composição por cenas isoladas. Não há, em sua dramaturgia, apresentação, desenvolvimento e desfecho, como na forma tradicional. Ainda aqui, ele estaria levando às últimas conseqüências os processos elisabetanos e dos clássicos espanhóis. Em *Terror e Miséria do Terceiro Reich*, não se vê uma só história tratada, mas uma série de flagrantes que se bastam, constituindo, alguns, excelentes peças em um ato. A técnica diferente de um *Galileu Galilei, Mãe Coragem* e *Círculo de Giz*, ao lado da utilização das formas do teatro oriental, em numerosas outras obras, conduz a nova unidade arquitetônica, pela justaposição de cenas aparentemente soltas.

Abstraindo a crítica de Eric Bentley, segundo a qual, na arte de Brecht, "há ilusão, 'suspense', simpatia, identificação", chega-se a concluir que as suas teorias aparecem mais originais na técnica do ator. Lê-se, no *Organon*, que o intérprete "não deve identificar-se totalmente com a personagem. Uma crítica do gênero: ele não representa Lear, ele é Lear, seria para ele o pior dos descréditos". Com a estética do "estranhamento", pretende Brecht isolar o "gestus social". "Mostrando" e não "vivendo" a personagem, o ator deixa de estabelecer uma fusão ilusória com o público. O objetivo dessa técnica – como se pode facilmente compreender – é o de evitar o compromisso do espectador com a ordem capitalista ou feudal, em cujo espírito foi a obra concebida. Por considerar que a nossa dramaturgia reflete a opinião da classe dominante, acredita Brecht que exigir do público o impulso adesista seria envolvê-lo nas malhas enganosas de um mundo caduco. No caso de suas próprias peças, que são de denúncia, o aguçamento da observação do espectador vem favorecer o objetivo crítico da montagem.

A ruptura, ainda uma vez, não invalida as demais concepções, igualmente preocupadas em tornar atuante o teatro. Basta afirmar que o sistema de Stanislávski, oposto ao de Brecht, pôde servir à dramaturgia soviética. Uma peça "progressista" de autor do passado, pelo seu conteúdo próprio, será também uma mensagem eficaz para o público de hoje, embora interpretada na técnica tradicional.

Que essas observações não sejam tomadas, porém, como se se quisesse contestar a força renovadora da obra de Brecht. Há, em suas teorias como em suas peças, um sopro de vitalidade que projeta o teatro em novos caminhos.

Perguntamo-nos, muitas vezes, o que há de tão fascinante na obra de Brecht, colocando-a acima de todas as dramaturgias deste século, como se de repente nos tivesse sido feita a esperada revelação fundamental. Teoricamente, o teatro de Brecht teria por objetivo participar de uma luta maior – a luta de classes –, amoldando-se a uma tese a ser defendida. Nesse ponto, com ou sem razão, não admitimos a subserviência consciente da arte a outros deuses, mesmo reconhecendo que, inconscientemente, ela é expressão dessa ou daquela mentalidade e pode servir, a contragosto, a desígnios tortuosos. O didatismo de Brecht nos leva, assim, a uma discordância apriorística. O fato de que o sacrifício querido não prejudica o mérito alcançado não se constitui tábua de valor, porque é apenas básico para se ter em conta a sua experiência, de outra forma arrolável entre as ·desprezíveis obras de propaganda. De talentos (não importa a cor) a literatura atual se mostra quase pródiga. Não é apenas pelo talento que o dramaturgo e poeta alemão impõe a sua palavra. Fere, na genialidade de Brecht, a extraordinária aventura intelectual – a mais completa e conseqüente do nosso século.

Tendo somente vinte anos quando foi assinado o armistício de 1918, ele absorveu toda a atmosfera do pós-guerra, em que o expressionismo desagregava o homem num desequilíbrio essencial, incapaz de ajustá-lo na mola da sociedade. O Brecht quase adolescente de *Baal* é cínico, anarquista, sádico, disperso numa jornada vertiginosa, cujo úni-

A CONCEPÇÃO ÉPICA DE BRECHT

co fim só pode ser o recolhimento à terra, confundindo-se com a matéria vegetal e mineral de que se compõe a natureza. É esse o processo de satisfação da personagem, que exclama: "Por que não permaneceram no ventre materno / onde reinava a calma e dormiam, embora existindo?" O clima, não obstante mais desvairado e selvagem, não se diferencia, por exemplo, do paroxismo da peça *Da Manhã à Meia-Noite*, de Kaiser, inscrevendo-se na linha nietzschiana ou, se se quiser, romântica, do espírito criador germânico. A obra-prima da fase expressionista de Brecht é *Um Homem é um Homem*, retrato do último estádio da desintegração humana, em que o comissário Galy Gay se transforma, por força das circunstâncias, num soldado, e chega a esquecer a sua personalidade anterior. Nem se diria que ele esquece, porque a metamorfose se explica exatamente pela falta de memória, essa apreensão da memória que faz de nós um ser histórico. Galy Gay não tem história – é a imagem do homem passivo, sem consciência para reagir, perdido num mundo que o arrasta ao sabor dos ventos. Já desta vez, no fim da peça, a lição moral é dada aos espectadores: "que vocês compreendam, vendo Galy Gay, que a vida neste mundo não é sem perigo". Essa personagem, cujo modelo mais próximo seria o Woyzeck, de Büchner, parece sintetizar a numerosa galeria dos pobres-diabos da literatura.

Como purgou em *Baal* a paixão suicida da adolescência, Brecht deveria percorrer o itinerário do homem adulto, que tenta manipular o mundo à sua volta. Não se satisfaz mais em expor o indivíduo presa da solidão e do abandono, no meio hostil: procura as causas do desajuste, para chegar a combatê-las, mais tarde. *Um Homem é um Homem* narra a aventura do ser anônimo, impossibilitado de tornar-se uma personalidade em virtude da opressão de forças mais poderosas, que agem como destino fatal. Na ópera *Grandeza e Decadência da Cidade de Mahagonny* e sobretudo na *Ópera dos Três Tostões*, Brecht alveja a sociedade que aniquila o indivíduo – faz-se um processo racional e impiedoso. Paulo, de *Mahagonny*, ainda reproduz os traços de Baal. A personagem Leocádia Begbick já traz em germe a Mãe Coragem. E o julgamento fixado na obra prepara a extraordinária cena em que o juiz Azdak, em *O Círculo de Giz Caucasiano*, pronuncia as sentenças mais absurdas e por isso mesmo justas. A estranha farsa da *Ópera dos Três Tostões*, inspirada na *Ópera dos Mendigos*, de John Gay, não ilude ninguém quanto ao propósito de abrir as feridas da ordem burguesa.

A necessidade de amoldar-se às novas circunstâncias políticas da década de 30 aguça a consciência de Brecht, que não se contenta mais em destruir as instituições, preferindo modificá-las. O nazismo inclui no *index* várias de suas obras, e ele, ao sentir que seria sufocado, escolhe o exílio, que durará quinze anos. Conhece Brecht, por experiência própria, o poder do macrocosmo social sobre o indivíduo indefeso, e luta contra a mistificação do Estado. Testemunho eloqüente do regime é *Terror e Miséria do Terceiro Reich*, vinte e quatro cenas da vida alemã que têm, para nós, a mesma persuasão do processo kafkiano.

274 O TEXTO NO TEATRO

Brecht se compraz em fixar os debates do indivíduo em meio aos condicionamentos de toda espécie. Não acredita, naturalmente, num homem absoluto, que se afirma num imperativo alheio às situações. Desconfia dos gestos teatrais, que são a matéria peculiar do herói. Prefere a paciente elaboração do anti-herói, moldado pelos acontecimentos mas capaz de plasmar, também, pela firme inteligência das coisas, as inexoráveis utopias.

Os textos da maturidade podem dividir-se, globalmente, naqueles em que se patenteia ser impraticável o exercício do bem, na organização atual; naqueles em que a personagem, provocada pelo ambiente exterior, percebe que é parte solidária do mecanismo social e acaba por se empenhar na luta política; e, finalmente, naqueles em que se desmonta, nos aspectos essenciais, a engrenagem do nosso mundo. Esse esquema, por demais simplificador, tem sobretudo intuito didático, já que as obras, de uma forma ou de outra, participam das várias categorias, faces gêmeas de um só problema.

Duas peças demonstram, de maneira particular, a condição de vítima em que se transforma o indivíduo bom, com o falseamento dos valores sociais: *A Exceção e a Regra* e *A Alma Boa de Setsuan*. Na primeira, o cule, ao oferecer água ao mercador, na travessia do deserto, é por este assassinado. Com a mentalidade deformada de classe, só poderia ocorrer ao patrão que o gesto amigo escondia o intento real de sacrificá-lo. Suprimiu o cule por medo – porque aquele que tem consciência de estar explorando espera apenas o revide, nunca a solidariedade fraterna. Em *A Alma Boa de Setsuan*, Chen-Tê, eleita pelos deuses para provar que só uma criatura de sentimentos superiores seria capaz de salvar o mundo, metamorfoseia-se no duro primo Chui-Tá, já que a caridade, de acordo aliás com os princípios cristãos, deve beneficiar inicialmente quem a exerce. A prática da bondade arruinaria Chen-Tê, e a solução final – está claro – é construir um mundo novo, em que se possa ser bom.

A Mãe, adaptação da obra de Górki, e *Os Fuzis da Sra. Carrar*, inspirada em Synge, exemplificam a impossibilidade de se permanecer neutro, num meio que reclama definição. A russa Pelágia Vlassov quer, a princípio, apenas proteger seu filho Paulo, filiado ao movimento revolucionário. As dificuldades da campanha a transformam, também, em personagem atuante, que vai assumindo aos poucos a total responsabilidade da luta política. A mãe espanhola deseja, por sua vez, evitar que o filho pereça na resistência antifranquista. Preserva-o sob suas vistas, sem se importar que o chamem traidor. Quando o inimigo o sacrifica fortuitamente (acaso que é bem a lei cega dos opressores), Teresa Carrar entrega os fuzis, para o combate aos franquistas.

O último grupo de peças, aquelas que fazem o processo das forças sociais, é representado especialmente por *Mãe Coragem*, *O Círculo de Giz Caucasiano* e *O Senhor Puntilla e seu Empregado Matti*. Os horrores da guerra estão estampados de tal forma em *Mãe Coragem* que, vi-

A CONCEPÇÃO ÉPICA DE BRECHT

vendo do que lhe compram os soldados em campanha, como parasita do sofrimento alheio, ela termina por perder um a um os seus filhos. *O Círculo de Giz* ilustra, em histórias superpostas, que "cada coisa pertence a quem a torna melhor" e, portanto, "o vale pertence a quem o irriga, para que os melhores frutos brotem da terra". *Puntilla*, além de outros problemas, trata substancialmente da relação patrão e empregado, e este último, lúcido quanto ao papel que desempenha, acha que a filha do rico proprietário é que não lhe convém como esposa.

Que é feito do homem, frágil e maleável dentro da engrenagem devoradora? De peça para peça, é lícito afirmar-se que se fundamenta o humanismo brechtiano. A definição "um homem é um homem" adquire significados diversos, à medida que o dramaturgo passa a confiar no destino humano. Em *Baal*, é apenas a escusa do indivíduo que, repelido em sua proposta pela mulher, diz que "para isso eles quase todos se parecem". A visão de *Um Homem é um Homem* se mostra ainda mais negativa: vão substituir o soldado por Galy Gay, "porque todos os homens são semelhantes". Leocádia Begbick, de *Mahagonny*, já se surpreende com o poder humano: "Terrível é o furacão / Mais terrível ainda o tufão / Mas nada é mais terrível que o homem". Com *A Mãe*, representada em Berlim em 1932, pouco antes da implantação do nazismo, Brecht aparece profundamente tomado de ardor épico. Aí, escuta-se que "o destino do homem é o homem".

O anarquista primitivo, pulverizado no nada, escolhe, com lucidez, o mandato de viver, e cumpre-o da melhor forma, pelo exercício das funções vitais. Delineia-se uma humanidade elementar, feita de sentidos e da consciência do mundo, que passa entre os obstáculos, com o auxílio dos cotovelos. Brecht adulto se identifica com a imagem de Galileu Galilei, que despreza o intelectual desvitalizado e "as pessoas cujo cérebro é incapaz de lhes encher o estômago", cientista que aceita o compromisso da ordem para continuar vivendo, mas que, sob a máscara do conformismo, guarda intacta a chama e a paixão da verdade. Apesar do reconhecimento de uma moral condicionada, vê-se em Brecht, assim como na personagem de Galileu, a intransigência artística e o idealismo da busca permanente de um mundo melhor – embora envolto no manto de um absoluto distante.

Todo autor repete, na obra, certos temas e personagens fundamentais, que o obcecam na contínua tentativa de apreensão da verdade. O reexame de um problema, sob ângulos diversos, enriquece os seus dados, esclarece os elementos constitutivos e torna o valor de prova mais convincente. No caso de Brecht, a reelaboração incansável de alguns motivos básicos tem por fito realizar o processo da sociedade, e, afinal de contas, os processos se passam nos tribunais, com a cerimônia costumeira e o juiz que pronuncia a sentença. O veredicto é sempre desfavorável à organização do mundo – e as personagens são condenadas

276 O TEXTO NO TEATRO

enquanto instrumentos do erro ou vítimas dele, por incapacidade de se revoltarem contra os seus reclamos.

Essas considerações fariam concluir que Brecht utiliza criaturas-símbolos, erigidas em representantes de categorias sociais e não propriamente seres humanos, narrados em sua irredutível experiência pessoal. Certo esquematismo, com efeito, primariza algumas criações brechtianas, cuja eficácia didática é por demais procurada, e sobretudo na ingenuidade básica da dicotomia moral, em que os homens se classificam no íntimo em aspectos bons e maus, e na maioria das vezes os capitalistas são simplesmente maus e os pobres substancialmente bons. Apenas quando o episodismo de um caráter não faz que ele seja desenvolvido na trama é que Brecht se deixa embair pelas soluções genéricas. Como norma, constrói grandes caracteres, pela razão evidente de que os põe a agir e reagir em face de um meio sempre renovado, obrigando-os a definir a cada instante a própria personalidade. Essa é uma das vantagens maiores da técnica narrativa do teatro épico, que não utiliza um único lugar cênico, mas a multiplicidade de ambientes, segundo impõe o vir-a-ser da história.

Outro motivo da convicção das personagens de Brecht e que pareceria herético a olhos ortodoxos é o sentimento que inspiram de que até o seu primarismo foi trabalhado – não é conseqüência de falha do autor, mas de excessiva lucidez, que os quis assim. Nisso Brecht se distancia dos escritores que fazem qualquer espécie de proselitismo, de resultados artísticos apenas obtusos. Em sua dramaturgia, o espectador ou leitor percebe que alguém, atrás da personagem, lhe pisca o olho, para lembrar que tudo aquilo é ficção. E esse vínculo estabelecido entre a inteligência superior do dramaturgo e o público não esteriliza a seiva própria que deve conter a personagem: ele integra o fenômeno artístico, que se basta nas suas coordenadas fundamentais, numa comunicação mais ampla, feita do juízo do homem. Sem comprometer a validade artística pela subserviência a outros fins, Brecht alcança mais, na verdade, que o mero prazer estético. Como todas as grandes obras, a sua tem uma dimensão superior ao que se convencionou chamar beleza literária. Está pejada de um sentimento, de uma visão do mundo. Quase filosofia, enunciada pela expressão artística.

As personagens de Brecht, muitas vezes transpostas de outros textos antigos ou modernos – elisabetanos, chineses, gregos, russos – valem, precipuamente, como extraordinárias figuras da sociedade contemporânea. De imediato, pareceria, com esse método, que Brecht foge aos dados históricos específicos, que, no raciocínio marxista, devem ser a matéria da obra, analisada em seus aspectos positivos e negativos. Poder-se-ia asseverar que as criaturas transcendem a condição determinada no espaço e no tempo, para se esculpirem em símbolos universais – o que redunda quase na admissão de uma natureza humana permanente e eterna, tese tão pouco marxista. Brecht o faz, porém, com outro intuito, o de distanciar o espectador da sua criação, a fim de que transpareça

A CONCEPÇÃO ÉPICA DE BRECHT   277

mais exemplar a consciência e o julgamento do mundo atual. O público aproveitará, com a história de terras longínquas, a lição para o seu problema premente.

Conclui-se, desse raciocínio, que as personagens brechtianas pertencem à nossa sociedade, movem-se em meio às aflições de hoje e, na busca de um caminho, procuram solução para os dramas presentes. Os Horácios e os Curiácios da história romana sintetizam mais um pretexto para a luta antinazista. Sabe-se que ele teve a idéia de escrever *Galileu Galilei* na Dinamarca, ao tomar conhecimento das pesquisas atômicas do físico Nils Bohr. E assim por diante. Cada uma das peças está encharcada de profunda meditação sobre a vida atual.

Por esse motivo, Brecht volta sempre às personagens que podem encarnar as contradições e as grandes forças do nosso mundo. A primeira delas é a Mãe, que, segundo assinalaram René Wintzen e Michel Habart, está presente em toda a sua obra. Por que a Mãe? – seria óbvio inquirir. Ela aparece sempre, por ser personagem eminentemente popular, mas, acima de tudo, porque é fonte de vida, a responsável maior pelo fato da existência, que nos coloca a deblaterar em sociedade. Apresentá-la, julgá-la, condená-la ou exaltá-la – todas essas situações implicam um pronunciamento sobre o mundo. O próprio título de várias peças – *A Mãe, Os Fuzis da Sra. Carrar, Mãe Coragem* – indica como Brecht se apaixonou pelo tema. *A Mãe*, tirada de Górki, simboliza a maternidade essencial que, no afã de proteger a sua criação, assume a própria vida do filho. Teresa Carrar, ferida na dedicação maternal, oferece as armas para que outros possam amparar melhor os filhos. Como casügo porque se alimenta da guerra, Mãe Coragem vê morrerem os três filhos, e é fixada numa cena de extremo patetismo, em que, ao regatear o preço para que um fosse poupado, a demora dita a sentença fatal. Em *Terror e Miséria do Terceiro Reich*, são vários os episódios em que surge a silhueta da mãe, mártir do nazismo, e, até em *Puntilla*, uma personagem conta as agruras de uma mãe que se sacrifica para levar alimento ao filho prisioneiro. Em *A Condenação de Lúculo*, a mãe faz parte do júri que, depois da morte do guerreiro romano, reduz a nada as suas vitórias terrenas: de uma das campanhas de conquista, seu filho, soldado, não voltou.

Onde a figura da mãe adquire ressonâncias mais complexas é em *O Círculo de Giz*. A noção de maternidade se desvincula da aliança do sangue, para se elevar a signo de amor maior, pródigo e envolvente, que preserva os seres, indefesos contra o mundo mau. Ele se faz estigma, também, do apego à terra e de sua posse pelo homem, como se devêssemos usufruir e tratar aquilo que nos pertence. É visível, aliás, que apenas o amor materno atravessa o teatro de Brecht, realizado ou irrealizado, mas sempre dando a tônica da aproximação de dois seres.

O amor do homem pela mulher nunca é tema de suas peças, pois não há lugar para ele em nosso mundo. Baal contamina o seu possível amor de pura sensualidade. O soldado que retorna da guerra, em *Os*

278   O TEXTO NO TEATRO

Tambores da Noite, encontra a noiva nos braços de outro. Só por impiedade consciente Brecht não deixa que Eva, a filha do proprietário Puntilla, tenha um verdadeiro romance com o empregado Matti. Da parte dela, existe sobretudo uma sensualidade decadentista, cuja base metafísica seria a senhorita Júlia, de Strindberg; e quanto a Matti, não enxerga na jovem a mulher ideal, que poderá apresentar a sua mãe. Entre os ricos, prevalece apenas o interesse: de Puntilla, que deseja casar a filha, por conveniência, com um diplomata, e deste, última expressão da falta de virilidade, para pagar as numerosas dívidas. Chen-Tê, pela boca de seu *double*, Chui-Tá, afirma, em *A Alma Boa de Setsuan*: "O amor é absolutamente impossível! Custa muito caro!"

Uma organização que impede o amor faz muitas vítimas, e algumas da dramaturgia brechtiana são os puros e bem intencionados, que tombam em meio à luta. Paulo, o jovem revolucionário de *A Mãe*, depressa sucumbe, alvejado pela polícia. O Juan de *Os Fuzis da Senhora Carrar* é a inocência sacrificada, porque está distante da luta quando os franquistas o assassinam.

Se a mãe se apresenta como força vital, Brecht não se satisfaz em mostrar-lhe os tropeços, no regime vigente. Investiga as razões dos descaminhos e as julga, no processo da sociedade. Daí desempenhar uma função fundamental em sua obra, tão importante e vasta como a da mãe, a figura do Juiz. Um dos poderes soberanos do Estado é o Judiciário, que as doutrinas revolucionárias tacham de estar a serviço de uma classe. As leis do Direito garantiriam as posições dos privilegiados. Convencido dessa verdade, Brecht esmiúça a personagem do juiz em todas as suas facetas, atribuindo-lhe o papel de representante de uma ordem. Em *Puntilla*, o juiz patrocina os interesses patronais, e é descrito mesmo primariamente, numa sátira em que, bêbado, cai da cadeira, e se referem a ele dizendo que "se acredita no tribunal porque dorme". Em *A Exceção e a Regra*, a sentença pronunciada identifica a mentalidade opressora. A viúva do cule apresenta queixa-crime contra o mercador, que assassinou seu marido. O tribunal reconhece que a vítima não pensara matar o patrão: quis dar-lhe de beber. Mas o mercador o sacrifica em legítima defesa, porque "pouco importa que ele tenha sido *realmente* ameaçado ou que se tenha *crido* ameaçado. Na situação em que se encontrava, *deveria* acreditar-se ameaçado". Por isso é absolvido.

À Procura do Direito, uma das cenas de *Terror e Miséria do Terceiro Reich*, pode ser considerada uma das obras-primas de Brecht. O juiz deve decidir o caso do assalto à joalheria de um judeu, sob o regime nazista. As implicações políticas não lhe permitem saber, numa verdadeira situação kafkiana, se deve ou não condenar o assaltante. A quem desagradaria, com um ou outro veredicto? Que ao menos lhe mostrassem o que convém ao regime... O pano baixa quando o juiz deixa o gabinete, para a sala de audiência, e o porteiro brinca dizendo que, em virtude do arranjo de lugares, "é do banco dos acusados que o Meritíssimo deveria conduzir os debates".

A CONCEPÇÃO ÉPICA DE BRECHT 279

A *Condenação de Lúculo* é o processo, *post-mortem*, do general romano. As testemunhas mais simples – prostituta, padeiro, camponês, vendedora – arrolam um tremendo libelo contra o acusado, e o juiz confirma: "Ao nada com ele. Pois a violência e a conquista não aumentam senão um só Império, o das Sombras". Numa peça pacifista, cabia ao juiz verberar a guerra.

Sugerindo que, para ser justo, é preciso decidir tudo contrariamente aos cânones, na atual sociedade, Brecht cria no algo surrealista juiz Azdak, de *O Círculo de Giz Caucasiano*, talvez a sua personagem mais genial. De início, ele se apresenta espontaneamente como acusado, por ter favorecido a fuga do grão-duque. Pelas circunstâncias, de escrivão público é eleito juiz, e profere sentenças de sabedoria irrefutável, pelo senso comum estranho a compêndios, até confiar à mãe adotiva a criança em cuja educação se desvelou, recusando-a à real, que a abandonou ao fugir. Esse Azdak louco e sem preparo especializado parece a Brecht o juiz sábio.

O júri final de *A Alma Boa de Setsuan* é presidido pelos deuses, que vão decidir se Chen-Tê aplicou bem ou mal a quantia que lhe deixaram. Os argumentos contraditórios não lhes facultam pronunciar o veredicto, e escapam para a sua morada distante. Passa-se o contrário do *deus ex machina* da tragédia grega. Nesta, a divindade vem trazer solução aos conflitos humanos (embora nenhum ensaísta, até hoje, tenha estudado o que a epifania apresenta de irônico em Eurípides). Abandonada pelos deuses, Chen-Tê está só e em desespero, e o epílogo diz que "este desfecho não vale nada, eu sei". Aconselha-se o público a procurar um desfecho satisfatório – "é preciso que exista um". É este o convite, o apelo final de Brecht.

(Outubro, 1956 – Fevereiro, 1957)

15. *Um Homem é um Homem*

Galy Gay: um homem incapaz de dizer não. Sai de casa para comprar um peixe para o almoço e se transforma no soldado Jeraiah Jip, apagando a anterior identidade. Ao fim das peripécias, é um combatente sequioso de meter os dentes na garganta do inimigo. Isso acontece porque *Um Homem é um Homem*, segundo Brecht quer demonstrar na peça desse nome.

Concluído em 1926, quando o dramaturgo contava vinte e oito anos, o texto abandona os processos expressionistas da primeira fase e começa a utilização da forma épica, embora ele só formulasse a nova teoria mais tarde, no posfácio de *Ascensão e Queda da Cidade de Mahagonny*. O espetáculo já foi levado com música de Edmund Meisel e depois de Kurt Weill (que se perdeu), e as recentes montagens utilizam música de Paul Dessau, outro grande colaborador de Brecht. Às vezes os atores narram os episódios para a platéia, tirando ilações dos acontecimentos, como será norma na obra da fase épica, e a viúva Leocádia Begbick diz um interlúdio, que esclarece o sentido da peça:

O senhor Bertolt Brecht afirma: um homem é um homem!/ Mas isto qualquer um pode afirmar./ No entanto, o senhor Brecht também prova/ que é possível fazer o que se quiser de um homem:/ desmontá-lo, remontá-lo como um automóvel,/ sem que nada se perca dele, e isto é fantástico!

Termina o interlúdio:

O senhor Brecht espera que vocês saibam/ que o solo em que pisam/ pode se transformar em areia movediça./ E que por isso compreendam, ao ver Galy Gay,/ que a vida neste mundo é um perigo constante.

UM HOMEM É UM HOMEM

Via Brecht, na Alemanha da década de 20, a terrível ascensão do nazismo, e quis mostrar como um pacato estivador é matéria-prima para a metamorfose num sanguinário guerreiro, pronto para lutar numa guerra colonialista. A ação passa-se em Kilkoa, numa Índia que os comentaristas dizem lembrar Rudyard Kipling, e todos os elementos se baralham sem que se perca a verdade cênica: o exército inglês, em 1925, ainda está subordinado à falecida rainha Vitória, Galy Gay é de origem irlandesa, quatro soldados roubam um pagode tibetano e o sacerdote é chinês. Um soldado pergunta contra quem vão guerrear e outro responde:

Bem, depende do que precisem: se estiverem precisando de algodão, será contra o Tibét, mas se precisarem de lã, então a guerra será contra o Pamir.

Mas, no final, comunicam os soldados "que se trata de uma guerra para defender os grandes valores da civilização". Brecht poderia ter escrito a peça hoje, sem necessidade de modificar-lhe a linguagem.

Em *Lecture de Brecht*, Bernard Dort assinala que o significado de *Um Homem é um Homem* nasce da circunstância de que "esta peça é a primeira em que Brecht fez do teatro o lugar de uma metamorfose". E a história – uma caricatura feroz da desimportância do homem dentro de um mecanismo social mais forte – acompanha a transformação sem protestos de Galy Gay. No assalto ao templo, Jeraiah Jip é ferido e Uria Shelley, Jesse Mahonney e Polly Baker, seus três companheiros, tratam de substituí-lo na chamada da tropa por Galy Gay, pois do contrário seriam descobertos. Quando a mulher vem procurá-lo, Galy Gay já diz que é Jip e a manda embora. Para terminar a metamorfose, os soldados criam uma farsa, liquidando em definitivo Galy Gay.

"Precisamos envolvê-lo numa negociata, como é de praxe em nossa época" –, afirma Uria. E fabricam um elefante artificial, que será presenteado a Galy Gay. A viúva Begbick se dispõe a comprar esse elefante, em cumplicidade com os soldados. Seria verossímil? Galy Gay argumenta que "um elefante é um elefante, desde que se encontre um comprador para ele". E, desmascarada pelos próprios soldados a farsa, Galy Gay assume a personalidade de Jip, para não ser fuzilado como o ladrão do exército Galy Gay. O corte da barba é suficiente para completar a metamorfose. Fazem crer a Galy Gay, depois de um desmaio, que Galy Gay morreu. E pedem a ele – isto é, a Jip –, que se incumba do elogio fúnebre do morto, pois era quem o conhecia melhor.

As metamorfoses da peça não param aí. O sacerdote Wang poderia entregar à polícia o verdadeiro soldado Jeraiah Jip, que permaneceu no templo: "Mas para quê? Já que o dinheiro foi roubado mesmo, de que serve a justiça? E o transforma num deus. Dentro do oratório, Jip será adorado pelos fiéis, para que se angarie dinheiro. Jip não acha direito ficar no templo, comendo, enquanto os companheiros passarão dificuldades com o seu desaparecimento. "Mas esta carne está gostosa!" E se presta ao jogo do bonzo.

282 O TEXTO NO TEATRO

Uma nova metamorfose é a do sargento Fairchild, "conhecido como o Cinco de Sangue, também como o Tigre de Kilkoa, e até Homem Tufão". A fraqueza do sargento é a de não resistir à tentação feminina, nas noites de chuva. A viúva Begbick se prestará a satisfazê-lo, colaborando para que se atenue a investigação do roubo. E, no final, insistindo em suas intenções eróticas, o sargento toma o caminho inverso de Galy Gay, transformando-se em civil. Dão-lhe um pontapé e querem jogá-lo no mato, "para que não desmoralize o regimento". Há, na derrocada de Fairchild, algo do desmoronamento dos heróis expressionistas.

Brecht anota que a peça faz ainda uma metamorfose: a da cantina da viúva Begbick num local vazio. Esse é o símbolo das operações bélicas, em geral – deixarem desertos os lugares. A viúva, pintada em poucos traços, surge com admirável nitidez. Ela canta a canção sobre o fluir das coisas, que sintetiza a sua amargura. Nunca houve um homem como o seu marido. Mas ele morreu e ela teve de alugar a estranhos o quarto em que se amaram tantas vezes.

E mesmo agora, quando o quarto/ não me sustenta mais, continuo comendo./ Por isso, canto a canção:/ É inútil tentar reter a onda/ que se desfaz sobre os teus pés./ Se ficares à beira-mar/ virão outras ondas e marés.

A viúva Begbick traz em germe a Mãe Coragem, que será a protagonista de uma peça com o seu nome.

Dirigindo-se à viúva, Jesse fala que se passa ali um acontecimento histórico. Desde a mais remota antiguidade, "a personalidade de um homem era representada por uma árvore em crescimento. Nós vamos dobrar esta árvore". Ele conclui que o homem não se encontra no centro de nada. Depois admite: "O homem pode-se encontrar no centro, mas relativamente". Brecht começa a raciocinar com base na relatividade das coisas, o que o levará às novas posições políticas, inspiradas no marxismo.

Bernard Dort cita as palavras de Brecht durante uma transmissão radiofônica de Um Homem é um Homem:

Impostor e perfeito oportunista, ele (Galy Gay) se presta a tudo. Está habituado a suportar muitas coisas... Galy Gay não é um fraco. Ao contrário, é o mais forte. Ele é, em todo o caso, o mais forte, desde que cessou de ser pessoa privada; ele se torna forte na e pela massa.

A esse respeito, Fernando Peixoto, comenta, em seu livro sobre Brecht:

Ao contrário dos poetas expressionistas, que lutavam para que o indivíduo reencontrasse sua individualidade, desligando-se da massa, Brecht não condena a massificação como um todo. Ele condena o tipo de massificação que estava ocorrendo naqueles dias, na Alemanha: pouco a pouco o nazismo se fortificava, e grande parte da população passava pela tragédia de Galy Gay: transformar-se-ia, anos depois, num exército sanguinário.

UM HOMEM É UM HOMEM

Seja como for, a classificação de Galy Gay, que renega a primitiva identidade, serve de alerta para que o sentido irônico de "um homem é um homem" se transforme na sentença positiva das últimas obras de Brecht.

(Março, 1971)

16. A Personagem Mac Navalha

No prólogo de *A Ópera de Três Vinténs*, um troveiro canta o á-bê-cê de Macheath, vulgo Mac Navalha, indicando que a peça narrará a história do rei dos salteadores de Londres, bandido de fantástica legenda. Os romances populares de feira podem conceder-se liberdades imaginativas, e por certo os crimes a ele atribuídos se incluem na aura mítica das personagens de exceção. Os episódios desenvolvidos por Brecht, contudo, se incumbem de justificar o halo de mistério anunciado na síntese musical. A obra não se reduz apenas à figura de Mac. Mas esse anti-herói de espúria progênie, portanto herói de um mundo moderno despido de valores, atravessa os três atos para dar-lhes a consistência cênica e a estrutura técnica e ideológica.

Brecht não precisou inventar muito, preocupação que, de resto, nunca o moveu. Se os trágicos gregos e mesmo os elisabetanos não se deram o trabalho de criar novas histórias, mas apenas o de afeiçoá-las à sua visão pessoal, por que perder tempo com o propósito de originalidade? A imaginação fabuladora substitui-se em grande parte pela recriação crítica, e nesse caso havia um modelo admirável, oferecendo todas as deixas para o novo exercício: *The Beggar's Opera*, do setecentista John Gay. Com exceção das claras referências políticas e da quebra sistemática de qualquer resquício ilusório, os ingredientes do texto de 1928 já se encontram no de 1728.

Os heróis clássicos ou românticos vivem do acúmulo de virtudes – nobreza, caráter, desprendimento, amor, temeridade, paixão do risco, sabedoria inata, atributos físicos indiscutíveis –, tudo o que faz da existência uma aventura transcendente. A *belle époque*, ceifada pela crueza da Guerra de 1914, fanou-se para dar nascimento a um homem

A PERSONAGEM MAC NAVALHA 285

horrorizado com a própria imagem. As primeiras obras de Brecht absorvem o clima niilista do após-guerra, guardando do expressionismo a melancólica descoberta de um subconsciente conturbado, diverso da aparência sociável conferida pela censura. Ao reconhecer que não é nem pode ser um retrato idealizado, essa criatura decaída sente o encanto masoquista de proclamar que chafurda na lama. Funda-se o neo-romantismo do vício, do crime, da deslealdade, do instinto negando a razão. Se esses elementos se colam à figura do burguês, já responsabilizado pelos males que assolam o mundo, tanto melhor. Obtém-se um amálgama de atração e de repulsa, de sortilégio e de prosaísmo, típicos da ambigüidade procurada na literatura atual.

Por que Mac Navalha, que não tem a substância do herói característico, é tão simpático à platéia? Primeiro John Gay e depois Brecht pintaram-no com uma qualidade decisiva: a de infatigável conquistador. No original inglês Macheath confessa: "I love the Sex" e, mais adiante, "I must have Women". Esse donjuanismo, servido por uma natureza poderosa, confere-lhe um estatuto de virilidade que assume proporções romanescas na versão brechtiana, solta como escândalo num mundo dessorado pelas conveniências e pelos ajustes cerebrais. Mesmo se o dramaturgo alemão se empenha, todo o tempo, em apagar qualquer possível simulacro de bom sentimento, o público não deixa de enternecer-se com Mac Navalha, que foi esquecer nos braços de Jenny a iniqüidade que ela cometeu, denunciando-o por dinheiro à polícia.

Não se veja no herói uma pletora sentimental, que o escravizaria às mulheres. Ainda aqui, Brecht se mostra fiel discípulo da lição expressionista, que se comprazia em mostrar o imperativo do sexo. Baal, personagem de sua primeira fase, esgota na sensualidade todo o impulso amoroso. Desse ponto de vista, Mac Navalha parece uma recriação de Baal, e nenhum princípio ético o afasta da desgovernada entrega ao instinto. O amor costuma ser considerado entre as transcendências humanas, enquanto o sexo se prende às servidões imanentes. Nas "Notas sobre a *Ópera de Três Vinténs*", escritas cerca de três anos após a estréia do espetáculo berlinense, Brecht assinala: "A representação da vida sexual no teatro é muito importante, quando menos porque introduz um certo materialismo primitivo". Na entrada de Mac Navalha em cena, já se celebra, no coração de Soho, seu casamento com Polly Peachum, filha do Rei dos Mendigos. A cerimônia poderia parecer um desmentido à redução sensual da natureza de Mac, se o autor não se utilizasse dela exatamente para esvaziar-lhe o conteúdo. Primeiro o local escolhido foi uma estrebaria, com o objetivo de afastar quaisquer veleidades românticas. Depois, apesar do cenário fantástico ali erguido, com móveis e iguarias roubados dos mais finos locais, o bando do malfeitor transforma a festa numa parada de má educação, e até uma briga se inicia. Finalmente, a Canção Nupcial se incumbe de dessagrar de todo o matrimônio, anunciando sem pejo ao

286   O TEXTO NO TEATRO

noivo: "Ela logo o trairá / E, depois, como será? / (falado) Porcalhão!"

O quadro encerra-se com a "Canção de Amor" do casal, fundada num sentimento profundo, que dispensa a grinalda e o altar. Estaria desmentida, assim, a assertiva sobre a pura sensualidade de Mac? Apenas um raciocínio primário admitiria que ele, sozinho com a noiva, não entrasse no jogo das belas palavras, e ainda assim é preciso acreditar numa sinceridade momentânea desse novo *épouseur du genre humain*, como Molière definiu o seu Don Juan. Bastou, porém, a Mac despedir-se de Polly, quando soube que a polícia estava em seu encalço, para voltar ao antigo hábito, isto é, ir logo ao prostíbulo. E uma desiludida ciência da natureza humana leva a sra. Peachum, mãe de Polly, a comentar o episódio na "Balada da Servidão Sexual". Satã em pessoa, carniceiro de um mundo convertido em gado, Mac não resiste à fêmea. O invencível domador da humanidade é derrotado pelo sexo.

A "Balada da Servidão Sexual" completa-se, no terceiro ato, com a "Canção de Salomão", que é o exame didático das conseqüências ali entrevistas. Brecht, nesse ponto, numa consideração semelhante à dos trágicos gregos, explica pela falta de medida a perda de seu herói. O procedimento mediano representaria a única segurança para a sobrevivência, e a primeira vítima de excesso, no canto de Brecht, foi Salomão. O preço de sua exagerada sabedoria ("como é feliz quem não a tem") foi a ruína. Da mesma forma, Cleópatra perdeu-se pela grande beleza e louçania, e César pela extremada ousadia (o tradutor Mário da Silva encontrou, em português, essas rimas para a canção). Mac é alçado a exemplo prototípico, no seu gênero, em equivalência com esses ilustres antecessores históricos, só que a falta de medida que o distingue é o sexo: "Que preço vai pagar pela mania. / Como é feliz quem não a tem".

A base da personalidade de Mac é o apetite sexual e, nessa escolha, Brecht identificou um componente indiscutível da psique moderna, sobretudo a partir das pesquisas freudianas. Polly, na "Canção de Bárbara", endeusa esse novo herói do sexo, depois de revelar que afastou outros pretendentes, não obstante os dotes na aparência superiores.

    Porém veio um dia, e o dia era azul, / chegou um que nem quis me falar. / Pendurou seu chapéu lá num prego da parede, / Pegou logo a querer me beijar. / E por não ser rico / Nem ser galante / E empregar tão só termos de calão / E não saber com as damas como proceder / A esse eu não disse não.

Mac, traído pela prostituta Jenny, é libertado da prisão pelo amor de outra mulher – Lucy, filha do chefe de polícia Brown-o-Tigre. Não satisfeito em esquecer nos braços de Jenny a traição que ela lhe fez, Mac vai consolar, a seguir, Suzy Taudry, e em casa dela o prendem de novo. Os minutos que precedem sua anunciada execução ensejam o "reconhecimento" completo de Mac Navalha.

A PERSONAGEM MAC NAVALHA 287

Se a sensualidade fundamenta a concreção da natureza do protagonista, ela não o esgota. Não se deve omitir que, "profissionalmente", Mac é o chefe de um bando de salteadores. Seu maior oponente, o sogro Peachum, chefia também uma organização de mendigos, e através desse paralelismo de funções insinuam-se propósitos satíricos nítidos. A sociedade que ergue seus valores é a mesma que forma essas excrescências, e aliás Peachum observa, sardônico: "compreendi que os ricos deste mundo podem, sem dúvida, causar a miséria, mas não suportam a vista da miséria". Caricaturas de homens que dirigem empresas respeitáveis, tanto Mac Navalha como Peachum são o reverso da honorabilidade consagrada, mas, tributários da mesma ideologia, comportam-se como capitalistas destituídos do menor escrúpulo. É curioso que ambos, no afã de convencer os semelhantes, buscam inspiração na Bíblia, fonte de ética rigorosa. Lições evangélicas servem aos mendigos de Peachum para enternecer os empedernidos corações humanos, e Mac leva o chefe de polícia a chorar, com um truque aprendido na Bíblia. Peachum não quer que Polly se case não porque Mac seja ladrão, mas, conservando-a no celibato, pensa explorá-la nos seus negócios, quando chegar a velhice. Mac Navalha aproveita-se igualmente do trabalho do seu bando, que ele mantém sob disciplina inflexível. Apropria-se dos feitos de seus comandados e, ao saber que um deseja "subir na vida", colocando em seu ativo um incêndio, devolve-o à sua insignificância: "já se viu algum dia que um professor de Oxford faça assinar seus erros científicos por um qualquer assistente? Ele mesmo os assina". Nenhum sentimento de solidariedade prende Mac ao bando. O mais cruel dos chefes de empresa não pensaria descartar-se de um colaborador com a frieza de Mac. Para ele, o instrumento de libertação resume-se numa simples denúncia à polícia. Ao acariciar a segurança futura, passando-se do crime para o ramo bancário, fala em dar a relação completa dos companheiros a Brown, e suas palavras não parecem menos enojadas do que as de um moralista convicto: "dentro de quatro semanas, no máximo, toda essa escória da humanidade terá desaparecido nas masmorras de Old Bailey".

Um laivo de ternura coloca-se apenas na amizade de Mac e Brown-o-Tigre. Ambos serviram ao exército, na Índia, e "as imperscrutáveis deliberações do rei" fizeram de um chefe de polícia, ao passo que o outro se tornou o principal criminoso de Londres. Insidiosamente, Brecht deixa entrever que um mesmo sistema gera opostos, e a antiga amizade apenas facilitou o diálogo das conveniências. Em Scotland Yard nada consta contra Mac e, em compensação, de toda pescaria o salteador sempre entrega a Brown uma considerável parcela "como presente e prova de minha inalterável fidelidade". Só quando Peachum ameaça Brown com o desfile de mendigos, enfeando a solenidade da coroação da rainha, ele consente em sacrificar Mac. Peachum havia observado, ironicamente: "Ah, são amigos. O xerife e o pior criminoso de Londres! Pois é, certamente são os únicos amigos existentes na cidade".

288 O TEXTO NO TEATRO

As circunstâncias não permitiram a preservação do liame, e Brecht, sadicamente, ainda mistura à melancolia da despedida o grotesco do ajuste de contas. Mac não quer morrer devendo nenhuma comissão ao chefe de polícia.

A tarefa antiilusionista empreendida por Brecht espalha pelo texto considerações inúmeras sobre a maldade humana. A guerra consome um a um os soldados, mas para a vaga de um morto tem sempre de ir gente nova. O dinheiro governa o mundo, e, por isso, o mulherio de Turnbridge atraiçoa Mac Navalha. Na canção final do primeiro ato, Peachum proclama: "O mundo é mau e nós também". Com a enorme dificuldade existente para a sobrevivência, não há lugar para outro dístico: "Primeiro a pança e depois a moral". Num mundo assim, Mac canta: "De que vive o homem? O homem vive / Das mil ciladas que aos outros homens ele faz! / Assim vive o homem, o pobre homem, / esquecido mesmo de que é homem..." (John Gay já iniciara *The Beggar's Opera* com a seguinte advertência: "Through all the Employments of Life / Each Neighbour abuses his Brother"). O coro encerra o segundo ato interpelando a platéia: "Senhores, não tenhais mais ilusões: / O homem vive mais é do crime!" Volta, depois, o refrão: "O homem é um ser mau". A curiosidade malsã levaria o povo a assistir ao enforcamento de Mac e não à coroação da rainha, se os horários coincidissem. Mesmo para salvar a vida de um semelhante, ninguém se dipõe a um sacrifício. O suborno de mil libras propiciaria a fuga de Mac, porém o dinheiro não aparece. Antecipando a cena em que Mãe Coragem perde um filho, por discutir com o carcereiro o preço de sua libertação, o bando não quer desfazer-se de suas economias, para salvar o chefe. O homem enfrenta solitário a morte.

A *Ópera* está profundamente entranhada na Alemanha da década de 20. O resquício de irracionalismo expressionista aproxima-se mais da anarquia do que de uma luta conseqüente, e o tom da peça, assim, é sobretudo o de uma incontrolável caçoada. Brecht ainda se empenha em pulverizar a sociedade, só mais tarde se alistando com o intuito de transformá-la. A sedução do texto se concentra na irreverência com a qual se destroem os valores, no cinismo da caricatura tão pouco favorável ao homem. Glosa-se em fogos de artifício o fim de um processo, que ainda poderia conduzir ao pólo oposto. Mac, aliás, define-se como representante de uma classe em decadência:

> Nós, pequenos artesãos burgueses, que com o honesto pé-de-cabra trabalhamos na caixa dos níqueis dos pequenos donos de lojas, estamos sendo tragados pelos grandes industriais, que têm os bancos atrás de si. Que é uma gazua, comparada com uma ação ao portador? Que é um assalto a um banco, comparado com a fundação de um banco? Que é o assassinato de um homem, comparado com o emprego de um homem?

Talvez Brecht não percebesse o teor profético de suas palavras. Os crimes menores e particulares de Mac Navalha deram lugar à criminalidade organizada e pública do nazismo.

A PERSONAGEM MAC NAVALHA

Ainda assim, Mac, a caminho do patíbulo, canta a "Balada do Pedido de Perdão", onde se ouve: "Que o meu exemplo sirva de lição / e implorai a Deus o meu perdão". Até perante os tiras, que gostam de maldizer, ele se desculpa. Nessa canção, o individualista acerbo percebe a existência do outro.

John Gay julgava que uma ópera não devia acabar mal e por isso um *happy ending* conclui a aventura de Macheath. Brecht acompanhou, nesse passo, o modelo, fazendo que um arauto real venha anunciar a soltura do condenado à morte, ao ensejo da festa da coroação. O edito irônico acrescenta: o bandido fica elevado à "nobreza hereditária". Esse final, que sugeriria aos menos avisados uma capitulação, não permite equívoco, em face dos comentários subseqüentes das personagens. "Seria tão calma e fácil nossa vida / se os arautos reais chegassem sempre a tempo". No teatro, a história acaba bem. Adverte-se que o desfecho, na realidade, costuma ser ruim.

(Abril, 1965)

17. Fábula da Bondade Impossível

A Cia. Maria Della Costa-Sandro Polloni é o primeiro conjunto profissional brasileiro a encenar uma peça de Brecht, dois anos após a sua morte. O acontecimento histórico se dá com *A Alma Boa de Setsuan*, escolha das mais felizes, porque se trata de uma das obras-primas do autor e ilustra perfeitamente suas concepções, quer humanas, quer cênicas.

A peça fixa uma das faces da nossa sociedade, com um sabor de conto oriental que vai aos poucos se transformando em libelo cruel. Fábula da bondade impossível – eis o seu ponto de partida, logo generalizado pela fábula da vida inviável, neste mundo em que nos é dado viver.

O caminho percorrido pelo texto para chegar a essa conclusão é solidamente cimentado, para que a "moral" fique bem clara, sem margem a dúvidas. Brecht quis compor a sua fábula com a certeza das teses irrefutáveis. Tudo é laboriosamente preparado e construído, com o objetivo de deixar patente a "lição". Depois de prender as personagens numa trama insolúvel, com os dados de que dispõem, dirige-se um ator ao público, concitando-o a procurar a saída. "Deve haver uma saída, deve haver, e tem de haver!" – são as palavras finais, num apelo direto à capacidade de raciocínio dos espectadores, sacudidos pela significação exemplar da história.

A palpável tentativa de defender uma tese poderia subordinar a obra brechtiana a valores extraliterários, capazes de prejudicar-lhe o caráter precípuo. Se o autor não recua ante essa condenável deturpação da base estética da arte, ele não a pratica, nas principais peças. Ou melhor, apesar da insofismável direção política da obra, os elementos propriamente literários acham-se tão bem servidos que não há prejuízo de

FÁBULA DA BONDADE IMPOSSÍVEL 291

sua intangibilidade em favor de outras servidões. A política não é acréscimo, algo que justapõe aos valores literários. Mas a fusão alcançada entre estética e ética (tomando-se esta palavra no seu significado mais amplo) só encontra paralelo na tragédia grega, em que também se equilibram, feitos matéria artística, valores filosóficos, morais, políticos e humanos. Brecht procurou, no nosso século, o equivalente da obra de Ésquilo, Sófocles e Eurípides há dois mil anos, ou do teatro religioso, na Idade Média. A origem estética deixou de ser fator de separação, de distanciamento de outras forças sociais, para integrar-se nelas, dentro da ampla missão educativa que Werner Jaeger reconheceu no teatro grego.

Onde o paralelismo dos méritos literário e político em *A Alma Boa de Setsuan*? A trama se insinua quase com ingenuidade, desenvolvendo-se sem aparente esforço do dramaturgo. Três deuses vêm à terra à procura de uma alma boa. Uma só alma boa justificaria sua missão, comprovando que nem tudo está perdido e a humanidade pode ser salva. Sem muita sutileza crítica, já se poderá ver nessa alegoria da tríade divina um parentesco com o mistério cristão da divindade, e na alma capaz de resgatar os homens pelo bem uma réplica da imagem de Cristo. Só que o significado exemplar dos dois martírios é diverso: a paixão de Cristo, em si, purificaria a humanidade, redimindo-a das culpas. O martírio da prostituta Chen-Tê provaria que a organização social contemporânea só estimula o egoísmo (pois se deve ao menos salvar a pele), e assim, é preciso modificá-la.

Os deuses encontram em Setsuan essa alma boa e dão-lhe os meios de praticar o bem. De prostituta, Chen-Tê torna-se dona de uma tabacaria. E aí começam seus novos percalços. Aqueles que lhe venderam a loja caem na miséria, e querem aboletar-se no antigo abrigo. Outros mais invadem a casa, e Chen-Tê sente que logo estaria arruinada. Forja, por isso, um "duplo", a figura do primo Chui-Tá, que põe termo aos desmandos e endireita o negócio. Chui-Tá acaba "rei do fumo de Setsuan" e a ambigüidade poderia prolongar-se, se não houvesse protestos contra a nova ordem. Levado ao tribunal, Chui-Tá faz-se reconhecer como Chen-Tê (reconhecimento – fórmula da poética aristotélica), e os deuses, ao invés de trazerem a solução, como no *deus ex machina* de muitas tragédias, evolam-se silenciosos, numa nuvem cor-de-rosa, para os céus. Aos homens cabe encontrar solução para os seus problemas. Aos espectadores a última palavra nesse desfecho que leva o autor, no epílogo, às seguintes palavras: "reconhecemos que esse não serve como final".

São numerosos os ensinamentos e as conclusões parciais, até que baixe o pano. Alguns, óbvios: ninguém, que tenha vagos princípios de justiça social, pode estar satisfeito hoje em dia. Os deuses estão esfalfados e rotos na caminhada inglória de procurar uma alma boa na terra. E os homens, cansados de tanta miséria, nem os reconhecem, quando surgem em busca de abrigo. Brecht, porém, não se deixa embair pela de-

292   O TEXTO NO TEATRO

magogia fácil da oposição de ricos a pobres, classe dominante a explorados. Todas as personagens de primeiro plano da peça poderiam inscrever-se nessa ampla categoria dos explorados, e nem por isso são melhores do que os ricos. Os pobres se entredevoram, são implacáveis com Chen-Tê, como qualquer baluarte do regime. Exploram-na, chegariam a arruiná-la, se o duro primo Chui-Tá não interviesse. E nem há lugar para o amor num mundo de miséria. O aviador, que revela mais tarde na peça ternura sincera por Chen-Tê, por pouco lhe tirava todos os meios, no início, a fim de comprar um emprego. O emprego lhe seria dado por suborno, com a demissão de um aviador zeloso e responsável por numerosa família. No processo mental de nossa sociedade, os papéis se modificam, também, dependendo das circunstâncias. O aviador, desempregado, ao tornar-se gerente dos negócios de Chui-Tá, já acha que o depósito é bom para os trabalhadores, embora úmido para o fumo. Não há sentimentalismo piegas, na peça. Brecht não cai no romantismo de concluir que a condição social determina a natureza dos indivíduos: pobres, bons; ricos, maus. A atual organização impede a bondade de quem quer que seja. Veja-se a figura do rico barbeiro Chu-Fu. Num certo sentido, está ele mais próximo de um conceito convencional de bondade. A riqueza lhe permite ser generoso com o amor... Gostando de Chen-Tê, dá-lhe um cheque em branco e lhe cede os prédios, para que abrigue os pobres. A filantropia é depois satirizada na sessão do tribunal.

A obsessão de Brecht pela crítica do sistema jurídico, um dos alicerces da sociedade, não fica estranha a *A Alma Boa de Setsuan*. O policial, instrumento da ordem, está presente em todas as querelas. Resolve-as de acordo com o bom senso dominante. Sabe o valor dos atos legais, numa organização que tudo faz para preservar sua estrutura. Vendo Chen Tê em dificuldades para resolver o problema do aluguel, aconselha o casamento, pois, além do dinheiro, lhe daria respeitabilidade. O testemunho independe da verdade e é válido de acordo com a fé merecida pelo depoente. Não importa que o barbeiro tenha inutilizado a mão de uma personagem: só testemunhariam a favor dela indivíduos com antecedentes policiais, e assim, é melhor abandonar a queixa, para que ela não se volte contra o queixoso. Quando se instala o tribunal, o juiz titular já estava preparado para dar ganho de causa a Chui-Tá, e a sessão só toma outro rumo porque ele é substituído pelos deuses.

Aos poucos faz-se nítida a mensagem final de Brecht. A forma épica lhe permite alcançar o objetivo, por meio dos quadros sucessivos, em que as personagens surgem de acordo com a necessidade do entrecho e a ação direta é muitas vezes substituída pela narrativa. Quebra-se propositadamente a ilusão, com freqüência, para que o ator se dirija ao público, e cria-se um *flashback* dentro da trama, que progride em natural crescendo. O efeito de distanciamento é favorecido pela situação da história na Ásia, na longínqua capital de Setsuan.

FÁBULA DA BONDADE IMPOSSÍVEL 293

A transformação que sofre Chen-Tê no primo Chui-Tá não significa a mudança psicológica do indivíduo, quando passa de explorado a explorador: é sobretudo defesa. Diz Chui-Tá que a miséria é grande demais, para uma só pessoa acabar com ela. Os deuses queriam que Chen-Tê fosse boa também para si, e isso lhe parecia impossível. Nesse ponto, Brecht parece estar próximo de um dos princípios cristãos, segundo o qual a caridade deve começar consigo mesmo. "... ser boa para os outros e para mim, a um tempo, eu não podia". O que lhe dá forças para a dura decisão? Ao ver uma criança faminta, procurando alimento na lata de lixo, Chen-Tê quer evitar para o filho, ainda no ventre, o mesmo destino. É a preservação do ser que a continuará que lhe determina a conduta. Brecht fala à humanidade em nome da incógnita de amanhã.

(Agosto, 1958)

18. *Mãe Coragem*

No mundo em que o homem não conseguiu construir a sua morada, restam as deblaterações pela sobrevivência, o esforço para o atendimento das necessidades elementares. O sistema social recusa os meios para que se instale o amor, escolha de seres adultos e livres. Proibido de satisfazer às exigências superiores, o homem estiola-se nos apetites. O que resguarda ainda a existência, assim desprotegida? Talvez simplesmente o instinto, o obscuro comando da preservação da espécie. Essa é uma das chaves do pensamento de Brecht, esparso em todo o seu teatro. Por isso, adquire importância mítica, em grande número das peças que nos legou, a figura da mãe, segredo da continuidade da vida.

Há, na dramaturgia brechtiana, mães que despertam para a luta política em apoio do filho comprometido, como no texto baseado na obra de Górki. Nos *Fuzis da Sra. Carrar*, a protagonista quer defender o filho, afastando-o do campo de combate, e uma bala perdida ironicamente o sacrifica. São muitos os exemplos da função protetora desempenhada pela mãe, e nenhum é tão incisivo como *A Alma Boa de Se-Tsuan*, em que Chen-Tê decide reivindicar a transformação do mundo, ao ter consciência dos deveres da maternidade.

Mãe Coragem, escrita em 1938, na Escandinávia, quando já parecia certo o rompimento do segundo grande conflito mundial, subordina a veemente mensagem pacifista à narrativa dos malefícios da guerra, ilustrada sobretudo pela perda sucessiva dos três filhos da heroína. Ao fim do primeiro quadro, o sargento adverte Mãe Coragem: "se te aproveitas da guerra, é preciso pagar-lhe alguma coisa!" A moral do texto torna-se clara, à medida que a história progride. A protagonista recebe pesado castigo, por fazer comércio com os regimentos em marcha. Impo-

MÃE CORAGEM

tente para preservar os filhos, sai de cena, no último quadro, puxando sozinha a carreta. Como vive de explorar a guerra, o que lhe é mais caro desaparece também na voragem da luta. Ela é a criatura mais despojada, mais miserável da galeria brechtiana, porque lhe sobra, no fim, apenas um diminuto sortimento, com o qual se arrastará pelos caminhos.

Pode-se concluir, por esses dados, que Mãe Coragem se torna a maior vítima dos erros que praticou. Mas não se queira apressadamente condená-la pelos acontecimentos. Seria superficial imputar-lhe responsabilidade, porque a causa verdadeira dos males está no regime social, gerador das guerras. Ao explicar-se a origem do seu nome, fica-se sabendo que ela se chama "Coragem porque teve medo de perder tudo o que tinha e veio desde Riga, sob o fogo dos canhões". Foi o medo que a fez participar da guerra, única fonte de renda em tempos não normais.

Brecht não se contentou em escrever a crônica de uma guerra comum, cujo absurdo seria suficiente para servir aos propósitos pacifistas. Era-lhe necessário pintar um conflito que tivesse, aparentemente, uma justificação nobre. Valeu-se da Guerra dos Trinta Anos, cognominada Guerra Santa, porque se envolveram na suposta defesa de princípios religiosos, em grandes áreas da Europa, no século XVII, católicos e protestantes. O desmascaramento dos móveis e dos horrores dessa guerra, em que eram desrespeitadas as condições mínimas de dignidade humana, constituía e constitui exemplo concludente da falência de qualquer ideal, no campo de batalha, ou, o que é pior, demonstra os pretextos altissonantes para denunciar nos conflitos o mecanismo frio dos interesses econômicos.

Sem abdicar da linguagem de ficcionista em favor da intenção política, Brecht consegue entrosar admiravelmente os elementos probantes e os meios artísticos, para que Mãe Coragem resulte numa grande obra literária. Certo de que a presencialidade do teatro se define por meio das personagens, Brecht constrói, antes de mais nada, excelentes caracteres (não no sentido psicológico tradicional), os quais povoam toda a sua dramaturgia. Mãe Coragem, cuja força extraordinária erigiu seu nome em título da peça, é talvez a personagem marcante entre as criações brechtianas (ao lado de Galileu e do juiz Azdak), e domina completamente a trama, estabelecendo-lhe a unidade literária que a proposital fragmentação em quadros poderia não alcançar.

Poucas personagens haverá menos convencionais, mais explosivas, tão duramente humanas. Sem raízes, solta no mundo, encarna de início a vacuidade do conceito tradicional de família, pois cada um de seus filhos tem pai diferente. A experiência ensinou-a a tirar proveito das situações, sempre com o espírito de defesa contra os que desejam engoli-la. Enrijecida pela visão diária do sofrimento, só a força permite que as camisas postas à venda se transformem em ataduras gratuitas para os feridos. Numa das cenas mais belas da peça, regateia o preço para a salvação do filho, Pequeno Suíço, e os inimigos acabam por fuzilá-lo, an-

296 O TEXTO NO TEATRO

tes que ela tenha tempo de pagar a quantia exigida. A fim de não comprometer os amigos e a continuidade do trabalho, Mãe Coragem não identifica o morto, e consente assim que ele seja levado para a vala comum. Quando o esmoler lhe propõe que vivam juntos, ela responde: "Não tenho coração para romances". Mas, ao receber convite do cozinheiro para se instalarem numa hospedaria, prefere continuar a caminhada, porque a filha Catarina não estava compreendida no arranjo. A linguagem dura, única em que se entendem, leva-a a explicar que é da carreta que não se separa.

As outras figuras, embora sem serem episódicas, formam o recheio da crônica. Surgem quando é exigida a ilustração de novo quadro. Em traços sintéticos, Brecht as caracteriza sempre, vivas e nítidas na construção dos episódios. A profunda ternura humana do dramaturgo mascara-se com uma aparente impiedade, em que os indivíduos parecem bonecos nas mãos de um destino implacável. Por pouco, Brecht incidiria na concepção da tragédia grega, nos termos aristotélicos que ele tanto combateu. É que, peça de engrenagem maior, o homem de *Mãe Coragem* se apequena diante da avalancha da guerra. Como purgar, entretanto, essa visão negativa, contraditória em face do pensamento marxista e da idéia do homem transformando o mundo?

Na solução desse impasse está uma das virtudes do escritor. De fato, Brecht quase espezinha a sua criatura, freqüentemente desprezível ou ridícula nas intervenções. Que dizer-se do recrutador, do soldado, do cozinheiro, da prostituta Ivete, do coronel e de todos mais? Brecht caçoa também da honestidade de Pequeno Suíço e da valentia de Eilif. Querendo, como bom ficcionista, fixar-se sempre no concreto e no circunstancial, para daí tirar as ilações, ele se liberta da negatividade pela ironia. Em todo o entrecho, poderoso sabor irônico e popular banha os diálogos, estimulando a reflexão do público e exigindo dele uma atitude afirmativa. Veja-se, por exemplo, o que sucede a Eilif: em tempo de guerra, é considerado herói, pela bravura com que pilha as fazendas. A fome continua, mas, como se supõe que seja tempo de paz, idêntico ato dele é considerado roubo e o submete à corte marcial.

As palavras iniciais do Recrutador são de ferina ironia. Ele diz ter perdido a fé na humanidade, pois ninguém guarda mais a palavra, prometendo alistar-se e depois fugindo. O sargento advoga que "a paz é o relaxamento, a guerra é a ordem". O pastor refere-se a um tempo em que o céu vinha facilmente em ajuda das pessoas, podendo-se assim "exigir delas uma certa honestidade, uma certa obediência às prescrições divinas". Mãe Coragem fala à filha que deve agradecer a mudez: nunca se contradirá. Num mundo em que a plenitude física leva à loucura da guerra, a diminuição dos sentidos parece um dom. Morre um general e não podem dobrar os sinos, porque ele ordenara o bombardeio das igrejas. Desfiguram Catarina com golpes no rosto, e Mãe Coragem comenta que, quando se desagrada aos soldados, eles ao menos poupam a vida, ao passo que as mulheres bonitas são violentadas.

MÃE CORAGEM

Escrita nos moldes da teoria do teatro épico, *Mãe Coragem* observa-lhe todos os preceitos estruturais. Ao invés dos três ou cinco atos da tradição teatral, a narrativa divide-se em doze quadros. Cada episódio, embora ligado ao outro, basta-se na própria narrativa, sem depender da continuação da história. O efeito de afastamento, essencial na estética brechtiana, é obtido pela distância no tempo e no espaço. Transcorrem às vezes anos de um quadro a outro, e toda a peça situa-se no passado. Regiões as mais longínquas da Europa são percorridas pelas personagens, quebrando a norma tradicional da unidade de cenário. Oferecem-se indicações didáticas ao espectador e, quando a chegada do exército poderia criar suspensão, Brecht conclui abruptamente a cena, para que a platéia conserve a lucidez crítica. Diversas e belíssimas canções, entremeadas aos diálogos, rompem a possível ilusão cênica.

Essa peça prova, contudo, a nosso ver, que a frieza do raciocínio, preconizada por Brecht, não exclui a emoção do espectador. Por mais que os intérpretes demonstrem e não vivam as personagens, afigura-se-nos impossível não comover, ao menos em duas passagens capitais do texto: naquela em que o Pequeno Suíço é sacrificado, pela demora do pagamento do preço da sua salvação, e, quase no final, quando Catarina sobe ao teto, toca o tambor para alertar a cidade contra a presença inimiga, e acabam por matá-la. Um ato heróico, urdido com tanta mestria, tem forçosamente que despertar emoção.

Além do intento pacifista, que é o mais ponderável, *Mãe Coragem* enuncia todo um arcabouço ideológico. Algumas afirmativas inspiram-se em cartilhas do marxismo, mas as observações da protagonista sempre se justificam como um comentário simples e popular, cheio de sabedoria. Afirma ela, por exemplo, que "as vitórias e as derrotas dos grandes senhores nem sempre são também das pessoas pobres, ao contrário. (...) Em suma, vitória ou derrota, isso custa sempre caro é a nós". Fica claro que o pobre é a vítima da guerra, destruído pela crescente miséria. E permitiria curioso desenvolvimento doutrinário o raciocínio de Mãe Coragem: "Se ele (o capitão) soubesse traçar um bom plano de batalha, não teria necessidade de bravos, soldados bastariam. Aliás, onde quer que se encontrem grandes virtudes, pode-se estar seguro de que alguma coisa vai mal". Outra sentença completa esse juízo: "Num bom país as qualidades medianas bastam. A gente pode ser ignorante e até mesmo covarde, se quiser". Ideal de justiça e de oportunidade para todos vivem, sem que o fantasma da concorrência e a seleção pelo mérito roubem aos outros o direito básico ao sustento. Quase perdida e ironicamente não comprovada pela realidade, outra frase de Mãe Coragem impõe-se como tábua salvadora: "enquanto há vida, há esperança". Se os homens quiserem, têm poder para superar o absurdo.

Desde Aristófanes, a história literária está cheia de obras que mostram os pavores da guerra e cantam as vantagens da paz. *Mãe Coragem* avulta nessa galeria e, junto de outras obras-primas de Brecht, ocupa lugar privilegiado no teatro moderno. Nestes tempos sombrios, deveria

298 O TEXTO NO TEATRO

ser apresentada, como catecismo, nas praças públicas das cidades de todo o mundo.

(Maio, 1960)

19. Itinerário de Camus

Albert Camus (1913-1960) é um desses autores sobre os quais se pergunta se foram fatalizados para o teatro ou se fizeram dele simples veículo. O problema – pode-se facilmente concluir – não comporta solução simplificadora, e na maioria dos casos fica entregue ao gosto e à sensibilidade de cada espectador. Há quem julgue que o barroco de Shakespeare o recomende muito mais para a leitura do que para o palco... Na verdade, aplicar-se a hipótese da indestinação cênica a Camus decorre menos da querela antiga sobre a dosagem de ação e literatura num texto do que da mais recente disputa sobre o teatro de tese. Não mais a tese ingênua do realismo, mas a nova forma que vigorou sobretudo na esfera da última guerra, em que filósofos e moralistas passaram a falar pela boca de suas personagens. Sartre, Gabriel Marcel, Simone de Beauvoir e outros, além de Camus, foram também acusados dessa contrafação, por converterem o palco em instrumento de suas afirmações, sem que as criaturas que puseram em cena chegassem a adquirir a consistência de carne e osso.

Até que ponto cabe essa reserva a Camus? Somos tentados a dar uma resposta truística: na medida em que suas peças são menos felizes, em que não houve fusão completa entre a mensagem a exprimir e o arcabouço cênico.

Essa ressalva supõe já a existência de dois elementos díspares, que chegam ou não a casar. Num certo sentido, o tema poderia ser desenvolvido dentro dos superados conceitos de forma e conteúdo, mas, aqui, pretendemos tratá-lo objetivamente, sob o prisma da personalidade do autor. Quando Camus está próximo de sua problemática essencial, encontra uma forma cênica mais convincente: *Calígula*. Ao instilar novos

300   O TEXTO NO TEATRO

dados na idéia do absurdo, sem assimilá-los totalmente na realidade, torna-se menos autêntico, na expressão dramática. Temos *Les justes*.

Camus, solicitado pela tradição literária das alegorias e dos símbolos, deixa-se muitas vezes conduzir por eles, tendendo para as abstrações. Nossa crítica baseia-se quase no fácil conceito da preferência: acreditando que as personagens devem partir do concreto e permanecer concretas (sem omitir o mérito de algumas abstrações de espírito medieval), não conseguimos interessar-nos suficientemente pelas alegorias de, por exemplo, *L'état de siège*.

Em *Le malentendu*, tratando-se da primeira experiência teatral, Camus alcançou apreciável rendimento. Todas as suas qualidades estão presentes: a colocação diante de um tema importante e não de questões menores; a bela linguagem literária; e mesmo a economia e a objetividade na fixação dos tipos. Se Jan não chega a adquirir estrutura sólida, despistando até um pouco sua psicologia com afirmações de gosto de paradoxo ("O amor dos homens é dilaceração. Eles não podem impedir-se de deixar o que preferem"), em contraste com o desejo íntimo de verdade absoluta – a figura da Mãe, sobretudo, aparece com traços plenamente definidos. Na peça, é ela a personagem mais patética, atravessando como uma sombra o crime para, no fim, resgatar-se na descoberta do amor pelo filho. Os defeitos de *Le malentendu* já são aqueles que, em grau maior ou menor, percorrem toda a obra: um certo esquematismo abstratizante das personagens; o gosto de uma bela tirada, sobrecarregando a fala além de sua duração normal e sugerindo que é o autor que deseja confessar-se; e a mania dos símbolos, que fazem da situação quase um teorema comprovador de sua validade.

A personagem da Filha em *Le malentendu*, por exemplo, sufoca-se em sua terra sombria e refere-se todo o tempo à libertação do mar. Desejou Camus simbolizar a Europa da guerra e o sol mediterrâneo, limpando-a das numerosas mortes. Mas esse exercício frio do crime, praticado pela Filha e pela Mãe, não pode nunca aproximá-las da libertação – parece concluir a peça. Do ponto de vista propriamente teatral, sente-se que a ação era pouca para preencher três atos e, depois do *suspense* do primeiro, o segundo apenas o prolonga, sem renovar-lhe o interesse. O "não reconhecimento" que provoca a tragédia é tão elementar, nos seus indícios exteriores, quanto os reconhecimentos mais simples catalogados por Aristóteles: a Filha dispensa-se de exigir o passaporte de Jan, para inscrevê-lo como hóspede, e, depois de consumado o crime, o criado entrega esse passaporte, identificando-se assim a vítima. O criado, aliás, é uma composição de teatro, que permanece todo o tempo mudo, para só no fim, quando lhe pedem ajuda, responder laconicamente não. O apelo à divindade encontra nele o porta-voz da resposta negativa.

A vocação camusiana para o ensaio filosófico atinge o último estádio da interpelação do destino em *L'état de siège*, sem dúvida a sua peça mais fraca. E a debilidade se explica facilmente: para oferecer o vasto

ITINERÁRIO DE CAMUS   301

painel humano em luta contra a morte, ele tipificou as personagens, classificando-as em categorias, dando-lhes cunho de quase abstrações e de sentimentos padronizados em face da vida. A peça afasta-se do romance *A Peste* e – informa Camus – aproveitou uma idéia original de Barrault, que se sentiu tentado pelo tema, como Antonin Artaud. O espetáculo deve ter parecido curioso, na ambição de "misturar todas as formas de expressão dramática, desde o monólogo lírico até o teatro coletivo, passando pela representação muda, o simples diálogo, a farsa e o coro". Talvez a montagem impressionasse, pela riqueza de efeitos, mas o texto parece-nos distante da concepção de Artaud e, na verdade, pouco mostra de terror. Se Camus tivesse partido de uma situação concreta, em que a peste vai aos poucos destruindo uma cidade, poderíamos sentir a presença da morte, nas reações de cada personagem. O jogo mecânico da Peste e da Secretária, porém, transformadas em figuras alegóricas, conduz-nos irresistivelmente à reação irônica, por ser impossível levar a sério o caderninho no qual se risca o nome dos condenados a perecer. A morte metafísica não assusta ninguém.

Ao passar para o terreno das relações puramente humanas, em *Les justes*, Camus não abandonou a fórmula das situações abstratas. É esse, sem dúvida, o aspecto mais vulnerável da peça. Um dos caminhos convincentes da aventura terrena do homem é a revolução, pois, descrente da providência divina, decide ele próprio modificar o que está errado. Mas, sendo Camus simples revoltado e não revolucionário autêntico, a trama se transforma em experiência de laboratório, para definição de alguns tipos. A fim de alimentar os cinco atos, a peça propõe, logo de início, o tema do assassínio do grão-duque. Se a supressão do tirano se efetivasse imediatamente, a ação não poderia estender-se muito, e Camus não teria oportunidade de lançar o problema ético. Por isso surge o imprevisto da aparição das crianças ao lado do grão-duque, o que permite o prolongamento da história, com o acréscimo de um dado psicológico importante: trata-se de indivíduos que procuram derrubar um regime e não de assassinos. Definida a personalidade dos heróis, a bomba deveria atingir mesmo o alvo, de acordo com o princípio dramático segundo o qual toda ação deve ter um fim. Se Camus fosse revolucionário, os atos finais da peça procurariam consolidar os efeitos da morte do tirano. Passa-se diferentemente: no quarto ato a grã-duquesa tenta convencer Kaliayev de que ele "deve viver e consentir em ser um assassino". Lírico e puro, o "revolucionário" afirma que lançou a bomba sobre a tirania e não sobre um homem. No último ato, os companheiros discutem se Kaliayev teria ou não traído os princípios políticos e, tranqüilizados a propósito de sua dignidade moral, continuarão a brincar de revolucionários. Está nítido que a situação dramática é mero pretexto para que as personagens se definam, e até o policial parece o desdobramento da personalidade dos heróis, feitos de idêntica matéria, tratada sob facetas diversas. Afirma o policial que "se começa por querer a justiça e se acaba organizando uma polícia" e que se tornou poli-

302 O TEXTO NO TEATRO

cial "para estar no centro das coisas". É o reverso da medalha de qualquer daqueles "revolucionários", o que substituiu a dignidade pelo cinismo – não um policial comum, feito de hábitos sádicos. A peça apenas chega a criar personagens porque os diversos desdobramentos da mesma substância são suficientes para sustentar os tipos retratados. Fica a impressão de que uma personagem mais rica poderia reunir duas ou três daquelas criaturas, sem contradição essencial, mas apenas com um pouco mais de sutileza. O processo camusiano de definir, em cada personagem, uma reação diante da vida, acaba por tornar seus heróis algo cristalizados – por pouco diríamos títeres. O sistema abstratizante, quando não encontra uma situação inteiramente adequada (e cabe perguntar: para esse tipo de ficcionista todas as situações não são algo abstratas?), tende a reduzir as personagens a um jogo de idéias mais ou menos feliz.

Em *Calígula*, sua segunda peça, Camus atingiu melhores resultados, porque a problemática se ajustava integralmente à figura do imperador. Pretendia o dramaturgo estudar, sem qualquer limite, a aventura da liberdade – e quem melhor do que Calígula para prestar-se ao exercício? Já passou até ao anedotário o desvario de alguns imperadores romanos, na afirmação de sua vontade e, diante dela, acha-se natural que as outras personagens funcionem um pouco como bonecos. Até nessa coincidência se amoldou a forma camusiana à situação das personagens, não obstante a mão do dramaturgo esteja presente no encaminhamento de certas cenas.

Apesar das diferenças de motivos e de situações em que agem, as personagens da dramaturgia de Camus, incumbidas de decifrar o destino, têm muito de comum, o que as faz praticamente de igual substância, tratada em experiências diversas. Jan, Calígula, Diego e Kaliayev encarnam a mesma postura diante do mundo absurdo, que eles procuram dobrar ao seu rigor e desejo do absoluto. Inconformados com a precária condição das criaturas, querem afirmar uma verdade capaz de justificar-lhes a passagem terrena. Sua definição pessoal coincide com a busca de um lugar para os homens.

A maneira pela qual o escritor francês trata o tema varia, em *Le malentendu*, *Calígula*, *L'état de siège* e *Les justes*, de acordo com a aproximação que vai fazendo da realidade, ou melhor, da fisionomia que assume para ele o jogo humano na terra. Se quisermos traçar o itinerário de suas peças, podemos admitir que Albert Camus evoluiu de uma posição de extremo individualismo, na qual o homem se contempla desligado dos semelhantes, para um humanismo em que os outros passam a ser vistos, na primitiva equação do solitário. Haveria, basicamente, mudança de princípios? A nosso ver, Camus apenas alterou o sistema pelo qual o homem define sua dignidade, sem jamais se afastar da ideologia burguesa. Individualismo que se mascara de preocupações sociais, mas não consegue atravessar a fronteira romântica de suas contradições.

ITINERÁRIO DE CAMUS

O caminho de Jan, em *Le malentendu*, é o menos elaborado, próximo ainda da verificação pura e simples do absurdo. Distante há vinte anos da mãe e da irmã, ele retorna à terra natal, para trazer-lhes felicidade. Há cinco anos está casado, mas esse amor, perfeito, não o satisfaz. Assalta-o o desejo de penetrar no mundo daqueles seres solitários, descobrir o mistério que representam para ele. Poderia identificar-se imediatamente, mas prefere surpreender o que significa para ambas. Resultado: não o reconhecendo, a mãe e a irmã o assassinam, na situação absurda em que, na procura desesperada da felicidade, se sacrifica quem a traz. O desafio de Jan, querendo provar-se, lhe vale a derrota. Continua estrangeiro na própria casa, porque nem a mãe o reconhece. Desamparado de uma possível divindade que o teria criado, o homem vive na terra em permanente exílio.

O processo de construção da personagem de Calígula parece-nos mais completo, acrescentando novos dados ao estatuto do absurdo. Jan limita-se à condição de vítima, pois, em virtude do mal-entendido da existência, o momento em que a vida adquiriria pleno sentido torna-se exatamente o da morte. Calígula não se contenta com o destino de criatura passiva dentro de um jogo superior, indecifrável. A noção inicial do efêmero lhe foi dada pela morte da irmã, que era sua amante. Privado irremediavelmente do amor que poderia satisfazê-lo, Calígula toma de início consciência da solidão, do desamparo num mundo estranho. A estrutura dos quatro atos decorre do desenvolvimento dado a essa premissa, numa sucessão de episódios em que a lógica baseada no absurdo vai às últimas conseqüências. Se a vida é escura e sem sentido, vamos tentar algo que a supere, que a justifique. Se os deuses tornaram os homens órfãos, procuremos bastar-nos pelo exercício da própria divindade. Instauremos nós mesmos a ordem divina, já que os deuses nos abandonaram.

Cada ato de *Calígula* fixa um estádio da vertigem da personagem no caminho do absoluto. No primeiro, ele adquire consciência da própria personalidade, se reconhece só e, por causa da solidão, livre. É simbólico que o ato termine quando ele pronuncia seu nome, diante do espelho. O segundo ato dramatiza sua relação com os outros homens, no exercício do poder. Dando o poder chance ao impossível e assim a "liberdade não tem mais fronteiras", Calígula destrói os semelhantes, num processo absolutista em que a noção do "outro" desaparece. A liberdade real não teria limites – alega Calígula – e daí o prazer sádico com o qual passa a destruir qualquer eventual obstáculo a um capricho. Mas o jogo sinistro com os homens, depois de praticado com todos os requintes, não oferece mais seduções, provocaria também o tédio. Por isso o terceiro ato faz o arremedo da divindade: Calígula surge em cena com as vestes de Vênus, torna-se alvo de um coro de orações. Para igualar-se aos deuses, "basta ser tão cruel como eles". Contudo, para estar acima da divindade, absolve quem quer destituí-lo – o perdão é um sentimento desconhecido naqueles céus mito-

304 O TEXTO NO TEATRO

lógicos. Que resta para Calígula, depois de fruir ao máximo todas as possibilidades humanas? O quarto ato representa o diálogo com a morte – único termo para a sua corrida sem trégua. A pacificaçao que lhe vem é menos de queda, ou cansaço, que de recusa total do destino. Calígula não aceita o efêmero de nossa condição – à caça ao "essencial" nada responde. Procuramos assinalar como ponto de partida de sua personalidade o desespero oriundo do malogro amoroso. O absurdo camusiano introduz um desgosto maior, na fala de Calígula:

> Crê-se que um homem sofre porque o ser que ele amava morre um dia. Mas seu verdadeiro sofrimento é menos fútil: é o de descobrir que a própria tristeza não dura. Até a dor não tem sentido.

No diálogo com a morte, Calígula é derrotado, sem protesto ou revolta. Há um verdadeiro encontro com o nada, único lugar onde aplacar a sede. A nova experiência de Camus, porém, deveria enfeixar a luta do homem contra essa realidade irremediável, que põe termo não apenas à nossa passagem, mas a todas as certezas que acreditamos eternas. A peça que situou o problema foi L'état de siège, representativa da última fase de procura da definição humana, tomando como referência o desconhecido. A peste, encarnação da morte, abate os homens ao seu arbítrio. A inconsciência, o temor, o desvario são seu campo favorito. Até que, no momento de riscar-se Diego da lista dos vivos, se verifica ser impossível, porque ele "não tem mais medo". Pela coragem, pela aceitação consciente do seu destino, o homem enfrenta a morte e a faz retroceder. Além de apresentar a alegoria do heroísmo que nos salva do arbítrio dos tiranos, a peça exalta a afirmação do homem diante do destino, dobrando-o ao seu orgulho, dentro do próprio efêmero e consciência da morte. Diego é finalmente sacrificado, mas, com seu heroísmo, salvou a cidade do terror.

Depois dessa última consulta ao desconhecido, em que os homens são poupados pela força de um indivíduo (até que ponto a peça seria uma transposição da vida de Cristo?), Camus deveria passar ao plano puramente terreno. Não mais a procura de um lugar relacionado à divindade, mas o lugar do homem entre os homens. Surgiu, dessa nova posição intelectual, Les justes, última peça de inteira autoria de Camus. O ponto de partida das personagens é a definição dada por uma delas: "Para nós que não acreditamos em Deus, é preciso toda a justiça ou é o desespero". Por isso tornam-se conspiradores e pretendem assassinar o grão-duque, para abolir a tirania. Não é preciso ser especialista em revoluções para sentir a ingenuidade da trama, o romantismo básico pelo qual o sacrifício de um indivíduo significaria a morte de um regime. Depois de hesitações de ordem ética (pode-se ou não permitir que a bomba mate crianças, ao lado daquele que deveria ser o único alvo?), Kaliayev acaba mesmo suprimindo o grão-duque. Vai para a cadeia e é finalmente morto. Sente-se que os conspiradores procuram menos fazer a revolução do que encontrar uma justificativa

ITINERÁRIO DE CAMUS 305

pessoal. São individualistas extremados, cujo maior requinte é a abdicação das satisfações próprias, em favor do bem coletivo. Seu orgulho exige que adotem uma ética absoluta, pela qual é indigno ser feliz se aos outros homens não se permite a felicidade. A revolução perde as características de certeza política, para tornar-se moral. Naturalmente, essa atitude não pode realizá-los por completo ("não somos deste mundo, somos justos", e "viver é uma tortura, já que viver separa"), e assim só a morte pode responder ao seu apelo. O bem coletivo reclama o sacrifício religioso, santificado, do indivíduo. E este afirma sua dignidade pela expiação. Estamos, evidentemente, em pleno misticismo, do qual as relações amorosas oferecem os últimos retoques. Morto Kaliayev, Dora quer lançar a próxima bomba, para unir-se a ele no outro mundo. Não seria necessária a epígrafe de *Romeu e Julieta (O love! O life! Not life but love in death)* para aproximar os amantes de *Les justes* do par amoroso clássico. Só que, em Shakespeare, a realização na morte decorre de equívoco trágico, depois que os heróis tentaram plenamente a aproximação terrena. Em Camus, transparece o sentimento segundo o qual só na morte se realiza o amor.·

Não obstante a aparente evolução dos problemas das peças, refletem elas a mesma ideologia, encerrada num moralismo sem saída. É expressivo que Jan, Calígula, Diego e Kaliayev morram, no fim de cada peça. Para as suas personagens, Camus não encontrou lugar na terra. O pessimismo camusiano teve a última expressão em *Requiem pour une nonne*, que adaptou de Faulkner. Aí, um cristianismo tortuoso passa à filosofia detestável do sacrifício de uma negra, para salvação da alma de uma branca. Lamentável epílogo.

Camus não chegou a marcar profundamente o palco, seduzindo a sua obra teatral por conter as inquietações típicas da adolescência, que sucederam ao término da guerra. O silêncio prolongado, depois das primeiras peças originais, testemunhou, talvez, que a criação de figuras cênicas não era para ele o melhor veículo. Parece-nos Camus um desses escritores que se metem na ficção enquanto têm uma idéia a exprimir polemicamente. Esgotando-se a idéia, tendo dito o que tinham a dizer, acabam-se as personagens. Contudo, até morrer, num acidente automobilístico, o teatro continuava a seduzi-lo e, quem sabe, poderia inspirar-lhe outras peças, já que atingira a maturidade seu pensamento filosófico. Do que nos legou, *Calígula* não se confina a uma problemática superada pela mudança implacável da paisagem atual: guarda o atrativo das situações exemplares – a pergunta sobre o que significa a presença do homem na terra.

(Dezembro, 1957)

20. Sartre, Dramaturgo Político

Sartre nunca fecha os juízos sobre a sua obra, e em particular sobre a sua dramaturgia. Quando uma certa gíria existencialista começava a cansar-nos, surpreendeu-nos ele com novas opções, em face da realidade, enriquecendo de forma insuspeitada as peças sucessivas. Pode-se confiar numa renovação permanente do teatro de Sartre, pela forma como ele define o homem e portanto a si mesmo.

O homem sartriano se define pela ação. O drama, também, pela sua própria etimologia, é ação. Daí ser absolutamente válido assimilar-se a ética de Sartre ao conceito de teatro, concluindo que o palco é o lugar ideal para a realização de seu pensamento e de sua arte. A cada instante, a personagem sartriana fica dividida pela necessidade da escolha, e a resposta ao dilema se traduz sempre por um ato ou um gesto. O homem se fazendo, se inventando em face de novas situações explica a trajetória de Sartre para um futuro amoldável, e o palco traz também a angústia do vácuo em direção a um mundo que é incessantemente criado. O jogo de atos e gestos das personagens se confunde com o movimento do drama. Impelida muitas vezes por situações forjadas, com o objetivo de mostrar uma concepção própria do homem, a peça de Sartre nunca deixa por isso de ser teatral. Não se trata, propriamente, de uma dramaturgia de tése. É o próprio teatro se pensando.

Sartre definiu o teatro moderno, e portanto o que pretendia fazer, como de situação, oposto ao conceito de um antigo, de caracteres.

Se é verdade que o homem é livre em uma situação dada e que se escolhe livre numa situação dada e que se escolhe *nesta* e *por* esta situação, então é preciso mostrar no teatro situações simples e humanas e liberdades que se escolhem *nestas* e *por* estas situações...

SARTRE, DRAMATURGO POLÍTICO

Mas as situações não esmagam o homem a ponto de valer por si próprias, passando os caracteres a plano secundário. Na dialética do caráter construído pela situação e a situação modificada pelo caráter, Sartre acaba criando, também, grandes caracteres. E esse caminho está manifesto na paixão que ele revela: "O que o teatro pode mostrar de mais emocionante é um caráter no ato de formar-se, o momento da escolha, da livre decisão que empenha uma moral e toda uma vida". Dir-se-ia, assim, um teatro de situação e ao mesmo tempo de caracteres.

Se a personagem se faz, a situação, por sua vez, é construída. Sartre cria um mundo algo abstrato no qual a sua criatura tem oportunidade de definir-se, pela escolha. Esse dado de uma situação apriorística, em que os homens vão atuar, se consegue fugir ao rótulo do teatro de tese, não escapa inteiramente a uma certa falsidade. As situações sartrianas parecem fabricadas para permitir uma ação definidora, ou, se se quiser, lembram os processos para a reação de laboratório. Ao tomar de empréstimo uma situação já criada por outros dramaturgos, como em *Les mouches* ou *Kean*, isto é, baseando-se em tramas já sabidamente eficazes, Sartre faz peças melhores, do ponto de vista artístico.

A premissa de apresentar as personagens numa situação permite a Sartre resolver um dos problemas capitais da dramaturgia moderna: definir a complexidade do homem atual, levada ao extremo na introspecção do romance, sem que se abstraia a presença unitária do ator. Sob esse aspecto, o teatro de Sartre aproveita a experiência pirandelliana.

O homem de Pirandello se supõe um, mas é diferente para os vários interlocutores. A imagem que projeta para cada indivíduo não contradiz a sua essência, como se se traísse, ao revelar-se. Essa diversidade tem o papel de, pela união das numerosas figuras separadas, formar o homem total – que é aquilo que ele se pensa, acrescido de tudo o que é para os outros. Se os interlocutores têm uma visão incompleta e portanto deformada do herói, para a platéia ele é transmitido, por esse processo, íntegro. As reações das personagens refletem, como em vários espelhos, um homem equivalente àquele desdobrado na narrativa do romance.

O jogo dos reflexos lançado por Sartre tem origem na técnica pirandelliana de fracionar o herói em imagens isoladas. O homem sartriano se faz, a cada momento, mas se fixa pela imagem que oferece aos outros. Pela imagem que os outros fazem dele. Ele é, na verdade, essa imagem. Porque a projeção exterior é o que o marca, irremediavelmente. Em *Huis clos*, cada personagem poderia ser salva pela compreensão do "outro", desde que o outro a justificasse. Mas o outro está presente para guardar a imagem definitiva que mostra o indivíduo, com a morte: "Cada um de nós é o carrasco para os outros dois". No inferno, a expiação talvez fosse possível, se o outro não de-

308 O TEXTO NO TEATRO

volvesse a imagem imutável, quando foi subtraída a possibilidade de novos atos. A peça se resume na fala: "O inferno... são os outros".

Sartre não permaneceu, porém, nesse resultado desesperador da convivência. *Kean*, obra mais recente, revela, através dos reflexos das personagens, o lado positivo das relações humanas. Pelo menos, enquanto a presença do outro não se transforma em condenação, mas confere um *status* ao vazio. Diz Kean:

> O príncipe de Galles, sou eu. Veja, somos três vítimas. Você nasceu mulher; ele nasceu nobre; eu sou pária: o resultado é que você frui a sua beleza pelos olhos dos outros e eu descubro meu gênio nos aplausos dos outros; quanto a ele, é uma flor; para que possa sentir-se príncipe, é preciso que o respiremos. Beleza, realeza, gênio: uma só e mesma miragem. Você tem razão: somos apenas reflexos.

Não importa que Sartre esclareça a comédia desse jogo recíproco – e mostre a vacuidade do sorriso social. Encontram-se, aí, homens que fundamentam a própria vida na repercussão que ela tem na vida dos outros. O indivíduo se afirma e se justifica em sociedade, não é mais o solitário com horror à convivência. Ele se ajusta a uma ordem que o exalta.

O itinerário de *Huis clos* a *Kean* não exemplifica toda a evolução de Sartre e, esta última peça, considerada em função de *Le diable et le bon Dieu*, pode indicar até um retrocesso ideológico. Mas virão, depois, *Nekrassov* e *Les séquestrés d'Altona*, com seu *engagement* muito mais conseqüente.

Sem considerarmos a tomada de consciência política de Sartre, o próprio mecanismo da relação das personagens já denuncia, num jogo dos reflexos, a mudança de um negativismo total para uma afirmação do indivíduo.

Sartre declarou que "todo o teatro popular não poderia ser senão político" e que, "agora, o que importa é fixar conflitos humanos em situações históricas e mostrar que eles dependem delas. Nossos temas devem ser temas sociais: os temas maiores do mundo no qual vivemos".

Afirmações tão peremptórias deixam o leitor indeciso na visão de conjunto da obra teatral de Sartre. Como foram feitas em 1955, podem parecer o juízo do autor que se ligou à política comunista contra as tergiversações do existencialismo anterior, salvo possivelmente a mensagem positiva de *Le diable et le bon Dieu* e *Nekrassov*. Essa análise, contudo, é primária, pois subentenderia uma inconsciência política de Sartre, nas primeiras peças, e conferiria às últimas um significado de que elas, na verdade, não dispõem.

Num sentido amplo, toda a dramaturgia de Sartre é política. É política enquanto, de fato, sempre pôs o homem a agir em sociedade,

SARTRE, DRAMATURGO POLÍTICO

tirando do conflito assim criado as ilações mais conseqüentes. A perspectiva de *Les mouches* e *Les mains sales* às últimas obras modificou-se sensivelmente, mas, no íntimo, Sartre sempre permaneceu igual a si mesmo. Quem quiser ver em *Nekrassov* uma peça marxista estará omitindo, em proveito próprio, uma série de resquícios individualistas não assimilados pela personagem.

Não nos seria difícil aplicar a toda a dramaturgia sartriana o raciocínio do "jogo de reflexos", caracterizado de maneira particular em *Huis clos* e *Kean*. Em *Morts sans sépulture*, os carrascos só se justificariam pela fraqueza dos prisioneiros; se estes não confessassem, ser-lhes-ia insuportável viver. Em *Nekrassov*, o problema se impõe, sob múltiplos aspectos. Citemos apenas o da opinião pública: o grande jornal anticomunista formando os valores da classe à qual se dirige e ao mesmo tempo reflexo das necessidades dessa classe.

Se a construção das peças sartrianas mostra sempre a técnica dos reflexos, podemos, também, considerá-las todas sob o prisma político. Nesse caso, *Huis clos* mostraria o descaminho das soluções individualistas e *Kean* se definiria como uma sátira às superestruturas da sociedade: beleza, nobreza e gênio.

Esse julgamento unificador não pode, porém, desconhecer as linhas evolutivas da posição política de Sartre, claramente reconhecíveis nas peças. À medida que ele amadurece, passa do conceito do homem absoluto ao do homem relativo, histórico. Para a fixação do problema, são capitais *Les mains sales*, *Le diable et le bon Dieu* e *Nekrassov*. Permanecendo, ainda, no domínio político amplo, lembramos que *Les mouches* retrata, no mito grego, a França sob o jugo alemão, e era óbvia a assimilação de Egisto ao invasor, de Clitemnestra aos colaboracionistas franceses, de Electra à impotência do povo em face do exército nazista, e de Orestes ao homem da Resistência. *La putain respectueuse* denuncia o problema racial nos Estados Unidos – uma das questões políticas mais graves do nosso mundo.

A exegese de *Les mains sales* tem suscitado dúvidas insanáveis. As duas figuras que dominam a peça são Hoederer e Hugo, que encarnam respectivamente o militante partidário e o intelectual que resiste às linhas justas. Com o gesto final de Hugo, recusando-se a ser recuperado pelo Partido, tem-se a impressão de que Sartre mostrava a impraticabilidade de uma conciliação digna entre o indivíduo e o aparente interesse coletivo, já que esse interesse varia à mercê das conveniências momentâneas. Embora racionalmente compreendêssemos a atitude anti-sentimental de Hoederer, nossa simpatia nos levava ao protesto de Hugo, com todas as suas implicações teatrais de gesto inútil. Mas o próprio Sartre faz questão de esclarecer que a posição de Hoederer é a que lhe parece sadia:

> Hugo nunca foi para mim uma personagem simpática, e nunca considerei que ele tivesse razão em face de Hoederer. Quis representar nele os tormentos de

310 O TEXTO NO TEATRO

uma certa juventude que, embora sentindo indignação verdadeiramente comunista, não chega a identificar-se com o Partido, em virtude da cultura liberal que recebeu.

Mesmo com essa profissão de fé, que redunda num processo do intelectual, sentimos, na perspectiva dramática, que o primeiro plano da peça cabe a Hugo – Sartre não soube descalçar essa bota incômoda. E a morte de Hoederer tem cunho irônico – ele é morto ao acaso, por ciúme – brincadeira de mau gosto do destino com quem estava perfeitamente entrosado nele. A narração, em *background*, dos movimentos de opinião internos do Partido, que ora ditam o sacrifício de Hoederer, ora a sua glória, denunciam à revelia de Sartre a teatralidade criminosa que há nas tão opostas linhas justas.

Le diable et le bon Dieu ilustra, com efeito, a passagem do absoluto para a relatividade. Goetz, de início, revolta-se contra a ordem estabelecida, impondo-lhe a sua figura de mal, que procura rivalizar com o próprio demônio. Sentindo a vacuidade dessa atitude, tenta o absoluto, no campo contrário, isto é, protesta contra o mundo errado por meio de um Bem total – demônio orgulhoso que toma de empréstimo as vestes de Cristo. Ao perceber que a distribuição das terras aos camponeses os tinha deixado impotentes contra os barões, escolhe o caminho da luta, aceita o ônus da contingência humana, põe-se à frente do exército que procurará conter os opressores. É preciso matar, para que o homem possa viver.

Afirma Francis Jeanson, em *Sartre par lui-même*, que depois de *Le diable et le bon Dieu* deveria esperar-se dele, logicamente, uma dramaturgia do coletivo. Escrito antes de *Nekrassov*, o livro termina em interrogação, porque *Kean* sugere um recuo ideológico. A peça, refazendo o mito romântico de Alexandre Dumas, não deixa, de certa forma, de visualizar um mundo romântico.

Examinada, porém, sob a perspectiva de *Nekrassov*, *Kean* surge como um preparo, um afiar de instrumento para a profunda tomada de consciência dessa nova obra sartriana. Em *Kean*, faz-se o processo do comediante, membro de uma sociedade que purga nele as suas frustrações e os seus sonhos. A psicologia do ator é esmiuçada como em nenhum estudo até hoje publicado sobre o assunto. Esse experimento de análise Sartre veio utilizar em *Nekrassov*, para concluir que, em nosso regime, o homem é comediante – e a sociedade transforma-o em personagem de comédia. O mito do comediante é erigido em mito do homem-comediante que se torna rei da sociedade.

Georges de Valéra quer burlar todos passando por Nekrassov, ministro soviético que teria atravessado a Cortina de Ferro. Como serve aos desígnios do jornal governista, ele *será* Nekrassov, e poderá continuar a sê-lo indefinidamente, desde que se mostre sempre instrumento dócil. Sabendo-se vítima da armadilha que ele próprio forjou, Georges tenta escapar ao círculo em que o fecharam. Seja qual

SARTRE, DRAMATURGO POLÍTICO   311

for a conclusão, fica patente que, na ordem atual, o próprio escroque é elemento da engrenagem, ele a serve à sua maneira. O jornalista alia-se ao escroque, no combate ao comunismo. Produto da sociedade, ele é menos perigoso do que aquele que deseja transformá-la. A peça conteria o veredicto: nosso mundo se sustenta pelo charlatanismo.

Teria Sartre resolvido todas as contradições interiores, simplificando-as, para retratar apenas a luta de classes? Acreditamos que, embora mais próximo de uma visão marxista, ele não a tenha aceito de todo. Georges de Valéra não deixa de ser Kean, que é também Goetz, que é ainda Hugo. Todos, como define Francis Jeanson, figuras de "bastardos". A saída final de Georges é a de um orgulhoso incorrigível, individualista que nunca suportaria as rédeas do Partido. Ele denunciará a ordem capitalista, mas através de um gesto de heroísmo – mártir teatral do regime. A rigor, Sartre não conseguiu conciliar a moral absoluta com a práxis relativa.

Em *Les séquestrés d'Altona*, última peça do autor de *L'âge de raison*, as características patentes estão como que mais exacerbadas. Quanto à ética e à ficção, sempre equilibradas numa síntese teatral válida, não conseguem fundir-se convincentemente. A tirania ideológica esterilizou a espontaneidade, o delírio do raciocínio suprimiu a fluidez carnal. As máquinas de pensar, representativas de diferentes maneiras de reagir a um dado, transformam a peça em intrincada fantasmagoria.

O jogo dos reflexos está presente sobretudo no cotejo entre pai e filho. A oposição entre eles poderia simplificar-se nos diferentes conceitos morais que encarnam. O velho von Gerlach, embora não fosse nazista, assistiu impávido ao crescimento do regime e chegou a vender terras a Himmler, para que instalasse um campo de concentração (se ele não o fizesse, justifica-se, teria problemas para a sua indústria e muitos outros proprietários estariam dispostos a servir ao governo). Advinda a derrota, encontraria no trabalho de reconstrução a *bonne conscience*, numa Alemanha em que a única diferença com o passado nasce da certeza de que acabou a época dos proprietários, inaugurando-se a dos gerentes. Mas, prestes a morrer de um câncer na garganta, o pai vê em Frantz a recusa da acomodação, o julgamento inapelável segundo o qual são culpados. Diz o filho: "É preciso que a Alemanha rebente ou eu sou um criminoso de direito comum". Grava, por isso, seu depoimento para a História – consciência alerta de que o povo alemão não pode apagar com a borracha seus crimes, nem imputá-los apenas a meia dúzia de paranóicos. Sua única reação fora esconder, no próprio quarto, um judeu foragido do campo. Depois que o pai, com o seu poderio, afastou dele o rancor vingativo da polícia nazista, Frantz caiu na engrenagem do regime, combateu na frente so-

312   O TEXTO NO TEATRO

viética e encheu-se de condecorações, e, como os outros soldados, praticou torturas. Sartre quis mostrar que o indivíduo, vivendo num mecanismo agressivo, ou se rebela frontalmente contra ele ou acaba por tornar-se também instrumento de opressão. Envolvido pelo absurdo nazista, Frantz procura agora expiar a sua culpa, recusando-se ao convívio humano e ao mesmo tempo proclamando para a posteridade a falência de nossa civilização. Seu exigente conceito moral leva-o a admitir: "Eu *sou* Goering. Se eles o enforcam, sou eu o enforcado". A posteridade está expressa, no quarto em que vive recluso, por um tribunal de caranguejos, criados pelo seu delírio de absoluto.

As contradições íntimas de Frantz e do pai não têm como encontrar saída, num mundo regido pelos formalismos judiciários. Frantz envolvera-se com as autoridades de ocupação, lutando contra um oficial que procurara violar a irmã, e de novo o jeito para resolver o caso fora dado pelo pai, que simulou a ida do filho para a Argentina e depois a sua morte. A publicidade em torno de Frantz significaria, agora, a volta às antigas queixas contra ele e a família seria acusada de seqüestro. A "ressurreição" de Frantz implica também a necessidade de que desapareça. Reflexo um do outro, Frantz e o pai reconciliam-se no pacto de suicídio, que tacitamente firmam. Fuga, única solução encontrada pelo autor? Teria Sartre convertido seu ato – a denúncia da sociedade errada – em gesto teatral?

O dramaturgo desejou tirar da peça as ilações políticas. Em entrevista concedida ao crítico Bernard Dort (revista *Théâtre Populaire*, nº 36), Sartre declara: "Nessa peça, tentei desmistificar o heroísmo (militar), mostrando o laço que o une à violência incondicionada. Isso diz respeito a todo o mundo". Mais adiante: "O que sustento n'*Os Seqüestrados* é que ninguém, numa sociedade histórica que se transforma em sociedade de repressão, está isento do risco de torturar..." Nessa linha de raciocínio, conclui, com evidente sarcasmo: "Atrás dessa Alemanha, todos leram Algéria – todos, até mesmo os críticos".

Por mais que apreciemos as teorias do "estranhamento" e aplaudamos as conclusões épicas e didáticas de Brecht, não conseguimos estabelecer o traço específico de ligação entre o texto e o problema da Algéria. Pode ser que, acostumados à pacífica paisagem brasileira, não sintamos o conflito tão na carne para chegar a um "reconhecimento", que se oferece espontaneamente ao público francês... Contudo, em nome do direito do leitor, que não deve ser iludido por intenções vagas e não expressas do dramaturgo, acreditamos que esse é mais um sintoma da abstração em que se perdeu Sartre. Outro aspecto grave, responsável maior pelo tom de falsidade, porque implicado na definição de caracteres, é a semelhante linguagem de todos. Estão sempre escolhendo ou coagidos a escolher, a cada momento. Parece que as personagens vêm à cena depois de ler um tratado filosófico do próprio Sartre...

SARTRE, DRAMATURGO POLÍTICO   313

Esperemos que outra peça concilie de novo o moralista e o escritor, para que o resultado seja bom teatro.

(Dezembro, 1956 – Agosto, 1960.)

21. Como Sartre Vê Orestes

Não é de estranhar que Sartre se sentisse atraído pela história de Orestes, legada ao teatro pela trilogia esquiliana: omitindo-se o mandado de Apolo para que o herói vingasse o assassínio de Agamenon, restava uma situação, na qual lhe caberia definir-se por um ato oriundo da vontade. Ao regressar a Argos, sua cidade natal, poderia não sentir-se identificado com os antecedentes criminosos da família ou querer tornar-se um homem entre os seus concidadãos, suprimindo os usurpadores do trono. O esquema da escolha está evidente: Orestes recusaria perfilhar um caminho com o qual não tinha nenhuma ligação sentimental, ou procuraria atribuir um sentido à sua vida, por meio do empenho consciente na realidade. Turista anônimo, não lhe custaria considerar Argos mais uma cidade de seu itinerário – cidade particularmente desagradável, por causa das moscas, símbolo da culpa e do remorso dos habitantes. Orestes resolveu, entretanto, estabelecer por um ato irreparável a unidade de sua biografia, a ligação entre a origem familiar e o futuro que lhe cabia perseguir. Exilado num mundo em que não reconhecia como seu nenhum objeto e nem mesmo o palácio em que nascera, precisava afirmar-se como "um homem entre os homens". Matando Egisto e a própria mãe, Clitemnestra, Orestes pensava absorver de uma vez todo o passado ausente e assumir diante do povo a responsabilidade do mando legítimo. *Les mouches* desenvolve essa situação e representa a primeira tentativa sartriana de colocar no teatro a problemática de toda a sua obra: como ser homem, como fazer-se homem, como distinguir a própria humanidade em meio aos outros homens.

O autor de *Huis clos* toma a *Oréstia* como modelo, preferindo reinterpretar, com base na fonte teatral, a lenda dos Átridas. As ver-

COMO SARTRE VÊ ORESTES   315

sões de Sófocles e Eurípides em nada interferem n'*As Moscas*, a não ser, talvez, como estímulo para que ele também apresentasse o seu tratamento do mito. A referência direta a Ésquilo deve ser o motivo por que surge para nós a lembrança de *Mourning becomes Electra*. De certa maneira, a peça de Sartre se coloca no pólo oposto da trilogia o'neilliana, pelas conclusões divergentes a que chegam os dois dramaturgos. O desgarramento do homem moderno, fustigado pela culpabilidade, leva-o a aniquilar-se na autodestruição – essa a palavra final do texto norte-americano. Sartre procura vislumbrar alguma saída *au déla du désespoir* – o herói, sem referência ética ou ideológica, livre por natureza, tenta aplicar a liberdade numa ação que o justifique. O desfecho de *As Moscas* pode ser discutido e permanece algo enigmático, quando Orestes, vitorioso no embate com o povo que o hostilizava, deixa Argos para continuar o destino de forasteiro. Poderia ele, depois de comprometido com um crime, fugir às suas conseqüências na cidade em que o praticara? Já não estaria Orestes irremediavelmente vinculado ao povo, mesmo que o seu ato não o satisfizesse mais? Abandonando Argos, Orestes mostra que seu engajamento fora provisório – não encontrou uma situação na qual empenhasse toda a vida.

Francis Jeanson, em *Sartre par lui-même*, faz uma brilhante exegese do problema de Orestes, chamando a sua liberdade uma "liberdade *pour soi*, e que considera como inessencial a existência *pour autrui*. A encarnação da liberdade n'*As Moscas* permanece assim no plano da simples intenção de se encarnar: o ato se muda em gesto e seu autor em "ator", segundo a própria lógica de uma atitude que procura fixar os outros homens como puros espectadores". A rigor, Orestes não correria nenhum risco: "ele é frígido". Seu ato não passaria mesmo de gesto, um belo gesto teatral.

O exame da dramaturgia sartriana revela a presença do herói em outras situações, em que se apresenta com diferentes matizes a temática da liberdade. Reconhecemos que os problemas propostos por Sartre em *Le diable et le bon Dieu* ou *Nekrassov* têm consistência mais concreta, embora seja visível sempre o ponto de partida algo abstrato dos entrechos. Orestes de fato é frígido, e a solução pela qual opta tem muito de fuga às indagações que ele próprio levantou. O povo, liberto do tirano e esvaziado no sentimento de culpa que o sustentava, tem direito de pedir outros valores, que não lhe são propostos. Alimentava-se de remorso, que o ajudava a arrastar a existência inglória. Desmascarada a farsa da servidão à culpabilidade, faltava ao povo amadurecimento suficiente para suportar a ausência de qualquer crença. Sem uma tábua à qual agarrar-se, os argivos acirraram-se contra aquele que desmoralizou a mentira. Para eles, seria preferível a mentira a uma verdade incômoda. Sartre satiriza, porém, todas as formas de servilismo, que acorrentam o homem às abdicações da responsabilidade. Electra, embora por outros motivos, assemelha-se na fraqueza ao povo de Argos. Vivera durante quinze anos do propósito

316   O TEXTO NO TEATRO

de vingança. Consumado o crime, perdeu sua razão de ser, não tinha outros valores nos quais apoiar-se. Entrega-se também ao remorso, para encher sua existência. Nesse meio, ainda nos parece mais coerente e lúcida a atitude de Orestes. Matar os assassinos de seu pai afigurou-se-lhe, num momento, o caminho da autenticidade. Se malogrou no intento, pela reação popular, não lhe restava senão prosseguir o itinerário da procura. No fim da peça, está solitário, mas decidido, sem sintoma de acomodação ou transigência. O ato converteu-se em gesto, por culpa dos outros. Ele continuaria a experimentar outros atos com a mesma sinceridade dessa tentativa. Orestes permanece uma promessa irrealizada não por alguma lacuna pessoal, mas porque o mundo à sua volta é inferior. Aristocrático e intangível, dispõe-se apenas a recusar a corrupção da cidade. Individualista, disposto a oferecer-se em holocausto à causa pública, frustrado na vocação pelo preconceito e pelo ancestral conformismo do povo.

As personagens e a trama de *As Moscas* foram escolhidas de molde a permitir a completa realização do destino de Orestes. Hoje, que estão bem assimiladas as idéias de Sartre, o texto trai certa facilidade, e ficam muito patentes os truques da construção: Sartre sugere aquela observação segundo a qual uma certa inconsciência favorece o ficcionista. Inteligente demais, esmiúça pelo raciocínio todos os processos expressivos, sacrificando-os a um proselitismo didatizante. Vista à distância, *As Moscas* assemelha-se a um ensaio sobre o tema da liberdade e do empenho. Se nos lembrarmos de que se trata da primeira peça do autor de *A Idade da Razão*, deve ser evocada como estréia admirável.

O texto está cheio de alusões ao momento político em que foi criado, e merece particular lembrança o gosto dos franceses pela própria dor, sob o jugo nazista. Os que aceitavam passivamente a ocupação se compraziam na fraqueza que os levara àquele estado, reconhecendo culpas antigas como causa da derrota. Mantidos na abjeção pelo dominador, não se dispunham à revolta – como o povo de Argos diante de Egisto. O masoquismo deturpara completamente o prazer das criaturas.

Ao invés de omitir simplesmente a divindade, Sartre preferiu trazer Júpiter ao palco, fazendo-o dialogar com Orestes. O herói humano teria, assim, maiores oportunidades de demonstrar seu repúdio a uma possível ordem sobrenatural. É o próprio homem inconformado com o seu efêmero que se exprime, pela fala de Júpiter: "o primeiro crime, fui eu que cometi, criando os homens mortais". A liberdade humana é o instrumento inicial para a inversão dos dados do problema, reduzindo o poderio de eventuais superiores. A certeza de que os homens são livres é "o segredo doloroso dos deuses e dos reis". Mas, felizmente para os donos da vida, são poucos os homens que têm consciência da liberdade. Eis um recurso milenar das religiões, admiravelmente sintetizado por Júpiter: "enquanto os homens têm os olhos

COMO SARTRE VÊ ORESTES 317

fixados em mim, esquecem-se de olhar em si mesmos". Júpiter completa o raciocínio:

> Quando uma vez a liberdade explodiu numa alma de homem, os deuses nada mais podem contra esse homem. Porque é um assunto de homens, e cabe aos outros homens – e somente a eles – deixá-lo ir ou estrangulá-lo.

Está claro que *As Moscas* reivindica uma ordem puramente humana, a cargo de seres adultos e responsáveis.

A ausência do sentimento de culpa nos homens torna-se tão perigosa para a autoridade que Júpiter promete instalar Orestes e Electra no trono de Argos, se eles repudiarem o crime praticado. Nas últimas falas entre Orestes e Júpiter, que são bem o diálogo do homem com o destino, o jovem mostra a consciência eufórica de seu privilégio: "Eu sou minha liberdade! Logo que me criaste, deixei de te pertencer". Mais adiante, acrescenta:

> estou condenado a não ter outra lei a não ser a minha. (...) Porque eu sou um homem, Júpiter, e cada homem deve inventar seu caminho. A natureza tem horror do homem, e tu, soberano dos deuses, tens também horror dos homens.

O homem é o resultado de uma conquista permanente contra a inércia repousante da natureza ou das ilusões de eternidade.

A peça é habilmente conduzida, para que se travem sempre os conflitos maiores. Quando Electra dança de branco na festa dos mortos, cometendo sacrilégio, o povo poderia voltar-se contra Egisto. Júpiter intervém, contudo, para salvar momentaneamente o tirano, poupando-o para que logo depois enfrente Orestes, seu real inimigo. Na progressão da trama, também, Orestes vence primeiro a luta contra o Destino, para ter finalmente o encontro decisivo com o povo de Argos. É sintomática a ordem das cenas dispostas por Sartre: depois de afirmar-se num plano absoluto, expulsando de suas cogitações o fantasma divino, Orestes se move no terreno relativo das relações humanas, encontrando aí seu verdadeiro drama. Por enquanto, a personagem sartriana não consegue inscrever-se numa ordem satisfatória de coexistência.

No rigor formal, em que os efeitos cênicos servem para dar maior beleza ao espetáculo, percebe-se a mesma intransigência da posição ética e filosófica, que leva Orestes a empenhar-se e, insatisfeito com o compromisso, partir para nova tentativa. O clima sutil da personagem determina o corte nervoso e incisivo dos diálogos, mesmo quando Orestes ainda é presa da hesitação. *As Moscas* vive numa elevada atmosfera de crise, definidora sempre do mais atuante teatro. Pode-se indagar se o ato de Orestes não se perdeu em simples gesto. É certo, porém, que o ato sartriano de escrever *As Moscas* se resolveu numa apurada forma cênica – e do ponto de vista estético o convite aos belos gestos teatrais resulta no caso em mérito.

(Dezembro, 1959)

22. Sartre Adapta Eurípides

Quando o homem moderno resolveu indagar o seu íntimo, procurando esclarecer as contradições do subconsciente, *Édipo-Rei*, fixado na tragédia de Sófocles, lhe deu a chave decisiva. Agora que a humanidade está preocupada com a própria sobrevivência, prefere esquecer momentaneamente as mazelas individuais e medita sobre a possibilidade de destruição da terra. Ainda uma vez o teatro grego, cartola mágica de fundo inesgotável, fornece o prato para a degustação de hoje: *As Troianas*, de Eurípides. Sartre, ao adaptar o texto, não precisou mais do que dar-lhe um tempero ao gosto do dia.

O temor que assalta a consciência contemporânea já está expresso, de forma inequívoca, na lição que decorre da fábula sobre a Guerra de Tróia. Os gregos não aproveitarão a vitória, sendo todos os chefes sucessivamente castigados. O desfecho mostra a inocuidade das guerras de conquista, e o fogo que incendeia a cidade devastada parece o presságio do mundo destruído pela bomba atômica. Cassandra, a vidente, sintetiza bem, na versão de Sartre, o vazio da luta empreendida pelos gregos: enquanto os troianos tombaram para defender os muros de sua cidade, os inimigos "morreram por nada, no estrangeiro, sem rever os filhos, nem os pais". E até o pretexto doméstico para o desencadeamento da guerra – vingar o rapto de Helena por Páris – perde o sentido diante da situação criada: "Para caçar um única infiel, / eles deixaram as mulheres, por dez anos, / e o adultério se instalou, tranqüilo, / em todas as habitações da Grécia".

A tragédia de Eurípides era a terceira de uma trilogia, chamando-se as duas anteriores *Alexandre* e *Palamedes*. Também *Sísifo*, o drama satírico, parece referir-se ao tema desenvolvido na trilogia, e a

SARTRE ADAPTA EURÍPIDES

unidade se estabeleceria, assim, na tetralogia completa, classificada em segundo lugar no concurso de 425 a.C., quando o primeiro prêmio coube ao desconhecido poeta Xenocles. Como os assuntos dessa tetralogia são interligados, a perda dos outros originais deve prejudicar o juízo estético sobre a obra, que, pela posição dentro do conjunto, certamente ia resolvendo um a um os vários conflitos levantados (o drama satírico, pelos objetivos e pelo estilo, fica à parte da trilogia trágica). Por isso, o leitor desprevenido pode considerar algo desconexa a sucessão de personagens diferentes, onde apenas a presença contínua de Hécuba infunde uma aparência de unidade estrutural.

As Troianas, porém, dispõem de tragicidade tão orgânica e seus episódios se encadeiam com justificação íntima tão plausível que a peça se basta, sem necessitar de referência aos textos anteriores. Para o espectador ateniense, os mitos aí evocados faziam parte do seu folclore e, na adaptação, Sartre tratou de tornar mais explícitas e familiares as lendas, que não teriam significado imediato para o público atual. A Guerra de Tróia, assim vivificada, adquiriu plausibilidade incontestável e, por ser longínqua, participa daquele efeito estético de "estranhamento", que tanto vale para erigir a narrativa em exemplo sensibilizador da razão.

Mortos todos os homens, as troianas são feitas escravas dos gregos, e o arauto Taltíbio vai anunciando o destino que as espera. Hécuba servirá na casa de Ulisses. Polixena pertence aos manes de Aquiles. Cassandra partilhará o leito com Agamenon, o que, como se sabe, será fatal para o chefe do exército grego. À lamentação das derrotadas, de forte cunho dramático, sucede o delírio de Cassandra, que é quase um gozo pela antevisão dos infortúnios futuros dos vencedores. Surge Andrômaca, nora de Hécuba, exigida por Neoptolomeu. A sogra não tem pejo de aconselhar-lhe que agrade ao inimigo, porque assim será possível poupar a vida do neto Astianax: "O destino do nosso sangue está nas tuas mãos". Essa vã esperança, responsável por um ligeiro *suspense* otimista, é logo cortada pela volta de Taltíbio, que traz a notícia do sacrifício do menino. Ulisses, temeroso de que um único sobrevivente masculino pudesse vingar-se dos gregos, consegue aprovação para que ele seja lançado do alto, e se concede apenas que lhe dêem sepultura. A última imagem das troianas é a sua partida para os barcos gregos.

Nietzsche, defensor do espírito poético da tragédia, acusa Eurípides de haver abandonado Dionysos, falando por sua boca uma nova divindade, o filósofo Sócrates. De fato, não há peça euripidiana que não inclua uma boa discussão de idéias, para que os protagonistas ponham à prova os seus pontos de vista. A Guerra de Tróia era naturalmente ótimo pretexto para os debates racionais, embora os poetas timbrassem em explicar o conflito pelo rapto de Helena. Nesse jogo de culpas e responsabilidades, Andrômaca acaba acusando Hécuba, por ter dado a vida a Páris, raptor da grega. Os deuses haviam predito

320   O TEXTO NO TEATRO

o destino infausto do belo troiano, cuja morte exigiam. Salvo por acaso, como Édipo, Páris adulto desrespeitou a hospitalidade de Menelau e fugiu com a mulher dele, provocando a ira vingadora dos gregos. Hécuba, mãe do conquistador, seria pela ordem a causa primeira dos males.

Que se dirá da argumentação, quando se trata de julgar a leviandade da adúltera? Aos anátemas de que é vítima, Helena responde com admirável inteligência, alimentada nos rigorosos exercícios mentais dos sofistas. Foi "uma outra" que fugiu com Páris. Salvou a pátria ao preço da sua própria honra. Que culpa terá, se os deuses decidiram o seu destino? Páris, aos vinte anos, torna-se árbitro de insólita contenda. Três deusas querem saber qual a mais bela. Palas, se ganhasse, lhe daria a Grécia. Hera lhe promete a Ásia inteira e os confins da Europa (Sartre atualizou os nomes, para que o público apreendesse melhor as indicações geográficas). Cípris disse a Páris que lhe entregaria Helena. E ele, preferindo-a, salvou a Grécia e decidiu a ruína de Tróia. Por que então ser cruel com Helena, que sacrificou a vaidade de um marido em troca do bem-estar de todos os gregos?

Esse arrazoado aparece em Eurípides, e Sartre não teve trabalho em adaptá-lo. Gilles Sandier, escrevendo sobre o autor do *O Diabo e o Bom Deus*, chamando-o de "Sócrates dramaturgo", o que o fará sempre mais próximo de Eurípides que de Ésquilo (aliás – afirma o crítico – quando Sartre adapta uma tragédia grega é *As Troianas* que escolhe, e não *Os Persas*). Lembraríamos apenas que o qualificativo de Sócrates já havia sido empregado por Nietzsche a propósito de Eurípides, e as outras aproximações se tornam depois óbvias.

Também mérito de *As Troianas* é que a peça não se limita à condenação esquemática da guerra, através de uma história linear. As implicações mitológicas da lenda permitiram a Eurípides levantar outros problemas que lhe eram caros, a partir do debate sobre o Olimpo. Os deuses determinam o destino humano com uma fatalidade cruel e são contraditórios em suas decisões. Embora Hécuba, refutando Helena, mencione que os deuses têm costas largas, toda a narrativa mostra as picuinhas bem humanas a que eles se entregam. O próprio deus Posidão diz que Tróia estaria ainda de pé, se Palas Atena não fosse tão rancorosa. Ela passa do amor ao ódio, caprichosamente. Mas, agora, Palas deseja castigar os gregos, porque praticaram sacrilégio. Cassandra estava refugiada em seu templo e Ajax arrastou-a para fora pelos cabelos, sem que nenhum grego o censurasse. O exército vencedor terá, assim, um regresso horrendo. Jogando com os homens como se fossem bonecos, a deusa arma vingança terrível, e exclama: "que a Grécia inteira aprenda a respeitar-me!" Esse material, muito propício para desmoralizar os caprichos divinos, servia bem aos propósitos ateístas de Eurípides, e não é menos adequado ao ardor sartriano de resolver entre os homens os negócios humanos.

Eurípides, psicólogo que pintou em *Medéia* uma paixão que se

SARTRE ADAPTA EURÍPIDES

poderia chamar patológica, desconhecida antes dele no palco, não foi menos sutil e arguto ao observar as reações de Menelau diante de Helena. A princípio, ele diz que a levará de volta à Grécia, para que seja dilapidada. Hécuba, conhecedora da beleza fatal de Helena, não quer que o marido a veja: sua dureza não resistirá. A anciã tenta argumentar que Helena ficou seduzida pela figura de Páris e "foi sua própria carne que se transformou em Cípris". Voltando a uma tese bem apreensível em *Hipólito* (428 a.C.), segundo a qual os deuses são simbolizações de sentimentos humanos, Eurípides afirma que os mortais chamam Afrodite a todas as suas loucuras, e Sartre utiliza essa forma lapidar: "Quando os homens enlouquecem de amor/ não reconhecem a loucura/ e lhe dão o nome de Afrodite". *As Troianas* está carregada de signos e intenções, e logo se vê que Menelau capitula à sedução de Helena, embarcando-a em seu próprio navio. O racionalista Eurípides considerava com ironia as pretensas deliberações racionais dos homens, e Sartre se compraz em glosar os ínvios caminhos da impotente lucidez.

Não se dirá, apesar da oportunidade da ressurreição de *As Troianas*, que ela é a mais interessante ou a mais perfeita das tragédias gregas. O próprio Eurípides alcançou outro rendimento artístico em peças melhor estruturadas e de conflitos que se prestam mais à dramatização. Apresentando a obra em plena Guerra do Peloponeso, foi evidente seu desígnio político de combater o conflito, que por sinal marcou em definitivo o declínio de Atenas. A peça estava totalmente empenhada na realidade grega da época. Mas não se pode negar que o ímpeto combativo cedia em Eurípides à afirmação de seu pessimismo fundamental. A destruição da guerra vinha apenas confirmar o niilismo com que enxergava o homem.

Já Sartre partiu da negatividade existencialista para a descoberta de uma vida responsável. O compromisso intelectual leva-o a desmascarar as várias contrafações de uma existência inaceitável. E sua versão de *As Troianas*, por isso, cresce como terrível advertência contra os manipuladores de guerras: "Morrereis por isso. Todos." – são as palavras finais da peça.

(Maio, 1967)

23. Kafka no Palco

A leitura dos *Diários* não deixa dúvidas sobre as íntimas ligações entre Franz Kafka e o teatro. O ensaio de Max Brod preenche as lacunas da narrativa na primeira pessoa, compondo o todo a imagem de um escritor que deveria estar forçosamente vinculado à atividade cênica. Num paradoxo que nada tem de estranho ao universo kafkiano, deixou o autor de *A Metamorfose*, para o palco, apenas *O Guarda do Túmulo*, que é um fragmento, enquanto a dramaturgia moderna se enriqueceu com a adaptação de *O Processo* e depois de *O Castelo*.

Pode-se apresentar um esquema biográfico de Kafka em termos de homem que pertence ao teatro. Conta Max Brod que o menino Franz escrevia, para o aniversário dos pais, textos que as irmãs representavam diante da família. Esse hábito prolongou-se até a maturidade, quando suas peças foram substituídas por obras de Hans Sachs, que ele próprio encenava.

Kafka participou da intimidade de um conjunto ambulante de atores judeus orientais, que atuava no Café Savoy de Praga, local de segunda categoria. Max Brod anota que o grupo teve certa influência sobre a vida e o desenvolvimento intelectual de Kafka, e desse contato surgiram uma grande amizade pelo ator Loewy e o amor por uma atriz. Segundo informações de Loewy a Brod, Kafka iniciou um estudo (editado na sua forma incompleta), na qual uma grande parte trata do teatro iídiche.

Os *Diários* estão cheios de observações sobre espetáculos, peças, desempenhos, dramaturgos. Strindberg, no mesmo plano de Dostoiévski e Kierkegaard, e só abaixo de Goethe, participa da formação kafkiana. Cenas dialogadas surgem de vez em quando. E Dora Dy-

KAFKA NO PALCO   323

mant, a companheira dos últimos anos do escritor, aproximou-se dele
num clima de teatro. Ela leu tão bem, em hebraico, uma passagem de
Isaías, que Kafka percebeu seu talento de comediante. A conselho
dele e sob sua direção, Dora Dymant aperfeiçoou-se na arte inter-
pretativa – narra Max Brod.

Sobre *O Guarda do Túmulo*, o juízo de Kafka é bastante severo,
e seria indiscutível, se ele não tivesse querido destruir toda a sua obra.
Kafka deveria ler a peça a um grupo de amigos, escusando-se depois
com uma frase categórica: "O único ponto em que o diletantismo não
entrou nesta peça é que eu não a lerei para vocês". Teria ele razão? O
exame do fragmento não é fácil e nem autoriza um veredicto baseado
na leitura. Jean-Marie Serreau, o incansável animador do teatro francês de vanguarda, encenou o texto em 1950, no Théâtre de Poche de
Paris, e a simples tentativa comprova a curiosidade do fragmento sob
o aspecto cênico. Mas, se vislumbramos aqui e ali as características da literatura kafkiana, a começar pela cripta que é a fronteira entre o mundo humano e o outro, e onde o Príncipe deseja pôr uma sen-
tinela, o diálogo termina sem que se possa agarrar-lhe a unidade. Não
se consegue encontrar a chave daquele estranho arcabouço, que não
tem o significado metafórico das obras-primas.

O Processo, em que possam pesar as restrições dos kafkianos
ortodoxos, alcança, na adaptação de André Gide e Jean-Louis Barrault, eficácia teatral admirável. Quem assistiu ao espetáculo da Cia.
Renaud-Barrault em sua primeira visita ao Brasil, em 1950, deve
lembrar-se do violento impacto que ele provocou, introduzindo o público num universo de possibilidades insuspeitadas para o palco. Gide
afirma que, ao receber de Barrault o esboço da adaptação, cabia-lhe
apenas cobrir de carne o esqueleto que lhe foi trazido. Com a intuição
infalível dos meios cênicos, menos evidente na obra dramática de Gide, Barrault garantiu para *O Processo* uma funcionalidade absoluta do
diálogo, que ressoou com a limpidez da obra original numa montagem
densa e sufocante, apoiada nas simplificações expressionistas da cenografia de Félix Labisse. Provavelmente mais do que em *Les mains sales*, de Sartre, ou *Partage de Midi*, de Claudel, os espectadores jovens
viram em *O Processo* o que poderia oferecer o teatro moderno.

Seria curioso acompanhar passo a passo o roteiro da adaptação
de Gide-Barrault, relacionando-o com os capítulos do romance. O trabalho se prestaria mais, porém, a uma análise técnica exaustiva, com o
relato informativo de cada passagem do livro, para se explicar como
foi aproveitado na peça ou por que foi suprimido. Os adaptadores ati-
veram-se à linha essencial do processo, abandonando o acessório, se é
que se pode pensar em acessório a propósito de qualquer episódio do
romance. Certas mudanças eram inevitáveis, como, por exemplo, a
relativa ao carpinteiro Lanz. O protagonista inventa esse nome para,
ao perguntar em cada porta se ele mora ali, descobrir onde funcionava

324 O TEXTO NO TEATRO

a Justiça. Na peça, o nome lhe é indicado por um alto-falante, como passe para ele ser admitido perante o tribunal. Desconcerta quem vai penetrar em *O Processo* uma informação prestada por Max Brod. Ela serve para ilustrar o *humour* kafkiano, o qual, segundo o ensaísta, era evidente quando o escritor lia suas obras. Certa vez seus amigos tomaram-se de riso irresistível, ao ouvir o primeiro capítulo de *O Processo*. O próprio Kafka riu de tal maneira que precisou interromper por instantes a leitura. Como conciliar essa impressão com o clima asfixiante do romance?

Outro dado que sugere conjecturas preliminares é o nome do protagonista, Josef K. O K isolado, comum a vários livros, encerraria a preocupação de configurar uma criatura anônima e genérica, além de ser a letra inicial de seu próprio sobrenome. As exegeses sobre o problema se acumulam, e não prescindem de uma indicação reveladora dos *Diários*, em 27 de maio de 1914: "Esta noite permanecerei a sós com meu pai. Creio que tem medo de aparecer. Jogarei cartas com ele? (A letra K parece-me odiosa, quase me repugna, e contudo a escrevo: deve ser muito característica para mim)". Está evidente a associação da letra ao contraditório sentimento em face do pai, embora não seja fácil entender como Kafka, apesar de tudo, a escolheu para nomear seus protagonistas.

Um processo, conduzindo a julgamento, traz em si muito de teatral. Não são poucas as peças que fundamentam sua trama no desvendamento de um caso jurídico, em que o conflito se estabelece através da acusação e da defesa. Existe aí um núcleo dramático espontâneo, capaz de atrair todo o tempo o interesse do espectador. Na obra kafkiana, além desse elemento, outro, mais próximo das raízes do teatro ocidental, logo chama a atenção: o romance começa com uma frase que dá a medida de uma força superior, atuando sobre o destino do protagonista. São estes os seus termos: "Alguém devia ter caluniado Josef K., pois sem que ele tivesse feito qualquer mal foi detido certa manhã". Na peça, depois que Josef K. toma consciência de que está completando trinta anos, surgem em seu quarto dois oficiais de justiça, que o detêm. Equiparam-se eles aos emissários da Moira grega, que, cumprindo o desígnio da divindade, prendem o pobre mortal nas malhas de seu arbítrio. Escolhido por um poder invisível e impiedoso, Josef K. mostra-se desde a primeira cena fatalizado, e o leitor não duvida um momento de que ele perecerá como vítima do sobrenatural. Esse é o esquema das mais antigas tragédias gregas, em que a religiosidade primitiva não reconhece ao homem nenhum vislumbre de ser livre e o reduz à condição de títere. Uma diferença significativa entre Josef K. e os heróis gregos perdidos na cadeia inexorável da destruição é que estes sucumbem para exaltar uma ordem divina, enquanto ele é vítima de uma engrenagem oculta e que jamais se revelará, atestando a precedência do absurdo. Se a trajetória humana está marcada por selo infalível, cujo sentido se desconhece, instaura-se o domínio

KAFKA NO PALCO   325

do vazio. A tragédia, ao invés de ser comandada pela Moira, pauta-se pelo absurdo, ou, na prática, não sendo possível mais acreditar na Moira, ela se identifica ao absurdo. De qualquer forma, o homem se define como ser indefeso num mundo cujo significado subtraíram ao seu entendimento. Na tragédia grega, a implacabilidade do destino confere à catástrofe do desfecho cunho irônico. Em *O Processo*, a certeza inicial de que Josef K. não fugirá da condenação absurda talvez explique o colorido humorístico relatado por Max Brod.

A humanização progressiva dos mitos ressaltou aos poucos, na tragédia grega, a vontade dos heróis, expressa numa ação consciente e uniforme. Ainda o Orestes de Ésquilo participa menos dos episódios de moto próprio do que para cumprir um mandato conferido pela divindade. Curva-se ele a um desígnio absoluto, que dispõe à sua revelia sobre o que lhe cabe fazer. Sabe-se que Sófocles, em muitos casos, encontrou um equilíbrio entre o Olimpo e a afirmação terrena, passando ao primeiro plano o herói que comanda o seu destino. Já em *O Processo*, Kafka retrocede a um equivalente do primeiro espírito religioso da tragédia, no qual o protagonista menos age do que é coagido.

Subtraindo-se do homem a liberdade de escolha, resta-lhe o deblaterar no vácuo. E é essa caminhada, aparentemente lógica mas esvaziada de objetivo, que Josef K. faz em todo o curso de *O Processo*. Para cada uma de suas providências há um motivo coerente e racional, baseado quase na estrita observância das convenções do cotidiano. Ele cumpre todos os gestos rituais determinados pela situação em que o processo o colocou, sem que os movimentos possam modificar a marcha da história. O pintor Titorelli expõe, aliás, as três possibilidades de absolvição existentes: a absolvição real, a absolvição aparente e a dilação indefinida. Quanto à primeira, não só ele não pode exercer nenhuma influência para obtê-la, mas também, tendo assistido desde a infância a todas as grandes sessões da justiça, nunca viu conceder-se uma. A aparente, embora não permita que se condene em definitivo o acusado, deixa-o em contínuo suspense, porque a uma absolvição sucede novo arresto, sem nenhum limite. "A dilação indefinida consiste em manter o processo permanentemente em uma das fases iniciais", apresentando "ao acusado a vantagem de um futuro menos incerto, pois está preservado do sobressalto de repentinas prisões". Como em tantos anos não surgisse um só inocente capaz de justificar a absolvição real, o acusado, na realidade, só opta pela absolvição aparente ou pela dilação indefinida. Melancólico destino do homem, dividido entre o engano, a ilusão, e a espera, o adiamento.

Na esfera religiosa, *O Processo* testemunha a relação de criaturas portadoras de uma culpa original com um poder terrível, que lhes pede contas a qualquer momento, sem nenhum apelo. Uma psicanálise ao alcance de todos encontraria os germes dessa atitude no sentimento tão bem descrito na *Carta a meu Pai*. O homem fica impotente e aniquilado em face de um arbítrio irracional, que exerce sobre ele autori-

326 O TEXTO NO TEATRO

dade emanada não se sabe de onde. O cenário dessa visão só poderia ser um mundo destituído de graça, em que os passos se perdem em estranhas mansardas e os corredores se convertem sempre em escuros labirintos. A alegoria se torna mais palpável se se recorda que Josef K. não está submetido à justiça comum, mas seu processo corre por outras instâncias, irreveladas. Mesmo detido, ele continua a ocupar o cargo de primeiro-procurador de um grande banco, e não altera radicalmente o seu cotidiano, numa sugestão de que a presença da fatalidade coexiste com os mais comezinhos hábitos.

No diálogo com o sacerdote, que se identifica na catedral como o capelão do cárcere, Josef K. recusa a culpa que lhe é imputada, embora também ele não diga qual seja: "– Mas, não sou culpado – replicou K.; – trata-se de um engano. Como poderia ser culpado um ser humano? Todos somos aqui homens, tanto uns como os outros". Na adaptação cênica, a fala de Josef K. é a seguinte: "Eu não sou culpado... a menos que todos os homens sejam". E, no propósito de explicação do problema, K. chega a perguntar: "Mas enfim, de que me acusam?" Ao que o sacerdote retruca: "Procure e você saberá. A prova de sua culpa não está no seu castigo? Cabe a você reconhecer o seu erro, convencer-se do seguinte: catigam-me, portanto sou culpado". Perante a divindade, o homem está sempre em dívida, e lhe caberia provar a sua inocência, mesmo que, nessa inversão dos dados, ele desconheça a própria culpa.

Transposto para o plano social, em que também pode bastar-se, *O Processo* oferece uma imagem assustadora da organização do mundo. O indivíduo anula-se diante da conspiração da sociedade, não tendo voz ativa para modificar um mecanismo que foi montado menos para facilitar o convívio humano do que para impor-lhe o suplício. Encarada em termos terrenos, a justiça descrita por Kafka se resume a um jogo absurdo de tramitações burocráticas, em que o domicílio é invadido por esbirros e a verdade humana desaparece num amontoado de papéis. O advogado Kafka, num nível mais simples de seu romance, fez sem dúvida uma sátira do poder judiciário. Mas não será demais lembrar, corroborando a capacidade premonitória que Max Brod reconheceu ao amigo, que *O Processo* apresenta uma espantosa antevisão do mundo nazista, afeito como nenhum outro regime à tortura sádica e à crueldade gratuita.

Referido em moldes absurdos à justificação metafísica da existência e à ordem temporal, o homem kafkiano como se comporta com o seu sememlhante? Inclinamo-nos a considerar mais duro ainda, sob esse prisma, o depoimento do escritor. Em primeiro lugar, suas personagens ou se votam a uma vida imanente ou são intermediárias no processo em andamento, sem delinear uma personalidade autônoma. O advogado, o pintor Titorelli e o sacerdote podem confundir-se numa mesma natureza amorfa e pastosa. O tio confina-se à ridícula função de tentar socorrer Josef K., para que se preserve a honra da famí-

KAFKA NO PALCO

lia. Não se mostra um só caráter puro, conduzido por conceito de inteireza moral. A mulher do porteiro, que também se entrega ao juiz, ao estudante e promete seus favores a Josef K., bem como Leni, criada e amante do advogado e pródiga em entreter seus clientes, mostram uma condição feminina mergulhada em sensualidade dispersa e sem amor verdadeiro. As próprias crianças estão tomadas de bisbilhotice malsã. Nesse ambiente de corrupção e de contatos escusos, não se trava um diálogo esclarecedor. Josef K. abandona pelo meio a conversa com o advogado, a fim de procurar Leni. Nenhum entendimento se completa, nem mesmo o físico, interrompido nas primícias da comunicação carnal. As criaturas deslocam-se umas à volta das outras como seres opacos, desgarrados de um eixo que lhes daria a direção. As personagens falam, tentam explicar-se, perdendo seu esforço na total incomunicabilidade.

Não será exagerado concluir que *O Processo*, como romance e como peça, está na origem do atual teatro do absurdo. A cronologia ampara a hipótese: a Cia. Madeleine Renaud-Jean-Louis Barrault lançou o espetáculo em Paris, em 1947, e o início do teatro de Ionesco data de 1950. Samuel Beckett, Adamov e tantos outros, herdeiros espirituais do mundo kafkiano, afirmaram-se a partir da década de 50, depois que o autor da *A Muralha da China* foi reconhecido como sombrio profeta do nosso tempo. É provável que Ionesco tenha pensado em *Rinocerontes* a partir de *A Metamorfose*. Quer na passividade do herói em face do mundo absurdo, quer na linguagem minuciosa com a qual retrata os descaminhos humanos, Kafka parece inspirar uma das correntes mais fortes do chamado teatro de vanguarda. Sem o desnudamento a que ele submeteu a aventura de seus protagonistas, nem mesmo um Albee sentiria fôlego para as sondagens que vem fazendo. Um dever mínimo de justiça reconheceria a Kafka a paternidade de uma das grandes linhas do teatro de hoje.

(Março, 1966)

24. O Mundo de Ionesco

Como todo autor de rica personalidade, Ionesco não pode ser sintetizado em alguns conceitos, aplicáveis a uma mesma família literária. A maneira particular de transmitir o seu universo, em muitos pontos semelhante ao dos outros autores chamados de vanguarda (um Beckett, um Adamov, um Tardieu), lhe confere incontestável originalidade e um estilo próprio. Genericamente, caberia incluir a dramaturgia de Ionesco entre as que fixam a dissolução do nosso mundo, o vazio substrato do cotidiano. Configurando a sua forma pessoal, porém, ele prefere certas manifestações desse cotidiano, sempre quando os caracteres deveriam achar-se mais cristalizados na longa sedimentação dos hábitos. Num ambiente mecanizado pela repetição, Ionesco instila, de súbito, o germe corruptor, e tudo se desmorona no absurdo. As aparências, que já deveriam considerar-se o retrato de uma sociedade que encontrou os padrões perfeitos para reproduzir-se indefinidamente, são revolvidas pela insatisfação que se instaura, e se decompõem num ríctus grotesco de desespero.

Todas as peças da primeira fase de Ionesco apresentam essa característica em comum: partem das situações e das personagens mais convencionais, para revelar-lhes a inesperada irrupção da consciência, implacável ao julgar a caricatura em que a rotina as deforma. É claro que essa conclusão é reservada ao leitor ou espectador, porque Ionesco, depois de fazer uma fatal vivissecção do cotidiano, acaba repondo-o na maioria das vezes em seus dados anteriores, para mostrar que a mecanização é uma forma de suicídio, mas a única forma em que nos é facultado sobreviver. Estranha dialética, em que afirmação e negação se confundem, numa síntese de beco sem saída para as suas personagens.

O MUNDO DE IONESCO

329

O instrumento de que se serve Ionesco é, quase sempre, a família, instituição básica do nosso mundo. Mais precisamente, em *A Cantora Careca, As Cadeiras, Vítimas do Dever* e *Amadeu ou como se Livrar Dele*, a trama se desenrola por intermédio das relações de um casal. Em *A Lição*, o ponto de partida é o binômio mestre-aluno, a transmissão dos conhecimentos adquiridos – outro sustentáculo da ordem social. Em *Jacques ou la soumission* Ionesco vai ao cerne dos antecedentes do matrimônio, conspiração da família para prolongar-se em nova família. A submissão de Jacques ao casamento prenuncia a incomunicabilidade de todos os casais das outras peças.

Examinada sob esse ângulo, a obra de Ionesco se nos afigura uma série de variações do mesmo tema. *A Cantora Careca* coloca no palco um casal de ingleses, em postura absolutamente convencional. M. Smith fuma um cachimbo inglês e lê um jornal inglês. Mme. Smith serze meias inglesas. Nesse ambiente intocado de inquietude, surge outro casal – M. e Mme. Martin – verdadeira projeção exterior da consciência dos Smiths. A cena é de terrível patetismo, caricatura das mais convincentes do casamento burguês. O marido diz à mulher: "Tenho a idéia de que a conhecia antes". Cada um revive, de sua parte, os acontecimentos que os marcaram, mas reconhecem que as coincidências não dizem nada. Por último, uma coincidência inapelável: "Então dormimos na mesma cama, portanto devemos ser marido e mulher!" – e se reencontram, se beijam, começam novo idílio.

A tomada de consciência, em *Amadeu*, é expressa pela presença de um cadáver, que vai crescendo até estender-se por todo o espaço do palco. Revela-se que o morto devia ser o suposto amante da mulher, assassinado pelo marido treze anos atrás. Ninguém se lembra, e o cadáver continua a invadir tudo, símbolo cuja decifração coincidiria com a de *A Cantora Careca*: imagem de um amor que se frustrou, ou de um passado traído, trazendo a sua condenação ao presente.

A situação de *As Cadeiras* é ainda mais desesperada. O casal não se encontra apenas na idade madura: o velho tem noventa e cinco anos e a velha, noventa e quatro. Numerosos convidados deveriam comparecer em sua sala, para ouvir uma "mensagem". A velha diz mesmo ao marido: "é preciso viver, é preciso lutar pela sua mensagem". Quando, reunida a assembléia de pessoas invisíveis, o orador aparece para dizer o testamento do casal, vê-se que ele é mudo e surdo. Os velhos suicidam-se, saltando da janela.

No programa de *Vítimas do Dever*, encenada em Paris no início de 1953, Ionesco assim interpreta o texto para a platéia: "É a história de um homem que não pode evadir-se de seu passado, de sua culpabilidade, de si mesmo. Sua consciência moral – personificada pelo policial –, seus escrúpulos, sua mediocridade o manterão preso ao dever, na prisão do bem e do mal, tornando impossível toda superação da condição humana". Reconhecendo embora o risco do arbitrário, numa

330 O TEXTO NO TEATRO

exegese diferente da proposta pelo autor, permitimo-nos afirmar que Ionesco talvez tenha dado, inconscientemente, essa explicação sobre a peça, para distanciá-la de *A Cantora Careca*. O problema, porém, é idêntico. O policial interroga marido e mulher sobre um ex-inquilino do apartamento em que habitam, sem dúvida a chave perdida do segredo, da vida que se esvaiu sem que soubessem a razão. No diálogo conjugal, os esposos se perguntam por que o cotidiano os levou àquele convencionalismo, e partem à procura da felicidade desaparecida, tentam reconstruir a possível unidade que se desmoronou, através de pungente peregrinação ao passado. Nada lhes responde, e um poeta assalta o palco, matando o policial. Está patente, aí, a procura de evasão, pela poesia. Talvez a morte da consciência fosse a salvação, substituindo-se o drama ético pelo lirismo. Mas o poeta se mostra implacável e inquire o casal com maior rigor ainda. A nossa natureza poética teria exigências mais severas do que a moral...

Resta, desse exercício desesperado, uma impressão desoladora, porque o passado não responde ao apelo do casal, e o presente não pode senão curvar-se à universalidade do dever. O pano cai sobre as palavras do poeta, indefinidamente repetidas: engula, mastigue, engula, mastigue.

Ionesco esclarece ainda, a propósito de *Vítimas do Dever*, que "é vão todo esforço para nos libertarmos do mundo". Essa convicção está subentendida até em alguns de seus títulos: dever, submissão, lição. Peças de uma engrenagem voraz, os homens só têm a possibilidade de enquadrar-se nos gestos prosaicos. Na própria *A Lição*, depois de assassinar a quadragésima aluna, o professor receberá mais uma discípula, cujo destino será certamente o das anteriores. O próprio crime, que deveria ser exceção, faz-se uma prática ritual, absorvida nos hábitos cotidianos. O casal de ingleses de *A Cantora Careca* termina a peça exatamente com as mesmas réplicas com as quais a iniciou. Anota Ionesco que apenas na centésima representação teve a "idéia luminosa" de substituir o casal Smith pelo casal Martin, nas últimas falas. Para que o grotesco seja maior, o diálogo e a postura em nada se modificam. A consciência acaba por adquirir a forma do hábito ao qual se opõe. Em *Jacques*, o casal de noivos, domesticado para o casamento, expande o erotismo na proliferação de símbolos também rituais.

O suicídio dos velhos, em *As Cadeiras*, poderia parecer exceção. Cansados, talvez, do tédio e do vazio do cotidiano, teriam preferido morrer. A decisão, contudo, vem tarde demais. Cumpriram o mandamento de viver durante setenta e cinco anos em comum. Já Amadeu não se revolta, nem se submete à prisão cotidiana. Fica solto no ar, qual balão que não alça vôo definitivo, mas não obedece à força da gravidade. Com a dissociação de seu mundo, deixa de ser matéria.

Ionesco se fecha, assim, num universo sem caminhos. A libertação máxima que admite é a do homem que perde as características

O MUNDO DE IONESCO   331

humanas de consistência corpórea. Fantasma num cotidiano de gestos
e palavras sem sentido.

Na fatura das peças, são utilizadas em geral poucas personagens.
Quando Ionesco alarga seu número, para melhor enquadramento da
história, as criaturas laterais têm a função específica de ressaltar o núcleo central, por meio de intervenções pertinentes.

A dramaturgia de Ionesco desemboca no mundo do casal e, vi-
sualizando o problema no panorama do teatro francês, é impossível
não se intuir que se trata de derivação da comédia do triângulo amoroso. O autor de *As Cadeiras* não se interessa pela situação acomoda-
da que pintam os comediógrafos de *boulevard*, mas indaga os motivos
profundos nos quais se dissocia a estrutura doméstica.

A redução das personagens é conseqüência lógica dos propósitos
de Ionesco. Se deseja remoer a consciência, dificilmente atingiria esse
fim com uma pletora de indivíduos, que necessitam de justificação cênica, sempre dispersiva. Circunscrevendo o foco que pretende analisar, sua obra pode permitir-se muito maior alcance na aventura interior.

Outra característica de Ionesco é a tensão a que submete as personagens. Os textos fogem à estrutura do teatro rotineiro, que desenvolve paulatinamente as psicologias. Em geral, suas criaturas estão fixadas num quadro definitivo, que não admite progressão ou retoques.
Dir-se-ia que vão enfrentar a eternidade na forma estereotipada da
aparência cotidiana. O recurso dramático para agitar essa superfície
neutra é o desencadeamento das forças internas, que não constroem o
futuro das personagens, mas se alimentam no passado. O teatro deixa
de definir-se pela ação e se afirma pela tensão do monólogo interior.

Daí as peças de Ionesco oscilarem entre dois extremos, que se
sustentam no palco: a rigidez das atitudes exteriores absolutamente
convencionais e o absurdo quase surrealista da introspeção dissolvente. As personagens ficam suspensas entre esses pólos, sem que o recurso ao passado indique uma saída, e por isso, terminada a peça, re-
tornam quase sempre ao ponto de partida. Para que a tensão não se
perca em monotonia, outro imperativo é que os textos sejam curtos,
isentos de qualquer recheio não essencial. A fatura de *Amadeu ou
Como se Livrar Dele*, em três atos, obrigou Ionesco a situar o último
em outro cenário, introduzindo personagens episódicas, para garanti-
rem a duração costumeira do diálogo. Isto é, a peça havia acabado no
segundo ato, e o prolongamento só lhe acrescenta sabor pitoresco.

Na manipulação de universo tão particular, o processo criador
precisaria renovar-se. Ionesco, consciente dessa exigência, se esquiva
dos gêneros tradicionais: *A Cantora Careca* é denominada antepeça; *A
Lição*, drama cômico; *Jacques ou a Submissão*, comédia naturalista;

332 O TEXTO NO TEATRO

As Cadeiras, farsa trágica; e *Vítimas do Dever*, pseudodrama. Só *Amadeu*, tentativa de espetáculo normal, é uma "comédia em três atos". A procura de gêneros diversos da catalogação do teatro não significa, entretanto, o fascínio do insólito ou a entrega ao arbitrário. O teatro de Ionesco requer instrumento próprio, que é exatamente o definido por esses gêneros novos.

Exemplificando com uma única peça, vejamos *A Lição*, drama cômico. O diálogo entre mestre e aluna é de esfuziante comicidade. Começam pela aritmética, estudada numa série de dados engraçadíssimos, e passam para a filologia, entremeada pelo exaspero crescente da aluna: "Tenho dor de dente! Tenho dor de dente!" O riso, antes espontâneo e mesmo irracional, se prende na garganta do espectador, até converter-se em soluço. A caricatura, de início jovial e gratuita, assume feições grotescas, para finalmente transformar-se em careta assustadora. No diálogo, essa passagem é assinalada pela observação: "A aritmética leva à filologia, e a filologia ao crime".

Os extremos psicológicos de convencionalismo-absurdo têm equivalente na linguagem empregada por Ionesco. Mais de um crítico já escreveu que seus indivíduos falam por clichês. Com efeito, o correspondente do cotidiano vazio é o lugar-comum, o truísmo das expressões. À medida que as personagens investigam o subconsciente, porém, as palavras surgem em associações insuspeitadas, adquirem estranhas ressonâncias.

Como o resultado da viagem interior de Ionesco é o silêncio, as palavras, furiosamente lançadas pelas personagens, mais servem para sublinhar a incomunicabilidade. O casal de *A Cantora Careca* fala sem parar porque nada tem a se dizer. A palavra acaba se transformando num dos veículos de destruição do mundo. Esvaziada de conteúdo, isto é, deixando de ser significante, a linguagem de Ionesco resulta num mar de vocábulos que envolve o indivíduo em ilha de solidão. Forma-se o círculo vicioso – o homem incomunicável destrói a palavra, e a palavra sem sentido isola o homem. Teatro da palavra, ele acaba aniquilado pela própria palavra, definindo-se, de acordo com Jean Vannier, como um Antiteatro.

O raciocínio segundo o qual as peças de Ionesco se passam num fio esticado, entre dois extremos, se aplica também aos acessórios que povoam o seu palco. Materialização do cotidiano convencional, o cenário é, como em *A Cantora Careca*, um interior burguês, com poltronas e relógio. Um gabinete de trabalho, utilizado também como sala de jantar, emoldura a história de *A Lição*. No quarto mal-arrumado de Jacques, há objetos indefinidos, "ao mesmo tempo estranhos e banais, como velhos chinelos". O cenário de *As Cadeiras* é quase uma sala nua, e o de *Vítimas do Dever* é descrito como um interior pequeno-burguês. Uma modesta sala-de-jantar-sala-de-estar-escritório contém a ação de dois atos de *Amadeu*, e, numa segunda versão do terceiro ato, para simplificar a montagem, a pequena praça Torco se

O MUNDO DE IONESCO

transforma, pela adaptação do cenário primitivo, numa "espécie de espaço indeterminado e luminoso".

Essa é a face exterior, convencional. Animados pelo desencadear do subconsciente, os acessórios se tornam, também, instrumentos de suplício. Ora é o relógio, que adquire vida própria em *A Cantora Careca*, contribuindo para o clima de paroxismo. As máscaras e o tratamento do cenário, pela luz, conduzem *Jacques* ao fantástico interior. As cadeiras, que dão título à peça, multiplicam-se na sala vazia, até asfixiar as personagens. Em *Vítimas do Dever*, a montanha é visualizada por uma cadeira colocada sobre a mesa. O insólito a que pode conduzir esse procedimento, na obra de Ionesco, não tem exemplo melhor do que em *Amadeu*: o cadáver cresce desmesuradamente, restringindo o espaço para as personagens. O poder agressivo que alcançam os acessórios é um dos veículos de Ionesco para despertar o absurdo. André Muller, aliás, reconhecendo a importância do problema, chegou a definir o teatro de vanguarda como um teatro de acessórios.

As características dessa dramaturgia a condenam às pequenas casas de espetáculos, ao público diminuto – fatalidade do teatro experimental. A posição do crítico, em face desse mundo, se torna incômoda, delicada. Compreender e analisar constituem um estádio de sua função, completada pelo juízo de valor. Advertido pela obra de Ionesco, não pode o estudioso encará-la segundo os padrões tradicionais, forjados na sobrecarga da história. Mas, se se acredita que a presença do ator – homem numa situação – determina a especificidade do teatro, a fuga de Ionesco ao concreto provoca um certo mal-estar, uma evidente insatisfação.

Era esse, em síntese, o retrato de Ionesco, retomado também em outras peças, quando surgiu *Les rhinocéros*, transferindo-o de súbito para os grandes teatros. Em Paris, Barrault acolheu-o. Em Londres, Laurence Olivier e Orson Welles. O texto saía das salas experimentais para enfrentar a carreira comercial dos elencos sólidos. O teste decisivo seria a aceitação da Broadway. No Brasil, o Teatro Cacilda Becker incluiu-o em seu repertório. Que transformação se teria passado com o dramaturgo?

Num certo sentido, *Os Rinocerontes* abandona o hermetismo das primeiras peças, sendo mais óbvia a sua simbologia, além de diluir-se o problema na extensão dos três atos. O processo dramático não difere das formas anteriores. O efeito é o do envolvimento pela multiplicação – esses rinocerontes (qual as cadeiras ou os móveis de *Le nouveau locataire*), que proliferam indefinidamente, e se explicam como a humanidade massificada. Em meio ao mundo "rinocerizado", Béranger, sozinho, protesta: "Eu sou o último homem, e permanecerei homem até o fim! Não capitulo!"

334 O TEXTO NO TEATRO

Sartre resumiu muito bem a opinião de certa crítica de esquerda, ao dizer que as primeiras peças de Ionesco, mostrando o absurdo da linguagem burguesa, constituíam uma sátira da burguesia, enquanto as últimas (e em especial *Os Rinocerontes*), fechadas em humanismo sem perspectiva, levavam a uma postura suicida.

Por certo, *Os Rinocerontes* exprime um individualismo acerbo, que se confunde hoje com uma filosofia pequeno-burguesa, considerada de direita. Essa crítica, entretanto, resulta superficial. Ionesco esclareceu que o núcleo inicial do texto foi uma sátira ao nazismo, que se ampliou para tornar-se condenação das histerias coletivas. Não é apenas o apoio de sua intenção primeira que nos leva a admitir a ideologia de *Os Rinocerontes*. Julgamos, ainda mais, que a peça representa um passo definitivo para a alteração dos pressupostos do autor. Antes, a desmontagem do mundo burguês incidia na negação do próprio homem. Em *Os Rinocerontes*, ao menos um homem está salvo da destruição total. Homem tímido, contrafeito, batido pela existência pacata, mas guardando, ainda assim, a natureza fundamental de homem. A valorização da dignidade humana básica pode parecer, hoje, inútil ou insuficiente. Um dia se apreciará, contudo, a fidelidade irredutível de Ionesco às nossas prerrogativas. No universo do autor, *Os Rinocerontes* deve ser vista como a passagem do absurdo existencial a um princípio de confiança, em que vale a pena ser homem. Com essa perspectiva, a dramaturgia de Ionesco se abre para o futuro.

(Novembro, 1956 - Outubro, 1960)

25. Ionesco e a Morte

Le roi se meurt é, na obra de Ionesco, a culminação de um processo técnico e filosófico. Todos os pressupostos do dramaturgo encontram aí a expressão mais límpida e precisa, como se se tratasse de testamento espiritual. Lendo *Notes et contre-notes*, plataforma estética permanentemente reiterada, concluímos que *A Cantora Careca*, *As Cadeiras*, *Os Rinocerontes* e outras obras serviram sobretudo para preparar esse diálogo com a morte, o encontro definitivo do homem com o seu efêmero e a sua evanescência.

Os escritos teóricos de *Notes et contre-notes* parecem, a cada momento, preâmbulo a *O Rei Está Morrendo*. Numerosos conceitos ou frases soltas serviriam de epígrafe à peça. Para introduzir o leitor no universo do texto, não hesitamos em recolher, aqui e ali, trechos que podem elucidar o pensamento de Ionesco. Escreveu ele:

Parece-me que a solidão e sobretudo a angústia caracterizam a condição fundamental do homem (p. 60). É a condiçaõ humana que governa a condição social, não o contrário (p. 73). Uma obra de arte é a expressão de uma realidade incomunicável que se tenta comunicar –, e que, às vezes, pode ser comunicada. Aí está seu paradoxo –, e sua verdade (p. 75). Só é fundamental meu conflito com o universo. O obstáculo é o universo (p. 110). O que, pessoalmente, me obceca, o que me interessa profundamente, o que me empenha, é o problema da condição humana, no seu conjunto, social ou extra-social. O extra-social: lá onde o homem está profundamente só. Diante da morte, por exemplo (p. 114). É bem isso, o mundo: um deserto ou sombras moribundas (p. 132). Não quero senão traduzir o inverossímil e o insólito, meu universo (p. 137). O espanto é meu sentimento fundamental do mundo. Não trágico, quem sabe; talvez cômico, estranhamente cômico, certamente irrisório, este mundo (p. 193). Sempre fui obcecado pela morte. Desde a idade de quatro anos, desde que eu soube que ia morrer, a angústia não me deixou mais. É como se eu tivesse compreendido de repente que não

336   O TEXTO NO TEATRO

havia nada a fazer para escapar dela e que não havia nada mais a fazer na vida. Por outro lado, sempre tive a impressão de uma impossibilidade de comunicar, de um isolamento, de um cerco; escrevo também para gritar meu medo de morrer, minha humilhação de morrer. Não é absurdo viver para morrer, é assim. Essas angústias não podem ser tachadas de burguesas ou antiburguesas, elas vêm de muito longe (p. 204). A condição essencial do homem não é sua condição de cidadão mas sua condição de mortal. Quando falo da morte, todo mundo me compreende. A morte não é burguesa nem socialista. O que vem do mais fundo de mim mesmo, minha angústia mais profunda é a coisa mais popular (p. 203).

Até chegar ao desnudamento cênico de sua realidade essencial, porém, Ionesco percorreu longo itinerário. Num certo sentido, será lícito reconhecer que todas as peças do autor de *Amédée ou comment s'en débarrasser* sempre fixaram uma forma de morte – a mecanização, o esquecimento, o vazio existencial, a angústia em face de um mundo absurdo. Órfão numa terra inimiga, o homem ionesquiano isola-se numa sociedade alienadora. Desamparado de revelação sobrenatural, sobra-lhe um cotidiano adverso, que se consome em deblaterar inglório. A sensação de desgarramento domina a caminhada cega para a morte.

A idéia fixa que preside esse pensamento fez que Ionesco se concentrasse na caracterização de Bérenger, protagonista das últimas peças. Ele aparece pela primeira vez em *Tueur sans gages*, peça na qual o próprio assassino reconhece:

Nós todos vamos morrer. Esta é a única alienação séria!

Bérenger confessa:

Sempre fui só... Entretanto, eu amo a humanidade, mas de longe. Que importância tem isso, se me interesso pela sua sorte? A prova: eu ajo...

Na tentativa de diálogo com o *Tueur*, Bérenger racionaliza que ele deseja destruir o mundo, por pensar que o mundo está condenado à infelicidade. Os crimes sucessivos, nascidos de aparente gratuidade, representariam uma espécie de eutanásia universal. Talvez, se a vida do homem não tem importância, seu desaparecimento seria também secundário... Nada pode o raciocínio contra a energia infinita da obstinação do assassino, e o final é o aniquilamento.

O Bérenger de *Le piéton de l'air* é um escritor que, em companhia da família, vai revigorar-se no convencional campo inglês. Na entrevista concedida a um jornalista, ele reconhece que trazia outrora em si uma força inexplicável, que o fazia agir ou escrever, não obstante o niilismo fundamental. Agora, não pode mais continuar. E o sentimento paralisante é, ainda uma vez, o da morte:

Nós poderíamos, aliás, suportar tudo, se fôssemos imortais. Estou paralisado porque sei que vou morrer. Essa não é uma verdade nova. É uma verdade que se esquece... a fim de poder fazer alguma coisa. Quanto a mim, não posso fazer mais coisa alguma, eu quero curar-me da morte.

IONESCO E A MORTE

A investigação da morte leva-o a galgar, em vôo fantástico, o outro mundo, do qual ele retorna, para dizer que, além dos desertos de gelo, dos desertos de fogo, não há nada. "Depois, não há mais nada, mais nada, senão os abismos ilimitados... senão os abismos." O vazio universal é a imagem do vazio interior do homem, ou, em outra fórmula, a angústia humana não passa do reflexo do silêncio infinito da natureza.

Apesar do evidente parentesco do Bérenger de *Le roi se meurt* com seus homônimos anteriores, ele se mostra, sobretudo, o prolongamento do protagonista de *Rhinocéros*. As duas peças, de resto, se completam, como se fossem os dois pólos da aventura humana. *Os Rinocerontes* define-se como a descoberta da vida, enquanto *O Rei Está Morrendo*, a decifração da morte. Diga-se o que se disser, o Bérenger de *Rhinocéros* não pode confinar-se ao rótulo de individualista pequeno-burguês, animado por humanismo impreciso e sem saída, que pretenderam pôr-lhe. Não precisamos apelar para as origens antinazistas do texto, expressas com insistência por Ionesco. Ele próprio admitiu que, nascida de um impulso de sátira contra a rinocerização do nazismo, a peça transcendia o estímulo específico, para estigmatizar todas as histerias coletivas, a metamorfose do homem em produto padronizado da massa. O dramaturgo não fez mais que reivindicar uma existência básica e inalienável para o ser humano. Bérenger sabe o perigo que enfrenta aquele que pretende conservar a sua originalidade. Mas permanecerá o que é, um indefeso ser humano, que não capitula ante as palavras de ordem. Condenar *Os Rinocerontes* por ideologia decadentista se nos afigura também padecer de rinocerite. A peça resulta num cântico à liberdade, num reconhecimento das prerrogativas fundamentais do homem.

Pois é esse Bérenger que descobre a vida, contra as falsificações de qualquer espécie, a personagem que volta a protagonizar *Le roi se meurt*. Juntas, *Rhinocéros* e essa peça poderiam formar uma duologia – o auto moderno da vida e da morte de Bérenger. O indivíduo que não abdica da existência que lhe foi presenteada chega, solitário, ao seu termo, precisando despedir-se do mundo. A roupagem é um pouco diferente: o protagonista se converte no rei Bérenger I, ensejando exegese múltipla. Houve quem explicasse a majestade como o símbolo da realeza humana em face do próprio destino ("cada homem, enquanto vive, é o rei do seu próprio mundo – um mundo em que ele é soberano, um mundo que, quando ele morrer, morrerá com ele" – escreveu Martin Esslin em *Plays and Players* de novembro de 1963). Outra interpretação se oferece espontânea: mesmo o rei, que se julga todo-poderoso e conseguiu, com domínio invulgar, prender-se por anos e até séculos à vida, uma bela hora tem de ir ao encontro da morte. O contraste do poder supremo com a impotência em face do inexorável aguça o conflito, tornando mais pungente a tragicidade da condição humana. Bérenger I despe-se da realeza para encarar, como qualquer mortal, a implacabilidade do nada.

338   O TEXTO NO TEATRO

Num recurso paroxístico presente em toda a sua obra, Ionesco não se contenta em testemunhar o fim de Bérenger I. O selo no destino da personagem corresponde à ruína do reino, pintada com um grotesco próximo da técnica expressionista. A sala do trono, cenário único, aparece vagamente destruída, vagamente gótica. A parede tem fendas, e o reino está cheio de buracos, como um imenso *gruyère*. Resta, dos nove bilhões de habitantes, um milheiro de velhos. O desconcerto comunica-se ao universo, caindo neve no pólo norte do sol. Aglutina-se a Via Láctea, e o cometa "se envolve pela própria cauda, se enrola em si mesmo como um cão moribundo". Uma simples morte abala o sistema cósmico, não havendo o que dizer da terra: apodreceram as colheitas e o deserto invadiu o continente. Os cabelos do rei embranqueceram, e ele, de repente, envelheceu quatorze séculos. Com ardor sádico, Ionesco fecha o cerco sobre Bérenger.

E a luta deste se resume, de início, em afastar a morte. Vendo o reino em decomposição, Bérenger acha que tudo se arranjará: "não há mais nada de anormal, já que o anormal se tornou hábito". Quando a rainha Margarida lhe anuncia que vai morrer, ele admite sabê-lo, como todo mundo, e pede que seja lembrado, na hora oportuna: "Daqui a quarenta anos, daqui a cinqüenta anos, daqui a trezentos anos. Quando eu quiser, quando tiver tempo, quando eu decidir". Não aceita o Rei a informação segundo a qual vai morrer no fim do espetáculo e ainda procura esquivar-se à evidência, montado na idéia de poder.

Repetida com o rigor de minutos a notícia da morte, Bérenger passa ao medo. Quem lhe daria a própria vida, em troca da sua, exangue? Vem a pergunta encabuladora: "Por que nasci, se não foi para sempre? Malditos pais". E em face do irremediável, cresce o desejo de prolongar a existência, através da memória dos outros. Que os estudantes e os sábios não tenham outra matéria de exame senão ele, que não haja senão Bérenger em todas as consciências. Mas a lembrança que provocaria não o consola, nunca representaria a mesma sensação de vida. Por isso Bérenger clama:

> Que todos morram, desde que eu viva eternamente, mesmo inteiramente só no deserto sem fronteiras. Eu me arranjarei com a solidão. (...) Posso viver na imensidão transparente do vazio.

E pede socorro, grita ao mundo seu inconformismo. Os milhares de mortos multiplicam sua angústia: "Eu sou a agonia deles. Minha morte é inumerável. Muitos universos extinguem-se em mim". No jogo antitético segundo o qual tudo pereça, ou tudo se preserve, Bérenger erige-se em símbolo definitivo do homem que amanhou a terra, mas não é capaz de conduzir o próprio destino. Com a comicidade absurda, típica de Ionesco, o Guarda faz o inventário dos méritos passados do Rei, entre os quais o da autoria de tragédias e de comédias, sob o pseudônimo de Shakespeare, e a criação do telefone, do

IONESCO E A MORTE

telégrafo e de outras utilidades. Que importa a invenção humana, se está fadada ao desaparecimento?

Poucos autores terão, como Ionesco, o dom de formular as sínteses lapidares, a essência de certos problemas e situações. Levando ao extremo sua idéia sobre a vanguarda, ele asseverou que "uma coisa dita já está morta, a realidade situa-se além dela". Transportado para o campo da existência, esse conceito, que revela aguda noção da fluidez e do efêmero, define-se nesta frase admirável: "Ce qui doit finir est déjà fini" ("O que deve acabar já está acabado"). Não há expressão mais perfeita do desespero humano.

Para obter o efeito de tensão, que é sempre o que buscou na técnica, Ionesco utiliza poucas personagens em *Le roi se meurt*, como de resto em toda a sua obra. O Médico, assistindo impotente aos momentos finais de Bérenger, reúne também as funções de astrólogo e de carrasco. Não lhe foi dado fabricar o elixir da imortalidade, e a falha da medicina se assemelha ao sadismo dos matadores profissionais. Numa sociedade patriarcal, um rei tem a prerrogativa de manter simultaneamente duas mulheres, e a rainha Margarida, primeira esposa, o prende às exigências imanentes e conta os minutos que restam para a morte, enquanto a rainha Maria, segunda esposa, exprime a evasão do amor. Maria tenta salvar Bérenger, dizendo que terá sempre poder sobre ela, mas a solidão da morte não se preenche mais com nenhum sentimento. A imagem de Maria se dissolve antes que a de Margarida, presença da crueldade que acompanha o homem até o último instante.

Uma cena de especial significado passa-se entre o Rei e Juliette, que é arrumadeira e enfermeira. Introduz-se, no diálogo (embora a rubrica informe que o Rei fala antes para si mesmo), um elemento novo no teatro de Ionesco: a descoberta, pelo poderoso, da condição do humilde. Bérenger pergunta a Juliette como ela vive e fica sabendo que mal – seu quarto não tem janela, o frio a castiga, a máquina de lavar roupa foi penhorada para um empréstimo de Estado. Sem demagogia, sem mensagem explícita, essa descoberta do outro diz mais do abismo existente entre as classes sociais que muitos tratados didáticos.

Ionesco consegue, de peça para peça, uma depuração estilística maior, e *Le roi se meurt* aproxima-se do classicismo. A propósito de *Rhinocéros*, o dramaturgo já declarara seu respeito pelas "leis fundamentais do teatro: uma idéia simples, uma progressão igualmente simples e uma catástrofe". Esse clássico nutre-se das várias sugestões do teatro moderno, cujos instrumentos ele aperfeiçoou, desde a comicidade algo surrealista e paródica ao guinhol trágico, sem recuar ante o ritual solene. E o cômico aí se acha como etapa da construção dramática, segundo o propósito confesso do autor. Aliás, ele próprio escreveu: "Não compreendi nunca a diferença que se faz entre cômico e trágico. O cômico, sendo intuição do absurdo, me parece mais desesperador que o trágico. O cômico não permite saída". Daí a incômoda irrisão que atravessa todo o texto e termina em silêncio trágico.

340 O TEXTO NO TEATRO

Philippe Sénart observou, com inteligência: "Do *Nouveau Locataire* ao *Roi se meurt*, Ionesco não projetou, em seu teatro, senão a paixão do homem". Trata-se de teatro teológico, mas falta Deus à teologia de Ionesco. Se o homem se salvar, será sozinho. *Le Roi se meurt* é assim o drama da Morte do Homem, no centro da solidão universal, "ilha deserta envolvida de nada" (ver *Ionesco*, na coleção "Classiques du XXe siècle"). Numa procura deliberada dos temas e das situações fundamentais, ele investiga os mitos, reescrevendo-os sob uma perspectiva contemporânea. Não resignado mas também já sem protesto, Bérenger I vai tomar assento no trono, para o repouso final. Não apenas os convivas desaparecem, sucessivamente, das vistas do Rei, mas aos poucos, apagam-se as portas, as janelas, as paredes, numa imagem do desaparecimento do mundo. *Le roi se meurt* é sem dúvida uma das obras de ficção que denotam maior intimidade com a morte.

(Junho, 1965)

26. Beckett e *Godot*

"Se eu soubesse, teria dito na peça" – foi a resposta de Samuel Beckett ao encenador norte-americano Alan Schneider, que lhe perguntou o significado de Godot, por quem os *clowns*-vagabundos Vladimir e Estragon esperam o tempo todo em *Esperando Godot*. Esse esclarecimento (ou falta dele) não afasta as especulações sobre o mistério, mas sugere que a procura de um sentido para a existência é o ponto de partida do homem, solitário e desamparado diante de um destino que lhe foi imposto, sem a chave para decifrá-lo.

Intelectualmente, a postura do escritor irlandês Samuel Beckett corresponde a um estado de espírito de toda a literatura nos anos próximos do fim da Segunda Grande Guerra (o texto, escrito em 1946, só foi representado em Paris, no original francês, em janeiro de 1953), e que encontra paralelo, por exemplo, nas obras existencialistas, vindas da simbiose Heidegger-Kafka-Sartre.

A experiência histórica da humanidade havia sido, uma vez mais, desastrosa, e se resolvia indagar de novo os fundamentos da condição humana. Assaltado pelo absurdo coletivo, que desconhecia os problemas e as convicções individuais, o homem postulava o seu lugar no mundo, numa inquirição anterior a qualquer compromisso com o semelhante e a realidade. Já que a soma de conhecimentos não levava a nada, era necessário retornar com humildade às dúvidas essenciais, para que as conquistas não repousassem sobre crenças ilusórias. Samuel Beckett procurou despir o homem dos aparatos falsos, tornando mais autêntico o seu requisitório.

O texto deleita-se em jogar para o espectador o efêmero da existência: "as mulheres dão à luz deitadas sobre túmulos" e "do fundo

342   O TEXTO NO TEATRO

da cova, indolentemente, o coveiro aplica seu fórceps". Por isso, já que as construções são inócuas, o cenário é uma estrada deserta, em que há apenas uma árvore. Ali, longe do burburinho da cidade, que distrai, com as suas mil e uma luzes enganosas, os protagonistas – Vladimir e Estragon – podem esperar Godot sem perigo de erro. Assim como os religiosos buscam o contato com Deus na solidão dos claustros, os dois acham que Godot (é inevitável a lembrança do componente divino – God – nessa palavra, cujo sufixo tem a simpatia do diminutivo Charlot, por exemplo), se revelará a eles, com certeza, longe das transigências mundanas. O vestuário gasto e que acentua o grotesco da situação fundamental do homem, e a comida mínima, símbolo do desprezo pelos alimentos terrestres, ajudam a compor essas figuras rigorosas – dir-se-ia santificadas – que não sucumbiram aos convites para uma ação destituída de finalidade.

A certeza do dever cumprido com a própria consciência os sustenta na miséria interior a que chegaram. Vladimir exclama: "O que estamos fazendo aqui, essa é que é a questão. E nós temos a sorte de saber. Sim, nesta imensa confusão, apenas uma coisa é cristalina: nós estamos esperando Godot". Como Estragon concorda, Vladimir completa: "Ou que venha a noite. Nós não faltamos ao encontro e isso é definitivo. Nós não somos santos mas não faltamos ao encontro. Quantos poderão dizer a mesma coisa?" Eles conhecem, também, a exemplaridade da situação que vivem:

... neste tempo, neste lugar, toda a humanidade se resume em nós dois, quer isso nos agrade ou não. Aproveitemos isso, antes que seja tarde. Representemos dignamente, uma vez que seja, a raça à qual um destino injusto nos consignou.

Embora Vladimir recuse o orgulho da aproximação de sua vida com a de Cristo, o texto alude a um sacrifício ainda pior do homem contemporâneo. Quando Vladimir afirma que Estragon não pode andar descalço, ele replica: "Cristo andou". E admite que sempre se comparou com ele. Vladimir lembra então que lá era quentinho e estava seco. E Estragon finaliza: "E eles crucificavam depressa".

Já que a crucificação atual é lenta, deve-se encontrar um meio eficaz de preencher o tempo. A luta para enfrentá-lo tem que ser compatível com a inarredável espera de Godot, e daí a irrisão de todos os gestos e movimentos. Logo no início, Vladimir e Estragon, que se chamam pelos carinhosos apelidos de Didi e Gogô, pensam na hipótese de se enforcarem. "Nada acontece, ninguém vem, ninguém vai, é terrível!" – fala Estragon. Experimentam uma saída lúdica – vamos nos contradizer, não quer brincar de Pozzo e Lucky?, jogam-se os chapéus, precisam, de qualquer forma, distrair-se do desespero. Reconstituindo o que foi ontem, Estragon fala: "Ah, já me lembro, ontem a gente bateu papo sobre nada. Há mais ou menos cinqüenta anos que a gente faz isso". Onde estiveram ontem? Não tem importância: "Não é o vazio que falta". Naquele ensaio de vida, Estragon, ao provar o sapato no pé es-

BECKETT E *GODOT* 343

querdo, em mais um jogo, comenta: "A gente sempre descobre alguma coisa para ter a impressão de que existe, hein, Didi?"

A espera de Vladimir e Estragon é cortada, nos dois atos, pelo aparecimento de Pozzo e Lucky, o primeiro segurando o segundo por uma longa corda presa ao pescoço. De certa forma, ao lado da árvore, que se cobre de galhos, no segundo ato, a presença de Pozzo e Lucky é a única ilustração concreta da passagem do tempo. Só eles são história, na ausência de estória da vigília permanente de Didi e Gogô. E sua história representa a pulverização da História, em face do tempo. O senhor e o escravo simbolizariam esse fluxo contínuo de opressores e oprimidos, através dos séculos. Pozzo comanda o destino de Lucky, determinando que ele dance ou que ele pense, para a função verbal do criado prolongar-se num delírio sem lógica. Como Lucky está velho e imprestável, Pozzo quer desfazer-se dele, vendendo-o no mercado de São Salvador. Mas Samuel Beckett não se contenta com essa visão do problema: Pozzo está também escravizado a Lucky, porque vive na dependência dele. Pozzo acha que foi um destino fortuito que lhe deu aquele estado e o de Lucky, quando poderia ser exatamente o contrário. E o segundo ato vem prová-lo: Pozzo agora é cego, e Lucky mudo. Ambos caem no chão, e não podem levantar-se, sem o auxílio dos outros. Mesmo que Samuel Beckett tenha evitado o raciocínio dos condicionamentos sociais, a relação Pozzo-Lucky pode prestar-se a exegeses diferentes: ou se justifica, pela interdependência e pelo nada final, o desfile histórico de opressores e oprimidos, ou a igualdade essencial dos homens não admitiria a injustiça. A simples imagem de Lucky com uma corda ao pescoço, sem depositar no chão a mala, parece ilustrar uma situação-limite inadmissível para o espectador. Mais do que um discurso sobre a necessidade da revolta, a dupla Pozzo-Lucky demonstra o absurdo da exploração.

Na engrenagem da peça, os dois *intermezzi* com Pozzo e Lucky têm ainda a função de ajudar Didi e Gogô a preencherem as horas. Da primeira vez que eles saem, Vladimir observa que deu para passarem o tempo, ao que Estragon objeta que teria passado de qualquer forma. Quando eles entram em cena, pela segunda vez, Vladimir sente-se alentado e pode dizer: "Não estamos mais sozinhos, esperando a noite, esperando Godot, esperando, esperando. Durante toda a tarde estivemos lutando sem amparo algum. Agora sim. Já é amanhã". O homem isolase, para distinguir a verdade, mas precisa do semelhante, para tornar menos dura a solidão. E sob o aspecto propriamente dramático, é significativa a presença de Pozzo e Lucky.

Tem-se escrito que *Esperando Godot* abole a noção tradicional de enredo e desmente a exigência de que aconteçam coisas em cena. Em parte, a assertiva é verdadeira, mas se poderia tentar um paradoxo: o enredo de *Esperando Godot* é a falta de sentido dos enredos na vida humana. E Samuel Beckett vai compondo com extrema argúcia a sua ação. De início, Vladimir e Estragon se apresentam e improvisam o diá-

344   O TEXTO NO TEATRO

logo da espera. Quando a conversa poderia tornar-se cansativa, surgem
Pozzo e Lucky, e novo interesse cênico se coloca. O desalento viria outra vez, mas chega o Menino, para transmitir o recado de Godot: não
pôde vir hoje, mas virá sem falta amanhã. Há um *suspense* bem jogado
no desenvolvimento das cenas, que se repetem com significado diverso
em cada ato.

Se Vladimir e Estragon não têm enredo (pouco se revela, aliás, de
sua biografia), contemplam desenvolver-se diante deles o enredo de
Pozzo e Lucky. No tempo transcorrido, que pode ser de um dia ou de
muitos anos, porque a divisão convencional se dissolve ante a História,
ficou patente uma estória: o poderoso Pozzo é agora cego, e seu criado
Lucky, mudo. Assim, embora com elementos mínimos, *Esperando Godot* não abole o enredo e evita apenas os procedimentos rotineiros da
composição dramática. A reflexão em que mergulha permanentemente
o espectador o faz acompanhar com interesse o desenrolar da trama,
curioso com os dados insólitos arrolados pelo dramaturgo. O Menino
volta, no desfecho, para dizer que Godot não veio mas virá amanhã, e
diz que nunca havia estado lá antes e que não conhecia Vladimir e Estragon. Chama Vladimir de Sr. Alberto e deixa patente que as aparências físicas se desagregam na indistinção de tudo. Samuel Beckett abandona os recursos corriqueiros do teatro, para valer-se dos mais funcio-
nais. Compele os atores a um trabalho fantástico de elaboração das personagens, no qual os põe à prova nos mais diversos meios expressivos.
Tragédia, farsa, elevação, vulgaridade, desespero, riso, desempenho rigoroso e brincadeiras de *music-hall* são mobilizados o tempo todo, para
se alcançar o objetivo precípuo do teatro – a presença convincente do
ator diante da assembléia de espectadores.

Em *Esperando Godot*, Samuel Beckett intuiu uma das situações
fundamentais do homem, e daí o caráter modelar da peça no conjunto
de sua obra e da literatura dramática moderna. Depois do achado que
é *Godot*, súmula de todo um pensamento, expresso em forma cênica, os
outros textos deveriam forçosamente parecer repetições ou derivações
sem o mesmo poder antológico dessa peça. *Fim de Jogo, A Última Gra-
vação de Krapp* ou *Dias Felizes* guardam a inegável categoria literária
de Beckett, mas não repetem o fenômeno que é *Esperando Godot*. Essa
é uma das poucas realizações contemporâneas que já têm lugar assegu-
rado entre os clássicos do teatro.

Não se sabe quem é Godot, mas Vladimir conhece as vantagens de
sua vinda. Se ele chegar, "esta noite a gente pode dormir na casa dele,
no calor, no seco, a barriga cheia, sobre a palha. Vale a pena a gente esperar, não vale?" À falta de explicação para a existência, o homem se
consola com esses pequenos confortos. Ou são eles o próprio Godot?
Na imensa miséria das personagens, restam-lhes os sentimentos humanos melhores. O que fica na peça não é o pontapé que Estragon desfere
por vingança em Lucky, e que aliás lhe dói mais que o machucado na
vítima. Fica a ternura de Vladimir, tirando o paletó, para agasalhar o

BECKETT E *GODOT* 345

sono de Estragon. Todas as tentativas de separar-se fracassam, em face da exigência que um tem do outro. Juntos, os dois podem esperar interminavelmente. O homem precisa do irmão, condenado que está a viver. E essa pungente fraternidade é a vitória sobre o nada.

(Abril, 1967)

27. A Casa de Ilusões de Genet

Assim Irma define *O Balcão*, a sua casa de ilusões, que é bem um símbolo de nossa sociedade, vista por Jean Genet, o rejeitado que a rejeitou: "Aqui a Comédia, a Aparência mantêm-se puras, a Festa intacta". Na vida, os poderosos "são suportes de uma ostentação que devem arrastar pela lama do real e do cotidiano". Nesse estranho bordel, em que há os mais variados cenários para o homem materializar os sonhos recusados da realidade, cristalizam-se os valores que sustentam o nosso mundo. Genet reduz tudo ao vazio, à inapelável vocação da morte.

O jogo ritual do Grande Balcão, em que homens comuns representam a "essência" de um Bispo, um Juiz e um General, é perturbado por uma revolta, que atravessa todo o espetáculo. Haveria, do outro lado, criaturas que recusam essa ordem, contestando-a nas bases. Vitórias decisivas dos revoltosos, que matam autoridades verdadeiras, ameaçam de fato a estrutura em que se assenta O Balcão. Mas a rebelião é vencida, e Roger, chefe dos revolucionários, procura o bordel, para anular-se na figura do Chefe de Polícia. Seu sonho de grandeza era instituir-se um dia o Chefe de Polícia da nova ordem? Ou ele se pune da derrota, dissolvendo-se na imagem do inimigo, que ele castra? De um lado, Genet parece ser impiedoso com todo impulso, tendo feito o Chefe de Polícia afirmar que a revolta é farsa: "todos os revoltosos estão representando. E gostam do seu papel". De outro, mesmo depois de dominada a rebelião, ouve-se insistente crepitar de metralhadora. Parece que tudo vai recomeçar, outra vez. Quem faria isso? O próprio Enviado da Corte esclarece: "Alguém que sonha..." Como se vê, a peça não se fecha numa visão niilista, abrindo-se em ambigüidade, numa esperança de ruptura.

A CASA DE ILUSÕES DE GENET 347

Não há enredo facilmente apreensível em *O Balcão*, tão afastado Genet se encontra das fórmulas do realismo. A certa altura do entrecho, o Enviado da Corte chega ao bordel, informando que a situação é catastrófica. Até a Rainha estaria morta sob os escombros do palácio. Mas a imagem dos pilares da sociedade não pode ser destruída e assim é necessário mantê-la viva. Os homens comuns, que representavam o Bispo, o Juiz e o General, no cenário particular do bordel, terão de representá-los agora no domínio público, como se fossem verdadeiros. Depende deles que a mascarada mude de significação. O falso Bispo nomeará padres e organizará o clero. O Juiz autorizará a revisão do código. Cabe aos fotógrafos sugerir a imagem definitiva. Dessa farsa, o Enviado pode extrair o comentário irônico: "É uma imagem verdadeira, nascida de um espetáculo falso". E Irma se transformará na Rainha. Não será difícil: a ausência é a mais característica prerrogativa real. Sobre ela, diz o Enviado: "A Rainha borda e não borda... Conhece o refrão? A Rainha alcança sua realidade quando se afasta, se ausenta ou morre".

Esses dados são suficientes para mostrar que Genet não se move em terreno comum. A imaginação é seu dom mais precioso, servido por uma linguagem poética de extraordinário requinte (que o texto brasileiro de Martim Gonçalves preservou). Quanto a ele, torna-se acadêmica a disputa sobre elementos literários e cênicos na obra teatral. Poeta engenhoso do palco, Genet não amesquinhou suas peças em prosaísmo de fundo realista e psicológico. Vindo aparentemente do reflexo de espelhos, do "teatro dentro do teatro", ele intuiu os mitos modernos, exprimindo-os com pompa e esplendor não alcançados por nenhum outro dramaturgo contemporâneo. Nosso século está cheio de obras-primas teatrais: dentro dele, a dramaturgia de Genet é sem dúvida a expressão de arte mais pura, o universo mais perfeito, que poderá um dia representar o palco moderno com o mesmo vigor dos trágicos gregos ou de Shakespeare.

Escrita em 1956 e estreada no *Arts Theatre Club* de Londres, no ano seguinte, *O Balcão* não tem dado alegrias a Genet. Ele foi expulso da casa de espetáculos londrina, depois de haver censurado a montagem do diretor Peter Zadek. Martin Esslin conta, no livro *O Teatro do Absurdo*, que consta ter Genet objetado: "Minha peça passa-se num bordel de dimensões nobres" (são "trinta e oito salões!... Todos dourados, e todos com uma maquinaria, capaz de encaixar uns nos outros, de conjugá-los..." – segundo Irma fala no texto). E o norte-americano Bernard Frechtman, considerado excelente tradutor de Genet, observou que as cenas do bordel "deveriam ser apresentadas com a solenidade de uma missa na mais bela catedral". Esslin acredita que Genet acabou por falhar na sua luta por um teatro de ritual, porque nossa realidade é outra.

Um teatro de ritual e cerimonial, como o teatro da Grécia antiga, pressupõe um corpo válido e vital de crenças e mitos, que é precisamente o que falta à nossa

348 O TEXTO NO TEATRO

civilização. Por isso, em *Le Balcon*, Genet defronta-se com a necessidade de criar uma estrutura de enredo que forneça a base lógica dessa pseudoliturgia e desse pseudocerimonial; e ele não conseguiu integrar inteiramente o enredo e o ritual.

Mas uma estrutura de enredo é necessária à mais mítica das tragédias gregas. E o que encanta precisamente em *O Balcão* é o jogo que Genet estabelece entre o ritual e uma força desconhecida, que poderá destruí-lo. Não importa que Roger, considerado por Esslin o verdadeiro herói da peça, se integre no sistema. Para muita gente, nossa civilização está mesmo num beco sem saída, e o que Genet faz não é senão oferecer um ritual, para mostrar-lhe a falsidade. Mas a peça abre-se para o sonho – vago, um tanto abstrato, podendo talvez petrificar-se também numa demissão semelhante à de Roger – e ainda assim presente, embora não contido em termos racionais. E foi esse sonho que inspirou a Victor Garcia a linda metáfora da cena final de seu espetáculo – os homens quase nus, amontoados no subsolo do inferno, escalando as paredes do bordel, para obter a liberdade. E essa fascinante imagem faz de Genet um escritor de agora.

AS PERSONAGENS

O Bispo – Um homem comum, na casa de ilusões, torna-se Bispo. Por que Bispo? Ele tem sede de pureza. "Nossa santidade só existe na medida em que perdoamos seus pecados" – ele quer que os pecados da prostituta sejam verdadeiros, para que possa perdoá-los e assim sentir-se Bispo.

O processo de purificação não é simples: ele afirma que nunca desejou o trono episcopal, elevando-se às custas de virtudes ou de vícios. Para que se tornasse bispo, foi preciso que se obstinasse em não sê-lo.

Os ornamentos, as mitras, as rendas, sobretudo a capa dourada o protegem do mundo. Através dessa paramentação, o homem se reencontra: "Reconquisto um domínio. Bloqueio uma antiga praça-forte da qual fui expulso. Instalo-me numa clareira onde, enfim, o suicídio é possível". A majestade e a dignidade que iluminam sua pessoa não estão nas funções de bispo nem em seus méritos pessoais. O homem admite a existência de um brilho mais misterioso: "é que o bispo precede-me". Isto é, o Bispo pertence à "nomenclatura" da sociedade na qual vivemos – é um de seus mitos, o mito religioso do nosso mundo.

Esse homem acha que o prelado não deveria definir-se pela doçura nem pela unção, mas por uma rigorosa inteligência, e, mais do que ela, pela crueldade. Através da crueldade, caminha-se "em direção à Ausência. Em direção à Morte. Deus?" Isso é o que procura o homem nessa despersonalização de seu cotidiano prosaico: o Nada. Um Nada metafísico, resposta à sua imobilidade perante a História.

O Juiz – Para outro indivíduo comum sentir-se Juiz, uma prostituta faz o papel de Ladra, e Artur, amante da dona do bordel, aparece como Carrasco. "Escute, é preciso que você seja uma ladra-modelo se

A CASA DE ILUSÕES DE GENET

quiser que eu seja um Juiz-modelo. Falsa ladra, torna-me um falso Juiz. Está claro?" – diz ele. Os três estão ligados: se o Carrasco não a espancasse, como é que ele, Juiz, poderia impedi-lo de espancar? O Carrasco, amontoado de carne, é o espelho que o glorifica.

A função de Juiz é vista como sublime pelo pobre mortal:

> Oh, menina, você me reconcilia com o mundo, Juiz! Serei Juiz de seus atos! É de mim que dependem a balança, o equilíbrio. O mundo é uma maçã, corto-a em dois: os bons e os maus. E você aceita, obrigado, você aceita ser a má! (...). Se cada julgamento fosse pronunciado com seriedade, me custaria a vida. É por isso que estou morto. Vivo nesta região da exata liberdade. Rei dos Infernos, peso os que estão mortos, como eu.

O ser Juiz pertence à "nomenclatura" social, embora a ladra tenha, em relação a ele, o privilégio da anterioridade: "Meu ser Juiz é uma emanação de seu ser ladra". Nesse jogo dúbio, em que evidentemente há forte elemento erótico, a ladra faz o homem rastejar, em busca de seu ser de Juiz. "Eu pago! Eu pago o que for preciso, minha senhora, porque se eu não tivesse mais que separar o Bem do Mal, para que serviria eu? Responda."

Nessa primeira cena em que se apresenta o Juiz, de forte sabor sadomasoquista, a moça quer que ele lhe lamba os sapatos, para confessar-se ladra.

O General – O cliente reclama que a prostituta chegou com meia hora de atraso. "É o quanto basta para perder uma batalha" – afirma ele, usando já uma imagem típica do General em que se transformará, no correr da cena. E para que ele seja um General imponente, ela será a sua Égua, permitindo-lhe cavalgar com garbo.

O General olha-se no espelho:

> Austerlitz! General! Homem de guerra e de parada, eis-me na minha aparência mais pura. Nada, não deixo para trás nenhum contingente. Simplesmente, apareço. Se atravessei guerras sem morrer, se atravessei as misérias, sem morrer, se fui promovido, sem morrer, foi para este minuto próximo à morte.

Também ele sente o fascínio da solidão e da morte. Fixado nessa efígie gloriosa, como um dos mitos do nosso mundo – valor incontestável da "nomenclatura" –, o homem dispõe-se a enfrentar o Nada dentro da imagem heróica em que se refugiou.

O final da cena de apresentação do General é a narrativa do desfile de seu enterro. O General quer que a moça acrescente que ele morreu de pé. E ela anuncia: "Meu herói morreu de pé! O desfile continua. Seus oficiais de ordenança precedem-me... Depois, venho eu, Pombinha, cavalo de batalha... A banda militar toca uma marcha fúnebre..."

A falta de heroísmo da vida comum compensa-se nessa heroicidade simulada – projeção das nossas misérias e das nossas fraquezas num destino superior.

O Chefe de Polícia – O Chefe de Polícia é o verdadeiro Chefe de

350   O TEXTO NO TEATRO

Polícia e não alguém que o representa. E o seu drama é de outra natureza: ele está irrealizado porque ninguém apareceu no bordel, até aquele
dia, desejando travestir-se na sua imagem.

Georges (é o seu nome) manteve uma ligação com a dona do bordel, quando mais jovem, e o freqüenta para se satisfazer com seus espelhos e seus truques. Aquele dia será decisivo em seu destino – os revolucionários o aniquilarão ou ele dominará a revolta. Como foi encurralado no bordel, de lá mesmo comandará as forças repressoras do levante. Sua secreta ambição: ser um dia representado como gigantesco símbolo fálico.

E de repente, sufocada a revolta, o Chefe de Polícia vê realizados
os seus sonhos: Roger, o revolucionário, chega ao bordel e pede os trajes de Chefe de Polícia. Agora Georges já pode dizer que pertence à
"nomenclatura" dos bordéis.

O revolucionário, derrotado, castra-se, mas o Chefe de Polícia não
aceita essa visão incompleta de sua personalidade. Está tão orgulhoso
por se ter afinal transformado em mais um mito do nosso mundo, que
se sente apto a enfrentar a eternidade. Não lhe interessam mais as vazias agitações do cotidiano. Também ele, como as demais personagens
de *O Balcão*, tende inapelavelmente para a imobilidade e a morte. Como diz Carmem, todos os cenários são adaptáveis ali a um tema principal – a morte. E o Chefe de Polícia entra no mausoléu, pedindo que lhe
dêem comida para dois mil anos.

Carmem – Carmem é a preferida da dona do bordel e, a esse título,
faz sua contabilidade e ouve suas confidências.

Por ter uma filha, Carmem poderia parecer a prostituta convencional, destinada na peça de encarnar o prosaísmo da profissão. Se assim
fosse, o texto não pertenceria a Genet, incapaz de ceder a qualquer
exigência de realismo.

O diálogo de Carmem e Irma é essencial para se desvendar o mecanismo da casa de ilusões. Carmem diz a Irma que ela desconhece seus
verdadeiros sentimentos e o que custa ser objeto da fantasia masculina,
sem um pouco de ironia.

Carmem teve um momento de glória: para um contador de Banco
da Província, era duas vezes por semana Nossa Senhora de Lourdes.
"Sua contabilidade nunca substituirá minha aparição". Aquelas horas
ilusórias guardavam impressionante verdade.

Está claro que Carmem – como diz Irma – se paramenta na sua
profissão como se fosse um título. Sustenta-a o orgulho da escolha,
sentindo-se todo-poderosa em sua arte. Quando Irma se acredita perdida, ante a hipótese de os operários ganharem a batalha, Carmem a
tranqüiliza: "Eles se habituam logo com o deboche. Basta um pouco de
tédio...".

Carmem não é a prostituta convencional, mas a mítica: "Ingressar
no bordel é recusar o mundo. Aqui estou, e aqui fico. A minha realidade são os seus espelhos, as suas ordens e as paixões". E, pela competên-

A CASA DE ILUSÕES DE GENET

cia profissional, é ela quem dialogará com o revolucionário tornado Chefe de Polícia, já que se trata de novo cenário no bordel.

Irma – Irma, dona do bordel, chamou-o casa de ilusões, e ela sabe que esse jogo glacial é a causa de sua tristeza. "O grande Balcão é conhecido no mundo inteiro. É a casa de ilusões mais honesta e mais sábia..." – certeza que não a cura da melancolia. Num diálogo esclarecedor, Carmem diz para ela: "Ao redor de sua bela pessoa organizou um teatro faustoso, uma festa cujo esplendor a envolve, dissimulando-a para o mundo". Sua natureza exigia esse aparato...

Proprietária de um cenário de falsificações, Irma sabe que só tem de verdadeiro as jóias, os seus diamantes.

Irma abandona-se a Carmem, num diálogo íntimo, mas não perde nunca a noção de que é a administradora da casa de ilusões, onde cada cliente já traz preparado o próprio cenário.

O enviado da Corte anuncia as catastróficas baixas em palácio, e Irma, como qualquer de seus clientes, aceita representar a majestosa figura da Rainha, na qual ela aparece em trajes fantásticos, mantendo para o povo a imagem da soberana.

Terminada a comédia, Irma apaga as luzes, porque no dia seguinte tudo se repetirá de novo. No texto de Genet, ela tem a última palavra: diz aos espectadores que voltem para casa, "onde tudo, não duvidem, será ainda mais falso que aqui".

(Janeiro, 1970)

28. Tennessee Williams Evoca o Passado

Temíamos o reencontro com *À Margem da Vida* (*The Glass Menagerie*). A peça de Tennessee Williams nos impressionara, no primeiro contato, pelo toque poético, pela delicadeza e pelo pudor dos sentimentos. Apesar da quase fragilidade de entrecho e de forma, não se poderia omiti-la numa lista rigorosa das obras-primas do teatro contemporâneo. Veio, depois, *Uma Rua Chamada Pecado* (*A Streetcar Named Desire*, *Um Bonde Chamado Desejo*), que desenvolvia as qualidades propriamente teatrais do texto anterior, com um violento impacto emocional, e lançava a figura de Blanche Dubois, uma das mais belas e poderosas personagens femininas do palco moderno. A solução clínica do final (isto é, a ausência de um desfecho satisfatório) não chegava ainda a provocar desconfianças a respeito dos intentos do dramaturgo. Alma Winemiller tinha também o poder de disfarçar a forte presença melodramática de *Anjo de Pedra* (*Summer and Smoke*). *A Rosa Tatuada* (*The Rose Tattoo*) e *Gata em Teto de Zinco Quente* (*Cat on a Hot Tin Roof*) já sublinhavam de maneira inquietante a preocupação de sensacionalismo. Com *Orpheus Descending* (não apresentada no Brasil), *De Repente, no Último Verão* (*Suddenly, Last Summer*), e *Doce Pássaro da Juventude* (*Sweet Bird of Youth*) não era mais possível levar a sério Tennessee Williams, inscrito, pelas primeiras obras, entre os mais importantes autores norte-americanos dos nossos dias. Em face do total descaminho das produções recentes, resistiria *À Margem da Vida* a um reexame? Não nos teríamos iludido com a juventude do autor, e com a nossa? O esforço da releitura era algo penoso, pela necessidade de confrontar diferentes impressões – exercício quase sempre melancólico. *The Glass Menagerie* saiu engrandecida desse cotejo: não será possível recusar à peça lugar incontestável na atual literatura dramática.

TENNESSEE WILLIAMS EVOCA O PASSADO 353

Nas notas introdutórias sobre as personagens e a encenação, Tennessee Williams adverte-nos contra o perigo de considerar realista o texto. A liberdade das convenções habituais se justifica, por tratar-se de *memory play*. Importam a atmosfera e a sutileza, distantes do que pareceria simplesmente fotográfico. As observações não se referem apenas a essa obra. "Dizem respeito à concepção de um novo teatro, plástico, que deve substituir o exaurido teatro de convenções realistas, se cabe ao teatro retomar a vitalidade como parte de nossa cultura." Na verdade, *À Margem da Vida* não se contém nos moldes estritos do realismo nem se esfuma na fantasia, que parece ter marcado irremediavelmente a mórbida aventura das últimas obras. Assim como todo bom teatro, de Ésquilo a Brecht, a peça se inclui na categoria do realismo poético, expressão por certo híbrida e que parece emprestada à inconsistência eclética, mas é a única a englobar os requisitos de tratamento artístico de uma realidade que, de outra forma, se contentaria com o estilo da reportagem.

The Glass Menagerie é a visualização cênica das lembranças de Tom, o narrador. Ao abrir-se o pano, ele está longe do núcleo familiar – a mãe e a irmã –, que abandonou ao impulso irresistível da procura de outros mundos. A sedução inicial do texto vem da confluência de duas constantes da literatura moderna, que informaram particularmente a juventude plasmada no clima da Segunda Guerra: o gosto da memória e o desejo de fuga, forças comunicantes que nascem da mesma insatisfação com o presente e a realidade à volta. (Depois, surgiu para muitos a necessidade de definição numa atitude responsável, a exemplo de Sartre, enquanto Tennessee Williams fechou-se em definitivo no seu drama sexual. Mas o rompimento rimbaudiano, um dos vetores determinantes de *À Margem da Vida*, está no substrato de toda uma geração.)

O gosto da memória, além dos antecedentes literários, cuja expressão maior fora *À la recherche du temps perdu*, se ligava já a um vício característico da época: a exploração psicanalítica do passado, que via na infância o resumo do homem futuro e uma espécie de paraíso perdido, ao contato da sociedade dissolvente. A conseqüência desse deliciar-se na memória era a fuga aos compromissos, o horror do empenho prosaico numa tarefa, considerada rotineira. Muitos, não aceitando o ônus da revolta coerente, pelo desaponto com os resultados da revolução soviética, preferiram a recusa passiva da realidade burguesa. A exacerbação dessa atitude definiria, pouco depois, a *beat generation*.

Tom abre o véu da cena doméstica para introduzir a mãe e a irmã e, indiretamente, justificar a vida errante que leva. Um ponto comum liga as quatro criaturas que formam a trama: a frustração, o desequilíbrio entre o presente insatisfatório e os sonhos de antes. Daí o próprio autor indicar, como condição primeira da peça, a nostalgia. São vários os caminhos percorridos para os protagonistas reconhecerem a melancolia da existência a que chegaram. Sabem, entretanto, que a promessa

354 O TEXTO NO TEATRO

de um dia não se realizou – tornaram-se pálido retrato das esperanças acalentadas.

A mocidade de Amanda, em contraste com a dos filhos, surge na evocação como a pintura de tempos alegres e satisfeitos, quando também nenhuma nuvem estava a ameaçar as relações internacionais. Ela só menciona bailes, pretendentes (filhos de fazendeiros do sul dos Estados Unidos), e o êxito nas rodas sociais, que anunciavam um casamento brilhante. Mesmo que a memória esteja a embelezar o passado, na recriação mítica de um tempo perfeito, para oferecer-lhe agasalho contra a rudeza atual, Amanda passou de fato de uma mocidade feliz à velhice solitária. Na inconsciência da vida despreocupada, aceitou o matrimônio com um homem que a atraía e que, depois, farto das obrigações familiares, simplesmente desapareceu, sem deixar rastro. O choque deve ter criado em Amanda o desajuste com a realidade, e por isso ela fala sem parar, alude incessantemente às Montanhas Azuis e se dirige aos filhos com pretendido zelo, que é mais um desagradável sufocamento. Deseja Amanda, por certo, que a filha encontre marido e, na recepção ao jovem Jim O'Connor, desenterra do baú um vestido de festa da mocidade, cujo sabor inatual lhe acentua ainda mais o desequilíbrio neurótico. Incapaz de reter o marido, o desastroso desvelo rouba-lhe também o filho. Amanda inaugura a vasta coleção de mulheres williamsianas, que já frustraram a sua chance e sobrevivem à realidade no refúgio de seu mundo intocável.

Volta-se para Laura a ternura de Tom e do autor. Parece quase irreal a figura dessa jovem que, doente de timidez e de alheamento, vive entre bichinhos de vidro irisado. O defeito físico, em outro caso, tornaria o complexo desinteressante banalidade. Em Laura, a diferença das criaturas normais serve para caracterizar-lhe a sensibilidade, a natureza frágil que tanto se assemelha à daqueles seres inanimados. Do ginásio, guardava a admiração e o entusiasmo por um jovem vitorioso, líder dos colegas e disputado pelas moças – em tudo o seu oposto. Perdera-o de vista, e eis que, numa coincidência, Tom é seu colega de trabalho e convida-o para jantar em casa. Laura, após recusar-se a recebê-lo, põe-se à vontade e se ilumina, num súbito desabrochar de todas as energias adormecidas. Dali, sairia para a realização definitiva. Jim, a fim de evitar equívocos mais penosos, conta-lhe que está noivo e em breve se casará. Fora apenas um instante a promessa de felicidade e fica para o leitor a sugestão de que Laura se recolherá para sempre ao convívio dos bichinhos. Ela poderá sair um dia de sua solidão para uma fuga idêntica à de Alma Winemiller com o caixeiro-viajante, em *Anjo de Pedra*.

Jim O'Connor, que pareceria na peça a única personagem plantada na realidade, refletindo o tipo do norte-americano médio, não se afasta muito dos outros protagonistas. Bastariam seis anos, depois que deixou o ginásio, para incluí-lo na engrenagem da vida menor, distante dos ideais adolescentes. Na visita que fez à família Wingfield, desenha-se com precisão o seu caráter: objetivo, definido no amor por outra moça,

TENNESSEE WILLIAMS EVOCA O PASSADO   355

tentando desesperadamente quebrar, com os cursos noturnos (inclusive o de Oratória), a asfixia da vida comum. Pode ser que, no correr dos anos, Jim participe de novo do grupo dos vencedores, que não precisam estiolar-se nas tarefas pequenas. O autor não parece reservar-lhe destino melhor: há uma sombra de amargura e de desencanto na luta empreendida por Jim. O fundo de qualquer natureza é mesmo o fracasso e a solidão – parece sugerir o texto, sem o mau gosto das filosofias baratas, diluídas freqüentemente na literatura.

Nesse panorama, Tom se descreve por meio da narrativa na primeira pessoa e das cenas de que participa com a família. Lembrar que Tennessee Williams pinta nele, ao menos em parte, um auto-retrato, vale para situar-lhe um pouco mais a natureza. A vocação de poeta põe Tom em conflito com o emprego de caixeiro de loja de calçados e o definhante zelo materno. A fuga provisória são algumas bebedeiras e as sessões diárias de cinema, em que o anseio de aventura se projeta no mundo ilusório dos heróis de ficção. A antiga fuga paterna e o apelo permanente provocado pelo ópio cinematográfico e pela mediocridade à volta o levarão, diante do pretexto da perda do emprego (escrevia versos numa caixa de sapatos), a correr o mundo por conta própria. Tom precisa partir sem piedade as amarras familiares para tentar o salto de poeta.

Como narrador, que liga os diversos fragmentos, Tom estabelece a unidade da peça. Tennessee Williams experimenta, em *À Margem da Vida*, introduzir a memória, elemento assimilado à técnica romanesca, na composição teatral. A memória permite maior liberdade nas associações e nas tônicas dos diferentes quadros, sem que seja necessário observar a convenção segundo a qual uma cena surgiria forçosamente de outra. A visão deformante da memória explica a importância maior dada a certos pormenores, em detrimento de outros, que ficam despercebidos. De um ponto de vista acadêmico, assim, a longa cena entre Jim e Laura seria considerada em desproporção com outros episódios do ambiente familiar, apenas sugeridos. A perspectiva do narrador não só pode focalizar mais demoradamente um momento da evocação (sintomático também de sua psicologia), como enfeixa o conjunto num todo orgânico. Embora com história tênue e personagens nada excepcionais, prestes a dissolver-se em inconsistência, a peça alcança admirável rendimento, pelo vigor da poesia.

Tom procura indicar todas as coordenadas daquela família. Década de 30. Guerra civil na Espanha. Na fala final, ele opõe aos "relâmpagos que hoje em dia iluminam o mundo" a luz das velas de Laura. *À Margem da Vida* mostra-o aturdido entre os reclamos da cena familiar e o mundo que se conflagra. Uma virtude do texto é a pintura do clima carregado existente nas vésperas, quando tudo, em potencial, pode a qualquer momento desaguar. Perpassa pelo entrecho a inquietude, a insegurança da vida contemporânea. Mas se, àquela altura, o fundo social ainda preocupava o autor, os demônios particulares acabariam, mais tarde, por cortar-lhe qualquer diálogo com o mundo. A peça narra o nascimento de um poeta, mas não precisa ainda que tipo de poeta. As virtualidades estão todas presentes, e a fuga poderia ser um princípio de responsabilidade maior. Lá se encontram, também, as outras características que prejudicariam, talvez irremediavelmente, o escritor Tennessee Williams: a sedução de perder-se no passado, o masoquismo do sentimento de culpa e a autopiedade. Por enquanto, essas marcas apenas inferem-se do texto, sem encontrarem a compensação do escândalo que deturpa por completo as últimas obras. *The Glass Menagerie* permanece, por isso, como um momento feliz da criação de Tennessee Williams, superado em alcance apenas por *A Streetcar Named Desire*. Irritados pela subliteratura de *Sweet Bird of Youth* e *Suddenly, Last Summer*, precisamos de um movimento de simpatia para ajuizar as virtudes de *À Margem da Vida*. Vale a pena o trabalho de isenção, porque a beleza da peça salta, agora, mais límpida aos nossos olhos.

(Setembro, 1961)

29. Sugestão e Mistério em Williams

No segundo ato de *Gata em Teto de Zinco Quente*, quando o pai lança para o filho Brick a anormalidade de suas relações com o amigo Skipper, Tennessee Williams insere, no texto, uma longa indicação, que serve para esclarecer o leitor quanto aos seus propósitos:

> Algum mistério deve ser deixado na revelação de uma personagem, numa peça, assim como grande parte de mistério permanece sempre na revelação de uma pessoa, na vida real, ou mesmo para si própria.

Com efeito, além da atitude de Brick no fim do terceiro ato, sugerindo que concederá ao apelo de sua esposa, e dos dados psicológicos anteriores que não deixariam prever aquele desfecho, há outras cenas de difícil exegese. Admite o pai que o problema era apenas do amigo, mas acrescenta que os dois deveriam enfrentá-lo juntos. Não sabemos por que – se por acreditar intimamente que pertencia também ao filho, se por piedade, se por favorecer o desvendamento definitivo do seu caráter. Esse clima de mistério assegura permanentemente à obra a qualidade poética e permite mais uma vez a definição sobre Tennessee Williams: trata-se de fato de um escritor, um grande escritor, que ultrapassa o território da carpintaria teatral pelo vigoroso talento literário. Explica ainda o autor de *À Margem da Vida*:

> O que me interessa nesta peça não é a solução do problema psicológico de um homem. Estou tentando apreender a verdadeira qualidade da experiência num determinado grupo, aquele jogo recíproco dos seres humanos, mas fortemente carregado pela tempestade de uma crise comum.

A análise de *Gata em Teto de Zinco Quente* leva à conclusão de

358 O TEXTO NO TEATRO

que o autor realizou seu objetivo, e ele é tanto mais meritório porque freqüentemente o teatro e o cinema norte-americanos incidem nas motivações psicanalíticas primárias.

Para obter essa atmosfera, Tennessee Williams socorreu-se da técnica tradicional mais eficaz: a concentração das personagens e dos problemas num momento de crise, em que tudo assume a responsabilidade das coisas ditas irremediavelmente. Desde a descrição do cenário, o ambiente é explosivo. No quarto em que se passa a ação viveram os antigos proprietários da fazenda, como que presidindo os atuais acontecimentos com a sua anormalidade manifesta. Não há passagem de tempo entre os atos, e a situação não poderia ser mais adequada para os exames de consciência e as aproximações e choques familiares. É o dia em que "Papaizão" comemora sessenta e cinco anos e lhe mentem, reduzindo sua moléstia a um simples espasmo de cólon. Os brindes de aniversário e o relaxamento do diálogo com a morte o conduzem a uma redescoberta da vida, agora depurada de mentiras. Declara vorazmente o desejo de aproveitar todos os instantes que lhe estão reservados e se liberta das imposturas sociais, confessando a hipocrisia das idas à igreja e aos clubes, e a própria convenção que o prendera à mulher durante quarenta e cinco anos, sem suportar sua presença. Mas esse desabafo recairá em silêncio porque, num ímpeto de possível vingança, despeito e ressentimento, o filho se apressa em informar-lhe que o seu mal é mesmo câncer. Prosseguirá o pai o diálogo com a eternidade, enquanto os outros, num coro sinistro, cerram a atmosfera da peça.

Naquela madrugada, Brick, tentando saltar bêbado os obstáculos, fraturara a perna e anda de muletas no palco. Em virtude do acidente, que o coloca também diante de si mesmo, a mulher é impelida a definir seu problema, jogando-lhe na cara a ligação suspeita com o amigo. A mãe oscila da alegria efêmera de pensar que os exames são negativos à certeza de que o marido tem câncer, pedindo o amparo de Brick, a quem chama filho único. Gooper, o outro filho, notificado desse desamor que sempre sentira, proclama que nunca lhe faltara a consciência de que só servia "pros outros cuspirem em cima de mim". As demais personagens emolduram a tensão – Mae, a mulher de Gooper, atiça a fogueira com a hostilidade aos cunhados e o desejo de resguardar a herança; seus cinco filhos atravessam todo o tempo a cena com pistolas de brinquedo e mostram a "crueldade precoce", que faz a um dizer que a tia era irascível porque não tinha filhos; o médico, incumbido de comunicar à mãe a moléstia de "Papaizão"; e o pregador, inoportuno e estúpido, invadindo o palco na cena decisiva entre pai e filho, para perguntar onde ficava o reservado. O ambiente lá fora é também tenso, com os fogos de artifício do aniversário e, na versão do terceiro ato da Broadway, com uma verdadeira tempestade. Maggie diz a Brick, a certa altura, que ocupam uma mesma jaula. Considera-se gata em teto de zinco quente, mas, pelo desejo de evasão das personagens, sente-se que a todas se aplicaria a definição e que é o próprio palco que está em brasas.

SUGESTÃO E MISTÉRIO EM WILLIAMS 359

Tennessee Williams tem o cuidado de prevenir que não lhe interessa, na peça, a solução do problema psicológico de Brick. Cabe-nos o direito de perguntar, porém, se a experiência coletiva, ao menos na literatura, é inteiramente válida, sem a precisão da psicologia de cada um. E, com esse raciocínio, passamos a acreditar que a peça termina em concessão.

Todo o arcabouço psicológico de Brick é o de um desajustado. Mais novo que o irmão oito anos, tornou-se o caçula alvo dos carinhos paternos. Campeão nos esportes, consome-se na amizade por Skipper, e a aura de pureza em que a envolve é mais um sintoma de seu complicado processo mental. Diz ele à mulher, sem dúvida: "Cada homem tem alguma coisa de verdadeiramente grande e bom em sua vida. Na minha, era a amizade por Skipper. E você confunde isso com uma coisa imunda!" Mas recusa os contatos com ela e mergulha na bebida. Sem nos fixarmos sobre a possível anormalidade de Maggie em conservar o amor por um homem com essas características, citamos também a pintura que Tennessee Williams faz dela: a voz às vezes grave, delineando a imagem retrospectiva de quando ela fingia de menino nas brincadeiras infantis. Daí não acreditarmos na capitulação final de Brick à esposa, embora ela própria se referisse ao amante maravilhoso que ele havia sido, ou talvez pelo motivo com o qual justifica essa opinião: sua indiferença no amor.

A sugestão de mistério em *Gata em Teto de Zinco Quente* parece transformar-se, assim, em dubiedade, e por isso, terminada a sua leitura ou baixando o pano, assalta-nos a indecisão sobre se foi útil ou não aquele tratamento da história. Evitou o autor a definição psicológica de Brick, mas é impossível que alguém se furte à pergunta: trata-se ou não de um homossexual? E convenhamos que a peça, se fosse construída apenas sobre esse problema, não teria interesse. Essa é, contudo, uma observação crítica *a posteriori*. Porque o texto demonstra poder de envolvimento, ao menos nos dois excelentes atos iniciais, seguidos de um terceiro ato inferior (e de mau gosto mesmo, na versão encomendada por Elia Kazan e que o diretor Maurice Vaneau felizmente não adotou, na montagem do Teatro Brasileiro de Comédia de São Paulo). Se indagarmos as razões do envolvimento, verificaremos, também, que a inutilidade não deve prevalecer, ou melhor, não existe. Tennessee Williams verbera a vida convencional, os falsos preceitos sociais. Condena a mentira em que se baseiam as instituições do nosso mundo e se, no fim, a entrega de Brick a Maggie parece uma rendição às vantagens da transigência, ficou o exemplo de tolerância do pai amoroso, a desesperada tentativa de comunicação entre dois seres. Nesse ponto, a peça se aproxima dos extraordinários elementos positivos de *The Crucible*, de Arthur Miller, cerrando fileiras numa valiosa tendência de libertação e denúncia do teatro norte-americano.

(Outubro, 1956)

30. Modernidade de Arthur Miller

Poucos dramaturgos exprimiram tão bem nossa época como Arthur Miller. Bertolt Brecht decompôs o mecanismo das forças sociais, propondo uma fórmula política para vencer as injustiças. Criou novo processo dramático, desde a fatura da peça até as relações do intérprete com a personagem e com o público, a fim de caracterizar, fora dos enleios emocionais, o objeto crítico na sociedade. Pode-se inquirir até que ponto não será transitória a forma brechtiana, pois, de acordo com os seus anseios, é de transição o mundo atual. Não cremos que Brecht ficasse chocado com a hipótese da transitoriedade de sua teoria, ciente que sempre esteve do vínculo solidário da obra de arte com o momento histórico no qual foi criada. No caso de Miller, o problema é diverso, pois em sua dramaturgia há apenas uma atualização dos processos tradicionais, aplicados com inteligência aos estímulos do momento.

Se passarmos em revista as grandes obras da história do teatro, verificaremos que encarnam sempre os mitos essenciais das épocas em que foram escritas. O gênio de um autor está intimamente ligado à capacidade de apreender as coordenadas sociais do instante, exprimindo-as no placo. Em face de questões básicas e representativas da luta humana para fazer da terra um lugar habitável, os temas eivados de lateralidade se apequenam e votam a obra ao esquecimento. Arthur Miller, ao menos a partir de *All my Sons* (sua oitava ou nona peça e primeira de êxito) e até *A View from the Bridge*, teve a ciência de retratar aspectos fundamentais da aventura humana, dentro de clara visão do presente.

Todos Meus Filhos fixa, entre outros problemas que lhe completam a dimensão, a indissolubilidade dos conceitos de bem individual e

MODERNIDADE DE ARTHUR MILLER 361

bem coletivo. Um pai, temeroso do futuro dos filhos, consente, durante a guerra, na fabricação de aviões defeituosos, que trarão a morte a vinte e um soldados norte-americanos. Um dos filhos, horrorizado com o crime, prefere não mais voltar à pátria, perdendo-se numa missão aérea. O outro, mais tarde cientificado da verdade, revolta-se contra o pai, a ponto de levá-lo ao suicídio. As ilações da peça parecem-nos óbvias, em termos redutíveis até a sentenças demagógicas: homens dignos não aceitam uma herança manchada de sangue. É preferível começar tudo de novo a receber uma fortuna que custou a vida de inocentes. O pai errou, ao pensar que os filhos o acusariam de deixá-los com as mãos vazias, legando-lhes assim um dinheiro inaceitável. Se quisermos ir adiante, concluiremos que é podre a civilização fundada no sacrifício de tantos homens. A Arthur Miller, porém, não satisfazem as situações abstratas. Repugnar-lhe-ia opor filhos a pai, como símbolos de concepções antônimas de vida. O pai também é vítima das circunstâncias, falhando apenas na maneira de reagir contra elas. Acomodatício, procura transmitir um mundo errado, desde que os filhos pertençam à classe dos favorecidos. Eles, imbuídos de heroísmo idealista, decidem-se pela revolta, um com a própria morte e outro tentando uma vida digna. A culpa última é da organização social, que levou o pai ao crime. Sabia ele que, se não estivesse em condições de atender ao pedido do exército, seria cortado da relação dos fornecedores, advindo-lhe daí a ruína.

O mundo de *A Morte de um Caixeiro-Viajante* acha-se igualmente estruturado numa sólida psicologia individual e em amplas implicações coletivas. Como história, representa o itinerário do malogro do protagonista, junto de um semelhante destino de sua família. A progressiva caminhada do herói prende-se tanto às injunções da categoria profissional a que pertence como ao menor rendimento da velhice. Crescem as cidades, e as relações pessoais do caixeiro-viajante perdem-se na teia imensa do anonimato. Com a idade, a produção diminui e o homem que não pode amealhar prejudica-se no futuro. Para que o quadro fosse mais real, Arthur Miller reproduziu-o também no cenário da peça: de início, a casa do caixeiro-viajante está aberta para o céu; com o tempo, os edifícios, típicos da civilização moderna, sufocam-na e impedem qualquer fuga no horizonte. A casa, célula da vida familiar pequeno-burguesa, tende a ser expulsa pelas habitações coletivas.

A peça mostra bem a falta de perspectiva da burguesia média na sociedade contemporânea. A polarização das classes sociais condena-a a proletarizar-se e, em última análise, é esse movimento dialético que transparece da ação de *A Morte de um Caixeiro-Viajante*. A iniciativa do vendedor ambulante cede lugar à racionalização do trabalho. Quem, diante do texto, não sente uma palavra de advertência e um enorme susto?

Continuando a tratar problemas de profunda repercussão social, Arthur Miller escreveu *The Crucible (As Feiticeiras de Salém)*. A peça sugere, também, numerosas exegeses, tal a riqueza do material utilizado. Autoridades, baseadas na mistificação de uma jovem e na histeria de

362   O TEXTO NO TEATRO

outras que com ela fazem coro, sacrificam por suposta prática de bru-
xaria muitas pessoas do povoado de Massachusetts, no ano longínquo
de 1692. São vários os móveis de Abigail, inclusive o ressentimento do
homem de quem gostava, marido de sua patroa. Descoberto o absurdo
da farsa judiciária, ressalta da peça uma crítica violenta ao terrorismo, à
sanha inquisitorial que aproveita falsos indícios para lavrar sentenças
inapeláveis. Não houve quem deixasse de assimilar *The Crucible* aos
métodos do macartismo, o qual ameaçou naufragar o povo norte-americano em medo, suspeita e insegurança. A teocracia, apavorada com o
demônio, em Salém, acabou por assumir, ela própria, feições demonía-
cas. Arthur Miller, conhecedor das leis sociais, não omitiu sob a capa
religiosa, contudo, uma infra-estrutura de lutas pela posse de terras.

    Um Panorama Visto da Ponte veio completar esse quadro de misti-
ficações que ameaçam a liberdade individual. Verbera a peça outro aspecto dos enfeitiçamentos coletivos: a delação. Supondo preservar o
bem público, os regimes que a incentivam permitem apenas que aflorem
as paixões torpes. O sistema das denúncias anônimas é desmontado na
sua irremediável covardia e injustiça. O grande suporte das ditaduras
encontra no texto uma das críticas mais honestas e frontais. Arthur
Miller, com a sua admirável isenção e superioridade, preocupa-se ainda
em confessar, pela boca do *raisonneur*, que "alguma coisa de perversamente puro permanece ligada à memória" do delator. É um apaixonado,
capaz de ir ao fundo das coisas, o que não faz a legião de sensatos e indiferentes. O autor aponta e castiga o erro, sem recusar-lhe grandeza e
entrega violenta de quem o comete. Talvez a compreensão e a simpatia
que esta subentende sejam mais dolorosas e irônicas contra os que vivem de caçar os inconformados com o regime.

    Suspeitamos que a ênfase maior atribuída à natureza política da
dramaturgia de Miller possa falsear a exata significação de cada texto.
Com efeito, esses elementos que sublinhamos são nítidos e importantes,
mas não constituem toda a complexidade de sua expressão artística.
Definem-se, por assim dizer, como o macrocosmo cênico, dentro do
qual evoluem as psicologias individuais. As personagens não existem
para ilustrar uma tese social. As repercussões políticas (estando o homem inscrito numa ordem) é que podem ser identificadas através do
gestus dos protagonistas. Se não conhecêssemos a realidade total, poderíamos contentar-nos com as relações humanas estabelecidas nas peças. Porque, antes de tudo, Miller é um extraordinário criador de caracteres. Todo o arsenal da psicologia ele emprega para construir personagens profundamente vivas, imersas em vertiginosa aventura. Um parentesco indisfarçável aproxima, aliás, alguns de seus heróis. O pai de
All my Sons, o caixeiro-viajante, Abigail e o delator são naturezas de-
finíveis pela falha trágica, destruindo-se e destruindo tudo ao seu redor.
A falta de medida que encarnam só é purgada pela expiação que se
impõem. À inconsciência sucede o "reconhecimento" – eclosão da verdade que acaba por triunfar.

MODERNIDADE DE ARTHUR MILLER   363

O mérito de Arthur Miller estaria comprometido, sem uma correspondente beleza da forma dramática. Discordamos dos que o acusam de prosaísmo e vemos, ao contrário, em seu estilo, uma áspera e viril poesia. Desde o destemor com que explora o noticiário jornalístico, até o aproveitamento da crônica histórica, revela o dramaturgo suas raízes fincadas no realismo. Salutar e moderno realismo, que não esquece ser o homem o instrumento do teatro, e um homem tanto mais complexo quanto melhor testemunha a epopéia terrena. A técnica utilizada por Arthur Miller não se repete nas várias peças, mas se amolda perfeitamente aos diferentes problemas a exprimir. *Todos Meus Filhos* é um drama construído dentro do sólido esquema de Ibsen, porque rígida e invariável se mostra a distribuição de forças no tabuleiro. Os conflitos são marcados, sem nuanças. Em *A Morte de um Caixeiro-Viajante*, Arthur Miller foi buscar os processos psicológicos de sondagem interior, pelos quais a memória funciona menos como *flashback* do que na dinâmica do presente. É essa a forma de que procura valer-se a personagens para reconstituir sua unidade fugidia. À mistificação coletiva retratada em *The Crucible* corresponde, no palco, o enfeitiçamento dos processos mágicos, a crise histérica consumada diante da platéia. Analisando o protagonista de *Um Panorama Visto da Ponte* na sua paixão inconsciente, o coro-narrador comenta os episódios, situa-os sob a perspectiva social. A quase selvageria do delator é contrabalançada pela frieza raciocinante do advogado. O equilíbrio desses dois vetores antagônicos estabelece a sólida arquitetura da peça. Dessa linha dramática excetua-se *A Memory of two Mondays*, texto de menor alcance e que pelo próprio título parece subordinar-se a reminiscências pessoais.

Escreveu Arthur Miller, no artigo "A família no drama moderno", que "todas as obras de teatro cuja *grandeza* reconhecemos (para não falar da seriedade) estão no fim de contas implicadas num único e mesmo problema. Como, do mundo exterior, pode o homem fazer uma morada habitável?" No prefácio às *Collected Plays*, confessou:

> Num certo sentido, estas peças constituem minha reação ao que "andava pelo ar". A forma de um homem dizer aos seus semelhantes: "Isso é o que vocês vêem todos os dias, ou pensam, ou sentem. Vou mostrar-lhes agora o que vocês, na verdade, sabem, mas não tiveram tempo, ou desprendimento, penetração ou informação bastante para compreender conscientemente. Cada uma destas peças, em diferentes graus, foi começada na crença de que desvendava uma verdade já sabida, mas não reconhecida como tal".

Conclui Miller que o teatro é uma atividade "que torna ou deveria tornar o homem mais humano, isto é, menos só".

Não há dúvida de que sua dramaturgia tem sido uma das mais poderosas armas de conscientização na linguagem artística. Arthur Miller colabora decisivamente para construir nossa morada terrestre.

(Outubro, 1958)

31. Demônio e Responsabilidade em Miller

Para escrever *As Feiticeiras de Salém (The Crucible)*, Arthur Miller não precisou fugir muito à realidade: os autos do processo relativo aos acontecimentos no pequeno aglomerado norte-americano, no ano de 1692, forneceram-lhe material altamente dramático, transponível para o palco apenas com os cortes e a concentração exigidos pelos limites do espetáculo. Episódios verdadeiros, não há dúvida. Mas seriam verossímeis? Não cabe agora relembrar a querela estética entre a realidade e a verossimilhança, tema bizantino, já que a obra de arte requer uma coerência íntima, distante sempre dos fatos puros e simples. O recuo de três séculos no sacrifício de tantas vidas, motivado pela denúncia de algumas meninas, segundo as quais até respeitáveis figuras de Salém mantinham contato estreito com o Demônio, facilita ao espectador de hoje a aceitação da história, que de outra forma talvez não fosse crível. Quantos absurdos de nosso século, porém, só serão compreensíveis para a posteridade, se vistos sob a luz benevolente que pressupõe o atraso e a escuridão dos conhecimentos atuais.

Indo buscar um dado concreto da história norte-americana, o autor de *A Morte do Caixeiro-Viajante* queria, por certo, surpreender-lhe a atualidade. Os fenômenos coletivos de histeria, descobrindo fantasmas na faina diurna, não são prerrogativa do passado nem pertencem a uma latitude precisa. Ainda que o conceito de universalidade seja, na sua falta de amparo científico, um dos que mais se prestam às divagações subliterárias, não se pode recusar um certo cunho universal ao problema tratado por Arthur Miller. Capitalistas e comunistas estão aí a ver-se reciprocamente como íntimos do Demônio, numa reminiscência da pobre dicotomia ética, incapaz por muito tempo ain-

DEMÔNIO E RESPONSABILIDADE EM MILLER

da de separar-se das cogitações humanas. Temos tendência a emprestar ao que nos é adverso uma aliança com o sobrenatural, força secreta que insufla prestígio aos antagonismos de qualquer espécie. Quando se deseja, não é difícil ver feiticeiras por toda parte.

A ambição de Arthur Miller foi grande, ao realizar um amplo painel, em que o coletivo e o individual se intercomunicam e se compõem, num jogo infindável de influências e de definições. Pode supor-se que ele partiu do genérico, das silhuetas pouco individualizadas que povoam uma cidade, para fixar-se numa criatura exemplar, que encarna e resume a mais alta consciência social. Desse indivíduo privilegiado – John Proctor – o dramaturgo se dirige de novo para a coletividade, como se o seu heroísmo consciente fosse o preço para a salvação de todos. Cristo puritano e orgulhoso que, ao expiar aquilo que julga a sua culpa, redime também a cidade, pelas repercussões de um ato responsável.

Conseguiu Arthur Miller construir um drama de imensa riqueza porque soube recorrer às mais diversas fontes, sintetizando-as e não fazendo que uma excluísse a outra, e sem acentuar a tônica sobre uma só motivação. Antecedentes religiosos, psicológicos, econômicos e quantos mais houver misturam-se, para formar a tessitura complexa de *The Crucible*, que ora se espraia nas cenas de delírio irracional, ora se concentra nas mais rigorosas sondagens interiores. Não há desequilíbrio nessa mudança de ângulos nem um parece justapor-se a outro: ambos fluem da necessidade orgânica da trama, alimentando-a e enriquecendo-a para que progrida sem desfalecimentos, da apresentação ao desfecho. Se cumpre notar um defeito, ele é de excesso e não de carência: a teatralidade contumaz, a preocupação de explorar a fundo todos os possíveis golpes cênicos, o fustigamento permanente dos nervos do espectador, por enredá-lo sem trégua nas malhas da intriga.

Como acontece na maioria das manifestações coletivas, desencadeia-se a trama por causa de um pretexto quase imponderável, difícil de distinguir na sua aparente singeleza. Mas é essa a ridícula ponta de cigarro que provoca o incêndio de grandes proporções, o qual não seria ateado se não fosse propício o terreno. Na peça, inicia os episódios a doença de Betty (filha do reverendo Parris), proveniente do susto por ter sido surpreendida na floresta, junto de outras meninas, numa dança que se considerou de invocação abs espíritos. Estivesse Parris mais próximo de Deus e menos marcado pelo Demônio, contornaria a crise com medicação eficaz. A indecisão e a pusilanimidade submergiram-no no clima de loucas suspeitas, propiciado também pelo descontentamento pessoal com vários paroquianos e pela falta de medida de sua sobrinha Abigail. Tudo talvez não chegasse a maiores conseqüências sem o propósito de vingança dessa adolescente. Ferida no seu amor por John Proctor, expulsa da casa onde trabalhava pela mulher dele, Abigail deixa crescer em si o ressentimento, e fere indiscriminadamente, na vã esperança de reaver o amado. Não se podem,

366   O TEXTO NO TEATRO

porém, cingir a pura fraude as visões das meninas. Fortemente domi-
nadas por Abigail, acabam por converter a simulação num ritual de
verdade, em que se convencem de seu papel sagrado, pela importância
que lhes dão os adultos.

É claro que outros interesses estão servidos pela condenação dos
habitantes de Salém. A sra. Putnam compensa-se da mágoa nascida
com a morte de sete filhos, antes de receberem o sacramento do batismo. O sr. Putnam envolve-se em questões de terras, e suas propriedades seriam muito aumentadas, com o confisco e venda dos bens dos
enforcados, porque só ele dispunha de dinheiro para adquiri-los. No
desencadeamento da tragédia, o autor tem a possibilidade também de
pintar a reação dos diferentes caracteres, em face da morte. Diversos
acusados confessam o comércio com o Demônio, para se livrarem da
forca. Para eles, importa sobretudo preservar a vida, mesmo se o seu
preço é a mentira. Outros se recusam a transigir com o embuste, e se
mantêm irredutíveis, diante do sacrifício. Os ministros presbiterianos
passam da caça às feiticeiras à dúvida e finalmente à certeza da fraude. Hale, doutor em Demonologia, convocado a Salém para debelar o
mal, depois de afirmar que "o Demônio é exato", se convence inteiramente de que foi vítima do logro, e não titubeia em prescrever a
mentira como remédio para a salvação de Proctor. Assalta-o a dúvida
teológica: "Bem pode ser que Deus maldiga menos um mentiroso do
que o que atira fora a vida por orgulho". Parris, fraco no deixar que
os rumores de feitiçaria se avolumassem, continua indeciso, no final,
não tomando uma atitude mais enérgica, em face do indício seguro
trazido pela fuga da sobrinha. Hathorne e sobretudo Danforth perso-
nificam os carcereiros menos empenhados no estabelecimento da verdade do que na vitória sobre os reclusos – humilhação imposta que
lhes justifica a vida. A literatura existencialista pôs em voga esse tipo
de criaturas, e terá sido sua natureza, sem dúvida, uma das afinidades
que dispuseram Sartre a colaborar na versão cinematográfica da peça.

Além desse ponto de contato, outro nos parece mais revelador do
parentesco entre *The Crucible* e uma constante sartriana: o próprio
conflito íntimo de John Proctor, que deságua na problemática da liberdade e da responsabilidade.

Tudo leva a crer que o propósito do autor de *Panorama Visto da
Ponte* era encarnar em John Proctor o homem comum, no melhor
sentido da expressão. Casado, pai de alguns filhos, trabalhando duramente a terra para obter uma boa colheita e prosperar. A sólida formação humana, que naqueles tempos compreendia o culto religioso,
dava-lhe segurança suficiente para não acreditar em feiticeiras, ainda
mais que provinham do desespero vingativo de Abigail. A ética em
que se criara só lhe permitia encarar como luxúria o contato com essa
jovem, surpreendido aliás pela esposa. Consciente do pecado, Proctor
procurou lavá-lo de todas as formas, almejando o perdão de Elizabeth.
O puritanismo da mulher, responsável pela frieza na vida sexual,

DEMÔNIO E RESPONSABILIDADE EM MILLER 367

sustentou-lhe a condenação e a desconfiança de Proctor, e apenas no esclarecimento do último diálogo ela admitiu que preservara "um lar gelado". Elizabeth também se culpa: "É preciso uma mulher fria para propiciar a luxúria". Relaxado nesse momento de mútua compreensão, Proctor pode buscar a sua verdade. No plano estritamente pessoal, condena-se, e reconhece:

Não posso galgar o patíbulo como um santo! É uma certa idealização sobre-humana, à maneira dos heróis clássicos, castigado, e a confissão mentirosa de feiticeira vinha satisfazer essa necessidade de humilhar-se. Por isso John Proctor proclama para os carcereiros que viu o Demônio.

Instila-se aí, contudo, o outro lado da questão: suas palavras não tinham mero alcance pessoal, de alívio da culpa. A confissão de John Proctor repercutiria na cidade, fortalecendo os carcereiros, e tornando inúteis as mortes dos que não capitularam. A intransigência de Rebeca Nurse, tranqüila na sua negativa até o momento final, serve de catalisador para John Proctor. Ele toma inteira consciência de sua responsabilidade para com os outros. Daí não querer assinar a confissão, estabelecendo uma diferença sutil entre a palavra falada e a escrita, entre o castigo pelas culpas pessoais e as exigências no plano social. Diz ele: "Como viverei sem o meu nome? Eu lhes dei a minha alma; deixem-me o meu nome!" Naturalmente, a alta responsabilidade, que decorre do respeito pela existência dos semelhantes, supera o desejo de expiação puritana, e John Proctor caminha para a forca não para impor-se um castigo, mas em defesa de uma idéia.

Não será difícil agora concluir que os males narrados são imputáveis à sociedade puritana de Salém, em fins do século XVII. É o puritanismo o verdadeiro demônio que preside todos os erros. Condiciona ele as reações de vítimas e algozes, e a perigosa diferença que Proctor vê entre amor e sexo. O drama da peça não poderia ocorrer, com as mesmas características, na vida norte-americana de hoje: sem contar a distância do obscurantismo democrático, haveria para o casal Proctor o remédio do divórcio.

A estrutura do texto indica, porém, que a preocupação maior de Arthur Miller foi mostrar todo o itinerário do caráter de John Proctor. Os quatro atos jogam alternativamente com as cenas coletivas e o íntimo do herói. O segundo ato passa-se em sua casa, e o último, numa cela de prisão, contém os seus mais profundos debates interiores.

Tanto é verdadeiro esse propósito do dramaturgo que, a certa altura, ele abandona Abigail, com a simples informação sobre a sua fuga. Ela, que fora a mola para a eclosão dos acontecimentos, estava caracterizada, e nada acrescentaria à trama narrar suas reações posteriores. Já se esclarecera seu domínio sobre as outras meninas, inclusive a passagem de Mary Warren do desejo de verdade à submissão histérica a ela. Abigail podia ser deixada à sua própria sorte.

Se as personagens, nesse estranho universo, não requeressem uma certa idealização sobre-humana, à maneira dos heróis clássicos, pensaríamos estar lidando com um texto do século XIX. A literatura moderna dissociou muito mais as personagens e dissolveu o bloco granítico em que parecem estar esculpidas essas criaturas de Arthur Miller. O problema de John Proctor atualiza *As Feiticeiras de Salém* pelas normas de nossos dias, e o torna um dos mais conseqüentes heróis contemporâneos.

(Dezembro, 1960)

32. Miller Autobiográfico

> *O mundo poderá ser salvo*
> *Se o homem desfizer a distância*
> *que o separa de sua*
> *infância.*
>
> (CASSIANO RICARDO, *Jeremias sem-chorar*)

O conhecedor da obra de Arthur Miller não poderia iludir-se ao deparar com o título sugestivo e ambicioso de sua peça: *Depois da Queda (After the Fall)*. Transcorrida quase uma década de silêncio, no palco, dentro da qual se passou uma tragédia íntima, um texto com evidentes elementos autobiográficos deveria suscitar maiores cautelas nos juízos, em virtude do respeito intelectual a que a dignidade e o mérito do dramaturgo fazem jus. Fosse *After the Fall* apenas uma boa peça e estranhável do ponto de vista ético, ainda assim caberia examiná-la como expressão artística, esquecidos os laços com a realidade próxima. O equívoco de grande parte da imprensa nos parece completo, porém, se considerarmos que não se trata somente de admirável obra cênica: a conduta moral do escritor define-se irrepreensível. Alia-se, assim, ao fenômeno estético, uma rudeza de depoimento que se acha entre as mais pungentes e densas da ficção contemporânea.

O motivo das críticas encontra-se, em geral, na circunstância de haver Arthur Miller emprestado à personagem Maggie os traços de Marilyn Monroe, com quem ele fora casado, e cujo suicídio, não muito depois do divórcio, é ainda tão recente. A peça teria o caráter de tentativa de justificação pessoal, o desejo de desculpar-se perante o mundo. Não nos fala esse aspecto: sentimos, ao contrário, que o protagonista de *After the Fall*, obviamente assimilado ao autor, assume a responsabilidade do ato e, mais do que isso, acolhe nos seus ombros todo o fardo da existência. O texto transcende o problema individual, para investigar o lugar do homem na vida de hoje. Não recusemos o simbolismo fácil, ao afirmar que está em causa a própria condição humana, depois da queda.

Se nos vierem à mente as obras anteriores de Arthur Miller, verificaremos que *After the Fall* não representa ruptura ou alteração de itinerário. Todos os seus ingredientes são identificáveis em *All my Sons, Death of a Salesman, The Crucible* e *A View from the Bridge*. As obsessões do autor não se alteraram, o processo técnico estava anunciado numa ou noutra peça. Engrandece artisticamente *After the Fall* a inoculação de maior dose de subjetividade, a visível presença da experiência vivida, enriquecendo os esquemas passíveis de abstratizar-se com doloroso dilaceramento, uma violenta carga de palavras verdadeiras.

O protagonista Quentin dirige-se a cada momento a um interlocutor imaginário, que se colocaria diante do palco. *God*, escapado na primeira frase, permite conjecturar que o requisitório se volta para a divindade. Sendo Quentin advogado, a "narração" da sua vida parece feita, de qualquer maneira, para um tribunal superior. Por que não a própria consciência, também? Ou simplesmente o público, juiz coletivo tornado ouvinte na platéia. A natureza do interlocutor não altera a confissão de Quentin, que o cenário situa numa área indeterminada, representativa de um "cadinho". Informa a rubrica, aliás, que "o efeito do conjunto deve parecer neolítico, uma geografia flexível, como a lava de um vulcão, e em cujas fendas e cavidades a ação se desenrola". Domina o palco "uma torre de pedra bombardeada, de um campo de concentração alemão". O cenário já relaciona o fervilhar do drama pessoal com o signo de uma tragédia coletiva do século XX. O protagonista funde a sua indagação interior com o destino da humanidade, e esta se vê retratada na terrível sondagem de um indivíduo. *After the Fall* não se contenta com uma visão parcial do homem: concentram-se no seu universo artístico, à semelhança de todas as obras-primas da história do teatro, elementos de filosofia, política, ética, sociologia e psicologia. O historiador do futuro poderá ver em Quentin uma das imagens reveladoras do homem no nosso tempo.

Mesmo sob o risco de diminuir o alcance da aventura de Quentin, vale a pena tentar surpreender-lhe o caminho. Evidentemente, ele está em crise, pouco mais de ano distante do suicídio de Maggie e do abandono da firma em que trabalhava, alguns meses depois da morte da mãe e de uma viagem à Alemanha, onde Holga, a nova promessa de felicidade, o levara a visitar um campo de concentração e sua câmara de torturas. Mas, logo no início do seu longo monólogo, Quentin reconhece: "Agora eu sei que o desastre de minha vida realmente começou quando um belo dia olhei para cima... e estava vazio. Nenhum juiz à vista". O homem não se conformou com a abolição racional da divindade. Se aceitasse o desespero, poderia continuar. O despovoamento do céu

MILLER AUTOBIOGRÁFICO 371

marca o início de sua tragédia. E Quentin se sente "suspenso, esperando por algum signo no qual possa acreditar". A partir dessa verificação, a vida não se cristaliza em valores definidos e nenhuma fórmula salvadora satisfaz. O ponto de partida metafísico não se ajusta a uma *praxis* materialista, e daí a decepção da experiência política. No plano íntimo, esbarrara o herói com a incomunicabilidade de um primeiro matrimônio com Louise, e o segundo abandono amoroso, com Maggie, criatura de atributos tão diversos, redundou em malogro idêntico. As duas mulheres, em cenas decisivas, chamaram Quentin de frio e distante. Daí ele dizer, numa confissão dolorida, que por si só atestaria a elevada sinceridade da peça: "A questão é que eu fiz que duas mulheres tão diferentes chegassem à mesma acusação – isso para mim completou um círculo. E eu quis enfrentar a pior coisa possível – que eu não podia amar". A incapacidade para o amor, ligada ao desespero, seria outra marca do homem moderno. Com incômodo masoquismo, Arthur Miller vai até o fundo da ferida.

Essa dureza se estende ao exame dos sentimentos pelos amigos. A dignidade, o orgulho impõem regras a Quentin, mas esvazia-se o significado profundo de qualquer atitude. Perante a comissão de investigações, ele defenderia Lou, sem que ambos, entretanto, se enganassem mais a respeito da antiga amizade. Lou se lança debaixo de um trem de metrô, pondo fim ao terror das investigações sobre atividades comunistas. Antes ele ouviu de Mickey, na presença de Quentin:

> O Partido? Mas eu desprezo o Partido, já há muitos anos. Exatamente como você. (...) A verdade é que eu não tenho solidariedade para com as pessoas que eu podia apontar – só por você. E não porque fomos comunistas juntos, mas porque fomos jovens juntos. (...) Porque a verdade, Lou, a minha verdade, é que eu penso que o Partido é uma conspiração... Deixe-me acabar. Acho que fomos logrados; eles pegaram a nossa luta pelo que era direito e a colocaram a serviço dos interesses russos. E acho que não podemos continuar virando as costas para a verdade só porque os reacionários a estão proclamando. (...) Não era o Partido que nós amávamos, era a verdade de cada um de nós.

A paixão da verdade individual sempre perseguiu o ibseniano Miller (ele chegou a adaptar *Um Inimigo do Povo*), e uma ética intransigente nunca se ajustaria à subordinação dos meios apenas aos fins. Mickey, sob vários aspectos, aparece como uma nova roupagem de Eddie Carbone, e não foi à toa que o *raisonneur* de *Panorama Visto da Ponte* falou sobre ele: "Alguma coisa de perversamente puro permanece ligada à memória" da personagem. *Depois da Queda* pinta, nesse particular, a frustração dos intelectuais em face da realidade política. E Quentin, sem mistificação, não esconde a euforia, ao saber que se livra de um compromisso aflitivo, com o suicídio de Lou: não precisará mais arriscar a pele por ele.

A figura que desperta a simpatia espontânea no texto é a de Maggie, identificada por todos a Marilyn Monroe, segunda mulher do dramaturgo. Os flagrantes do primeiro encontro com Quentin mos-

372 O TEXTO NO TEATRO

tram-na aquele ser alegre, aberto, sem malícia, *sexy* e com um "agora" estampado na testa. O mecanismo fantástico do mito transforma-a, em poucos anos, de telefonista de escritório em cantora das multidões. A subida prodigiosa, entretanto, não traz segurança. Os fantasmas vêm da infância – a mãe que procurou sufocá-la com o travesseiro, para que a menina não sofresse as conseqüências do seu pecado. O pai desconhecido, um dia descoberto, fala-lhe ao telefone para procurar o advogado, temeroso por certo de chantagem (um dos estigmas da civilização financeira). A estrela, novo mito de beleza feminina animal e ingênua, não consegue esconder para si: "eu sou uma piada que ganha dinheiro". O casamento com Quentin, antes de mais nada, significou uma busca de dignidade (ele não quis dormir com ela, no primeiro encontro, levando-a a respeitar-se como pessoa humana). Sua luta se concentrou em impor-se além do próprio físico. Mas os demônios maltratam, o delírio da autodestruição ronda a vida contemporânea. A necessidade de afirmar-se, não acreditando em si mesma, a obriga a faltar aos ensaios, a despedir injustamente os músicos nos quais via inimigos. A vertigem se completa no uso indisciplinado de barbitúricos – desejo de apagar a imagem agressiva do mundo. Por que o fracasso do casamento? Quentin também lhe faltara? O protagonista, dirigindo-se ao Ouvinte, não recusa a verdade. Ao lado de outras circunstâncias que vinham tornando difícil o cotidiano (os contratos de Maggie tomavam quarenta por cento do seu tempo de trabalho), abate-o, numa festa, o íntimo descontentamento de que um interlocutor estranho um dia a tivesse possuído, e ele escreve o bilhete fatal: a única pessoa que sempre amou e amará é a filha, a filha do primeiro matrimônio, e se encontrasse um modo honrado de morrer... Maggie não suporta a vergonha que o marido sentiu dela, e todo o esforço de auto-estima, a tentativa de viver com dignidade se esboroa diante daquela condenação. Não se sentindo amada pelo seu ídolo (buscara nele o carinho que substituiria a relação paterna), nenhum valor mais se sustenta. E se acelera o processo de desagregação, o jogo sadomasoquista do castigo de Quentin e da culpa sentida por fazer-lhe mal. O protagonista denuncia paulatinamente a engrenagem em que ambos se envolvem, para enfim dizer: "Um suicida mata duas pessoas, Maggie. Para isso é que é feito. Portanto eu estou me afastando e assim quem sabe o seu suicídio perde o sentido". Consuma-se a separação (ou melhor, a fuga), e mais tarde Quentin pode apenas reconhecer para Holga: "Eu sei como matar... Eu sei, eu sei... ela estava condenada de qualquer forma, mas isso adiantará alguma coisa?"

A expiação de Quentin observa os vários ritos de uma auto-análise pública. Não se pode acusá-lo, dentro da perspectiva idealista do humanismo, de má-fé. Ele não deseja oferecer de si uma imagem retocada, nem considerar superiores os seus impulsos e instintos. Num certo sentido, a visão divina que Maggie tem dele baseia-se num equívoco. Ela se sentiu honrada porque não foi logo objeto de um convite

MILLER AUTOBIOGRÁFICO 373

para a cama. Quentin confessa ao Ouvinte: "Deus, que hipocrisia!... Porque eu estava era com medo, e ela tomou isso como uma homenagem a ela... ao seu "valor"! No terreno das relações humanas, Arthur Miller afasta um a um todos os embelezamentos ilusórios. A peça, num contínuo exorcismo, compraz-se em enfrentar a miséria moral do indivíduo.

E como esse desmascaramento deveria atingir as últimas conseqüências no diálogo entre Quentin e Maggie, a complexa estrutura do espetáculo parece destinada a propiciar as cenas do casal. Não que a primeira parte fosse desnecessária: para o público devassar melhor a intimidade do torturante conflito dos protagonistas, impunha-se enquadrá-lo no contexto da biografia de Quentin. Mas tem-se a sensação de que, à maneira da técnica de Strindberg, Arthur Miller trabalhou para encontrar a cena decisiva, e ela fustiga a emotividade do espectador pelo requinte na remoedura da "luta de cérebros". A composição de *Depois da Queda* reflete o amadurecimento do dramaturgo, que aproveitou as conquistas das obras anteriores e grande parte dos métodos da literatura moderna. Ao dirigir-se ao Ouvinte, Quentin atualiza dramaticamente o passado por meio de *flashbacks* que se associam em liberdade. A memória permite a dispensa de diálogos introdutórios, das convencionais conversas de apresentação. Os fragmentos dispersos no tempo, aparentemente soltos, sucedem-se no correr do espetáculo, para formar uma imponente arquitetura. O *flashback* já fora experimentado em *A Morte do Caixeiro-Viajante*. *Panorama Visto da Ponte* recorre a um narrador. Quentin tem algo de um John Proctor (de *As Feiticeiras de Salém*), reduzido à dimensão da autobiografia não idealizada. Maggie, heroína trágica, padece da mesma falha da autodestruição que distingue o pai de *All my Sons*, o caixeiro-viajante, Abigail e Eddie Carbone. *Depois da Queda* não deixa de ser o coroamento de uma dramaturgia que já conta várias obras-primas.

O desfecho autoriza especulações diversas. A última presença, no texto, é de Holga, iniciando o diálogo com o protagonista, quando a torre se ilumina, implacável, e se sela o destino de Maggie. Um outro amor, nascido da plena consciência da culpa ("os que sobreviveram jamais poderão ser inocentes de novo"), seria capaz de substituir um casamento frustrado? A pergunta, feita com malícia e primarismo, tem o objetivo de diminuir o significado desse painel: joga-o sem remissão no campo de um psicologismo insatisfatório, desligado de repercussões mais amplas. Quentin, com efeito, admite-se um ser derrotado em todas as ilusões, indivíduo para quem o conhecimento foi destruidor. A esperança da formação idealista rompeu-se ao embate da realidade. Suas premissas não se alteram, no decorrer da peça, antes procuram uma razão de viver mais remota e instintiva. Afirma o protagonista, com insistência, que não obstante os reveses e os perigos do mergulho noturno, recupera sempre, ao acordar, a alegria de exis-

374 O TEXTO NO TEATRO

tir. No último monólogo, ele declara: "Toda manhã eu me levanto como um menino, mesmo agora! Eu juro, ainda resta em mim alguma coisa que me faria amar o mundo de novo!..." Um menino salta da vida de Quentin, e a restaura. A vida o empurra – incoercível fatalidade. Não importa, em quaisquer termos, que o aceno de justificação terrena venha da promessa de um amor adulto. Esse Adão moderno (mais do que Hamlet) está condenado até o fim, depois da queda, ao diálogo com Eva. O tímido "alô" final, trocado entre Holga e Quentin, fica no frontispício de uma aventura que pode ser positiva e duradoura.

(Julho, 1964)

33. Dürrenmatt e *A Visita*

A Visita da Velha Senhora não é uma peça inteiramente original, nem cogita de propor novas formas para o teatro. O espírito da tragédia grega paira sobre a inexorabilidade de sua ação, mas todos os processos da literatura moderna são visíveis nela, desde a sátira e o grotesco ferozes, até a hipérbole abstratizante revivificada pelo expressionismo. O texto resume parte apreciável das tendências artísticas atuais e plasma, com isso, uma grande síntese. Nasce daí o seu mérito simbólico – espelho no qual podemos reconhecer lugares-comuns essenciais de nossa época.

Seu autor: o suíço Friedrich Dürrenmatt. Nascido em 1921, em Konolfingen (cantão de Berna), adquiriu a fama de mais importante dramaturgo de língua alemã da geração posterior a Brecht e Zuckmayer. Filho de pastor protestante, estudou teologia, filosofia, literatura alemã e ciências naturais, formando-se pela Universidade de Zurique. Desejou, de início, dedicar-se à cenografia, mas resolveu, depois, tentar a literatura dramática. *Está Escrito*, sua primeira peça, é um texto sobre os anabatistas, tendo a estréia, em 1947, constituído pequeno escândalo teatral. *O Cego* foi representada em 1948; *Rômulo, o Grande*, o último imperador romano, em 1949 (e refeita em 1957); *O Casamento do Sr. Mississípi*, em 1952; *Um Anjo vem a Babilônia*, em 1953; e *A Visita da Velha Senhora*, em Zurique, em 1956. Dürrenmatt é ainda autor de peças para rádio, de novelas policiais e de ensaios sobre teatro. *A Visita da Velha Senhora* continua a ser considerada a obra-prima do dramaturgo que, em 1959, obteve o Prêmio Schiller, a mais ambicionada láurea teatral da Alemanha.

376 O TEXTO NO TEATRO

Quem é, afinal, essa velha senhora, que se acha em visita ? Real e ao mesmo tempo fantástica, profundamente humana e já desligada, na aparência e nos atos, da substância que nos torna homens – não vem apenas visitar a pequena cidade natal, Gullen, que se desfaz em decadência e miséria: vai ao encontro de seu passado, tem a firme deliberação de vingar-se de uma injustiça de que foi vítima na mocidade longínqua.

Vista sob esse ângulo, a personagem pode evocar Orestes ou Hamlet. O autor, contudo, tomado pela vocação de síntese, enriqueceu-a de outro aspecto: no posfácio (omitido na tradução francesa e do qual tomamos conhecimento no cuidado texto português de Má·io da Silva), escreveu que, graças à sua fortuna, tem poderes para "agir como heroína de tragédia grega, absoluta, cruel, qualquer coisa como uma Medéia". No diálogo, o Professor já esposara essa opinião, dizendo a ela: "Eu a vejo como uma heroína da Antiguidade, como uma Medéia". Antes, chegara a afirmar: "Fico pensando numa parca, numa deusa grega do destino. Deveria chamar-se Cloto"... (contraste irônico com o seu nome Clara). As ambições do dramaturgo não podiam ser mais nítidas. Resta saber se ele as fundamentou na peça.

A nosso ver, não só a figura da velha senhora, Claire Zahanassian, está perfeitamente definida na sua grandeza mítica, mas também o texto apresenta admirável estudo da psicologia social – uma cidade inteira que se move ao estímulo da proposta que lhe é feita de assassinar um de seus habitantes, em troca da salvação financeira. Em poucas palavras, o problema é o seguinte: Clara oferece um bilhão à moribunda Gullen, desde que mate Alfred Ill (Schill, na tradução brasileira, por motivos de eufonia), seu amante na juventude, que negou fraudulentamente a paternidade de uma filha de ambos, para casar com uma moça rica. Obrigada a sair da cidade e fazer-se prostituta, Clara acaba casando com o milionário Zahanassian (guardará dele, para sempre, o sobrenome, símbolo do poder econômico), e se torna dona da Armenian Oil, da Western Railway, da North Broadcasting Company e do bairro dos cabarés de Hongcong. Um psicanalista encontraria nesta fala da velha senhora a chave de sua personalidade: "O mundo fez de mim uma mulher da vida e eu quero fazer dele um bordel". Um dito como esse pode ter de fato ressonância trágica, apesar do desejado mau gosto, se o autor sabe inscrevê-lo numa arquitetura condizente.

A Visita da Velha Senhora, por esse lado, define-se como a tragédia do ressentimento. Todas as indicações revelam o amor total de que ela nunca conseguiu se curar e estoura nessa vingança absoluta – o sacrifício do amado. Diz ela a Alfred Ill, no último encontro fortuito, no bosque, onde antigamente se amaram: "Seu amor morreu há muitos anos. O meu amor não podia morrer. Mas, tampouco, viver. Tornou-se qualquer coisa de mau, como eu própria". Ela já trouxe para Gullen o caixão de Alfred, permanentemente envolto em flores,

DÜRRENMATT E *A VISITA* 377

e que seria depois transportado para Capri. Carregará o ataúde para a eternidade.

Amor com essa dimensão exige vida igualmente grandiosa. É assim a matéria de Claire Zahanassian. Já sua chegada na pequena estação cerca-se do aparato conveniente: pára, com o freio de emergência, o expresso da linha internacional. E, depois das recriminações de praxe, o chefe da estação desculpa-se por não estar informado de que se tratava dela. Constituem seu séquito o mordono, dois gângsteres e dois eunucos, além de desfilarem pela peça os maridos de números 7 a 9 e uma comitiva de jornalistas. Mais tarde, sabe-se que o mordomo é o juiz que lhe ditara a sentença adversa na ação de paternidade. Os eunucos, as testemunhas falsas, agora cegos pelos gângsteres, que foram por ela salvos quando iam morrer na cadeira elétrica. Os maridos... Além dos antigos, portadores dos mais diversos títulos, sucedem-se os novos – um proprietário de plantações de fumo, um galã do cinema alemão, um Prêmio Nobel. A este, ela ordena que pare de pensar, enquanto, ao anterior, que exercite o raciocínio.

Estamos num mundo vertiginoso, de evidente alegoria (apesar dos protestos do autor) e desenfreada sátira. Num dos casamentos, Clara recebe felicitações de Ike e de Nehru. Virão para outras bodas "Onassis, Aga e toda a cambada da Riviera". Entende-se ela com os russos, deixa de atender, por capricho, o presidente do Banco Mundial. Tudo parece curvar-se ao seu poder econômico. A mágoa do amor frustrado (gostaria de casar na catedral de Gullen) desenha-se, porém, no seu físico: uma perna mecânica, conseqüência de um desastre de automóvel, e uma mão de marfim, em virtude de uma queda de avião. Ela proclama essas realidades desagradáveis. Exibe as feridas, logo que desejam omiti-las ou embelezá-las. O menosprezo pelo êxito ou pela humanidade se afirma, entre outras características, na redução das pessoas a produtos em série. Se o camareiro chama-se Bobby, o marido se chamará Moby, porque, "afinal de contas, camareiro a gente tem para a vida toda, logo, os maridos é que devem adaptar-se ao nome dele". Os gângsteres se denominam Toby e Roby, os eunucos Koby e Loby, e os outros maridos, Hoby e Zoby.

Que leva a velha senhora a esperar com tanta calma que se cumpra a vingança? A certeza inabalável segundo a qual se pode comprar tudo. É esse outro lugar-comum que o texto não teme enfrentar, antes assinala com despudor entre cínico e amargo. E a reação da cidade tem força probante. Ao ouvir a proposta de Clara, o Burgomestre replica: "Nós ainda estamos na Europa, ainda não nos tornamos pagãos. Em nome da cidade de Gullen, recuso a sua oferta. Em nome da humanidade. Preferimos continuar pobres, a nos manchar de sangue". Aos poucos, todavia, muda-se sutilmente o pensamento da população. O anúncio do dinheiro leva todos a gastar, com leviandade, em nome do futuro. Compram sapatos e roupas. Reformam casas e constroem edifícios. Estabelece-se o clima de prosperidade, sem que ninguém

378 O TEXTO NO TEATRO

queira praticar o crime. A tentação assalta todos os setores: o administrativo, o policial, o religioso, o artístico, o do magistério. O pároco aconselha Alfred Ill a fugir, pois, enquanto fala, ouve-se o belo repicar do sino novo. O professor, bêbado, sabe que se trata de assassínio, mas acaba por admiti-lo, ao voltar à lucidez. A crueldade de Dürrenmatt atinge o clímax quando a própria família de Alfred aceita a situação. A mulher comprou uma pele, o filho, um automóvel, e a filha aperfeiçoa o francês e o inglês e joga tênis. Eis o retrato de uma família burguesa, bem posta socialmente. Com o crédito que lhe confere a futura morte do chefe. Pode-se reconhecer, nessa mudança de atitude, a sub-reptícia modificação do conceito de justiça e de ética. Todos sentem, paulatinamente, que Alfred fizera algo condenável a Clara. Não podia pensar mais em ser o próximo burgomestre. Merecia castigo, mesmo, pela sua falta. Concitam-no, por dever cívico, a sacrificar-se. Finalmente, numa assembléia, lavram a sentença condenatória, enquanto o médico atestará óbito por colapso cardíaco e um locutor pontilhará o crime de comentários edificantes, duramente irônicos para a platéia. A pintura da conspiração da cidade resulta numa sátira da fraqueza humana, do espírito acomodatício, da defesa íntima que faz transformar o erro em verdade. Desvirtua-se o pensamento, para que se amolde aos interesses, caracterizando a consciência, por crua antítese, o que ainda há pouco ela repudiara. A moral se rege pela fome. A visão de Dürrenmatt revela-se profundamente negativa, de sádico pessimismo quanto à natureza humana.

É curioso, nesse entrecho, o itinerário de Alfred Ill. A princípio, acha graça na proposta de Clara. Parece não acreditar no destino que pesa sobre a sua cabeça, nessa cegueira que é típica dos heróis trágicos. Depois, começa a perceber a gravidade da situação e pede garantias de vida. Acusa a velha senhora de instigação ao homicídio. Mas ninguém lhe dá ouvidos. Ao deparar o irremediável, passa a admitir a própria culpa e se responsabiliza por tudo o que aconteceu a Clara. Liberto do medo, desafia a cidade: "Podeis me matar, não me queixo, não protesto, não me defendo, mas não posso vos aliviar do vosso ato". Na fatalidade com que se cumpre o destino, sente-se que Alfred se apequena, aparentando-se a Joseph K. de O Processo kafkiano. Entrega-se ao sacrifício, como em holocausto. Acreditará Dürrenmatt na redenção do homem que aceita o papel de vítima?

A arquitetura da peça sustenta a multiplicidade de intenções. Os recursos são na maioria cômicos, desde a aparente brincadeira, até o delírio da repetição chapliniana. É claro que o riso se transforma em esgar, o cômico, em grotesco. O conjunto faz-se incômodo, levando-nos a meditar tragicamente sobre a nossa condição. Sem cingir-se às unidades aristotélicas, o texto mostra a força de um destino que se cumpre. A linguagem é seca, telegráfica, aproveitando os melhores modelos expressionistas. No primeiro ato, a velha lança o problema, e espera. O segundo descreve o envolvimento de Alfred, inclusive na

DÜRRENMATT E *A VISITA* 379

simultaneidade contrastante com o qual se avoluma o perigo, e Clara, impassível, vai atingindo seu objetivo. Escapa-se a fera trazida na bagagem e a caça adquire o valor simbólico da perseguição a Alfred. O terceiro ato deveria fazer a catarse: de início, a particular, em que os antigos amantes se purgam no diálogo da floresta; e depois, a coletiva, decidindo a assembléia de cidadãos pôr um ponto final no caso. Morto, Alfred Ill transforma-se de novo na idílica "pantera preta" de Clara, identificando em definitivo seu destino ao do animal enjaulado. A ninguém passará despercebido que Dürrenmatt é um romântico virulento, que se compraz na confidência às avessas. Outras ilações decorrem do texto: não há prescrição moral, e o encontro com o destino é comum a toda a humanidade. Diz o professor a Alfred: "também para nós chegará uma velha senhora e, então, se passará conosco o que, agora, se passa com o senhor". Talvez, a culpa seja menos de Alfred que da sociedade, que o levou a casar por interesse. A corrupção do dinheiro, o absurdo dos valores materiais padecem em *A Visita da Velha Senhora* uma das críticas literárias mais pungentes.

(Novembro, 1958)

34. A Parábola de Frisch

É difícil pensar em termos grandiosos, quando se adverte que não deve ser chamada fatalidade a estupidez dos homens. O sentido do inexorável, congenial à tragédia grega, reduz-se a grotesco destino de títere, na inevitabilidade de catástrofe determinada pelas insuficiências pouco nobres. A falha de Édipo foi a cegueira em não identificar na própria biografia os elementos anunciados pelo oráculo. Em seu erro, porém, sempre houve inocência. Já na figura típica do burguês moderno, bode expiatório do mundo atual, inoculou-se a noção de culpa, e o jogo entre o desejo de justificar-se e a consciência intranqüila pode trazer-lhe dramaticidade, mas o apeia do altar do heroísmo. Ele se torna sobretudo protagonista de farsa, mesmo se essa farsa assume por fim colorido sinistro. Porque sua cegueira se assemelha à do avestruz, envolvendo-o todo o tempo no ridículo. Situação que não o impede de, cheios de poeira os olhos, levar a pior.

Amadeu Biedermann, personagem principal de *Biedermann e os Incendiários*, simboliza no nome as características do homem comum. Amadeu procura equivaler, na tradução de Nydia Lícia, à palavra alemã Gottlieb, amante de Deus (Benedito Nunes, no espetáculo do Norte Teatro Escola do Pará, preferiu o prenome Teodoro, de implicações semelhantes), e Biedermann, que no texto francês passou com propriedade a Bonhomme, conservando o significado semântico de origem, tem ressonância de Jederman, o Todomundo do auto medieval. O burguês de hoje, padronizado na ascensão da classe média européia, reúne uma série de características, satirizáveis pelo denominador da mediocridade. Max Frisch poderia ter ressaltado os traços individuais de seu protagonista, o que lhe delinearia o corte psicológico

A PARÁBOLA DE FRISCH

e a natureza dramática. Optando pelas linhas genéricas, esbateu o indivíduo, para dar relevo ao social, e esse tratamento se coaduna melhor com a comédia. Da mesma forma que o avarento ou o misantropo estão retratados na obra de Molière, caberia afirmar que o burguês moderno encontrou o seu pintor em Max Frisch. A imagem não resulta muito favorável ao homem.

No cenário imutável do lar como instituição, Biedermann está sentado em sua poltrona e lê o jornal, fumando charuto. A partir dessa convenção, que lembraria a de *A Cantora Careca*, de Ionesco, superpõem-se os dados formadores da personagem. Biedermann é da velha- guarda, tem uma visão positiva do mundo. Conserva sua consciência, embora se ressalve que "se um sujeito tem consciência é quase sempre uma consciência suja". Acredita na bondade humana e em si mesmo (e "hoje em dia, a maioria das pessoas não acredita mais em Deus, mas sim no Corpo de Bombeiros"). Sua fortuna veio de uma loção capilar, a qual, evidentemente, é fruto da publicidade e não de méritos intrínsecos. Diante do risco, julga que tem o direito de não pensar em absolutamente nada, e diz querer nada mais do que a paz e o sossego. Em novo contraponto irônico, o Coro admite "como é difícil a vida de um burguês, o qual está sempre disposto a fazer o bem", vindo o Corifeu atalhar: "Quando isso lhe convém". Biedermann não crê em diferenças de classes, mas observa: "sinceramente, acho uma pena que as classes inferiores ainda falem em diferenças de classe. Não somos todos, atualmente, pobres e ricos, criaturas de um único criador?"

Eis uma vida pacata, alicerçada em convicções repousantes, e que se fartaria em longevidade, não fossem as ciladas do cotidiano. No ambiente sólido em que está instalado Biedermann, irrompe de súbito um desconhecido, que lhe invade o domicílio com a serena segurança de um direito antigo. Outro o acompanha, mais tarde, em idêntico procedimento, e um terceiro vem juntar-se aos dois, numa repetição de rito. Por que não chamar a polícia? O próprio conviva inesperado cita o receio do apelo aos mantenedores da ordem: Biedermann também está comprometido e, "para ser exato, qualquer cidadão que já alcançou um certo padrão de vida pode ser acusado de alguma coisa". Nesse diálogo engraçado e exasperante, que se encadeia com rigor inquestionável, o tempo praticamente se limita ao necessário para preparar o incêndio. Logo são trazidos para o sótão os tambores de gasolina. Depois liga-se o estopim. Para garantia da expansão do fogo, acumula-se estopa. Os fósforos, o próprio Biedermann fornece aos incendiários. O absurdo alia-se a uma aparente lógica, na pergunta de Biedermann à mulher: "Se eles fossem mesmo incendiários, você acha que não teriam fósforos?"

A presença dos incendiários traz o primeiro toque insólito da trama, na decisão aparentemente imotivada com que agem. Ao acolhê-los, Biedermann dá vazão ao seu medo, à sua covardia, ao seu

382 O TEXTO NO TEATRO

comodismo, ao desejo ambíguo que há no homem em cortejar o inimigo. O coro não poupa esse temor, pior que a cegueira, e satiriza aqueles que vão afobados para o escritório, a fim de esquecer o perigo que os ameaça. O permanente agitar de guizos, que distrai das preocupações verdadeiras... Mas o significado dos incendiários não se esgota aí. O professor de Filosofia, que lê um longo texto, do qual não se compreende uma palavra (reminiscência da mensagem final de *As Cadeiras*, também de Ionesco?) afirma que os incendiários se entregam à sua tarefa apenas por prazer. Um ludismo irracional e destruidor motivaria os piromaníacos. Sob a gratuidade do ato, contudo, já se esboçou antes uma explicação: Schmitz, o primeiro incendiário, diz ser o fantasma do Knechtling. A brincadeira de mau gosto tem o seu lugar. No correr da ação, Biedermann recusara-se a dialogar com Knechtling, seu colaborador de quatorze anos, agora despedido. Knechtling dera-lhe a fórmula da loção para cabelos, mediante a promessa de uma porcentagem pelos direitos de inventor. Biedermann acaba de dispensá-lo da fábrica, "porque não precisava mais dele". Não adianta o recado segundo o qual o problema seria resolvido de acordo com a lei. Knechtling tem mulher doente e três filhos. Um polícia vem comunicar a Biedermann seu suicídio, porque a Viúva o julgou a pessoa capaz de explicá-lo. Fica mais simples, assim, considerar os incendiários a projeção da consciência culpada de Biedermann. O sentimento de culpa equipara-se ao germe destruidor que liquidará fatalmente (estupidamente?) Biedermann. Essa exegese se comprova melhor na versão radiofônica da peça, feita pelo próprio Max Frisch, e na qual o Corpo de Bombeiros está substituído pela voz do Autor. Este fala, a certa altura:

eu gostaria de tratar, ao menos de passagem, a questão que vocês provavelmente já formularam, ou que de qualquer forma se colocará no fim do drama: se eu, o autor, penso ou não que a catástrofe teria sido evitada, se o nosso Biedermann se tivesse comportado diferentemente – que sei eu? – com o velho Knechtling... Bem, para simplificar, se não tivesse a consciência suja, isto é, se não tivesse necessidade de mentir a si mesmo, estou convencido de que Herr Biedermann teria notado, também ele, certas coisas, que escapam apenas a quem incorre em grave estado de pânico... Esta, em suma, me parece a moral da fábula.

Aliás, um dos incendiários havia exposto a Biedermann os métodos de jogar areia nos olhos dos outros. O terceiro processo, contar piadas. O segundo, o emprego do sentimentalismo. "Mas o método melhor e mais seguro – na minha opinião – é a verdade nua e crua. Por incrível que pareça. Ninguém acredita nela!" Acostumado a considerar ironicamente os fatos, um dos incendiários torce a premissa e a conclusão. Biedermann deu trabalho a Knechtling durante quatorze anos, e por paga recebeu o suicídio dele... Max Frisch tem uma visão profundamente niilista do homem.

O coro grego e em particular o sofocliano representou a sabedoria da humanidade inscrita harmonicamente no universo. Se ele reco-

A PARÁBOLA DE FRISCH 383

mendou o respeito ao Olimpo e o meio-termo para a travessia de uma existência propícia, omitiu progressivamente o arbítrio do *Fatum*, para exaltar um homem que aprendia a construir a sua morada terrestre, na Atenas do século V a.C. Não há cântico mais belo de confiança na humanidade do que o do Coro, na *Antígona* de Sófocles. Sua medida pode ser dada por este verso: "Muitos milagres há, mas o mais portentoso é o homem". Pois bem, se um autor deseja amesquinhar esse homem num retrato sem retoques, aí está o modelo a ser glosado. Parodiando a grandeza da criação sofocliana, Max Frisch converteu de propósito o louvor em desencantada ironia. A elevação transforma-se em amargo ou frio deboche. Os bombeiros acabam por insultar Biedermann, às vezes com certa complacência, às vezes sem piedade. A paródia do canto grego está visível nessa caricatura feita pelo Corifeu: "Sagrada é para nós a sagrada propriedade / Mesmo se dela surge alguma coisa / Que nos mergulha a todos / E nos carboniza / Sagrado para nós o que é sacro". O Corifeu, entretanto, lança a advertência incômoda: "Quando se teme mais a mudança / Do que a desgraça, / Como evitar a desgraça?"

Max Frisch qualificou *Biedermann e os Incendiários* de peça didática sem doutrina. As ilações decorrem principalmente do Epílogo, que por sinal não existe na versão radiofônica. Consumado o incêndio, as personagens ressurgem no Inferno e, em mais uma caçoada do autor, Bierdermann e a mulher crêem de início que se encontram no céu. Os incendiários, em novas roupagens, são os Senhores do Mundo Subterrâneo, no qual o Doutor em Filosofia passa a Macaco. O sarcasmo do dramaturgo suíço adquire matizes diferentes, porque ele não se contenta em condenar o homem comum. Ao contrário, o Macaco verifica só estar ali gente da classe média, e o Diabo vai ficar uma fera com tanta mediocridade. A Personagem (Senhor do Império das Sombras) ordena que se apague o Inferno, por não querer administrar um logradouro para burgueses e intelectuais... Não vale a pena queimar uns tantos, se o Céu perdoou os figurões. Está claro que Biedermann é responsável, mas não se pode imputar-lhe toda a culpa, se os maiores foram anistiados. Por isso, Biedermann acredita, ao concluir o Epílogo, que ele e a mulher estão salvos, e o Coro saúda, com ironia feroz, a reconstrução da cidade incendiada: "Mais rica do que nunca. / Arranhacéus modernos / Todos de vidro e cromados". Do ponto de vista urbanístico, fora até vantajosa a destruição da casa de Biedermann... O progresso material impele a civilização, um novo mundo surge das cinzas.

A lição chega ao espectador, sem doutrina – assim o texto se classificou. A ausência de doutrina pode parecer a muitos insatisfatória, porque não se indica a solução do impasse. Haverá quem assimile os incendiários aos comunistas, que o bom burguês tolera sob o seu teto, sem medir as conseqüências. Biedermann, querendo ser "democrático", "igual", recomenda que não ponham a mesa com toalha de linho adamascado e castiçais de prata, e os incendiários, que desde a infância almejaram o conforto e o luxo, reclamam total consideração como "hóspedes". De outro lado, como sátira da burguesia, a peça conteria também laivos revolucionários, advogando a necessidade de mudança social. Não se veja, porém, no desenrolar da trama, nenhuma opção definida. O autor de *Andorra* compraz-se em apontar o erro, cheio de causticidade sardônica e até sádica. A carga corrosiva que o mantém, entretanto, não se ajusta muito às promessas paradisíacas, venham de onde vierem. Trata-se de temperamento de anarquista, inflamado de ardor ético. A hipocrisia, o desconcerto do mundo provocam sua perplexidade, que se traduz em violenta indignação. O grotesco e o trágico fundem-se na exclamação de Belzebu: "O que estão fazendo das minhas crenças infantis! Por mais que eu coma não basta para tanta vontade de vomitar". Max Frisch vomita para o público o seu desprezo do homem sem inteireza moral. Biedermann serve-lhe de estímulo, é uma figura concreta, apesar do esquema genérico e abstratizante de que nasceu. De nada vale que ele se defenda dizendo ter cumprido os mandamentos, e que só teve o defeito de ser bondoso, "talvez bondoso demais". Não se arrolou aí o pecado da omissão, o pecado que assola as consciências modernas, doentes irremediáveis do mal da responsabilidade. Admite-se até que Max Frisch absolva Biedermann, criatura secundária numa engrenagem maior. O texto extrapola, finalmente, do incêndio numa casa particular, para, sob o signo de estampidos sucessivos, advertir sobre a possibilidade de destruição atômica do mundo. Talvez não compita ao dramaturgo receitar um remédio, mas, quando ele põe o dedo na ferida, sabe-se ao menos que há necessidade urgente de medicação.

(Maio, 1965)

35. Osborne Acomodado

John Osborne, jovem irado inglês, nunca deixou de ser bom moço. Tem vocação inequívoca para o palco, mas os textos que o tornaram famoso não justificam a celeuma criada em torno do seu nome. Todos se comprazem nos mais estritos moldes da tradição. Inteligente e esperto, Osborne dissimulou o teatro comercial das características surradas do *boulevard* francês e do melodrama anglo-americano, para animá-lo com sopro de ilusória seriedade. Não se pode negar que o dramaturgo raivoso equilibre aparente ousadia e convencionalismo em doses de hábil artesão. Seus pruridos, contudo, não nos bastam, e nos parecem mais nocivos que a entrega franca à brincadeira. Com esta, ao menos, não há perigo de ninguém se enganar.

As peças de John Osborne ainda começam e acabam em *Look back in Anger* (*Geração em Revolta*, na tradução brasileira). As outras não conseguem obscurecer-lhe a fama, nem alterar-lhe a fisionomia. Os críticos de boa vontade acham que elas acrescentam aspectos novos ao gênio de Osborne. Não conseguimos interessar-nos pelo que exprimem. *The Entertainer* fixa a dissolução de uma família de artistas do *vaudeville*, pontilhando-a com observações sobre a decadência do Império Britânico, sem dar a uma e outra verdadeira consistência teatral. *Epitaph for George Dillon*, escrita em colaboração com Anthony Creighton, parece-nos o fruto das sobras de *Look back in Anger*: o protagonista é definido algumas vezes com palavras que poderiam aplicar-se a Jimmy Porter, mas sem todas as facetas da psicologia deste. Os propósitos de *The World of Paul Slickey* mostram-se menos ambiciosos. Qualificada pelo autor como *comedy of manners with music*, faz alguma espirituosa sátira social, muito mais wildiana do que propriamente colérica. Fiquemos com *Geração em Revolta*, bandeira dos *angry young men*.

386 O TEXTO NO TEATRO

O que se nos afigura mais aproveitável na peça é o cenário social – o pressuposto de um Império Britânico não pousado em doce serenidade, mas imerso em tédio invencível, pela falta de perspectivas. Jimmy Porter é representante e vítima da situação, simbolizando em parte o beco sem saída do melancólico após-guerra. Numa confidência ao amigo Cliff, Jimmy fala:

> Vai ver que os da nossa geração já não são capazes de morrer pelas boas causas. Nas décadas de 30 e 40, quando ainda éramos guris, outros fizeram isso por nós. Já não há mais heróicas e boas causas. (...) Mundo tão sem sentido e tão inglório quanto o ato de passar na frente de um ônibus.

Incapaz de confiar nos valores caducos que lhe são propostos, Jimmy se irrita com o triste legado da atual juventude, coagida a escolher entre diversos erros. Não é muito agradável mesmo – sabe-se – o panorama humano que nos ofereceram e que estamos presenteando aos nossos filhos. Como nos comportarmos, porém, diante do fato consumado?

Há o tipo estóico, sereno e imperturbável com o desabamento à sua volta, como na ode de Horácio. Há o revolucionário que, insatisfeito com a ordem estabelecida, procura modificar a face das coisas. É verdade que a evolução política e social do Império Britânico provocou estranho amálgama – a coexistência de realeza e trabalhismo. Jimmy Porter, sufocado por todos os lados, esbraveja e esperneia.

Até aí, não nos moveria particular desagrado pela sua personalidade, embora, casado e esperando filho, o herói ganhasse em ter reações mais adultas. Osborne acionou-o com as cordas do sadomasoquismo, sustentadas por motivação infantil, capaz de envergonhar os primários manuais de psicanálise. Jimmy Porter fica, o tempo todo, invectivando contra o marasmo da imprensa, a falta de sentido das instituições, a pusilanimidade da esposa. Num requinte de lugar-comum, contudo, seu alvo constante é ainda a sogra. A revolta aprimora-se no gosto de chamá-la *old bitch*.

Quando alcança o pretendido efeito espetacular, Jimmy remói-se com prazer nas próprias dores. E quais são elas? Uma lhe permite tonitruar uma frase imponente: "Quem nunca viu alguém morrer sofre de uma das piores formas de virgindade". É que ele, menino, assistiu à morte do pai. A indiferença e o desamor dos outros ensinaram-lhe o ódio. Um ódio impotente. E essa é uma das razões pelas quais ele, hoje grandalhão, xinga a esmo, sem fazer nada (pobre órfão!). A outra dor vem do descaso da esposa pela sra. Tanner, que o ajudou a comprar o quiosque com o qual ganha a vida. Uma manifestação do complexo de Édipo fora o caso sentimental com Madeline, muito mais velha do que ele e, segundo admite, responsável por quase tudo o que aprendeu. Depois, Jimmy se fixou na sra. Tanner, mãe do amigo Hugh. Avisam-lhe que ela está passando mal e Jimmy se aboleta num trem, para Londres, a fim de que a protetora não morra sozinha. Queixa-se ele de que a mulher não o acompanhou, no transe doloroso. Seu sentimentalismo indis-

OSBORNE ACOMODADO

farçado e fácil leva-o a repetir para a esposa, no fim da peça: "Você nem ao menos mandou umas flores para o enterro. Nem um raminho de flores".

O virulento Jimmy, que parece querer pôr abaixo o palco, não passa de um pobre garoto desamparado. A esposa, num momento de lucidez, define-o para a amante: "O Jimmy quer uma coisa muito diferente de nós. O que é exatamente, não sei. Uma espécie de cruzamento de mãe, com cortesã grega, uma capanga, uma mistura de Cleópatra e Romain Rolland". Os sintomas registrados no texto indicam ambições menores na pintura do herói. Qual criança que se apavora no escuro, ele precisa de companhia. Deleita-se em chamar Helena de vaca. Íamos sendo injustos com a sutileza de Jimmy: chama-a de vaca sagrada. Ao saber que Alison o abandona, ainda insulta Helena de "virgenzinha nojenta". Depois de receber um bofetão, em resposta, aceita que a moça o beije e se torna amante dela. Basta Helena encerrar a ligação, mais tarde, e Jimmy ali está, para cair de novo nos braços da esposa.

Esse arcabouço psicológico elementar está recheado pelas atitudes literárias, pelas frases grandiloqüentes e, em certas passagens, até pelo proverbial espírito inglês. A minúcia com a qual Jimmy exerce a agressividade decorre do inegável talento literário do autor. Lamentamos, contudo, que ele se perca por tão pouco. A revolta sem objetivo de Jimmy, transformada na prática dos três atos em barulhento conformismo, faz dele apenas um cacete. Podemos ter pena dos cacetes e até comover-nos com a sua solidão, mas não os queremos perto de nós.

As outras personagens de *Look back in Anger* são de um convencionalismo que não se esconde. O amigo Cliff faz-se de muleta, no entrecho, para as ligações necessárias (em outras peças essa função é desempenhada por mordomos e por *chevaliers servants*), e para interpor-se como "zona neutra" entre Jimmy e os outros, permitindo, ademais, que o monólogo do protagonista seja de vez em quando cortado por uma réplica. Terno e amoroso com Alison, não tem boa vontade com Helena, e resolve um dia mudar de vida, recebendo de Jimmy o prêmio de uma frase confortadora: "Você vale meia dúzia de Helenas, para mim ou qualquer outra pessoa".

Helena hospeda-se com o casal, por não ter encontrado outra acomodação (chega à cidade com uma companhia itinerante de teatro), e desempenha o papel de elemento perturbador da paisagem doméstica. Desde que ela chega, acirram-se os ânimos, e um belo dia Helena telegrafa ao pai de Alison, para que venha buscá-la. Premeditação fria, para ocupar o posto da amiga? Mecanismo inconsciente de má-fé, com o objetivo de enfrentar Jimmy sozinho? O autor não se concede o trabalho de esclarecer o problema, à semelhança dos melodramas que se prezam: Helena dá um tapa na cara do rapaz e depois o beija apaixonadamente. Mas seus códigos morais a fazem sofrer com a vida pecaminosa que está levando. Basta voltar Alison, para ela ter a definitiva revelação da culpa. Fundamenta-se: "Creio no Bem e no Mal e disso não

388 O TEXTO NO TEATRO

tenho que me desculpar". Deixa Jimmy, finalmente, com a seguinte sentença ética: "Não podemos ser felizes quando agimos errado, ou ferimos os outros. Acho que de modo algum teria dado certo, Jimmy, mas eu te amo. Nunca hei de amar ninguém, como te amei". Caberia ser escolhido para fundo musical da cena o tango *Renúncia*.

O velho coronel assume a figura de composição, necessária ao mecanismo do entrecho. Como a filha Alison talvez nunca abandonasse por conta própria o marido, ele vem buscá-la, a pedido de Helena. Na curta cena, exemplifica com a própria presença a origem familiar da jovem, personaliza o homem da geração anterior, amadurecido no estrangeiro e no mito da imortalidade do Império Britânico, e que reencontra uma Inglaterra triste e amarga no após-guerra. Além de ilustrar, pelo contraste com Jimmy, certo comportamento dos velhos em face da situação do presente (Alison diz-lhe: "Você se queixa porque tudo se transformou; Jimmy, porque tudo continua na mesma"), o coronel faz o *Mea culpa* do pai que não soube contornar as dificuldades, e leva as malas da filha. Não pensou em ter uma conversa esclarecedora com o genro e se limita ao trabalho de carregador.

Quem é Alison, em meio à história? Menina bem criada, sofreu o fascínio do brutamontes e casou contra a vontade dos pais, à maneira do que acontece na maioria dos melodramas. Vocação maternal e ao mesmo tempo de vítima, depois de três anos de vida em comum só deseja paz, e estaria ainda assim resignada ao sacrifício, se a amiga não a induzisse a recorrer aos pais. É que, segundo sentencia o coronel, "prefere (como ele) ficar espiando do lado de fora, porque é mais cômodo e tranqüilo". Alison, porém, sofre com a separação, e acaba perdendo o filho, coitada. Volta sonâmbula à casa do marido, pede desculpas por ser importuna, lastima não ter sabido preservar no ventre o fruto do amor, e desmaia. Depois de ouvir discurso de Jimmy, confessa: "... quero ser corrupta e inútil". Numa síntese literária de fazer inveja às heroínas do cinema mexicano, Alison proclama, em altos brados: "Estou na lama, afinal, estou me arrastando! Estou rastejando!"

Poder-se-ia ainda, por escrúpulo, conjeturar que as personagens é que são assim, mas o tratamento literário de *Look back in Anger* confere à peça uma dignidade superior. Não conseguimos conduzir-nos por essa hipótese. Que Osborne seja hábil manipulador do receituário tradicional do teatro, não temos dúvida. Estranhamos, por certo, que Alison não jogue o ferro de passar roupa na cara de Jimmy, depois de cinco minutos de diálogo. O correspondente desse sentimento, para os espectadores, seria deixar, por tédio, o teatro. O público, porém, fica interessado pela trama, em virtude da suspensão criada e dos truques, manhosamente urdidos. A cena que não esconde a sua natureza é mesmo a do bofetão, seguida do beijo. O resto está arranjado na engrenagem menos perceptível de algo que vai ser dito e surge outra pessoa, numa saída providencial para que certas informações possam ser transmitidas, numa chamada telefônica no momento oportuno, e na morte da sra.

OSBORNE ACOMODADO 389

Tanner, para que Jimmy se ausente algum tempo da cidade. A intriga de *Look back in Anger* é de fato a mais simples possível, e o autor se escusaria sob o pretexto de que se empenhou no aprofundamento dos caracteres. Além de sua matéria pouco convincente, contudo, o processo de escolha das personagens e a forma de estabelecer-lhes as ligações parecem-nos inteiramente primários. O sistema da caracterização por contraste, em sugestões elementares, socorre a cada momento o autor. O caso da peça reduz-se a um triângulo amoroso que se desfaz, retornando-se ao estado primitivo porque o vilão, que é Helena, se arrepende de praticar o mal e resolve ser boazinha.

Qualquer personagem existencialista francesa do após-guerra contém mais angústia e autenticidade, para nós, do que todas as macaqueações de Jimmy Porter. Muitas experiências de iniciantes são mais ousadas, na forma, que os ardis comuns de *Look back in Anger*. Diálogos bons e réplicas inteligentes, como há na peça, encontram-se com mais brilho em Oscar Wilde. Não nos importaríamos, por isso, com a mediocridade do texto (as peças medíocres é que formam o extrato das temporadas), se não se quisesse atribuir-lhe, às vezes, significado transcendente. Nesse rumo, o autor de *Geração em Revolta* passará a denominar-se *sir* John Osborne.

(Julho, 1960)

36. Drama Católico de Graham Greene

A comédia de *boulevard* gastou o tema do adultério, tratando-o sob o ângulo da psicologia burguesa. O *Living-room*, de Graham Greene, apreendeu o problema do ponto de vista católico, para examiná-lo em todas as repercussões religiosas. Ter: a peça renovado o conflito do triângulo amoroso, pela presença da marca divina? Ou o romancista e dramaturgo inglês limitou-se a fixar uma intriga semelhante à dos comediógrafos tradicionais, da qual ficou ausente o verdadeiro catolicismo?

Não há dúvida de que a introdução do elemento religioso no amor extraconjugal, embora seja fonte literária de muitos escritores católicos, em virtude da indissolubilidade do matrimônio, confere de início grande interesse a O *Living-room*. E Graham Greene, como tem demonstrado em seus romances, não teme enfrentar as situações teológicas difíceis. O pecado do adultério, em seus recessos mais penosos, é objeto da penetração aguda do ficcionista.

O esquema do texto não poderia ser mais comum: uma jovem católica, de vinte anos, e um professor de psicologia, casado e de quarenta e cinco anos, se apaixonam. Procuram a afirmação livre do seu amor e são sufocados pelas circunstâncias. Circunstâncias ou vontade divina? Ou pura consciência – noção de pecado para a jovem e de responsabilidade para o psicólogo? Não lhes será permitido prolongar a torturada aventura humana. A vida é deserta e cumpre ter fé na eternidade?

Graham Greene parte do amor, que está profundamente vinculado à satisfação dos sentidos, para postular outros dramas vitais do catolicismo, como o pecado do desespero e o conceito de misericórdia divina. A peça questiona a própria possibilidade da vida religiosa, com os dile-

DRAMA CATÓLICO DE GRAHAM GREENE   391

mas quase insolúveis da passagem terrena. A jovem, ao tentar a felicidade, dispõe-se mesmo a realizá-la fora da religião. Acaba num diálogo com a divindade, cujo resultado permanece em mistério para as testemunhas – os comparsas da peça e os leitores.

O itinerário por ela percorrido até o suicídio serve de eixo ao texto. Natureza sensível mas pouco afeita a indagações (quer ser mandada, sem pensar), entrega-se ao testamenteiro e tutor na noite seguinte ao enterro da mãe. Esse quase sacrilégio já constitui um juramento sagrado entre os amantes, mergulhando a trama em atmosfera de inevitabilidade. Apesar de católica, ela aceitaria o casamento, depois do divórcio dele, ou mesmo uma união não legalizada, porque se esforça em considerar o amor uma coisa normal. Sua revolta leva-a a formular a hipótese:

> Então Deus prefere ver-nos indo a um hotel suspeito e separando-nos após, três vezes por semana, do que vivendo... – Como?! Oh! Sossegadamente, como *marido e mulher*, tendo filhos, envelhecendo juntos... Fora da Igreja.

E pergunta se, renunciando ao amante, poderia continuar a amar um Deus que exige tantos sacrifícios antes de dar-se a Si próprio. Ao ver o amante junto com a esposa, percebe, de súbito, o que os liga, o segredo da união sacramentada. Presa da solidão, não encontra nenhum apoio, e é com desprezo que escuta o conselho do tio padre para orar. Mas, no gesto final de desespero, reza de novo, evocando a criança.

O psicólogo analisa-se com muita lucidez, desde a noção do nascimento de seu amor até a responsabilidade por ter levado duas criaturas ao desespero. Embora o trato freudiano facilitasse o exame de suas relações com a jovem, sobretudo dos sentimentos dela, privada de pai, prefere um caminho diferente:

> *Podemos* sempre analisar os nossos sonhos, mas acontece que, por vezes, esta análise nos parece desprovida de todo e qualquer sentido. Um rosto que se ergue, um olhar que se pousa em mim tão jovem e lindo, e eis que minha angústia se dissolve. Por que hei de procurar outra explicação qualquer para esse amor?...

É curioso que, sabendo ser sua mulher neurótica e afeita à chantagem sentimental, não se decide de vez a abandoná-la, dividindo-se entre a inclinação amorosa e o senso de responsabilidade. Trata-se de um fraco, de um intelectual que raciocina mas se atrapalha diante da ação? Cabe-lhe, no fim, um doloroso ônus: se poupa a mulher, não pode furtar-se à idéia de ter condenado a jovem, segundo a velha regra humana e literária do sacrifício da inocência (da pessoa mais desprotegida e vulnerável do círculo a que pertence), e cujo exemplo mais pungente é Ofélia.

Num esquematismo visível em diversos pontos da estrutura, Graham Greene traz para a trama três velhos – os irmãos Teresa, Helena e padre Jaime, tios da jovem Rosa. Fica, assim, bem delineada a diferença de idades, permanecendo no centro o casal. Teresa simboliza a incons-

392   O TEXTO NO TEATRO

ciência, uma quase pureza infantil que a deixa dominada pela irmã durante toda a vida mas que se rebela, antes de morrer, numa afirmação de quem não tem medo. Helena já é o elemento menos simpático da peça – de um rigor feito de falta de caridade. A dureza não afasta dela o medo, esse medo da morte que a levou a fechar todos os quartos em que morreram os parentes e a fazer de um dormitório de criança o *living-room* em que transcorre a ação. Representa a estreiteza da religião, enclausurada em normas rígidas, distantes de um sentimento profundo.

O drama vivido pelo padre Jaime parece-nos o mais complexo, do ponto de vista religioso, porque paralelamente à situação dos protagonistas, vive o problema do malogro do sacerdócio. Teologicamente, é ele quem exprime a palavra da Igreja, e o faz com um conhecimento seguro de sua dramaticidade. Sofre por ser inútil, preso há vinte anos a uma cadeira de rodas, depois de um acidente de automóvel. Ao amante da sobrinha, não tem dúvidas em afirmar: "... eu preferiria vê-lo viver maritalmente com ela. Assim ela estaria menos ligada ao senhor". Compara-o a um avô hipotético que se daria talvez a aventuras fortuitas, para concluir que: "Humanamente falando, *talvez* você seja melhor do que ele, mas seu avô terá causado menos dissabores". Declara o padre ao psicólogo que "nunca convencerá uma católica de que a assinatura aposta num simples Registro Civil constitui um verdadeiro casamento". E sente dúvidas mais profundas quando, ao ver o desespero da sobrinha, reconhece que sua "língua se emaranha nas fórmulas banais de um catecismo barato!..." Não pode senão aconselhar a oração, e, diante do fracasso, ampara-se nas bases do catolicismo: a crença na misericórdia divina ("O Inferno é para os grandes, os muito grandes"), superior ao medo de que nem mais saiba dizer o padre-nosso no verdadeiro sentido, e sustentada pela Fé, que responde ao desespero dos sentidos: "*Isto é Deus* – tudo está em ordem..." E explica que essa certeza não vem dos sentidos: "Estes só experimentam revolta, dúvidas e desespero. Mas, no fundo de mim mesmo, eu sei. É apenas a minha fraqueza que protesta". Não poderia o padre, nesse ponto, omitir a visão total do universo religioso, relacionando o sofrimento terreno à vida sobrenatural:

> Mas Ele não criou somente o mundo – Ele fez a eternidade. Nós consideramos o sofrimento como um problema, mas não parece que o seja para a mulher que está dando à luz... A morte é assim como um filho nosso.

Dessa forma, o padre admite o malogro na função de intermediário entre a divindade e a sobrinha, mas confia no encontro direto de ambos, em virtude da misericórdia. O aspecto teológico da questão torna-se delicado, e preferimos deixar seu estudo a cargo dos especialistas. Até onde se poderá julgar católica e não protestante essa visão da vida terrena como deserto e o contato direto do homem com Deus, em dura agonia, na esfera do poder temporal da Igreja? Apenas, à verificação

DRAMA CATÓLICO DE GRAHAM GREENE 393

melancólica do padre de que "o psicólogo continuará com a sua esposa neurótica" e "Rosa caiu como uma pedra no fundo de um poço", sucedem as palavras sobre a Fé e a reconciliação com a morte, simbolizada pela fala de Teresa, que não pode "imaginar um lugar mais lindo do que este quarto onde Rosa morreu..."

Se a problemática de *O Living-room* é muito interessante e enriquece o palco com um conflito denso, cabe ainda investigar se resultou numa boa peça de teatro. Não se pode esquecer que foi esta a primeira obra cênica de Graham Greene, e os meios do dramaturgo divergem muito dos do romancista. De sua experiência, ele aproveitou, no teatro, a precisão no traço dos caracteres e o *suspense*, próprio da novela policial. Desde o cenário, que fixa de propósito um ambiente falso, até o corte da ação, no fim de vários quadros, cria-se uma atmosfera carregada em todo o texto. Gostaríamos que alguns recursos dramáticos fossem menos simples, entre os quais, sobretudo, a informação sobre o adultério, transmitida à família por telefone, pela própria esposa do psicólogo, e a maneira de Rosa envenenar-se, pegando no chão o vidro que ficara da cena com a rival. É muito comum que romancistas intrincados passem ao teatro com as soluções mais banais e ingênuas, pelas dificuldades próprias da concentração cênica.

O Living-room, qualquer que seja o seu rendimento no palco, deve exercer inegável sedução. O esquematismo formal fica submergido pela dramaticidade do problema. A leitura sugere a encenação.

(Agosto, 1958)

37. Anne Frank, Diário e Peça

A transformação de um diário em peça é das tarefas que parecem, à primeira vista, intransponíveis. O diário vive de confidências, do remoer íntimo de sentimentos e reflexões, da passagem do cotidiano, em que um episódio menos importante assume, às vezes, perspectivas mais amplas do que um fato que se reconhecerá, depois, capital. As idas e vindas de um diário estão distantes do que pode ser considerada a técnica comum do teatro – a escolha de acontecimentos reveladores, o desenvolver de uma ação privilegiada, as famosas unidades aristotélicas que, por tantos séculos, acorrentaram a dramaturgia. O equivalente moderno da encenação simultânea da Idade Média, que seria a ausência pura e simples de um espaço único, traz o risco de fragmentar em demasia o processo dramático, com uma conseqüente aproximação da técnica do cinema, que em nada pode indicar o futuro caminho do teatro. Nunca nos ocorreria imaginar, no palco, o fabuloso *Diário Íntimo*, de Amiel, irrecusável padrão do gênero.

No caso do *Diário de Anne Frank*, porém, as circunstâncias são diversas. O quadro está talhado à semelhança das antigas tragédias, guardando delas até pormenores de estrutura. Para fugir à perseguição nazista, oito judeus escondem-se, em 1942, em Amsterdã, na parte superior de um escritório, dissimulada a porta por um armário. Lá, vão viver obrigatoriamente unidos durante dois anos, até que a *Feld-Polizei* os mande, menos de um ano antes de acabar-se a guerra, para os campos de concentração.

O esquema técnico de uma tragédia, com exceção da unidade de tempo, pode ser facilmente reconhecido: o cenário único, em que os indivíduos tentam escapar a um destino implacável, e que acaba por en-

ANNE FRANK, DIÁRIO E PEÇA

goli-los, no fim; o desejo comum de não serem descobertos pelos alemães, estabelecendo a unidade de ação, embora ela se caracterize pela presença passiva; e a própria unidade de tempo parecendo preservada, se considerarmos a guerra globalmente, como um fator que separa o antes e o depois.

Estão perfeitamente delineados o macrocosmo e o microcosmo cênicos, segundo os definiu Etienne Souriau, em *Les deux cent mille situations dramatiques*. No macrocosmo, acham-se Aliados e nazistas em luta, existe a inacreditável discriminação racial que repercute nas personagens (Dussel fala que, até então, se julgara holandês, filho, neto e bisneto de holandeses), e, no microcosmo, encontram-se aqueles seres obrigados a uma vida em comum, com todos os seus ônus, e que em outra eventualidade talvez nunca se aproximassem. Em confronto, duas famílias, uma com duas jovens e outra com um rapaz. Duas moças com temperamentos diversos formam o contraste, que é um dos recursos mais usados no teatro para a pintura de caracteres. As moças e um rapaz – eis outra equação inevitável, que deve produzir conflito dramático. Um estranho, mergulhado no mesmo mundo, serve para colorir o ambiente, preservá-lo de fortuita monotonia. Os amigos, que proporcionam o contato com o exterior, podem equiparar-se aos mensageiros tradicionais. Que mais falta para a observância da estrutura trágica?

Encanta, no *Diário*, a absoluta ausência de demagogia. Sentem-se os horrores da guerra, sabe-se que estouram bombas lá fora e aviões caem na vizinhança, mas o que se coloca em primeiro plano são as aventuras cotidianas daqueles seres, impelidos pela ânsia de sobreviver, com as misérias e fraquezas particulares. É significativo o fato de pertencer o diário a uma jovem, quando começa a descoberta da vida. Escreve ela: "Será que alguém, judeu ou não, compreenderia isto a meu respeito: que sou apenas uma jovenzinha que sente uma necessidade terrível de divertir-se à grande". O desejo de instaurar uma convivência suportável – eis a mola propulsora das relações humanas. De início, Ana e Peter não sentem simpatia recíproca. Declara ela: "Não se pode esperar grande coisa, como companhia", e "não consigo mesmo gostar de Peter". À medida que os dias passam, contudo, e é preciso comunicar-se, a reserva mútua afrouxa em vontade de ternura e compreensão, e daí o amor. O sentimento de Ana e Peter é o contrário do *coup de foudre* romântico, mas, em compensação, apresenta toda a inevitabilidade do encontro de jovens que se buscam, no desejo de completar-se. Ela sabe que, para Peter, substitui o gato perdido. Mas como todos necessitam de carinho, eles não se furtarão ao colóquio amoroso, embora este apareça, mesmo nos momentos de maior proximidade, sem o elo das juras eternas.

Na adaptação ao palco, os norte-americanos Frances Goodrich e Albert Hackett foram honestos e eficientes, faltando-lhes apenas aquela centelha de talento que poderia ter feito do *Diário de Anne Frank* uma obra-prima do palco. Quanto à história, as pequenas mudanças im-

396   O TEXTO NO TEATRO

punham-se, em benefício da concentração. Elas existem desde a escolha de episódios e sua continuidade, diferente da vida real, até as ligeiras alterações biográficas. Seria natural que acontecimentos que se perdem no conjunto do diário ganhassem em relevo, no teatro, em razão dos efeitos dramáticos a serem obtidos. Os diversos roubos, por exemplo, transformam-se num único, na peça, para assinalar a atmosfera de medo e permitir a explicação do epílogo, segundo o qual o denunciante fora o ladrão. O desabafo da sra. Frank contra a família Van Daan, que no palco tem o papel de mostrar a tensão nervosa e estabelecer contraste com a notícia da invasão aliada, em que todos se reconciliam, não existe no *Diário*. Dussel, cuja mulher, na realidade, se encontrava no estrangeiro, aparece na peça como solteirão, para melhor maicar seus hábitos. Muita coisa, assim, se modificou, mas sem comprometer o significado do *Diário*, cujo espírito permanece intacto.

Algumas alterações resultaram até benéficas, a nosso ver. No *Diário*, é muito maior o contato com o mundo exterior. Essa comunicação indica a naturalidade do cotidiano, em que os holandeses antinazistas procuravam auxiliar os perseguidos. Para a tragicidade da situação, o corte com a vida lá fora contribui sobremaneira, no teatro, e o impacto visual e auditivo tende a ser mais vigoroso, emocionalmente, que o literário.

Nossas restrições à peça decorrem menos dessas liberdades que da própria técnica teatral. Faltou à adaptação cênica transformar-se completamente numa obra dramática. Presos talvez à técnica cinematográfica, os adaptadores situaram Otto Frank e seus amigos Miep e Kraler no presente, para desenvolver a ação do *Diário* num longo *flashback*. A ligação entre os diversos quadros é feita pela voz da intérprete de Anne Frank, ao microfone, dizendo passagens do texto. O último quadro fecha-se com a sugestiva chegada da polícia, baixando o pano antes que transponha a porta. Para retornar ao presente, os adaptadores utilizaram-se de um artifício que prejudica imensamente a tragicidade: os nazistas teriam concedido cinco minutos para os prisioneiros evacuarem o "alojamento secreto" e, nesse tempo, Ana escreve as últimas palavras.

A versão cênica, que vale sobretudo como documento, teria alcançado o estatuto de obra de arte se os adaptadores ficassem menos ligados ao *Diário*, sem usá-lo como muleta. Não cremos que a supressão do microfone revelasse mais a soma de fragmentos. Ao contrário, já que as passagens faladas nada acrescentam à ação, poderia ter sido muito mais rápido o apagar das luzes, de um quadro a outro. Também, com a chegada dos nazistas, deveria terminar a peça. Não significou ela o fim dos acontecimentos, no seu clímax emocional? Talvez um simples prólogo pudesse oferecer a perspectiva presente da ação.

Ainda no tocante à estrutura dramática, não satisfazem os golpes teatrais, que permanecem demasiado visíveis para o espectador. Num mesmo quadro, unem-se a festa de ano-novo e a entrega, para venda, da capa de pele da sra. Van Daan, com as óbvias conseqüências senti-

ANNE FRANK, DIÁRIO E PEÇA   397

mentais. À cena do roubo de comida pelo sr. Van Daan sucede, no mesmo quadro, a notícia da invasão. Apesar da grande habilidade, os processos dramáticos rotineiros conferem à ação um desenvolvimento algo mecânico. Chegamos à heresia de afirmar que a peça seria muito melhor, sem perder a qualidade de documento, se os adaptadores tivessem ousado mais.

A realidade aproximou-se da estrutura sofocliana da tragédia, ao colocar, antes da catástrofe, a alegria efêmera da possibilidade de salvação. Mas a palavra final do *Diário* é de confiança no homem. Escreve Ana sobre os ideais, e a peça isola a frase, no epílogo, transformando-a em verdadeira mensagem: "Conservo-os, no entanto, porque, apesar de tudo, creio que a gente é realmente boa, no fundo". Parece uma profissão de fé idealista, vaga, abstrata, pois, não obstante o término da guerra e a preservação de Otto Frank, o desfecho do *Diário* é escuro e sem esperanças.

O que nos comove mais não é o testemunho dessa frase, que, solta, tem a ineficácia de todas as doutrinas idealistas. A situação do *Diário* é absurda, comprova mais uma vez a autenticidade do terrível mundo kafkiano. O *Diário de Anne Frank* nos prende como tentativa de quebra daquele mundo. As personagens, com a vida adversa e fatalizadas a um destino comum, experimentam o difícil exercício da humanidade e de uma possível convivência social.

(Junho, 1957)

38. Hochhuth e *O Vigário*

No berço do teatro português, Gil Vicente verberou papas, cardeais, cônegos e outros dignitários da Igreja, não por falta de fé religiosa, mas pela crença maior segundo a qual o catolicismo precisava ser retemperado dos erros de muitos de seus representantes eclesiásticos. A crítica, por mais crua que pudesse parecer, visava à instauração de um poder temporal perfeito, imagem não corrompida dos ensinamentos de Cristo. Era uma visão "desde dentro", autocrítica de quem não se desligou das raízes, e ao contrário procurava robustecê-las com o combate às debilidades parasitárias. Erasmista convicto, o fundador da literatura dramática em nossa língua combateu as contrafações dos mandamentos legítimos, para exaltar a pureza do verdadeiro cristianismo. Hoje em dia, não nos preocupam as autoridades atingidas pela sátira vicentina. Fica, do autor das *Barcas*, o exemplo de um espírito entranhadamente católico.

Talvez por causa desse precedente admirável na dramaturgia em que principiamos a ler, não nos impressionam, de início, as obras de crítica à hierarquia religiosa, mesmo quando o alvo é um papa. Um vezo mental inevitável nos conduz à operação: análise para destruir ou para fortalecer? Ao fim de *O Vigário*, domina-nos a impressão de que Rolf Hochhuth atingiu Pio XII, até com empenho caricatural: entretanto, o propósito maior da peça é o de louvar a religiosidade profunda, da qual aquele representante de Cristo na terra se teria afastado.

O Vigário discute, além de outros temas, a posição do Vaticano em face do massacre de judeus pelos nazistas, durante a última guerra. O jovem dramaturgo alemão afiança, com ardor irado, que um pronunciamento claro do Papa ou mesmo uma advertência particular a

HOCHHUTH E *O VIGÁRIO* 399

Hitler teriam evitado os horrores das mortes coletivas em campos experimentais. O receio da excomunhão pública, diante da imensa coletividade católica, arrefeceria as práticas genocidas do nazismo. Como explicação para o silêncio omisso ou a palavra pouco efetiva, o texto arrola diversas conjeturas, entre as quais a precípua se liga ao desejo de evitar mal maior. Se o Reich, até então, poupara os católicos, que segurança se poderia ter depois contra suas imprevisíveis represálias? Não há no diálogo, por parte da cúpula eclesiástica, nenhum preconceito anti-semita, que inconscientemente motivaria a acomodação ao desvario hitlerista. Insinua-se, porém, outra questão, que preocupou grande parte do mundo ocidental: a ditadura alemã não representaria o esforço mais coerente contra o perigo do comunismo? O enfraquecimento nazista não teria como conseqüência imediata a expansão do regime soviético? Esse raciocínio, de boa ou de má fé, responsável por tantas adesões ao fascismo, paira em *O Vigário*, para justificar ao menos o princípio da neutralidade.

O certo é que o Pio XII da peça lava as mãos, quando dramaticamente o padre Riccardo Fontana lhe pede uma censura explícita das práticas nazistas. Em abono desse ponto de vista audacioso, Hochhuth acrescenta à edição do texto numerosos documentos, que lhe dariam validade histórica. Furtamo-nos a entrar nesse debate, no qual manipularíamos forçosamente dados subjetivos, e por julgar que o tema transcende o campo específico do teatro. Não condenamos, em si, a mistura de personagens reais e imaginárias, pela convicção de que incumbe ao dramaturgo estabelecer a unidade do universo ficcional. Ao acolher figuras históricas, um autor só tende a ganhar quando coloca diante delas interlocutores inventados, que proporcionem a coerência artística da obra. E, embora se ponha em jogo a conveniência de trazer ao palco, numa atitude polêmica, personalidades próximas no tempo, um escritor tem o direito de reinterpretar, à sua maneira, criaturas e acontecimentos. Responderá, sem dúvida, pela sua exegese, não apenas sob o aspecto estético, mas também moral (e nesse terreno ambos costumam chocar-se, com prejuízo da avaliação isenta do texto). No caso de *O Vigário*, devemos julgar Pio XII como personagem, ao lado de outras personagens criadas por Hochhuth. E, nesse particular, convimos que o dramaturgo não foi muito feliz. Tomado de cólera santa contra o que lhe pareceu atitude de Pilatos, no Papa, não conseguiu encará-lo senão nessa perspectiva, e ficou na pintura exterior, nos traços superficiais. Não importa que Hochhuth comprove, no posfácio, o hábito papal de examinar pessoalmente os cheques enviados à Santa Sé. Estamos fartos de saber que a realidade costuma afastar-se da verossimilhança, na ficção. No palco, esse procedimento, desamparado de outras sondagens reveladoras, configura apenas a linearidade do retrato, criticável sobretudo porque o dramaturgo penetrou o íntimo de um padre Riccardo ou um Gerstein. A opacidade da imagem do Papa (quando o prestígio natural de que deveria reves-

400 O TEXTO NO TEATRO

tir-se, no confronto com outros dignitários da Igreja, impunha tratamento mais compreensivo) desequilibra a estrutura da peça e prejudica o resultado artístico.

Ainda assim, não atribuímos grande importância a essa forma de
aproximação. Já que o autor se mostrou capaz de analisar outras personagens com profundidade, ela indica o desejo de não insistir nas
fraquezas emprestadas ao Papa, mas a simpatia pelos lances heróicos
do catolicismo. Permanecesse Hochhuth na condenação do Vaticano,
durante a guerra, poder-se-ia pensar que se nutria de convicções anti-
religiosas. Fazendo do padre Riccardo Fontana o protagonista de *O
Vigário*, o dramaturgo deu à peça cunho altamente positivo, sob o
prisma da religião. O entrecho produz, no conjunto, um efeito intenso,
reprovando-se as concessões diplomáticas da Igreja, para valorizar-se
o cristianismo primitivo, imbuído do espírito das catacumbas.

Note-se que o jesuíta Riccardo Fontana nem é um "padre operá-
rio", suspeito, a olhos conservadores, de radicalismo político. Pertence ele à mais pura aristocracia peninsular e, ao expor sua posição ao
pai, o conde Fontana, da intimidade da Santa Sé, não ouve palavras de
reproche: aqueles que representam uma tradição identificam-se ao
protesto espontâneo de Riccardo, símbolo de crenças ancestrais de
súbito desrespeitadas pelo nazismo. É em nome da humanidade que o
padre Fontana se dispõe ao sacrifício, refazendo com o próprio exemplo o caminho do martírio de Cristo. Seu itinerário pode ser facilmente indicado: ao inteirar-se da verdade nos campos de concentração, recorre aos superiores hierárquicos: por ter fácil acesso à Santa
Sé, cogita de convencer, com o seu testemunho pessoal, o Papa Pio
XII; diante de *il gran rifiuto*, não tendo o Vigário de Cristo correspondido à sua expectativa de voltar-se contra Hitler, decide acompanhar os judeus ao local da imolação. A tenacidade de padre Riccardo
está próxima, por certo, do pecado do orgulho, que aliás lhe imputam:
em termos estritos de hierarquia, o jesuíta (e veja-se que o autor escolheu um jesuíta, de rigorosa disciplina) deveria obedecer à determinação papal, aceitando o posto que lhe fora dado em Lisboa. Por outro lado, se é um jesuíta que recusa obediência, com essa atitude desejou o dramaturgo ressaltar o imperativo da rebeldia. Não há intuito
blasfemo em observar que, se para Hochhuth, Pio XII refez o gesto
de Pôncio Pilatos, o padre Riccardo reviveu a Paixão de Cristo. Desamparado de outro recurso, o sacerdote ofereceu o próprio sangue
para resgate dos crimes nazistas e da suposta indiferença do Vaticano.

Ao lado do padre Fontana, avulta em *O Vigário* a figura de Kurt
Gerstein, tenente S.S. Num certo sentido, são dois temperamentos irmãos, colocados pelas circunstâncias em territórios diversos. Cabe
presumir até que Hochhuth, desejoso de esgotar o tema da desobe-
diência, por motivos superiores de humanidade, tenha desdobrado em
ambos reações paralelas de repúdio ao erro. Riccardo, padre e italiano, combate o nazismo de fora, investindo frontalmente contra ele.

HOCHHUTH E *O VIGÁRIO*

Gerstein, alemão e militar, só pode opor-se ao regime por dentro, com atos deliberados de sabotagem. Por pensar que só quem se encontra ao leme governa a nave, acredita que as ditaduras devam ser destruídas de dentro. A fidelidade a um juramento não pode ser levada ao ponto de poupar um homem que levantou gigantescas instalações industriais para o homicídio frio. Moralmente, Hitler tinha que ser traído. "São os traidores, e somente eles, que salvam hoje a honra da Alemanha. Pois Hitler não é a Alemanha, e sim o seu corruptor" – proclama Gerstein. Hochhuth faz, em *O Vigário*, uma defesa da traição, quando se trata de renegar um regime apodrecido, no qual se vive. Gerstein representa, à sua maneira, também, a consciência universal, que repeliu o absurdo nazista. A fim de caracterizá-lo, o autor se valeu de informações históricas, e sabe-se que os judeus prestaram homenagem à memória de Gerstein, pela solidariedade dele recebida. No começo da peça, Gerstein tenta despertar os sentimentos do núncio, em Berlim, e encontra receptividade no padre Riccardo. Esconde em sua casa o judeu Jacobson, facilitando-lhe os meios de fuga à polícia. Conquista a confiança da Gestapo com o objetivo de, no seu interior, reduzir quanto possível os males da perseguição racial. Impotente dentro de um mecanismo criminoso que lhe é superior em forças, Gerstein acaba por ser descoberto, e paga com a própria vida a ousadia da oposição a Hitler. Infere-se do diálogo que, embora sejam ineficazes os protestos individuais contra a tirania, sob o prisma ético eles retemperam a confiança na dignidade humana. E a expiação de uns poucos serve de exemplo à fraqueza da maioria. Ainda uma vez, na literatura, a crucificação de Cristo, para redimir a humanidade.

Empenhado em apresentar um painel histórico, Hochhuth não se importa com desdobramento de quadros, multiplicação de personagens e tempo de espetáculo. Tudo o que serve ao seu ardor probante é meticulosamente aliciado, e a seleção de tipos visa a enriquecer de dramaticidade as cenas. Com demora que às vezes está mais próxima da narrativa que do teatro, o dramaturgo se debruça sobre as criaturas, e nunca deixa de sugerir um tipo bem definido. Não vamos rememorar todas as figuras que vêm ao palco, mas a título de ilustração vale a pena aludir a algumas. Jacobson, homiziado por Gerstein, diz, no momento de fugir, que não perdoa os alemães, assassinos de sua família: doravante, todo alemão é inimigo seu, e o ódio, numa circunstância dessas, justifica a vida. Carlotta não compreende a brutalidade nazista: convertera-se ao catolicismo e seu noivo morreu em Tobruk, combatendo nas tropas do Eixo. Agora, preparava-se para entrar como noviça num convento, quando a prendem e a levam a um campo de concentração. Seria essa a recompensa por ter abandonado o culto judaico? Salzer é um desses oficiais (comuns nos inquéritos de após-guerra), escudados na desculpa de que se limitam a cumprir ordens. Na figura do cardeal, Hochhuth inocula estranha lucidez, que não deixa de ter algo de maligno. Considera-se ele realista, amante

402   O TEXTO NO TEATRO

dos compromissos, capaz de fazer concessões, se necessárias. Conformista? Para o cardeal, entretanto, "o idealista acaba vertendo o sangue dos demais, em sua mania de fazer o bem... mais sangue do que qualquer realista". No doutor, o dramaturgo quis simbolizar o que chama de "mal absoluto", pretensão talvez algo ingênua. Típico cientista do nazismo, esterilizou-se, por experiência. A partir desse dado, verifica-se que o move a negação da humanidade, e seus contatos com os outros não passam de jogo diabólico. Deseja ele esvaziar o "heroísmo" do sacrifício de Riccardo, chamando-o de arrogante. O jesuíta morrerá, mas "como um caracol esmagado pelo pneu de um automóvel, morrerá como os heróis de hoje, anônimos, aniquilados por forças que nem sequer conhecem, e muito menos ainda poderiam combater". Acha o doutor que só uma natureza teológica semelhante à sua se atreveria a assumir o peso de tão grande culpa... Amaldiçoa quem cria a vida e afirma que a suprime: "(...) é a forma atual de ser humano, a única salvação para o futuro. Falo com inteira seriedade, mesmo no íntimo. Por piedade, eu próprio sepultei sempre os meus filhos em preservativos". Revoltado contra a existência e não vendo nela sentido, o doutor a transforma conscientemente num inferno, preso a um processo sadomasoquista de aniquilamento.

No prefácio de O Vigário, o encenador Erwin Piscator declara que "é difícil extrair desta peça "total" uma versão cênica, recortar nela uma nova obra; não porque seja demasiado longa, demasiado maciça para o teatro, mas porque o teatro não está à altura desta peça, pelo menos atualmente". Partindo de um dos grandes teóricos do teatro moderno, essa afirmação não permite que se julgue a peça simplesmente enxundiosa, prolixa, esquecida dos limites do palco. Há vontade de abarcar o mundo, nessa ampla arquitetura, cuja montagem tem a duração de muitas horas. Uma encenação normal, assim, para depois do jantar, não pode conter a multiplicidade de diálogos de O Vigário. Sem dúvida, para resguardar-se de uma contestação de sua tese, Hochhuth pensou apoiá-la no maior número de provas. Não obstante a inteligente defesa de Piscator, não esquecemos, também, que uma boa peça, para caber nos limites de um espetáculo, reclama (e não há aqui paradoxo) certo grau de mediocrização. A obra-prima ocorre quando, dentro das convenções inevitáveis da montagem, se consegue reduzir ao mínimo o índice de mediocrização do texto dramático. Porque, na verdade, o tratamento generoso e espontâneo de qualquer tema acaba por assemelhar-se à proustiana busca do tempo perdido. Um dramaturgo consciente de seus recursos e de suas limitações precisa encontrar a equivalência da análise romanesca numa síntese poética, que em nada lhe é inferior como resultado artístico. Hochhuth espraiou-se em quadros ilustrativos que, se cativam numa leitura, devem tornar-se monótonos numa representação. Cumpre considerar o texto, assim, um roteiro prolífico, do qual os diretores retirarão os episódios que mais convierem à linha de seu espetáculo. Se designarmos o padre Riccardo Fontana e Gerstein como as forças propulsoras maiores de *O Vigário*, não teremos dúvida em apontar, para eventuais cortes, diversas cenas: a segunda do primeiro ato, passada na Adega dos Caçadores, e que tem o objetivo de pintar o ambiente dos líderes policiais nazistas, achando-se Eichmann entre eles; a primeira do terceiro ato, na qual os guardas invadem, em Roma, a residência do jovem professor universitário Lothar Luccani, iniciando a perseguição dos judeus italianos; a cena terceira desse ato, que decorre no quartel-general da Gestapo romana, e cujo propósito é sobretudo o de produzir "provas" da ação nazista; e trechos, aqui e ali, de praticamente todos os quadros, já que o autor se compraz em esgotar até o cansaço todas as situações.

Seria ingênuo não admitir que *O Vigário* se presta a explorações de má-fé e que, esquecido propositadamente seu contexto global, grava-se a idéia do ataque a Pio XII. O escândalo internacional já se verificou, embora a seriedade do autor não autorize a pensar-se que ele tenha buscado o sensacionalismo. Com raciocínio isento, os que se opõem a Hochhuth não precisariam ver nele inimigo irreconciliável. Defendemos a montagem da peça em nome apenas da liberdade de expressão artística. Mas os que pretendem impedi-la não precisam ficar temerosos. Seu alvo deveria ser outro, mais adequado. O texto ressuma, quando muito, ardor protestante, perfeitamente assimilável no universo religioso. A denúncia constitui aí fenômeno catártico, destinado a purgar a Igreja de seus possíveis equívocos. Próximo do desespero, padre Riccardo afirma que sua fé se queima, e o próprio Deus arde, em face dos crimes de Auschwitz. "Se eu soubesse que ELE via... lá de cima... (*com asco*) teria que odiá-LO". Padre Riccardo quase chega à abjuração, num desafio louco à divindade. Ele não se entrega, contudo, a outros credos: decide testemunhar, com a própria morte, o significado de uma existência teológica e moral. Mesmo se fosse a contragosto do autor, poucas obras estão impregnadas, como *O Vigário*, das lições de tão fundo cristianismo.

(Maio, 1965)

39. Kipphardt e *O Caso Oppenheimer*

Ao fim de *O Caso Oppenheimer*, entre tantas outras verdades e advertências, grava-se na mente do espectador que uma terceira guerra mundial não deixaria vencedores nem vencidos, mas extinta a vida na face da terra. O protagonista lembra que, se os matemáticos são forçados a admitir a possibilidade do incêndio da atmosfera, com certos testes, a questão das soberanias nacionais assume aspecto inevitavelmente ridículo. A física moderna, jogando com o eventual desaparecimento da humanidade, impõe uma situação nova, em que as divergências políticas ou ideológicas se subordinam ao imperativo maior da preservação do mundo.

Nenhuma dessas afirmações surpreende. Os leitores dos jornais há longo tempo se vêem familiarizados com as notícias dos perigos representados pelas conquistas científicas, e um sentimento de desproteção em face do mecanismo bélico onipotente subjaz no indivíduo contemporâneo. A novidade não se acha nos temas de *O Caso Oppenheimer*: está em que o dramaturgo, cingindo-se quase completamente à seleção de episódios de um inquérito, como se realizasse um documentário, trouxe à cena debate tão vivo e fascinante. E nem o procedimento teatral é inédito: numerosos autores alemães da década de 20, hoje esquecidos, especializaram-se em comentar no palco o noticiário do dia. Um mérito fundamental, que se deve creditar a Heinar Kipphardt, não se separa da sensibilidade com a qual ele soube escolher personagens privilegiadas da história de nossos dias, inscritas pela própria natureza de suas funções no centro de acontecimentos decisivos. Se o homem J. Robert Oppenheimer protestou contra liberdades tomadas no texto, alheias à palavra fria dos autos, o público acredita

KIPPHARDT E *O CASO OPPENHEIMER* 405

numa isenção absoluta do ficcionista, que se empenhou em obter uma coerência dramática e global. Não comprometem a validade da obra considerações menores, de imediatismo polêmico discutível. Um a um, grandes problemas de hoje desfilam pela peça, tornando-a uma súmula de preocupações básicas da atualidade.

A voz de Mc Carthy deflagra o requisitório, afirmando:

> Se em nosso governo não há comunistas, por que, então, ficamos protelando durante dezoito meses a bomba de hidrogênio, enquanto os nossos Serviços de Defesa anunciavam, dia após dia, que os russos estavam levando febrilmente avante sua bomba H? Agora, eles a têm! Agora, acabou-se o nosso monopólio! (...) Foram leais americanos ou foram traidores os que aconselharam mal, deliberadamente, o nosso governo, os que se deixam celebrar como heróis atômicos, e cujos crimes é preciso, finalmente, que sejam investigados?

A nosso ver, porém, a condenação da caça às feiticeiras permanece num plano secundário, e não temos dúvida de que os debates essenciais da peça poderiam e podem passar-se na União Soviética, e os mesmos escrúpulos morais que assaltaram os cientistas norte-americanos devem ter motivado também os pesquisadores russos. A diferença é que o Departamento de Estado publicou o inquérito oficial relativo ao "caso Oppenheimer", enquanto teríamos dificuldades em conhecer processos semelhantes que acaso se instaurassem no regime comunista. Há uma indagação inicial, assim, a respeito do próprio cabimento da sindicância que originou a peça, embora se esclareça que ela não constituiu um processo judiciário. O físico Isidore Isaac Rabi, arrolado como testemunha, invectiva um membro da Comissão de Segurança incumbida de proceder ao interrogatório, considerando esse tipo de investigação incompatível com o conceito norte-americano de convivência, e que se um homem fosse condenado por defender suas idéias, forçosamente se deveria renunciar às prerrogativas de país livre. Em conseqüência, impunha-se "ter exigido um sumário de culpa, que denunciasse fatos desleais, se os havia, e não somente opiniões incômodas. Se a questão é de opiniões, aí o senhor pode ir logo me colocando também no banco dos réus" – declara Rabi. Não obstante a convicção dessa tese jurídica e a referência à sanha "macartista", com a acolhida do depoimento de uma criança, Kipphardt continua suficientemente isento, para admitir que Oppenheimer manteve contatos, tomou atitudes e disse mentiras que, numa questão tão vital de segurança, justificavam a cautela das autoridades. Despertada a desconfiança, nas circunstâncias específicas da defesa nacional, não há como fugir ao inquérito regular, instrumento democrático para apuração dos fatos, ainda mais que não se trata de pronunciar nenhuma sentença. A história, aliás, já se incumbiu de reabilitar Oppenheimer de suspeitas escusas. Por proposta do físico Edward Teller, o maior oponente estratégico de Oppenheimer, o presidente Johnson entregou ao "pai da bomba atômica" o prêmio Fermi, "pelos seus méritos no programa de energia nuclear durante os anos críticos".

406   O TEXTO NO TEATRO

Cada cena desnuda um aspecto expressivo do mundo de hoje, no qual Oppenheimer desempenha uma função de síntese microcósmica . Um homem pode ser incriminado por suas ligações pessoais? Antigas simpatias comunistas condizem com tarefas bélicas secretas? Como conciliar a lealdade a um irmão e ao Estado? A coerência total na defesa da democracia não levará à supressão dela? A lealdade em relação a um governo pode contradizer a lealdade para com a humanidade? Essas e outras questões atravessam *O Caso Oppenheimer*, estimulando o espectador a participar dos debates povoadores do macrocosmo em que estamos mergulhados. No curso do inquérito sentimo-nos solidários com a tentativa de estabelecer uma ordem universal, em que o espaço protegeria o homem sem expulsá-lo como inimigo indesejável. Kipphardt acompanha o itinerário de uma perplexidade, quando um individualista como Oppenheimer se vê de súbito contestado no seu procedimento individual.

Porque Oppenheimer, físico impelido sobretudo pela coerência científica, simboliza em grande parte os intelectuais do Ocidente. A paixão da pesquisa isolou-o longo tempo da realidade cotidiana, a ponto de só muito tarde aperceber-se da crise de 1929. Nem o exercício do voto lhe dizia alguma coisa. A integridade moral não lhe permitirá deixar de ver que um país sacudido por depressão trai um erro econômico de sistema, reclamando pronta corrigenda. A correspondência prática desse raciocínio traduz-se num engajamento (ao menos teórico) de esquerda, visando à justiça social. A idéia dessa justiça se encarna na experiência soviética, na recusa dos privilégios e no combate às ideologias de direita. Mas a praxe política traz decepções incontáveis, como a entrega de cientistas alemães pelos russos à Gestapo, os melancólicos expurgos na URSS, as acomodações de linhas às conveniências de momento. O idealista Oppenheimer, que um membro de partido consideraria inoculado de preconceitos pequeno-burgueses, cai no inevitável ceticismo de todos os teóricos inconformados com as transigências deturpadoras, mascaradas de realismo político, e observa a fidelidade a si mesmo, imagem da fidelidade a um mundo melhor. Nesse refúgio orgulhoso na própria intimidade indevassável, erige-se ele em juiz de todos, e se sente com forças para criar códigos pessoais, libertos dos padrões em vigor. Se ele tem caráter para repelir insinuações de espionagem, por que anunciá-las à polícia, se não as levou a sério? A inteireza subjetiva de Oppenheimer e a mentira palpável ao Governo, no caso Chevalier, marca-o de suspeita ambigüidade, fazendo que se discuta seu direito a um atestado de segurança.

Mas as hesitações de Oppenheimer vão mais longe. Ele construiu a bomba atômica para impedir que ela fosse usada. Como arma em poder dos norte-americanos, ela não serviria aos desígnios de Hitler. A fim de assegurar a vitória aliada, a bomba matou 70 mil criaturas em Hiroshima. Os cientistas, que haviam pensado nos benefícios da energia nuclear, sentiram-se instrumentos involuntários da morte.

KIPPHARDT E *O CASO OPPENHEIMER* 407

A física transformou-se numa disciplina militar. Daí a inaceitação do preparo da bomba de hidrogênio, pelo seguinte argumento: "o fato de que o poderio destrutivo desta arma não tem limites faz da sua existência um perigo para a humanidade inteira". O aceleramento de sua construção pelos Estados Unidos poria em risco não apenas os soviéticos, aliados da véspera e hoje inimigos potenciais, mas a existência em todo o globo terrestre. O entusiasmo da conquista científica contrabalança-se com o horror do possível perecimento da humanidade. Não haveria, portanto, boicote ou sabotagem dos interesses norteamericanos, naturalmente inferiores à preocupação de evitar que a terra se desintegre. Oppenheimer teria raciocinado como cidadão do mundo, esquecido das divisas meramente convencionais do país que lhe deu origem.

Essa posição se, por um lado, se presta a belas palavras, por outro pode não ser a que, sob o prisma tático, favorece mais os fins propostos. Kipphardt compreendeu bem essa dualidade, encarnando em Teller o oponente lúcido de Oppenheimer, apenas conduzido por outra estratégia. Oppenheimer acreditou no poder da razão, advogando uma política internacional de desarmamento. Já Teller, confiante na superioridade guerreira como veículo para convencer os adversários, julgava a posse da bomba H o meio mais seguro de impor aos outros a paz. Para ele, essa arma teria poupado a "debacle na China e, provavelmente, outras surras". Como temperamento, Oppenheimer seria um otimista ingênuo, ao passo que Teller, um pessimista malicioso. Para este, "os homens só se rendem à razão política quando estão realmente assustados". Na declaração de ordem geral, defende-se do epíteto que lhe deram de belicista incorrigível, para proclamar: "espero que chegará o dia em que se verá em mim um amigo da paz, pois o tremendo pavor gerado pelas nossas armas destruidoras terá definitivamente desqualificado a guerra como instrumeto clássico para a realização de finalidades políticas". O relevo assumido por Teller, ao invés de enfraquecer a posição de Oppenheimer, reforça o valor probante da tese final de Kipphardt: existindo ou não, a bomba não deve ser usada, ou melhor, é o argumento mais convincente para que os homens se desarmem.

O ponto de partida documentário, em que se aproveitam trechos de alguns interrogatórios, não empobrece o alcance artístico de *O Caso Oppenheimer*. O autor dosou, com rara habilidade, os múltiplos elementos do inquérito, para através deles construir um todo orgânico, servido por uma permanente variação de tipos e problemas. É evidente que a literatura e o cinema, ao fixar as cenas de tribunais, já aprenderam a tecer os necessários contrastes, a tensão e o relaxamento, as surpresas e os *suspenses*, para que o espectador não mergulhe em tédio. A estrutura da peça não poderia fugir à sucessão de depoimentos, que apresenta um certo paralelismo com a forma do teatro épico. Justapõem-se quadros que se bastam, e as alocuções

408 O TEXTO NO TEATRO

feitas no proscênio, com a cortina fechada, provocam o efeito distanciador e didático. Como, em cada interrogatório, há um depoente que é o centro da atenção, Kipphardt vai alinhando, no correr da peça, uma série de silhuetas.

Chegam elas a constituir caracteres ou personagens completas? Por certo, não lhes conhecemos todos os meandros, nem seria intenção do autor fornecer sua biografia. Nesse gênero, antipsicológico por natureza, cada figura oferece de si a parcela capaz de ressaltar o foco central. A inteligência do ficcionista está em escolher as palavras e as atitudes definidoras para, em poucos traços, sugerir o retrato inteiro. Partindo dessa premissa, Kipphardt pinta no texto diversos tipos humanos, que amenizam a rigidez do inquérito. Ward V. Evans, por exemplo, membro da Comissão de Segurança, pondera se não deveria ter-se demitido, por não saber conciliar, aos setenta anos, seu conceito da ciência com os interrogatórios. Liberal, teme a impossibilidade de se repelirem as pretensões totalitárias dos Estados, mesmo no campo científico. E pergunta se os novos físicos não acharão natural passarem a funcionários públicos. Rolander, perito em segurança, justifica a intransigência do inquérito como meio de preservação do mundo livre. Thomas A. Morgan, outro membro da Comissão de Segurança, tem um conceito altamente democrático.

Os pontos de vista subjetivos de um cientista, por mais extremistas que sejam, constituem questão particular dele, enquanto não afetam seu trabalho efetivo. Esta clara separação assenta nos princípios da nossa democracia.

O coronel Pash, oficial do Serviço Secreto, antigo professor de educação física e boxeador de mérito, julga que os homens de ciência deveriam compreender que não passam de especialistas, com a tarefa de confiar o resultado de seu trabalho a outros especialistas, políticos e militares, incumbidos de dar-lhes destino: "Se queremos defender com sucesso a nossa liberdade, devemos estar prontos para renunciar a certas liberdades". Já Landsdale, advogado e ex-oficial do Serviço Secreto, pensa que haja limite para tudo e afirma:

Sou da opinião que a histeria anticomunista atualmente generalizada é perigosa para o nosso modo de convivência social e para a nossa forma de democracia. No lugar dos critérios legais, dominam hoje o medo e a demagogia.

Conclui ele:

Para se ter uma segurança de cem por cento, deveríamos suprimir todas as liberdades que desejamos defender. (...) O mundo acha-se dividido em cabras e ovelhas, e estamos todos dentro do matadouro!

O físico Hans Bethe tece considerações sobre o mundo científico destruído, no qual, mesmo com a vitória, não valeria a pena viver. O temor do Apocalipse leva-o a falar:

KIPPHARDT E *O CASO OPPENHEIMER*   409

Parece que dois blocos de potências já não dispõem de muito tempo para decidir se querem praticar juntos um duplo suicídio ou de que maneira vão fazer a bomba sumir outra vez do mundo.

David Tressel Griggs, geofísico, cientista-chefe da Força Aérea, ataca os que sustentam uma estratégia defensiva e, desconfiando de certos indícios, considera Oppenheimer um risco muito grande para o regime. Além do Dr. Rabi, professor de Física na Universidade de Colúmbia, que contesta *in limine* a instauração do inquérito, avulta, no entrecho, o físico Edward Teller, o maior responsável pela fabricação da bomba de hidrogênio norte-americana. Embora discordando da orientação de Oppenheimer, nunca lhe negaria o atestado de segurança. A elevada estatura moral dos principais antagonistas domina as disputas mesquinhas, inevitáveis em quase todos os interrogatórios, para conferir ao inquérito admirável poder de esclarecimento.

E é aí que Oppenheimer, suspeito de traição ao governo, subverte os dados iniciais do problema, a fim de perguntar se "nós não praticamos efetivamente uma traição ao espírito da ciência, quando cedemos às Forças Armadas o nosso trabalho de pesquisa, sem pensarmos nas conseqüências". Importantes como em nenhuma época da história, os cientistas nunca foram tão impotentes para orientar a aplicação de seus inventos. Mas a peça menciona o progresso trazido pela energia nuclear, a fartura que ela anuncia para o mundo. Insistindo em que a humanidade pode findar, *O Caso Oppenheimer*, sem demagogia, sem mistificação, resulta num honesto apelo em favor da paz.

(Abril, 1965)

40. Dessì e a Justiça

É difícil que uma peça seja hoje em dia completamente original. Com a multiplicidade de caminhos da literatura moderna, tem-se a impressão de que uma obra importante representa, antes de mais nada, uma síntese das experiências anteriores (sem considerar que todo autor aproveita o legado artístico, mas que as tendências mais próximas refletem-se em sua concepção). Um texto como *A Visita da Velha Senhora*, por exemplo, assimila toda a aventura intelectual do nosso século, e é um coroamento de algumas de suas perspectivas mais legítimas. Transcende os numerosos influxos que recebeu pelo mérito de transfiguração do dramaturgo – e aí está sua originalidade. A maioria das obras-primas da história do teatro não passa de admirável reelaboração artística de material já tratado.

La Giustizia, racconto drammatico de Giuseppe Dessì, não chega a superar as obras e as correntes que são o seu suporte, mas realiza aproveitamento inteligente e de bom gosto de muitas indicações literárias de qualidade. Pode ser considerada uma boa peça, o que é significativo, se observarmos que, nos vários centros teatrais, são tão raros, cada ano, os textos novos de valor.

O interesse de *La Giustizia* fica acrescido, se lembrarmos que se trata da estréia teatral de um escritor e jornalista de cinqüenta anos, que passou a história do conto ao romance, e deste ao diálogo, pois "fatos, palavras, gestos, situações voltaram à simplicidade originária e direta, isto é, à expressão dramática". Ultimamente, depois do vazio trazido pela morte de Pirandello, os atores e os conjuntos italianos mais lúcidos têm procurado enriquecer a dramaturgia com a colaboração de poetas e romancistas, capazes de emprestar ao palco uma categoria literária,

DESSÌ E A JUSTIÇA   411

quase sempre ausente da obra dos *playwriters*. Todos sabemos o perigo do malogro em cena que cerca o teatro literário, mas não há dúvida de que a boa formação artística é indispensável ao alicerce da grande dramaturgia.

Giuseppe Dessì revela, em *La Giustizia*, ao lado das virtudes do escritor, a intuição da linguagem específica do palco. Baseou-se ele, no entrecho, em episódio verídico: um inquérito judiciário, realizado num lugarejo do centro da Sardenha, revelando características essenciais de um agrupamento humano. O primitivismo, a simplicidade e o enraizamento das tradições das existências nessa pequena aldeia equivalem, para os "civilizados", ao mundo mítico da saga heróica, inspirador da poesia dramática grega. A atmosfera fetichista de símbolos e exigências elementares marca os acontecimentos com o selo da fatalidade.

Um crime ficou sem punição, por falta de provas. Pietro Manconi, o indiciado, foi solto, mas as aparências continuam a persegui-lo. Sabe-se que, num processo, os menores indícios, que na maioria dos casos se perderiam na inconseqüência do cotidiano, assumem gravidade comprometedora, avolumando-se de forma a adquirir valor probante. E, tantas vezes, desviam da solução certa, guardada em caminhos menos óbvios. Assim como a peste representa a consciência coletiva que acarretará a punição de Édipo, assassino do pai e incestuoso, Domenica Sale, jovem de dezessete anos, tem em *La Giustizia* uma visão, que leva à reabertura do inquérito interrompido: uma velha, Lucia Giorri, esvaindo-se em sangue, aponta as testemunhas e o próprio criminoso. Esclarece-se logo o fato. Tudo aquilo é verdade, sem dúvida. Só que se passou há quinze anos.

Diz o autor que o fantasma que aparece para a jovem não o interessava como fenômeno metapsíquico ou como manifestação sobrenatural, mas pelas mesmas razões que interessavam aos habitantes da pequena aldeia da Gallura: era uma revelação da verdade, um reclamo de justiça; era uma voz reprimida por tanto tempo que voltava a fazer-se ouvir do fundo do túmulo, ou da memória, o que é a mesma coisa.

Não importa saber se os comentários feitos em voz baixa no lugarejo, a sugestão do antigo indiciado (que nunca pôde reerguer-se da responsabilidade que lhe foi atribuída) ou um fenômeno que escapa ao terreno natural tenham sido o móvel de Domenica Sale. Com exata noção de medida, o dramaturgo utiliza esse elemento revelador, que enseja, ademais, excelente fio teatral, abandonando em seguida a jovem ao próprio destino: não é ela o objeto da pesquisa da peça, mas a força catalisadora que desencadeia a tragédia, e vale a pena investigar as proporções dos episódios na psicologia da coletividade.

Uma das virtudes de *La Giustizia* está mesmo na inteligência com a qual o autor soube escolher a matéria a ser fixada, desprezando numerosas indagações, que apenas sobrecarregariam o núcleo dramático e acoimariam de banalidade o desfecho. Sem furtar ao espectador as in-

412   O TEXTO NO TEATRO

formações essenciais. Dessì não insiste em esclarecimentos de resultado melodramático, valorizando o clima de ambigüidade, de maior ressonância literária. Quando o juiz conduz o inquérito, a fim de certificar-se da autoria do crime, não se dá certeza de que Minnia Giorri sabia ter sido a mãe assassinada pelo marido. Não atribui ele importância, também, aos motivos que levaram ao homicídio: trata-se de problema banal, já que a sogra de Tazuba (o verdadeiro criminoso) havia dito, em discussão, que alteraria o testamento em favor da outra filha. Sabia o povo que Pietro Manconi era inocente? Logo que ele foi indiciado, não, e muitos amigos chegaram a abandoná-lo. Nessa nova fase do inquérito, porém, vários diálogos o isentam da responsabilidade, e há quem acuse Minnia Giorri pelo sucedido. Num procedimento muito comum entre os que são inocentes, mas não podem confiar na justiça, Pietro Manconi resiste à ordem de prisão e morre, numa luta com os carabineiros. Inocente: como prová-lo, porém? – eis o paralelismo obrigatório com o mundo kafkiano. Ao invés de partir da prova para a condenação, La Giustizia coloca o problema da falta de prova, impedindo livrar da suspeita o inocente. No desenrolar da história, que certamente traria à luz a injustiça cometida contra Manconi, ele é envolvido na malha de equívocos e sacrificado. Esse desfecho tem por objetivo criticar o formalismo judiciário, que provoca situações fatais, como essa. Diante de mais uma condenação de inocente, ficamos pensando, porém, na freqüência do tema na literatura: o episódio não parece colhido ao vivo, mas inspirado em outras obras, quase como lugar-comum do próprio teatro.

A riqueza de aspectos da intriga explica o terreno movediço de todos os depoimentos e a insegurança das várias personagens. A verdade perde o suposto contorno nítido, para diluir-se numa cadeia de reflexos. Contra o esfacelamento das certezas insurge-se Don Celestino, numa recusa das implicações pirandellianas que parece adquirir a certa altura o texto: "A verdade é uma só!" – exclama ele, horrorizado com o jogo de aparências do inquérito.

Continuando estranha corrente, nesse processo que procuraria restabelecer a ordem, o ponto de partida para a inculpabilidade e o sacrifício de Pietro Manconi é a visão de Domenica Sale. E quem é a jovem? Revela-se, na ação, que é sobrinha do suspeito. Onde a corrente? Caterina Sale, sua mãe, poderia ter fornecido o álibi inocentador de Manconi, no inquérito primitivo. Enquanto se consumava o crime, Caterina Sale era expulsa da casa de Manconi, porque fora pedir o reconhecimento da menina, nascida de um amor, não sacramentado pela lei, com o irmão dele. O réu poderia ter solicitado o depoimento de Caterina Sale, mas esperou que ela o oferecesse espontaneamente. Seria querer demais, e o caso interrompeu-se depois, por conta própria. Agora, é como se Domenica Sale confessasse publicamente a verdade, que a mãe se absteve de contar. Deveriamos concluir que o sacrifício de Manconi seria um castigo por essa outra culpa, a de ter afastado o irmão de Caterina e da filha?

DESSÌ E A JUSTIÇA 413

Com exceção de Manconi, os caracteres não estão desenvolvidos, porque, de cada criatura, é necessária à trama a parte relativa ao quadro coletivo. Deve a afirmação da verdade caminhar inexoravelmente, e por isso tem o primeiro plano o juiz. Jovem, destituído de preconceitos, valendo-se de autos que já podem ser examinados sem paixão obscurecedora, o juiz Antonio Sollai está certo da inocência de Manconi, o que dá ao seu inquérito maior segurança e à ação um desenvolvimento mais preciso. Contrapõem-se à sua firmeza as evasivas do povo, num verdadeiro coro de estupefação e de desencontros. Acostumados a exercer a justiça com as próprias mãos, os habitantes da aldeia ainda se acham atônitos diante das fórmulas judiciárias. No seu íntimo, a população anseia por justiça, mas não tem certeza dos novos métodos para alcançá-la. A peça testemunha menos, assim, o retorno a um sistema primitivo de exercício da justiça, do que o absurdo dos formalismos judiciários.

No primeiro ato, quando se trata de armar a situação, *La Giustizia* apresenta uma teatralidade admirável. Suscita-se o interesse e a suspensão, e o pano cai sobre uma incógnita, que precisa ser elucidada. Na necessária busca de explicações do segundo ato, passa-se do diálogo cortante a esclarecimentos mais longos, e a vivacidade cênica inevitavelmente diminui. Mas a curiosidade pelo desfecho se mantém e o terceiro ato reintegra a peça no dinanismo inicial. A leitura sugere que *La Giustizia* funciona como espetáculo.

O repertório do *Teatro Stabile di Torino*, que acolheu a peça, tem uma linha definida: "O sentimento popular no teatro italiano", ou, de acordo com as palavras de Gianfranco De Bosio, diretor do conjunto, "como os escritores italianos encaram o povo, através da história". Em *La Giustizia*, a intenção de Giuseppe Dessì foi certamente a de mostrar o sentimento inato de justiça, confundido, muitas vezes, pela kafkiana organização social. A confiança na instauração de uma ordem está patenteada, embora se desconfie dos métodos da ordem estabelecida. A última impressão de *La Giustizia* é positiva: o povo sai engrandecido e não amesquinhado nesse interrogatório que se destina a apontar quem praticou um crime contra a coexistência pacífica e digna.

(Setembro, 1960)

41. *Os Demônios,* de Fabbri

Ao adaptar *Os Demônios* para o palco, o dramaturgo italiano Diego Fabbri deve ter sentido a vontade de transmitir ao teatro a dimensão dos grandes romances, a qual, na arte cênica, só é atingida pela obra de Shakespeare e poucos mais. Não pode haver melhor modelo do que Dostoiévski para esse desejo de quebrar as fronteiras do palco, pois seus romances têm uma teatralidade imanente, várias vezes aproveitada em peças. Com a exuberância e a penetração de que dispõem, qual o autor que não se sente tentado a encontrar-lhes equivalente no teatro?

A teatralidade de Dostoiévski não é feita do que se convencionou chamar conflito dramático, mas de imantação, de verdadeiro magnetismo que une, opõe e deixa irremediavelmente presas umas às outras as personagens, num universo coeso em que os contrastes conduzem a um equilíbrio. Tudo é teatral na obra do escritor russo, porque o menor gesto de uma personagem é dramático, e todas estão suspensas por um fio do qual podem a cada momento cair no abismo. Vivendo na mais terrível tensão, suas criaturas acham-se no ponto máximo de carga dramática, além do qual só lhes resta estourar. E elas também estouram, porque é essa a mais decisiva prova de vida.

Transpondo para a peça essa atmosfera, Diego Fabbri foi fiel ao espírito de Dostoiévski. Foi até fiel demais – somos levados a crer. Geralmente, a crítica não aceita as adaptações porque empobrecem em demasia o original, simplificando-o além de uma imagem válida. De um romance tão complexo como *Os Demônios,* Diego Fabbri quis reter praticamente todas as linhas e as personagens principais, para sacrificar apenas as cenas que romperiam em definitivo a procura de uma certa unidade formal, a exemplo do reencontro de Chatov com a esposa. No

OS DEMÔNIOS, DE FABBRI

teatro, Chatov é solteiro e mostra, antes de ser assassinado, o desejo de constituir família e viver em paz.

Apesar das inevitáveis simplificações, o texto de Fabbri ainda está sobrecarregado de referências que são de difícil apreensão para o espectador, imerso depressa em história de múltiplos caminhos. Algumas personagens só puderam ser esboçadas, e as próprias relações de Stavroguin com as três mulheres – Maria Timofejevna, Daria Pavlovna e Elisabete Nicolaievna – permanece em ligeira penumbra – não o mistério que cerca os mergulhos em profundidade, quando ela existe, mas o das revelações incompletas. A certa altura, porém, esquecemos as insuficiências e a própria indagação se o resultado cênico de *Os Demônios* é bom, para nos interessarmos apenas pelo que há de grandioso na obra. E, desse ponto de vista, o trabalho de Fabbri cresce em importância, porque preserva e explora meia dúzia de cenas geniais, que, sozinhas, são superiores a noventa por cento da literatura dramática.

A peça tem esse mérito inegável: lança para o espectador, intactos, os grandes momentos do livro. E define, com admirável poder de síntese, as figuras centrais de *Os Demônios* – Stavroguin, Piotr Stepanovitch, Chatov e Kirillov. Em rápidas iluminações, todos eles se desenham com extrema nitidez, sugerindo a riqueza interior que os situa entre as personagens principais da história literária. "Demônios" revolucionários que estão na trilha de uma santidade especial, mas que o autor, já recolhido da experiência subversiva da juventude, condena com infinita compreensão, julgando que a Rússia deve ser exorcizada de sua presença.

Tarefa das mais ingratas é tentar a exegese de *Os Demônios*, em que Dostoiévski foi profeta dos acontecimentos revolucionários posteriores, errando não obstante quanto ao verdadeiro desfecho da Revolução. A exegese está sempre presa a uma relação de causa e efeito, e, na obra, por mais que assentemos algumas verdades, admitiremos logo como inteiramente válido seu contrário, sem que nos estejamos deixando levar pelo gosto do paradoxo.

Stavroguin, sobretudo, por mais que possa estar indicado na narrativa, e se confesse ao bispo Tikhon, guarda um segredo que o suicídio cobre irremediavelmente. Mostrar-lhe os traços genéricos é simples: verdadeiro don juan das estepes, indivíduo de força extraordinária que leva os outros à irrestrita adoração ou ao total repúdio (e é por isso considerado por Piotr o homem necessário para liderar o movimento), sádico tremendo e masoquista ainda maior, parece incapaz de amar e de empenhar-se a fundo em qualquer coisa, tornando-se, para Romano Guardini, a "encarnação do mais tenebroso dos livros de Kierkegaard, *O Conceito da Angústia*. "Como tinha caído muito baixo", Chatov dá-lhe em público uma bofetada, sem que ele reaja, quando a coragem e o destemor o caracterizam. Ele próprio diz a Daria: "Não consigo empenhar-me verdadeiramente nem no bem, nem no mal; eis a minha condição. Poderei um dia encontrar alguma coisa em que empenhar-me a fundo, com toda a minha pessoa?" Logo adiante esclarece: "...vocês to-

416   O TEXTO NO TEATRO

dos acreditaram que eu fosse um deus... e, ao invés, era um 'medíocre'''. Mas, em lugar de considerarmos deserto o coração de Stavroguin, o que já passou em julgado para a crítica, temos vontade de acreditá-lo sensível e grande demais, nesse desespero de quem não consegue resolver no plano das limitações humanas sua imensa ternura. A psicanálise encontraria a chave na confissão de Stavroguin a Tikhon (apêndice subtraído ao romance pelo autor e incorporado por Fabbri à peça), segundo a qual possuiu uma menina e deixou que ela se enforcasse, certa de ter morto Deus. Foi a profunda noção de culpa, sem dúvida, que o fez sentir-se responsável por toda a história da menina, e é pelo desejo de punir-se que se casa com uma aleijada, ademais doente mental. Chatov já havia visto nesse matrimônio a paixão do martírio e a volúpia moral, esse prazer da vergonha e do castigo. Fica-se ainda em dúvida se é a indiferença ou a perversidade que leva Stavroguin a dar dinheiro para a supressão de Maria, ou se é a delicadeza moral que o leva a responsabilizar-se pelo crime, já que poderia prevê-lo e evitá-lo. A aventura humana de Stavroguin, porém, não se reduz às coordenadas psicológicas. Ele não se empenha no bem e no mal porque está acima dessas categorias éticas, no plano efetivo do "demônio" que deseja substituir-se a deus, ressentido com o poder do criador. Numa demonstração inequívoca de orgulho transcendente, Stavroguin fala ao bispo: "... Não me basta nem o seu perdão, nem o dos outros, nem o de Deus, nem... o de Cristo! Sou eu que me quero perdoar". A impossibilidade de admitir a condição humana conduz Stavroguin ao suicídio. Não se sabe até que ponto a visão de Tikhon, prevendo o que sucederá a Stavroguin, mas impotente para evitá-lo, se assemelha à atitude daqueles que não impediram o desespero final de Judas.

O itinerário de Stavroguin decorre da experiência sentimental, e o de Kirillov, que se pode considerar uma réplica metafísica do amigo, surge como espantosa elaboração da inteligência. Não há, talvez, na peça de Fabbri, personagem mais bem talhada, aproveitando, aliás, os diálogos do romance. A primeira aparição de Kirillov já o lança em seu clima. Diz a Stavroguin, enquanto brinca com uma criança: "Você sabe o que penso: que a morte não existe – existe apenas a vida". Esclarece que não se trata de vida futura: "Creio na eternidade da vida, simplesmente. Existem instantes em que o tempo pára e se torna eternidade". O conceito de harmonia se enriquece com o de liberdade e de absoluto, no diálogo de Piotr: "Se não existe Deus, sou eu – homem – que sou Deus". E explica: "Se Deus existe, toda a vontade está nele, e eu não posso subtrair-me à sua vontade; mas se Deus não existe, então minha vontade é soberana! E tenho o dever de afirmar minha absoluta liberdade, isto é, de afirmar o arbítrio!" Aduz: "... Tenho o dever de matar-me: porque a plenitude do meu arbítrio – a minha suprema liberdade – é suicidar-me!" Justifica-se intelectualmente, dizendo ser o único homem que se matará por arbítrio: "O homem não fez outra coisa senão inventar Deus para poder viver sem matar-se. Só eu, pela primeira vez na

OS DEMÔNIOS, DE FABBRI

história universal, não quis inventar Deus". Tem uma última explicação, antes do suicídio:

... mas se as leis da Natureza não pouparam nem a "ele" (Cristo), se não pouparam nem o seu próprio milagre, mas o obrigaram também a viver em meio à mentira e a morrer pela mentira, isso significa que todo o planeta não é senão mentira e assenta na mentira e numa estúpida zombaria. Por que viver, então?

Mais uma vez, revolta, impossibilidade de aceitar a condição humana, ressentimento pela precariedade do destino, ciúme de Deus. Os niilistas de Dostoiévski nunca puderam suprimir a imagem daquele que pretendiam negar. O desprezo de Kirillov por tudo faz que ele admita confessar a autoria dos horrores que não praticou, assinando a declaração em francês, numa última prova de desapreço à sociedade.

Tanto Kirillov quanto Stavroguin movem-se numa esfera individual, em que procuram resolver intimamente suas contradições. O "demônio" de Piotr Stepanovitch tem a ação social marcada, isto é, arquiteta na prática o terror. Ninguém melhor do que ele ilustra a teoria segundo a qual os fins justificam os meios, colocando de cambulhada, na luta revolucionária, seus grandes ressentimentos pessoais: o abandono em que o deixou o pai, e assassinando Chatov – disse-lhe Kirillov –, não por ser um traidor mas porque recebera dele, há tempo, uma cusparada na cara. Não importam, contudo, os motivos de Piotr. Vale a pena conhecer seus ideais de paz social: "... é preciso que se instaure a obediência!" "A sede de instrução é já uma sede aristocrática". "Existindo a família e o amor, aparece logo o desejo de propriedade. Nós mataremos o desejo." Quer, com efeito, um ideal de mediocridade, em que os homens terão o que comer em troca da servidão. Seria Piotr um revolucionário russo ou um precursor dos totalitarismos de direita?

Já Chatov foi exorcizado, reconhecendo-se em seus traços, pelo que aponta a crítica, o próprio Dostoiévski. Sente-se nele a encarnação do pan-eslavismo cristão do romancista. Chatov professa o que ouvira há tempos de Stavroguin: "Um ateu não pode ser russo; o ateu deixa logo de ser russo". "... o único povo portador de Deus no mundo é o povo russo... porque o catolicismo romano não é mais cristianismo... O nosso povo é o próprio corpo de Cristo!" Também ele concita Stavroguin a desfraldar uma bandeira, embora diferente da de Piotr: "A bandeira do povo russo à procura de Deus!" No diálogo com Kirillov, diz Chatov que eles adoeceram de heroísmo, e não lhe agradam mais os homens excepcionais. Essa completa aceitação da humanidade não parece melhor sucedida para Dostoiévski, já que, antes de ingressar na beatitude da vida comum, Chatov é sacrificado por Piotr. Não se poupará os que desejam ir longe demais, nem os próprios inocentes?

É esse, muito em resumo e apenas sob alguns aspectos, o mundo sugerido na adaptação cênica de Diego Fabbri. Não se pode negar que ele é de Dostoiévski.

(Julho, 1958)

42. O Convencional Robert Anderson

Ninguém desconhece a importância que adquiriram, nos Estados Unidos, os cursos de *Plawriting*. Há no teatro, como em qualquer outra arte, uma técnica elementar, sem cujo domínio os autores dificilmente podem apresentar uma obra acabada. Os princípios de Dramaturgia aproveitaram não só a um O'Neill e a um Miller, por exemplo, sendo rara a peça norte-americana que não observe os padrões de uma fatura regular. Em diversas ocasiões, dramaturgos europeus se manifestaram sobre a inutilidade desse ensino, baseados em que o poder criador transcende as regras assimiladas. As perspectivas, porém, são diferentes: enquanto qualquer país da Europa dispõe de tradição literária, que lega aos autores um instrumento dócil, a América ainda está forjando a própria língua teatral. Sem herança artística, os dramaturgos novos apreendem, pelo estudo técnico, a forma que os europeus já começam a conhecer, na escola primária, com o contato dos clássicos. Daí ser comprovada a eficácia dos cursos de *Playwriting* nos Estados Unidos e podermos lamentar, no Brasil, a falta de expansão de ensino semelhante, ao menos com o objetivo de que a maioria dos nossos dramaturgos aprenda a não esgotar um tema no primeiro ato.

É certo que o curso de Dramaturgia não presenteia talento a nenhum aprendiz, mas lhe ensina a usar com apreciável rendimento o pouco de que possa dispor. Esse é o caso de Robert Anderson, autor de *Chá e Simpatia*, que está vazada segundo todos os preceitos de fatura de uma boa peça. Todos não, porque há um momento em que a criação fica entregue ao dom de cada um, e aí o dramaturgo trai a sua mediocridade.

O CONVENCIONAL ROBERT ANDERSON   419

Não temos dúvida em afirmar que *Chá e Simpatia* ilustra perfeitamente os princípios de como fazer uma peça. Quanto ao aspecto positivo: tudo na trama aparece motivado, a ação caminha natural e sem tropeços, as personagens mostram justificação plausível – em síntese: não se omitiu a verossimilhança ordinária do chamado realismo burguês. Esses mesmos argumentos, entretanto – e mais alguns –, servem para demonstrar as irremediáveis limitações do texto.

O jovem Tom Lee é o eixo de *Chá e Simpatia*. Diálogos e situações foram forjados para defini-lo, convertendo-o todo o tempo em tema central. Sua própria presença física, permanente no palco, ora dialogando ora encerrado em sua solidão, no quarto, mostra como Robert Anderson quis torná-lo móvel dos acontecimentos. A fundamentação dos protagonistas se faz, também, com base nele, já que o drama que lhe sucede servirá para situá-los, em definitivo. Dispõem todas as suas forças, na intriga, segundo o que se passa com Tom: primeiro, o flagrante com o professor, e depois, seu malogro com a prostituta. Os colegas zombam dele e o evitam, o companheiro de quarto o deixa e o pai revela o temperamento superficial ("O diabo é o que os outros vão pensar"), Bill é desmascarado na rigidez com que o trata, e sua esposa, Laura, rompe o matrimônio ilusório e procura revelar a Tom sua verdadeira identidade.

Na composição, o autor utilizou um processo simétrico, e a cada estímulo corresponde uma resposta posterior. Lilly dialoga superficialmente com Laura, no início da peça, e volta mais tarde, para completar a silhueta. O pai aparece também na primeira parte, para figurar de novo no diálogo, no desfecho. Ao primeiro impulso na trama, possível por terem surpreendido Tom na praia, com o professor, sucede o incidente mais categórico da visita frustrada à casa da prostituta. Na parte inicial, assim, preparam-se o ambiente e as psicologias, que se esclarecem inteiramente pouco antes de cair o pano. Outro recurso simétrico é o dos contrastes: Tom se mostra terno e delicado, enquanto os outros rapazes são primários e comuns; o professor David não esconde suas inclinações, ao passo que Bill as sufoca; e Lilly permanece nos flertes, quando Laura se abandona à afeição.

Robert Anderson obedece, com rigor, ao princípio de que todos os incidentes devem ser preparados. Bill e os alunos regressam logo da excursão alpinística, mas antes o boletim metereológico havia previsto mau tempo. Para que Tom se decida a sair com a prostituta, já se falara, antes, sobre as suas relações com os estudantes. Justifica-se que Laura converse sobre o primeiro marido, com Tom, por uma referência inicial à semelhança de ambos, feita ao próprio Bill. E para que a platéia aceite sem espanto, no fim, que ela vá ao quarto do rapaz, no diálogo esclarecedor com o esposo ela já havia comentado esse desejo, nascido quando ele saiu de casa para encontrar-se com a prostituta. Foi obtida na mais precisa balança a dosagem de todos os ingredientes dramáticos.

420 O TEXTO NO TEATRO

A preocupação da verossimilhança rotineira não poupou à peça, contudo, as coincidências de outra natureza. Robert Anderson substituiu o antigo processo de oráculos e sonhos por alusões e referências cuidadosamente introduzidas, na trama, antes do acontecimento real. O sistema é quase mecânico, facilitado pela sucessão das conversas a dois. Raramente o diálogo se enriquece pela presença de maior número de personagens e, quando falam diversos interlocutores, dispõem-se eles em blocos antagônicos, representando forças únicas em choque. A monotonia e a linearidade do processo foram quebradas com o desdobramento do cenário, que distribui a ação em três locais privilegiados. Esse disfarce, se consegue facilitar a verossimilhança, não esconde o primarismo da urdidura, que nunca se permite tentar uma verdadeira simultaneidade de ações. De ordinário, quando duas personagens acabam de falar, segue-se novo diálogo, também com dois interlocutores. Para isso, não há uma só entrada que não seja no momento necessário, alentando o palco com um pretexto novo ou interrompendo providencialmente uma cena, cujo clímax mudaria o desfecho querido. As coincidências transparecem na concentração de datas expressivas: aniversário do primeiro casamento num dia, comemoração dos dezoito anos de Tom no dia seguinte, baile dos estudantes e festa, e saída de Bill para o passeio.

O esquematismo da composição dramática seria ainda desculpável, não fosse a primária estrutura psicológica. O máximo que se concede o autor é lançar uma "verdade", a certa altura, sem que ela provoque na personagem uma inquietação mais profunda. Já se lembrou que a psicanálise, na mecânica de suas chaves reveladoras, constitui um dos piores males para a literatura, e *Chá e Simpatia* é bem um exemplo do flagelo que assola atualmente a arte. A motivação do desajuste de Tom pode ser explicada pelo divórcio dos pais e por ter vivido sem a ternura e o carinho maternos. Laura, presa a um segundo matrimônio frustrado, reencontra em Tom a afeição adolescente do primeiro marido, morto heroicamente na guerra, para provar que era homem. O fundo melodramático mais desagradável é o de Bill: e esposa Laura lhe joga na cara que a perseguição a Tom é a luta contra aquilo que ele tem medo de reconhecer em si mesmo. Revela-se o "enigma" que envolvia a natureza de Bill, o espectador alivia a tensão, e pode Laura, em paz, abandonar o marido. Pobre Aristóteles, que não podia prever a aplicação posterior da catarse!

Seria o caso de perguntar: qual o motivo, então, do êxito da peça? Com boa vontade, muita gente a aproxima dos protestos contra a intolerância, contra a injustiça baseada em falsos indícios, contra os juízos inapeláveis fundados em erro de exegese. Nesse sentido, *Chá e Simpatia* seria o drama do equívoco, levado quase às últimas conseqüências, se Laura – qual anjo da guarda – não dissesse ao marido não ser suficiente o aspecto de virilidade e a Tom que, não obstante a aparência em contrário, ele é homem, sim. Por esse lado, o texto se afasta, também,

O CONVENCIONAL ROBERT ANDERSON   421

da literatura que advoga um lugar ao sol para qualquer gênero de anormalidade, instaurando o núcleo dramático na recusa social dos excepcionais.

Como *Chá e Simpatia* está longe, porém, da autêntica virilidade de *The Crucible* (*As Feiticeiras de Salém*), de Arthur Miller! Lá, sente-se a repercussão da intolerância num plano mais vasto, que é o do sacrifício da liberdade pela vigência do regime policial. A mediocridade de Robert Anderson reduz o drama às suas proporções cênicas: não se deixem levar pelo preconceito de que os modos efeminados conferem o estatuto à pessoa; da mesma forma que tamanho não é documento...

A mediania do texto lhe garante a facilidade de compreensão, mascarada pela coragem postiça que assumem freqüentemente os *best sellers*. Os instintos superficiais podem ser logo cumulados, sem grandes problemas, e o autor foi hábil em despertar o romantismo coletivo, feito do desejo de proteção às vítimas injustiçadas. Não se pode esquecer, também, que a solidez da estrutura dramática, não obstante o esquematismo psicológico, permite a realização de um bom espetáculo e de um bom desempenho, e quase sempre uma ótima montagem encobre as deficiências do texto. O público se sente satisfeito, sobretudo, porque, além da curiosidade por um tema que se considera proibido, o autor lhe oferece, não só no título, chá e simpatia...

(Junho, 1957)

43. Shaw e Campbell
Personagens

Quando se sabe que Jerome Kilty extraiu *Dear Liar* da correspondência trocada entre Bernard Shaw (1856-1950) e Mrs. Patrick Campbell (1865-1940), é impossível refrear a pergunta: peça feita de cartas? Mas à medida que se mergulha no texto, desaparecem as suspeitas iniciais. O monólogo dos dois protagonistas, que depois se converte em diálogo, cheio de intensidade, sustenta-se com base na longa biografia epistolar do dramaturgo e da atriz. Às vezes, um ou outro se dirige ao público, para estabelecer ligações e explicar os vazios. Ocorre logo o juízo de que o adaptador foi hábil, extremamente hábil. Não confundi-lo, porém, com os fabricantes das detestáveis peças bem-feitas. *Mentiroso Querido* talvez seja um recital, um texto de câmara. Não se põe em dúvida que tenha vida no palco. É teatro.

Jerome Kilty, intérprete e autor norte-americano, preferiu introduzir lentamente o público na história, para familiarizá-lo com a forma inusitada de leitura ou representação da correspondência. Os atores apresentam as personagens que vão viver. Processo de afastamento, tem-se vontade de observar, se essa técnica, usada em outros tempos por um Racine, não identificasse hoje, de imediato, a dramaturgia brechtiana. A atriz narra que Shaw ficou perdido de amores por Mrs. Patrick Campbell, e, ao fim de quarenta anos de correspondência, ao saber da morte dela, escreveu em jornal:

> Todo mundo está aliviado, ela sem dúvida mais do que ninguém, porque era incapaz de viver com pessoas reais num mundo real. Ela foi uma grande feiticeira, e me enfeitiçou. Não fui o único.

Mais uma blague do genial humorista – tem-se desejo de pensar. Cruel e verdadeira – a peça aos poucos desvenda.

SHAW E CAMPBELL PERSONAGENS 423

Não queiramos iludir-nos que Shaw e a atriz se encontrem inteiros na correspondência, ou melhor, em *Dear Liar*. Sobretudo o dramaturgo, afeito a palavras, usou-as nas cartas, como em tantas outras oportunidades, em que também se definiu. Era a sua maneira de enfeitiçamento (e resistamos à facilidade de considerar que se mostrou assim mais total, mais despido). Muito da psicologia do Autor e da Atriz se encontra aí expressa, e, sendo ambos tão autênticos, corta-se o cordão umbilical que os prende às figuras reais, para se tornarem personagens. Essa é outra das virtudes de *Mentiroso Querido*: embora fixados em flagrantes que por vezes supõem longos intervalos, Shaw e Campbell se desenham com unidade intacta. Os aspectos menores, o correr do tempo, o destino diverso só vão enriquecendo e tornando nítida a pintura.

O mais favorecido, do ponto de vista literário, é Shaw, e nem poderia deixar de ser. Afinal, as cartas mais bem escritas lhe pertenciam, e ele nunca abdicou dos exercícios de estilo. A Campbell cabiam as reações espontâneas, as confissões abertas (com erros ortográficos), o imprevisto das atitudes de estrela. A preferência sentimental se inclina para ela – gostaríamos de considerá-la a heroína (e não será Shaw um pouco vilão?).

Foi o dramaturgo que a procurou, interessado em que ela o interpretasse. Como Campbell dominasse o palco londrino, ao lado de Ellen Terry, ofereceu-lhe o papel da rainha do Egito, em *César e Cleópatra*. Estamos ainda em fins do século passado, e começa esse conúbio, de tão fecundos exemplos, entre o Autor e a Atriz. As intermitências e o já egoísmo (ou sabedoria?) de Shaw em poupar-se separam os campos, proíbem a entrega total. Em linguagem sartriana, afirmaríamos que Shaw fez belíssimos gestos – nunca praticou um ato. Um ato que o empenhasse a fundo. Chamou-a Stella Stellarum (Mrs. Campbell nasceu Beatrice Stella Tanner), sua Beatricíssima, deusa de mármore sem mácula. Em compensação, ela logo o denominou Joey the Clown, e sentiu o abismo intransponível de suas naturezas.

Em 1911, Shaw terminou para Campbell o famoso papel de Elisa Doolittle, de *Pigmalião*. Um acidente automobilístico afastou-a do palco mais de uma temporada, e a peça só pôde estrear em 1914. Na boa tradição inglesa (apesar das numerosas excelentes atrizes do palco londrino), Stella tinha quarenta e nove anos quando criou a jovem de menos de vinte, que é formada pelo professor Higgins, autoridade internacional em fonética. A atriz se afasta de Londres, para estudar melhor a personagem. Shaw vai procurá-la, em Brighton. Mal chega, ela foge: estava em companhia do nobre George Cornwallis-West, seu amigo de todas as jornadas. Comemorando o triunfo de *Pygmalion*, Carlota, a esposa de Shaw (é verdade, ele era casado), oferece uma ceia após a estréia do espetáculo. Campbell reservara para o dramaturgo um golpe teatral seguro, e muito verossímil, sendo ela a autora: conta-lhe que se casara, quase na véspera, com George Cornwallis-

424   O TEXTO NO TEATRO

West. Monstro de orgulho, torturando-a nos ensaios, a fim de que ela fosse uma Eliza perfeita, que tinha Shaw a oferecer-lhe? "... Você que se esconde todo o tempo atrás de Carlota? Você sabe que, com todas as suas palavras, cartas e promessas, nunca foi meu amante..." E dá o nome exato ao que os' une: um flerte. Conhecendo-se mutuamente melhor do que ninguém, as personalidades ásperas, que exigiam tudo dos outros, sem dar nada em troca, mantinha-os em fortalezas distantes, proibia-lhes o encontro.

O itinerário de Mrs. Patrick Campbell assemelha-se ao de muitos profissionais do palco, vítimas da idade. A Guerra de 1914-1918 alterou os valores, inscreveu no passado a geração anterior. As vozes antigas não encontram ressonância em jovens ouvintes. Stella, que era rainha no princípio do século, não poderia submeter-se mais à dura concorrência cotidiana. Depois de recusar trabalho no cinema mudo, tenta a sorte no falado. Deveria ser insuportável, aquele monstro sagrado do palco londrino dirigindo-se aos novos ídolos de Hollywood. Pergunta a Joan Crawford: "Que faz você na vida?" A John Gilbert, galã famoso da cena muda, diz: "Jovem, você é bonito, deveria experimentar o cinema". Os monstros sagrados são de convívio difícil, raramente se gosta deles. Escasseiam os papéis, a vaidade não permite procurá-los. Embora Campbell confessasse que "Hollywood e a câmara me ensinaram a humildade –, uma humildade profunda: ninguém precisa me temer mais" – Alexander Woolcoot disse dela que "era igual a um navio que afunda e atira de canhão em seus salvadores". As naturezas assim são trágicas: não admitem acordo pela metade, não transigem. O marido abandonara-a, ela estava cada vez mais sozinha. O primeiro marido morrera em luta, ao começar o século, na África do Sul, e um filho desse matrimônio foi abatido poucos dias antes do término da Grande Guerra. Mrs. Patrick Campbell tem um cão. Não desejando separar-se dele, é forçada a perder muitos contratos, e nem pôde, certa vez, regressar à Inglaterra. Aborreciam-lhe as pessoas reais, no mundo real, segundo afirmou Shaw? Ou esse mundo não lhe deu suficiente apoio, e ela se refugiou na companhia do cão pequinês? Isolou-se em palestras sobre Dicção, na cura de climas amenos, no exílio voluntário do sul da França. Sustentava-a a pensão deixada por uma amiga. Orgulhosa e intratável, a solidão coroou-lhe o retiro. Com um cão, enfrentou a eternidade.

O destino de Shaw foi oposto. Ciente, talvez, de que uma obra se faz com poupança e não com esbanjamento (guardou seu gênio para o teatro, diferentemente de um Wilde, que o deu à vida), mostrou-se comedido em tudo. Isto é, converteu tudo em literatura. Sente-se que vivia menos para realizar-se como homem do que para recolher as experiências necessárias ao escritor. Socialista, fabiano, avançado para a sua época e seu meio, atirou pedras ferinas no mundo, preso às saias da mulher. Milionária, bem entendido, que o alimentava com vegetais no maternal regaço, após as fatigantes aventuras exteriores. (Ironi-

SHAW E CAMPBELL PERSONAGENS

zando-se, Shaw escreveu um dia a Campbell: "É preciso agora que eu me levante e leia esta carta a Carlota, minha mulher. Só os meus amores a divertem".) Stella, inteligente e arguta, conhece Shaw: "Você me perdeu porque nunca me encontrou. Você me sufoca no seu egoísmo e sob o fardo do seu eu". Mais tarde, quando ela quer publicar as cartas que se escreveram e ele recusa, a atriz exclama: "Você quer esconder do mundo a única coisa que poderia ser proclamada: nossos divertimentos reais de leões assexuados". A lucidez leva Stella ainda a afirmar: "A próxima vez que você quiser seduzir uma atriz, não se utilize dela para atormentar sua mulher". Shaw nunca abandonou sua confortável poltrona de escritor.

E aí está, em *Mentiroso Querido*, a sedução da personagem de Shaw. Defendido entre quatro paredes, destilou sua ironia ferina, que se aplicava em Stella com amável sadismo. Exigiu para *Pigmalião* um intérprete de Higgins que não fosse submergido pela estrela. Descreve, numa carta antológica, a morte da mãe, e a cerimônia da cremação. "Por que os funerais excitam nosso humor?" Mas a confidência Shaw fez a Stella, porque só ela sabia o que é não odiar a mãe, ou, por outra, o que é amá-la com essa ternura profunda e comovida, que mal se disfarça numa aparente fuga ao sentimentalismo. Joey the Clown, cristalizado na efígie de gênio (que ele dizia ser superior a Shakespeare), busto de si mesmo, só faltava transformar seu caso amoroso com Stella em obra de arte. A peça *A Carroça de Maçãs* veio retratar o casal, nos papéis de Rei Magnus e Orinthia. Ele, o rei dos espertos e dos fumistas... como está numa réplica. A auto-ironia, que não deixa de ser uma forma de complacência consigo mesmo, tem ao menos a virtude de evitar as palavras campanudas e heróicas. É a própria comédia, vivida, que se comenta, feita consciência.

Na velhice de ambos, editou-se uma seleção da correspondência, por iniciativa de Mrs. Patrick Campbell. Já era a mudança do sentimento em literatura, se é que ele não fora sempre literatura. Transformada em livro, a história desse amor tornou-se finalmente obra de arte. Jerome Kilty teve a idéia feliz de fazer dela uma peça.

Existe o fascínio das personagens, e em decorrência, o renovado encantamento do "teatro dentro do teatro". Intérprete profissional, o autor pôs em cena uma atriz e um dramaturgo. Soube dosar bem seu experimento, para que os atores de *Mentiroso Querido* tivessem oportunidade de realizar ótimos desempenhos. Acha-se ao alcance deles uma gama variada de situações e de sentimentos. Sua inteireza compõe-se de pormenores sutis, quase contraditórios. Compreende-se que intérpretes famosos, como Katherine Cornell e Brian Aherne, nos Estados Unidos, e Maria Casarès e Pierre Brasseur, na França, se sentissem atraídos pelo texto. Os dramaturgos muitas vezes se esquecem de que o ator é o princípio e o fim do espetáculo, e não lhes fornecem matéria satisfatória, sobre a qual possam completar a criação cênica. A peça estimula o virtuosismo de um dueto perfeito, e daí também o interesse para o público.

426 O TEXTO NO TEATRO

Shaw disse a Stella ser uma pena que ela não escrevesse um livro com esse título: "Porque, embora eu fosse uma excelente atriz, nenhum diretor me escolheu duas vezes seguidas". Ela o chamou, na resposta, Dear Liar, alegando ter tido seis contratos com Alexander, nove com Irving, e vários com tantos outros nomes. Nem ele nem ela mentiram, ou, se se quiser, ambos mentiram sempre. Stella, de fato, parece nunca ter vivido num mundo real. Shaw julgou-a com demasiada lucidez, quem sabe para justificar a si mesmo que nunca mudasse o seu gesto amoroso em ato. Cômputo de um brilhante fogo de artifício para o público: uma atriz e um dramaturgo, mentirosos adoráveis que guardaram avaramente a sua correspondência, oferecendo-se ao mundo em espetáculo.

(Junho, 1962)

44. De Shaw a *Minha Querida Lady*

Era uma vez uma jovem do povo que se tornou princesa... Essa a história de Elisa Doolittle, protagonista feminina da comédia musical *Minha Querida Lady*, adaptada da peça *Pigmalião*, de Bernard Shaw. Esse o segredo inicial do apelo que tem o espetáculo para todo o público. O "conto da carochinha" lida com uma aspiração disseminada pelo mundo: a passagem da miséria ao fausto, da ignorância ao conhecimento, do anonimato à glória.

O espectador, ao contemplar o itinerário da pobre florista, que se transforma em ornamento dos salões de baile numa austera embaixada em Londres, sente confiança profunda na natureza humana. Independentemente de sua origem, que pode ser obscura, o homem guarda virtualidades capazes de projetá-lo entre os mais realizados. A trajetória de Elisa é a da afirmação pessoal e sustenta-a, com inevitabilidade, a mística do êxito, inerente à filosofia individualista. Para os valores da nossa sociedade, a lição de *Minha Querida Lady* encerra otimismo profundo. No íntimo, o público refaz o caminho da moça, que triunfou do primitivo condicionamento adverso.

Bernard Shaw, porém, não se contentou, na composição do texto, com essa fábula poderosa. Ficcionista de intrincada argúcia, fundiu-a com outro mito, de maior requinte nos seres privilegiados: o da criação. Ao ver-se sozinho na terra, o homem povoou o céu de divindades. O sobrenatural explicaria o mistério da existência. Ou por instinto de imitação ou pelo orgulho de igualar-se aos deuses, o homem avalia a própria plenitude também pela capacidade criadora. É inigualável o prazer de tirar do nada uma criatura perfeita... Na personagem do professor Henry Higgins, o dramaturgo simbolizou a aspiração humana de ter

428 O TEXTO NO TEATRO

poderes iguais ao da divindade. Se Elisa saiu do limbo para a vida, Higgins foi o seu criador. A força demiúrgica, exercida com sucesso pelo homem, representa outro fator do magnetismo de *Minha Querida Lady*.

Não foi à toa que Bernard Shaw deu à sua peça o título *Pigmalião*. Sabe-se que a história desse estranho escultor foi relatada por Ovídio, nas *Metamorfoses*. Vênus transformou em pedra as jovens de Chipre que renegaram o seu culto. O exemplo levou Pigmalião a evitar o matrimônio. À guisa de passatempo, ele esculpiu uma linda jovem. A estátua satisfazia mais do que o seu engenho artístico: estava ali a imagem de uma mulher ideal, que só tinha a desvantagem de não transmitir o calor humano. Numa festa em honra de Vênus, Pigmalião pediu à deusa a graça de conceder-lhe uma jovem semelhante à estátua. Tamanha fé valeu a recompensa de animar-se com vida a escultura. Por interveniência de Vênus, Pigmalião fez um simulacro do ato criador, que era prerrogativa divina. Da união do escultor com a sua obra, agora de carne e osso, chegou a nascer Pafos, de descendência ilustre. Pigmalião encarna outro mito, que Molière, cáustico dos insensatos desejos humanos, ridicularizou em *L'école des femmes*: o prazer masculino de forjar ao seu gosto a companheira de toda a vida, liberta das deformações de uma história ria e um passado próprios.

Embora não tivesse necessidade de referir-se ao mito, Shaw, depois de denominar *Pigmalião* a sua peça, afastou-se da lenda, no episódio essencial do matrimônio do criador com a criatura. Vontade de reinterpretar os mitos, com a irreverência que o distingue? Para justificar seu ponto de vista, o autor de *César e Cleópatra* precisou escrever longo posfácio, que, não obstante o costumeiro brilho da argumentação, torce um desfecho que se oferecia naturalmente. É que o rude professor Higgins já se empedernira no celibato. Shaw atribui-lhe umas tintas do complexo de Édipo, pelo qual Elisa não conseguiria substituir-se à amada figura materna. Os reclamos intelectuais do mestre de Fonética não se satisfariam com o primarismo da ex-vendedora de flores, mais inclinada, por temperamento, a um jovem próximo em idade e na fruição espontânea da vida. Por isso a peça incluiu entre as personagens Frederick Eynsford Hill, o afoito Freddy, que logo se apaixona por Elisa e se prepara para tornar-se o seu companheiro ideal. O Higgins de Shaw parece um deus cansado que, depois da criação, abandona a criatura à própria sorte... Até o poder criador fica avassalado em tédio e nada.

Supõe-se que Alan Jay Lerner, ao converter *Pygmalion* em *My Fair Lady*, tenha desejado adaptar-se às amenidades da comédia musical. Uma das regras do genero é o *happy end*, que coroa os episódios, após a vitória sobre os obstáculos transponíveis. O *happy end* natural era a união de Higgins e Elisa, sugerida pelo andamento da história e pela crença simpática de que as diferenças sociais não determinam a incomunicabilidade dos sexos. Bastava a Alan Jay Lerner deixar que a trama se conduzisse por si mesma... Na nota introdutória à edição da

DE SHAW A *MINHA QUERIDA LADY* 429

comédia musical, o adaptador observou que omitia o prefácio de Shaw porque ele era menos pertinente a *My Fair Lady* que a *Pygmalion*. Omitiu também o posfácio, "porque nele Shaw explica por que Elisa acaba ficando não com Higgins mas com Freddy e – Shaw e o céu me perdoem – não estou seguro de que ele tenha razão". Esteja Lerner certo ou não, a verdade é que, sendo irreverente com o desfecho de Shaw (o que a irreverência contumaz do irlandês não poderia estranhar), acabou por restabelecer a pureza do mito. E, talvez, por esse motivo, o final de *Minha Querida Lady* tem garra dramática mais apreensível que a de *Pigmalião*. Dessa vez, pelo menos, o esperado *happy end* veio como coerente conclusão do entrecho. O adaptador teve o bom gosto, ademais, de não barateá-lo com uma surrada cena de idílio. Fatigada, num momento, com a desumanidade do professor, Elisa lhe havia lançado os chinelos. E a última fala de Higgins, quando a discípula retorna à sua casa, mostra irônico sabor doméstico, num feitio que o próprio Shaw não renegaria: "Elisa, onde diabo estão os meus chinelos?"

A comédia musical atinge mais o chamado grande público, também, porque utiliza como veículos de comunicação o canto e a dança. No caso de *My Fair Lady*, a agradável música de Frederick Loewe e a adequada coreografia, inseparáveis do texto, colaboram para a eficácia do espetáculo. Não se pode esquecer, por outro lado, que o propósital anti-realismo do gênero se presta à indumentária fantasiosa e à cenografia de intrincadas mutações, o que provoca o deslumbramento visual da platéia. Comentar, assim, apenas a parte escrita, não faz justiça à tentativa de envolvimento total, cuja ciência dosa com receituário preciso todos os ingredientes.

A necessidade de obtenção dos maiores efeitos levou Alan Jay Lerner a aparar certas arestas do estilo dramático de Bernard Shaw. O autor de *Major Barbara* esmerou-se, como se sabe, no "drama de discussão", em que as personagens debatem abertamente seus pontos de vista. A admirável mestria do dramaturgo não permitiu que os diálogos descambassem para a árida defesa de tese, prejudicando a fluência teatral. Essa maneira, porém, não se presta à simplificação da comédia musical, em que os recursos precisam ser diretos e poucos sutis. Ao reduzir o discursivo quinto ato de *Pigmalião*, Lerner captou melhor o interesse do espectador. Toda vez que ele teve de encontrar um fundamento verossímil para uma situação, aliás, ele emendou Shaw com a segurança de um discípulo do *playwriting*. Cite-se, por exemplo, a justificativa para que o Coronel Pickering esteja sempre ao lado do professor Higgins. Na peça, Shaw esqueceu-se de convidar Pickering a sair do hotel para hospedar-se na casa do mestre de Fonética. A comédia musical contém esse lembrete, tornando mais crível o diálogo continuado de ambos, depois de seu encontro fortuito numa rua de Londres. Quando resolve dar asas à própria imaginação, contudo, Lerner consegue somente alcançar o riso fácil. É de sua inteira responsabilidade a cena em Ascot, na qual Elisa dá largas a um automa-

430 O TEXTO NO TEATRO

tismo vocabular simplório, nada condizente com o preparo a que já se havia submetido, embora a torcida na corrida de cavalos constituísse bom pretexto para que ela denunciasse a sua origem plebéia. Vê-se aí uma das concessões a que se julga obrigado o gênero...

Na fatura do entrecho, o adaptador aproveitou as infalíveis lições de *playwriting*. Há todo um arsenal de fórmulas para que funcione o ritmo de uma peça, e o êxito do desfecho não pareça demasiado óbvio, sob pena de desapontar o público. A elaboração de *Minha Querida Lady* observou com aproveitamento os vários preceitos. Antes de ganhar a aposta de que converteria Elisa numa duquesa, em seis meses, o prof. Higgins sofre fortes dores de cabeça e quase desespera da empreitada. Além dos exercícios particulares, a moça precisaria submeter-se a prova pública, e a primeira experiência tem resultado desastroso. Abandonada aos seus instintos elementares na corrida de cavalos, Elisa é traída pela antiga falta de educação. Essa derrota provisória tem o objetivo de ressaltar, depois, o triunfo definitivo. E a última prova é feita no baile da embaixada, em que todos se curvam ao encanto da nova beldade.

De acordo com o espírito do mito de Pigmalião, tudo se passa, no texto, em atmosfera fantástica, que apela para as virtualidades poéticas do público. Desde o encontro de Higgins e Pickering, as peripécias procuram uma verdade "teatral", numa sucessão de acontecimentos insólitos, que não dão tempo para ser contestados. Tudo se torna admissível a partir da extravagância do professor Higgins, um desses paradoxais aristocratas britânicos, antípoda do bom comportamento e da delicadeza expressos no coronel Pickering, seu duplo e ao mesmo tempo seu contraste. Enquanto Pickering trata uma vendedora de flores como se fosse duquesa, Higgins dirige-se às duquesas como se fossem vendedoras de flores. Essa visão do "outro", que sugere a maneira de Pirandello, leva a peça a concluir que não há condição inata, nas criaturas, mas que uma fisionomia se amolda à perspectiva dos contempladores. Diz Elisa:

Para o professor Higgins, eu nunca passarei de uma florista, porque ele sempre me tratou e vai continuar tratando assim. Mas eu sei que para o coronel Pickering eu sempre serei uma *lady*, porque ele sempre me tratou e continuará me tratando como se eu fosse uma *lady*.

Entre as criações "cerebrais" de Shaw, mudando seu destino graças a um passe de mágica, aceitável nesse universo de fantasia, está Alfred Doolittle, o desocupado pai de Elisa, personagem admirável como expressão de amoralismo antiburguês, tão no estilo do dramaturgo. O posfácio de *Pigmalião* chega a referir-se à "transcendência nietzschiana do bem e do mal", encarnada por Alfred. A ética representa para ele luxo de ricos, já estando vinculada a uma idéia de superestrutura, ainda pouco difundida na ficção, no começo do século. O velho Doolittle, logo que sabe do paradeiro de Elisa, bate na porta de

DE SHAW A *MINHA QUERIDA LADY* 431

Higgins, em atitude de pura chantagem. Quer cinco libras pela entrega da filha, por saber que são honestas as intenções do professor, e, se não fossem, informa que pediria cinqüenta. Um milionário norte-americano, a conselho de Higgins, interessa-se por Alfred, e, ao morrer, deixa-lhe uma fortuna, que o escravizará a novos hábitos. Apesar da relutância, Doolittle casará com a "madrasta" de Elisa, irremediavelmente preso que está à respeitabilidade burguesa. Nessa figura que aborrece todos os ditames convencionais, Shaw infiltra seu desprezo pela burguesia, a classe social que permanece até agora a caixa de pancada do masoquismo literário. A aristocracia representa um termo de perfeição, e o protelariado recebe apoio intelectual, ao passo que o burguês, medíocre e satisfeito, repugna a quaisquer laivos de avaliar a existência além da honorabilidade de fachada. O pensamento "original" de Doolittle, a lógica oratória do raciocínio e a simpatia comunicativa faziam dele um desses espécimes diferentes, que a aristocracia entediada timbra em admirar. O velho vagabundo, também, protesta contra a ordem constituída, mas, por obra do acaso, acaba por integrar-se nela, sendo marcado pelo êxito, mesmo a contragosto. A peça conclui a contento todos os problemas: não há ninguém que escape à fatalidade do sucesso. Podia-se lembrar que Freddy, que será o marido feliz de Elisa, em *Pigmalião*, não terá a mesma chance, em *Minha Querida Lady*. A fim de não pintá-lo na forma de pretendente repudiado, Alan Jay Lerner atribui-lhe função diversa, na comédia musical. Seu papel é reduzido, para que ele resuma quase apenas o coro geral de admiração por Elisa. A jovem tinha nele um apaixonado fiel, se a inconsciência de criador obnubilasse o amor de Higgins pela sua criatura.

Foi significativo que Shaw, dramaturgo, fizesse seu *Pigmalião* especialista de Fonética e não escultor. Higgins diferencia os sotaques de bairro para bairro, e em alguns casos localiza até as ruas em que incidem. A linguagem identifica o homem e, para transferir Elisa da sarjeta para os salões, o esforço fundamental foi o de trocar o feio sotaque pelo puro inglês. A perfeita expressão enobrece o indivíduo. Por isso, quando Pickering invectiva Higgins pela "maldita frieza", e afirma que ele se comporta como se Elisa não tivesse a menor importância, a resposta vem pronta:

Bobagens, Pickering. Claro que ela tem importância. Que pensa você que eu andei fazendo nestes meses todos? O que pode haver de mais importante do que pegar um ser humano e, criando uma nova maneira de falar, transformá-lo em um ser inteiramente diverso? É como eliminar a distância que separa duas classes, duas almas. Ela é importantíssima.

O idealista Shaw admitia a ascensão dos menos favorecidos, porque acreditava na igualdade fundamental dos homens.

O texto não deixa de lançar algumas farpas contra certos costumes da sociedade. Ao completar-se a educação de Elisa, Higgins jul-

432 O TEXTO NO TEATRO

ga-a apta para um casamento brilhante. Ela própria adverte que, em sua classe de origem, as mulheres não se põem à venda. Shaw verberava os matrimônios de conveniência, alvo constante dos escritores que, até agora, têm advogado a espontaneidade de todas as opções. Mas, se podemos distinguir, aqui e ali, o espírito ferino do dramaturgo, o tema básico e a espetaculosidade de *Minha Querida Lady* concentram a atenção em outros valores. Melhor, distraem a atenção para a magia irrecusável do teatro. Não há preocupação que resista ao entretenimento da música e da coreografia leves. As palavras, fundamento dessa prova de confiança no poder da linguagem, esbatem-se num colorido ilusório e quase perdem a importância. A comédia musical adoça o significado de *Pigmalião*, nome severo transposto para o suave título *Minha Querida Lady*. Um desempenho de mérito fecha o círculo encantatório sobre o espectador. Ele se deixa embalar pelo enlevo mágico de todos os sentidos. É tolice resistir à sedução de *Minha Querida Lady*.

(Setembro, 1963)

45. Malraux Adaptado

> *Le théâtre n'est pas sérieux, c'est la course de taureaux qui l'est; mais les romans ne sont pas sérieux, c'est la mythomanie qui l'est.*
>
> *(La Condition Humaine)*

O ministro André Malraux, ao assumir a pasta da Cultura, mudou a orientação dos teatros subvencionados de França, e só essa iniciativa bastaria para ligar seu nome à atividade cênica. O objetivo fundamental das reformas era o de atribuir aos elencos oficiais uma missão artística superior, muitas vezes esquecida nas montagens frívolas, mais fáceis de falar a um público complacente consigo mesmo. Quaisquer que sejam nossas reservas à maneira de Malraux aplicar seu elevado pensamento à realidade política, não há duvida de que o norteou sempre o desejo de ver as organizações governamentais apresentarem "as obras-primas que contribuem para a formação do homem". Em todas as suas atitudes, nunca deixou de estar presente a idéia de uma dignidade básica para o destino humano – transcendência em meio a tantas forças obscurecedoras.

Mas nosso propósito não é tratar do ministro Malraux, cuja visão admirável da arte tem trazido benefícios ao teatro francês. Desde a temporada de 1954/1955 ele estava ligado ao palco, pela montagem, no Teatro Hébertot, da adaptação de *A Condição Humana*, feita por Thierry Maulnier. Embora sem responsabilidade direta na incursão cênica, era seu romance a matéria-prima da peça, e o adaptador procurou, sobretudo, transmitir fielmente a grandeza da obra original. Na pior das hipóteses, a leitura da peça seria mais uma oportunidade de louvar o romance.

434 O TEXTO NO TEATRO

A Condição Humana transforma-se no palco em vinte e cinco quadros (alguns ainda desdobrados), e essa excessiva fragmentação talvez seja responsável pela relativa debilidade da estrutura cênica, já que muitos episódios são meramente ilustrativos do itinerário do romance e não se organizam em clima emocional uno e compacto. A simultaneidade da ação e o desdobramento dos fios da narrativa, no romance, são formas essenciais da complexa arquitetura, relacionando excepcionalmente o macrocosmo social e político ao microcosmo do pobre destino dos protagonistas, presos à engrenagem das contingências. A peça se reduz precipuamente a um resumo dialogado da obra, aparando-a nos desbordamentos irredutíveis ao palco e transcrevendo, quanto possível, as palavras do romancista. Preocupação louvável de fidelidade, perseguida até no recurso a uma "Voz", presença do autor que liga os dados da história e, às vezes, como num coro, comenta os fatos. Não a usando organicamente em toda a peça, Thierry Maulnier poderia tê-la dispensado, para que os diálogos falassem por si. O pecado maior e por certo imperdoável da adaptação é o mesmo da quase totalidade das obras do gênero: não consegue, na nova linguagem, ter o mesmo significado artístico do original. *A Condição Humana* é um dos expoentes da literatura romanesca e a peça pode ser contestada em seus instrumentos elementares. Temos a impressão, entretanto, de que nossa recusa sistemática do desdobramento excessivo de quadros decorre de preconceito alimentado pelos aspectos materiais das montagens, em que os insatisfatórios recursos de maquinaria provocam atrasos e ruídos desagradáveis e prosaicos. Desde que um simples apagar e acender de luzes trouxesse diante do espectador novo cenário e ação continuada, teríamos maior complacência com a técnica da multiplicidade de cenas. No caso de *A Condição Humana*, a marcada preferência pelo original se explica mais em virtude da perfeita adequação do monólogo interior às outras implicações da narrativa, enquanto a necessária passagem a diálogo explicita problemas e sentimentos que ganhavam antes em sutileza e profundidade.

Quais os valores de *A Condição Humana*? O título, bem se vê, é ambicioso e sugere um painel de muitas cores, síntese de uma visão total do homem. Escreve Malraux em *Les voix du silence*, sua genial exegese da arte:

> Contei outrora a aventura de um homem que não reconhece sua voz que acabam de gravar, porque ele a ouve pela primeira vez através dos ouvidos e não da garganta; e porque somente nossa garganta nos transmite nossa voz interior, eu denominei esse livro *A Condição Humana*.

Romance escrito *desde dentro*, com a figura do homem esculpida a partir da própria experiência e da sugestão de humanisno integral, expresso em fala de Gisors transcrita numa das últimas réplicas da peça: "Ninguém escapa à morte, mas só o homem pode dar a sua vida. Tra-

MALRAUX ADAPTADO   435

ta-se menos de sacrifício que de uma espécie de comunhão milenar
contra o Destino". Antes, Gisors já afirmara que "é muito raro que
um homem possa suportar sua condição de homem...". "A doença
quimérica, da qual a vontade de poder não é senão a justificação intelectual, é a vontade de ser deus: todo homem sonha ser deus." A maneira pela qual os diversos protagonistas dão sentido à sua vida marca
a trajetória de *A Condição Humana* e a inequívoca transcendência da
obra.

Malraux não se comprometeu com uma ou algumas das personagens em jogo nem com as ideologias em luta. O quadro é o da revolução chinesa de 1927, no qual os comunistas, para tomar o poder, estiveram de início aliados a Chang Kai-Chek, no *Kuomintang*, sendo depois batidos pelo general. A conjuntura histórica, pintada em linhas
amplas, não sufocou a individualidade dos caracteres e antes é proposta por meio de sua complexa inter-relação, onde em primeiro plano se encontra o sentimento fundo da natureza de cada um. Um denominador comum para as numerosas criaturas, talvez porque envoltas no mecanismo revolucionário, algumas mesmo à própria revelia, é
sugerido pela apreensão angustiosa da existência, absorvida por isso
em todos os meandros.

Segundo Gisors, o fundo do homem é a angústia, mas essa crença
se estende até o irresponsável Clappique ou o banqueiro Ferral. Todos, também, poderiam dizer como Gisors: "o conhecimento de um
ser é um sentimento negativo: o sentimento positivo, a realidade, é a
angústia de ser sempre estranho a quem se ama". Essa impotência
congênita da natureza humana, só compensada pela noção racional
dela e pelo desejo de superá-la, define, por exemplo, o sentimento de
Gisors em face do filho Kyo:

> Tudo o que há nele de possível ressoa em mim com tanta força que, seja o
> que ele me disser, eu pensarei: "Eu sabia". Mas se eu soubesse verdadeiramente e
> não deste modo incerto e irrisório, eu o salvaria...

Angústia e fundamentação da dignidade humana, com todo o empenho da criatura. E cada um se realiza, ou ao menos trilha angustiada-
mente o caminho da própria realização, que é individual e solitário.
Há, na obra, um trançado labiríntico do destino, mas tudo se move em
ronda de desencontros. May tem relações sexuais com Lenglen, porque lhe pareciam importantes para ele e para ela nada significavam, e
não podia prever que o amado Kyo se ferisse com esse uso da liberdade que mutuamente se reconheceram. Kyo, depois de preso, ao decidir
tomar o cianureto, não deixa para ela a palavra de amor que era o seu
desígnio secreto. Clappique, se não ficasse colado à mesa de jogo,
faltando por isso ao encontro com Kyo, poderia ter evitado sua captura. Ferral logrou Valérie com a vontade de domínio e de humilhação
pela posse, enquanto ela se vinga, depois, numa cena admirável do
romance (não transcrita na peça), mostrando-lhe a ilusão da conquis-

436 O TEXTO NO TEATRO

ta. Tchen se nutre da mística do terrorismo (desde a adolescência não aceitava uma ideologia que não se convertesse em ação) e morre ao lançar erroneamente uma bomba num carro em que supunha estar seu alvo Chan Kai-Chek. Hemmelrich, também, se tivesse permitido a Tchen guardar provisoriamente as bombas em sua casa, talvez salvasse o amigo, porque Katow teria possibilidade de alertá-lo sobre o impreciso paradeiro do general. Evitou Hemmelrich esconder as armas, para poupar da polícia a mulher e o filho doente, que afinal são sacrificados por outros motivos. Essa malha de descaminhos se estende ainda ao silêncio das autoridades comunistas diante dos reclamos dos revolucionários: permitem que entreguem as armas a Chang Kai-Chek por não julgarem madura a situação para as últimas providências de caráter político. Kyo não tem dúvidas em observar: "creio que nenhuma das ordens presentes da Internacional satisfaz a paixão profunda que a fez revolucionária". Seu ardor puro é contrastado por Vologuin, escravo da disciplina e que acredita ser ela a mais poderosa arma partidária. Seria niilista a conclusão de obra tão nutrida pelo anseio de dignidade? Cremos que não. Poucos autores têm como Malraux a noção da miséria humana. Mas poucos autores sentem também a sua necessidade de instaurar sobre essa miséria uma vida autêntica. Não foi à toa que em *Les voix du silence* ele explicou o fascínio de *Édipo* pela "consciência da servidão humana e da indomável aptidão dos homens para fundar sobre ela sua grandeza".

A Voz da peça, repetindo definições do original, conceitua as personagens: "May e o amor. Tchen e o crime. Gisors e o ópio. Ferral e o poder. Clappique e sua loucura... Katow e a Revolução... Só Kyo, talvez..." Não acreditamos que essas aproximações possam conter a rica matéria de cada criatura. Percebe-se, de fato, o amor adulto que sente May por Kyo, e ela o carregará em desespero depois da morte dele, fundamentando na continuação consciente da luta a própria vida. Tchen vive na exaltação, natureza mística, incapaz de alternar momentos sublimes com o cotidiano feito de transigências. "Aquele que procura tão asperamente o absoluto não o encontra senão na sensação" – observara Gisors. O terrorismo era para Tchen não uma espécie de religião, mas o sentido da vida, a posse completa de si mesmo. Sabia ele, contudo, que embora lhes faltasse a significação do haraquiri, como pensava Kyo, "o japonês que se mata se arrisca a tornar-se um deus, o que é o começo da sujeira. Não: é preciso que o sangue recaia sobre os homens – e que fique neles". Daí Tchen assimilar o atentado contra Chang Kai-Chek à justificação da sua existência. Quanto a Gisors, ligá-lo ao ópio diminui consideravelmente a profunda sabedoria que emana de sua reflexão; Malraux, apesar de torná-lo uma das personagens mais expressivas do romance, não o poupa, quando o caracteriza:

há vinte anos ele aplicava sua inteligência em se fazer amar pelos homens, justificando-os, e eles lhe eram reconhecidos por uma bondade que não adivinhavam

MALRAUX ADAPTADO

ter suas raízes no ópio. Emprestavam-lhe a paciência dos budistas: era a dos intoxicados.

Argumentar contra uma sentença do próprio autor, além de temerário, poderia parecer sedução pela originalidade. O certo é que o caminho da intoxicação foi ditado a Gisors pelo sentimento de desespero, tramado na pungente crença em um destino fatal. O processo crítico do marxismo lhe valeu para compreender as subterrâneas forças que regem a sociedade. Contudo, sendo o produto de um mundo em ruínas, assistia lúcido e impávido ao movimento à sua volta. Paralisava-o essa aterradora consciência:

> Não são precisos nove meses, são necessários sessenta anos para fazer um homem, sessenta anos de vontade, de... tantas coisas. E quando o homem está feito, quando não há mais nada nele de adolescência, quando é verdadeiramente um homem, ele só está pronto para morrer.

Para nós, quem melhor transmite a posição do autor, ao menos na época em que foi escrito o romance (1933), é Kyo, também imbuído da crença segundo a qual as idéias devem ser vividas e não pensadas. "Tinha escolhido a ação, de uma forma grave e premeditada." May era para ele "a mais estreita cumplicidade". Pensava Kyo que "não há dignidade possível, vida real para um homem que trabalha doze horas por dia sem saber por que trabalha". Por isso Clappique explicara ao policial Konig a filiação partidária dele como procura de dignidade. Esse vago conceito de dignidade, que permitiu a Konig contestar: "Minha dignidade está em matá-los" (referindo-se aos comunistas). Dignidade, contrário de humilhação. Tanto assim que, antes de ser submetido à tortura, no cárcere, Kyo decide matar-se: "é belo morrer sua morte, morte que se assemelha à própria vida. E morrer é passividade, mas matar-se é ato". A mística da ação não era nele o terrorismo anarquista de Tchen, mas uma réplica à serena passividade de seu pai Gisors. Sua vida teve sentido, porque valeu a pena morrer por ela. Certo ou errado, não importa, Kyo construiu seu destino como ato consciente de cada minuto.

E é esse o impressionante ensinamento de *A Condição Humana*: o herói de Malraux, tão próximo da idéia que faz ele do artista, em *Les voix du silence*, não se submete a uma fatalidade tornada inteligível mas se "liga ao milenar poder criador do homem, às cidades construídas sobre as ruínas, à descoberta do fogo". Não tivesse a adaptação teatral de Thierry Maulnier o mérito de captar a essência de *A Condição Humana*, mereceria elogio ao menos por constituir um convite a nova leitura do inesgotável romance.

(Agosto, 1959)

46. *O Don Juan*, de Montherlant

O teatro de Montherlant sempre nos provocou desagradável constrangimento: a forma dialogada é pretexto para digressões de outra ordem, mal se sustentando de pé, no palco, as suas personagens. As possibilidades dramáticas de um tema são por ele rarefeitas em conversa, que se dá o luxo de divagar sobre as mais diferentes idéias. Mesmo sem nos atermos a um conceito ortodoxo de ação e admitindo como válido todo acréscimo narrativo ao drama, as peças de Montherlant ainda permanecem fora da geografia teatral. A fala, em sua obra, muitas vezes omite o indivíduo que a pronuncia. Desaparece a corporeidade cênica, fenômeno essencial ao teatro.

No discutido prefácio de *Port-Royal*, Montherlant procura defender o princípio da dispensa da ação, com base na tragédia grega e na de Racine. Henri Gouhier, em *L'Oeuvre Théâtrale*, contesta a tese, estabelecendo a diferença entre ação e intriga. *Prometeu* ou *Berenice* têm com efeito uma intriga simples, ou quase a desconheçam, mas são movidas por uma ação poderosa. Com os textos de Montherlant, o problema é diverso: têm pouca intriga e pouca ação. A autoridade que emana dos clássicos não lhe serve de proveito.

Muitos valorizam a obra de Montherlant pelo prisma da língua. Sentem eflúvios diante do domínio da palavra, por ele mostrado. Também não resistimos à perfeição formal de muitas páginas suas, já consagradas pelos manuais e pelas antologias em uso nos bancos escolares. Mas estará atestado aí o mérito absoluto de um estilo? Com a devida vênia dos especialistas em língua francesa, permitimo-nos discordar da construção das falas de Montherlant. Tudo nelas parece preparar a frase lapidar, o conceito definitivo e profundo. E esse conceito – ai de nós! – sempre parece pronto para ilustrar uma folhinha

O *DON JUAN*, DE MONTHERLANT 439

ou um almanaque. A destilação de idéias em teatro tem indisfarçável sabor de subfilosofia. Parece digesto ao alcance de todos. Sob esse aspecto, também, o teatro de Montherlant é antológico.

A impressão final de mais de meia dúzia de peças era a de que o autor desperdiçava excelentes temas, desde *La reine morte* a *Brocéliande*, passando por *Malatesta, Le Maître de Santiago, Pasiphaé, La ville dont le prince est un enfant* e *Port-Royal*. Acrescente-se-lhes a imagem do dramaturgo, que emerge dos textos – misto de presunçoso, ressentido e direitista – e se concluirá que não poderíamos sentir-nos bem com esse teatro. Só o interesse didático pelo mito nos levaria, assim, a ler *Don Juan*. Não cabe, entretanto, no plano da arte, referência a Tirso de Molina ou a Molière, mas simples alusão a certas características suas, indispensáveis para situar o tratamento atual.

Como ensaio, o *Don Juan* de Montherlant sugere temas muito curiosos, o que nos faz ainda uma vez lamentar que ele não tenha realizado uma boa peça. A perspectiva assumida – a do afastamento no tempo, quer porque Don Juan aparece com sessenta e seis anos, quer porque há três pensadores que discorrem sobre o mito – mostra, no caso, o intuito de meditação sobre a personagem, que poderia até aparentar-se ao processo brechtiano, não tivesse este outras exigências. Existirá um Don Juan intacto aos sessenta e seis anos? Guardará ele sua motivação, originária da dinâmica da juventude? Este burlador precisaria ser igual a si mesmo e simultaneamente passar em revista a própria vida, num ato reflexivo que parece negar a essência do donjuanismo.

O Don Juan sexagenário de Montherlant ainda é Don Juan, isto é, continua a caça feminina com o ardor dos dezoito anos. São em menor número que as de Tirso as mulheres da sua jornada, porém a estrutura da peça, adotando os comentários, não comportaria mais. Apenas Linda, de quinze anos, a "Viúva duas vezes", de quarenta e cinco, e Ana de Ulloa, de dezessete, estão no seu itinerário sentimental, durante os três atos. O amor de Ana, admitindo que ele veja outras mulheres, e a ame nelas (dir-se-ia desprendimento ou forma requintada de egoísmo?) leva o herói a perguntar-se uma vez se teve razão de viver como viveu. Essa, contudo, é uma disposição passageira do seu temperamento, porque o mundo exterior o chama sempre para novas aventuras. Aproveita Montherlant a cena para introduzir uma das idéias básicas da personagem: "A fidelidade não é estar ligado a uma só pessoa, mas, num reencontro, que haja ressonância e essa ressonância seja uníssona com a de outrora". Conjuga-se o conceito còm um dos emitidos logo no início da peça: "O homem é feito para abandonar", ao qual se acrescenta: "O mundo é resgatado pelo momento em que a criatura é desejável e consente" e "é pelas paixões que nos salvamos".

Esses aspectos de sua natureza definem a permanente exaltação de Don Juan, num clima tenso que em outros termos é o eterno dioni-

440   O TEXTO NO TEATRO

síaco. O presente e o futuro bastam-lhe. "Só posso seguir em frente". E ele se dá antes provas do que prazeres. Provas de que existe. "Tudo o que não me transporta me mata. (...) Tudo o que não é amor para mim é sonho, e sonho hediondo." A atmosfera é religiosa, ou mística, nesse ardor de absorver todos os interesses da vida. Don Juan se explica: "Tudo o que faço, faço *en desesperado*". E a personagem veicula a frase esclarecedora do autor: "Há em mim uma exaltação e uma paixão que precisam de Deus, mesmo se não creio em Deus".

A pintura revela o vazio interior desse Don Juan, que Montherlant, em nota publicada no fim do volume, justifica pela necessidade que tem ele de sentir-se viver: "A caça e a posse são para ele o ópio". O herói se agitaria sem parar para não cair no seu tédio profundo, provocado pela falta de crença em valores essenciais. A falta de memória, que ele proclama, impede-o de ter uma organização de pensamento, que aliás seria contrária ao cultivo do instante. No começo da peça, ele lança ao Guadalquivir trezentas cartas de amor, aniquilando assim uma época da vida, que estava preservada nelas. Ainda no posfácio, Montherlant atribui à falta de memória um dos motivos da tragicidade do herói: "Toda a felicidade reduzida ao imediato. Uma grande parte de sua vida, perdida". A certa altura do texto, a personagem exclamara, com o gosto de cinza típico do insatisfeito:

Só me lembro das esperas e dos encontros a que faltaram. (...) Tenho tudo a fazer, não fiz nada: tudo começa, e tudo acaba. Para que ter vivido, se não me lembro? É como se não tivesse vivido.

O comendador, aliás, já o castigara com a sua piedade – "Don Juan infeliz, que vitória para nós todos!" Projetado para o futuro, o burlador empenha-se também em iludir a morte, como se cada minuto de vida fosse roubado a ela. O risco, o perigo, o desafio são enganos contra a força de mediocrização da inércia, sinônimo da falta de vitalidade ou da morte. Mas esta não surge apenas como o termo da luta ou a aceitação do nada. Mostra-se antes a companheira da vigília humana, a referência de todos os momentos a um destino trágico, a própria face do homem. Quando Don Juan, no final, põe a máscara, que ele não consegue mais retirar, representa uma cabeça de morto. Don Juan identifica-se à morte.

Muitos traços subsidiários ou até essenciais aliam-se para formar a imagem dessa nova interpretação do mito. Afirma Montherlant que procurou reagir "contra a abundante literatura que quis fazer de Don Juan uma personagem complexa". Seu herói seria simples, "sem envergadura". A mobilidade acha-se entre suas características genuínas, tanto assim que ele, com igual sinceridade, confessa a pouca distância aspirações contraditórias. Fiel e ao mesmo tempo infiel, sintetiza em nota o autor. E essa visão do donjuanismo se exprime no texto, quando o burlador fala: "Reúno a mudança e a permanência. E o que procuro na mudança é sempre a permanência". A eternidade no instante e o instan-

O *DON JUAN*, DE MONTHERLANT 441

te que aspira sempre à eternidade. Estamos próximos do universo amoroso expresso no final do belo soneto de Vinícius de Morais: "Que não seja imortal, posto que é chama./ Mas que seja infinito enquanto dure".

O ateísmo de Don Juan, sublinhado por Molière, precisaria figurar no retrato moderno feito por Montherlant. O orgulho, pecado capital, e desejo do homem de bastar-se no seu efêmero, participa da natureza do herói. Uma das manifestações do orgulho é o sentimento de honra, que o faz assumir a responsabilidade da aventura com Ana de Ulloa, desobrigando o duque Antonio, que fora erroneamente incriminado. O cavalheirismo espanhol, uma noção arraigada de superioridade aristocrática estão entrosados no processo íntimo de promoção humana, em detrimento do temor submisso à lei divina. "Não pedirei perdão a um Deus que não existe, por crimes que não existem" – explica a personagem, no seu saudável amoralismo. E tem lembrança kiroloviana o esforço de negação da divindade: "Matar-se é mostrar a todos, de forma indiscutível, que não se crê em Deus". Don Juan nobre, embora quebre os códigos morais da classe à qual pertence, rivaliza com Deus no estatuto superior que o sustenta.

A situação da mulher no quadro da peça não se reduz a coordenadas facilmente identificáveis. Ana de Ulloa parece um símbolo de dedicação feminina, idealizado na entrega sem reservas ao amor por Don Juan. Seria ela, à semelhança, aliás, de outras personagens da obra de Montherlant, abstração de um tipo de mulher apaixonada e desprendida, que equivale à Alceste euripidiana? A lenda fixou a misoginia do trágico grego, mas essa criação proíbe o qualificativo inapelável. Quanto a *Don Juan*, Ana de Ulloa despista as outras considerações desfavoráveis sobre a natureza feminina, algumas até de mau gosto e só possíveis num homem de preferências particulares. A permanente necessidade de generalizar conduz Montherlant ao lugar comum: A mulher ama o gorila... E vem a completação: "E aliás nunca encontrei senão a prostituição, mesmo quando tinha vinte anos, pois todas as mulheres se prostituem". A misoginia se manifesta ainda na personagem da Condessa de Ulloa, que acaba sendo responsável pelo duelo entre Don Juan e o marido, com a conseqüente morte deste. Mas onde a má vontade de Montherlant com as mulheres não deixa margem a qualquer outra dúvida é a seguinte fala de Don Juan, suprimida por cautela na representação: "E como existe apenas um meio seguro de agradar às mulheres, que é a vulgaridade, você pode dizer também que há meio século represento a comédia da vulgaridade". Apesar de serem admissíveis no herói os impulsos contraditórios, essa confissão, nitidamente saída da boca do autor, parece negar os outros traços da personagem.

A tentativa de atualização de Don Juan encontraria dificuldade em dar verossimilhança ao "convidado de pedra", hoje o elemento erudito e antes o popular da história. De que maneira a estátua fulminaria, em nossos dias, o herói? Montherlant adaptou a lenda, fazendo que, sob a falsa estátua, surgissem os carnavalescos, testemunhas insólitas do diá-

442 O TEXTO NO TEATRO

logo, na clareira, entre o herói e o comendador. A anedota evita a impossível transmissão do símbolo do "convidado de pedra". E outra inovação da peça é a figura de Alcácer, filho de Don Juan (cúmplice, título superior que lhe confere o pai) e não mais os criados Catalinón de Tirso ou Sganarelle de Molière. Ao invés de ser aniquilado pela estátua, o Don Juan de Montherlant prossegue a sua jornada, a galope para Sevilha. O permanente recomeçar. A próxima mulher, sempre a primeira.

Os dados do ensaio são sem dúvida interessantes, embora a perspectiva molieresca sugira ainda maior modernidade. É pena que Montherlant não tenha escrito uma peça.

(Julho, 1959)

47. Um Pouco de Anouilh

Dispusemo-nos à leitura de *Pauvre Bitos* menos por esperar algo de Anouilh do que pela curiosidade em saber os motivos reais da celeuma produzida em França pelo espetáculo. O texto provocou grandes manchetes, saiu do espaço limitado das secções de teatro para suscitar debates, com os costumeiros depoimentos pró e contra. Anouilh teria abandonado o processo amável para tornar-se *grinçant*, como fora também *noir*... Não poderíamos resistir ao interesse de conhecer as verdades pronunciadas sobre a França, ainda mais que está proibida qualquer encenação da peça no estrangeiro. Perdoem-nos a bisbilhotice.

Eis senão quando... Não, que este início de período não sugira a idéia de que *Pauvre Bitos* nos dobrou, nos surpreendeu com um novo Anouilh. A peça nos parece, com efeito, em relação às anteriores, a melhor de sua longa carreira. Para ser mais preciso: a "menos pior". Não lhe faltam os numerosos defeitos que condenam – a nosso ver irremediavelmente – a prolífica obra anouilhiana. Mas há algumas qualidades. Às vezes, pode ser um início promissor...

Talvez esta opinião, aparentemente solta ao acaso, choque grande parte dos leitores, pois Anouilh está incluído entre os dramaturgos modernos "sérios". Desculpem-nos a pretensão de discordar desse ponto de vista, sem tentar justificá-lo demoradamente. Para nós, a imagem que oferece é a de uma adolescente que consome o resto da vida a lamentar o mau passo, acusando o mundo por ter abusado de sua ilusão ingênua. Thérèse, Jeannette, Antigone, Euridice, Jeanne têm diante de si um lobo mau, que às vezes chegam até a enfrentar heroicamente. Mas esse mundo conspurcado, apodrecido, corrupto, só assusta mesmo, ao descrevê-lo Anouilh, como bicho-papão. As peças negras e as peças róseas juntam-se nos motivos e no sentido, e aquela diferença exprime apenas um ponto de partida para chegar ao efeito *noir-rose* que tanto se parece à definição das jovens subliterárias que dizem ter a vida um sabor agridoce... *La valse des toréadors*, levada com grande êxito nos Estados Unidos, não escapa a essa generalização: só que a adolescente, no caso, é um general. *Ornifle* desagrada mais ainda, pela falsidade de um Don Juan que sucumbe a uma crise cardíaca, para o pano poder cair.

Pauvre Bitos é algo diversa. Os defeitos, comparativamente, são menores, ou estão mais bem escamoteados. Não temos a ilusão de que Anouilh ofereça um caminho novo. Limitou-se a tornar menos penosa a passagem. Já é alguma coisa...

Na aparência, *Pauvre Bitos* é uma farsa sinistra, entre adultos. Faz-se o processo do após-guerra, e também o da própria Revolução Francesa. Os dois períodos históricos, tão diferentes pelas motivações, se aproximariam porque os caracteres humanos apresentam constantes, através dos tempos. Para vingar-se do "inquisidor" Bitos, que não tem poupado os colaboracionistas, Maxime prepara um *dîner de têtes*, em que, sob a veste das grandes figuras da Revolução Francesa, se dirão as verdades do momento. O teatro no teatro, se se quiser... No jogo, Bitos é naturalmente Robespierre, até fundir-se o passado com a realidade presente e aparecer um jovem condenado por Bitos e que atira nele, como atiraram no revolucionário. Tudo acaba bem, porque a moça cujo pai recusara, naquele mesmo dia, sua mão a Bitos, jogando-o porta fora, resolve ser boazinha e aconselhá-lo a abandonar a burla, que prometia ser fatal.

As razões do escândalo criado pela peça acham-se, inicialmente, nas alfinetadas de Anouilh em certas características francesas. Nada melhor, para exemplificá-lo, do que citar algumas falas, que se sucedem nos três atos:

Em nossas mulheres, particularmente, um dos curiosos efeitos da menopausa sempre foi o esnobismo dos partidos avançados. (...) Nunca se fez tanta fortuna quanto no dia em que se começou a cuidar do povo.

Sobre a Revolução:

Quando cassavam a palavra, cortavam também a cabeça. (...) É curioso, não é, essa nostalgia francesa de um pulso firme? (...) em meio às piores catástrofes, os franceses nunca deixaram de pensar em comer bem. (...) A ignóbil Paris sempre adorou os processos políticos. (...) De século em século, a justiça francesa, no mais muito morosa, tem pequenas invenções de pormenores. (...) para sair das situações difíceis — safanões de cozinheiro que lhe permitem preservar o essencial, isto é, servir o regime, qualquer que ele seja. (...) ...a discussão política é sempre muito difícil em França. Temos todos, de um lado e de outro, muitos podres. Há muito tempo, o ódio é francês... (...) E procurem agradar! Em França, não se faz nada sem charme. (...) Será preciso que um dia a França deixe de ser li-

UM POUCO DE ANOUILH 445

geira, que ela se torne "tediosa" como eu para ficar limpa enfim! (*Fala de Robespierre*). (...) Em França, encontra-se sempre um general para firmar um decreto ou recusar uma graça, e, se não se tem o texto de lei necessário, ele é preparado, naturalmente, com efeito retroativo! Há sutilezas. Mata-se, sem dúvida, mas cumprindo as formalidades. A ordem, sempre a ordem! (...) ...esse pobre Robespierre, que, no fundo, matou apenas o estritamente necessário, para manter, durante sua curta passagem pelo poder, uma velha tradição francesa.

Por essas citações, compreende-se facilmente que *Pauvre Bitos* se tornaria um caso nacional. Mas não é tudo. Anouilh não quis confinar-se a frases, e preferiu invectivar situações significativas, algumas das mais significativas do país: a Revolução Francesa e a Liberação. Tratou os dois momentos históricos sem-cerimônia, como quem os visse de dentro. Por isso, tem-se a impressão de que são tramas de bandidos, entregues à expansão de suas misérias pessoais. Sob esse aspecto, não aceitaremos a visão pequena, deformada, de Anouilh. Sabemos que certas dores menos confessáveis determinam muitas decisões, ou ao menos não são privativas do homem comum. Com toda a contundência que parecem exprimir as verdades, sente-se que, no caso da Revolução Francesa, Anouilh pretendeu mostrar-lhe as sórdidas maquinações internas, os complexos e as mesquinharias de seus chefes. Para o leitor, porém, fica a idéia de que todos os heróis foram fixados não nos seus motivos secretos, mas nas suas dores de barriga... E que importância têm as dores de barriga dos heróis?

Ainda que seja real a imagem revelada pela peça, a Revolução Francesa e a Liberação tornaram-se mitos, não mitos fabricados por desígnios mentirosos, mas porque correspondem a aspirações permanentes de progresso. Ambas continuarão a inspirar outros momentos importantes da História, apesar da advertência de Anouilh...

E mesmo aqui, as personagens não fogem ao esquema das outras peças, com o indefectível lamento pela pureza perdida. Freudianamente, recua-se da adolescência para a infância. Bitos faz "limpeza", da mesma forma que sua mãe lavava roupa suja dos seus colegas de escola. Procurador da República, persegue, ressentido, a sociedade que havia sido impiedosa com ele. Mas, nem por isso gosta do povo. Não gosta de ninguém – confessa num *morceau de bravoure*. O povo cheira mal. "Cheira mal como meu pai que me espancava e como os amantes de minha mãe, que continuaram depois, quando ele morreu." Bitos também, à maneira de tantas personagens atuais, deveria ser psicanalisado.

Que resta da peça, então? Seríamos injustos não lhe reconhecendo teatralidade, um certo rigor de construção e o diálogo firme, que prende de princípio a fim, não obstante as "tiradas" explicativas. Parte do teatro moderno dissimula sua esterilidade com o mito da peça bem-feita. Anouilh, quase sempre, é um dos melhores ilustradores do gênero. Nesse texto, contudo, para citar o que diz a jovem a Bitos, "há uma espécie de coragem e rigor verdadeiros".

446 O TEXTO NO TEATRO

Pauvre Bitos não deixa de ser uma encruzilhada em sua obra. Até agora, ela estava catalogada entre os artigos de exportação, junto com os perfumes e os vestidos dos grandes costureiros. Se passar à pintura da França mal cheirosa e sem fundilhos (cose-se a calça de Bitos, em cena), talvez perca os polpudos dólares do consumo estrangeiro. Talvez sem consolo, porque todos sabemos que a França é outra coisa, além do pobre Anouilh.

(Junho, 1957)

48. Orton: Teatro da Destruição

Morto em circunstâncias que se assemelham à matéria de seu teatro, o dramaturgo Joe Orton, nascido em 1933, poderia parecer o êmulo inglês de Jean Genet. Mas as aproximações ficam no feitio escandaloso da vida privada e na recusa dos valores convencionais da sociedade, já que o estilo das obras diverge muito. Anarquista por índole, Joe Orton não aceita as alternativas políticas propostas pelo mundo atual e extravasa o inconformismo numa literatura peculiar, que deixa o crítico embaraçado na tarefa de afixar-lhe um rótulo e propor um juízo.

Joe Orton proclama que se deve escrever sobre as coisas com as quais se está familiarizado e, sob esse prisma, todas as suas peças são realistas. Sobretudo o diálogo, que se considera o seu forte. O espectador não encontrará, porém, uma fixação objetiva de ambientes, como no teatro de Arnold Wesker, outro inglês. *O Versátil Mr. Sloane (Entertaining Mr. Sloane)* e *O Olho Azul da Falecida (Loot)* se valem das situações aparentemente cotidianas e das palavras corriqueiras, para revelar o absurdo do convívio humano. A proposição, no levantar esse problema, não é a de protesto contra um erro ou a de náusea moral em face da imagem degradada do homem. As peças limitam-se a narrar os acontecimentos, que se desenrolam em clima de tranqüila normalidade. Essa estranha normalidade daquilo que se põe em conflito com as crenças habituais da platéia é que tem força explosiva. Esvaziadas de qualquer motivação superior, as personagens se deblateram numa luta de apetites – retrato de um mundo que não se destruiu nem se regenerou, depois da bomba atômica.

448 O TEXTO NO TEATRO

O Versátil Mr. Sloane, julgada a melhor peça da temporada londrina de 1964, suscita interesse inicialmente malévolo, pela natureza da história: dois irmãos – Kath, uma quarentona, e Ed, um homossexual empertigado – disputam a preferência do jovem Sloane. Até aí, contudo, as pessoas que se consideram evoluídas podem achar que não há nada de mais. O poder de sedução de Sloane atingiria igualmente os dois solitários, alheia ela à maledicência da vizinhança e preocupado ele em guardar a respeitabilidade, para não prejudicar os prósperos negócios. A situação se torna mais complicada, quando o velho Kemp, pai de Kath e Ed, identifica Sloane como o assassino de seu patrão, em circunstâncias que a peça não esclarece: mero acidente ou latrocínio? A resposta pouco importa, porque uma e outra hipóteses seriam indiferentes a Sloane, pois ele não se conduz pelos princípios que distinguiriam aí categorias morais. Num acesso de violência, Sloane mata Kemp a pontapés, e a peça deixa ainda margem a que se pense que, embora querendo advertir o velho contra uma possível denúncia, não foi interesse dele assassiná-lo. E não é a indiferença relativa de Sloane que assusta o público. Deixa-o perplexo o arranjo dos irmãos, diante do fato consumado da morte do pai. Para que não mencionem o ocorrido à polícia, colaborando para simular um acidente, concordam em dividir a companhia de Sloane durante seis meses cada um. O cinismo e a amoralidade do desfecho, num clima de solução altamente recomendável, é que definem a virulência corrosiva de Joe Orton.

O Olho Azul da Falecida, melhor peça estreada em Londres, em 1966, utiliza o veículo da farsa para chegar a fins semelhantes. O cadáver da esposa de McLeavy e mãe de Hal, presença permanente no palco, é apenas o ponto de partida para as irreverências que se sucedem de minuto a minuto, num diálogo de comicidade irresistível. A dessacralização do cadáver em simples objeto, quase todo o tempo incômodo, inverte os valores para Hal e seu cúmplice Dennis: o caixão é o lugar ideal para esconder dinheiro roubado, e o armário passa a ser a moradia provisória do corpo, posto de cabeça para baixo. Como acontece nas novelas de suspense, o policial aparece para deslindar o furto, com deduções lógicas admiráveis. Truscott, a princípio símbolo da Scotland Yard tradicional, usa o raciocínio frio para trazer à tona todas as podridões das personagens. Depois, passa aos métodos de convicção dos tiras, desferindo violento pontapé em Hal: "Em qualquer outro sistema político você a esta altura já estaria atirado ao chão, aos prantos". E não resta a Hal senão redargüir: "Mas eu já estou atirado ao chão, aos prantos". Truscott volta à mesma tecla na ameaça a Dennis: "Se você tornar a acusar um policial de usar violência com um preso sob custódia, te levo pro distrito e te arrebento os queixos, ouviu?" Descoberto o roubo, a única saída dos ladrões é a tentativa de suborno do policial e ele, com invejável economia de palavras, limita-se a exigir que elevem sua participação de 20 para 25%. O velho ainda argumenta que ninguém toma em conta os seus senti-

ORTON: TEATRO DA DESTRUIÇÃO

mentos e Truscott o interrompe: "Quanto é que o senhor está querendo?" O dinheiro ficará guardado no distrito porque ninguém dá busca lá, para evitar surpresas desagradáveis. Se McLeavy contasse os detalhes da marmelada, abalaria a confiança do povo na polícia. Certa vez que Truscott foi denunciado, prendeu o denunciante, que pegou dez anos de cadeia. E, na prisão, há o recurso das mortes acidentais. Fay, a enfermeira criminosa, diz ainda para Hal que o pai, se morto, poderia ser enterrado ao lado da mãe. Quando ela casar com Dennis, terá o cuidado de transferir moradia. Para evitar o falatório dos vizinhos. A última frase da peça, que importa em mordaz diagnóstico da vida contemporânea, repõe os acontecimentos que o público acabou de ver em ambiente de respeitabilidade: "E é preciso manter sempre as aparências".

As aparências convencionais acabam por encobrir aquela podridão, oferecendo ao mundo uma imagem distinta do Império Britânico. No universo de Joe Orton, os velhos, que herdaram crenças antigas, ainda mantêm uma certa honorabilidade, que lhes é fatídica. Kemp, de *Sloane*, é morto a pontapés. McLeavy, de *Loot*, será preso e sacrificado, se não pactuar com o arranjo desonesto. Triunfam a falta de escrúpulos, a corrupção, o crime. Em *Sloane*, os irmãos não queriam perder a companhia do jovem, e Ed nem acalentava a ilusão de que a teria eternamente: alguns anos bastavam. *Loot* retrata a desenfreada busca de dinheiro, nem se sabe para quê, a não ser o conforto da vida material sem privações.

É significativo que a estrutura das peças esteja profundamente vinculada ao espírito de Joe Orton. Sob o aspecto técnico ou dramatúrgico, ele não procura inovar nada. Não se observam pesquisas formais na composição, nem se aprofundam os caminhos do teatro épico ou os do teatro do absurdo, para citarmos dois dos gêneros ainda em moda. A aparência de uma peça de Orton se liga mais espontaneamente à do teatro comercial, procurando adotar o receituário infalível para o êxito de bilheteria. Ainda aqui, ele quer repor o mundo (o teatro) na aparência convencional, garantia da continuidade da vida. Seu estrago se processa debaixo da veste de salão, usada para deleite superficial dos espectadores pouco avisados. Envolta a platéia em seu redil, na cilada do convite mais inofensivo, Joe Orton lhe inflige um suplício que será avaliado na medida de sua sensibilidade. Pode-se ficar no riso fácil ou sair do teatro com desagradável mal-estar, sentindo que o mundo, fruto podre, está prestes a espatifar-se.

Joe Orton incursiona nos domínios do humor negro e da comédia macabra. Hal observa que o cadáver está de olho azul, quando os olhos da mãe eram castanhos. "Que mancada!" – diz ele. Precisaria do corpo despido e oferece a roupa de baixo para a enfermeira, que recusa: "Não usamos o mesmo número". Fay não quer segurar a cabeça da morta, e ouve de Hal: "Ela não morde". Hal pega as dentaduras do cadáver e as bate como se fossem castanholas. Mais tarde, limpa o

450 O TEXTO NO TEATRO

caixãozinho que guardava as vísceras da mãe (ela havia sido embalsamada) com um lenço de Dennis, que protesta: o lenço foi presente de aniversário. A comicidade incômoda se entrelaça com um prosaísmo voluntário, mobilizado para romper qualquer vislumbre sentimental. Kath ouve de Sloane que ela vira o estômago dele e, ao invés de parecer romântica, informa que seus dentes estão na cozinha, dentro de um copo d'água. Ainda sem saber que o pai está morto, Kath fala que pretendia "levar um bombom para ele chupar mas ia acabar grudando na dentadura dele". Mais tarde, Kath chora a perda dos dentes, e teme que Sloane os tenha quebrado. Em *Loot*, Fay diz a McLeavy para pedi-la em casamento, mas que seja de joelhos, porque nessas coisas é muito conservadora. Ao que McLeavy replica: "E a minha dor nas pernas?" Joe Orton aboliu de seu mundo as fugas poéticas. E em seu lugar colocou a violência gratuita, a explosão do instinto sem o menor freio da censura.

As personagens se movimentam amputadas de verdadeira dimensão moral. Elas não se perguntam nada nem questionam a existência. Superficialmente, por isso, seria possível considerá-las superficiais, presas a uma deblateração sem sentido. Mas é essa falta de finalidade que o autor exprime nas peças, reduzindo o convívio a um conflito animalesco, confinado em aparência exterior bem-comportada e hipócrita.

A morte prematura e brutal interrompe uma dramaturgia que, se estava a um passo do comercialismo, se avizinhava também da genialidade.

(Agosto, 1967)

49. O Português Bernardo Santareno

Somente o absurdo abismo que nos separa de Portugal explica o desconhecimento do teatro de Bernardo Santareno (1924-1980) no Brasil. Fossem outras as relações culturais entre os dois países, com efetivo intercâmbio artístico, e as peças do dramaturgo português, numerosas, pertenceriam ao repertório habitual dos nossos conjuntos, ao lado dos melhores textos brasileiros. A obra de Bernardo Santareno merece ser prestigiada pelos elencos profissionais que desejam contribuir para a melhoria do palco. Ela tem amplas possibilidades de ressonância no público e constitui um estímulo para os encenadores. É, sobretudo, uma dramaturgia para intérpretes, que encontram nela o viço sustentador de grandes criações.

Com o objetivo didático, para que o leitor apreenda imediatamente as coordenadas de Bernardo Santareno na literatura teatral moderna, citaremos os nomes dos quais ele mais se aproxima. O tronco de origem parecem-nos Strindberg e Synge. Do primeiro, herdou a eletrizante tensão dramática e a apaixonada luta dos sexos, visíveis particularmente na dívida de *O Duelo* a *Senhorita Júlia*. No segundo, encontrou o primitivismo da vida no mar, a fatalidade da atração e da repulsa do homem pelo elemento líquido. Não é por coincidência, assim, que o parentesco próximo o prende a O'Neill e a García Lorca, continuadores da linha que o dramaturgo sueco e o irlandês inauguraram. Principalmente *O Lugre* e *Antônio Marinheiro (o Édipo de Alfama)*, se encontram no território marítimo e de inspiração mítica estimado pelo autor norteamericano. Um semelhante mundo de instintos, forças reprimidas que explodem, estabelece a fonte comum entre *A Casa de Bernarda Alba*, *Yerma* e *Bodas de Sangue*, do poeta espanhol, e *A Promessa*, *O Duelo* e

452 O TEXTO NO TEATRO

a maioria das personagens de Santareno. A tendência não se altera, se lembrarmos que *O Crime de Aldeia Velha* guarda as superstições do universo mágico de *As Feiticeiras de Salém (The Crucible)*, de Arthur Miller, e *Irmã Natividade* tem o clima paroxístico de *O Diálogo das Carmelitas*, de Bernanos. Entre os brasileiros, os familiares do autor português (percebe-se sem dificuldade) são um Nelson Rodrigues e um Jorge Andrade. O recursos mais remotos desse teatro são tributários da idéia de destino, bebida na tragédia grega, da qual não se separam, por compreensível metamorfose, os mistérios da Páscoa e da Natividade, na religião cristã.

Assinalar tantas vinculações não tem o propósito de reduzir a ori-- ginalidade de Bernardo Santareno. Mesmo quando, às vezes, a lembrança de outra obra marca a leitura de um texto seu, o talento assimilativo, reelaborando em termos pessoais a matéria, lhe confere sabor novo e autenticidade. Nunca nos passou pela cabeça a dúvida de que todas as peças são genuinamente portuguesas. Revelam elas, com vigor, o gênio do povo e da língua. Bernardo Santareno, incorpora, ao teatro de seu país, algumas das correntes mais poderosas da dramaturgia do nosso tempo.

As evidentes ligações se transfundem numa mitologia própria, que, em matizes diversos, atravessa toda a obra. Tendo afinidade maior com os autores que buscam lucidamente a desmistificação, estranhamos, de imediato, o mergulho irracional do escritor. Seduzem-no as emoções violentas, os encontros fatais, os presságios determinantes, os instintos desencadeados. Tudo acontece numa atmosfera imantada, em que o homem comunga com a natureza e os animais. As ações são sublinhadas pelo vôo de pássaros agourentos ou pela presença de touros, éguas e cachorros que uivam. As personagens participam dos elementos e giram na roda cósmica, em consonância com todas as forças da terra. Poderes ancestrais transmitem-se ao presente, que não se compreende sem a referência a símbolos atávicos e a opressores tabus. É evidente que tal visão do mundo se ajusta mais aos aglomerados primitivos, que não conheceram ainda o desenraizamento do processo civilizador. Por isso, a maioria das peças se passa entre os pescadores, nos povoados rústicos e no meio de campinas, onde a vida se resume a um quase diálogo com a natureza. Ao fixar o ambiente de um convento-clausura de freiras contemplativas em *Irmã Natividade*, o autor não busca outra inspiração: a protagonista, que dá título ao texto, é filha de criados alcoólatras, e tem uma avó louca. Jesus se comunica a ela numa revelação mística, sem admitir a interveniência das autoridades seculares. Clima de delírio, de instauração agônica da Graça.

A Promessa introduz-nos nesse mundo estranho. Os noivos prometem abster-se das relações carnais, se for salvo de possível naufrágio o pai do futuro marido. O matrimônio baseia-se nesse absurdo, até que o próprio mar traz a figura de Antônio Labareda, contrabandista salvo da perseguição policial. A provocação desse agente perturbador tinha

O PORTUGUÊS BERNARDO SANTARENO   453

de romper o equilíbrio instável. Os sentimentos longamente represados levam à suspeita de que a mulher seria adúltera e daí a consumação da tragédia: o marido assassina o suposto sedutor e castra-o, quebrando com espalhafato a promessa, a ponto de atirar às águas a imagem de Nossa Senhora. Só a violência liberta das crenças asfixiantes.

Em *O Lugre*, o mar ronda, há sete meses, reduzido grupo de pescadores. A distância da terra e o perigo da transgressão das águas exasperam os heróis. O pano se abre sob a égide da morte, porque não consegue ser salvo um náufrago, bravo "primeira linha". Até uma gata no cio é sacrificada por um pescador, no desejo alucinado de suprimir o único vestígio feminino no barco. Albino, que tomou medo ao mar e não protegeu suficientemente um "verde", deixando-o morrer nas ondas, perde os laços identificadores com aqueles indivíduos ásperos. A solução é purgar-se no mar, encontrando no leito líquido o repouso que a luta cotidiana desigual não permite.

Para não pensar-se que Bernardo Santareno recorre ao fanatismo religioso medieval, é preciso dizer que *O Crime de Aldeia Velha* traz como epígrafe uma notícia de jornal, publicada em 1934. Dá ela conta do julgamento de um grupo de pessoas, acusadas de terem queimado viva uma mulher, em Soalhães.

Os réus não cometeram o crime porque quisessem mal à desgraçada vítima – a Arminda de Jesus –, de quem, aliás, todos eles eram muito amigos! Espancaram-na e depois lançaram-na ao fogo para a livrarem do demônio – nada mais – e convencidos de que, após a queima, a pobre mulher podia ressuscitar!!!

Ao transpor para o palco a história, o dramaturgo havia certamente de interessar-se pelos fluidos que emprestaram à protagonista a natureza julgada diabólica. E eles nascem do poder magnético dos olhos: até o padre, recém-ordenado, querendo proteger a jovem da sanha supersticiosa da população, enreda-se momentaneamente no feitiço que todos lhe atribuem. Estamos no terreno místico da maldição da beleza – uma beleza que não exalta e fecunda, mas aniquila e destrói.

Na procura de arquétipos, Santareno chegou a transpor para Alfama, em *Antônio Marinheiro*, a lenda de Édipo. A equivalência com a história grega não era difícil de obter, na peça portuguesa. O dramaturgo não pretendia, também, reinterpretar o mito, porque seu universo se encerra em grande parte, como o do trágico sofocliano, nas malhas de um destino implacável. A modernização, no caso, deve menos, como intento de correspondência, ao modelo do *Édipo Rei*, do que às obscuras determinações divinas da primitiva obra esquiliana. Sabe-se que, na peça de Sófocles, a tônica está na vontade de esclarecer as razões do mal que assola o seu reino, imperativa no protagonista. É ele, num impulso coerente de conscientização, quem acaba descobrindo que se casou com a própria mãe Jocasta, depois de haver assassinado o pai. Embora o desfecho traga a revelação de que Édipo foi mero joguete em mãos superiores, domina a trama o propósito desmistificador do herói. Já San-

454 O TEXTO NO TEATRO

tareno, lidando com a civilização moderna, não poderia cogitar de inquérito semelhante. E Freud havia deslindado psicanaliticamente o mito. Por isso, Antônio Marinheiro se casa com Amália, depois que a justiça o absolveu do assassínio do marido dela. Agem, aqui, determinantes psicológicos: a atração da vítima pelo algoz (e vice-versa), a semelhança física do criminoso com o morto (que já explicou o sentimento de Fedra por Hipólito – verdadeira revivescência de Teseu adolescente – na tragédia de Sêneca), e, mais que tudo, o impulso irresistível que fundamenta a caracterização do famoso complexo. O "reconhecimento" da transgressão de códigos ancestrais leva Antônio Marinheiro a fugir e Amália a fechar-se em casa, numa atitude semelhante de Lavínia em *Electra Enlutada* (*Mourning Becomes Electra*), de O'Neill, que atualizou para a realidade norte-americana a *Oréstia* de Ésquilo.

A paisagem de *O Duelo* é a lezíria, no Ribatejo. A distância entre o patrão e os campinos rememora tempos medievais. O ferro que marca o lavrador é o mesmo que identifica os cavalos e os bois, mas o contato da natureza iguala as criaturas, e o convívio com os touros estimula os instintos vitais. Nesse quadro, a filha do patrão e o campino sentem-se mutuamente atraídos, desde a infância. A situação, como em *Senhorita Júlia*, enche-se de ambigüidade, e a presença dos noivos de uma e outro, que lhes correspondem na casta, serve apenas para precipitar a catástrofe. Uma revelação, equivalente à força das proibições ancestrais, radicaliza os protagonistas: o patrão desfrutara, um dia, a mãe do jovem, e seu pai, ao peso de domínio antigo, só pôde libertar-se da vergonha através do suicídio. Agora, seria a jovem rica a querer desfrutar o campino. Seu amor, porém, é maior do que as defesas que se impuseram: explodindo quando os matrimônios de conveniência deveriam ocorrer em dias sucessivos, ele provoca a tragédia. Diante do irremediável, a jovem enforca-se e, no seu encalço, o campino também se mata. Fluiu o sangue, antes que se consumassem as bodas.

Onde as leis morais são tão rígidas e a família vive num duro regime patriarcal, não se pode compreender o homossexualismo. Já é sugestivo, assim, o título da peça: *O Pecado de João Agonia*. O drama do protagonista, significativamente, eclodiu não na província, mas em Lisboa, ao cumprir ele as obrigações militares. Antes, João Agonia havia fugido do padrinho rico, ao que se indica, por repúdio àquela iniciação. Agora, regressando a casa, esconde com o pudor o sentimento por Toino. Não há tempo para aprofundar-se essa inclinação, porque um elemento estranho conta que o protagonista havia sido preso, em Lisboa, por prática homossexual. No conselho de família, um parente diz que se abate um animal aleijado, por bem-querer, por amor. E essa é a deixa para que os Agonias suprimam aquele que se tresmalhou.

Irmã Natividade (informa-o o autor) "é a versão original duma peça que, secundariamente desenvolvida em três atos e um epílogo, foi publicada em 1957, sob o título de *A Excomungada*, no volume *Teatro* (que reunia ainda a primeira edição de *A Promessa* e *O Bailarino*).

O PORTUGUÊS BERNARDO SANTARENO 455

Opõem-se, no texto, a crença espontânea e mística da protagonista e a fé de origem cerebral de Irmã Trindade. Dir-se-ia que ela chegou ao claustro pela razão,·enquanto a outra pela natureza passional. Como a prudência recomendava o estudo do "caso" de Irmã Natividade, a madre prioresa exigiu-lhe que se confessasse, antes da comunhão, naquele Natal. Acreditando ter ouvido Cristo, a Irmã Natividade chega a cometer o sacrilégio de pegar a píxide. Seu "pecado", contudo, explica-se pelo excesso de fé, não pela falta de verdadeiro espírito religioso. Percebe-se que o autor, no confronto, volta as suas simpatias para o desvario generoso de Irmã Natividade. Agrada-lhe tudo o que nasce do imperativo irreprimível do ser.

Em *Os Anjos e o Sangue*, escrita para a radiotelevisão, Bernardo Santareno rompeu completamente a barreira da realidade, para introduzir o "milagre" do Natal, símbolo obsessivo em sua obra. Trata-se de várias histórias independentes, conjugadas pela presença de uma imagem divina, que sangra. Um dos rapazes que fogem à polícia bate casualmente com os pés na estátua da Virgem, numa igreja. Parte-se a escultura que representa o Menino, e se verifica ser sangue o líquido que escorre da pedra. Os transgressores da lei iniciam estranha procissão, e uma golfada maior, na rua, marca a existência de um drama, no interior fronteiro. Desfilam assim pelo texto várias "revelações": para a atriz, a realidade da velhice (não interpretará mais a Julieta); para Pedro, a da morte, não obstante o amor (o médico lhe diagnostica leucemia); para o Senhor Gordo, no restaurante, a da própria miséria, apesar da imensa fortuna; e para um grupo *beat*, numa festa de deliqüescência, a do abismo que se cavou, quando uma Velha Ama quer fazer chantagem com a divulgação de todos os diálogos. Um motociclista, com máscara de metal, atropela no último episódio o portador da imagem, e misturam-se no chão o sangue humano e o divino. Alegoria, sem dúvida, do sacrifício já suposto na Encarnação, para resgate do mundo.

O teatro de Bernardo Santareno traz implícita a condenação dos erros sociais e advoga o estabelecimento de uma ordem melhor. De uma forma ou outra, cada peça se debruça sobre o problema e contém, mesmo sem procurá-la, inequívoca plataforma reivindicatória. Fica patente em *A Promessa*, por exemplo, que a religiosidade primitiva acarreta males comuns, e se devem varrer as crenças obscurantistas. São as lamentáveis condições de vida que proporcionam o clímax trágico de *O Lugre*. Somente o atraso condiciona, em *O Crime de Aldeia Velha*, o exorcismo criminoso da protagonista. Os enraizados preconceitos são a origem da fatalidade de *Antônio Marinheiro*: não precisasse a mãe de quinze anos desfazer-se do filho, e ele nunca voltaria para matar involuntariamente o pai e casar-se com ela. As fronteiras de classes criam "o duelo" que deu o sugestivo título da peça, quando, se não existissem elas, as relações do par amoroso poderiam definir-se sem a perigosa e

456   O TEXTO NO TEATRO

fatal ambigüidade. Cabe interpretar como apelo pela compreensão do homossexualismo e (estendendo-se o sentido da revoltante represália do grupo) respeito às intangibilidades individuais o desfecho de *O Pecado de João Agonia*. Quem sabe a "loucura" de irmã Natividade se deva entender por causa da condição de contemplativa? Em *Os Anjos e o Sangue*, o rosto do Miúdo, que se grava a fogo, na vidraça, entre outras cenas, prepara a máscara que apresentará o Senhor Gordo com o focinho de porco.

Como Bernardo Santareno não faz do teatro veículo de confissões, e seus propósitos são prevalentemente artísticos, as críticas de qualquer espécie, por ele formuladas, decorrem dos problemas existenciais que fixou. A carnalidade palpável torna sempre autênticas as suas criações. O mérito das peças, aliás, está em função direta da fidelidade aos meios populares. Ao apreender a seiva das criaturas inteiriças, o autor obtém os melhores resultados, e colocam-se na primeira linha de sua obra *A Promessa*, *O Crime de Aldeia Velha* e *O Duelo*. Quando ele se entrega demais a simbologias, perde pé e se tem de julgar algo fáceis certas indicações sobrenaturais de *O Lugre*, *Antônio Marinheiro* e, principalmente, *Os Anjos e o Sangue*.

Temas, personagens e situações semelhantes voltam com freqüência às peças. Sem desejo de paradoxo, pode-se afirmar que Bernardo Santareno, como todo autor de talento, se repete muito. As repetições decorrem da necessidade de aprofundar melhor um impulso que não se esgotou no primeiro tratamento ou de exaurir um filão pessoal obcecante, que, lhe define a natureza irredutível. O instrumento de trabalho afeiçoou-se a certas manifestações da realidade, quando ela liberta os instintos ou a reação conservadora do grupo, para deflagrar no conflito a tragicidade.

Talvez porque, nos aglomerados primitivos, a mulher ainda esteja mais próxima dos instintos, as personagens femininas dominam a dramaturgia de Bernardo Santareno. As iniciativas ou o desencadeamento da trama comumente lhes são reservados, e os homens se aprisionam em sua sedução.

Basta acompanhar as várias peças para ver como a mulher exerce fascínio incontrolável, siderando o interesse do homem. Sob esse aspecto, também, o teatro de Santareno se filia ao de Strindberg, que pinta sempre uma Eva tentadora, atração total e ao mesmo tempo odiosa, para um desejo e impossível repouso masculino. Maria do Mar, a protagonista de *A Promessa*, já traz toda essa carga mítica da mulher: ela não aceita a abstinência sexual que o marido lhe impôs, para que Nossa Senhora poupasse o pai náufrago. É todo o seu instinto, apoiado pela mãe, que se revolta contra a inatural proibição. Embora, presa da ética do grupo, ela conserve o preceito da honra, a rebeldia aniquilará os dois homens que giram em torno dela: o marido castra o suposto amante, e o pano baixa quando ele vai para a cadeia. Aparentemente, foi Antônio Labareda o causador da catástrofe. Cínico, seguro do próprio poder so-

O PORTUGUÊS BERNARDO SANTARENO 457

bre as mulheres, é alvo da paixão de muitas jovens do povoado e transtorna Maria do Mar. Para ela, porém, funciona mais como catalisador de uma reação que está prestes a precipitar-se. Labareda só a seduz pela metade: é o marido quem a desvirginará, quebrando simultaneamente todas as vedações religiosas (Adão que enfrenta a ira divina, para provar o fruto proibido).

Quando Santareno desejou desenvolver mais o fascínio perturbador de uma figura como Antônio Labareda, localizou-o numa mulher: Joana, a protagonista de *O Crime de Aldeia Velha*, por assim dizer retoma as características dessa personagem, assumindo a responsabilidade de agente (mesmo passivo) das catástrofes que desencadeia. Dizem tê-la possuído, mas se verá que não é verdade. Em luta ciumenta, dois jovens se matam (ela foi, indiretamente, a culpada). Outro perde a razão. Definha uma criança em que ela tocou (e o gosto expressionista do dramaturgo faz que essa criança pertença à única amiga de Joana, até então sua defensora, para que seja mais abrupto o contraste do ódio posterior). O padre, natureza santificada, é a última vítima do eflúvio de Joana. Só a defeșa coletiva do grupo permitiria estagnar aquele caudal maléfico.

Amália, protagonista de *Antônio Marinheiro*, guarda ecos de Joana. Principia ela por dizer que tudo em que toca se estraga. A força de afirmação do ser a leva a desafiar preconceitos e a oposição da conservadora sociedade à volta, para casar-se com o assassino do próprio marido. É ela, na verdade, quem o introduz em casa, afinal sob as vistas complacentes da mãe. Esse Édipo de Alfama, à maneira de Antônio Labareda, tem a função de despertar a natureza de Amália, diferentemente da tragédia grega, em que o primeiro plano está reservado até o fim ao herói. Ao descobrir-se o incesto, é expressiva a fuga dele, enquanto a mulher se recolhe solitária, e enfrenta a turba punitiva.

Ângelo, em *O Duelo*, oscila entre duas figuras femininas, igualmente fortes: Manuela e a mãe Rosária. A filha do patrão elogia-lhe a beleza, vai à casa dele, quer dominá-lo. A mãe desenha-se como oponente, e chega a cometer o sacrilégio de roubar uma hóstia consagrada, com o objetivo de suprimir a influência da jovem sobre Ângelo. Por caminhos diversos, as duas mulheres são os agentes da tragédia, em que o papel masculino foi o de fincar-se no orgulho. Diante do irremediável, Manuela mata-se primeiro, para Ângelo depois acompanhá-la. O tema da fuga masculina irresponsável repete-se no texto, na informação segundo a qual o marido de Mariana deixou a família em busca do Brasil, e o filho Chico está na iminência de partir.

O sacrilégio da apropriação da hóstia está ainda em *Irmã Natividade*, e são muitos os pontos de contato da protagonista com as outras heroínas de Santareno. A impressão que ela transmite é a de que, tendo, por várias circunstâncias, tomado o hábito de freira contemplativa, o voto que se impôs sublima-se na urgência de um verdadeiro casamento com Jesus Cristo. Quaisquer barreiras se rompem, para que Irmã Natividade atenda ao reclamo interior.

458   O TEXTO NO TEATRO

Nos dramas interligados de *Os Anjos e o Sangue*, avulta, em primeiro lugar, a figura da atriz: os rapazes e o próprio marido, por motivos diferentes, fazem-lhe a corte. Com bonomia amarga, o marido refere-se às funções que desempenha de "chefe de publicidade, agente artístico, datilógrafo e... costureiro de cena". Num ato voluntarioso, ela expulsa os ridículos jovens e aceita a velhice. Em outro episódio, a Ama, cujo papel tradicional é o de protetora (não obstante a instigação criminosa por ela feita em *Fedra* e outras obras), está transformada em chantagista a tirar proveito dos jovens transviados. A malignidade ativa da mulher assume aí essa feição.

Como ajustar esse raciocínio a outras peças? Em *O Lugre*, em que todas as personagens são masculinas, é certo que Albino, o protagonista, não se identifica exatamente pelos atributos de virilidade. O medo instalou-se nele, e sua falha mais grave foi a de não proteger um jovem pescador que lhe confiaram para os trabalhos no mar. O pecado de João Agonia é a homossexualidade. A natureza passiva não criaria, provavelmente, perturbações da ordem, se Maria Giesta, num impulso maligno de denúncia, não conclamasse o povo a castigá-lo. E cabe lembrar que o destino de João parece traçado pela praga da avó, demente senil – ainda aí poder sobrenatural da mulher marcando o homem.

As obras de Santareno estão cheias desses signos superiores, que exprimem a maioria dos acontecimentos. Deve-se explicá-los, sem dúvida, pela natureza supersticiosa das figuras populares retratadas. Do ponto de vista dramático, o autor pretendeu com eles, certamente, encontrar equivalência para as premonições do universo grego, e acabou por incidir no lugar-comum. Fizesse Santareno um abatimento de todos os presságios e vôos anunciadores, que povoam as peças, e seu teatro ganharia em alcance e dimensão. É algo fácil, por exemplo, a crença de que Jesus, de *A Promessa*, nasceu cego porque a mãe não cumpriu o devido. E fica muito óbvia sua filiação aos adivinhos gregos – cegos que são os únicos a ver as verdades profundas. Em *Antônio Marinheiro*, o autor inventou o "almur", e carregou com o seu símbolo maléfico a figura de Rui, acompanhante lateral da tragédia, que tem os mesmos olhos do pássaro. Insatisfeito com essa atmosfera, colocou na peça uma velha louca, pontilhando com a sua gargalhada o desenvolvimento da ação. Três milhafres passam pelo céu de *O Duelo*. A avó louca impôs a maldição de *O Pecado de João Agonia*, além de se observar que o céu está cheio de pássaros pretos. O teor dramático de *Irmã Natividade* decorre, também, de uma avó louca. O azar de que se fala, ao partir-se a imagem do Menino, desencadeia toda a história de *Os Anjos e o Sangue*.

A esses signos evidentes, que empobrecem a real tragicidade das situações, ao invés de sublinhá-la, o autor acrescenta outros símbolos, ingênuos e dispensáveis, ligados aos nomes. Jesus diz a Maria do Mar:

Quando nos botam o nome, acende-se lá em riba a estrela do nosso destino: e

O PORTUGUÊS BERNARDO SANTARENO 459

contra ela a gente não pode nada! Nada. Está feito: Jesus! Eu cá serei sempre Jesus. E tu, Maria do Mar, tu hás de ser sempre do mar: não podes fugir, o mar não te deixa, tu és dele!

Ao responder que é livre, Maria do Mar ouve ainda de Jesus: "O nome, Maria do Mar, o nome!... Vê lá tu, o Labareda: Mesmo que ele quisesse, não podia mudar. Tem que ser! Ele é fogo, é labareda: tem que arder, tem que queimar! E não tem culpa". O motivo onomástico volta em O Lugre. Miguel fala: "Eu cá não tenho apelido de pai, como qualquer um: sou o Miguel das Ondas..." Assim, professa a crença mística, provada pelo desenlace, segundo a qual, tirado de um barco, o mar o tomará de novo...

As personagens de Bernardo Santareno estão sempre apoiadas em verossímil psicologia. Sendo seu propósito, em geral, fixar a passagem mística ou turbulenta das criaturas, felizmente não se demora em motivações explicativas. O antecedente psicológico serve apenas de suporte para a enxurrada que o espectador presenciará. Onde o dramaturgo parece mais preocupado em fornecer as origens de um comportamento é em O Crime de Aldeia Velha: Joana vinga-se dos homens por ódio ao pai e ao cunhado, que deu cabo de sua irmã. Acha-se aí mais um vínculo da peça com As Feiticeiras de Salém, porque a sanha destruidora de Abigail veio do ressentimento contra John Proctor. Para Joana, todos os homens são porcos, e à medida que a peça caminha ela já não pode mais refrear o mal que, a princípio querido, progride depois à sua revelia.

Hipnotizado pelas personagens de seiva espontânea, Santareno faz caricaturas de todos os outros seres. O noivo de Manuela, em O Duelo, rico e citadino, distingue-se pelo ridículo. Os rapazes que cortejam a atriz, em Os Anjos e o Sangue, são pintados como "janotas de tipo wildiano". Sem fidelidade ao que tem de puro e legítimo, o homem se perde em contrafação. As raízes populares seriam as únicas a sustentar as criaturas, e, em conseqüência, as personagens que interessam ao autor.

Vez por outra, absorvido em demasia pela densidade dos protagonistas, Santareno se esquece de rechear as figuras secundárias. Mostrando delas apenas os contornos esquemáticos, cai inevitavelmente em soluções primárias. Rui, de Antônio Marinheiro, já escorregara no melodrama: conta ser filho de prostituta, que desconhecia até o nome de seu pai... Os infratores de Os Anjos e o Sangue aparecem também com o seu drama doméstico, responsável pelo desajuste em que vivem. Armando diz que viu, na rua, a mãe bêbada, que não o reconheceu. O pai de Fernando está na cadeia, há cinco anos. Carlos fala que não vai para a África porque seus pais estão lá, e foram eles que o puseram na casa de correção. Esses exemplos demonstram que o autor, preocupado em não desenhar só a silhueta evanescente de um tipo (quando ela seria preferível, por exigência do contexto dramático), se atrapalha no lugar-comum psicanalítico.

460 O TEXTO NO TEATRO

As outras criaturas o dramaturgo deixa numa imanência pouco expressiva. Maria Clara, de *O Duelo*, permanece instrumento dócil ao seu desígnio, que era o de concentrar o conflito no drama de Manuela e Ângelo. Como o jovem afirma o propósito de casar-se com ela, e a família aprova o matrimônio, Maria Clara aceita com passividade a situação. Não a agita, por um momento, o ciúme do noivo com Manuela. Por mais que esse retrato da condição feminina se ajuste a certa realidade das povoações campestres, do ponto de vista dramático a personagem não funciona; está ali sufocada pela força superior dos protagonistas e submissa ao desenvolvimento da trama, de que é apenas apoio menor.

Na configuração das personagens, Santareno costuma aproveitar as lições do expressionismo. Kaiser havia explorado como nenhum outro dramaturgo o processo de apresentar um indivíduo com aparência de perfeita integração no meio, para de repente rasgar-lhe a superfície neutra e lançá-lo em torvelinho brutal. A repressão do subconsciente, há longo tempo domado, define a personalidade de José, de *A Promessa*. Chega-se a pensar que a abstinência sexual não representava para ele um sacrifício: parecia, quase, um secreto anseio, para o qual a promessa serviu de pretexto, e a vida de devoto sacristão o realizava plenamente. Bastou aflorar nele a suspeita de que a mulher o traía para explodir em violência incomum, afirmando uma nova natureza, de indiscutível virilidade. Albino, de *O Lugre*, quase se comprazia no medo covarde, até que as antigas reservas, açuladas pela bebida, estouraram no assassínio de dois companheiros vigorosos. Na literatura expressionista, uma pequena fenda em sistema pacientemente elaborado leva à destruição do mundo. Idêntico processo criador ampara a personagem do marido, em *Antônio Marinheiro*. A sogra pintava-o como homem perfeito. Seu comportamento exprimia absoluta normalidade. No entanto, no bar, provocou sem razão um marinheiro, até ser por ele morto, em legítima defesa. Mais tarde se saberá que o criminoso era seu filho, e a provocação, alimentada por estímulos inconscientes, se inscreve na órbita psicanalítica.

As constantes das figuras santarenas, visíveis em tantos outros procedimentos, implicam a semelhança das situações e da linguagem. Tudo é remoído com volúpia, até o cansaço. O autor oferece uma sugestão, numa cena, e logo a retoma, por outro prisma, pouco adiante. Esse teatro configura-se, assim, em grande parte, como pesadelo. A monotonia, inevitável, abre-se em sortilégio, pela beleza da linguagem. Sabe-se que a repetição instaura um ritmo primitivo, que pulsa ao sopro da magia verbal. Sob esse aspecto, o dramaturgo joga sempre em terreno perigoso. Em outro autor, não hesitaríamos em considerar mau gosto muitas de suas características. Santareno está a um passo do melodrama, e o supera pela ousadia. Bastam duas personagens se defrontarem para do encontro surgir de imediato a dramaticidade. Ele não prepara o clímax, com diálogos informativos. Logo que surge um interlo-

O PORTUGUÊS BERNARDO SANTARENO 461

cutor, já se estabelece a imantação. Sente-se que o esforço do dramaturgo é para conter a avalancha que desencadeou. Precisa, às vezes,
desdobrar os terceiros atos em vários quadros: a ação contínua, de um
só fôlego, não bastaria para resolver tantos conflitos.

Aceita-se perfeitamente, nesse clima exasperado, a definição sinte-
tizadora, depois das demoradas fundamentações das personagens. Algumas categorias básicas podem conter as mais diversas manifestações,
e assim, ao invés de cair no ridículo, tem força de corolário, por exemplo, a seguinte fala de Rosária, em *O Duelo*, quando se teme que o tou-
ro lhe mate o filho Ângelo: "Não mata, tenham a certeza: Estão os dois
juntos! (Ódio, ciúme:) Olhem... olhem para eles agora: um é o relâmpa-
go, o outro o trovão... Não mata, não mata!!!..."

São poucas as cenas que não enfeixam exclamações, e, freqüentemente, várias acentuam uma fala, como na que transcrevemos. Não há
dúvida de que o autor abusa do derramamento, e poderia economizar
muita palavra e pontuação. A insistência exclamativa de seus diálogos é,
porém, mais uma prova de que seu teatro se dá bem apenas nesses limites de tensão, e vive de autêntica densidade dramática.

Nenhuma peça foge ao esquema tradicional de composição. Desde
a tragédia grega, é hábito dos autores movimentar um entrecho com a
chegada de uma personagem, que se espera ou não. Após dez anos de
ausência, a volta de Agamenon da guerra de Tróia aciona o mecanismo
trágico da *Oréstia*. A vinda de Hamlet perturba a ordem injusta imposta
por Cláudio, na peça shakespeariana. A presença de um elemento estranho à situação, polarizando as forças adormecidas, tornou-se na história do teatro a fonte normal dos conflitos.

Santareno bebe nesse repositório dos costumes cênicos. Em quase
todos os textos a fórmula é fielmente observada. Fugindo à perseguição
policial, Antônio Labareda irrompe no cenário de *A Promessa*. Em *O
Lugre*, um artifício trouxe recurso equivalente. Há sete meses no mar, o
que modificaria a paisagem do barco? Um pescador foi recolhido já sem
esperança de sobrevivência, e a sua volta ao lugre confunde-se assim
com a chegada da morte. As cenas iniciais de *O Crime de Aldeia Velha*
anunciam a vinda de padre Júlio, cuja atuação será decisiva no andamento da trama. Antônio Marinheiro surge em Alfama para desencadear a tragédia edipiana. *O Pecado de João Agonia* começa a desenvolver-se, também, logo que o protagonista retorna do serviço militar, em
Lisboa, para o lugarejo serrano em que habita a família.

A chegada de uma personagem nova corresponde, em certos casos,
à de uma data expressiva, em que tem poder catalisador. Em *O Duelo*, é
o anúncio das bodas, capazes de alterar completamente a situação.
Atribui-se esse significado, em *Irmã Natividade* e *Os Anjos e o Sangue*,
à presença do Natal. Ambas as peças, no seu vivo misticismo, vão aí
mais longe. Não se trata apenas do simbolismo da data: pode-se afirmar
que o próprio Menino Jesus comparece ao cenário, como verdadeira
personagem que modifica o ambiente. Para Irmã Natividade, ele surge

462   O TEXTO NO TEATRO

na comunhão. Foi incontestável o propósito de torná-lo o protagonista de *Os Anjos e o Sangue*, desde que apareceu na forma da imagem sangrando.

As considerações que vimos fazendo nos animam a recomendar a Bernardo Santareno uma pequena parada. Talvez lhe seja valioso um esforço de racionalização, para pôr em ordem o trabalho. Depois de expandir-se na faina criadora, é benéfico um exercício de disciplina. A primeira edição de uma peça sua data de 1957, e daí por diante elas se sucedem, ininterruptamente. Esse labor incessante deve explicar em parte, também, as repetições. Muitas vezes os diálogos se nos afiguram enxundiosos, e ganhariam com alguns cortes sintetizadores. Cabe-lhes agora, sobretudo, enriquecer-se com novos motivos, a fim de que não se dilua a matéria dramática. O excesso pleonástico das peças já escritas pode ser aparado, durante os ensaios, com a colaboração de um inteligente encenador.

A dramaturgia de Bernardo Santareno é sintomática, além de seus propósitos conscientes, da realidade fixada. Impressiona-nos a permanente incidência da oposição entre o indivíduo, que tenta afirmar-se pela rebeldia, e o grupo asfixiante, retrógrado. As situações em cada peça armam-se para chegar, em certo momento, a esse núcleo fundamental. Em matrizes diversos, a coletividade supersticiosa e conservadora aniquila sempre a legítima expansão do indivíduo.

Sem considerar os elementos tradicionalistas que estão na base de *A Promessa*, basta citar o coro final das velhas, que maldizem a heroína e a responsabilizam pela tragédia. Depois de lhe prometerem um feitiço, encerram a peça fazendo, em sua porta, o sinal- da- cruz.

Os pescadores de *O Lugre* investem igualmente com fúria contra Albino, porque ele permitiu a morte de Miguel e assassinou depois os companheiros. Formam um coro semelhante ao de *A Promessa*, invectivando o causador da catástrofe. Só se contêm do propósito de fazer justiça com as próprias mãos porque uma arma está apontada contra eles.

Em *O Crime de Aldeia Velha*, o título já alude ao conflito principal. O grupo feminino, não se conformando com a inteireza de Joana, mata-a na cerimônia de exorcismo.

Diante do incesto revelado em *Antônio Marinheiro*, os Homens e as Mulheres, segundo está na rubrica, além dos diálogos claros, "exigem" o suicídio de Amália. As pragas violentas assemelham-se às do coro final de *A Promessa*.

A opressão do grupo converte-se, em *O Duelo*, na de classe. Um só indivíduo, na peça, tem o poder de aniquilar o velho campino. O patrão, ao desfrutar-lhe a mulher, o reduz à impotência. São as enraizadas separações entre grupos sociais que impedem o matrimônio de Manuela e Ângelo.

Provavelmente mais que em outro texto a represália do grupo aparece com certeza criminosa em *O Pecado de João Agonia*. Cientifica-

O PORTUGUÊS BERNARDO SANTARENO 463

dos da homossexualidade de um parente, os homens da família sentem-se no dever de tomar uma atitude. O conselho resolve, sem voz discordante, suprimir o indivíduo "diferente". A hipocrisia coletiva ainda atesta o óbito como acidental, equivalendo à mentira proclamada em *O Crime de Aldeia Velha*: não se fala mais em exorcismo, e Joana morreu do coração.

Pode-se explicar pela intransigência da ordem, consubstanciada na disciplina do grupo religioso, a fuga sacrílega de Irmã Natividade. Os jovens transviados de *Os Anjos e o Sangue* adquirem, de súbito, a consciência conservadora de seus privilégios, ao firmar a sentença tácita contra a Velha Ama, e o motociclista, de máscara metálica (agente anônimo do poder), atropela o rapaz que transporta a imagem do Menino.

Que papel, nesse quadro, o dramaturgo reserva para o indivíduo? O ambiente retratado não permite muitas variações. O suicídio é comum a vários heróis: Albino, de *O Lugre*; o marido de Rosária, por causa da vergonha, e Manuela e Ângelo, em *O Duelo*. Algumas personagens esboçam uma revolta, mas aceitam depois o sacrifício. É o caso de Joana, de *O Crime de Aldeia Velha*, e o de João Agonia. Em *A Promessa*, o marido obedece à ordem de prisão e Maria do Mar encerra-se em casa. Irmã Natividade escapa da asfixia pela loucura. Uma reação sugere outro comportamento: a de Amália, em *Antônio Marinheiro*. À sanha do povo, que lhe indica o suicídio, ela replica: "... Hei de viver!... aqui, sozinha, na minha casa... só, sozinha contra todos! Posso... sei que posso... posso!!" O leitor não tem dúvida, contudo, de que essa revolta só pode confinar-se à solidão.

O desespero impotente do indivíduo adquire tal rudeza de símbolo que Santareno não escolhe um puro para encarnar o sacrifício, em *Os Anjos e o Sangue*. Aos contraventores é dado fazer a procissão, com o Menino sangrando. E, graças aos recursos da televisão, a Velha Ama chantagista é substituída, no instante do crime, pela imagem de Jesus Cristo. A própria figura divina salta aos olhos do público, para lembrar a Paixão, cujo objetivo foi redimir o homem.

A fuga mística dessa peça mostra o embaraço do autor. A evolução de sua obra denuncia uma crise crescente, que diz respeito tanto à linha dos textos quanto ao homem. Artisticamente, *Os Bens e o Sangue* é o seu pior momento, e não é sem razão que já vive do desvario irreal. Nessa encruzilhada, Bernardo Santareno precisa encarar de novo a realidade, para salvar-se como homem e dramaturgo. As inquietações que nos inspira não obscurecem uma verdade incontestável: aí está, no conjunto, uma dramaturgia sólida e coesa, que, ao lado de poucas outras vozes, confere ao teatro em nossa língua uma expressão universal.

(Agosto, Setembro, 1962)

50. Jack Gelber Incorpora o *Jazz*

Para um *hipster*, o teatro da Broadway encarna a mentalidade dos *square* (no que não lhe falta certa razão). O empresário comercial, que personifica a empreitada financeira dos grandes lançamentos cênicos de Nova Iorque, só pode interessar-se por uma peça capaz de agradar à maioria burguesa, afeita às emoções da violência (que sacode o tédio), mas cujo desfecho conduz a um moralismo satisfeito e tranqüilizador. Por isso, *The Connection* teria oportunidade de chegar ao público apenas *off-Broadway*, num dos teatrinhos experimentais de Greenwich Village. Como sempre, a crítica oficial deu a nota de incompreensão e de insensibilidade: o programa do The Living Theatre informa, não sem uma ponta de orgulho, que a casa de espetáculos resistiu à fúria destruidora dos jornais, graças à circunstância de adotar o sistema de repertório (alternava-se com *The Connection*, no cartaz da semana, desde a estréia, em julho de 1959, *Esta Noite Improvisamos*, de Pirandello), e ao aparecimento das críticas dos hebdomadários, em tom muitas vezes entusiástico. Acrescentou-se à encenação, assim, a aura da revolta vitoriosa contra as forças tradicionalistas e asfixiantes.

Possui *The Connection* as características para ser considerada uma peça artisticamente revolucionária? Antes de responder-se a esta pergunta, vale a pena examinar, embora ligeiramente, as condições em que se expande a dramaturgia comum dos Estados Unidos. De acordo com um dos suportes da mitologia norte-americana, as próprias escolas de *playwriting* parecem preparar os autores para que tenham êxito, na Broadway. Trata-se de armar o aspirante à literatura teatral com os instrumentos técnicos indispensáveis à difícil travessia do palco à platéia. Daí as obras comuns de sucesso se identificarem pela eficiente

JACK GELBER INCORPORA O JAZZ

carpintaria, pelo decantado funcionamento cênico, em que se escuda normalmente a mediocridade dos William Inge, Robert Anderson, Sidney Kingsley e tantos outros. Em confronto com o reino da peça bem-feita, *The Connection* constitui uma novidade, uma salutar novidade, embora o dramaturgo, por uma fala de Jaybird (que na trama é o autor da peça que se está improvisando), revele elogiável autocrítica: "O que Jim (o empresário) está tentando dizer é que eu estou interessado num teatro improvisado. Não é uma idéia nova. Mas é que não está sendo usada". Do ponto de vista formal, o que nos parece importante em *The Connection* é a fusão bem-sucedida de uma série de procedimentos tradicionais, filtrados pela experiência norte-americana. A improvisação, cujo momento culminante no teatro foi a *commedia dell'arte*, aproveita na peça a técnica do *jazz*: cada personagem faz o seu "solo", no qual se define e fala sobre os outros e sobre problemas gerais. O famoso realismo em prática nos Estados Unidos, fundamentado na adaptação das teorias de Stanislávski (que se aplicam tanto ao desempenho quanto à dramaturgia), exprime-se no verdadeiro documentário sobre o grupo de viciados em narcóticos. O estilo da vanguarda francesa, que assimilou alguns tratamentos insólitos do surrealismo, está presente na quebra da subordinação a uma intriga logicamente desenvolvida (mantém-se um fio de história, à maneira de *Esperando Godot*, mas não existe o esquema tradicional da apresentação, desenvolvimento e desfecho de um conflito), e os fotógrafos, à medida que decorre o episódio, trocam a vestimenta e a personalidade. Diz a rubrica, observada na montagem original: "O primeiro Fotógrafo é um negro com roupa branca, o segundo um branco, com roupa preta. O primeiro é rápido e ágil, o segundo, lento e frio". No fim do espetáculo, invertem-se essas indicações, explicáveis como símbolo da reação à experiência vivida e (por que não?) da vontade de muitos artistas, que se sabem inovadores, de chocar, mesmo pelo arbitrário. Certamente para romper a monotonia das personagens, cuja única preocupação é esperar a droga, que depois injetam, o autor Jack Gelber valeu-se do artifício do "teatro dentro do teatro", de indisfarçáveis ressonâncias pirandellianas (não deve ter sido acaso que o conjunto que o acolheu estreara antes *Esta Noite Improvisamos*). A ambigüidade criada pelo dramaturgo italiano em *Seis Personagens à Procura de um Autor* – realidade? ficção? – está reproduzida em *The Connection* no jogo permanente, de extrema habilidade, entre o pressuposto de que tudo não passa de teatro e na encarnação, pelos vários caracteres, de sua autêntica natureza. À estruturação do entrecho em solos contínuos, o que, em literatura teatral, poderia confundir-se com ausência de forma, o dramaturgo superpôs a presença dos "comentadores" (autor e empresário), num elaborado processo artístico. *The Connection* transcende o documento realista, transformando-se em obra de arte.

Se Ionesco, por exemplo, denominou "antepeças" algumas de suas obras, Jack Gelber deu ao seu trabalho a classificação de *jazz-*

play. Nessa característica, possivelmente, está a maior originalidade de *The Connection*: adota-se, na composição literária, o revezamento instrumental do *jazz*, e a música participa da estrutura do espetáculo. Os trinta minutos de *jazz* de cada ato, executados diretamente em cena, não visam a preencher vácuos do diálogo nem a ilustrar o mundo dos toxicômanos: participam da própria dinâmica da montagem, saltando necessariamente do entrecho. O cotidiano daquelas criaturas alimenta-se de *sessions* intermitentes, improvisadas na inspiração de um estímulo qualquer. Se o autor havia exigido, na rubrica, uma música escrita na tradição de Charlie Parker, o encontro de Freddie Redd e seu quarteto significou mais do que um acaso feliz: ele prova que a arte norte-americana está madura para a síntese de *The Connection*, em que os músicos, além de tocar um *jazz* excelente, se mostram atores esplêndidos. As composições de Freddie Redd, agora gravadas, conferem à parte musical uma verdadeira co-autoria do espetáculo. Não se abdica do aspecto literário do teatro, mas se junta à integração da montagem, feita ainda do desempenho e das artes plásticas, a perfeita funcionalidade da música.

No início da representação, o espectador se sente constrangido com a lembrança insistente de *Esperando Godot*, na atitude de todos os *junkies* de perguntar quando virá Cowboy. Cowboy é a *connection* deles, o intermediário que lhes trará a heroína. Ao fim do primeiro ato, porém, dissipa-se a referência à obra de Samuel Beckett. Se nesta a espera de Godot, que não vem, que nunca virá, define metafisicamente a peça como a materialização da falta de sentido da passagem terrena, a vinda de Cowboy significa uma espécie de Godot que chega: ele traz a heroína e, para o viciado, o narcótico equivale à serenidade e à explicação de tudo. A inquietude indagadora de Beckett converte-se na peça de Gelber em sabedoria pacificada, diríamos quase conformista. O êxtase que eleva as personagens sintetiza para elas o começo e o fim da existência.

Mas sua atitude não se basta na fabricação de um clima artificial, em que os homens encontrariam felicidade ilusória. Ela decorre de uma recusa do mundo dos *square*, embora essa recusa se confine nos limites da fuga. Como os arranha-céus de Manhattan não ensombreceram as dúvidas dos *hipsters*, os *pad* (como aquele que serve de cenário à peça) enfeixam o protesto silencioso da geração abatida. Seu meio não é a revolta ativa, mas o sarcasmo, a ironia ferina, a crítica acerba. A inaceitação da ética vigente (se se pode chamá-la ética) transforma-se em amoralismo. Para os narcotizados, não há valores e hierarquias, e todos os meios são bons, desde que se alcance o fim. Cowboy, com o objetivo de despistar a polícia, não tem dúvida em se fazer acompanhar por *Sister Salvation*, que encarna em cena a perplexidade do "mundo lá fora" diante da estranheza dos *hipsters*. O julgamento do absurdo da sociedade organizada se exprime pelo próprio absurdo que os *beat* escolheram.

JACK GELBER INCORPORA O *JAZZ*

De início, o autor parece pintar as personagens em indicações sumárias, num primeiro traço de identidade: Ernie é o psicopata, Sam o especialista em folclore, e assim por diante. Mas essas características se apagam no denominador comum do vício, e torna-se o objetivo de Jack Gelber fixar a desintegração indiferenciadora, que veria a mesma essência até nos policiais, oponentes inatos dos *junkies*. No mecanismo espontâneo da trama, quebra-se, assim, o conceito do conflito de caracteres, em que se estriba a dramaturgia tradicional. Jack Gelber tem tanta consciência desse procedimento que faz o autor Jaybird reclamar para as outras personagens, numa intervenção ridícula, semelhante à que Pirandello empresta aos seus porta-vozes:

> Sei que não há nenhum herói nesta peça. Eu escrevi uma peça com quatro heróis. Não expliquei esse problema? Vocês todos são heróis. Quero dizer, no sentido teatral. Cowboy, você não pode representar como herói? É a base do drama ocidental, você sabe.

Mas ao fim do espetáculo, Jaybird satisfeitamente proclama, substituindo-se a Jack Gelber: "Nenhum doutor, nem heróis, nem mártires, nem cristos. Eis uma boa coisa". A renúncia aos grandes caracteres, semelhante a certa parte da ficção contemporânea e a algumas peças de vanguarda, constitui um dos fundamentos estéticos de *The Connection*.

Em meio à total ausência de valores dessa indiferenciação, acabam por afirmar-se sentimentos elementares, esquecidos na diurna faina burguesa: a solidariedade, a fraternidade, a comunidade do meio de narcotizados. A indissolúvel cadeia do vício, que espontaneamente se forma, está expressa numa fala: *"I am the man as much as anyone. Listen, I am your man if you come to me. You are my man if I go to you"*. Outro elemento importante da peça, sob esse aspecto (segundo assinalou o crítico Kenneth Tynam no prefácio à edição de *The Connection*), é o aproveitamento de atores brancos e negros, indiferentemente, nos diversos papéis. Essa é "provavelmente a primeira peça americana de que se poderia dizer isso". Jack Gelber adotou essa perspectiva certa e louvável, talvez, pelo imperativo inconsciente de sua origem judia.

Já se pode tentar uma avaliação dos elementos novos contidos no texto. A rigor, não cabe considerá-lo inteiramente original, porque muitos dos seus procedimentos encontram exemplos, na história do teatro e da literatura. A fusão de *jazz* e diálogo é a sua conquista mais específica, e pelos resultados artísticos obtidos não se deve subestimá-la. Mas a virtude maior de *The Connection* se resume na circunstância de ser uma ótima peça, quando são tão escassas, na literatura dramática, as obras de mérito. Num ambiente dominado pela praga das peças bem-feitas, ela surge com uma linguagem e uma estrutura vitalizadoras – afirmação *hipster* contra o teatro *square*.

(Dezembro, 1960)

51. Peter Weiss e *Marat/Sade*

O título da peça de Peter Weiss indica praticamente a sua originalidade: *Perseguição e Assassinato de Jean-Paul Marat representados pelo Grupo Teatral do Hospício de Charenton, sob a Direção do Senhor de Sade*. Basta assistir ao espetáculo ou ler o texto para acrescentar a essa sugestão, já de si rica, um elemento não expresso nela — o marquês não é apenas o diretor da montagem interpretada pelos loucos, mas surge também como personagem, cotejando seus conceitos com os do revolucionário. Somem-se a essa pletora de "teatro dentro do teatro" os recursos da mímica, da dança, da música, da paródia e quantos mais têm sido mobilizados pelos encenadores modernos, e se terá uma imagem de teatro total.

Esse o fascínio maior da obra do dramaturgo alemão. Depois do grande painel cênico, valorizado ainda pelo prestígio dos acontecimentos históricos, ele não se basta, não entrava a realização de outra linguagem, que é a do diretor, no palco. Tanto material guarda a sabedoria de se conter como partitura para os vôos criadores da encenação. Estaria aí uma síntese feliz dos vários caminhos experimentados pela literatura teatral moderna.

O reconhecimento dessas virtudes não impede, porém, que se faça outro raciocínio, igualmente válido: Peter Weiss escreveu *Marat/Sade* com tanto aparato porque foi incapaz de encontrar efetiva originalidade. Desmontada em seus elementos básicos essa majestosa arquitetura, não será difícil verificar que eles se encontram em textos de outros autores. Não resistimos à tentação de admitir uma heresia: o tratamento dado às personagens nasce de uma carência real da organização dramática. Dominasse melhor os instrumentos específicos da

PETER WEISS E *MARAT/SADE* 469

cena, o autor evitaria os monólogos em que os protagonistas um tanto cansativamente se confessam.

Sob o prisma das idéias, a proposta essencial da peça é o confronto entre Marat e Sade. A posição de Coulmier, diretor do hospício, não pode ser levada a sério, porque o dramaturgo se incumbiu de ridicularizá-la, caricaturando a personagem. Coulmier encarna o burguês típico, transformado em bode expiatório pelos escritores modernos, satisfeito consigo mesmo, porque se pensa avançado, utilizando a terapêutica do psicodrama, mas fundamentalmente conservador, preso aos princípios da caridade e do respeito religioso, solícito em censurar Sade quando acha que ele foi longe demais em permitir a violência revolucionária de Marat. Coulmier simbolizaria também aquela parte do público teatral que sai de casa para ver o próprio desnudamento, caixa de pancada de uma arte inconformista, que se alimenta de sua complacência e escarnece dela.

O debate entre Marat e Sade mostra duas atitudes contrárias extremadas, representativas de opções básicas do homem contemporâneo (Sade tem consciência da questão, dizendo a Marat: "Para você e para mim também, para nós dois, / só interessam as ações mais extremadas" – como se acha no texto brasileiro de Millôr Fernandes). Nessa escolha, Sade retrata a exaltação do indivíduo, liberto de quaisquer liames sociais, enquanto Marat personifica a abdicação total do individualismo, em favor de nova sociedade. O primeiro não vê sentido na luta do homem em face da incomensurável indiferença da natureza, e o segundo acredita na vida pelo que ela encerra de possibilidade de transformação ordenada do mundo. Um niilista e outro ingênuo, em termos filosóficos, ou decadente um e revolucionário outro, num esquema político. Até aí nada de novo revela o texto, já que esses caminhos foram exaustivamente explorados pela ensaística moderna.

Na pintura de Sade, por certo Peter Weiss se valeu das exegeses de Simone de Beauvoir em *Deve-se queimar Sade?* e de Albert Camus em *O Homem Revoltado*. Esse monstro da negação absoluta, que submeteu o universo a exame frio da inteligência, sentiu que ele próprio era privilegiado campo experimental: "Numa sociedade criminosa / eu pus para fora de mim o criminoso / de modo que eu pudesse compreendê-lo / compreendendo assim o tempo em que vivia". Se não há uma ética e não existe alma, o corpo deve ser conhecido em todos os seus meandros, e daí a vertiginosa busca das mais variadas sensações, até que venha a morte, como aniquilamento definitivo. Sade afirma, assim: "E quando eu desaparecer / quero que todos os traços da minha existência / sejam apagados". O erotismo, espetáculo do corpo para si mesmo, se erige, enquanto há vida, no único valor dessa aterradora solidão do homem tragado no silêncio do tempo. Um mundo sem ordenação inicial estimula todas as liberdades do indivíduo. Resta a incomunicabilidade de corpos que tentam contato fortuito, como já aparece na intuição genial de *A Morte de Danton*, de Büchner

470 O TEXTO NO TEATRO

(Sade fala que, nos treze anos de Bastilha, descobriu que este é um mundo de corpos). Eis uma primeira semelhança da peça de Peter Weiss com a de seu predecessor, que também já havia revisto a história como desencantada frustração dos melhores esforços.

O radicalismo de Marat, que anuncia as idéias marxistas, define as limitações da Revolução Francesa, na qual a burguesia tomou para si os privilégios dos aristocratas. Marat viu as contradições de um poder que, para manter-se, logo coibiu as aspirações populares. Por isso, na peça, ele exclama:

E o que é uma banheira cheia de sangue / diante dos banhos de sangue que ainda vêm (...) O que é o sangue desses aristocratas / comparado com o sangue vertido pelo povo / (...) O que é esse sacrifício / comparado com os sacrifícios que o povo fez / para engordar vocês / O que é que representam algumas residências saqueadas / comparado com tantas vidas saqueadas?

Se os ouvidos do leitor estão atentos, reconhecerão sem dificuldade, nessas réplicas, o eco de outras, escritas por Brecht em *A Ópera dos Três Vinténs*: "Que é uma gazua, comparada com uma ação ao portador? Que é um assalto a um banco, comparado com a fundação de um banco? Que é o assassinato de um homem, comparado com o emprego de um homem?" (na tradução de Mário da Silva). Marat foi concebido com o ardor anarquista que salta da *Ópera*, num primeiro paralelismo com o teatro de Brecht, aproveitado, ademais, naquilo que ele tem de característico – a teoria do distanciamento, para quebra da emoção ilusionista e convite à crítica.

Assim encarados, os dois protagonistas nem são muito diversos (Simone de Beauvoir observou que "é uma espécie de anarquia racional que constitui, no entender de Sade, o regime ideal"). Feitos de idêntica matéria anarquista, que explodiu em direções opostas, Marat e Sade refletem os dois antagonismos que coexistem no homem, num amálgama ambíguo, e que não seria absurdo relacionar como derivações dos velhos conceitos do bem e do mal. Sade, a natureza escura, e Marat, a promessa luminosa do homem.

A influência de Büchner e de Brecht, um precursor e um epígono do expressionismo, marca o estilo de *Marat/Sade*. A maneira expressionista, que tende para a abstração, faz das personagens de Peter Weiss simbolizações de conceitos, que dispensam as particularidades psicológicas. A circunstância de serem elas interpretadas por loucos, facilita a convicção das verdadeiras marionetes em que se materializam, abrindo-se também para o efeito brechtiano do distanciamento. Em Carlota Corday esse problema é mais visível que em outras criaturas porque, vivida por uma paciente com gestos de sonâmbulo, eles aparecem mais contrastantes com a decisão profunda da jovem que apunhalou Marat. A duplicidade impeditiva da identificação entre papel e ator, também vista no caso do deputado girondino Duperret, encarnado por um erotômano, conduz freqüentemente ao grotesco.

PETER WEISS E *MARAT/SADE* 471

Tratando-se de abstrações, umas não atuam sobre as outras e, por isso, não se modificam no correr da narrativa, o que estrutura a peça como um acréscimo contínuo de monólogos e de interferências corais.

O texto em si da perseguição e do assassinato de Jean-Paul Marat, escrito para o desempenho dos pacientes do Hospício de Charenton, resulta sem dúvida o menos interessante da obra. As três visitas de Carlota a Marat estão mais próximas do alheamento da atriz do que refletem as motivações da assassina, um tanto perdidas para o espectador, embora tenham encanto poético. Isto é, a peça que Peter Weiss fez Sade preparar não supera certo primarismo esquemático, preso aos movimentos mecânicos de Carlota. *Marat/Sade* só atinge dimensão superior quando esse núcleo elementar se transfigura em "teatro dentro do teatro". Talvez o autor sentisse necessidade de explicar melhor Marat para o público e, no final da longa primeira parte, fornecem seus antecedentes os diálogos com o Mestre-Escola, a Mãe, o Pai, um Militar, Voltaire e Lavoisier, para debater a personalidade do estudante e do filho, do médico e do cientista, do homem, enfim, que imprimiu cunho socialista às suas reivindicações políticas. Na peça, essa busca dos fundamentos de Marat vem tarde demais e deveria ser colocada em outra parte, ou poderia ser apenas dispensada, por causa da técnica direta de iluminação do presente, tornando o passado apêndice ilustrativo algo inútil e cansativo.

Os ingredientes de idéia e espetáculo, de individualismo e socialismo, de loucura e lucidez, ao invés de atestarem a isenção criadora de Peter Weiss, que teria procurado alcançar equilíbrio fecundo, se transformam em estimulante desafio ao encenador. Para Rostock, na Alemanha Oriental, o dramaturgo chegou a adicionar um epílogo esclarecedor de seu recente alistamento político, na linha de Marat e não de Sade. A necessidade que sentiu de definição mais clara comprova o quanto o texto original permanece indeciso, a ponto de Sade exercer fascínio muito maior que Marat. É provável que, em nossa experiência de homens ocidentais, as forças de dissolução e decadência tenham muito maior requinte que as palavras de ordem construtivas. A encenação francesa, segundo se informa, preferiu a espetaculosidade do erotismo desenfreado, mesmo que ela relegasse o debate ideológico a segundo plano. Menciona-se que o diretor inglês Peter Brook tratou *Marat/Sade* no estilo do teatro da crueldade. O único ponto de contato que percebemos entre a sugestão de crueldade e a peça é o que decorre da palavra sadismo, aliás ausente das atitudes reflexivas de Sade. No mais, não vemos nenhum liame entre as teorias de Antonin Artaud e o texto alemão. Peter Brook deve ter julgado mais cômodo *épater les bourgeois*...

Marat/Sade situa-se acima das orgias cênicas, não obstante, por conter a matéria-prima que propiciou, por exemplo, a objetiva e conseqüente montagem brasileira. O diretor Ademar Guerra soube dosar o contingente irracional representado pelos loucos (símbolo do povo

472   O TEXTO NO TEATRO

alienado) com a procura de saída pela razão, no debate que Sade e
Marat travam. As idéias não esterilizam o espetáculo nem o espetáculo sufoca as idéias. A coreografia dos pacientes compõe-se com a
argumentação estática dos protagonistas. Se se escutam as palavras
finais de Coulmier, dando viva ao imperador, é que Peter Weiss não
deixou de encarar com cética ironia e duro realismo a Revolução, assim como Büchner fez uma personagem dar viva ao rei antes de baixar o pano de *A Morte de Danton*.

(Junho, 1967)

52. *O Interrogatório*, de Peter Weiss

A instrução de um processo é a fase de levantamento de dados, de cotejo de provas e de audiência de testemunhas, para que se produza a verdade. Só uma instrução completa permite julgamento isento, livre de considerações subjetivas. Pois bem: *O Interrogatório*, peça de Peter Weiss, consiste num tratamento para o palco da instrução do processo do campo de concentração de Auschwitz (onde foram exterminados mais de dois milhões de judeus), feita durante vários meses de 1964 e 1965, na cidade de Frankfurt am Main.

O dramaturgo alemão procurou substancialmente mostrar a verdade, em *O Interrogatório* (os tradutores Teresa Linhares e Carlos de Queiroz Telles preferiram esse título, com acerto, ao de *A Instrução*, porque esta palavra, fora da técnica jurídica, está associada, na linguagem corrente, aos problemas do ensino).

A verdade vai saltando, com extrema clareza, dos sucessivos depoimentos, sem que seja necessário dramatizar os fatos. A frieza do estilo narrativo, aliás, apresentando os diálogos em versos brancos, é que sublinha o horror do sucedido, e provoca até mal-estar físico.

Que verdade é essa? Realmente, são muitas as verdades da peça. A que mais impressiona se prende à degradação a que chega o ser humano, quando motivado apenas pelo imperativo da sobrevivência animal. Não apenas os carcereiros oficiais torturam: delega-se a tarefa aos próprios prisioneiros, que se convertem em algozes, para chegar ao dia seguinte. Quando desaparece o último resquício de dignidade, o homem não recua ante as ações mais torpes. Não pode haver nada mais terrível do que todos nós, aparentemente distantes do que sucedeu nos campos, vermos refletidas neles a nossa própria imagem.

474 O TEXTO NO TEATRO

Mas Peter Weiss não se esqueceu de proceder a exaustiva investigação. A peça deixa muito claro como as indústrias nazistas se aproveitaram do trabalho escravo no campo de concentração. A sede única do lucro, desligada de qualquer conjetura sobre a transcendência humana, não vê nenhum limite na trajetória da desumanização, e assim se aproveitam as criaturas capazes de produzir e se eliminam as que tiveram esvaídas as energias.

A estrutura do texto em onze "cantos" (referência à *Divina Comédia*, de Dante) mostra o caminho progressivo da abjeção. E o espetáculo de Celso Nunes, dividido em dois atos, procura marcar com clareza as fases sucessivas dos acontecimentos, para que se forme um painel da vida no campo. Estão implícitas três partes nítidas, o que levou o encenador a fazer inteligentes alterações na ordem do texto.

A primeira parte tenta localizar o público em relação ao campo – canto da plataforma (chegada dos trens), canto do campo e canto dos sobreviventes, que no original tem n? 4 e não 3. A segunda parte poderia ser chamada a da violência generalizada e das torturas: o canto da máquina de fazer falar (o n? 3, que ficou em lugar do 4), o canto da morte de Lili Tofler, o canto do sargento Stark, o canto do muro negro e o canto do cárcere (que passou para o n? 8, em lugar do canto do fenol).

Na parte final unem-se os cantos que mostram como a violência generalizada leva ao extermínio coletivo: o canto do fenol (que passou para o n? 9), o canto do Zyklon B e o canto dos fornos crematórios.

Há teatralidade evidente nos tribunais, que Brecht, por exemplo, reproduziu em várias peças. Mas, pondo em cena dezoito acusados, nove testemunhas, um juiz, um promotor e um advogado de defesa, Peter Weiss não pretendeu uma equivalência dos lances dramáticos dos tribunais. Em *O Interrogatório*, os membros da Justiça têm a mera função de orientar os depoimentos, para que venha à tona a inteira verdade.

O termo exato para definir a peça é teatro-documentário, e ela abriu para o autor e para a dramaturgia moderna um caminho rico de possibilidades. A realidade chegou, em nosso tempo, a requintes tão grandes de absurdo que um autor precisa fixá-la com rigoroso cuidado, para não parecer inverossímil. Hoje, não tem mais sentido fazer uma concentração de características, para se pintar por exemplo *O Avarento*: a ficção nunca foi suficientemente imaginosa para inventar algo parecido com os campos totalitários. O teatro-documentário encontra material para fartar-se em nossos dias.

Peter Weiss não usou uma só vez, na peça, as palavras nazista, judeu, Alemanha ou campo de Auschwitz. Está claro que ele visou a uma generalização, deixando subentendido que fenômeno semelhante pode ocorrer, em qualquer tempo e lugar, quando as circunstâncias forem semelhantes. O texto vale como advertência permanente.

E de onde ela tira o fascínio, se é que se pode utilizar esse substantivo, tratando-se de acontecimentos sinistros? Com extraordinária luci-

O INTERROGATÓRIO, DE PETER WEISS 475

dez, Peter Weiss soube levantar, em termos simples e objetivos, um dos problemas capitais que atormentam o homem contemporâneo: o da responsabilidade individual e coletiva.

O Interrogatório faz a instrução. Cabe ao público o julgamento.

(Novembro, 1970)

53. Didática de Heiner Müller

Herdeiro que atualiza algumas das grandes propostas de Brecht, dramaturgo que sintetiza as principais correntes do teatro contemporâneo, questionador da História, da Revolução e do Homem num presente de perplexidade são hipóteses para o estudioso aproximar-se do significado de Heiner Müller. Poucos autores recusam, como ele, os rótulos fáceis e exigem tanto esforço de decifração, num procedimento que funde, paradoxalmente, o hermético e o didático.

O primeiro impulso, em relação a sua obra, se aparenta a estranheza. *Filocteto e Prometeu* referem-se às tragédias homônimas de Sófocles e Ésquilo: *Horácio*, a *Os Horácios e os Curiácios*, de Brecht; *Mauser* ao romance *O Dom Silencioso*, de Cholokov, e a *A Decisão*, também de Brecht; *Hamlet-Machine*, basicamente, ao *Hamlet*, de Shakespeare; *A Missão*, à novela "A Luz sobre a Forca", de Anna Seghers; e *Quartett*, ao romance *As Ligações Perigosas*, de Choderlos de Laclos. Sabe-se que Heiner Müller (nascido em 1929, em Eppendorf, na Saxônia, e residente em Berlim Oriental) adaptou muitas obras para o palco, entre as quais *Dom Juan*, de Molière; *Como Gostais*, de Shakespeare; *A Gaivota*, de Tchékov; o fragmento *Fatzer*, de Brecht; e *Dez Dias que Abalaram o Mundo*, de John Reed. Por que a reescritura infatigável de outros textos?

Formados no preconceito da originalidade, temos tendência de recusar os empréstimos. Basta a lembrança da tragédia grega para se fixar a idéia de que Ésquilo, Sófocles e Eurípides transpuseram para a cena a saga homérica, e cada autor fez variações em torno da versão do outro. O exame das *Coéforas*, de Ésquilo, e das *Electras*, de Sófocles e Eurípides, atesta as profundas diferenças entre os três trágicos. No tra-

DIDÁTICA DE HEINER MÜLLER 477

tamento pessoal do mesmo tema se detecta a extraordinária originalidade de cada um. Aceito esse raciocínio, cresce a importância do dramaturgo alemão. Desafiando-se, ao retomar histórias a que vários gênios deram forma definitiva, ele comprova a altitude de sua contribuição.

No *Filocteto* sofocliano, o tema, segundo Philip Whaley Harsh, é a nobreza de caráter, e não o patriotismo. Um oráculo predisse que os gregos só conquistariam Tróia se Filocteto, abandonado há dez anos na ilha de Lemnos, por causa de uma ferida no pé, voltasse ao campo de batalha, com o seu arco. Ulisses leva Neoptólemo, filho de Aquiles, a incumbir-se da difícil missão, tal o ódio votado pelo solitário aos seus compatriotas. Num primeiro movimento, usando de astúcia, Neoptólemo consegue apoderar-se da arma salvadora. Mas depois, arrependido, retorna ao local, para devolver o arco, sem o qual o enganado não poderia sobreviver, pasto para os abutres. Diante do impasse, Sófocles apela para um *deus ex machina*, recurso da dramaturgia euripidiana, de que pela única vez se valeu, nas sete peças preservadas: Hércules surge em cena e promete ao protagonista que enviará Esculápio a Tróia, para libertá-lo dos males. A tragédia termina, assim, em *happy end*.

A versão de Heiner Müller abole o coro grego e o desfecho dado por Hércules, concentrando a ação em Filocteto, Odisseu (Ulisses) e Neoptólemo. No prólogo, que evoca a ironia brechtiana, o intérprete de Filocteto, usando máscara de *clown*, fala ao público:

> Senhoras e senhores, a partir do tempo de hoje
> Nosso jogo conduz ao passado
> Quando o homem era ainda o inimigo mortal do homem
> Quando a carnificina era comum, a vida um perigo.
> E, confessemos logo: a coisa é fatal
> O que aqui mostramos não comporta nenhuma moral
> Conosco os senhores não aprenderão nada sobre a vida
> Quem quiser sair, pode fazê-lo.

Os episódios acompanham, em linhas gerais, o modelo sofocliano, só que a "nobreza de caráter" de Neoptólemo não se encerra na devolução do arco a Filocteto, pondo em risco a própria vida, a de Odisseu e a dos gregos em luta. Odisseu se dispõe ao sacrifício, desde que Filocteto siga Neoptólemo a Tróia e invente uma mentira sobre a sua morte, para que os comandados se mantenham na guerra. Quando Filocteto mata um abutre e o coloca aos pés de Neoptólemo, este já assimilou o problema total em jogo: não se trata apenas da ética em relação a Filocteto, nem de salvar suas vidas em perigo, mas da responsabilidade para com o exército grego, cuja vitória dependia do arco devolvido. Por isso, Neoptólemo pega a espada e a finca nas costas de Filocteto. Superior aos escrúpulos éticos individuais é o dever para com a coletividade.

Filocteto, *O Horácio* e *Mauser* formam uma trilogia, enfeixada no espetáculo do Teatro Pequeno, dirigido por Márcio Aurélio, sob o sugestivo título de *Eras*. Da Grécia mítica do primeiro texto, *O Horácio* passa para a Roma lendária na guerra com os etruscos, descrita por Tito

478 O TEXTO NO TEATRO

Lívio e dramatizada por Corneille e Brecht. Todos conhecem a forma encontrada na luta pelo poder entre Roma e Alba, a fim de enfrentarem o comum inimigo etrusco. Se se enfraquecessem em disputa fratricida, seriam presa fácil do adversário. Três Horácios romanos e três Curiácios albanos decidiriam entre si o vencedor, poupando o restante da população. O último Horácio, depois de abatidos os dois irmãos, finge a fuga, para disputar com os três Curiácios, um de cada vez. Separados, eles se tornam alvo certeiro do Horácio, que assegura a hegemonia de Roma. Uma irmã do sobrevivente chora a morte do noivo, Curiácio. Indignado, ele a sacrifica também.

Corneille aproveita a história para exaltar o heroísmo patriótico. Por ter assassinado sem necessidade a irmã, Horácio é submetido a julgamento. No desfecho, Túlio, rei de Roma, o absolve. Considera que o "crime, embora grande, enorme, indesculpável, / Vem da mesma espada, e parte do mesmo braço / Que me faz hoje dono de dois Estados". Túlio sabe que, sem ele, seria súdito, onde é duas vezes rei. Consolo: os manes de Camila se aplacariam, ao compartilharem ela e o noivo o mesmo túmulo.

Os Horácios e os Curiácios, de Brecht, toma rumo diverso. Escrita em 1934, engaja-se na luta contra o nazismo. De que maneira? Nesse contexto, não tem sentido dramatizar todos os episódios. Em face do inimigo poderoso, que inflige pesadas baixas aos Horácios, o autor se serve didaticamente do exemplo histórico, para concluir que a inteligência, a astúcia e a guerrilha podem vencer o adversário. Não era o caso de desesperar ante a ascensão de Hitler. Divididas as suas forças, a boa causa teria chance de triunfar. A princípio, a escalada nazista pareceu contrariar a tese de Brecht. O fim da guerra lhe deu razão, porque as tropas alemãs, tendo que lutar em várias frentes, acabaram por ser vencidas pelos Aliados.

A versão de Heiner Müller, feita a partir da peça didática brechtiana, recupera em parte o tratamento de Corneille, na medida em que julga o assassino da irmã. Uma nota, no final do texto, fornece as indicações para a montagem. Ainda que haja um narrador, conduzindo o fio dos acontecimentos, os "jogadores" assumem as deixas das múltiplas personagens. Estabelece o dramaturgo:

> Não há saídas de cena. Quem disse o seu texto e jogou o seu jogo volta para a posição inicial, ou seja, troca de papel. (Os albanos, depois da luta, fazem o papel do povo romano, que recebe o vencedor. Dois soldados romanos, depois do assassinato, tornam-se os lictores etc.) Após cada morte, um dos jogadores deixa cair um pano vermelho no proscênio. O jogador que faz o papel de Horácio pode ser substituído por um boneco, após o seu assassinato. O boneco deveria ter dimensões imensas.

O encenador Márcio Aurélio, autorizado pelo precedente feliz de *Hamlet-Machine*, em que Marilena Ansaldi se incumbiu de interpretar as várias personagens, confiou a um só ator, Celso Frateschi, o desem-

DIDÁTICA DE HEINER MÜLLER 479

penho de *O Horácio*, tratado à maneira de monólogo. Talvez a distribuição por vários "jogadores" trouxesse variedade à narrativa, que, de qualquer modo, não perde a eficácia e a coerência.

Em uma dezena de páginas datilografadas, o texto se compõe de versos, que se encadeiam em seqüência inexorável. Não se achando em causa o estratagema do terceiro Horácio, o autor pôs em conflito apenas um, com um Curiácio. E logo no início o romano mata o albano, e é colocado em xeque pela irmã. Alegando que ela ama o noivo mais do que Roma, o vencedor a assassina sem apelo. Objetiva Heiner Müller fazer uma reflexão sobre a dualidade da grandeza e do crime reunidos numa única pessoa.

A parábola descrita pelo dramaturgo alcança inequívoco significado moral. No julgamento, ressalta-se, a propósito de Horácio, que "seu mérito apaga sua culpa". Alega-se, em contrapartida, que "sua culpa apaga seu mérito". Pelo veredicto final, ele é executado. A exigente postura ética não admite condescendência, desculpa, solução de compromisso. No universo do dramaturgo, seria inconcebível o *slogan* "rouba mas faz". Igualmente, não se justifica a transição democrática que se apropria dos métodos da ditadura. *O Horácio* mülleriano deveria converter-se em cartilha, para uso da presidência da República ao mais modesto cidadão.

A polêmica *A Decisão*, de Brecht, tem dado origem às mais contraditórias exegeses. Três agitadores soviéticos matam, numa missão à China pré-comunista, o quarto companheiro jovem, que deixou de cumprir as tarefas recomendáveis. O ardor revolucionário não dialetizado levou-o a cometer diversas imprudências, capazes de prejudicar a causa. O sentimento generoso, não corrigido pela razão, assemelha-se, no caso, aos famosos "desvios de esquerda". Argumentam os que punem o afoito: "A sua revolução é feita rapidamente / E dura apenas um dia / Amanhã estará estrangulada. / A nossa revolução começa amanhã / Vence e transforma o mundo". O Coro de Controle, que representaria a direção do Partido Comunista, concorda com a decisão dos três agitadores, porque "Só ensinados pela realidade podemos / Transformar a realidade".

Viu-se no didatismo dessa peça o prenúncio do terror stalinista, a sanguinária política de expurgos. Moderados acharam que Brecht expôs uma falsa opção, já que seria possível expulsar do Partido o dissidente. Ele aceitar a própria morte, como punição dos erros reconhecidos, significaria a anulação do indivíduo ante tribunais supremos. Mas a imolação consciente não seria também o apanágio de qualquer fé absoluta?

Em *Mauser*, derivado de *A Decisão*, Heiner Müller inocula a dúvida do agente revolucionário. A personagem designada *A* fala: "E à noite eu já não era um ser humano, sob o peso / Dos mortos de sete manhãs". Adiante: "Matar e mais matar / E talvez um dia de cada três não fosse culpado". O Coro afirma: "Enquanto a revolução não triunfar definitivamente / Na cidade de Witebsk como em outras cidades / Não

480   O TEXTO NO TEATRO

saberemos o que é isso, um ser humano" (em nota, o autor esclarece que "a cidade de Witebsk localiza-se em todos os lugares onde a revolução foi e será obrigada a matar os seus inimigos"). A se diz um ser humano, "E ser humano não é máquina / Matar e matar, sempre a mesma coisa depois de cada Morte / Eu não podia. Dêem-me o descanso da máquina". A quer saber o que é um ser humano, "aqui e agora", e pergunta "à revolução onde está o humano ser". Quando o Coro retruca "Você pergunta cedo demais", A contesta: "Eu só tenho uma época/ para viver". O Coro conclui que "a revolução precisa / Do seu SIM à sua morte", e, por último A, indo até o paredão, dá a voz de comando para o próprio sacrifício.

Fica patente que a dimensão do indivíduo se aniquila diante da inexorabilidade do processo histórico. O exercício revolucionário, não amparado por reflexão racional, conduz à paralisia do beco sem saída. Como escreve Ingrid Dormien Koudela na tese de doutorado *A Peça Didática de Bertolt Brecht: Um jogo de Aprendizagem*, se, na obra do autor de *O Círculo de Giz Caucasiano*

o modelo associal já apresenta uma ruptura que aponta o princípio dialético, reintegrando os opostos (bem/mal, certo/errado, sim/não) através da crença no processo histórico, em Heiner Müller resta o grande pânico diante da História.

A partir desse ângulo é possível discutir a carta de despedida à peça didática (dirigida a Steinweg), entendida agora como negação da "Teoria da Pedagogia", ainda intimamente ligada ao otimismo racionalista.

Os poucos textos de Heiner Müller, acessíveis fora da língua alemã, não autorizam uma visão global de sua obra. Sentimos, porém, que após a fase didática, os horizontes parecem mais sombrios. Na última réplica de *A Missão*, Debuisson diz que tem medo da beleza do mundo:

Sei bem que ela é máscara da traição. Não me deixem sozinho com a minha máscara, que já penetra na minha carne e não dói mais. Me matem antes que eu traia vocês. Tenho medo, Sasportas, da vergonha de ser feliz neste mundo.

A transposição apocalíptica de *Hamlet*, feita em *Hamlet-Machine*, menciona a rubrica final de mar profundo. Ofélia está numa cadeira de rodas. Desfilam ruínas, cadáveres e pedaços de cadáveres. Dois homens, com batas de médico, enrolam a heroína de baixo para cima com faixas de gaze.

Assumindo o papel de Electra, Ofélia rejeita o sêmen que recebeu, renega o mundo que pariu, enterra-o na vagina e conclui:

Abaixo a felicidade da submissão. Viva o ódio, o desprezo, a insurreição, a morte. Quando ela atravessar os vossos dormitórios com facas de carniceiros, conhecereis a verdade.

A morte é a única verdade.

Provavelmente Heiner Müller se atraiu por *As Ligações Perigosas* porque Choderlos de Laclos fez de seu romance, escrito na forma de

DIDÁTICA DE HEINER MÜLLER   481

cartas, um verdadeiro tratado sobre o Mal. O modelo, entretanto, está longe do caráter dissolvente, da ausência de valores de *Quartett*. A marquesa de Merteuil e o visconde de Valmont, personagens da narrativa, trocam na peça de papéis e vivem também uma sobrinha e Tourvel, num jogo de sedução, sadomasoquismo e experiência limítrofe que prenunciam o fim do mundo. O cenário conjuga um salão, antes da Revolução Francesa (o romance foi publicado em 1782), e um *bunker*, após a Terceira Guerra Mundial, quando, certamente, nada mais restará. A última frase de Merteuil não deixa dúvidas: "Agora estamos sós, meu amado câncer".

O estilo do dramaturgo foge a todas as convenções da peça "bem-feita" tradicional, recusando os conhecidos mandamentos do realismo. Não há ação, no sentido em que os mestres do teatro moderno aproveitaram os ensinamentos da *Poética* aristotélica. As réplicas se encadeiam aos borbotões, barrocas, majestosas, sem medo de destilar densa poesia. Heiner Müller radicaliza o repúdio de Brecht ao espetáculo digestivo. Autor difícil, fascinante, que revolve toda a herança teatral e humana, e tem a coragem de se lançar para o desconhecido.

(Julho, 1988)

Sábato Magaldi (1927-2016) foi crítico teatral de vários jornais e revistas. Professor emérito de Teatro Brasileiro da Escola de Comunicação e Artes da Universidade de São Paulo, lecionou durante quatro anos, nas universidades de Paris III (Sorbonne Nouvelle) e Provence, em Aix-en-Provence. Mesmo da Academia Brasileira de Letras.

Autor dos seguintes livros:

Panorama do Teatro Brasileiro (1ª edição, Difusão Europeia do Livro, 1962; 3ª edição, revista e ampliada, Global Editora, 1997);

Temas da História do Teatro (Curso de Arte Dramática da Faculdade de Filosofia da Universidade do Rio Grande do Sul, 1963);

Aspectos da Dramaturgia Moderna (Comissão de Literatura do Conselho Estadual de Cultura de São Paulo, 1963);

Iniciação ao Teatro (1ª edição, DESA, 1965; 6ª edição, Editora Ática, 1997);

O Cenário no Avesso (1ª edição, Editora Perspectiva, 1977; 2ª edição, Editora Perspectiva, 1991);

Um Palco Brasileiro – O Arena de São Paulo (Editora Brasiliense, 1984);

Nelson Rodrigues: Dramaturgia e Encenações (1ª edição, Editora Perspectiva e Editora da Universidade de São Paulo, 1987; 2ª edição, Editora Perspectiva, 1992);

O Texto no Teatro (Editora Perspectiva e Editora da Universidade de São Paulo, 1989; 3ª edição, Editora Perspectiva, 2001);

As Luzes da Ilusão – junto com Lêdo Ivo (Global Editora, 1995);

Moderna Dramaturgia Brasileira – 1ª série (Editora Perspectiva, 1998);

Cem Anos de Teatro em São Paulo – parceria de Maria Thereza Vargas (Editora SENAC, São Paulo, 2000);

Depois do Espetáculo (Editora Perspectiva, 2004);

Teatro da Ruptura: Oswald de Andrade (Global Editora, 2004);

Teatro da Obsessão: Nelson Rodrigues (Global Editora, 2004);

Teatro Sempre (Editora Perspectiva, 2006);

Teatro em Foco (Editora Perspectiva, 2008).

TEATRO NA ESTUDOS

João Caetano
Décio de Almeida Prado
(E011)

Mestres do Teatro I
John Gassner (E036)

Mestres do Teatro II
John Gassner (E048)

Artaud e o Teatro
Alain Virmaux (E058)

Improvisação para o Teatro
Viola Spolin (E062)

Jogo, Teatro & Pensamento
Richard Courtney (E076)

Teatro: Leste & Oeste
Leonard C. Pronko (E080)

Uma Atriz: Cacilda Becker
Nanci Fernandes e Maria T.
Vargas (orgs.) (E086)

TBC: Crônica de um Sonho
Alberto Guzik (E090)

Os Processos Criativos de Robert

Wilson
Luiz Roberto Galizia (E091)

Nelson Rodrigues: Dramaturgia e Encenações
Sábato Magaldi (E098)

José de Alencar e o Teatro
João Roberto Faria (E100)

Sobre o Trabalho do Ator
M. Meiches e S. Fernandes
(E103)

Arthur de Azevedo: A Palavra e o Riso
Antonio Martins (E107)

O Texto no Teatro
Sábato Magaldi (E111)

Teatro da Militância
Silvana Garcia (E113)

Brecht: Um Jogo de Aprendizagem
Ingrid D. Koudela (E117)

O Ator no Século XX
Odette Aslan (E119)

Zeami: Cena e Pensamento Nô
Sakae M. Giroux (EI22)

Um Teatro da Mulher
Elza Cunha de Vincenzo
(EI27)

Concerto Barroco às Óperas do Judeu
Francisco Maciel Silveira
(EI31)

Os Teatros Bunraku e Kabuki: Uma Visada Barroca
Darci Kusano (EI33)

O Teatro Realista no Brasil: 1855-1865
João Roberto Faria (EI36)

Antunes Filho e a Dimensão Utópica
Sebastião Milaré (EI40)

O Truque e a Alma
Angelo Maria Ripellino (EI45)

A Procura da Lucidez em Artaud
Vera Lúcia Felício (EI48)

Memória e Invenção: Gerald Thomas em Cena
Sílvia Fernandes (EI49)

O Inspetor Geral *de Gógol/Meyerhold*
Arlete Cavaliere (EI51)

O Teatro de Heiner Müller
Ruth C. de O. Röhl (EI52)

Falando de Shakespeare
Barbara Heliodora (EI55)

Moderna Dramaturgia Brasileira
Sábato Magaldi (EI59)

Work in Progress na Cena Contemporânea
Renato Cohen (EI62)

Stanislávski, Meierhold e Cia
J. Guinsburg (EI70)

Apresentação do Teatro Brasileiro Moderno
Décio de Almeida Prado
(EI72)

Da Cena em Cena
J. Guinsburg (EI75)

O Ator Compositor
Matteo Bonfitto (EI77)

Ruggero Jacobbi
Berenice Raulino (EI82)

Papel do Corpo no Corpo do Ator
Sônia Machado Azevedo
(EI84)

O Teatro em Progresso
Décio de Almeida Prado
(EI85)

Édipo em Tebas
Bernard Knox (EI86)

Depois do Espetáculo
Sábato Magaldi (EI92)

Em Busca da Brasilidade
Claudia Braga (EI94)

A Análise dos Espetáculos
Patrice Pavis (EI96)

As Máscaras Mutáveis do Buda Dourado
Mark Olsen (E207)

Crítica da Razão Teatral
Alessandra Vannucci (E211)

Caos e Dramaturgia
Rubens Rewald (E213)

Para Ler o Teatro
Anne Ubersfeld (E217)

Entre o Mediterrâneo e o Atlântico
Maria Lúcia de Souza B. Pupo
(E220)

Yukio Mishima: O Homem de Teatro e de Cinema
Darci Kusano (E225)

O Teatro da Natureza
Marta Metzler (E226)

Margem e Centro
Ana Lúcia V. de Andrade
(E227)

Ibsen e o Novo Sujeito da